Ulrike Kändler
Entdeckung des Urbanen

Histoire | Band 58

Die Historikerin **Ulrike Kändler** (Dr. phil.) ist an der Universitätsbibliothek Gießen tätig und ab März 2016 an der Technischen Informationsbibliothek und Universitätsbibliothek Hannover.

ULRIKE KÄNDLER

Entdeckung des Urbanen
Die Sozialforschungsstelle Dortmund
und die soziologische Stadtforschung
in Deutschland, 1930 bis 1960

[transcript]

Bibliografische Information der Deutschen Nationalbibliothek
Die Deutsche Nationalbibliothek verzeichnet diese Publikation in der Deutschen Nationalbibliografie; detaillierte bibliografische Daten sind im Internet über http://dnb.d-nb.de abrufbar.

© 2016 transcript Verlag, Bielefeld

Die Verwertung der Texte und Bilder ist ohne Zustimmung des Verlages urheberrechtswidrig und strafbar. Das gilt auch für Vervielfältigungen, Übersetzungen, Mikroverfilmungen und für die Verarbeitung mit elektronischen Systemen.

Umschlagkonzept: Kordula Röckenhaus, Bielefeld
Umschlagabbildung: Ruth Hallensleben/Fotoarchiv Ruhr Museum
Printed in Germany
Print-ISBN 978-3-8376-2676-6
PDF-ISBN 978-3-8394-2676-0

Gedruckt auf alterungsbeständigem Papier mit chlorfrei gebleichtem Zellstoff.
Besuchen Sie uns im Internet: *http://www.transcript-verlag.de*
Bitte fordern Sie unser Gesamtverzeichnis und andere Broschüren an unter:
info@transcript-verlag.de

Für Wolfram, der alles weiß

Inhaltsverzeichnis

Dank | 11

1 Einleitung | 13

**2 Volk, Raum und Großstadt –
Wissenschaft und „Drittes Reich"** | 27
2.1 Wissenschaften und Nationalsozialismus | 28
2.2 Andreas Walther vermisst Hamburg | 36
    2.2.1 Im dunklen Hamburg | 37
    2.2.2 Das Kulturproblem der Gegenwart | 43
    2.2.3 Kleine Welten und gemeinschädigende Regionen:
          Stadtforschung in Hamburg | 53
2.3 Anwendungszusammenhänge: Raumordnung und Raumforschung | 70
    2.3.1 Die Reichsarbeitsgemeinschaft für Raumforschung | 75
    2.3.2 Notstandsgebiete und Ballungsräume | 80

3 Demokratisierung und Wissenschaftstransfer | 91
3.1 Partizipation und Reform: Aspekte der Sozialforschung in den USA | 92
3.2 Die Rockefeller Foundation erkundet Deutschland | 100
3.3 Wissenschaftsgeschichte und
empirische Sozialforschung nach 1945 | 104

4 Die Sozialforschungsstelle in Dortmund | 111
4.1 Gründung, Ziele, Aufbau | 113
4.2 Dortmund und die USA | 124
4.3 Positivismus und Reformwissenschaft | 134
4.4 Die Gründungsgeneration | 142

5   Ein goldenes Jahrzehnt | 151
5.1   Schicksal Kohle | 156
5.2   Wer erkundet Datteln? | 162
5.3   Feldforschung | 169
5.4   Zeche und Gemeinde | 175
5.5   Mittelstadt im Ruhrgebiet | 183

6   Die Soziologie der industriellen Großstadt | 193
6.1   Von den Städtemonographien … | 197
6.2   … zur Großstadt-Forschung | 201
6.3   Dynamische Strukturbilder | 204
    6.3.1   Sozialstruktur | 204
    6.3.2   Verwaltungsräume | 209
    6.3.3   Zentralität | 211
    6.3.4   Citybildung | 213
    6.3.5   Pendlerwesen | 215
6.4   Großstadtwohnen | 219
    6.4.1   Die Wohnungsfrage 1945-1951 | 220
    6.4.2   Idyll am Stadtrand | 224
    6.4.3   Mietskasernen-Nachbarschaft | 230
    6.4.4   Nachbarn und Kollegen | 237
6.5   Zwischenfazit | 241

7   Gunther Ipsen und die Logik des Leistungsgefüges | 249
7.1   Leipzig, Königsberg, Dortmund: Zur Karriere des Gunther Ipsen | 251
7.2   Standort und Wohnort oder:
    Die sachlichen Ordnungen der Großstadt | 259
7.3   Am Anfang des Sozialen: Bevölkerung in Zeit und Raum | 265
    7.3.1   Bevölkerungslehre | 270
    7.3.2   Strukturgenetik des 20. Jahrhunderts | 273
7.4   Die Stadt im Ballungsraum:
    Gutachten für Eschweiler und Wulfen | 278
7.5   Entzifferungen | 289
7.6   Zwischenfazit | 294

8 Der Stadtplan geht Euch gar nichts an | 299
8.1 Forschen für den Marshall-Plan | 302
8.2 Das Schwein des Bergmanns | 305
8.3 Expertenrunden | 315
8.4 Die Wohnwünsche der Bergarbeiter | 317
8.5 Aufbauplanung, Wissenschaft und Öffentlichkeit | 325
8.6 Der Stadtplan geht uns alle an | 330
8.7 Zwischenfazit | 340
8.8 Gunther Ipsen und die Öffentlichkeit | 344
8.9 Hans Paul Bahrdt und die Öffentlichkeit | 351

9 Schluss | 365

Anhang | 373
Abkürzungen | 373
Ungedruckte Quellen | 375
Gedruckte Quellen | 376
Literaturverzeichnis | 387
Orts- und Personenregister | 409

Dank

Diese Studie wurde im Sommer 2012 am Fachbereich Geschichts- und Kulturwissenschaften der Justus-Liebig-Universität Gießen als Dissertation angenommen. Für die Publikation wurde der Text an einigen Stellen behutsam überarbeitet, neue Literatur jedoch nicht mehr aufgenommen. Viele Menschen haben dazu beigetragen, dass dieses Buch Realität geworden ist. Ihnen allen möchte ich hier danken.

Mein Dank gilt zuerst meinem Doktorvater Friedrich Lenger. Er hat mein Interesse am Thema geweckt und die Entstehung der Studie wohlwollend und geduldig begleitet. Umsichtigen Rat erhielt ich von Jürgen Reulecke, der dankenswerterweise auch das Zweitgutachten übernommen hat. Gerhard Kurz, Dirk van Laak und Stefan Tebruck ließen als Mitglieder meiner Disputationskommission diesen Pflichttermin zu einer anregenden Diskussion werden. Die Sozialforschungsstelle Dortmund unterstützte meine Recherchen freundlich und entgegenkommend, dafür danke ich ihren Direktoren Jürgen Howaldt und Ellen Hilf. Mit großer Hilfsbereitschaft beriet mich Jens Adamski bei meinem ersten Besuch in Dortmund. Die Mitarbeiterinnen und Mitarbeiter des Archivs der Sozialforschungsstelle, des Stadtarchivs Dortmund und der Universitätsarchive Köln, Gießen und Bielefeld halfen mir kompetent und unkompliziert bei der Suche nach relevanten Archivalien. Horst Carl danke ich für seine wertvolle Förderung dieser Recherchen. Ein besonderer Dank gebührt Rainer C. Schwinges, der mir als Neuzeitlerin großzügig auch den Einblick in die mittelalterliche Wissenschaftskultur ermöglicht hat.

Was wären wir ohne unsere Freunde? Die meinen haben mich durch die Höhen und Tiefen der Promotionszeit hinweg unterstützt und ermutigt. Sie haben die Entwicklung meiner Untersuchung kritisch begleitet, waren als ausdauernde Korrekturleser tätig, haben mich abgelenkt und zum Lachen gebracht. Mein herzlicher Dank gilt Carsten Lind, Patrick Schmidt, Frank Wagner, Winfried Kändler, Julia Gottuck, Kerstin Weiand und Mareike Lutz.

Zuletzt und mit großer Wärme möchte ich meiner Familie danken. Liebe Eltern, Olaf, Britta, Lina, Torge und besonders Wolfram, Ihr alle habt mir mit Rat, Tat und Liebe zur Seite gestanden und mir gezeigt, was zählt. Ohne Euch würde es dieses Buch nicht geben.

Gießen, im Oktober 2015   Ulrike Kändler

1 Einleitung

Die vorliegende Arbeit handelt von stadtsoziologischer Forschung in Deutschland zwischen 1930 und 1960. Sie fragt nach den Bedingungen, unter denen Sozialwissenschaftler die Stadt zu einem Objekt der Wissenschaft machten und geht dabei der Entwicklung eines soziologischen Teilgebietes nach. Damit trägt sie ein Stück zur deutschen Stadt- und Urbanisierungsgeschichtsschreibung bei, ist die Geschichte der Stadtforschung doch eng mit der ihres Gegenstandes verbunden. Sie entwickelte sich als Reaktion auf die tiefgreifenden Veränderungen der Lebensbedingungen, die mit der Herausbildung der modernen Großstädte einher gingen. Als Mittel der rationalen, faktenbasierten Erschließung städtischer Lebensverhältnisse öffnete sie die expandierenden, von Menschenmassen überquellenden Städte des Industriezeitalters dem registrierenden, aber auch dem kontrollierenden Blick. Das gilt für die kommunalen Verwaltungen, die mit ihren medizinisch-epidemiologisch orientierten Datensammlungen den Anfang machten, ebenso wie für die akademischen Soziologen, die später mit gesellschaftswissenschaftlicher Systematik an die Stadt herangingen: Stadtforschung bedeutete stets ein Wechselspiel aus Sondieren und Untersuchen, aus Ordnen und Kontrollieren. Die Erhebungen, Befragungen und Expeditionen, mit denen Sozialwissenschaftler sich Einsichten in die Lebensbedingungen und Lebensweisen der Städter zu verschaffen suchten, geben insofern Aufschluss über Forschungsmotive und konkrete Problemstellungen, aber eben auch über soziale Ordnungsvorstellungen und gesellschaftspolitische Zielsetzungen. Kurzum: Sie geben Aufschluss über die Wahrnehmung und den Umgang der Menschen mit der Stadt.

Der besondere Reiz einer solchen Studie liegt jedoch in ihrer wissenschaftsgeschichtlichen Perspektive. Der abgesteckte Zeitraum von 1930 bis 1960 schlägt den Bogen vom Ende der Weimarer Republik über die nationalsozialistische Diktatur und die westalliierte Besatzungsherrschaft bis in die Bundesrepublik. Das sind drei Jahrzehnte, in denen das politische System mehrfach wechselte, was tiefgreifende Rückwirkungen auf die Wissenschaft und ihre Institutionen hatte. Nationalsozialisten und Alliierte nahmen je auf ihre Art Einfluss auf die wissenschaftliche Landschaft, auf institutionelle Strukturen und das Leben der Wissenschaftler. Diktatur, Krieg, Besatzung und Demokratie beendeten oder förderten Karrieren, forderten Anpassungsfähigkeit, Reformwillen oder Beharrungskräfte heraus. Es ist ein langer Zeitraum, wenn man den politisch-sozialen Wandel zum Maßstab nimmt, ein kurzer jedoch, sofern man ihn in Generationen misst: Er umfasst gerade einmal die Spanne eines akademischen Lebens.

Für die Soziologiegeschichte waren und sind diese dreißig Jahre von entscheidendem Interesse. Denn auf ihren Entwicklungen – genauer gesagt: auf deren Deutung – ruht ein wichtiger Teil des Selbstverständnisses der Disziplin, die in den 1960er und 1970er Jahren zeitweilig sogar in den Rang einer gesellschaftlichen Leitwissenschaft aufstieg. Dazu existieren noch immer zwei miteinander weitgehend unvereinbare Narrative, die den Zeitraum entweder in den Termini von Bruch und Neubeginn behandeln oder von Anpassung und Kontinuität. Bis in die achtziger Jahre hinein ging die Fachgeschichtsschreibung relativ unangefochten von einer tiefen Zäsur aus. 1933, so lässt sich diese Sichtweise skizzieren, beendeten die Nationalsozialisten gewaltsam, was sich seit dem 19. Jahrhundert als Tradition soziologischer Gesellschaftsanalyse in Deutschland herausgebildet hatte. Sie schlossen Institute, lösten Lehrstühle auf, vertrieben das Personal, diffamierten und unterdrückten jegliche kritisch-rationale soziologische Betätigung. Die zwölfjährige Herrschaft des Nationalsozialismus wurde als *tabula rasa* in der Disziplingeschichte gedeutet. So ließ sich das Jahr 1945 als eine ‚Stunde Null' verstehen, auf die in den fünfziger Jahren der wissenschaftliche Neubeginn folgte – und zwar in Form des Wissenschaftstransfers aus den USA. In einem Land, dem die eigene soziologische Tradition abhanden gekommen war, legte die amerikanische Besatzungsmacht das Fundament für eine neue, empirisch ausgerichtete, tatsachenorientierte Sozialwissenschaft nach westlichem Vorbild, die ihrer Aufgabe als kritische Instanz gesellschaftlicher Selbstbeobachtung in einer Demokratie gerecht werden konnte. Der Methoden- und Fragenkatalog dieser Wissenschaft, ihr Gesellschafts- und Selbstverständnis, ihre Position und Aufgabe in der Gesellschaft hatten mit der in theoretisch-abstrakter Spekulation steckengebliebenen Weimarer Universitätssoziologie nichts mehr zu tun. Und da ihre Etablierung als Hochschulfach in erster Linie von Wissenschaftlern getragen wurde, deren akademische Laufbahn erst nach 1945 begonnen hatte, durfte die Soziologie in der Bundesrepublik auch in personeller Hinsicht als gänzlich unbelastet von der jüngeren und jüngsten deutschen Vergangenheit gelten.[1]

---

1 Exemplarisch Lepsius: Entwicklung der Soziologie; König: Soziologie in Deutschland; ders.: Soziologie als Oppositionswissenschaft. Auch in den Erinnerungen dieser sogenannten Nachkriegsgeneration der Soziologie, deren Vertreter ihre Ausbildung erst nach dem Krieg begonnen oder abgeschlossen hatten und in den sechziger Jahren die neugeschaffenen Lehrstühle für Soziologie besetzten, wird diese Deutung fortgeschrieben.

Inzwischen wurde diese Deutung von Bruch und Neubeginn selbst allerdings weitgehend historisiert. Sie wird heute im Zusammenhang mit der Selbstvergewisserung eben jener Nachkriegsgeneration von Wissenschaftlern gesehen, die in den 1960er Jahren auf die Lehrstühle des expandierenden Faches gelangten. Nur vereinzelt halten Soziologiehistoriker noch daran fest und verteidigen einen normativen Soziologiebegriff, der es erlaubt, die Entwicklungen des „Dritten Reichs"[2] als unwissenschaftlich aus der Disziplingeschichte auszuklammern.[3] In den vergangenen anderthalb Jahrzehnten haben Wissenschafts- und Sozialgeschichte ein anderes Bild erarbeitet. Insbesondere Carsten Klingemann hat die Existenz einer systemkonformen akademischen Soziologie im Nationalsozialismus nachgewiesen, die ihren Gegenstand nicht mehr in der ‚Gesellschaft', sondern in der Blut- und Schicksalsgemeinschaft namens ‚Volk' fand.[4] Eine Fülle eingehender Analysen zu verschiedenen Bereichen des Wissenschaftssystems hat darüber hinaus die komplexen Kollaborationsverhältnisse zwischen den Sozialwissenschaften und der NS-Politik zum Vorschein gebracht. Demnach erlebte empirische, angewandte Sozialforschung bereits unter der NS-Herrschaft eine bis dahin ungekannte Konjunktur, weil das totalitäre Regime dieses Wissen durchaus abfragte. Wissenschaftliche Akteure unterschiedlicher disziplinärer Herkunft, so wurde deutlich, richteten ihre Arbeit nach 1933 zunehmend auf konkrete Ziele des nationalsozialistischen Staates aus. Universitätskarrieren im Dritten Reich waren häufig mit einer Expertentätigkeit für bevölkerungs- und expansionspolitische Großvorhaben verbunden.[5] Durch dieses

---

Vgl. dazu die Beiträge in Fleck (Hg.): Wege zur Soziologie; Bolte/Neidhardt (Hg.): Soziologie als Beruf.

2 Zugunsten der Lesbarkeit werden auf den folgenden Seiten die gängigen Eigenbegriffe des Nationalsozialismus wie Drittes Reich, Machtergreifung, Generalplan Ost etc. nur bei der ersten Nennung in Anführungszeichen gesetzt.

3 Dazu 2009 Gerhardt: Soziologie im zwanzigsten Jahrhundert; auch dies.: Denken der Demokratie; dies.: Zäsuren.

4 Klingemann: Soziologie im Dritten Reich; ders.: Soziologie und Politik; als Übersicht jüngeren Datums ders.: Soziologie. Siehe außerdem den frühen Versuch Otthein Rammstedts, die Existenz einer angepassten Soziologie im Nationalsozialismus nachzuweisen: Rammstedt: Deutsche Soziologie.

5 Aufgrund der Fülle dieser Arbeiten seien hier nur exemplarisch einige zentrale Titel genannt. Ein Handbuch zur Entwicklung der Geisteswissenschaften im Dritten Reich hat Frank-Rutger Hausmann 2011 vorgelegt (Hausmann: Geisteswissenschaften). Zur Rolle der Deutschen Forschungsgemeinschaft als wichtigster Fördereinrichtung für Wissenschaft und Forschung siehe den Katalog zur Ausstellung „Wissenschaft, Planung, Vertreibung" (Heinemann et al.: Wissenschaft, Planung, Vertreibung); Flachowsky: Von der Notgemeinschaft zum Reichsforschungsrat. Zu einzelnen Forschungs- und Handlungsfeldern: Fahlbusch: Wissenschaft im Dienst; Dietz/Gabel/Tiedau (Hg.): Griff nach

neue Verständnis geschärft, fiel unweigerlich auch ein neuer Blick auf die Nachkriegszeit: Auf Wissenschaftler, die ihre Karrieren nach 1945 nahezu bruchlos fortgesetzt, ihre Expertisen nun einem demokratischen Staat zur Verfügung gestellt, nicht Weltbilder, sondern nur belastetes Vokabular ausgetauscht hatten. Kurz gesagt: In zahlreichen Studien wurden in den vergangenen Jahren zielsicher die diversen Kontinuitätslinien nachgezeichnet, die vom Dritten Reich in die Bundesrepublik führten, und so die Vorstellung von ‚Stunde Null' und Neubeginn widerlegt.

Dennoch lassen sich die wissenschaftsgeschichtlichen Prozesse der Nachkriegszeit auch mit dem Verweis auf die Dauerhaftigkeit personeller Strukturen oder kognitiver Inhalte allein nicht rückstandsfrei erfassen. Nicht nur die Welt, die die Wissenschaftler erklären wollten, hatte sich verändert. Auch die Soziologie von 1960 war fraglos eine andere als die von 1930 und 1940. Wie also kann man das Verhältnis von Beharrungskräften, Anpassungsleistungen und Reformwillen – von Kontinuität und Wandel – deuten? Was genau passierte mit dieser Wissenschaft, als die Gesellschaft politisch und sozial in Bewegung geraten war?

Die vorliegende Arbeit geht diesen Fragen anhand eines kleinen Ausschnittes nach. Im Mittelpunkt der Untersuchung steht die soziologische Stadtforschung – also die Erkundung der Lebensverhältnisse und des menschlichen Zusammenlebens in der Stadt anhand systematisch erhobener Daten. Sie durchmisst den Zeitraum zwischen 1930 und 1960 anhand der Veränderungen in Forschungspraktiken und -bedingungen, wobei der Schwerpunkt auf der Nachkriegszeit und den entsprechenden Aktivitäten an der Sozialforschungsstelle in Dortmund liegt. Ausschlaggebend für die Wahl dieses Instituts war die Bedeutung, die ihm in der Geschichte der empirischen Sozialforschung zukommt. In den fünfziger Jahren stellte die Sozialforschungsstelle an der Universität Münster mit Sitz in Dortmund – wie ihr offizieller Name lautete – die größte und wichtigste Einrichtung für sozialwissenschaftliche Forschung in der Bundesrepublik dar.[6] Die Erkundung der Stadt war dort bereits kurz nach der Gründung im Jahr 1946 zu einem zentralen Arbeitsgebiet erklärt worden. Ab 1951 lag die Regie dann in den Händen des Soziologen Gunther Ipsen, der im gleichen Jahr als Leiter der Abteilung für Soziographie und Sozialstatistik nach Dortmund gekommen war. Diese Forschungsaktivitäten endeten mit seinem Weggang 1960,[7] weshalb sich die zeitliche Grenze dieser Arbeit also nicht allein

---

    dem Westen; sowie die aus dem DFG-Schwerpunktprogramm „Ursprünge, Arten und Folgen des Konstrukts ‚Bevölkerung' vor, im und nach dem ‚Dritten Reich'" hervorgegangenen Sammelbände Mackensen (Hg.): Bevölkerungslehre; Ehmer/Ferdinand/Reulecke (Hg.): Herausforderung Bevölkerung; Mackensen/Reulecke/Ehmer (Hg.): Ursprünge, Arten und Folgen.

6   Vgl. Weischer: Unternehmen, S. 63ff.

7   Einzelne Ansätze, die sich aus den Aktivitäten der fünfziger Jahre ergeben hatten, wurden von Mitarbeitern wie Rainer Mackensen zwar durchaus weitergeführt, wie z. B. die

aus den oben skizzierten Rahmenprozessen, sondern zugleich aus dem (nicht nur) in Dortmund abflauenden Interesse am städtischen Leben ergibt.

Stadtforschung wird in dieser Untersuchung als eine Gesamtheit sozialer Handlungen kulturell eingebetteter Akteure[8] verstanden. Das bedeutet, dass einzelne Projekte nicht im Hinblick auf Wissenszuwächse, sondern im Sinne von Knotenpunkten betrachtet werden, in denen verschiedene Fäden wissenschaftlicher Entwicklung miteinander verknüpft sind. Von diesen ausgehend – so der grundlegende Gedanke – lassen sich die Praktiken, Operationen und Bindeglieder herausarbeiten, unter denen die Stadt in einem bestimmten historischen Moment zu einem Objekt des Wissens und der Wissenschaft wurde. Die Untersuchung blickt dabei in drei Richtungen.

Sie begleitet – soweit die Quellen das zulassen – die Forscher auf ihrem Weg in die Stadt und versucht nachzuvollziehen, auf welche Weise diese ihren Gegenstand erkundeten, ihre Informationen über Bewohner und Lebensverhältnisse einholten. Angefangen mit Andreas Walther, der die *basic tools* der angloamerikanischen Sozialwissenschaften in Hamburg nutzte, um die Viertel der unteren Schichten einer nationalsozialistischen Sanierung zuzuführen, bis zu Gunther Ipsen und dessen Versuchen, die sozialen Gesetze des Großstadtlebens aus Massen statistischer Daten heraus zu berechnen. In den einzelnen Kapiteln entstehen so Skizzen der zeittypischen Problemstellungen, der methodischen Entwicklungen, der Forschungsinstrumente und ihrer Handhabung sowie natürlich auch der Resultate. Das soll einerseits einen anschaulichen Eindruck vom Vorgehen vermitteln, andererseits aber – bildlich gesprochen – auch deutlich machen, welches Neuland die Sozialforscher mit der Stadt betraten. Zugleich werden damit die forschungsleitenden, übergreifenden Denkmuster und Ordnungsvorstellungen herausgearbeitet.

Ein besonderes Augenmerk wird darüber hinaus auf Fragen der Autonomisierung und Professionalisierung liegen. Die Soziologie, das muss kaum mehr erwähnt werden, ist ein Produkt der neuen Gesellschaft, die sich im 19. Jahrhundert mit der beginnenden Industrialisierung Bahn brach. Wo etablierte Deutungsmodelle den tiefgreifenden gesellschaftlichen Wandel nicht mehr angemessen zu erklären vermochten, versprach sie ein rationales Ausloten des Abgrunds, der sich in Gestalt der ‚sozialen Frage' vor den bürgerlichen Beobachtern aufgetan hatte. Im Unterschied

---

Entwicklung mathematischer Prognose- und Messinstrumente für die Stadt- und Regionalplanung. Stadtforschung im Sinne der vorliegenden Studie wurde jedoch nicht mehr betrieben. Vgl. Sozialforschungsstelle: Berichte 3 (1963), S. 24; 4 (1964), S. 33; 5 (1965), S. 29; 6 (1966), S. 35-37; 7 (1967), S. 34; SFS Archiv. ONr. V, Bestand 81, K 1/1, Bd. „Methodische und praktische Erfahrungen soziologischer Gesichtspunkte im Städtebau"; außerdem die Protokolle der Abteilungsleitersitzungen der Sozialforschungsstelle in UA Bielefeld, NL Schelsky 64-70.

8   Diese Definition folgt Margit Szöllösi-Janze bzw. Ulrich Wengenroth. Szöllösi-Janze: Wissensgesellschaft in Deutschland, S. 280.

allerdings zur Medizin oder Psychologie – die diese Frage nach innen gekehrt und sich des Körpers und der Seele des modernen Menschen angenommen hatten – stützte sich dieses Versprechen kaum auf empirische Verfahrensweisen. Salopp ausgedrückt heißt das: Stadtforschung hatte mit der Soziologie, die während der Weimarer Jahre als eigenständige akademische Disziplin an den Universitäten institutionalisiert wurde, zunächst einmal nichts zu tun. In welchem Verhältnis zur akademischen Soziologie entwickelte sich also die Stadtforschung? Welche Beziehungen stellten die Wissenschaftler zwischen beidem her?

Ein dritter Aspekt sind die Verbindungsstellen zu Staat, Politik und Planung. In der neueren Wissenschaftsgeschichte ist die Grenzziehung zwischen wissenschaftsinternen und -externen Sphären längst fragwürdig geworden. Wenn es um die spezielle Entwicklungsdynamik der Sozialwissenschaften im 20. Jahrhundert geht, verweisen Historiker keineswegs nur für die NS-Zeit auf ein komplexes Wechselverhältnis wissenschaftlicher, politischer, ökonomischer und sozialer Prozesse; auf vielfach miteinander verflochtene, instrumentelle und legitimatorische Funktionen. Je nach Umständen nahmen diese funktionalen Beziehungen ganz unterschiedliche Formen und Intensitäten an, doch ergaben sie sich keineswegs zwangsläufig oder von selbst. Vielmehr knüpften Wissenschaftler aktiv an politische Zielsetzungen und Interessen an, um sich Akzeptanz und Gehör, finanzielles oder soziales Kapital zu verschaffen, während umgekehrt politische Akteure mit ihren Mitteln versuchten, wissenschaftliche Ressourcen für die eigenen Zwecke zu mobilisieren. Diese Allianzen werden historiographisch meist auf eine ‚Verwissenschaftlichung' ursprünglich wissenschaftsferner Bereiche der Gesellschaft hin befragt. Und auch in der vorliegenden Arbeit wird es um die Beiträge von Sozialforschern zu Bevölkerungspolitik und Stadtplanung gehen. Andersherum betrachtet indessen – und dies wird in den folgenden Kapiteln ebenfalls berücksichtigt werden – gewann eine Disziplin über dieses Gewebe aus unterschiedlichen Interessen, Angeboten und Nachfragen auch Gestalt – im Hinblick auf ihre gesellschaftliche Positionierung, ihr Selbstverständnis, ihren Zugriff auf die soziale Welt, ihre Praktiken und Objekte.

Um Stadtforschung in dieser dreifachen Hinsicht untersuchen zu können, orientiert sich die Arbeit am Denkmodell der „Ressourcenensembles", das Mitchell G. Ash zur Analyse des Verhältnisses von Wissenschaft und Politik im 20. Jahrhundert vorgeschlagen hat.[9] Es gründet auf den Bedingungen, die genutzt werden oder her-

---

9   Siehe Ash: Wissenschaft und Politik, bes. S. 32-36. Die neuere, philosophisch-anthropologisch orientierte Wissenschaftsforschung hat in den vergangenen Jahren eine hochinteressante Sicht auf die konkrete Arbeit und den prozessualen Charakter der Wissenschaften entwickelt, wobei der anregendste wie auch umstrittenste Ansatz zweifellos aus Frankreich kam und seit den 1990er Jahren als „Akteur-Netzwerk-Theorie" diskutiert wird. Federführend ausgearbeitet von Michel Callon und Bruno Latour verdankt er seine Originalität der radikalen Entgrenzung und Auflösung des „Sozialen" in einem komple-

gestellt werden müssen, um Gegenstände zu Gegenständen des Wissens zu machen und ordnet das praktische Handeln von Wissenschaftlern als aktiven Faktor der Gestaltung dieser Bedingungen ein. Was von ihnen als Ressource mobilisiert werden kann – zum Beispiel eine Verbindung zu einer amtlichen Instanz oder die Allianz mit einer Ideologie –, ist demnach historisch veränderlich und geht mit einem komplexen sozialen Prozess der Verwissenschaftlichung vieler Bereiche der Politik einher, in denen wiederum Politiker wissenschaftliche Ressourcen für ihre Zwecke nutzen. Die Zusammensetzung der gegenseitig mobilisierbaren Ensembles ist somit ebenfalls variabel beziehungsweise historisch dependent. Sie umfassen den Komplex von Forschungseinrichtungen, Ausbildungsinstitutionen und Forschungsförderungsnetzwerken ebenso wie die Kultur der (materiellen wie ideellen) Erkenntnisinstrumente einer Wissenschaft, die sozialen Hierarchien und Rollen im Forschungsbetrieb, die informellen Netzwerke und elitären Diskussionszirkel. Dass der Fokus der vorliegenden Untersuchung enger begrenzt ist und sich auf die personellen Ressourcen, auf die Erkenntnisinstrumente, politische und amtliche Allianzen beschränkt, sollte nach den bisherigen Ausführungen bereits deutlich geworden sein. Die Frage nach Kontinuität und Wandel stellt sie gleichwohl im Ash'schen Sinne als Frage nach der Um- oder Neugestaltung des Ressourcenensembles der Stadtforschung.

Grundlage dieser Arbeit sind zwei verschiedene Quellengruppen; nämlich publizierte Studien und Aufsätze, Forschungs- und Tagungsberichte einerseits und archivalische Quellen andererseits – und das heißt vornehmlich die Aktenüberlieferung der Sozialforschungsstelle in Dortmund. In deren Archiv sind die Tätigkeitsberichte des Instituts, Personalakten, Verwaltungs- und Projektunterlagen, Gutachten und Manuskripte erhalten sowie – als gesonderter Bestand – der Nachlass Gunther Ipsens. Genutzt wurden alle diese Quellengruppen, doch waren die Projektunterlagen[10] fraglos unverzichtbar. Zu diesem heterogenen Bestand gehört nicht allein das Datenmaterial – Fragebogen, Gesprächs- und Beobachtungsprotokolle, statistisches Material –, sondern auch die Forschungsverwaltungsunterlagen: Das heißt Arbeits- und Zeitpläne, der Schriftverkehr mit Kollegen, Geldgebern und kooperierenden Einrichtungen, außerdem Werk-, Forschungs-, und Stipendienverträge, Finanzaufstellungen und Verwendungsnachweise und anderes mehr. Auf ihrer Grundlage war es daher möglich, der Entwicklung von Forschungsinteressen und -prakti-

---

xen Netzwerk, in dem neben menschlichen Wesen auch natürliche und artifizielle Objekte, Tiere und Pflanzen mehr oder weniger fest miteinander verknüpft werden (vgl. z. B. Latour: Pasteurization; ders.: Hoffnung der Pandora). Diese Arbeiten hatten einigen Einfluss auf die Entwicklung der Fragestellung der vorliegenden Studie. Im Rahmen einer historischen, quellengebundenen Analyse soziologischer Stadtforschung stellt sich Ashs Modell allerdings als operationalisierbarer dar.

10 SFS Archiv. ONr. V, Bestände 1 (K 1/23-23/23); 6 (K 1/26-26/26); 7 (K 1/16-16/16).

ken nachzuspüren, aber auch die Verbindungen zu Interessenten und Förderern, Auftrag- und Geldgebern auszuleuchten. In dieser Hinsicht hat sich auch der Nachlass Gunther Ipsens als sehr hilfreich erwiesen. Seine besondere Bedeutung allerdings liegt in der dort archivierten externen Korrespondenz des Forschungs- und Abteilungsleiters, da sie Hinweise auf die Positionierung Ipsens und seines Teams in der damaligen Wissenschaftslandschaft gab.[11] Für den institutionengeschichtlich angelegten Teil der Untersuchung hingegen wurden die allgemeinen Verwaltungsakten herangezogen, ließ sich auf ihrer Grundlage doch die Gründungs- und Arbeitssituation des Dortmunder Forschungsinstituts detailliert nachvollziehen.[12] Für verschiedene Einzelfragen wurden außerdem ausgewählte Bestände anderer Archive bearbeitet: Hinsichtlich der sogenannten Dortmund-Studie und den Verbindungen zur Dortmunder Stadtverwaltung die Überlieferung zur Sozialforschungsstelle im Stadtarchiv Dortmund;[13] zu den Aktivitäten der Reichsarbeitsgemeinschaft für Raumforschung Akten der Hochschularbeitsgemeinschaften für Raumforschung der Universitäten Köln und Gießen, die in den jeweiligen Universitätsarchiven erhalten sind;[14] zur Frage der Fortführung der Stadtforschung in den sechziger Jahren die Protokolle der Abteilungsleiterkonferenzen an der Sozialforschungsstelle, die im Universitätsarchiv Bielefeld liegen.[15]

Die größte Gruppe der publizierten Quellen machen die selbständig wie unselbständig erschienenen Schriften der Dortmunder Mitarbeiter aus. Dazu gehören die Berichte über Praktiken und Probleme der Stadtforschung, über das Leben und Zusammenleben in der Stadt, über Erkenntnisse der Forschung und ihre Konsequenzen. Neben diesen in Dortmund im Rahmen der hier untersuchten Forschungsaktivitäten entstandenen Arbeiten, schließt die Auswahl allerdings auch frühere und spätere Veröffentlichungen ein, um die wissenschaftlichen Profile der Stadtforscher in den Blick zu bekommen. Für die Jahre des Dritten Reiches wurden exemplarisch die Arbeiten von Andreas Walther und dessen Schülern untersucht. Hinzu kommen Studien angloamerikanischer Soziologen, denen im weitesten Sinne Vorbildcharakter für die deutsche Stadtforschung der frühen Nachkriegszeit attestiert werden kann. Das betrifft zum Beispiel die Beiträge der *Chicago School*, die Middletown-Studien von Helen und Robert Lynd, aber auch Schriften der ‚kulturellen Mittler', die als Experten und Berater in Sachen *social research* nach 1945 die Forschung der deutschen Soziologen begleiteten. Ausgewertet wurden außerdem die zwischen 1937 und 1944 erschienenen Jahrgänge der Zeitschrift „Raumforschung und Raumordnung" (RuR), die von der Reichsarbeitsgemeinschaft für Raumforschung her-

---

11 SFS Archiv. ONr. IX, Bestand 3, Nachlass Gunther Ipsen, K 1/14-14/14.
12 SFS Archiv. ONr. I, Bestand G 1/3-3/3; ONr. II, Bestand 1, K 1/5-2/5.
13 StAD. Bestände 140, 141.
14 UA Köln Zug. 96/5; UA Gießen, PrA 2088; PrA Phil Nr. 30.
15 UA Bielefeld, NL Schelsky 64-70.

ausgegeben wurde. Für die 1950er Jahre wurde das gleiche für die Ausgaben der „Sozialen Welt" durchgeführt, die gewissermaßen das Hausorgan der Dortmunder Sozialforschungsstelle darstellte und 1949/50 zum ersten Mal erschienen ist.

Aus diesem Quellenkorpus ergeben sich allerdings auch die Grenzen dieser Arbeit. Sie resultieren auf der einen Seite aus den üblichen Lücken der Überlieferung. Denn obwohl das in der Sozialforschungsstelle archivierte Material aus den 1950er Jahren durchaus umfangreich ist, lässt sich doch eine gewisse Unausgewogenheit nicht übersehen. So enthalten die Archivkartons beispielsweise das komplette Datenmaterial der Wohn- und Nachbarschaftsstudien Wolfgang Schüttes und Elisabeth Pfeils. Hingegen finden sich zu den Schichtungs- und Sozialraumstudien, die unter anderen Wolfgang Köllmann und Rainer Mackensen durchgeführt haben, nur mehr verstreute Hinweise. Was archiviert ist, hängt mit dem Material selbst zusammen – die Fragebogen der Interviewforschung bargen immerhin die Möglichkeit einer Sekundärauswertung –, hat aber darüber hinaus wohl auch mit dem einzelnen Mitarbeiter und dessen Arbeitsweise zu tun. Systematisch von größerer Bedeutung ist auf der anderen Seite jedoch der Schwerpunkt, den dieses Quellenkorpus generell setzt. Denn auf seiner Grundlage konzentriert sich die Untersuchung auf wissenschaftliche Forschung und Praktiken im engeren Sinne. Wo es hingegen um die Wechselwirkungen wissenschaftlicher, politischer und gesellschaftlicher Entwicklungen geht, bleibt die Perspektive zweifellos begrenzt. Fragen nach dem Verhältnis zur akademischen Soziologie, zu Politik und Planung können systematisch nur in eine Richtung gestellt und bearbeitet werden. Die Aufmerksamkeit bleibt auf diejenigen Verbindungen beschränkt, die Niederschlag in Akten und Schriftwechsel gefunden haben.[16] Gerade diese bewusste Beschränkung jedoch ermöglicht es, die Umgestaltung des Ressourcenensembles der Stadtforschung in mikrohistorischer Perspektive detailliert zu analysieren. Mit dieser Untersuchung – und das sei ausdrücklich noch einmal bemerkt – kann und soll keine Institutionengeschichte geschrieben werden. Es geht nicht darum, das wissenschaftliche Leistungsspektrum der Dortmunder Sozialforschungsstelle insgesamt zu vermessen oder einen gesellschaftspolitischen Impact-Faktor zu ermitteln. Und ebenso muss es anderen Studien vorbehalten bleiben, das Institut auf der sozialhistorischen Landkarte der frühen Bundesrepublik zu

---

16 Beispielsweise finden sich in den betreffenden Akten nur wenige Hinweise, wenn es um Autonomisierungsprozesse bzw. die Verortung der Dortmunder Stadtforschung in der akademischen Soziologie geht. Der unmittelbare Austausch war vor allem auf die Planungswissenschaften und die Praxis beschränkt und selbst umfassende Publikationen wie die „Daseinsformen der Großstadt" nehmen wenig direkten Bezug auf die umliegende Forschungslandschaft. Das deutet zwar die praktische Selbstverortung der Stadtforscher an, lässt aber keinen Schluss im Hinblick auf das sich ausformende Profil der akademischen Soziologie zu. Dem mittels einer Erweiterung der Quellenbasis abzuhelfen, hätte den Rahmen dieser Arbeit jedoch eindeutig gesprengt.

verorten. Im Zentrum dieser Arbeit steht die Frage nach den Bedingungen und Prozessen wissenschaftlichen Wandels, und ihr wird nachgegangen anhand soziologischer Forschungsaktivitäten zum sozialen Leben in der Stadt, wie sie eingangs skizziert wurden.

Die vorliegende Arbeit handelt vom Zugriff der Soziologen auf die Stadt und ordnet sich insofern in der weiten Forschungslandschaft ein, die sich in den vergangenen anderthalb Jahrzehnten unter dem Schlagwort einer „Verwissenschaftlichung des Sozialen" (Lutz Raphael) ausgebildet hat.[17] An der Schnittstelle von Wissenschafts- und Sozialgeschichte angesiedelt entstand seither eine Vielzahl an Studien, die die Verbreitung wissenschaftlichen Wissens und deren Bedeutung für die Entwicklungen des 20. Jahrhunderts ausloten. Wissenschaftshistorisch akzentuiert handeln sie bevorzugt vom Aufstieg der anwendungsorientierten Sozialwissenschaften und der Ausbildung des praxisbezogenen akademischen Gelehrten. Von der Seite der Sozialgeschichte aus betrachtet hingegen stehen Präsenz und Funktion wissenschaftlicher Experten (beziehungsweise ihrer Argumente) in Politik und anderen gesellschaftlichen Bereichen im Fokus des Interesses.[18] „Radikales Ordnungsdenken",[19] *social engineering*, Fordismus – diese Schlagworte mögen genügen, um auch die ideengeschichtlichen Dimensionen dessen zu charakterisieren, was Historiker inzwischen als einen Basisprozess des 20. Jahrhunderts betrachten. Der Glaube an die wissenschaftlich-rationale Optimierbarkeit der Gesellschaft, von Städten und Menschen, wurde von verschiedenen Seiten geradezu zum geistigen Signum einer ganzen Epoche erklärt und längst auch als gesamteuropäisches Phänomen erkannt und untersucht.[20]

Den engeren Forschungskontext bildet indessen die Geschichte von Sozialforschung und Soziologie. Und auch an dieser Stelle sind in den vergangenen Jahren wichtige Beiträge entstanden, auf denen die vorliegende Arbeit aufbaut beziehungsweise mit denen sie sich auseinandersetzt. So wurden die intellektuellen Ent-

---

17 Lutz Raphael präsentierte 1996 unter diesem Titel den einflussreichen Vorschlag einer Neukonzeption der Sozialgeschichte in einem „langen" 20. Jahrhundert. Raphael: Verwissenschaftlichung. Zehn Jahre später hat Margit Szöllösi-Janze ein erweitertes, auf soziologischen Modellen der „Wissensgesellschaft" aufbauendes Konzept vorgelegt. Szöllösi-Janze: Wissensgesellschaft in Deutschland.

18 Umfassende Studien zur Verwissenschaftlichung zweier unterschiedlicher gesellschaftlicher Bereiche legten in den vergangenen Jahren beispielsweise Alexander Nützenadel und Benjamin Ziemann vor (Nützenadel: Stunde; Ziemann: Katholische Kirche).

19 Raphael: Ordnungsdenken.

20 Siehe dazu neuestens van Laak: Technokratie; Etzemüller: Strukturierter Raum; von Saldern: Alles ist möglich; von Saldern/Hachtmann: Das fordistische Jahrhundert; sowie für Einzelstudien z. B. die Beiträge in: Zeithistorische Forschungen 6 (2009); Etzemüller (Hg.): Ordnung der Moderne, auch Kuchenbuch: Geordnete Gemeinschaft.

wicklungen des abgesteckten Zeitraums in verschiedenen Studien ausgeleuchtet, wobei akademische Milieus und ‚Denkstile' der dreißiger und vierziger Jahre ebenso in den Blick genommen wurden wie dominierende Gesellschaftstheorien und Ordnungsvorstellungen.[21] Individualbiographische und akteursorientierte Studien haben intellektuelle Profile ausgeleuchtet und Lebens- und Karrierewege nachgezeichnet. Sie bieten wichtige Einblicke in die Bedingungen eines gelehrten Lebens und die Erfahrungen von Diktatur, Verfolgung, Emigration, Krieg und Demokratie, aber auch in die Denk- und Arbeitsweisen sowie das professionelle Selbstverständnis der Wissenschaftler. Dabei sind es längst nicht mehr nur die wortmächtigen Intellektuellen der Zunft, wie Hans Freyer, Theodor W. Adorno oder Helmuth Plessner, auf die sich das Interesse richtet.[22] Inzwischen hat auch der Typus des politik- und praxisorientierten Wissenschaftlers und Funktionärs die Aufmerksamkeit der Forschung auf sich gezogen. So liegen beispielsweise zum Leben und Wirken Bruno Kuskes, Elisabeth Pfeils, Gunther Ipsens und Dietrich von Oppens – besonders die drei letztgenannten Sozialwissenschaftler werden in der vorliegenden Untersuchung noch eine Rolle spielen – unterschiedlich akzentuierte Darstellungen vor.[23] Methoden und Arbeitsweisen dieser Wissenschaftler wurden ebenso untersucht wie die zentralen Forschungsfelder, die sie sich erschlossen – von der Bevölkerungs- und Raumforschung des Dritten Reichs über die Gemeinde- und Flüchtlingsforschung der Nachkriegsjahre bis zur Meinungsforschung der Bundesrepublik.[24] Zugleich haben sich verschiedene Arbeiten mit den Organisationsformen von Soziologie und Sozialforschung beschäftigt und dabei die Bedeutung außeruniversitärer Einrichtungen und politiknaher Großforschungsnetzwerke herausgearbeitet. Hier muss Jens Adamskis 2009 erschienene Studie zur Sozialforschungsstelle in

---

21 Üner: Emanzipation; dies.: Einbruch des Lebens; dies.: Politisches Volk; Gutberger: Bevölkerung, Ungleichheit, Auslese; Albrecht et al.: Intellektuelle Gründung; Nolte: Ordnung. Selektierend und auf dominierende soziologische Theorien beschränkt auch Gerhardt: Soziologie im zwanzigsten Jahrhundert.

22 Siehe z. B. Muller: The Other God; Jäger: Adorno; Fleck: Transatlantische Bereicherungen; Ziege: Antisemitismus; Dietze: Nachgeholtes Leben.

23 Engels: Wirtschaftsgemeinschaft; Sehested von Gyldenfeldt: Gunther Ipsen; Ahlheim: Geschöntes Leben. Knapper oder älteren Datums hingegen: Schneider: Stadtsoziologie und radikales Ordnungsdenken; Waßner: Andreas Walther und das Seminar für Soziologie; ders.: Andreas Walther und die Soziologie in Hamburg; ders.: Andreas Walther und seine Stadtsoziologie; Klingemann: Flüchtlingssoziologen; Gutberger: Fallbeispiel. Erst nach Abschluss des Manuskripts erschien die Studie Sonja Schnitzlers zu Elisabeth Pfeils Karriere im Nationalsozialismus.

24 Venhoff: Reichsarbeitsgemeinschaft; Leendertz: Ordnung schaffen; Klingemann: Soziologie und Politik; Arnold: Reorientation; Kruke: Demoskopie; zur Survey-Forschung der alliierten Militärverwaltung: Gerhardt: Denken der Demokratie.

Dortmund besonders erwähnt werden, die eine sorgfältige und detailreiche institutionengeschichtliche Grundlage für die vorliegende Untersuchung bildet.[25]

Was an dieser engeren Forschungslandschaft auffällt: Ihre Topographie ist noch immer in hohem Maße von der Zäsur des Jahres 1945 dominiert. Das ergibt sich implizit aus dem zeitlichen Zuschnitt der Beiträge. Der Schwerpunkt liegt auf den zwölf Jahren der nationalsozialistischen Herrschaft, während Studien zur Geschichte der zweiten Hälfte des 20. Jahrhunderts in der Minderheit und übergreifende Darstellungen noch seltener sind. Und auch die forschungsleitenden Fragen zielen nicht selten noch immer auf den Nachweis von Neuanfang oder Kontinuität. Einerseits, indem Wissenschaftstransfer und Demokratisierungspolitik der USA thematisiert werden. Andererseits indem sich übergreifende Untersuchungen primär auf den Kontinuitätsnachweis konzentrieren.

Aufbauend auf diesem Forschungsstand geht die vorliegende Arbeit von zwei Grundannahmen aus. Erstens sind (gerade hinsichtlich des Personals) Kontinuitäten zwischen den Jahren vor und nach 1945 unbestreitbar. Genauso unbestreitbar sind aber zweitens auch Veränderungen, die mindestens in der sukzessiven Aneignung amerikanischer Praktiken lagen. Im Zentrum steht also die Frage, wie diese Kontinuitäts- und Wandlungsprozesse ineinander greifen konnten, wie aus ihnen während der frühen Jahre der Bundesrepublik Themen, Fragen und Methoden der Stadtforschung hervorgingen.

Zunächst werden dazu im zweiten Kapitel zentrale Aspekte der Entwicklung der empirischen Stadt- und Sozialforschung während des Dritten Reichs herausgearbeitet. Das Hauptaugenmerk wird dabei auf den Verbindungsstellen zwischen Soziologie und nationalsozialistischem Regime liegen, um die besondere Dynamik dieser Entwicklung nachvollziehen zu können. Das wird aus zwei Richtungen geschehen. Von Seite der Soziologie aus wird das Beispiel des Hamburger Professors und Großstadtforschers Andreas Walther ausführlich erörtert. Mit seiner „Notarbeit 51" zu den „gemeinschädigenden Regionen" Hamburgs gehört Walther zu den meistzitierten Beispielen, wenn in der Historiographie auf die Rolle willfähriger Technokraten im Nationalsozialismus hingewiesen wird. Hier soll indessen ausdrücklich noch einmal der akademische Soziologe Walther vorgestellt werden, um die Motivationen und Angebote eines einzelnen wissenschaftlichen Akteurs zu prüfen. Anhand des Komplexes Raumplanung und speziell der Reichsarbeitsgemeinschaft für Raumforschung (RAG) wird sodann beleuchtet, welche Bedingungen das nationalsozialistische Regime für eine sozialwissenschaftliche beziehungsweise soziologische Stadtforschung bot. Dabei werden einerseits politische Zielsetzungen und Handlungsfelder skizziert, auf die zahlreiche Wissenschaftler ihre Arbeit ausrichteten. Andererseits wird beleuchtet, auf welche Weise politische Funktionäre ver-

---

25 Adamski: Ärzte.

suchten, wissenschaftliches Wissen in Form angewandter Forschung und Expertise für die Interessen des Regimes systematisch zu mobilisieren.

Das dritte Kapitel hat die Veränderungen nach 1945 zum Thema, wobei die Frage nach der Bedeutung der alliierten Reorientierungspolitik in Form des amerikanischen Wissenschaftsimports im Mittelpunkt stehen wird. Nach einer schlaglichtartigen Charakterisierung amerikanischer Wissenschaftskultur wird die sozialwissenschaftliche Landschaft Deutschlands aus der Perspektive der amerikanischen *Rockefeller Foundation* betrachtet. Schließlich werden die in diesen ersten beiden Kapiteln skizzierten Entwicklungen unter Heranziehung von Mitchell Ashs Konzept der Ressourcenensembles diskutiert.

Kapitel vier widmet sich der Sozialforschungsstelle in Dortmund, die im April 1946 als universitätsnahes, aber eigenständig organisiertes und agierendes Forschungsinstitut gegründet wurde. In der Wissenschaftsgeschichte steht sie wie kaum eine andere sozialwissenschaftliche Einrichtung für die Kontinuitäten zwischen Drittem Reich und Bundesrepublik, was in erster Linie auf ihre personelle Zusammensetzung zurückgeführt werden kann. Nichtsdestotrotz entwickelte sie sich in den fünfziger Jahren zu einer der wichtigsten Stätten sozialwissenschaftlicher Forschung in Deutschland, an der die Karrieren zahlreicher Nachkriegssoziologen ihren Anfang nahmen. Dieses Kapitel versteht die Sozialforschungsstelle als Schauplatz, auf dem der Wissenschaft aus der Verknüpfung alter und neuer Ressourcen neue Möglichkeiten eröffnet wurden. Dazu werden zunächst Gründungskonstellationen, organisatorische Strukturen und programmatische Zielsetzungen sowie das Verhältnis zwischen dem Dortmunder Institut und der amerikanischen Besatzungsmacht untersucht. In zwei weiteren Abschnitten zu Forschungsverständnis und wissenschaftlichem Personal wird es darum gehen, die Sozialforschungsstelle zumindest grob auf der soziologischen Landkarte der fünfziger Jahre zu verorten.

Im fünften Kapitel steht mit einer Gemeindestudie, die die Sozialforscher 1950 in Datteln in Angriff nahmen, die Stadtforschung selbst wieder im Mittelpunkt. Das Forschungsprojekt, dessen Ergebnisse 1958 unter dem Titel „Zeche und Gemeinde" veröffentlicht wurden, wird hier als Beispiel für den amerikanischen Kulturtransfer analysiert. Dazu wird zunächst die Übersetzung einer wirtschaftspolitischen Problemstellung in eine soziologische skizziert, um sodann auf personelle und methodische Ressourcen des Projekts einzugehen. In zwei weiteren Abschnitten wird der Zusammenhang zwischen Forschungstechnik einerseits und Sichtweisen und Deutungsmustern andererseits diskutiert werden.

Wenn dieses Kapitel das Interesse an der kleineren beziehungsweise mittelgroßen Stadt dokumentiert, so war es doch die Großstadt, die die Aufmerksamkeit der Dortmunder Forscher in erster Linie auf sich zog. Seit 1947 stand sie auf der Agenda des Instituts weit oben. Es folgten 13 Jahre, in denen die Sozialforscher sich intensiv darum bemühten, die Gesetzmäßigkeiten des urbanen Raums aufzudecken, die Großstadt ‚entzifferbar' zu machen. Ein Unterfangen, das eng mit einer Mission sozialer Neuordnung und Befriedung verquickt war und in den fünfziger Jahren die Arbeitskraft einer ganzen Abteilung und ihrer wechselnden Mitarbeiter band. In der vorliegenden Arbeit werden die vielfältigen Aktivitäten, die die Wissenschaftler rund um das Projekt einer empirischen Soziologie der Großstadt entfalteten, in drei Schritten untersucht.

Kapitel sechs „Die Soziologie der industriellen Großstadt" konzentriert sich quasi auf das Kerngeschäft der Forscher und skizziert die verschiedenen Anläufe und Einzelstudien des Unternehmens Großstadtforschung. Dabei werden Personalfragen, Problemstellungen und Methoden thematisiert, aber auch die Schwierigkeiten, denen die Sozialwissenschaftler sich gegenübersahen. Empirische Großstadtforschung verlief in Dortmund, das sollte in diesem Kapitel deutlich werden, nicht in Form standardisierter Techniken, sondern stellte sich vielmehr als Entwicklungsarbeit dar, in deren Verlauf man sich an Ansätzen und Methoden abarbeitete, sich Zugriffs- und Sichtweisen veränderten.

Dem Prinzipal der Dortmunder Großstadtforschung ist das siebente Kapitel gewidmet. Gunther Ipsen, einst Soziologe eines agrarromantisch verklärten und nationalsozialistisch ausgedeuteten deutschen Volkstums, kam 1951 als Leiter der Abteilung für „Soziographie und Sozialstatistik" an das im Herzen des Ruhrpotts gelegene Institut. Anhand von Ipsens Stadtbegriff und seines Forschungsverständnisses wird herausgearbeitet, in welcher Weise dieser Wissenschaftler die großstadtsoziologischen Arbeiten prägte und welche Deutungsmuster dabei zum Tragen kamen. Da Gunther Ipsen während des gesamten Zeitraums von 1930 bis 1960 wissenschaftlich aktiv war, wird darüber hinaus exemplarisch erörtert werden, unter welchen Bedingungen eine Forscherkarriere nach 1945 fortgesetzt werden konnte.

Im achten und letzten Kapitel der Untersuchung werden die Verbindungen von Wissenschaft und Praxis, Stadtforschung und Stadtplanung noch einmal eingehender analysiert. Diese spielen zwar auch in den voranstehenden Kapiteln eine Rolle: Etwa wenn es um politische Ziele geht, an denen die Dortmunder ihre Arbeit ausrichteten, oder um die Auftrag- und Geldgeber, die Interesse an dieser Arbeit hatten. Was jedoch generell eher selten thematisiert wird, ist das Desinteresse am Wissen der Forschung. Wie die Stadtforscher damit umgingen, auf welche Weise sie sich auf dem Feld des Städtebaus ins Spiel brachten und ihrer Wissenschaft einen neuen ‚sozialen Kontext' erschlossen, wird das Thema dieses letzten Teils der Untersuchung sein.

2 Volk, Raum und Großstadt – Wissenschaft und „Drittes Reich"

Es gehört mittlerweile fast zu den historischen Binsenweisheiten, dass das nationalsozialistische Regime keineswegs so wissenschaftsfeindlich war, wie es Auftreten und Propaganda seiner einzigen Partei glauben machen mochten. Zwar gab sich die NSDAP betont intellektuellenfeindlich, und ihr Führer Adolf Hitler machte aus seiner Verachtung für die Gelehrten keinen Hehl. Zwar schwieg sich ihr Parteiprogramm darüber aus, wie das Wissenschaftssystem im neuen Staat aussehen sollte. Zwar hat auch die Geschichtsschreibung fast vier Jahrzehnte lang auf die ineffiziente Wissenschaftspolitik der Nationalsozialisten, auf Ämterchaos, Kompetenzwirrwarr und widersprüchliche Aktivitäten hingewiesen.[1] Doch die Vorstellung ei-

---

[1] Und in der Tat ist der Eindruck eher verwirrend. Auf dem Gebiet der Wissenschaftspolitik waren zahlreiche Einrichtungen zum einen oder anderen Zeitpunkt aktiv – oder versuchten zumindest, eigenen Einfluss geltend zu machen: NS-Studentenbund, später der NSD-Dozentenbund, die für die Universitäten zuständige Stelle beim Stellvertreter des Führers, ab 1934 das Reichswissenschaftsministerium, Länderministerien, Gauleiter, das Ahnenerbe Himmlers, das „Amt Rosenberg" und sein Namensgeber, die Forschungseinrichtungen des Militärs, die Reichsleitung des Führers – all diese Institutionen kämpften im Wissenschaftssektor um Einfluss und Zuständigkeiten. Dass dabei das politische Taktieren, die individuellen und kollektiven Machtstrategien ihrer Akteure nur schwer davon abzugrenzen waren, welche unterschiedlichen inhaltlichen Vorstellungen sie durchzusetzen suchten, steht außer Frage. (Einen Überblick bietet Grüttner: Wissenschaftspolitik.) Vielleicht auch aus diesem Grund dominiert der Kampf der Ressorts auch die Beurteilung von deren Wirken und Wirkung – ob zu Recht oder nicht, muss hier dahingestellt bleiben. Aber z. B. in Bezug auf das Reichserziehungsministerium hat Anne Nagel in jüngster Zeit differenziertere Bewertungsmaßstäbe für die nationalsozialistische Wissenschaftspolitik angemahnt: „Viele der hiervon ausgehenden Impulse wie die Personalentwicklung an den Hochschulen oder die Ressourcensteuerung in der Forschung brachten keine sofortigen Resultate hervor, sondern mussten sich erst über einen längeren Zeit-

ner radikalen Wissenschaftsfeindlichkeit hat die NS-Forschung inzwischen längst korrigiert. In einer Fülle von Detailstudien wurde herausgearbeitet, wie facettenreich das Bild wird, sobald zwischen Wissenschaft und Wissenschaftspolitik, zwischen Forschung und Lehre differenziert wird. Sie vermitteln den Eindruck einer höchst dynamischen Entwicklung, in deren Verlauf Wissenschaft, Forschungsleistungen und handfeste politische Interessen immer enger miteinander verknüpft wurden. Selten, so stellte zum Beispiel die Zeithistorikerin Margit Szöllösi-Janze fest, war das „sowohl instrumentelle als auch legitimatorische Wechselverhältnis zwischen Politik und Wissenschaft [...] deutlicher greifbar als im Nationalsozialismus, als die Politisierung von Wissenschaft und die Verwissenschaftlichung von Politik konvergierten."[2]

Das folgende Kapitel wird sich mit diesen Entwicklungen im Dritten Reich beschäftigen. Sein Fluchtpunkt ist die Stadtforschung, das heißt, die Studien zur Erkundung der sozialen Lebenswelt Großstadt. Dennoch wird sehr viel weniger von einzelnen Projekten, von Themen und Theoremen die Rede sein, als von den Bedingungen, die die Herrschaft des Nationalsozialismus für eine solche bot. Dass dessen ideologische Paradigmen besonders die rassebiologische beziehungsweise -hygienische Sicht auf die Menschen in der Stadt förderten ist bekannt. Die folgenden Ausführungen werden hingegen darauf eingehen, in welchem Rahmen Sozialforscher die Großstadt zu ihrem Gegenstand machten. Es wird daher nach dem Verhältnis zwischen (akademischen) Wissenschaftlern und Nationalsozialismus, zwischen den Angeboten der Wissenschaften auf der einen und den Interessen des Staates auf der anderen Seite gefragt. Dass dies im Sinne einer ‚Vorgeschichte' geschieht und darin alle Schwächen einer solch zielgeleiteten Beschreibung liegen, sei unumwunden zugestanden. Gleichwohl sollte sie einen Eindruck davon vermitteln, wo die Stadtforschung der frühen Bundesrepublik ansetzen konnte.

2.1 WISSENSCHAFTEN UND NATIONALSOZIALISMUS

Der nationalsozialistische Griff nach der Macht hatte ohne jeden Zweifel tiefe Eingriffe auch in die akademische Landschaft und das Leben der Gelehrten zur Folge. Nicht nur chronologisch standen dabei an erster Stelle die massenhaften Zwangsentlassungen, durch die die Universitäten und Forschungseinrichtungen von ihren jüdischen oder politisch missliebigen Angehörigen ‚gesäubert' werden sollten. (Al-

---

raum entfalten. [...] Dies allein mit dem Modell des Kampfes Aller gegen Alle deuten zu wollen, wird der komplexen Wirklichkeit von Hochschulen und Wissenschaft im Nationalsozialismus kaum gerecht." Nagel: Anspruch und Wirklichkeit, S. 261; dazu auch Nagel: Hitlers Bildungsreformer.

2 Szöllösi-Janze: Politisierung, S. 90f.

lerdings war dies mehr eine Folge der NS-Rassepolitik und der Judenverfolgung als genuin wissenschaftspolitisch motiviert.) Die Schätzungen über das Ausmaß dieses erzwungenen Exodus variieren, aber für die Universitäten geht man mittlerweile davon aus, dass zwischen 1933 und 1945 circa 20 Prozent des Lehrkörpers Stelle und berufliche Existenz verloren.[3] Dabei fielen die Folgen für das Personaltableau von Einrichtungen und Disziplinen sehr unterschiedlich aus – je nachdem, wie hoch der Anteil derjenigen war, die von den Nationalsozialisten als jüdisch klassifiziert wurden.[4] Für eine einzelne Disziplin wie die Soziologie ließen sich bisher kaum konsensfähige Zahlen ermitteln, weshalb die Auswirkungen gerne anhand bekannter Köpfe veranschaulicht werden.[5] Gleich der ersten Welle im Jahr 1933 fielen zum Beispiel Theodor Geiger, Karl Mannheim und Max Horkheimer zum Opfer. Wie sich der folgende ‚Brain-Drain' der Gesellschaftswissenschaft qualitativ auswirkte, wird wohl nie genau zu bestimmen sein. Aber die Frankfurter Tradition mag als Beispiel dafür stehen, wie auf diese Weise ganze Forschungsmilieus getilgt wur-

---

3   Das ist das Ergebnis der sorgfältig recherchierten Studie von Michael Grüttner und Sven Kinas, die 15 der 23 deutschen Universitäten untersucht haben. (Sie berücksichtigt die Ordinarien einschließlich der Emeriti, a.o. Professoren, Honorarprofessoren, Privatdozenten, Lektoren, Lehrbeauftragten und anderer Lehrkräfte.) Zur Interpretation dieser Angabe seien zwei Dinge angemerkt: Die Zahlen beziehen sich auf die tatsächlichen Entlassungen und berücksichtigen nicht die freiwilligen Rücktritte aus politisch motivierten Gründen. Außerdem gehen beide Autoren davon aus, dass die nicht berücksichtigten Universitäten diese ermittelte Gesamtzahl von 20,7 Prozent nach unten korrigieren würden: auf ca. 18,6 Prozent. Grüttner/Kinas: Vertreibung von Wissenschaftlern, S. 140ff. Vgl. z. B. auch zu den Kaiser-Wilhelm-Instituten: Ash: Emigration und Wissenschaftswandel, S. 613f.

4   Während die Entlassungen in Frankfurt 128 Personen und damit 36,5 Prozent der Professoren trafen, war etwa die Universität Tübingen mit 8 entlassenen Hochschullehrern (4 Prozent) wohl eher am Rande betroffen. Siehe Grüttner/Kinas: Vertreibung von Wissenschaftlern, S. 140ff. Dass der akademische Nachwuchs in erheblichem Maße von den massenhaften Entlassungen profitierte, hat Michael Grüttner an anderer Stelle herausgearbeitet. Siehe Grüttner: Machtergreifung als Generationskonflikt.

5   Was vor allem daran liegt, dass – dem Institutionalisierungsgrad der Soziologie zu Beginn der dreißiger Jahre geschuldet – schwer einzugrenzen ist, wer als „Soziologe" zu gelten hatte. Im Durchschnitt werden die Zahlen noch etwas höher geschätzt als im Mittel der Disziplinen. So ging M. Rainer Lepsius von 55 haupt- und nebenamtlichen Fachvertretern im Jahr 1931/32 aus, von denen zwei Drittel vertrieben worden seien. Fornefeld/Lückert/Wittebur ermittelten hingegen 153 Fachvertreter an reichsdeutschen Hochschulen. Lepsius: Entwicklung, S. 26ff.; vgl. auch ders.: Soziologie der Zwischenkriegszeit; ders.: Sozialwissenschaftliche Emigration; Fornefeld/Lückert/Wittebur: Soziologie an reichsdeutschen Hochschulen, S. 424.

den. Im Zusammenspiel mit weiteren Faktoren – führende Fachzeitschriften konnten nicht mehr erscheinen, Institute wurden aufgelöst oder umorganisiert, die Standesvertretung der Soziologen stillgelegt – beendeten die nationalsozialistischen ‚Säuberungen' nun gewaltsam die Entwicklungen der zwanziger Jahre.

Den Begriff „Gleichschaltung" hatten die Nationalsozialisten aus der Elektroindustrie übernommen. Nun kennzeichnete er die Vereinheitlichung von Politik und Gesellschaft, von öffentlichem wie privatem Leben, die die Partei gemäß ihrer Ideen und Positionen betrieb. Für die Universitäten bedeutete dies eine neue Hochschulverfassung, die Implementierung des – freilich nie voll durchschlagenden – Führerprinzips, die Einflussnahmen durch Dozenten- und Studentenbund. Offensiv wurden Professoren und Dozenten nach parteipolitischen Prinzipien rekrutiert, und auch im Fächerkanon wurden einige nicht zu übersehende Änderungen durchgesetzt. So gehörten nun Wehrwissenschaften, Rassen- beziehungsweise Rassenseelenkunde zum Tableau der akademischen Lehrfächer.[6] Parallel dazu gab es Versuche, verschiedene Wissenschaften im Sinne des neuen Regimes umzugestalten. Besonders ominös wirkte dies zweifellos im Falle von Disziplinen wie der Physik oder der Mathematik, die sich traditionell auf universale Naturgesetze beriefen und nun eine rassistisch grundierte „deutsche" oder „arteigene" Wissenschaft betreiben sollten. Auch die Naturerkenntnis war nun rasseabhängig.[7]

Diesen Einschnitt des Jahres 1933 zu betonen, bedeutet jedoch nicht, dass die folgenden zwölf Jahre als Phase ideologisch willfähriger Anti- oder Pseudowissenschaften *ad acta* gelegt werden könnten.[8] Lange Zeit dominierte die Formel vom politischen Missbrauch der Wissenschaft den Blick und die Wertung der Geschichtsschreibung. Bei genauerem Hinsehen allerdings – und dies setzte wohl eine konse-

---

6   Vgl. für einen allgemeinen Überblick zur Organisationsgeschichte der Universitäten während des Dritten Reiches z. B. Hausmann: Geisteswissenschaften, S. 35-98.

7   „Deutsche Physik?", fragte der Heidelberger Physiker Philipp Lenard und fuhr fort: „Ich hätte auch arische Physik oder Physik des nordisch gearteten Menschen sagen können, Physik der Wirklichkeits-Ergründer, der Wahrheits-Suchenden, Physik derjenigen, die Naturforschung begründet haben." Der Nobelpreisträger Lenard gilt als ihr Erfinder. Zit. n. Richter: Deutsche Physik, S. 117. Vgl. in demselben Band z. B. auch Lindner: „Deutsche" und „gegentypische" Mathematik.

8   Als jüngstes Beispiel für diese Deutungsweise hat Uta Gerhardt ihre Studien zur Geschichte der deutschen „Soziologie im zwanzigsten Jahrhundert" vorgelegt. Da Gerhardt von einem normativen Begriff von Wissenschaft ausgeht, der unmittelbar mit Objektivität und Wertfreiheit verknüpft ist, nimmt die soziologische Entwicklung in ihren Ausführungen einen zwölfjährigen transatlantischen Umweg – um nach 1945, angereichert mit den US-amerikanischen Erfahrungen, zurück nach Deutschland zu finden. Gerhardt: Soziologie im zwanzigsten Jahrhundert; vgl. z. B. auch die früheren Beiträge mit einem ähnlichen Wissenschaftsbegriff: Gerhardt: Zäsuren; dies.: Denken der Demokratie.

quente Historisierung und Verschiebung der Forschungsperspektive hin zur Wissenschaft als sozialer Praxis voraus – hat sich die Vorstellung von Missbrauch oder Indienstnahme als zu eingleisig und unpräzise erwiesen. Vor dem Hintergrund eingehender Analysen verschiedenster Bereiche des Wissenschaftssystems wurden inzwischen alternative Deutungsansätze entwickelt.[9] Sie begreifen den politisch motivierten Bruch längst nicht mehr als den einzigen Faktor der wissenschaftsgeschichtlichen Entwicklungen im Dritten Reich. Stattdessen geht die Forschung davon aus, dass zwischen Wissenschaft und Politik komplexe Kollaborationsverhältnisse bestanden, die unvermeidlich eine ganz andere Frage in den Vordergrund rücken: Welchen aktiven Beitrag leisteten die akademischen Eliten zur Etablierung und zur Radikalisierung des NS-Regimes?

Dass die Ordinarien der deutschen Hochschulen nur wenig Kritik und erst recht keinen offenen Protest an der „Machtergreifung" der Nationalsozialisten geübt haben, steht mittlerweile außer Frage.[10] Von den Professoren und Dozenten war insgesamt weder nennenswerter Einspruch gegen die Entlassung ihrer jüdischen Kollegen laut geworden – in Berlin oder Frankfurt war immerhin jeder dritte von seinem Lehrstuhl vertrieben worden – noch hatte sich ernst zu nehmender Widerstand gegen die Umstrukturierungspläne in „Führeruniversitäten" formiert.[11] Im Gegenteil: Die allgemeine Tendenz ging fast überall in Richtung williger, wenn nicht gar euphorischer ,Selbstgleichschaltung'. Das galt selbstredend nicht nur für die Universitäten. Ähnliche Verhaltensmuster sind für die Angehörigen vieler anderer Wissenschafts- und Forschungseinrichtungen herausgearbeitet worden. Gerade die Deutsche Forschungsgemeinschaft „als Selbstverwaltungsorgan und Interessenvertretung der hochschulbasierten Wissenschaft" kann, wie Isabel Heinemann und Patrick Wagner unterstrichen haben, dafür als sinnfälliges Beispiel gelten.[12] Friedrich Sch-

---

9 Für einen Überblick siehe den Forschungsbericht von Rüdiger Hachtmann: Wissenschaftsgeschichte in der ersten Hälfte des 20. Jahrhunderts.

10 Das belegt eine Fülle von Publikationen zu verschiedenen Einrichtungen. Siehe z. B. für die Friedrich-Wilhelms-Universität Berlin: Jahr (Hg.): Berliner Universität in der NS-Zeit, Bd. 1: Strukturen und Personen; Becker/Dahms/Wegeler (Hg.): Universität Göttingen im Nationalsozialismus; Eckart/Sellin/Wolgast (Hg.): Universität Heidelberg im Nationalsozialismus; für die Technische Hochschule Charlottenburg: Kändler: Anpassung, S. 141ff.; für die Kaiser-Wilhelm-Gesellschaft: Kaufmann (Hg.): Bestandsaufnahmen und Perspektiven. Aber dieser Befund wurde auch für die Akteure einzelner Disziplinen oder Forschungsfelder herausgearbeitet: siehe z. B. Lehmann/Oexle (Hg.): Nationalsozialismus in den Kulturwissenschaften. Bd. 1: Fächer – Milieus – Karrieren.

11 Vgl. z. B. zur Umsetzung des Führerprinzips an der Friedrich-Wilhelms-Universität Berlin: Jahr: Das ,Führen' ist ein schwieriges Ding.

12 Heinemann/Wagner: Einleitung zu: dies. (Hg.): Wissenschaft – Planung – Vertreibung, S. 7-21, hier S. 10.

mitt-Ott, bis zu seiner Ablösung 1934 Präsident der Einrichtung,[13] zeigte sich schon 1933 davon überzeugt, dass diese auch dem neuen Staat „als brauchbares Instrument zur Entfaltung deutschen Geistes und als Waffe im geistigen Wettkampf der Nationen dienen" könne.[14] Kaum einer der tonangebenden Wissenschaftler fand den autoritären und radikal nationalistischen Kurs der neuen Regierung problematisch, und die Forschungsgemeinschaft schwenkte fast übereifrig auf ihn ein.[15] Einerlei, wer in den folgenden zwölf Jahren an ihrer Spitze stand: Ihre Akteure suchten die Nähe zum Regime und boten die Fördereinrichtung als geeignetes Instrument für dessen politische Ziele an.

Auch gingen viele der Ideologisierungsversuche nicht von den Parteiapparaten aus, sondern von den Vertretern der Fächer selbst. Das gilt für die „Deutsche Physik" ähnlich wie für die „arteigene Mathematik". In den Rechtswissenschaften riefen prominente Köpfe wie Carl Schmitt oder Nachwuchswissenschaftler wie Ernst Rudolf Huber den Aufbruch in eine neue, Staat, Recht und Volk integrierende Staatswissenschaft aus – „Völkische Rechtserneuerung", wie es programmatisch hieß.[16] Und in der Soziologie stellten viele der verbliebenen Fachvertreter jetzt die grundsätzliche Übereinstimmung der Inhalte und Ziele ihrer eigenen Disziplin mit der nationalsozialistischen Weltanschauung heraus. Dass die Soziologie eine wichtige Funktion im neuen Staat haben werde – nämlich diesem eine geistige Grundlage zu geben –, hatten einige Mitglieder ihrer Standesvertretung schon im Herbst 1933 angekündigt: „Wenige Wissenschaften haben in der Epoche der deutschen Staats- und Volkswerdung, die mit dem Frühjahr dieses Jahres angebrochen ist,

---

13 Der frühere preußische Kultusminister Friedrich Schmidt-Ott war von der Gründung der „Notgemeinschaft der Deutschen Wissenschaften" im Jahr 1920 bis zu seiner Entlassung im Jahr 1934 Präsident der Forschungsgemeinschaft (die Umbenennung in „Deutsche Gemeinschaft zur Erhaltung und Förderung der Forschung" erfolgte 1929). Vgl. z. B. Treue: Neue Wege.

14 So zitiert in der DFG-Ausstellung „Wissenschaft, Planung, Vertreibung. Der Generalplan Ost der Nationalsozialisten", vgl. http://www.dfg.de/pub/generalplan/wissenschaft_4.html, 29.10.2015.

15 Das Gesetz zur „Wiederherstellung des Berufsbeamtentums" beispielsweise wurde nicht nur rasch, sondern auch unnötig rigoros umgesetzt. Und obwohl die gesetzlichen Vorgaben dies durchaus noch zugelassen hätten, vergab die DFG bereits ab April 1933 keine Stipendien mehr an jüdische Antragsteller – eine vorauseilende Übertragung des „Gesetz gegen die Überfüllung deutscher Schulen und Hochschulen" auf die eigene Vergabepraxis. Flachowsky: Von der Notgemeinschaft zum Reichsforschungsrat, S. 110ff.; Mertens: Nur politisch Würdige, 50ff.

16 Zum Streit zwischen Staatsrechtslehre und Soziologie bzw. der Kontroverse zwischen Ernst Rudolf Huber und Hans Freyer: Nolte: Ordnung, S. 151-156.

unmittelbar so umfassende und große Aufgaben zu erfüllen wie die Soziologie."[17] Hans Freyer oder Max Rumpf, die bereits vor 1933 zu den Vorreitern der „völkischen Soziologie" gehört hatten, bemühten sich, ebenso wie andere Kollegen auch, ihre Disziplin in eine „Deutsche Soziologie" zu überführen: gedacht als umfassende Wissenschaft von der Volksgemeinschaft.[18]

Als ‚Selbstmobilisierung' wird das bestimmende Verhaltensmuster deutscher Wissenschaftler während des Nationalsozialismus mittlerweile einhellig beschrieben. Nicht auf Zwang beruhend, sondern auf einer „breiten Konsenszone" (Hans-Ulrich Wehler)[19] zwischen der weltanschaulich nur vage festgelegten NS-Bewegung und den das akademische Milieu dominierenden nationalistischen Überzeugungen, dem verbreiteten Bedürfnis nach autoritärer Fixierung verbindlicher Werte und sozialer Ordnung. Der Nationalsozialismus war flexibel genug, um auf der Basis eines soliden Grundkonsenses unterschiedliche Auffassungen dessen, was „nationalsozialistisch" sein sollte, aufzunehmen.

Nur für kontrollierende Maßstäbe gewährte er keinen Raum. Mitchell Ash hat darauf hingewiesen, dass gerade diejenigen Wissenschaftler, die eine ideologische Kohärenz ihrer eigenen Arbeit und der nationalsozialistischen Ziele vertraten – also auch die „deutschen" oder „arteigenen" Varianten – karrieretechnisch insgesamt eher schlecht abschnitten.[20] Und wer darüber hinaus gar geglaubt hatte, mit seiner Arbeit der nationalsozialistischen Bewegung Norm und Struktur geben zu können, merkte rasch, wo diese Flexibilität endete.

So hatten viele der rechtskonservativen Soziologen im Bewusstsein eines epochalen Umbruchs große Aufgaben beim Aufbau des neuen, auf dem Prinzip der Volksgemeinschaft gründenden Staates auf sich zukommen sehen. Die Soziologie

---

17 Aufruf „An die deutschen Soziologen!" von Hans F. K. Günther, Reinhard Höhn, Franz Wilhelm Jerusalem, Ernst Krieck und Andreas Walther. Zit. n. Klingemann: Soziologie im Dritten Reich, S. 20. Der Aufruf leitete den „Putsch" gegen die liberale Führung der Deutschen Gesellschaft für Soziologie (DGS) und die Gleichschaltung der Standesvertretung von 1934 ein. Dazu: ebd., S. 11-32.

18 In der „Volkssoziologie" ersetzte nun, so brachte M. Rainer Lepsius deren Grundideen prägnant auf den Punkt, „der Mythos des Volkes [...] den analytischen Gesellschaftsbegriff". „[A]us sozialer Mobilität wurde soziogenetische ‚Siebung', die Idee der Volksgemeinschaft erlaubte keine Interessendifferenzierungen, soziale Konflikte unterlagen dem Verdikt mangelnder Gefolgschaftstreue zur Führung, soziale Schichtung wurde zu ständischer Gliederung, politische Ordnung zur Gesinnung von Eliten". Lepsius: Entwicklung der Soziologie, S. 28. Zur Entwicklung der Soziologie im Dritten Reich siehe zusammenfassend auch: Hausmann: Geisteswissenschaften, S. 165-181.

19 Zu Wehlers Interpretation des Nationalsozialismus als eines vielfältig angereicherten Radikalnationalismus siehe Wehler: Nationalsozialismus, S. 30ff., Zitat S. 33.

20 Ash: Wissenschaft und Politik, S. 40f.

müsse „der Praxis den geistigen Unterbau [...] geben und ihr die Wege zu neuem Gemeinschaftsleben [...] weisen", hatten sie im Januar 1934 verlangt.[21] Aber an einer wissenschaftlichen Auseinandersetzung mit den Grundlagen des NS-Systems waren Partei und Funktionäre nicht interessiert. Sie entledigten sich bald der Versuche, fremd kontrollierte Größen – auch wenn sie Volk und Volksgemeinschaft meinten – zum Ausgangspunkt und Maßstab der nationalsozialistischen Politik zu machen. Das Fachorgan der völkischen Soziologen beispielsweise, der gerade einmal ein Jahr zuvor gegründete „Volksspiegel", geriet schon 1935 ins Visier der „Reichsstelle zur Förderung des deutschen Schrifttums" und musste daraufhin sein Programm umstellen.[22] Führende Köpfe wie Hans Freyer, der die Disziplin rund um das Konzept der „Volkwerdung" intellektuell neu hatte organisieren wollen, sahen sich im nationalsozialistischen Wissenschaftssystem zum Rückzug gezwungen.

Sehr viel erfolgreicher waren offensichtlich diejenigen Forscher, die ihre Arbeit nicht als weltanschaulich deckungsgleich oder gar unverzichtbar anpriesen, sondern behaupten oder besser noch belegen konnten, dass die eigene Arbeit zur Durchsetzung der nationalsozialistischen Ziele nützlich war. Das NS-Regime war nach dem Verständnis seiner Akteure zwar ein totaler Führerstaat, in dem Entscheidungen einzig durch die proklamierte Weltanschauung legitimiert werden konnten. Der herrschaftstechnische Alltag jedoch sah anders aus. Auch nach der Machtübernahme hatte sich an den ökonomischen und sozialen Gegebenheiten im Reich nichts geändert. Die Auswirkungen von Wirtschaftskrise und Massenarbeitslosigkeit, die zu beseitigen Adolf Hitler versprochen hatte, prägten noch immer die Realität der Deutschen. Zugleich wurde nach 1933 jede gesellschaftliche Eigeninitiative sukzessive ausgelöscht, Parteien, freie Medien, Gewerkschaften waren verboten, Verbände und andere Interessengruppen gleichgeschaltet worden. Zur Ausübung der totalitären Herrschaft griffen die Nationalsozialisten in der Folge verstärkt auf sachorientierte Analysen und die fachliche Kompetenz wissenschaftlicher Experten

---

21 So beschlossen während des Jenaer Soziologentreffens vom Januar 1934 – dem ersten nach der Selbstgleichschaltung der DGS und dem letzten vor ihrer Stilllegung durch Hans Freyer. Zit. n. Rammstedt: Deutsche Soziologie, S. 48f.

22 Dazu Muller: The Other God, S. 270-272; Nolte: Ordnung, S. 158. Die Zeitschrift war als intellektuelles Zentrum der völkisch erneuerten deutschen Soziologie gedacht, nachdem die meisten der etablierten Fachzeitschriften ihr Erscheinen hatten einstellen müssen. Sie wurde zunächst von Max Hildebert Boehm, Hans Freyer und Max Rumpf herausgegeben und sollte nach deren Vorstellung „weitgehend und eindringlich das wahre Volksganze der deutschen Nation erarbeiten und zusammenschauen". (Boehm, Max Hildebert et al.: Zum Beginn, in: Volksspiegel 1 (1934), S. 1f., zit. n. Nolte: Ordnung, S. 158.) Ab dem zweiten Jahrgang trat Freyer dann in die zweite Reihe zurück und Rumpf richtete den Volksspiegel neu aus. Er schwenkte fortan ganz auf Bauernromantik und Großstadtfeindschaft ein.

zurück. Das NS-Regime entwickelte einen regelrechten Heißhunger auf zuverlässige Daten über die Wirtschafts- und Sozialstruktur in seinem Herrschaftsbereich.[23] Aus seinem Umfeld war bekannt, dass Adolf Hitler selbst eine Vorliebe dafür hatte, „mit einer Fülle von statistischen Daten um sich zu werfen", um seine Behauptungen zu stützen.[24] Zwar waren diese – auch das war bekannt – meist frisiert oder schlicht falsch, aber die Grundtendenz wird deutlich: Durch wissenschaftlich erzeugte ‚Fakten' konnten Entscheidungsprozesse nicht nur vorbereitet, sondern auch nach innen legitimiert werden. Die zahlreichen konkurrierenden Parteien im NS-Machtapparat mögen die Einbindung juristischer, medizinischer oder sozialwissenschaftlicher Experten denn auch als strategischen Vorteil betrachtet haben. Nach 1936 stieg überdies die Nachfrage noch einmal rapide an, als die politischen Zielsetzungen endgültig auf wirtschaftliche Autarkie, militärische Aufrüstung und die kriegerische Expansion des Reiches eingerastet waren.

Umgekehrt bedeutete dies, dass viele wissenschaftliche Akteure ihre Arbeit zunehmend auf konkrete Ziele des nationalsozialistischen Staates ausrichteten. Gerade wo es um die Funktion von sozial- beziehungsweise „humanwissenschaftlichen"[25] Akteuren im System geht, hat die Forschung der vergangenen Jahre vorzugsweise die nationalsozialistische „Bevölkerungspolitik" in den Blick genommen.[26] Damit

---

23 Dabei baute es durchaus auf dem Erbe der zerschlagenen Gewerkschaften auf, wie das Beispiel des Arbeitswissenschaftlichen Instituts der DAF zeigt. Dieses hatte vom Amt Information ein riesiges Bibliothekslager und das geplünderte Archiv- und Schriftgut der gewerkschaftlichen Arbeiterbewegung übernommen. Roth: Intelligenz, S. 131f.
24 Kershaw: Hitler, Bd. 2, S. 160.
25 Der Terminus der Humanwissenschaften wird, einem Vorschlag von Lutz Raphael folgend, meist verwendet, um diejenigen Wissenschaften begrifflich und analytisch zusammenzufassen, deren gemeinsamer Gegenstand der „Mensch[] in seinen gegenwärtigen Lebenszusammenhängen" ist und um die fächerübergreifenden Kooperationen zwischen Sozialforschern, Geisteswissenschaftlern, Juristen und Medizinern in den Blick zu bekommen. Raphael: Verwissenschaftlichung, S. 166.
26 Gemeint ist damit ein weites Spektrum von Maßnahmen, die alle auf die Vision eines „ökonomisch und politisch pazifierten und rassenhygienisch ‚gereinigten' Volkskörpers" abzielten und zu diesem Zweck tief in die Lebensverhältnisse von Menschen und Bevölkerungsgruppen eingriffen. (Ehmer: Nationalsozialistische Bevölkerungspolitik, S. 38.) „Bevölkerungspolitik ist", nach der Definition von Lutz Raphael, „der umfassende Begriff, mit dem die Maßnahmen und Vorhaben des Regimes auf den unterschiedlichen Teilgebieten von Gesundheits-, Familien- und Sozialpolitik am besten in ihrem Zusammenhang erfaßt werden." (Raphael: Ordnungsdenken, S. 9.) Er geht also über eine gebräuchlichere, engere Definition von Bevölkerungspolitik – Maßnahmen zur Beeinflussung von Bevölkerungszahl und -zusammensetzung – weit hinaus. Das bedeutet, dass das gesetzlich ausgearbeitete Instrumentarium nationalsozialistischer Eugenik und Ras-

standen also weniger einzelne Disziplinen und deren kollaborierende Vertreter im Vordergrund als ein komplexes Handlungsfeld, zu dessen Dynamik und Radikalisierung die akademischen Eliten einen wesentlichen Beitrag leisteten. Als wissenschaftliche Experten mit unterschiedlichem fachlichen Background wurden sie hier an breiter Front aktiv. Zwar gab das politische Führungspersonal zu keinem Zeitpunkt etwas von seiner Entscheidungsgewalt an Forscher oder Experten ab, ebenso wenig wie das aus Wehrmacht oder Wirtschaft. Aber es konnte auf einen ganzen Stab von praxisorientierten Wissenschaftlern zurückgreifen, die ihre Arbeit zur Realisierung der nationalsozialistischen Volksgemeinschaftsutopien anboten.

2.2 Andreas Walther vermisst Hamburg

So betrachtet waren die signifikanten Prozesse der NS-Wissenschaftsgeschichte weniger eine Frage großer Werke oder prominenter Köpfe als die einer namentlich häufig kaum bekannten akademischen Funktionselite. Das gilt umso mehr für die Soziologie, die in der Variante der kritischen Gesellschaftsanalyse tatsächlich so weit zurückgedrängt worden war, dass sich das Nachkriegs-Verdikt von ihrer vollständigen Unterdrückung über mehr als drei Jahrzehnte hinweg behaupten konnte. Gleichwohl entstanden an vielen Stellen sozialwissenschaftliche Studien, die mit der NS-Herrschaft kompatibel waren und anwendungsfähiges Wissen über die deutsche Gesellschaft zur Verfügung stellten.

Wo es speziell um die Stadtforschung im Dritten Reich geht, sticht die Arbeit eines Soziologen hervor, der scheinbar mit radikaler Entschlossenheit den Schwenk zu einer willfährigen Erfüllungswissenschaft vollzogen hatte. Der Hamburger Professor Andreas Walther machte sich 1934/35 die Maßgaben der nationalsozialistischen Ideologie zu eigen, um die Hafenstadt auf ihre „gemeinschädigenden Regionen" hin zu untersuchen. Damit lieferte er den städtischen Behörden das nötige

---

segesetzgebung nur als erster Bereich der Bevölkerungspolitik gesehen wird. (Ebenso wie die „positiven" Maßnahmen zur Geburtenförderung bei „rassisch hochwertigen" Menschen.) Dazu zählte ebenso die Sozialpolitik mit ihrer Absicht, „rassisch Minderwertige" oder „Leistungsunfähige" sozialtechnisch zu erfassen; die Raumplanung mit der Stadt- und Siedlungsforschung ebenso wie die Arbeitswissenschaften. Vor allem umfasst der erweiterte Begriff aber auch die Expansionspolitik der Nationalsozialisten und all jene Planungen und Maßnahmen, die nach 1939 die völkische Neuordnung im besetzten Osteuropa erzwingen sollten. Wissenschaftliche Experten verschiedenster Disziplinen waren dort eingebunden. Diese Handlungsfelder der nationalsozialistischen Herrschaft werden im Zusammenhang mit dem „biologistischen Gesamtsystem des NS-Staates" (Götz Aly) gesehen und als Einheit verstanden. Vgl. dazu allgemein z. B. die Beiträge in Mackensen (Hg.): Bevölkerungslehre; Aly/Roth: Restlose Erfassung.

Wissen, um gegen die unerwünschten, als asozial oder minderwertig angesehenen Bürger Hamburgs vorzugehen. Walthers Studie zeugt von kleinteiliger Akribie und dem Wahn technokratischer Machbarkeit. Aber wenn von „Hervorstechen" die Rede ist, so ist das vor allem ein Verdienst der Fachgeschichtsschreibung, die seit den achtziger Jahren merklich sensibler für das Verhältnis zwischen Soziologie und Nationalsozialismus wurde. Mit seiner zeitgenössischen Bedeutung hingegen oder mit der intellektuellen Ausstrahlungskraft seiner Arbeit hatte dies weniger zu tun. Die folgenden Abschnitte handeln von dieser Forschungsarbeit, die mittlerweile oft beschrieben wurde,[27] und von ihren wissenschaftsgeschichtlichen Bedingungen. Auf welche Problemstellung reagierte die Untersuchung? Wie sahen die stadtpolitischen Voraussetzungen in Hamburg aus? Wie die Motivationen und das Wissenschaftsverständnis des Soziologen? Die Ausführungen der folgenden Seiten fokussieren auf einen einzelnen wissenschaftlichen Akteur. Sie sind exemplarisch gedacht, um die Verbindungsstellen zwischen Stadtsoziologie und NS-Herrschaft detaillierter auszuleuchten. Dass dabei an einigen Stellen auch auf die Soziologiegeschichte der zwanziger Jahre rekurriert wird, dient der Illustration einer längerfristigen Entwicklung.

2.2.1 Im dunklen Hamburg

Zu Beginn der dreißiger Jahre hatte Hamburg die Schwelle zur Millionenstadt längst und auf Dauer überschritten. Als zweitgrößte Stadt in Deutschland rangierte die traditionsreiche Hafen- und Handelsstadt gleich hinter Berlin. Aber während die Metropole an der Spree in der spannungsgeladenen Atmosphäre der zwanziger Jahre zum kulturellen Zentrum Weimar-Deutschlands wurde, schien sich an der Elbe noch immer vorwiegend die ‚soziale Frage' zu konzentrieren. Die Gängeviertel Hamburgs waren spätestens seit der letzten großen Cholera-Epidemie von 1892 in ganz Deutschland ein Begriff – wenn auch in den folgenden Jahrzehnten weniger als hygienischer denn als sittlicher Gefahrenherd.[28] In den dichtbebauten Wohnvier-

---

27 Siehe dazu Waßner: Andreas Walther und das Seminar für Soziologie; ders.: Andreas Walther und die Soziologie in Hamburg; ders.: Andreas Walther und seine Stadtsoziologie; Roth: Städtesanierung; Pahl-Weber/Schubert: Großstadtsanierung; Schneider: Stadtsoziologie und radikales Ordnungsdenken. An Verweisen auf die sogenannte „Notarbeit 51" fehlt es seitdem in kaum einer Publikation zu Wohnen und Städtebau im Dritten Reich. Siehe z. B. Rodenstein/Böhm-Ott: Gesunde Wohnungen, S. 511; Kähler: Nicht nur Neues Bauen, S. 414; von Saldern: Häuserleben, S. 200f.

28 Die folgenden Ausführungen nach Grüttner: Soziale Hygiene; vgl. dazu auch Stehling: Hamburger Arbeiter- und Soldatenrat; Hubert: Hamburger Aufstand. Weiterführend als umfassendere Sozialgeschichte der Hamburger Hafenarbeiter: Weinhauer: Alltag und

teln der Hafenarbeiter lebten die wenig begünstigten Bevölkerungsschichten des stolzen Tors zur Welt. Hier herrschten noch immer Armut, Wohnungsnot und erdrückende Enge. Die alternativen Einkommensmöglichkeiten, die ihre Bewohner ersannen, um ihrer ökonomisch häufig aussichtslosen Lage zu entgehen, waren weder mit dem Strafgesetzbuch noch dem Sittenkodex des Hamburger Bürgertums in Einklang zu bringen. Übervölkerte Häuser und Höfe, Schlafgängerwesen, Bettelei, Kriminalität und Prostitution und dazu eine Arbeiterschaft, deren Tätigkeit vor allem durch Muskelkraft bestimmt wurde – für die respektablen Bürger, für Kommunalpolitiker und städtische Ordnungskräfte waren diese Quartiere Anlass zu ständiger Besorgnis und sittlicher Entrüstung. Die „gefährlichen" und die arbeitenden Klassen vermischten sich in diesem „dunklen Hamburg", so eine gängige zeitgenössische Metapher,[29] unüberschaubar miteinander. Soziale Normverstöße und politische Agitation schienen dort kaum voneinander zu trennen.

Vor 1914 war die Hafenstadt die Hochburg der sozialistischen Arbeiterbewegung gewesen. Deren große Kämpfe waren in den Gängevierteln immer wieder von gewaltsamen Auseinandersetzungen zwischen Arbeitern und Polizei begleitet worden, an denen sich dann auch die Anwohner der umliegenden Häuser beteiligt hatten. Die zusammengezwängten Arbeiter und ihre Familien, die arbeitslosen Jugendlichen, Kleinkriminellen oder Prostituierten in den dicht verbauten Straßen und Höfen verband die ausgeprägte Abneigung gegen die Vertreter der Obrigkeit. Die zwanziger Jahre im ‚roten Hamburg' standen dem kaum nach. Im Gegenteil radikalisierten sich die Formen des sozialen und politischen Protests ähnlich wie in vielen anderen Städten der Republik. Und die Auswirkungen der Weltwirtschaftskrise verschärften die Lebensbedingungen schließlich noch einmal dramatisch. Fast jeder dritte Lohnabhängige stand 1932 ohne Arbeit und Einkommen da. Streiks, Revolten, Hungerunruhen und tagelange Straßenkämpfe in den unübersichtlichen Vierteln nahe dem Hafen – ein latenter Bürgerkrieg beherrschte, so sah es die Polizei, in den letzten Weimarer Jahren die betreffenden Distrikte.[30]

Arbeitskampf. Zur politisch-sozialen Geschichte der Cholera-Epidemie des 19. Jahrhunderts: Evans: Tod in Hamburg.

29 „Aus dem dunklen Hamburg" berichtete beispielsweise die Vossische Zeitung, die die assoziationskräftige Umschreibung als Spitzmarke verwendete. Vgl. Vossische Zeitung, Nr. 535 (Abend-Ausgabe), Donnerstag, 11. November 1926, „Sport/Spiel und Turnen".

30 In dem Gängeviertel der nördlichen Neustadt habe, so beschrieb es der Chef der Hamburger Ordnungspolizei im Jahr 1927, eine Anhäufung asozialer Elemente stattgefunden, die für die öffentliche Sicherheit eine große Gefahr darstellten. In den winkligen Gassen hätten die Polizeipatrouillen kaum Übersicht, und die Ansammlungen kleiner Fenster verhindere die Bestimmung der Wurf- oder Schussrichtung von Angriffen. Dagegen könnten die Beamten, selbst wenn ein Angreifer nicht sofort im engen Gewirr der Häuser und Gassen verschwunden war, kaum selbst von der Schusswaffe Gebrauch machen,

Um diese sozialen Brennpunkte befrieden und kontrollieren zu können, hatten die Behörden bereits seit den späten 1890er Jahren auf das Instrument der Flächensanierung gesetzt.[31] Eine Kommission hatte dafür drei Gebiete der Hafenstadt identifiziert, in denen die baulich-hygienischen Zustände besonders katastrophal, in denen Belegungsdichte und Sterblichkeit besonders hoch waren. Mit der großflächigen Räumung, dem Abriss und der Neubebauung dieser hafennahen Quartiere zielten die Stadtväter aber nicht nur auf die Beseitigung der ungesunden Wohnverhältnisse. Zugleich war es während der drei großen Maßnahmen (begonnen in den Jahren 1900, 1911 und 1933) immer auch darum gegangen, die unhaltbaren sittlichen, sozialen und später vor allem ordnungspolitischen Zustände an der Wurzel zu packen. Allerdings hatten die Ergebnisse durchaus zu wünschen übrig gelassen. Während die Wohnverhältnisse qualitativ ohne Zweifel verbessert worden waren, war es um die Verwirklichung der übrigen Absichten der Sanierer deutlich schlechter bestellt gewesen. Die Wohnungsknappheit war durch die Neubebauung eher noch verstärkt worden, denn diese war jenseits der hygienischen am Ende doch vor allem den wirtschaftlichen Interessen der Grundeigentümer gefolgt. Weder war ausreichend hafennaher Ersatz-Wohnraum entstanden, der zur ‚sittlichen Hebung' der Arbeiterschaft hätte beitragen können, noch konnte der größte Teil dieser Klientel die Mieten in den sanierten Gebieten aufbringen. Viele der vertriebenen Menschen aus den Abrissgebieten waren einfach in die benachbarten Viertel ausgewichen – wodurch dort wiederum Belegungsdichte und Raumnot anstiegen und sich die Lage zusätzlich verschärfte.

Im Großen und Ganzen gesehen hatten die Sanierungen die sozialen Probleme Hamburgs also weniger beseitigt als verlagert. Das war letztlich auch noch der Fall, als die Nationalsozialisten 1933 den dritten Sanierungsabschnitt mit einem enormen propagandistischen Trommelwirbel und reichsweiter Aufmerksamkeit in Angriff nahmen. Anders als frühere Regierungen zaudere der Nationalsozialismus nicht, hatte der Hamburger Baudirektor Köster verkündet. Er schreite entschlossen zur Tat, um auch noch die letzte Wohnung zu beseitigen, die menschenunwürdig und staatspolitisch bedenklich sei.[32] Für die neuen Machthaber war die Sanierung des

---

ohne Unbeteiligte zu gefährden. Besonders ernst sei die Gefahr im Hinblick auf planmäßig vorbereitete Putsche, denn das Gebiet sei kaum zu beherrschen. Der Polizei lägen bereits Informationen vor, dass beabsichtigt sei, eine große Anzahl von Polizeikräften in das Gängeviertel zu locken und durch Herabgießen kochenden Wassers kampfunfähig zu machen. Schubert: Stadterneuerung, S. 381f.

31 Grüttner: Soziale Hygiene, S. 363ff.; Schubert: Stadterneuerung, S. 209ff., 309ff. Vgl. zur Geschichte Hamburgs im Dritten Reich die Beiträge der folgenden Sammelbände: Hamburg im „Dritten Reich" (bes. Büttner: Aufstieg; Bajohr: Zustimmungsdiktatur; Lohalm: Modell Hamburg); Ebbinghaus/Linne (Hg.): Kein abgeschlossenes Kapitel.

32 Dazu Schubert: Stadterneuerung, S. 381ff.

Gängeviertels der nördlichen Neustadt ein Prestigeprojekt. Und zugleich war ihnen sehr daran gelegen, zusammen mit diesem Symbol sozialer Devianz auch mit den letzten aufsässigen Nestern des proletarischen und kommunistischen Widerstands in Hamburg aufzuräumen. Ein fast geschlossener Streik der Hafen- und Werftarbeiter gegen die Machtübernahme hatte diese Entschlossenheit der Nationalsozialisten enorm befördert. Ähnlich wie während der ersten beiden Maßnahmen auch verzichtete man 1933 darauf, sich allzu viele Gedanken um den Verbleib der vertriebenen Menschen zu machen. Eine parallel zu den Sanierungsvorarbeiten angelegte Planung von angemessenem Wohnraumersatz gab es nicht. Nach dem Verlust ihres Heims mussten sich die Sanierungsopfer selbst eine neue Bleibe suchen. Ein Bericht der verantwortlichen Bauträger hielt fest, dass auf eine Umfrage hin auch niemand die Bereitstellung einer Ersatzwohnung gewünscht habe. Was, wie der Berichterstatter erläuterte, im Hinblick auf das „lichtscheue Gesindel", das dort wohne, nur zu verständlich sei. Dieses könne naturgemäß kaum Verlangen nach Kontakt mit den Behörden verspüren.[33] Was die Menschen aus dem Gängeviertel also nach der Räumung taten, wohin sie zogen und wo sie ihr Leben fortsetzten, interessierte die nationalsozialistischen Behörden nicht. Ein Fehler, so warfen zahlreiche Kommentatoren bald ein, weil die Vorgehensweise die ordnungspolitischen Ziele der Sanierungen konterkariere. Nicht nur überzeugte Nationalsozialisten beanstandeten, dass die als sozial zweifelhaft und politisch gefährlich angesehenen Bewohner des Viertels sich offenbar ohne jede Kontrolle andernorts hatten ansiedeln können.

Es liegt nahe, in dieser letzten Maßnahme der Jahre 1933/34 den unmittelbaren Anlass für jene Studie zu sehen, die als „Notarbeit 51" mittlerweile zu den bekanntesten Beispielen für Sozialforschung im Dritten Reich gehört. Zwei Jahre nach dem Abriss der ersten Gebäude in der Neustadt demonstrierte der Soziologe Andreas Walther den nationalsozialistischen Behörden, wie sie derartige Fehler vermeiden und in Zukunft um Einiges zieleffizienter sanieren konnten. Dass es dabei eben nicht mehr darauf ankam, marode Bausubstanz und unhygienische Zustände durch Licht, Luft und Sonne zu ersetzen, machte der Ordinarius der Universität Hamburg sehr deutlich. Bei der Sanierung ging es primär um den präzisen sozialtechnischen Eingriff. Dichte, unübersichtliche Großstadtmilieus wie die der Gängeviertel? Eine undurchdringliche Gemengelage von arbeitenden, erfolglosen, lästigen, kriminellen oder gefährlichen Klassen? Der Soziologe ging sie mit wissenschaftlicher Sachlichkeit an: Wie sah die soziale Lage in der Großstadt Hamburg insgesamt aus? Wie groß war das Potential an sozial Auffälligen, Unerwünschten, an politisch Aufsässigen und Kriminellen? Wo setzte sich der menschliche Bodensatz ab, von dem die Bedrohung für das Gemeinwesen ausging?

---

33 Ebd., S. 389.

Ein Vorbild für die „Notarbeit 51" bildete zweifellos der große Survey „Life and Labour of the People in London" von Charles Booth. Der Kaufmann und Reeder hatte über vierzig Jahre zuvor den Anteil der Armen in London untersucht und ihre Verteilung über die Stadt hinweg kartographiert.[34] In sehr viel kleinerem Maßstab machte Andreas Walther 1934 in seiner Untersuchung Hamburgs nun die „Gemeinschädlichkeit" zum Thema. Eine Kategorie, die sich im Gegensatz zur Armut zu keiner Zeit an den Auswirkungen für den Einzelnen, sondern nur auf gesellschaftlicher Ebene definieren ließ; die nicht an Größen wie Einkommen und Lebensunterhalt zu messen war und die daher sehr viel diffuser bleiben musste. Der Soziologe übersetzte den Terminus dennoch in harte sozial- und kriminalstatistische Merkmale. Er bewies den Hamburger Behörden außerdem, dass es möglich war, die Großstadt insgesamt mit Hilfe sozialwissenschaftlicher Studien auf das Phänomen hin abzusuchen. Aus der Vogelperspektive, auf Karten und Stadtplänen, in die die fraglichen Merkmale eingezeichnet waren, ließ sich Hamburg überblicken. Die bedenklichen Zusammenballungen sozialer Devianz stachen als farblich herausgehobene Regionen direkt ins Auge. Sie formulierten eindringlich den Sanierungsbedarf. Darüber hinaus konnte der Soziologe in diese Gebiete hinein ‚zoomen' und dem Betrachter ein differenziertes Bild davon geben, welche Menschen dort wohnten und wodurch sie sozial auffällig waren. Straße für Straße, Häuserblock für Häuserblock.[35]

Der Vorteil? Andreas Walther beschrieb ihn in bestürzend selbstverständlicher Sachlichkeit in seinem Projekt-Bericht, den er 1936 veröffentlichte.

---

34 Die *Poverty-Enquete* wird als die Geburtsstunde der organisierten Sozialforschung betrachtet. Das monumentale Werk, begonnen im Jahr 1886, brauchte am Ende 17 Jahre und (in der dritten Auflage) 17 Bände, um über die Lebensverhältnisse der Londoner und vor allem der Armen in London Auskunft zu geben. Als ihre große Errungenschaft gilt – neben der Erfassung der Anzahl der Armen und deren Kategorisierung – die Kartierung ausgewählter sozialer Merkmale. Straße für Straße und Block für Block wurden sie eingezeichnet und farblich abgesetzt, um ein differenziertes Bild der Großstadt, Schwerpunkte der Armut und Zonen relativen Wohlstands aufzuzeigen. Die Technik gewann Vorbildcharakter und wurde noch vor der endgültigen Fassung des Berichts von den Mitarbeitern des Chicagoer *Hull House* übernommen. Die Kartierung wie auch die Survey-Technik insgesamt verbreiteten sich in der Folge rasch. (Das Charles Booth Online-Archiv bietet einen guten Einblick in Booths Arbeit und Vorgehensweise – unter anderem auch die großformatigen Karten: http://booth.lse.ac.uk, 29.10.2015; vgl. auch Bales: Charles Booth's Survey; Bulmer/Bales/Sklar: Social Survey; Lindner: Walks on the Wild Side, S. 71-95; siehe zur Entwicklung des Survey in den USA auch Kap. 3.1 dieser Arbeit).

35 Vgl. dazu Pahl-Weber/Schubert: Großstadtsanierung, S. 112ff. (zwei Abbildungen).

„Jede echte Sanierung also, die nicht nur schlechte Häuser durch bessere ersetzen will, sondern auf die Menschen sieht und von der Verantwortung für die völkische Zukunft auf weite Sicht getragen ist, bedarf einer Vorbereitung auch durch soziologische Untersuchungen. Diese Erhebungen müssen schließlich dahin kommen, daß, ehe die Spitzhacke ihre Arbeit beginnt, bestimmt werden kann, wie man mit den einzelnen Menschen und Familien des Abbruchgebiets verfahren soll: die trotz asozialer Umwelt gesund Gebliebenen, also gegen großstädtische Verderbung in besonderem Maße Immunen, fördern zu erfolgreicherem Fortkommen in der Stadt; die für Rand- und ländliche Siedlungen Geeigneten, die ebenfalls nicht fehlen, zum Ziel ihrer Wünsche führen, die nur Angesteckten in gesunde Lebenskreise verpflanzen; die nicht Verbesserungsfähigen unter Kontrolle nehmen; das Erbgut der biologisch hoffnungslos Defekten ausmerzen."[36]

Die räumliche Absonderung, so fuhr der Soziologe fort, erleichtere es doch gerade, diejenigen Menschen in den Griff und unter Kontrolle zu bekommen, die in der nationalsozialistischen Volksgemeinschaft unerwünscht waren: die „Gemeinschädlichen, moralisch Minderwertigen und biologisch Defekten". Dass diese sich augenscheinlich in bestimmten Vierteln sammelten, bot somit die willkommene Gelegenheit zum Erfassen, Sortieren, Weiterbehandeln. Vergleicht man die Sanierungspraxis der Jahre 1933/34 mit der spitzfingrigen Systematik der Walther'schen „auf die Menschen sehenden" Methode, so ähnelt die erstere wohl mehr einem wütenden Schlag mit der flachen Hand.

Als wissenschaftliches Werk indessen konnte der publizierte Bericht kaum auffallen. Es war ein schmales Bändchen, das schon mit dem Titel „Neue Wege zur Großstadtsanierung" deutlich machte, dass seine Adressaten weniger in der Fachwelt als in den Rathäusern, Verwaltungen und Planungsbüros der Städte zu suchen waren. Doch die Vorgehensweise der Hamburger Arbeitsgruppe lässt sich darin detailliert nachlesen. Bei dem Survey zu den „gemeinschädigenden" Regionen handelte es sich zwar um eine methodisch vergleichsweise anspruchsvolle Sozialstrukturstudie.[37] Nichtsdestoweniger präsentierte sie ihr Leiter in erster Linie als unkompliziertes Modell für die zukünftige Sanierungspraxis und beschrieb sie aus diesem Grund schrittweise und ausführlich. Einmal erprobt sei dieses Modell nicht nur in Hamburg einsetzbar, sondern überall und „mit dem Personal, das jeder Stadt zur Verfügung steht".[38] Die „Stadtgesundung" war im Dritten Reich inzwischen

---

36 Walther: Neue Wege, S. 4, das folgende Zitat ebd., S. 6.
37 Vgl. dazu die Beispiele für Sozialstrukturanalysen im Dritten Reich in Gutberger: Volk, Raum und Sozialstruktur.
38 Walther: Neue Wege, S. 3.

zum propagandistisch gut besetzten Thema avanciert.[39] Und am soziologischen Seminar der Universität Hamburg war dazu ein sozialtechnisches Produkt entwickelt worden, das eine – im nationalsozialistischen Sinne – optimale Verfahrensweise sicherstellen sollte.

Trotzdem, obwohl es also nahe liegt, die Sanierungen als unmittelbaren Kontext und Anlass für die „Notarbeit" zu betrachten, wäre dies eher kurzsichtig gedacht. Andreas Walther stimmte zwar nach 1933 aus vollem Herzen der Präzedenz von Nationalsozialismus und Volk zu. Das hieß jedoch im Umkehrschluss nicht, dass er als Wissenschaftler damit in die zweite Reihe zurückgetreten wäre. Und im Gegenteil lohnt es sich, auch einen Blick auf den akademischen Soziologen Walther zu werfen, wenn man die Voraussetzungen für dieses Beispiel angewandter Stadtforschung aus wissenschaftshistorischer Perspektive ermessen möchte.

2.2.2 Das Kulturproblem der Gegenwart

Als Soziologe hat Andreas Walther im Grunde genommen ein sehr überschaubares Werk hinterlassen und wäre ohne seinen kompromisslosen Schulterschluss mit dem NS-Regime sicher längst vergessen. Von Haus aus war er Historiker und hatte sich 1911 in Berlin bei Otto Hintze habilitiert. Er blieb zunächst als Privatdozent in Berlin und brach dann kurz vor dem Ersten Weltkrieg zu ausgedehnten Studienreisen nach Ostasien und in die USA auf. Während des Krieges war er als Kriegsmeteorologe im Nahen Osten tätig. Im Jahr 1921, im Alter von mittlerweile 42 Jahren, wechselte er dann offiziell zur Soziologie und ging als etatmäßiger Extraordinarius und persönlicher Ordinarius für Soziologie und Geschichte nach Göttingen.[40] 1927 erfolgte schließlich die Berufung auf den Hamburger Lehrstuhl für Soziologie – zweifellos die Krönung einer Karriere. Diese erhielt dann 1933/34 noch einmal ei-

---

39 Vgl. zu diesem Komplex: Pahl-Weber/Schubert: Mythos nationalsozialistischer Stadtplanung; von Petz: Stadtsanierung. Zu einzelnen Städten: z. B. von Petz: Grundzüge; Bodenschatz: Stadterneuerung.

40 Auch zur Geschichtswissenschaft war der 1879 in Cuxhaven geborene Sohn eines Pastors erst über den Umweg der Theologie (Studium in Erlangen, Tübingen und Rostock, Vikariat und 2. Staatsprüfung 1905) gekommen. Weitere Stationen waren das Studium der Geschichtswissenschaften in Göttingen, das er 1908 mit der Promotion abgeschlossen hatte, und eine 1913 begonnene Weltreise. Die Laufbahn ist interessant und gerade die im Ausland erworbenen Eindrücke waren gewiss ein Faktor, der Walthers wissenschaftliche Entwicklung beeinflusste. Dennoch wird der biographische Aspekt hier ausgeklammert. Versuche, sich der Person Walthers biographisch zu nähern, unternahm Rainer Waßner: Andreas Walther und das Seminar für Soziologie. Vgl. auch, nun aber mit verändertem Akzent ders.: Andreas Walther und seine Stadtsoziologie, S. 69-72; zusammenfassend auch den Handbuchartikel Junge: Andreas Walther.

nen bezeichnenden Akzent, als sich der Hamburger Professor am Putsch gegen die damalige DGS-Spitze beteiligte. In den folgenden Jahren ließ Walther keinen Zweifel daran, dass er uneingeschränkt hinter den Zielen des Nationalsozialismus stand. Eine Liste seiner Arbeiten jedoch nimmt nur wenig Raum ein. Während der Zeit in Göttingen und auch später in Hamburg entstanden nur vereinzelte kulturphilosophische Betrachtungen und knappe gesellschaftswissenschaftliche Entwürfe. Sie blieben in Anzahl und Umfang begrenzt und nichts davon führte zu einer systematisch ausgearbeiteten Studie. Die meisten Beiträge aus den zwanziger Jahren drehten sich vielmehr ganz offenkundig um ein allgemeineres Problem: um die Soziologie als akademische Disziplin und um die Frage, wie eine solche Soziologie auszusehen hatte, damit sie den gesellschaftlichen Herausforderungen ihrer Zeit gerecht werden konnte.[41]

Am Anfang von Walthers Soziologen-Laufbahn stand eine Schrift, in der die politischen Motive seiner Soziologie deutlich benannt wurden – auch wenn die Wissenschaft darin noch in keinem einzigen Satz vorkam. Kurz nachdem er 1921 das Ordinariat in Göttingen angetreten hatte, erschien seine Auseinandersetzung mit dem „Kulturproblem der Gegenwart": eine der zahlreichen Zeitdiagnosen, die in den frühen zwanziger Jahren reflexhaft versuchten, Kriegsniederlage, Revolution und Systemwechsel Sinn zuzuweisen. Der Göttinger Ordinarius nahm, ähnlich wie viele seiner Zeitgenossen, die deutsche Gesellschaft als orientierungslos und zerrissen wahr. Zahllose disparate Interessenlagen und auseinanderstrebende Gruppen beherrschten nach dem Zusammenbruch der „alten zusammenzwingenden Gerüste" die Gegenwart der jungen Weimarer Republik. In Deutschland hatte das vielfältige Gewirr, die Variationsbreite der organisierten Interessen, die nun in Politik und Gesellschaft zu Tage traten, generell keine große Lobby. Und auch für Andreas Walther verkörperte die junge Republik mit ihrem parlamentarischen Prinzip all das, was zum Verlust nationaler Einheit und Stärke geführt hatte. Sie habe die beklagenswerte Zerrissenheit der Gesellschaft nun zur staatlichen Organisationsform erhoben.[42] Das „Kulturproblem der Gegenwart", so holte Walther weit aus, liege in

---

41 Die Suche spiegelte sich in der Publikationstätigkeit wider, in der Rezensionen und die Beiträge zur Entwicklungsperspektive der Disziplin vorherrschten. Einen Überblick über die Schriften Walthers bietet Waßner: Andreas Walther und die Soziologie in Hamburg, S. 143-149.

42 „Wir haben nur all die Organe in unsrer Gesellschaft mächtig ausgebildet, die zerteilen: Parteien und Parteipresse nicht nur in politischen, sondern auch in geistigen Dingen. [...] Unser alter Staat hat in vielfältiger Weise, wenn auch zum Teil nicht einwandfrei, immerhin vereinigt. Der parlamentarische Parteienstaat aber ist eine Zusammensetzung gerade der Organe der Zerteilung, hat seinem Grundwesen nach zerteilende Tendenzen. Unsere deutsche politische und geistige Lage aber verträgt nicht noch mehr Zerteilung.

dem Verlust der ursprünglichen Einheit der abendländischen Kultur. Ein sukzessiver Zerfall, der schon mit der Aufklärung eingesetzt habe und seitdem voranschreite.[43] Der Glaube an die christliche Offenbarung sei im Laufe der Jahrhunderte der emanzipierten Vernunft der Aufklärung gewichen. Doch auch diese habe ihre Bedeutung als alternativer Glaubensinhalt bald eingebüßt, bis im 19. Jahrhundert jedes belastbare Bezugssystem aus Religion oder Vernunft, aus Werten und Idealen aufgelöst worden sei. Im Kern lief seine Zeitdiagnose auf eine Kritik der bürgerlichen Gesellschaft und ihrer geistigen Errungenschaften hinaus. Und in dieser Hinsicht traf er sich mit zahlreichen Schriftstellern, Publizisten oder Politikern der Republik. Eine ähnliche Sehnsucht nach der vermeintlich verlorenen Einheit vereinte, trotz aller übrigen Differenzen, die sozialkonservativen Eliten Weimar-Deutschlands. Es ist insofern nicht nötig, auf Walthers Ausführungen selbst näher einzugehen. Sie bewegten sich in einem breiten Feld vergleichbarer Positionen, aus denen sie substantiell nicht erkennbar herausstachen.[44]

In mancherlei Hinsicht blieben Walthers Schlussfolgerungen zwar eigentümlich unkonkret. Aber sie kulminierten in einem Lösungsvorschlag, der in den folgenden Jahren auch zum Fluchtpunkt seiner wissenschaftlichen Arbeit werden sollte: der aktiven Aufwertung und Gestaltung von „Gemeinschaft". Konkret schwebte ihm dabei die Durchgestaltung kleinster gesellschaftlicher Einheiten auf lokaler Ebene vor – die sogenannten „Nachbarschaften" nach angelsächsischem Vorbild. Verwirklicht werden sollten sie durch den Ausbau politischer Organisationen einerseits und durch ein flächendeckendes Netzwerk sozialpädagogischer Einrichtungen andererseits. Um die „größte deutsche Not" zu lindern, gelte es, „die ganze Breite und Tiefe der Nation sich dicht durchziehen zu lassen mit Arbeitsgemeinschaften zwischen Angehörigen verschiedenster Berufe und Stände".[45] Hier flossen, ohne nen-

---

Wolken genug stehen und wachsen noch am Himmel, die anzeigen, daß wir diese doppelte Belastung nicht ertragen [...]." Walther: Kulturproblem, S. 41.

43 „[D]ie Organisationen der Erziehung, Schule, Kirche, Universität, gingen alle Hand in Hand einen gemeinsamen Weg, erzogen alle Glieder der Gemeinschaft zu gleicher geistiger Einstellung; der Staat diente dem christlichen Ideal; die Wirtschaft hielt sich in den Grenzen, die dieses Ideal vorschrieb und mit Handels- und Wuchergesetzen erzwang; die sozialen Verhältnisse waren bestimmt und temperiert durch die organische Gesellschaftslehre, die jedem Einzelnen seine abgegrenzte Stelle als einem organischen Gliede des Ganzen anwies; Sitten und Gebräuche spiegelten und stützten das religiös-kirchliche Ideal; [...]; Denken, Empfinden und Wollen, das Lebens-, Welt- und Naturgefühl jedes einzelnen Menschen klangen harmonisch in die große Symphonie, die ihresgleichen nicht hat, hinein." Ebd., S. 4f.

44 Vgl. dazu Stölting: Akademische Soziologie, S. 71ff.

45 Im größeren Kontext liest sich das bei Walther folgendermaßen: „Dezentralisation der Politik, Verlegung ihres Schwergewichtes in die nachbarliche Gemeinschaft und Bera-

nenswerte Reibungsverluste, die Anregungen aus der angelsächsischen Welt mit Vorstellungen von einer „völkischen" Ordnung der deutschen Gesellschaft zusammen. (Die Letztere gedacht als sittlich geeinte Gesellschaft ohne Spannungen, gleichwohl mit Rangunterschieden.) Lange also bevor die NS-Städteplaner ihre „Ortsgruppe als Siedlungszelle" entwarfen,[46] träumte der Soziologe von politisch und sozial durchorganisierten Zellen, in denen das Individuum aufging. Sie sollten die kleinsten Einheiten in einem von unten nach oben harmonisch aufgebauten Organismus werden. Aufgrund der räumlichen Begrenzung wären wieder alle Menschen gleichermaßen aufeinander angewiesen. Die anonymen und beliebigen Vergesellschaftungsformen der Moderne würden damit aufgehoben. Gut ein Jahrzehnt später, nach dem Wahlsieg und der Machtergreifung der NSDAP, muss Andreas Walther eine Verwirklichung zum Greifen nahe vor Augen gestanden haben. Er beschwor 1935 erneut seine Vision von den „echten Sozialzellen", in „denen sich die Menschen als ganze Menschen kennen und gegenseitig beaufsichtigen und erziehen".[47] Die nationalsozialistische Volksgemeinschaft endlich sollte das bürgerliche Zeitalter, Individualismus und Klassenkampf hinter sich lassen.

Aber 1921 war das, was 1935 zur „Blockwart-Vision der Gesellschaft" (Nolte)[48] werden sollte, noch nicht mehr als ein praktisch-sozialpolitischer Vorschlag zur Lösung eines moralisch-ethischen Problems – und kein wissenschaftliches Programm. Walther hatte einerseits in seiner geschichtsphilosophischen Schrift populäre Motive der Kulturkritik und des neuidealistischen Denkens verarbeitet. Andererseits konnten die nachbarschaftlichen „Arbeitsgemeinschaften", die er zur Problemlösung vorschlug, ihre Verwandtschaft mit den Einrichtungen der Settlement-Bewegung nicht leugnen.[49] Sie gehörten in einen Komplex von Formen und Praktiken der

---

tung, Dezentralisation der geistigen Bewegung, Verlegung ihres Schwergewichts in nachbarliche Arbeitsgemeinschaften von Männern und Frauen verschiedener geistiger Lager [...] In geistigen Dingen gilt es, die ganze Breite und Tiefe der Nation sich dicht durchziehen zu lassen mit Arbeitsgemeinschaften zwischen Angehörigen verschiedenster Berufe und Stände, unter besonderer Bemühung um Verständigung mit der Arbeiterschaft [...] Es ist da ein Weg, auf dem jeder Einzelne wirksam mithelfen kann zur Lösung des Kulturproblems der Gegenwart und zur Heilung unserer größten deutschen Not, des Mangels an Gemeinschaft." Walther: Kulturproblem, S. 41-43.

46 Siehe dazu Durth/Gutschow: Träume in Trümmern, S. 232-251; Schubert: Heil aus Ziegelsteinen; Pahl-Weber: Ortsgruppe als Siedlungszelle.
47 Walther: Wahre Volksgliederung, S. 2.
48 Nolte: Ordnung, S. 198.
49 Auch in deutschen Städten waren im Zuge des „Settlement-Booms" einige Einrichtungen entstanden, die sich an den Vorbildern *Toynbee Hall* in London und *Hull House* in Chicago orientierten. Ihr Grundgedanke war, dass sich Menschen der höheren, gebildeten Klassen in den Wohnquartieren der unteren Schichten niederließen, um die dortigen

sozialen Arbeit, die ursprünglich aus den Traditionen der religiösen Caritas hervorgegangen waren. Mittlerweile allerdings durchliefen diese selbst einen zunehmenden Institutionalisierungs- und Verwissenschaftlichungsprozess. Wo aber zwischen diesen Landmarken aus Kulturkritik und Wohlfahrt, Geschichtsphilosophie und Sozialpolitik stand die Soziologie?

Genau das war eine Frage, die in den zwanziger Jahren für ausreichend Diskussionsstoff sorgte. Als Andreas Walther ‚Soziologe wurde' existierte der Beruf genau genommen noch nicht. Die ersten drei Lehrstühle für Soziologie waren gerade einmal zwei Jahre zuvor eingerichtet worden. Als Lehrfach wurde sie meist noch „als Voraussetzung, Sehweise und Hilfsmittel"[50] von Nationalökonomie oder Philosophie gelesen beziehungsweise war an einigen Hochschulen gar nicht präsent. In den Prüfungsordnungen der bestehenden Studiengänge fand sie kaum einen Platz. Im Laufe des folgenden Jahrzehnts änderte sich ihre Stellung aber so grundlegend, dass Theodor Geiger 1931 mit einiger Befriedigung feststellen konnte: „Die Soziologie hat endlich auch in Deutschland die Epoche des Kampfes um ihre Anerkennung als selbständige Wissenschaft hinter sich gelassen." Ja, ihre öffentliche Anerkennung habe sie geradezu in einen „Modeartikel" verwandelt – dessen Kehrseite aber war, wandte Geiger mahnend ein, ihre Instrumentalisierung für politisch-soziale Forderungen.[51]

Theodor Geigers Bedenken gegen die Indienstnahme der Etiketten ‚Soziologie' und ‚wissenschaftlich' wiesen auf Probleme hin, die den Weg in die institutionelle

---

Lebensbedingungen kennenzulernen – ‚am eigenen Leib' zu erfahren – und die räumliche Kluft zwischen den sozialen Klassen zu überwinden. Dies war als praktischer Schritt zur Lösung der sozialen Frage gedacht: Indem die Privilegierten etwas von ihren Privilegien – Bildung, Wissen oder Religion – weitergaben, trugen sie zur ‚Zivilisierung' der lokalen Bevölkerung bei. Umgekehrt sollte das Zusammenleben mit den Armen Anschauungen und Bewusstsein der Wohlhabenden verändern. Einige der „Settlements" in Deutschland blieben auf das Format von Gemeindezentren begrenzt und widmeten sich der Arbeiterbildung und der Jugendarbeit. Aber z. B. in Berlin existierte mit der „Sozialen Arbeitsgemeinschaft Berlin" (SAG) seit 1913 eine Einrichtung, die wirklich als „Niederlassung Gebildeter inmitten ärmster Bevölkerungskreise" – so die zeitgenössische Umschreibung der englischen Bezeichnung *settlement* – gelten konnte. Ihrem Initiator, dem Theologen und Pfarrer Friedrich Siegmund-Schultze gelang es, zeitweise bis zu zwanzig Studenten und junge Akademiker zu mobilisieren, die ihren Wohnsitz in einem Arbeiterviertel in Friedrichshain nahmen, um sich dort der „praktischen Liebesarbeit" zu widmen. Dazu Sachße: Friedrich Siegmund-Schultze; Wietschorke: Stadt- und Sozialforschung; außerdem die Beiträge in: Lindner (Hg.): Wer in den Osten geht.

50 Nachrichten von deutschen Hochschulen, S. 87.
51 Geiger: Lemma „Soziologie", S. 568 u. 578.

Eigenständigkeit von Anfang an begleitet hatten.[52] Wie verhielt sich die Soziologie als Wissenschaft gegenüber den verschiedenartigen und häufig unversöhnlichen gesellschaftlichen Entwürfen, die das soziale Denken und Handeln in der Weimarer Republik so nachhaltig prägten? Eine Wissenschaft, die sich der Erforschung der eigenen Gesellschaft widmete, musste sich zu einem gewissen Grade von dem Gegenstand distanzieren, der ihr Untersuchungsobjekt war. Die wissenschaftliche Beschreibung einer sozialen Frage hatte anderen Kriterien zu entsprechen als die persönliche Meinung eines Soziologen oder die ideologische Basis einer sozialen Bewegung oder Partei. Sie musste sich von den Theoremen sozialer Wohlfahrt und sozialpolitischer Entwürfe genauso unterscheiden wie von der konservativen Kulturkritik, die auch Walthers Schrift zugrunde lag und die in den zwanziger Jahren ganz neue Blüten trieb. Zugleich war eine komplette Herauslösung aus dem gesellschaftlichen Kontext nicht möglich, und auch die Soziologen selbst blieben Staatsbürger mit unterschiedlichen politisch-sozialen Sympathien.

Das Spannungsfeld, in dem sich die Soziologie situierte, war in jedem Fall vielfältig besetzt. Nicht zuletzt wurde es durch das komplizierte Verhältnis zu denjenigen Geisteswissenschaften bestimmt, aus denen sie sich herausgelöst hatte. Besaß die Soziologie als Wissenschaft von der Gesellschaft überhaupt einen eigenen Gegenstand? Ließen sich die Formen und Bedingungen des menschlichen Zusammenlebens als abgrenzbarer Gegenstand erfassen und mit genuin soziologischen Methoden untersuchen? An den philosophischen Fakultäten der Universitäten beschäftigten sich fast alle Fächer mit der Gesellschaft. Sollte eine einzelwissenschaftliche Soziologie daher alle diese Zugriffe mit einbeziehen und zu einer Synthese führen? Das konnte nur im Dilettantismus enden, entschieden viele Vertreter der etablierten Disziplinen und sogar einige Soziologen selbst. Wo aber lag dann der eigenständige Ansatz?[53]

---

52 Die folgenden Ausführungen zur Soziologie der zwanziger Jahre nach Nolte: Ordnung, S. 127ff.; Stölting: Akademische Soziologie, S. 71ff.; ders.: Soziologie in den hochschulpolitischen Konflikten.

53 Siehe dazu auch die Kontroverse zwischen Carl Heinrich Becker, damals Unterstaatssekretär im preußischen Kultusministerium, und dem konservativen Freiburger Wirtschaftshistoriker Georg von Below, die Erhardt Stölting detailliert beschrieben hat. Becker hatte unmittelbar nach dem Krieg die Einrichtung soziologischer Lehrstühle gefordert: Als synthetisierende Wissenschaft sollte die Soziologie in dem krisenhaften Übergang in die erste demokratische Republik im weitesten Sinne gesellschaftspädagogische Funktionen übernehmen – ein Erziehungsmittel, um das staatsbürgerliche Bewusstsein der Deutschen zu stärken. Von Below konterte zunächst aus der Systematik der Wissenschaften heraus, kam in seiner Polemik aber bald wieder auf die politische Dimension des Streits um die Soziologie zurück. Stölting: Akademische Soziologie, S. 92ff.

Was Soziologie schließlich sei, dazu entwickelten die Soziologen der Weimarer Republik viele verschiedene Meinungen. „Wir befinden uns in einem Zustand wie eine Anzahl von Babys in einem Wagen, die durcheinander schreien", diagnostizierte der Heidelberger Ordinarius Alfred Weber 1924 augenzwinkernd zwar, aber zweifellos mahnend.[54] Nichtsdestotrotz hatte sich in diesem dissonanten Chor eine leitende Tonart, eine Art Mainstream herausbilden können: Die „formale Soziologie", wie sie der Kölner Leopold von Wiese zusammen mit Alfred Vierkandt in Berlin entwickelte, war abstrakt genug, um vor den oben skizzierten Herausforderungen ein gewisses Maß an Integrationskraft ausüben zu können. Sie konzentrierte sich auf den abstrakten Kern menschlicher Vergesellschaftung. Nicht die konkrete Erscheinung sozialer Phänomene oder die gegenwärtige Ausgestaltung sozialer Beziehungen zählte. Es ging vielmehr um deren unveränderliche „Form", im Sinne eines typisierbaren Grundmusters der sozialen Beziehungen. „Die Form läßt sich vom Inhalt trennen", stellte von Wiese seiner Wissenschaft programmatisch voran. „Unsere Aufgabe ist es nun, die sozialen Beziehungen zu beschreiben, zu analysieren, zu gruppieren, zu messen und zu systematisieren."[55] Auf die Notwendigkeit, sich von ihrem politisch-sozialen „Kontext" zu emanzipieren, reagierte die formale Soziologie also mit der weitgehenden Ausblendung dieses Kontextes aus ihrer Gesellschaftsbetrachtung.[56]

Das war ein bewusst betriebener Rückzug aus der Gesellschaft, der seit der Mitte der zwanziger Jahre auf lauter werdende Kritik stieß. Denn auf die soziale Realität der Gegenwart gab dieses Programm kaum Hinweise – geschweige denn auf deren Problemlagen. Zu wenig Wirklichkeit, bemängelte auch der Göttinger Ordinarius Andreas Walther und warf seinen Kollegen überdies vor, es an „Leidenschaft" und „Kulturwollen" fehlen zu lassen. Für die akademische Wissenschaft forderte er nicht nur das soziale Mitgestaltungsrecht, sondern vor allen Dingen auch den Willen und die Verantwortung dazu. „Was können wir tun, um mit Hilfe der wissenschaftlichen Erkenntnis das dumpf naturhaft wachsende gesellschaftliche Leben unter die Leitung des Geistes zu bringen?"[57] In der deutschen Soziologenschaft werde diese Frage aber so gut wie nicht gestellt.

Spätestens seit 1925 arbeitete Walther daher gezielt an einem eigenen Konzept für eine akademische Disziplin, die Sein und „Kulturwollen", Wissenschaft und

---

54 Begrüßungsansprache Alfred Webers zum Vierten Deutschen Soziologentag 1924 in Heidelberg, in: Verhandlungen des Vierten Deutschen Soziologentags, S. 3.
55 Wiese: Methodologie der Beziehungslehre, S. 48f.; Zitat im Original gesperrt.
56 Dass sich ihr Anspruch, politisch neutral, wissenschaftlich objektiv und ideologisch immun zu sein, spätestens zu Beginn der dreißiger Jahre mehr und mehr als Illusion erwies, hat Paul Nolte dargelegt. Nolte: Ordnung, S. 141f.
57 Andreas Walther: Diskussionsbeitrag, in: Verhandlungen des Vierten Deutschen Soziologentags, S. 105f.

Wertung vereinen sollte. Er stellte es unter anderem 1929 – mittlerweile war er Ordinarius in Hamburg – in Richard Thurnwalds *Zeitschrift für Völkerpsychologie und Soziologie* vor.[58] Es tauchten darin Elemente des Denkens von Herbert Spencer auf, und intensiver noch hatte sich Walther mit Max Webers Idealtypen auseinandergesetzt.[59] Vor allem aber standen die US-amerikanischen *Social Sciences* für das Programm Pate – richtiger gesagt: Walthers Rezeption der US-amerikanischen Sozialwissenschaften.[60] Eine Reise im Jahr 1925 hatte der Soziologe gezielt dazu genutzt, die akademische Landschaft der USA zu inspizieren. Was er dort an Bemerkens- und Empfehlenswertem gefunden hatte, konnte die Fachwelt bereits seit 1927 in seinem Bericht über *Soziologie und Sozialwissenschaften in Amerika* nachlesen. Attraktiv waren in jedem Fall die amerikanischen Methoden, die Innovationen der letzten Jahre in der Survey-Forschung ebenso wie der Sozialpsychologie.[61] Ganz besonders interessiert hatte Walther jedoch der starke Anwendungsbezug, den er schon institutionell in den *Social Sciences* verankert sah.[62] Das spiegelte nicht zu-

---

58 Dazu Walther: Verwirklichung. Der Herausgeber Richard Thurnwald versammelte in den „soziologischen Symposien" der Zeitschrift alles, was sich bis dahin an Gegenpositionen zum soziologischen Mainstream formiert hatte. Unter anderen stellte auch Hans Freyer sein sehr viel umfassenderes und einflussreicheres Konzept einer „Soziologie als Wirklichkeitswissenschaft" vor. Außerdem beteiligten sich Johann Plenge, Pitrim A. Sorokin, Morris Ginsberg, William F. Ogburn, R. M. Mac Iver, Rudolf Steinmetz, Ferdinand Tönnies und Richard Thurnwald selbst mit Beiträgen. 1932 wurden die Texte unter dem Titel „Soziologie von heute" erneut publiziert. Stölting: Akademische Soziologie, S. 215.

59 Zu Walthers ausführlicher Auseinandersetzung mit Weber siehe „Max Weber als Soziologe" in Gottfried Salomons Jahrbuch für Soziologie aus dem Jahr 1926 (S. 1-65).

60 Der besseren Lesbarkeit halber wird in den folgenden Ausführungen und Kapiteln auf die Präzisierung „US-amerikanisch" verzichtet. Wenn in der vorliegenden Arbeit von „Amerika" bzw. „amerikanisch" die Rede ist, dann stets im Sinne des politischen Sprachgebrauchs, der sich auf die USA bzw. das Wissenschaftssystem oder die Außenpolitik der Vereinigten Staaten von Amerika bezieht.

61 Vgl. zur Rezeption etwa: Walther: Soziale Distanz; ders.: Sicheinstellen aufeinander.

62 Der Göttinger Professor beschrieb die Integration von Soziologie und Sozialpolitik in den Departments der Universitäten, wies auf die Scharnierpunkte in Curricula und Graduiertenschulen hin, ging auf den bürgerkundlichen Unterricht an den Schulen ein und erläuterte die sozialwissenschaftliche Grundausbildung der intellektuellen Eliten. „Oberlehrer, Pfarrer, Richter, Ärzte, Journalisten", Theologen und Pädagogen – soziale „Führer", die an der „Gemeinschaft" arbeiteten. „Daß das kapitalistischste Land der Welt keinen in Betracht kommenden ‚Sozialismus' und keine zugespitzte ‚Soziale Frage' hat, liegt gewiß, außer an den von Sombart u. a. herausgestellten Gründen, mit an den weiten Gesichtspunkten des Social Engineering, das die Bearbeitung dieses Problems nicht nur

letzt die Gewichtung des publizierten Berichts wider. Während sich der erste Teil Theorien und Methodik widmete, war es ziemlich exakt der gesamten zweiten Hälfte vorbehalten, die Verbindungsstellen zwischen akademischer Wissenschaft und (gezielter) gesellschaftlicher Einflussnahme zu beleuchten. Der enthusiastische Bezug auf das westliche Vorbild ist im Übrigen bemerkenswert. Denn schon in den Weimarer Jahren stand Walther damit eher allein – selbst in den Reihen derjenigen, die eine am Sozialleben der Gegenwart orientierte Soziologie forderten. Und doch behielt er ihn selbst in den dreißiger Jahren vergleichsweise ungebrochen bei.[63]

In Andreas Walthers Konzept firmierte die Soziologie als empirische Sozialwissenschaft, die den zusammenfassenden Zugriff auf alle regelhaften „gesellschaftlichen Funktionszusammenhänge" anstrebe.[64] Dahinter standen für ihn quasi naturhafte Prozesse, die zur Formation bestimmter sozialer „Grundtypen" führten. „Man macht die Erfahrung, daß [...], um so einfacher im Großen das Gesamtbild wird, [...] eine begrenzte Anzahl von Grundtypen immer wiederkehrt. Das muß ja auch so sein, weil die Möglichkeiten des Menschenwesens, menschlicher Lebensbedingungen und sozial-kultureller Situationen begrenzt sind."[65]

Das war ein Ansatz, der auch in Walthers Überlegungen zu einer vergleichenden Völker-Soziologie auftauchte. Ihm ging es nicht um allgemeingültige Muster sozialer Beziehungen. Vielmehr entsprachen dem Soziologen die modernen Völker bestimmten „Kulturtypen", in denen sich ein jeweils ganz bestimmtes System ver-

---

von dem wirtschaftlichen und gesetzgeberischen Gebiet her anfaßt, sondern ihm in vielseitigem konzentrischem Angriff zu Leibe geht von Gebieten her, deren unmittelbare Relevanz mancher Deutsche sich vielleicht erst mit einiger Mühe deutlich machen muß."
Walther: Soziologie und Sozialwissenschaften, S. 77f.

63 Ein Umstand, der ihn z. B. auch in Opposition zu Hans Freyer brachte. Dessen große Abrechnung mit der bisherigen deutschen Soziologie zielte im Grundmotiv darauf, die Soziologie durch eine radikale Historisierung als spezifische und historisch gewordene Form der reflektierten Beobachtung von Gesellschaft zu bestimmen und sie in ihrer Arbeit und ihren Begriffen an diese Wirklichkeit zu binden – das „wissenschaftliche Selbstbewusstsein einer gesellschaftlichen Wirklichkeit". Für Freyer konnte es aus diesem Grund aber auch keine einheitliche Soziologie geben und eine europäische musste sich von der amerikanischen Soziologie grundsätzlich unterscheiden, denn sie spiegelte letztlich eine andere gesellschaftliche Wirklichkeit wider. (Nolte: Ordnung, S. 145; vgl. dazu Walther: Problem einer deutschen Soziologie). Walther hingegen wies bis zum Vorabend des Zweiten Weltkriegs immer wieder auf die fruchtbaren Anregungen hin, die aus der Programmatik und Methodik zu ziehen waren – und zwar auch für „die neuen Aufgaben der Sozialwissenschaften" im Nationalsozialismus. Siehe Walther: Neue Aufgaben.

64 Walther: Verwirklichung, S. 137.
65 Walther: Völker-Soziologie, S. 5.

schiedener gesellschaftlicher Strukturen, Verhaltensweisen, Gruppen und Beziehungen ausgebildet hatte. Und zwar auf der Grundlage unterschiedlicher „Wertsysteme", die sich in sozialem Handeln und sozialen Prozessen ausdrückten.

„Das Wort ‚Wert' ist hier in weitem Sinn gemeint, bedeutet alles das, was bestimmten Menschengruppen in typischer Weise wichtig oder unwichtig ist, wofür sie sich interessieren oder nicht interessieren, was sie in Erregung und Aktion bringt oder kühl läßt, welche Qualitäten sie bei ihren Führern schätzen, und welche Arten von Führern sie darum hochkommen lassen, welche Arten von Gruppenbildungen, von sozialen Verkehrs- und Höflichkeitsformen, von sachlicher, sentimentaler oder rhetorischer Ausdrucksweise sie begünstigen und vieles andere mehr."[66]

Die Aufgabe der Soziologie also war es, beschreibend, vergleichend und typisierend zur komplexen Struktur des gesellschaftlichen Lebens vorzudringen und dabei auch die Frage der handlungsbegründenden Werte mit zu berücksichtigen.
Aber ihre Funktion war darin nicht erschöpft. Mit dieser Strukturtheorie eng verknüpft war die Anwendung der gewonnenen Erkenntnisse. Zu einer „vollständigen" akademischen Disziplin, mit eigenen Studiengängen und Abschlüssen, gehörten daher auch die Voraussetzungen, Möglichkeiten und Techniken des gezielten korrigierenden Eingriffs: „die Macht zur intelligenten Leitung des noch so blind vorwärtsstastenden Gesellschaftslebens."[67] Sie mussten ebenso zur Ausbildung der Studenten, der künftigen sozialen „Führer" in Andreas Walthers Worten,[68] gehören. In der Verantwortung der Soziologen lag es daher nicht zuletzt, die Arbeitsbasis für die soziale Technik, nämlich die wegleitenden kulturellen Normen, forschend zu klären und festzulegen. Die Vorstellung eines kulturspezifischen Wertsystems diente ihm dabei als Untersuchungsgegenstand und Norm zugleich. Denn auch die eigentlich jedem Angehörigen einer bestimmten Kultur eigenen Werte und instinktiven Denkweisen konnten, davon zeigte sich der Hochschullehrer überzeugt, verfälscht, getäuscht und abgelenkt werden. Sein Missbehagen an der Moderne, die kulturell „Unwesenhaftes", „Wucherungen über viel Wurzelhafterem" hervorgebracht habe, war bis zum Ende der zwanziger Jahre nicht schwächer geworden.[69]

„Wer aber Wissenschaft erkennt einfach als kritische Sublimierung der instinktiven Denkweisen, der wird von der Erkenntnis aus, daß wir die Überzeugungswertungen unserem ‚Kultur-

---

66 Ebd., S. 15.
67 Walther: Verwirklichung, S. 141.
68 Walther: Völker-Soziologie, S. 13; ders.: Soziologie und Sozialwissenschaften, S. 77f., vgl. auch ders.: Gesellschaftliche Gruppen.
69 Diese Formulierungen verwendete Walther 1932 während eines Vortrags vor der Hamburger Hochschulgesellschaft über: Völker-Soziologie, S. 6.

bewußtsein' entnehmen, die Aufgabe und Reinigung und Vertiefung dieser Kulturwertungen keineswegs der Wissenschaft absprechen."[70]

2.2.3 Kleine Welten und gemeinschädigende Regionen: Stadtforschung in Hamburg

„The city, from the point of view of this paper, is something more than a congeries of individual men and of social conveniences – streets, buildings, electric lights, tramways, and telephones, etc.; something more, also than a mere constellation of institutions and administrative devices – courts, hospitals, schools, police, and civil functionaries of various sorts. The city is, rather, a state of mind, a body of customs and traditions, and of the organized attitudes and sentiments that inhere in these customs and are transmitted with its tradition. The city is not, in other words, merely a physical mechanism and an artificial construction. It is involved in the vital processes of the people who compose it; it is a product of nature, and particularly of human nature."[71]

Das sind die berühmten ersten Sätze, mit denen Robert Park 1925 das Manifest der Chicagoer Stadtsoziologie, die Textsammlung „The City", einleitete. Bis heute gilt die *Chicago School* als die bedeutendste Strömung der Stadtforschung; ihr Einfluss reichte weit und lange. Aber ihr goldenes Zeitalter erlebte sie zwischen 1915 und 1932, als sie die dominierende Schule in der amerikanischen Soziologie war. Diese 18 Jahre gelten als die produktivste Phase des *Department of Sociology* der Universität Chicago, geprägt durch die Präsenz seiner zentralen Figur Robert Ezra Park.[72]

In dieser Zeit wurde die Stadt am Michigansee quasi zu einem einzigen sozialen Laborexperiment. Die Sozialforscher entdeckten das soziologische Phänomen Großstadt. Ihre Vielfalt, die Lebenswelten unterschiedlicher Gruppen in der Stadt, ihre physische und soziale Binnenstruktur. Industrialisierung und *Gilded Age* hatten auch für Chicago eine Phase zügellosen, explosionsartigen Wachstums bedeutet. Aber nun beschrieben die Soziologen, dass es sich bei einer boomenden Großstadt um etwas Anderes handelte als einzig um eine willkürliche Ansammlung von Menschen und Material, Kapital und ökonomischer Potenz. Denn dort, wo scheinbar alle traditionellen Bindungen aufgelöst waren, schienen zugleich die grundlegenden Kräfte der menschlichen Vergesellschaftung unmittelbar zu wirken. Das machte die Großstadt zum idealen Schauplatz, um menschliches Verhalten und soziale Prozesse beobachten zu können. *To see life* war denn auch eine der wesentlichen For-

---

70 Walther: Verwirklichung, S. 141.
71 Park: City, S. 1.
72 Das Folgende nach Lindner: Walks on the Wild Side, S. 113ff.; Häußermann/Siebel: Stadtsoziologie, S. 45-54; Lindner: Robert E. Park, S. 215-228.

schungsmethoden, die Robert Park seinen Schülern zu vermitteln versuchte: das Leben, die Besonderheiten und Kultur der Großstadt mit bloßen Augen zu sehen. Für das Chicagoer Verständnis der Stadtkultur war die Erfahrung der Einwanderungsstadt Chicago wichtig, in der Menschen unterschiedlichster Herkunft zusammenströmten. Mit dem Zuzug waren in verschiedenen Gebieten kleine, auch räumlich abgrenzbare Milieus entstanden, mit eigenen Verhaltensmustern und sozialen Normen. Auf diese kleinen Teilkulturen, die sogenannten *communities*, konzentrierte sich die Chicagoer Forschung. Das, was städtisch war, konkretisierte sich genau dort – „involved in the vital processes of the people who compose it".[73] Die ethnographischen Untersuchungen dieser kleinen Lebenswelten und ihrer sozialen Interaktionsformen prägten damals die Arbeit am Department, und sie prägen noch heute die Wahrnehmung des Chicagoer Ansatzes. Die bekannteste unter ihnen stammte von einem Studenten des Departments und beschrieb das Wanderarbeitermilieu Chicagos. Ihr Autor Nels Anderson schilderte darin, wie das Leben der *Hobos* in der Stadt verlief. Wie sich im Zusammenleben bestimmte Regeln und Traditionen herausgebildet hatten, wie sogar physisch ein eigener Kulturraum der Wanderarbeiter in der Stadt existierte: ein Areal von Straßenzügen, in dem sich charakteristische Einrichtungen wie Wohnheime, Garküchen, billige Hotels und Arbeitsvermittlungen konzentrierten.[74] Aus solchen Kulturräumen setzte sich die Großstadt zusammen: ein urbanes Mosaik aus sozial und räumlich abgrenzbaren kleinen Welten, Kolonien und Milieus. *Hobohemia* für die Wanderarbeiter. *Natural areas* in der Sprache der Chicagoer Soziologen.

In Deutschland hingegen fiel die Soziologie zur gleichen Zeit eher durch ein demonstratives Desinteresse an der Stadt auf. In gewisser Weise war das paradox, denn es war kaum zu leugnen, dass sich in den Großstädten noch immer der soziale Wandel und die neue ‚moderne' Gesellschaft manifestierte. Zwar war es nicht mehr das rasante Anschwellen der Städte, das die zeitgenössische Wahrnehmung prägte, denn der Zuzug hatte sich seit dem Ersten Weltkrieg merklich verlangsamt. Aber nun traten andere Entwicklungen hinzu: Die Städte griffen in ihr Umland aus – ermöglicht durch den Ausbau der Verkehrs- und Kommunikationsnetze, die Distanz und Nähe, ländlich oder urban neu definierten. Mischzonen zwischen Stadt und Land entstanden und urbane Lebensweisen setzten sich in immer größeren Räumen durch.[75] Die ‚Angestellten' wurden zum Synonym der großstädtischen Gesellschaft und lösten so die Industriearbeiter und das Proletariat als Inbegriff der städtischen Masse ab. Und wo Literaten und Künstler die Erfahrung des wider-

---

73 Vgl. dazu die Entwürfe von Park: City, bes. S. 4-12; und (für das ökologische Modell und die Logik der menschlichen Ansiedlung) McKenzie: Ecological Approach.
74 Siehe Anderson: Hobo. Zum biographischen Kontext der Studie siehe Rauty: Introduction.
75 Dazu Kuhn: Suburbanisierung.

sprüchlichen neuen Lebensraums künstlerisch zu verarbeiten suchten, erreichte andererseits auch die Großstadtfeindschaft in einer Flut volkstümlich-rückwärtsgewandter Massenliteratur einen weiteren Höhepunkt.

Diejenigen Wissenschaftler allerdings, die ihren Hauptgegenstand im menschlichen Zusammenleben, dessen Aufbau und Beziehungen fanden, hatten für dieses Phänomen keine eigene Definition anzubieten. Als soziologische Größe waren Stadt oder Großstadt kaum existent. Sie erhielten schließlich auch im *Handwörterbuch der Soziologie* keinen selbständigen Eintrag. Das bedeutete eine Ablehnung an prominenter Stelle, denn der umfangreiche Band, den Alfred Vierkandt 1931 herausgab, war ausdrücklich als Bestandsaufnahme und Kodifikation des damaligen soziologischen Lehrwissens gedacht.[76] Stattdessen verwies Werner Sombart bei dieser Gelegenheit die Stadt abermals in den Zuständigkeitsbereich „einer großen Anzahl anderer Wissenschaften und Kunstlehren", allen voran Geographie, Hygiene und Medizin.[77] „In ihrem soziologischen Teil" jedoch werde die Stadt „immer nur einen integrierenden Bestandteil allgemeinerer Betrachtungen bilden".[78]

Anders in Hamburg, wo Andreas Walther bereits vier Jahre zuvor die Großstadt zum soziologischen Forschungsgebiet erklärt hatte.[79] Es ist nicht geklärt, ob entsprechende Pläne schon eine Rolle bei seiner Berufung gespielt hatten. Aber dass sich der Soziologe seit dem Antritt seiner Professur bemühte, die organisatorischen und finanziellen Voraussetzungen dafür zu schaffen, wird anhand vieler einzelner Belege deutlich. Der Wechsel an die Elbe hatte für ein solches Vorhaben auch ganz neue Horizonte eröffnet. Göttingen war 1927 zwar eine traditionsreiche, aber mit weniger als 50.000 Einwohnern doch recht beschauliche Stadt. Hamburg hingegen war zwanzigmal so groß, eine dynamische Hafen- und Handelsstadt, wo Menschen und Milieus unterschiedlichster Art und Herkunft aufeinander trafen. Die Behauptung, Walther habe aus Hamburg ein zweites Chicago machen wollen, würde wohl zu weit gehen. Dazu sind die Belege zu spärlich und größere Schriften sind auch

---

76 Vierkandt: Vorwort.

77 Aber auch „Biologie, Religionswissenschaft, Demologie, Rassenlehre, Pädagogik, Psychologie, Nationalökonomie, Politische Wissenschaften, Kriminalwissenschaft [und] Wohlfahrtspflege" gehörten dazu. Sombart: Lemma „Städtische Siedlung, Stadt", S. 530.

78 Ebd.

79 Auch Hans Freyer in Leipzig hatte geplant, das dortige Soziologische Institut zu einem Forschungsinstitut auszubauen, das sich mit den Problemen der zeitgenössischen Großstadt befassen sollte: mit Bevölkerungsaufbau, Berufsaufbau, sozialer Schichtung, Wanderungsverhältnissen, Verkehrsproblemen der verschiedenen Großstadttypen. Die Erhebungen sollten schließlich in eine soziologische Analyse moderner Siedlungsformen überhaupt einfließen. Freyer: Soziologie als Wirklichkeitswissenschaft, S. 264. Freyer las auch in den dreißiger Jahren zur Soziologie der Großstadt, wie Hans Linde in seinen Erinnerungen an das Institut berichtete. Linde: Soziologie in Leipzig, S. 106f.

dort nicht entstanden. Überblickt man jedoch die verstreuten Quellenhinweise der folgenden anderthalb Jahrzehnte, so ist kaum zu übersehen, dass er sich die Arbeit am Chicagoer Department in mehrerlei Hinsicht zum Vorbild nahm. Das betraf die Forschungsorganisation, die Methodik, aber auch die Vorstellung der Großstadt als einer Konstellation räumlich verorteter sozialer Welten.

Ein „interesseloses Interesse", wie es Robert Park für eine unvoreingenommene und zweckfreie empirische Soziologie forderte, aber hatte Andreas Walther an Hamburg keinesfalls. Sein Stadtforschungsprogramm war gerade der Versuch, Wissenschaft und Anwendung nun endlich systematisch und zielorientiert miteinander zu verbinden. Auch dafür hatte die Arbeit am Chicagoer Department genug Anregungen bereitgehalten.[80] Für die Organisation der Forschung beispielsweise sollte eine eigene kleine Einrichtung am soziologischen Seminar gegründet werden: ein „Archiv für die sozialen Verhältnisse Hamburgs". Es war bereits im Juli 1927 Gegenstand der Berufungsverhandlungen gewesen. Für den Soziologen stellte eine solche Einrichtung wohl das Herzstück einer vollständigen Wissenschaft dar. Erstens als das eigentliche Forschungszentrum, an dem Erhebungen durchgeführt und deren Ergebnisse gesammelt wurden. Zweitens als Informationsstelle für alle diejenigen, die mit sozialer Arbeit, Politik und Planung zu tun hatten. Und drittens als Ausbildungseinrichtung für Studenten, die sich dort in den Techniken empirischer Untersuchungen üben sollten. Hier hätten die Grundlagen für die sozialen Berufe

---

80 Mit der *Chicago School* wird soziologiehistorisch gerne ein signifikanter Wandel verbunden. Kurz gefasst wird er in der Formel „von der Präventionsperspektive zum Verstehen". Dies lag vor allem in der Arbeit Robert Parks begründet, der sich an mehreren Stellen vehement gegen die traditionelle Verquickung von Soziologie und Sozialarbeit aussprach. Sein Konzept der Großstadtkultur als Kultur der Vielfalt zielte darauf ab, die Voreingenommenheit der bürgerlichen, zivilisierenden Wissenschaft, die in Abweichungen und Pathologien dachte, zu überwinden und abweichende Lebensformen nicht moralisch zu beurteilen, sondern den Blick für die Natur der sozialen Phänomene frei zu machen. Dass man bei differenzierter Betrachtung aber allenfalls von Chicago als einer „zone in transition" (Lindner: Walks on the Wild Side, S. 145) sprechen könnte, wurde mittlerweile häufig angemerkt. Selbst die Stadtkulturstudien aus der Park'schen Schule beschrieben häufig kulturelle Vielfalt auf der einen und diagnostizierten soziale Pathologie auf der anderen Seite. Am Department insgesamt war die Präventionsperspektive durchaus präsent, wenn nicht (auch durch Kollegen wie Ernest Burgess) sogar letztlich dominierend. Walther hatte sich die Vorlesungsverzeichnisse genau angeschaut und präsentierte die „sozialen Pathologien" als Verbindungsstück zwischen Sozialforschung und Ausbildung. (Siehe Walther: Soziologie und Sozialwissenschaften, S. 77ff.) Dass er überdies aufmerksam verfolgte, wie in Chicago beispielsweise „delinquency areas" ausfindig gemacht wurden, ist sehr wahrscheinlich (vgl. Shaw: Delinquency areas).

wie Lehrer, Pastor, Sozialarbeiter – die „sozialen Führer" – gelegt werden sollen.[81] Organisatorisch vereinte es also alle Aufgaben einer praktischen Soziologie, die eng mit ihrem Gegenstand verbunden war; ihn nicht allein untersuchen, sondern auf ihn einwirken wollte.

Ein Blick in den im selben Jahr erschienenen Bericht zu „Soziologie und Sozialwissenschaften in Amerika" legt nahe, dass hier das *Social Research Laboratory* der Universität Chicago Pate gestanden hat. Denn dort hatte Walther wissenschaftliche Angestellte und Studenten an detaillierten und vielfältigen Untersuchungen über die sozialen Verhältnisse Chicagos arbeiten sehen:

„Einige Hauptergebnisse sind vorläufig anschaulich zusammengefaßt auf großen Karten, in die eingetragen sind: die Regionen der verschiedenen ethnischen Gruppen, die etwa 35 Settlements, die Gebiete der Boarding Houses, der ‚Laster Regionen', die verschiedenen Typen von Vergnügungslokalen und vieles andere. Eine Vergleichung der Karten ergibt suggestive Korrelationen, z. B. wie sich auf die verschiedenen Völkerschaften verteilen die Fälle jugendlichen Verbrechertums, die Fälle von Verlassen und Nichterhalten der Familie, die Bevorzugung verschiedener Vergnügungen, zwischen welchen ethnischen Gruppen es schon Konnubium gibt, und vieles andere."[82]

Schon die Förderanträge für das Institut kündigten ähnliche Serviceleistungen an. Und als Ziel der Arbeit am Archiv hatte der Soziologe den umfassenden und anschaulichen Überblick über das soziale Terrain Hamburgs in Aussicht gestellt: einen Sozialatlas der Großstadt.[83]

In den folgenden Jahren bemühte Walther sich einerseits um enge Kontakte zu kommunalen Einrichtungen und versuchte andererseits, sein Seminar zu einem Zentrum der vergleichenden Großstadtsoziologie auszubauen.[84] Insgesamt gehörte die Kartierung sozialer Merkmale wohl zu den Hauptarbeiten an dem chronisch un-

---

81 Zu den Plänen für das Archiv Waßner: Andreas Walther und seine Stadtsoziologie, S. 72.

82 Wie er später den deutschen Lesern versicherte, war das *Laboratory* eigentlich ein großes Archiv mit einem doppelten Zweck: „einerseits eine[] Informationsquelle als Grundlage für jede Art sozialer Tätigkeit, andererseits eine[] Vorarbeit für eine spätere monumentale Veröffentlichung über eines der dynamischsten Gebilde, die es gibt." Walther: Soziologie und Sozialwissenschaften, S. 63f.

83 Vgl. Waßner: Andreas Walther und seine Stadtsoziologie, S. 72f.; Roth: Städtesanierung, S. 380f.

84 „Im Hamburger Seminar wird", so beschrieb Walther 1929 seine Ziele, „vor allen Dingen eine Sonderabteilung für die vergleichende Soziologie der Großstadt aufgebaut". Dazu gehörten die Soziologie (des Großraum) Hamburgs sowie die Sammlung von Büchern und Materialien zur vergleichenden Großstadtsoziologie. Außerdem war eine Bibliographie in Angriff genommen worden. Walther: Verwirklichung, S. 134-136.

terfinanzierten Archiv.[85] Eines der ersten, noch greifbaren Ergebnisse waren Übersichtskarten zum Abstimmungsverhalten bei der Wahl zum Reichstag im September 1930. Wo waren die Hochburgen der Kommunistischen Partei, wo wählte man überwiegend sozialdemokratisch, wo lebten die Wähler der Nationalsozialisten, wo die der Deutschnationalen? Auf den großen, farbigen Karten des Hamburger Stadtraums waren die politischen Präferenzen der Großstädter eingezeichnet, und die Gegenden, in denen man sich gehäuft für eine bestimmte Partei entschieden hatte, traten, dunkel eingefärbt, deutlich hervor.

Walther übernahm damit eine Technik, die man als eine der starken Verbindungsstellen zwischen Wissenschaft und sozialer Praxis betrachten kann. Seitdem Charles Booth die Armen von London kategorisiert und auf Stadtplänen lokalisiert hatte, war das *mapping* ein konstanter Bestandteil der reformorientierten Sozialforschung. In Chicago war sie zunächst von den Bewohnern von *Hull House*, dem dortigen ersten Settlement, übernommen worden, bevor sie Eingang in die akademische Sozialforschung fand.[86] Durch das Kartieren konnten soziale Missstände sichtbar gemacht und auf Problemgebiete hingewiesen werden. Es definierte politischen Handlungsbedarf. Diese ersten Karten zeigten zwar zunächst einmal nur das Vorkommen bestimmter politischer Orientierungen.[87] Aber dass es sozial- beziehungsweise ordnungspolitisch nicht unerheblich war, wenn man die Stadt auf ihr radikales Wählerpotential hin überschauen konnte, liegt auf der Hand. Gerade in der Diskussion um die Sanierung der Gängeviertel spielte es jedenfalls keine unbedeutende Rolle, dass dort nicht nur Kriminalität und Prostitution blühten, sondern diese Gebiete auch besonders ins Auge stachen, wenn man sich einen Überblick über die Anhänger der KPD verschaffen wollte. Korrelierte man diese Wahlergebnisse nun noch mit der Wohndichte, wie Walther dies später tat, so wurden sie zu einem sanierungspolitischen Argument, bei dem kaum noch zu trennen war, ob es sozial, hygienisch oder politisch motiviert war. Als die Nationalsozialisten wenige Jahre

---

85 Aus Walthers Göttinger Zeit sind keinerlei Hinweise überliefert, dass er zuvor bereits empirisch gearbeitet hatte. Man kann daher wohl davon ausgehen, dass es vor allem darum ging, die Technik überhaupt erst zu beherrschen. Welche Faszination die Kartierung offenbar ausübte, wird in einem Vortrag deutlich, den Walther 1932 vor der Hamburger Universitätsgesellschaft hielt. Walther: Völker-Soziologie, bes. S. 6ff.
86 Darauf hat z. B. Mary Jo Deegan nachdrücklich hingewiesen. Deegan: Jane Addams, S. 46. Die *Hull House Maps and Papers*, in deren Kontext die Technik zum ersten Mal in Chicago auftauchte, sind als digitale Ressource über die *Harvard University Library* einsehbar: http://nrs.harvard.edu/urn-3:RAD.SCHL:488374, 29.10.2015.
87 Walther veröffentlichte sie im August 1931 in der Monatsschrift „Aus Hamburgs Verwaltung und Wirtschaft", einem Organ des Statistischen Landesamtes – aus drucktechnischen Gründen allerdings nicht in der einprägsamen farblichen Gestaltung, sondern in Graustufen. Siehe Walther: Örtliche Verteilung.

später an die Sanierung der Hamburger Neustadt gingen, merkte beispielsweise Konstanty Gutschow, einer der beteiligten Architekten, an:

„Die Wohnung ist der Lebensraum der Familie. Die Familie die Zelle des Staates. Ungenügende Wohnverhältnisse erzeugen zwangsläufig asoziale, staatsfeindliche Elemente. Eine kartographische Darstellung des Wohnungselends der Stadt deckt sich bis auf das einzelne Haus mit einer solchen der kommunistischen Wähler in früheren Wahlen und der Nein-Stimmen der Volksabstimmung am 12. November. Die Beseitigung des Wohnungselends ist grundlegende staatspolitische Arbeit, die die Wurzeln des Uebels heilt."[88]

Aber gleichzeitig diente das *mapping* als Methode der empirischen Soziologie. Der Hamburger Ordinarius hat den Nutzen der Kartierung für seine wissenschaftliche Arbeit relativ ausführlich beschrieben. Wie gesellschaftliche Gebilde sich zusammensetzten, wie das Sozialleben „trotz aller Diffusität doch markant gegliedert" sei, das könne nicht „durch Denken erfaßt werden, sondern das werde „erfaßt durch Sehen, durch Anschauung." „Dazu kann und muß man Anschauungsbilder verwenden."[89] Für welche Partei sich ein Wähler entschied, galt als Ausdruck seiner sozialen Zugehörigkeit, in Walthers Gesellschaftsbild: der „ständischen Haltung". Ein Übersichtsplan, auf dem alle individuellen Wahlentscheidungen aufgenommen waren, bedeutete also ein erstes, grobes Bild des gesellschaftlichen Aufbaus der Großstadt.[90] Indem der Soziologe verschiedene solcher Merkmale übereinander legte beziehungsweise „ineinander schmolz", wurden die komplexeren sozialen Gebilde sukzessive sichtbar, und die „typischen Strukturen" standen dem Betrachter schließlich deutlich vor Augen.[91] Es ist gewiss nicht mehr nötig, hier näher auf das Verhältnis zwischen Konstruktion und Entdeckung einzugehen. Aber für das Hamburger Forschungsprogramm gilt, dass die Karten nicht nur als Repräsentationen sozial-räumlicher Tatbestände dienten. Für den Sozialforscher, der sie erstellte, war das Kartieren vielmehr selbst ein zentrales Erkenntnisinstrument. Dort, wo am Ende die „reinsten Typengestaltungen, gleichsam die experimentwertigen Fälle" anzutreffen waren, gelte es dann, nähere Nachforschungen anzustellen.[92]

Welche „reinen Typengestaltungen" waren in Hamburg zu entdecken? Der einzige publizierte Beleg für die Großstadtforschung am Seminar blieb die Suche und Kartierung der „gemeinschädigenden Regionen". (Auf sie wird weiter unten noch einmal einzugehen sein.) Aber ein Blick ins Doktoralbum der Fakultät zeigt, dass sowohl die Chicago-Rezeption als auch die Forschungsaktivitäten trotz der spärli-

---

88 Zit. n. Schubert: Stadterneuerung, S. 384.
89 Walther: Völker-Soziologie, S. 6.
90 Vgl. Walther: Örtliche Verteilung, S. 177.
91 Walther: Völker-Soziologie, S. 6f.
92 Ebd.

chen Ergebnisse zumindest breiter gedacht waren. In den dreißiger und den frühen vierziger Jahren entstanden am Seminar Qualifikationsschriften, die ohne Zweifel in das stadtsoziologische Programm des Lehrstuhlinhabers gehörten. Sie ähnelten sich in ihrer Anlage und beschäftigten sich mit typischen Berufen der Großstadt – beziehungsweise mit typischen Berufen in Hamburg selbst.[93] *The actor, the journalist, the musician, the insurance broker*: Führt man sie in dieser Weise auf, so erinnern die Themen gewiss nicht zufällig an die *vocational types*, die Robert Park 1925 als besonders lohnenswerte Objekte für soziologische Untersuchungen genannt hatte.[94] Für Park waren sie interessant, weil er in ihrer Herausbildung selbst

---

[93] Lindemann: Berufsstand der Unterhaltungsmusiker; Schultze: Schriftleiterstand; Riekes: Versicherungsvermittler; Reinecke: Soziologie des Schauspielers – die letztere war zunächst als Hamburger Studie geplant, wurde wegen Schwierigkeiten der Operationalisierung dann aber im Zugriff erweitert. Andere Dissertationen hatten die „katholische Bevölkerungsgruppe im Staate Hamburg"; „Die Binnenschiffahrt in Hamburg, ihre Bedeutung und ihre Eigner" oder „Das Verhältnis von Beruf und Kinderzahl" in Hamburg zum Thema. Vgl. Waßner: Andreas Walther und die Soziologie in Hamburg, S. 123ff.

[94] „The shopgirl, the policeman, the peddler, the cabman, the nightwatchman, the clairvoyant, the vaudeville performer, the quack doctor, the bartender, the ward boss, the strikebreaker, the labor agitator, the school teacher, the reporter, the stockbroker, the pawnbroker." (Park: City, S. 14) – Die moderne Großstadt war für die Chicagoer Soziologen der Sitz des Geschäftslebens und der Geldwirtschaft und beförderte die Spezialisierung ihrer Bewohner und die Ausdifferenzierung ihrer Funktionen. In dieser Hinsicht begriff Park sie aber auch als Orte der Emanzipation und der modernen Subjektivität. Hier wurden traditionelle (familiäre, ökonomische, lokale etc.) Bindungen aufgelöst und das Individuum freigesetzt. Ihm stand es offen, auch seine berufliche Tätigkeit nach den eigenen Fähigkeiten zu wählen und auszuüben. „The city offers a market for the special talents of individual men." Mit der Konzentration auf eine einzige bestimmte Aufgabe und Funktion einer ging unter den Bedingungen des individuellen Wettbewerbs die Ausbildung rationeller Methoden, technischer Hilfsmittel und spezifischer Fähigkeiten und Qualifikationen. Ein Professionalisierungsprozess, dem Ausbildungseinrichtungen, Vermittlungsstellen etc. – und damit eine weitere Ausdifferenzierung der Arbeit – folgten. Auf der Basis der ausgebildeten Verhaltensweisen und versachlichten, beruflichen Interessen re-formierten sich die sozialen Beziehungen und schließlich auch neue soziale Gruppen. Dass daraus auch formale Verbände auf der Grundlage der gemeinsamen Interessen entstanden, war für den Chicagoer Soziologen aber ebenso wenig die Hauptsache, wie es die soziale Gruppe selbst war. „The effect of the vocations and the division of labor is to produce, in the first instance, not social groups, but vocational types: the actor, the plumber, and the lumber-jack." Bei der Herausbildung großstadtspezifischer Berufe ging es Park also speziell um die Verhaltensweisen, Interaktionen und Mentalitäten, die zur Formierung von *urban types* und zur gesellschaftlichen Reorganisation im

die Kräfte des sozialen Wandels in einer modernen, arbeitsteiligen Gesellschaft zur Geltung kommen sah. Worum es dem Chicagoer ging, war die Ausformung bestimmter Verhaltensweisen, Mentalitäten und schließlich sozialer Formationen durch die Interaktion von Menschen in einer bestimmten Lage. Am Department gehörte es daher auch mehr als zwei Jahrzehnte lang zu den Seminaraufgaben der Studierenden, sich in der ‚Kunst des Sehens' zu üben und kleine Skizzen über diese *urban types* anzufertigen.

Einiges weist darauf hin, dass auch den Hamburger Doktoranden nahegelegt worden war, ihre Themen durch eigene Beobachtung kennenzulernen: das Metier der Musiker in den Tanzlokalen und Kaffeehäusern; den Tagesablauf der Redakteure und Journalisten der norddeutschen Pressemetropole („Schriftleiter" im damaligen, NS-regulierten Sprachgebrauch); die Tätigkeit der Makler zwischen Versicherungsbüro und Handelskontor. Allerdings haben sie sich, bis auf eine Ausnahme, darauf nicht eingelassen und stattdessen mehrheitlich Fragebogen genutzt, um das Material für die Untersuchungen zu sammeln.[95] Wer waren die Menschen, die diese Berufe ausübten, und warum hatten sie sie ergriffen? Was hatte die Herkunft, was hatten Fähigkeiten und Veranlagungen mit der Berufswahl zu tun? Was für eine Persönlichkeit musste man sein, welche Rolle spielte die Ausbildung? Welche Umgangsformen, welcher Jargon und welche Bräuche bildeten sich in den Berufsgruppen aus? Zwischen „Unterhaltungsmusiker" und „Unterhaltungsmusiker"

Zuge des Modernisierungsprozesses führten. „The effects of the division of labor as a discipline, i. e., as means of molding character, may therefore be best studied in the vocational types it has produced." Ebd., S. 12-16.

95 In den Einleitungen wurde die Möglichkeit (teilnehmender) Beobachtung aber zumindest diskutiert, bevor auf die Befragung, ob direkt oder über schriftliche Erhebungen zurückgegriffen wurde. Allein Konrad Lindemann beanspruchte (wenn auch ohne weitere Präzisierung), seine Schlussfolgerungen aus „Beobachtungen, in der Unterhaltungsmusikerschaft" und aus dem „Zusammenleben und -wirken" mit den Musikern Hamburgs gezogen zu haben (Lindemann: Berufsstand der Unterhaltungsmusiker, S. 6). Hingegen hatte Georg Reinecke dies ausdrücklich aus Sorge um die Objektivität des Beobachters ausgeschlossen. „Es könnte in Erwägung gezogen werden, selbst zunächst längere Zeit ausübend ans Theater zu gehen, den Alltag des Schauspielers mit ihm zu durchleben und darüber hinaus in die besonderen Gepflogenheiten der Schauspieler hineingezogen zu werden. Dieser Weg wurde von mir schon vor einigen Jahren bei der endgültigen Zielgebung meiner Studien verworfen, da ich bereits damals die Gefahr erkannte, dann doch allzusehr mitten in den ‚Betrieb' des Theaters hineinzukommen. Dadurch würde die Möglichkeit einer gewissenhaften Eindringung in die Probleme erschwert, wenn nicht gar unmöglich gemacht […]" (Reinecke: Soziologie des Schauspielers, S. 2). Dass die Methodik mit später ausgebildeten Standards der empirischen Forschung kaum vergleichbar war, muss hier nicht weiter diskutiert werden.

zum Beispiel konnten Welten liegen. Der eine konnte in der Musikhalle am damaligen Carl-Muck-Platz das bürgerliche Publikum mit klassischer Musik erfreuen, der andere als Barpianist das zwielichtige der Vergnügungsviertel mit populären Schlagern. Welche besonderen Typen existierten also innerhalb der Musikerschaft in Bezug auf ihr Berufsverständnis oder ihr Repertoire? Wie war das Verhältnis untereinander? Und auf welche Weise interagierten diese Musiker – untereinander und mit ihrem Publikum?

Das waren Fragen, die man parallel zu den „Suggestions for the Investigation of Human Behavior in the Urban Environment" aus Chicago lesen kann.[96] Das Vorbild ist nicht zu verkennen. Aber ebenso wenig lässt sich übersehen, dass die abweichende Methodik mit einer merklichen Verschiebung der Perspektive einherging – und zwar uneingedenk der Frage, wie überzeugend diese Qualifikationsschriften insgesamt ausfielen. Das Chicagoer Beobachtungsparadigma handelte davon, dass man sehen – und schließlich verstehen – konnte, wie Menschen sich in der Großstadt verhielten, wie sich soziale Beziehungen durch die Interaktion von Menschen mit ähnlichen oder korrespondierenden Interessen neu ordneten und wie die Großstadt dies auch räumlich prägte. Gerade die bekanntesten der Studien perpetuieren diese Forschungsattitüde überdies in der Form der Darstellung: indem sie, anschauungsgesättigt, Menschen und Geschichten durch Chicago folgen und die urbane Szenerie vor den Augen der Leser ausbreiten.[97] In Hamburg hingegen beschrieb man weniger die Interaktionen von Menschen als vielmehr Struktur und Hierarchie gefestigter sozialer Gruppen: Herkunft, Ausbildungswege, Selbstver-

---

96 Vgl. Park: City, S. 15.
97 Zur Chicagoer Forschungsattitüde: Lindner: Entdeckung der Stadtkultur. Das liest sich vielfach wie eine journalistische Reportage, bringt sie an vielen Stellen aber auch in die Nähe literarischer Erzählweisen. „To the men of the road, West Madison Street is the 'slave market'. It is the slave market because here most of the employment agencies are located. Here men in search of work bargain for distant places with the 'man catchers' from the agencies." (Anderson: Hobo, S. 4) Auf diese Weise stellte Nels Anderson die Szenerie von *Hobohemia* vor. Besonders auffällig ist der Einfluss literarischer Vorbilder in den ersten Passagen von Harvey Zorbaughs „The Gold Coast and the Slum": „The Chicago River, its waters stained by industry, flows back upon itself, branching to divide the city into the South Side, the North Side, and the 'Great West Side'. In the river's southward bend lies the Loop, its skyline looming toward Lake Michigan. The Loop is the heart of Chicago, the knot in the steel arteries of elevated structure which pump in a ceaseless stream the three millions of population of the city into and out of its central business district. The canyon-like streets of the Loop rumble with the traffic of commerce. On its sidewalks throng people of every nation, pushing unseeingly past one another, into and out of office buildings, shops, theaters, hotels, and ultimately back to the north, south, and west 'sides' from which they came. [...]" Zorbaugh: Gold Coast, S. 1.

ständnis.[98] Dabei ging aber auch der Bezug zum Stadtraum völlig verloren. Dessen hafennahe Schauerviertel, großbürgerliche Kulturinseln, populäre Amüsiermeilen oder nüchterne Kontorbezirke spielten in den Arbeiten keine Rolle mehr. Gewiss mögen zum Teil praktische Gründe für die divergierende Adaption des amerikanischen Originals verantwortlich sein: die fehlende Übung der Studenten in der Feldforschung oder auch die Arbeitsbedingungen nach Kriegsbeginn. Aber eigentlich ausschlaggebend wirkte sich wohl, das liegt zumindest sehr nahe, eine differierende Forschungsintention aus. Schon die (Arbeits-)Titel der Studien spiegeln ein anders gelagertes Interesse wider, denn sie übersetzten die *vocational types* der Chicagoer als „Berufsstände": der Schriftleiterstand, der Stand der Berufsmusiker, der Schauspielerstand, der Stand der Versicherungsmakler.[99] An Walthers Seminar wurden die amerikanischen Einflüsse allem Anschein nach mit einem ständischen Gesellschaftsmodell verbunden. Beruf und Expertentum als sachlich-funktionale Differenzierung ersetzten in vielen dieser Entwürfe überkommene soziale Kategorien wie Geburt oder Ehre – und vermittelten so zwischen der Vision einer ständischen Gesamtordnung und den Realitäten der industriellen, arbeitsteiligen Gesellschaft. Hier ging es um mehr oder weniger statisch gedachte gesellschaftliche Formationen, die auf Basis der Arbeitstätigkeit und -leistung ihrer Angehörigen gefasst wurden.[100] Als utopischer Gegenentwurf zum liberalen Staat oder zur pluralistischen Demokratie hatten die Berufsstände seit der Weimarer Zeit eine beachtliche Zahl von Anhängern gefunden. Es war aber doch etwas Anderes, Erscheinung und Gliederung einer Säule gesamtgesellschaftlicher Ordnung anhand einer Stadt zu beschreiben als menschliches Verhalten in der Großstadt zu beobachten. Zumal die ständische Ordnung der Berufe im Dritten Reich keineswegs der Logik sozialer Prozesse, sondern vielmehr den Reichskammern für Schrifttum, Presse, Theater oder Musik unterlag.[101]

---

98 Am stärksten auf den sozialstrukturellen Ansatz konzentriert ist sicher Riekes: Versicherungsvermittler.

99 So lauteten die Arbeitstitel der Dissertationen, auch wenn der endgültige Titel in einigen Fällen später davon abwich.

100 Dazu passt, dass immer auch die Funktion des jeweiligen Berufsstandes innerhalb der Volksgemeinschaft thematisiert wurde. Da dies entweder in einem eigenen Kapitel abgehandelt oder aber, wie im Falle von Reineckes Studie über die Soziologie des Schauspielers, ausdrücklich darauf hingewiesen wurde, dass dies mit Erlaubnis nur in knapper Form geschähe, scheint die Anlage der Studien vom Betreuer Walther bis zu einem gewissen Punkt vorgegeben worden zu sein.

101 Bereits kurze Zeit nach der Machtergreifung wurden die sozial-ständischen Utopien als gesellschaftliche Neuordnungsmodelle im Übrigen sukzessive zurückgedrängt – trotz der großen Attraktivität, die ihnen gerade im intellektuellen Milieu der extremen Rechten zugekommen war. Sie vertrugen sich aber weder mit der Idee einer nationalsozialis-

Warum innerhalb von zwölf Jahren (wenn man bis zum Beginn des Zweiten Weltkriegs rechnet) so wenig greifbare Ergebnisse aus Hamburg gemeldet wurden, ist nicht ganz klar. Aber ein nicht zu vernachlässigender Faktor war zweifellos das Finanzierungsproblem. Empirische Forschung war personal- und kostenaufwendig und gehörte nicht in den Budgetplan eines soziologischen Lehrstuhls.[102] Walther hatte 1928 eine Summe von 3.000 Reichsmark von der Hamburgischen Hochschulbehörde für seine Forschungsstelle erhalten, aber danach war diese Quelle versiegt.[103] Die Hamburger Wählerstimmen konnten drei Jahre später durch eine finanzielle Beihilfe der Notgemeinschaft der Deutschen Wissenschaft lokalisiert werden. Und der nächste erwähnenswerte Zuschuss kam aus den Mitteln der wissenschaftlichen Akademikerhilfe und sicherte die Arbeit von zehn Mitarbeitern zwecks Untersuchung der „gemeinschädigenden Regionen".

In einem älteren Beitrag zur Soziologiegeschichte ist von einem „faustische[n] Pakt" die Rede, den der Soziologe im Angesicht der schlechten Finanzlage eingegangen sei.[104] Dieses Bild – Forschungsgelder gegen Seele – besitzt zwar einigen illustrativen Reiz.[105] Dennoch ist es problematisch. Denn letztlich forderte beziehungsweise förderte die Akademikerhilfe hier nur, was der Hamburger Wissenschaftler von sich aus anbot: eine den nationalsozialistischen Wertmaßstäben nachkommende Produktion anwendbaren Wissens. Die Vorstellung vom korrumpierenden Pakt ungleicher Vertragspartner ist daher kaum geeignet, diese Grundbedingung zu erhellen.

Dass Andreas Walther sein Forschungsprogramm einen Schritt weiter voranbringen konnte, wurde durch ein Arbeitsbeschaffungsprogramm möglich, das speziell auf arbeitslose Akademiker zugeschnitten war. Aus Mitteln der Reichsanstalt für Arbeitslosenvermittlung finanzierte die Deutsche Forschungsgemeinschaft 1934 auf Antrag zahlreiche Forschungsarbeiten, deren oberste Bedingung die Praxisnähe

---

tischen Volksgemeinschaft noch mit dem Prinzip des „totalen Staates". Nur die wirtschaftliche Struktur sollte noch auf ständischen Modellen aufbauen. Zu ihrer Ideengeschichte in der Zwischenkriegszeit vgl. Nolte: Ständische Ordnung, bes. S. 236ff., 250-255.

102 Dass in Deutschland die finanzielle Basis für angewandte Sozialforschung in großem Stil fehlte, hatte Walther schon 1927 bemerkt. (Walther: Soziologie und Sozialwissenschaften, Vorwort) Er klagte 1931 noch einmal darüber, als er sein Konzept einer „vollständigen Wissenschaft" erneut vorstellte.

103 Waßner: Andreas Walther und seine Stadtsoziologie, S. 72.

104 Waßner: Andreas Walther und die Soziologie in Hamburg, S. 40. Weiter heißt es dort: „[D]ie Produktivität, die sich nicht entfalten konnte, ging schließlich das Bündnis mit dem Bösen ein."

105 So gestand auch Andreas Schneider ihm noch in einem Aufsatz aus dem Jahr 2007 einiges Recht zu, bevor er nach den „sozialen Dispositionen" für diese „Symbiose" Ausschau hielt. Schneider: Stadtsoziologie und radikales Ordnungsdenken, S. 4.

war. Das sollte einerseits berufsqualifizierend wirken und die Stellenfindung erleichtern. Andererseits ging es darum, Wissenschaft anwendbar und nutzbringend zu gestalten. Die Fördergrundsätze sahen vor, dass die Projekte dem Gemeinwohl zugutekommen sollten, dass sie nicht in den ohnehin normalen Tätigkeitsbereich eines Instituts fallen durften und methodisch wie praktisch innovativ angelegt sein sollten – möglichst also Entwicklungsarbeit zu leisten hatten.[106]

Die „Notarbeit" mit der Nummer 51 wurde in diesem Programm als Studie zu den „sozialen Krankheitsherden" der Großstadt angemeldet.[107] Sie setzte am konservativen Postulat der volksschädigenden Wirkung des Großstadtlebens an, konzentrierte es aber auf einzelne Milieus. Mit der Vorstellung, dass sich die Bevölkerung auf eine natürliche, sozialen Gesetzen gehorchende Weise im Raum verteilte, war die ihrer sozialen Wertigkeit verbunden. So kam Walther zu den „gemeinschädigenden Regionen" als Sammelbecken aller negativen Elemente des Großstadtlebens. Diese aber, begründete der Soziologe den Wert des Projekts, gelte es zu beseitigen, wolle man aus der Großstadt einen „Hort völkischen Lebens" machen.[108]

Die Untersuchung selbst bestand aus zwei Arbeitsgängen, mit denen zwischen sechs und zehn Mitarbeiter 19 Monate lang beschäftigt waren.[109] Zunächst wurde das verfügbare statistische Material ausgewertet und das gesuchte Phänomen mittels Kartierung im Stadtgebiet lokalisiert.[110] In die ermittelten, aber noch recht unscharf gefassten Bezirke schwärmten dann die Mitarbeiter aus. Im zweiten Arbeitsgang ging es darum, die soziale Binnenstruktur aufzudecken und zwar durch Recherche und Beobachtung. Gab es in diesen Gebieten besonders starke Konzentrationen an „Gemeinschädlichkeit" und wo lagen diese? Die Ansichten des gesamten Stadtraums wurden durch feingliedrige Rasterkarten ergänzt. Sie verzeichneten Vorkommen und Häufung bestimmter Merkmale straßen- und häuserblockweise.

---

106 „Schließlich trat", so wurde es im Jahresbericht der Akademikerhilfe formuliert, „hinzu die Überzeugung, daß in dieser neuen Form wissenschaftlicher Gemeinschaftsarbeit in erster Linie wirkliche Pionierarbeit geleistet werden soll, erstmalig gestellte Fragen und Methoden gelöst und erprobt werden sollten, während die Nutzanwendung und Verbreitung der gewonnenen Erkenntnisse und Ergebnisse, wie vor allem auch die Wiederholung bestimmter Arbeitsaufgaben, anderen Einrichtungen und Finanzierungsmöglichkeiten vorbehalten bleiben sollte." Deutscher Wissenschaftsdienst, S. 11f. Dass die Fördergrundsätze allerdings großzügig ausgelegt werden konnten, zeigen die Projektskizzen des Bandes recht deutlich. Darüber hinaus fällt auf, dass die Hamburger Sozialstrukturstudie zu den größeren unter ihnen gehörte.
107 Vgl. ebd., S. 33f.
108 Ebd., S. 33.
109 Walther: Neue Wege, S. 9.
110 Vgl. dazu auch Waßner: Andreas Walther und seine Stadtsoziologie, S. 76-79, der die Vorgehensweise detailliert beschreibt.

Wenn sich eine Stadt an die Sanierung der als besonders verkommen ausgewiesenen Kerngebiete machte – zu deren Messung hatten die Stadtforscher ein spezielles Verfahren erprobt – schlug Walther einen zusätzlichen dritten Arbeitsgang vor. Dann müsse Haus für Haus und Wohnung für Wohnung die „biologische[], psychologische[] und soziale[] Charakterisierung" der Bewohner verzeichnet und darüber entschieden werden, wie mit ihnen zu verfahren, „ob Sicherungsverwahrung oder Unfruchtbarmachung geboten" sei. Eine solche Haus- und Personenkartei wurde im Rahmen der Notarbeit selbst aber nur stichprobenweise angelegt.[111]

Symptomatisch für den Survey ist die weitgreifende Operationalisierung des eigentlich recht unscharfen Begriffs „gemeinschädigend". Unter Berufung auf die Volkstumspolitik des nationalsozialistischen Staates erklärte Walther für gemeinschädigend, was diesem nicht nutzte. Innere Haltung, latente Handlungsmuster, konkrete Taten oder die schlichte Unfähigkeit, sich nützlich zu erweisen – unter die neu definierte soziologische Kategorie subsumierte er eine Vielzahl von Lebensformen und Verhaltensweisen: von politischen Abweichlern über jugendliche Straftäter, Querulanten, Unterhaltssäumige bis zu Menschen mit angeborenen körperlichen Behinderungen wie Taubstumme und Blinde.

Der erste Arbeitsgang bestand also darin, all dies zu erfassen und „möglichst viele Erscheinungen der Asozialität, Kriminalität und Minderwertigkeit"[112] im Stadtgebiet zu kartieren. Als Basis dienten die Vorarbeiten der vorangegangenen vier Jahre. Neben der Verteilung der Wählerstimmen der Reichstagswahl – beziehungsweise der SPD-/KPD-Anhänger und der Nichtwähler – werteten Mitarbeiter die Akten des Jugendamts und Jugendgerichts, der Unterrichtsbehörden sowie der Wohlfahrtsbezirke aus. Nach den politisch Verdächtigen wurden die Fürsorgezöglinge, die jugendlichen Kriminellen, die Hilfsschulkinder und die bereits als gemeinschädigend markierten Fälle unter den dauerhaften Wohlfahrtsempfängern in die Karten eingetragen. Dort, wo alle diese Merkmale kumulierten, lokalisierte Andreas Walther die gemeinschädigenden Regionen.

Die Sozialforscher des Notdienstes durchstreiften diese Viertel, beobachteten das Leben der Bewohner, führten Experten-Interviews mit Fürsorgerinnen, Pastoren oder Polizisten und nahmen sich deren Akten und besonders die Meldebücher der Polizeiwachen vor. „Zahlungs- und Mietstreitigkeiten, Nachbarschafts-, Familien- und Ehestreitigkeiten, Beleidigung, Belästigung, Körperverletzung, Sittenvergehen, Sachbeschädigung, Diebstahl, Hehlerei, Unterschlagung, Betrug, Falschmünzerei, Schmuggel, Rauschgifthandel, Bettelei" interessierten die Bearbeiter.[113] In ihren Protokollen beschrieben sie die Atmosphäre von Bezirken und Straßenzügen, die

---

111 Walther: Neue Wege, S. 29.
112 Ebd., S. 15.
113 Ebd., S. 26. Siehe auch Waßner: Andreas Walther und seine Stadtsoziologie, S. 76ff., der auf den Bericht zur Region Sternschanze eingeht.

wirtschaftlichen und baulichen Zustände und die soziale Struktur. Und sie fertigten wiederum Detailkarten mit all diesen Normverstößen an:

„Beispielsweise für eine der Regionen, St. Georg-Nord am Hauptbahnhof, haben wir nach den Einzelskizzen des eindringenden Bearbeiters eine zusammenfassende Karte angefertigt und Grundstück für Grundstück alle charakteristischen Nachrichten, auch aus dem ersten Arbeitsgang (Fürsorgezöglinge, Asoziale nach den Meldungen der Wohlfahrtsstellen, Zonen politisch destruktiver Haltung, Hilfsschulkinder), durch Zeichen verschiedener Farbe und Gestalt eingetragen, ferner die Wohnungen der Prostituierten und Zuhälter sowie der Trinker, auch die Gaststätten mit einer Charakterisierung: ob vorwiegend oder teilweise Dirnenlokale, homosexuelle Lokale, politische Lokale, Tanzlokale, Speiselokale, Frühlokale. Während in dieser Region St. Georg-Nord dem flüchtigen Passanten überwiegend gleichartige, meist stattliche Häuser an meist breiten Straßen sich zeigen, heben sich auf der Karte charakteristische Teilräume heraus: Vergnügungsstraßen, Pensionen und Absteigerstraßen, Wohngegenden für Prostituierte, einzelne Häuser, in denen bis zu 13 oder 15, in einem Fall 18 Prostituierte wohnen, marxistische Quartiere und Straßenzüge mit vielen politischen Streitigkeiten. Bestimmte Straßenabschnitte oder Blocks oder Hinterhausgruppen sind vorwiegend charakterisiert durch Nachbarschaftsstreit, andere durch Körperverletzungen im Gemeinschaftsverhältnis (Familie, ‚Verlobte', Nachbarschaft), diese durch Diebstähle unter Mietern und Vermietern, jene durch Beischlafdiebstähle, in anderen liegen homosexuelle Absteigen und Lokale. Mitten darin nicht wenige Häuser, in denen ordentliche Menschen mit ihren Kindern leben."[114]

Weil die erfassten Auffälligkeiten und Vergehen unterschiedlich schwer zu gewichten waren, wurden sie in schwerwiegende und leichter wiegende Vorfälle eingeteilt. „Wir zählten dann zwei leichtere Fälle gleich einem schweren und bezeichneten jedes Haus gemäß der Anzahl der aus ihm gemeldeten Vorfälle."[115]

Mit diesen Beschreibungen und Karten schufen die Stadtforscher die wissenschaftliche Begründung für den bevölkerungspolitischen Eingriff – und lieferten zugleich ein Stück der nötigen Sozialtechnik. Denn einerseits ließ Andreas Walther die gemeinschädigenden Regionen als urbanen Typus überhaupt erst entstehen, indem er Menschen und Verhaltensweisen nach ihrem Nutzwert für die nationalsozialistische Volksgemeinschaft taxierte und geographisch lokalisierte. Auf der anderen Seite aber war der Survey als methodische Entwicklungsarbeit angelegt, die den ebenso umfassenden wie präzisen Zugriff auf das Phänomen ermöglichen sollte. Gerade im Abschlussbericht „Neue Wege zur Großstadtsanierung" ist dies unübersehbar, denn hier diskutierte der wissenschaftliche Leiter die Zuverlässigkeit der erprobten Verfahren zum Teil sehr ausführlich. Über mehr als drei Seiten hinweg

---

114 Walther: Neue Wege, S. 26f.
115 Ebd., S. 27.

ging er beispielsweise auf die Frage ein, wie man die „Erbminderen" in einer Stadt lokalisieren könne und warum es sich als nicht praktikabel erwiesen habe, zu diesem Zweck die 2.000 Hilfsschulkinder Hamburgs als Indikator zu nehmen und zu kartieren.[116] Mit dem dritten Arbeitsschritt, der Haus- und Personenkartei, die die Erfassung und detaillierte Charakterisierung jeder einzelnen Familie oder Privatperson der Abbruchhäuser vorsah, hatte Walthers Beschreibung nach das sozialwissenschaftliche Instrument seine Aufgabe dann erfüllt. Über den weiteren Verbleib dieser Menschen, über ihre psychische wie physische Unversehrtheit, sollten am Ende die Behörden entscheiden. Es ist diese akribische sozialwissenschaftliche Rationalität, mit der Menschen und Bevölkerungsgruppen aufgrund unterschiedlichster Eigenschaften zu „Schädlingen" erklärt wurden, die für die Notarbeit 51 kennzeichnend ist. Ebenso wie der Vorsatz der uneingeschränkten Erfassung, mit der das Auszählen, Klassifizieren und Verfügen über diese Menschen verbunden war.

Dieses radikale Denken von sozialer Ordnung, von Gesundheit oder Pathologie verband den Soziologen offensichtlich auch mit den Vertretern anderer Berufsgruppen. Seine Vorschläge stießen in den Hamburger Ämtern und Planungsbüros durchaus auf Zustimmung. Zwar wurden sie letztlich nicht mehr umgesetzt, weil trotz entsprechender Pläne während des Dritten Reichs keine weiteren Flächensanierungen in der Hafenstadt durchgeführt wurden. Aber die Notarbeit spielte eine Rolle, als 1937 ein Expertengremium (dem Walther ebenfalls angehörte) derartige Planungen wieder einmal aufnahm. In diesem Kreis war man sich einig, dass der bevölkerungspolitische Aspekt der Sanierungen viel stärker berücksichtigt werden

---

116 „Chronische Erfolglosigkeit, hoffnungslose Lebensuntüchtigkeit" beruhe „in der Regel auf biologischen Defekten", hatte Walther einleitend festgestellt, um dann eine eugenische Lösung zu fordern: „Diesen Menschenkategorien gegenüber schweigt alle moralische Wertung außer der Selbstanklage der Gesellschaft, daß sie nicht schon früher das Geborenwerden solcher Unglücklichen zu verhindern sich bemühte [...]. Eine der schwierigsten aber wichtigsten Aufgaben der Untersuchung ist die, nach Möglichkeit festzustellen, wie weit die verschiedenen Formen des Gemeinschädigenden auf defektem Erbgut beruhen." (Walther: Neue Wege, S. 5, 9) Die Arbeitsgruppe hatte versucht, die 2.000 Hamburger Hilfsschulkinder als Indikator für die vermeintlichen mangelhaften Erbanlagen zu lokalisieren. Diesen attestierte er eine signifikante „intellektuelle Minderwertigkeit", die nicht auf Milieuschäden zurückzuführen sein könne. „Kinder, die viel sich selbst überlassen auf der Straße aufwachsen, können daraus in manchen Beziehungen für gewitzigte Erfahrung und Intelligenz auch Vorteile ziehen." Nach aufwendigen Versuchen und Gegenproben mit anderen Kontrollgruppen (überdurchschnittlich begabten bzw. Kindern mit schulärztlich festgestellter schlechter physischer Konstitution) schloss Walther diese Verfahrensweise als zu fehlerbehaftet aus. In die Lokalisierung der Gemeinschädlichkeit war sie allerdings noch eingeflossen, wenn auch unter dem Hinweis, dass dies keine statistisch validen Ergebnisse seien. Ebd., S. 20-24.

müsse. Für zukünftige Maßnahmen steckte man Gebiete ab, die der Soziologe bereits als gemeinschädigend ausgewiesen hatte. Und auch das Verfahren der Haus- und Personenkartei wurde anhand einiger ausgewählter Häuserblöcke erprobt.[117]

Wenn es hingegen um ihren wissenschaftlichen Widerhall geht, so muss man die Notarbeit 51 wohl als wenig bedeutsam bezeichnen – ebenso wie das gesamte Programm von Walthers Stadtforschung. Von der Fachwelt wurden die Hamburger Aktivitäten allem Anschein nach nicht wahrgenommen[118] und weiterführende Ergebnisse wurden auch nicht mehr bekannt. Die Erklärung, „nach welchen Gesetzmäßigkeiten solche asozialen Quartiere entstehen",[119] wie es also zu der charakteristischen räumlichen Organisation der Gesellschaft kam, blieb der Soziologe schuldig. Ein wichtiger Grund dafür mag der Kriegsbeginn gewesen sein, denn mit ihm versiegten die Finanzquellen für nicht kriegsrelevante Forschung.[120]

Aber man kann das Beispiel des Hamburger Survey auch symptomatisch lesen, ohne diese konkreten Umstände detailliert zu diskutieren. Dass die Arbeit überhaupt realisiert wurde, die Karten der „gemeinschädigenden Regionen" erstellt, der Bericht publiziert und schließlich überliefert wurde, hatte nicht unwesentlich mit der Förderung durch den nationalsozialistischen Staat zu tun. Beides, die Motivationen und Angebote des Soziologen Andreas Walther und das spezifische Interesse des Geldgebers, traf in der „Notarbeit 51" zusammen.[121] Nachdem also bei der Un-

---

117 Die Fachleute legten innerhalb der Sanierungsgebiete drei Musterblöcke fest; ein sechsstufiger Kriterienkatalog reichte von Unwirtschaftlichkeit über Arbeitsscheu und Kriminalität bis zum Querulantentum. Für jede Wohnung wurde nach diesen Kriterien ein Zählblatt ausgefüllt, und im Dezember 1937 legte das Statistische Landesamt das vorläufige Ergebnis der Befragung von 602 Bewohnern der drei Blöcke vor. Schubert: Stadterneuerung, S. 391-394.

118 Auch ohne eingehende Rezeptionsanalyse lässt sich darauf schließen. Denn als Elisabeth Pfeil kurze Zeit später damit begann, die existierenden Ansätze zu einer sozialwissenschaftlichen Großstadtforschung zusammenzutragen, wurden die Hamburger Aktivitäten nicht erwähnt. (Die ersten Beiträge zu dem von ihr geplanten „Großstadtsammelwerk" erschienen 1941 und 1942 im Archiv für Bevölkerungswissenschaft und Bevölkerungspolitik. 1950 veröffentlichte Pfeil dann ihre Vorschläge für eine empirische und – um einen heute etablierten Begriff zu gebrauchen – interdisziplinäre Großstadtwissenschaft. Sie bauten auf einem 80seitigen Überblick über Ansätze und Stand der ihr bekannten [meist deutschsprachigen] Forschungsarbeiten auf. Pfeil: Großstadtforschung, S. 13-90).

119 Walther: Neue Wege, S. 31.

120 Siehe dazu unten, S. 77ff.

121 Dass hinter der sozialtechnisch ausgerichteten „Notarbeit" das weiterführende großstadtsoziologische Interesse Walthers stand, wird an verschiedenen Stellen des Berichts deutlich. Zu sozialtechnischen Zwecken war es eigentlich nicht nötig, „das Leben in Straßen und Häusern und Kneipen zu allen Tages- und Nachtzeiten" zu beobachten. Im Rahmen

tersuchung der Hamburger Stadtforschung das Augenmerk vor allem auf dem wissenschaftlichen Akteur lag, sollen die Interessen des nationalsozialistischen Herrschaftsapparats im folgenden Kapitel berücksichtigt werden.

2.3 ANWENDUNGSZUSAMMENHÄNGE: RAUMORDNUNG UND RAUMFORSCHUNG

Für die anwendungsorientierte Forschung im Dritten Reich wurde ihre Institutionalisierung in verschiedenen Neugründungen zum bedeutenden Moment. Dazu gehörten Großeinrichtungen wie das Reichsamt für Statistik oder das Arbeitswissenschaftliche Institut (AwI) der Deutschen Arbeitsfront (DAF).[122] Aber es existierten

---

von Verwaltungsroutinen war dieses Vorgehen viel zu aufwendig und hing überdies zu sehr vom einzelnen Bearbeiter ab, als dass es methodisch zu kontrollieren war. Für die „neuen Wege zur Großstadtsanierung" empfahl der wissenschaftliche Leiter schließlich auch, sich auf die Meldebücher der Polizei und die Gespräche mit den zuständigen Beamten zu konzentrieren. Dennoch geht selbst diese Publikation in mehreren kurzen Passagen auf die dichte Atmosphäre, die Geschlossenheit der Milieus und die Strategien der „eindringenden" Sozialforscher ein. Da sie vor allem evokatorisch wirkten, muten sie in einem technischen Leitfaden eher deplatziert an. Dem Text jedenfalls verleihen sie den ambivalenten Charakter, den die Studie insgesamt trug. Er schließt mit dem Verweis auf die unerlässliche grundlegende Forschungsarbeit, die klären müsse, nach „welchen Gesetzmäßigkeiten solche asozialen Quartiere entstehen". Vgl. ebd., S. 10, 24-28, 31.

122 Mit dem AwI, um nur ein Beispiel näher zu beschreiben, verfügte die DAF über eine der größten Einrichtungen für eine interdisziplinäre, politikberatende Forschung. Es war erst zwei Jahre nach der Machtergreifung gegründet worden, expandierte aber rasch. Innerhalb von fünf Jahren mauserte es sich von einer kleinen „Arbeitsgemeinschaft hervorragender sozialpolitischer Forscher" zu einem der wichtigsten Planungszentren der Sozialpolitik im Dritten Reich – und zugleich zu einer der größten sozial- und wirtschaftspolitischen Forschungseinrichtungen in Europa. 1940 forschten dort 418 Arbeitswissenschaftler, Agrarexperten, Statistiker, Ökonomen, Psychologen und Raumplaner oder begleiteten durch Beratung und Planung die Sozialpolitik der DAF. Durch Honorarverträge waren mehrere hundert weitere Sozial- und Wirtschaftswissenschaftler an das Institut gebunden. Das AwI ordnete sich zwar kompromisslos dem Primat der Politik unter, aber seine Ziele waren nichtsdestoweniger weit gesteckt. Der Ehrgeiz des Instituts richtete sich, wie zahlreiche Denkschriften und Standortbestimmungen deutlich machten, auf einen „Generalstabsplan" der sozialen Neuordnung. Das Institut sollte soziale Krisenherde lokalisieren, dem Arbeiterwiderstand Kräfte entziehen und Angebote zum Ausgleich steigender Leistungsanforderungen machen. Auf der Grundlage einer detaillierten Sozialberichterstattung arbeiteten die Mitarbeiter daran, die Sozial- und Wirtschaftsverhält-

auch zahlreiche kleinere Institute und Forschungsstätten. Diese waren meist an den Universitäten und Hochschulen angesiedelt, und ihre Mitarbeiter übernahmen Forschungsaufträge und Gutachten für die Organisationen des politischen Apparats und ihrer Planungsabteilungen. Auch das universitäre Personal wurde auf diese Weise in ein engmaschiges Netz aus akademischen Einrichtungen, Parteiämtern, staatlichen beziehungsweise kommunalen Dienststellen eingebunden. Und die staatlichen Interessen avancierten zu einem unmittelbaren Förderfaktor der hochschulinternen Forschung.

Ein Beispiel dafür war der Komplex Raumplanung – im weitesten Sinne gefasst also die Organisation von Räumen und Gebieten mit dem Ziel, bestimmte ökonomische und soziale Ordnungskriterien zu erfüllen, die ideologisch, praktisch oder machtpolitisch untermauert waren. Schon in der Weimarer Republik waren erste Planungsgemeinschaften entstanden, die sich um eine umfassendere Stadt- und Verkehrsplanung bemühten und über städtische und kommunale Begrenzungen hinaus wirksam werden sollten.[123] Die Nationalsozialisten griffen diese Vorhaben auf und begannen, eine reichsweite, zentral gesteuerte Planung zu institutionalisieren. Dazu setzten sie in steigendem Ausmaß auf die wissenschaftliche Expertise. Das Unternehmen der „Raumordnung" – so lautete die zeitgenössische Bezeichnung – integrierte schließlich eine Vielzahl verschiedener Ansätze und Teilbereiche. Hier arbeiteten Geographen, Ökonomen, Soziologen, Rassekundler, Mediziner, Volkskundler, Statistiker und Historiker eng an einem gemeinsamen Ziel: der Umgestaltung der sozialräumlichen Verhältnisse im Herrschaftsbereich des Nationalsozialismus.[124]

Diese war zunächst einmal auf das später sogenannte „Altreich" und auf Fragen der Standortpolitik oder der Industrieansiedlung konzentriert. Aber zum großen

---

nisse in Deutschland radikal umzugestalten. So universal wie der Anspruch, so vielfältig waren auch die Themengebiete, denen sich das AwI zuwandte: Es interessierte sich für das Freizeitverhalten der Deutschen, ihre Konsumwünsche und die Lohnsysteme im Reich, für das Wohnungswesen, betriebliche Rationalisierungsprozesse und überhaupt den gesamten Bereich der Sozialpolitik – meist auf der Basis statistischer Erhebungen, die mikroanalytisch nach kleinen Einheiten verfeinert wurden. Ab März 1938 expandierten mit den Grenzen des Dritten Reichs zugleich die Aufgabenbereiche des AwI. Das Institut wurde nach der Annexion des südlichen Nachbarlandes auch in Österreich aktiv. Und nachdem die Wehrmacht die staatlichen Grenzverläufe im Osten Europas gewaltsam verändert hatte, schwenkten auch die Mitarbeiter des AwI auf die Großraumplanung ein. Vgl. Roth: Intelligenz, S. 130ff.; ders.: Arbeitswissenschaftliches Institut, S. 217ff.

123 Dazu Leendertz: Ordnung schaffen, S. 49ff.
124 Die folgenden Ausführungen im Wesentlichen nach: Venhoff: Reichsarbeitsgemeinschaft; van Laak: Zwischen organisch und organisatorisch; Messerschmidt: Nationalsozialistische Raumforschung und Raumordnung.

Komplex der nationalsozialistischen Raumplanung gehörten auch all die Pläne und Programme, die im Zusammenhang mit der „völkischen Neuordnung" Europas und deren gigantischem Umsiedlungs- und Vernichtungsprogramm standen. Dem, wie Götz Aly es formulierte, „Ineinandergreifen von Umsiedeln und Aussiedeln, von Selektion und Völkermord".[125] Nach der rapiden Okkupierung von Staaten und Territorien durch deutsche Truppen war es die Vision eines nationalsozialistisch befriedeten, deutschen Großraums, die den gesamten Arbeitsbereich beherrschte. Sie beschäftigte die Phantasie und das Denken von Planern, Militärs, Technokraten und Wissenschaftlern gleichermaßen. Wenn die nationalsozialistische Raumplanung also in erster Linie mit dem Stichwort „Generalplan Ost" verbunden wird, so entbehrt dies ohne Zweifel nicht der Berechtigung.[126] Dennoch war die Raumplanung als Arbeitsfeld bereits seit Mitte der dreißiger Jahre im Aufwind, also noch bevor der nationalsozialistische Expansionswahn mit den territorialen auch alle ethischen Grenzen beseitigte.

Will man ihren Inhalt allerdings systematisch bestimmen, stößt man rasch an die Grenzen, die die bereits zitierte „Mehrstimmigkeit" zog. Denn wie eine angemessene Ordnung des Raumes im Einzelnen aussehen sollte, darüber wurde in den zwölf Jahren des Nationalsozialismus auch nicht annähernd Einigung erzielt. Eine gemeinsame Klammer wird im Konzept des völkischen Lebensraums greifbar. Dessen ‚Vordenker' hatten die Völker Europas als vor- beziehungsweise außerstaatliche Wesenheiten ausgewiesen: als ethnisch homogene Verbände mit einer jeweils spezifischen kulturellen und genealogischen Herkunft und einer natürlichen sozialen Ordnung. Im Kampf um bestimmte (geographische) Räume und dessen Ressourcen setzten diese sich gegen andere Völker durch. Aber um den Gesamtkomplex der Raumplanung in den ersten Jahren zwischen 1935 und 1939 zu umfassen, sollte man das Motiv der Expansion noch nicht allzu stark strapazieren.[127] Im Vordergrund stand zunächst einmal die Vorstellung, dass Volk und Raum einem Leistungsgefüge entsprachen, das durch konsequente Planung optimiert werden musste.

---

125 Aly: Endlösung. S. 381.

126 Das Dokument, das der Agrarwissenschaftler und wissenschaftliche Multifunktionär Konrad Meyer im Juni 1942 Heinrich Himmler vorlegte, gilt wohl als das umfassendste und radikalste Beispiel menschenverachtender Neuordnungsplanung – wenn auch keineswegs als der einzige Beitrag zur nationalsozialistischen Expansionspolitik aus der Feder eines wissenschaftlichen Experten. Dazu z. B. Heinemann et al.: Wissenschaft, Planung, Vertreibung; Aly/Heim: Vordenker, S. 394ff.; Heinemann: Wissenschaft und Homogenisierungsplanungen.

127 Michael Venhoff hat zwar auf den immanenten Expansionsdrang hingewiesen, der der planungsrelevanten Grundlagenforschung eigen war. Dennoch ist es fraglich, ob man dies für alle Ansätze einer Stadt- und Landesplanung verallgemeinern kann (Venhoff: Reichsarbeitsgemeinschaft).

Eine „volksgemäße Ordnung des Raumes", wie Konrad Meyer[128] sie beispielsweise 1937 programmatisch forderte, zeichnete sich dadurch aus, dass sie „nicht gegen die Gesetze der Gemeinschaft verstößt, sondern nach innen und außen die Geschlossenheit, das Wachstum und die Leistungskraft der Volksgemeinschaft für alle Zeiten sichert." Es gelte also, so schlussfolgerte der einflussreichste Raumplaner des Dritten Reichs,

„im etappenmäßigen Abbau die Fehler und Schäden der überkommenen Raumordnung zu beseitigen und schrittweise durch planvolle Besiedelung, Schaffung einer gesunden Sozialstruktur und Erschließung noch ungenutzter Kraftreserven alle politischen, kulturellen und wirtschaftlichen Kräfte von Volk und Raum zu entfalten und zum Wohl des Volksganzen einzusetzen."[129]

Vier Jahre später, im Januar 1941, zeigte sich Friedrich Bülow, Raumforscher und Professor für Volkswirtschaftslehre an der Friedrich-Wilhelms-Universität Berlin, dann geradezu fasziniert von der „Vorstellung des Raumes". Von dieser ging Bülows Ansicht nach mittlerweile „die stärkste revolutionierende Kraft" aus. Er sah eine „völkische Lebensordnung" nun in großem Maßstab im Entstehen begriffen, deren Ziele die „Stärkung der biologischen Volkskraft, bestmögliche Nutzung des

---

128 Der studierte Agrarwissenschaftler, der 1934 auf einen Lehrstuhl für „Agrarwesen und Agrarpolitik" an der Friedrich-Wilhelms-Universität in Berlin gelangte, war wohl die einflussreichste Figur in den Raumplanungswissenschaften. Meyer gilt als Prototyp des politischen Wissenschaftlers. Parallel zu seiner Universitätskarriere wurde er schon 1933 ins preußische Kultusministerium berufen und übte seine Referentenfunktion auch später im Reichserziehungsministerium aus. Meyer war Mitarbeiter im Stabsamt des Reichsernährungsministers und Mitglied des Reichsbauernrates, amtierte als Vizepräsident der DFG und leitete von 1937 bis Kriegsende die Fachsparte „Landbauwissenschaften und Allgemeine Biologie" des Reichsforschungsrates. Seit 1936 war er Obmann der RAG, bis er aufgrund persönlicher und inhaltlicher Differenzen 1939 zurücktrat. Zugleich gehörte Konrad Meyer bereits seit 1933 der SS an, wo er Mitte der dreißiger Jahre in die Zentrale des Rasse- und Siedlungshauptamtes in Berlin berufen wurde. Kurz nach Ende des Polenfeldzuges beauftragte ihn der neuernannte „Reichskommissar für die Festigung deutschen Volkstums" Heinrich Himmler mit der Erstellung eines Gesamtentwicklungsplanes zur Ansiedlung der Volksdeutschen aus dem Osten und zur Eindeutschung und ländlichen Besiedlung der „eingegliederten Ostgebiete". Daraus entwickelte sich die Hauptabteilung „Planung und Boden" in der neuen Dienststelle des Reichskommissars, die Meyer leitete und in der er unterschiedlichste Fachleute aus Politik und Wissenschaft zu einem „Think Tank" zusammenschloss. Heinemann: Wissenschaft und Homogenisierungsplanungen, S. 48-51.
129 Meyer: Raumforschung, S. 3.

Bodens und seiner Kräfte, arteigene Zuordnung von Volk und Landschaft sowie Steigerung der Abwehrbereitschaft des deutschen Raumes" seien.[130] Eng verknüpft mit Bülows Vision vom ethnisch neu organisierten und biologisch hierarchisierten europäischen Raum unter großdeutscher Herrschaft war die Planung. Ihre Aufgabe sei es, so führte der Volkswirtschaftler aus, mit allen ihr zur Verfügung stehenden Mitteln die zukünftige Gestaltung des Raumes nach übergeordneten Gesichtspunkten festzulegen.

Von den Akteuren der Raumplanung war der umfassende, zentral gesteuerte Zugriff auf Menschen, Wirtschaft und Ressourcen – Planung im ‚totalen Sinne' – bereits Mitte der dreißiger Jahre geradezu zum Signum der nationalsozialistischen Politik erklärt worden. Dass es bei näherem Hinsehen paradox erscheinen muss, auf der einen Seite von einer ursprünglich-organischen Ordnung auszugehen, die jedoch andererseits nur durch den sozialtechnischen Eingriff hergestellt werden konnte, störte ganz offensichtlich nicht. Auch das war wohl ein Signum der nationalsozialistischen Politik.[131] Für das Regime war aber ebenso charakteristisch, dass es die wissenschaftliche Expertise konsequent in den Planungsprozess einzubinden versuchte. An Universitäten und Forschungseinrichtungen, in Ministerien und Planungsstäben waren Wissenschaftler verschiedener Disziplinen damit beschäftigt, Grundlagen für die Planung zu erarbeiten. – Oder, will man es politisch wenden: das ideologische Konstrukt und den politischen Herrschaftsanspruch in eine angewandte Wissenschaft zu übersetzen. Der NS-Staat griff aber nicht nur in vielen Einrichtungen gezielt auf das wissenschaftliche Wissen zurück. Zu den veränderten Aktionsformen der nationalsozialistischen Raumplanung gehörte auch die Einführung der Raumforschung als Grundlagenwissenschaft und ihre Verankerung im Planungsapparat.[132]

---

130 Bülow, Friedrich: Großraumwirtschaft, Weltwirtschaft und Raumordnung, Leipzig 1941, S. 8, zit. n. van Laak: Zwischen organisch und organisatorisch, S. 67.

131 Folgt man Dirk van Laak, so lag gerade in dieser besonderen „völkischen" Rationalität das Spezifikum der NS-Raumplanung. Es habe darin bestanden, „nicht einfach das Naturwüchsige und Spontane durch das Machbare und Herstellbare zu ersetzen, sondern den Gedanken zu hegen, das Naturwüchsige herstellbar werden zu lassen und zu planen, ohne eine bloß verstandesbestimmte Rationalisierung mitzudenken", van Laak: Zwischen organisch und organisatorisch, S. 82. Van Laak diskutiert das herausgearbeitete Moment planerischer Rationalität weiterführend im Zusammenhang intentional-diktatorischer und polykratisch organisierter Herrschaftsstrukturen im NS-System. Ebd., S. 82-85.

132 Diese neuen Aktionsformen waren auch ein Argument in der mittlerweile abgeflauten Debatte um das Verhältnis von Nationalsozialismus und Modernisierung. Vgl. dazu Messerschmidt: Nationalsozialistische Raumforschung und Raumordnung.

2.3.1 Die Reichsarbeitsgemeinschaft für Raumforschung

Als oberste Instanz für alle Planungsaktivitäten im Reich – so zumindest die Intention – wurde 1935 die Reichsstelle für Raumordnung (RfR) gegründet.[133] Sie wurde mit ihrem ersten Leiter, dem Minister ohne Geschäftsbereich Hanns Kerrl, Hitler direkt unterstellt und sollte alle entsprechenden Maßnahmen auf nationaler, regionaler und lokaler Ebene koordinieren. Wie das nationale Gesetzesblatt mitteilte, hatte diese Dienststelle „darüber zu wachen, daß der deutsche Raum in einer den Notwendigkeiten von Volk und Staat entsprechenden Weise gestaltet" werde und „eine zusammenfassende, übergeordnete Planung und Ordnung des deutschen Reiches für das gesamte Reichsgebiet" sichergestellt sei.[134]

Fast zeitgleich wurde ein weites Netzwerk aus Forscherteams und Wissenschaftlern installiert, als dessen koordinierende Einrichtung 1936 die „Reichsarbeitsgemeinschaft für Raumforschung" (RAG) ins Leben gerufen wurde – gewissermaßen die Zentralstelle für die wissenschaftliche Kompetenz. Ihre Aufgabe war es, alle „sich mit Raumforschung beschäftigenden wissenschaftlichen Kräfte"[135] zusammenzufassen. Dazu gehörten über 40 Arbeitsgemeinschaften, die in kurzer Zeit an den Universitäten und Technischen Hochschulen des Reichs entstanden.[136] Sie waren fakultätsübergreifend angelegt, setzten jedoch in ihrer Arbeit durchaus disziplinäre Schwerpunkte, meist vorgegeben durch die fachliche Herkunft ihres Leiters. Außerdem wurden zahlreiche regionale und Landesplanungseinrichtungen – wie beispielsweise die Deutsche Akademie für Städtebau, Reichs- und Landesplanung – angeschlossen.

Im Modellbetrieb zumindest wurde das gesamte, auf diese Weise gebündelte Forschungspotential zentral von der politischen Einrichtung, der Reichsstelle für Raumordnung gelenkt. Bei der RfR und ihrem Leiter Hanns Kerrl lag die Richtliniennkompetenz, und es war ihre Aufgabe, die Grundzüge der Forschung vorzugeben. Der Obmann der RAG wiederum – zwischen 1935 und 1939 war dies Konrad Meyer – sollte die Verbindung zwischen Parteistellen und Wissenschaft sicherstel-

---

133 Auch an der Bezeichnung wird das nationalsozialistische Planungsverständnis ablesbar: Der Begriff der „Ordnung" entsprach eher der Vorstellung, etwas Ursprünglichem und Gegebenem zur Existenz zu verhelfen, als dies bei „Planung" der Fall war.
134 Reichsgesetzblatt 1.I. vom 26. Juli 1935, S. 793, zit. n. van Laak: Zwischen organisch und organisatorisch, S. 83.
135 Meyer: Raumforschung, S. 3.
136 Oder bereits entstanden waren. In Hamburg beispielsweise existierte bereits eine „Politische Fachgemeinschaft der Fakultäten" mit einer Unterabteilung für Landesplanung, die sich 1936 mit ihrem Leiter, dem Wirtschafts- und Verkehrswissenschaftler Paul Schultz-Kiesow, als Hochschularbeitsgruppe der RAG anschloss. Rössler: Hochschularbeitsgemeinschaft, S. 1038f.

len. Er war für das Forschungsprogramm und dessen Durchführung verantwortlich und entschied darüber, ob Forschungsprojekte förderungswürdig waren oder nicht.[137] Ihm standen die „Führer" der einzelnen Hochschularbeitsgemeinschaften (HAG) gegenüber. Wie dort schließlich die großen politisch-ideologischen Zielsetzungen in konkrete Forschungsaufgaben übersetzt, welche Projekte beantragt wurden, lag im Ermessen der einzelnen Wissenschaftler.

„Die Führung liegt bei allen Gliederungen der Reichsarbeitsgemeinschaft in den Händen von Hochschullehrern. Dadurch erscheint mir die Freiheit und Selbstführung der Wissenschaft am besten gewährleistet. [...] Wie ein großer Selbstverwaltungskörper führt hier die Wissenschaft sich selbst und entscheidet innerhalb ihres Bereiches über fachliche Fragen selbstverantwortlich."[138]

Praktisch hieß das: In den ersten Jahren wurde von den Hochschularbeitsgemeinschaften vor allem erwartet, dass sie ein möglichst feingliedriges Überblickswissen zur sozioökonomischen Struktur Deutschlands erarbeiteten – beziehungsweise zu deren Schwachstellen. Die HAGs richteten daher ihre Untersuchungen meist auf die nähere Region aus. Aus den vielen kleinen erarbeiteten Mosaiksteinen lokaler und regionaler Studien hätte sich in der Idealvorstellung nach und nach ein großes Bild des Deutschen Reiches zusammensetzen sollen.[139] So untersuchte die Arbeitsstelle in Köln beispielsweise die wirtschaftliche Lage und die Landflucht im rheinischen Bergland oder vermaß die soziale und „rassische" Zusammensetzung der dortigen Dorfbevölkerung. In Freiburg wurden Arbeiten fortgesetzt, die sich um den südbadischen Wirtschaftsraum (und das Elsaß) und das „schwäbisch-alemannische Volkstum" drehten. Die HAG Gießen wiederum brachte ihre wasserwirtschaftlichen Arbeiten zum Lahngebiet in die RAG ein. In Leipzig untersuchten Soziologen die Lage der unterbäuerlichen Bevölkerung und die „Notstandsgebiete" der Oberlausitz.[140] Die Reichsarbeitsgemeinschaft finanzierte größere und kleinere For-

---

137 Sie gab seit 1937 auch die neugegründete Fachzeitschrift Raumforschung und Raumordnung (RuR) heraus, die bis zu ihrer kriegsbedingten Einstellung 1944 am Profil der institutionalisierten Raumforschung mit formte.

138 Meyer: Raumforschung, S. 3.

139 Eine Vorstellung, die schon allein deshalb nicht aufgehen konnte, weil die Arbeitsgemeinschaften, der akademischen Infrastruktur geschuldet, keineswegs flächendeckend über Deutschland verteilt waren. Zur Ausrichtung der RAG-Forschung siehe auch Carsten Klingemanns Diskussion der „Raumforschung ohne soziologische Bevölkerungswissenschaft", in: Klingemann: Soziologie und Politik, S. 185ff.

140 Siehe für einen frühen Überblick über die Arbeiten Hensen: Organisation und Arbeitseinsatz; ausführlicher Meyer (Hg.): Volk und Lebensraum. Zur Arbeit der HAGs Leipzig

schungsvorhaben, vergab Stipendien und unterstützte sowohl einzelne Arbeiten als auch ganze Institute.[141] Ab 1939 geschah dies dann mit Blick auf das Gebot der Stunde: Mit dem Vordringen von Wehrmacht und SS wurde das RAG-Programm auf kriegswichtige Aufgaben umgestellt und auch die wissenschaftliche Kompetenz der Raumforscher sollte nun möglichst ganz dem europäischen Osten gelten.[142] Wie weit und in welcher Form die HAGs die erwünschten „Beiträge zur Erforschung des Ostraums" lieferten, hing letztlich wohl ein Stück weit von den Qualifikationen und den Ambitionen ihrer einzelnen Mitarbeiter ab. Aber man musste nicht notwendigerweise Osteuropa-Spezialist sein, um sich an dem Projekt eines nationalsozialistischen „neuen Europas" zu beteiligen. Welche Ressourcen für die „Germanisierung" des eroberten Lebensraumes existierten überhaupt? Das war eine der ersten Fragestellungen des Kriegsforschungsprogramms der RAG, das in Teilen auf die Ergebnisse der Arbeiten aus der Friedenszeit zurückgreifen konnte. Von den Arbeitsstellen in Heidelberg, Freiburg, Bonn, Tübingen, Göttingen oder Gießen zum Beispiel wurde diesbezüglich das Potential in Baden, Württemberg, Franken, Hessen und Hannover ermittelt. Wo in Deutschland erlaubte es die wirtschaftliche Lage, Menschen und Betriebe aus- und in den neuen „germanischen Marken" anzusiedeln? Beziehungsweise: Wo war dies eventuell sogar wünschenswert, um Problemgebiete wirtschaftlich und sozial neu zu organisieren? Welche Berufsgruppen, welche Menschen und Familien kamen dafür (wirtschaftlich, biologisch, weltanschaulich) in Frage? Für viele Raumforscher hingen die sozialräumliche Reform von Regionen wie Baden oder Hessen ohnehin unmittelbar mit der Okkupationsherrschaft in Osteuropa zusammen. Erst durch die Option der Umsiedlung werde diese ermöglicht.[143] Aber kaum fünf Jahre später gebot die Stunde schließlich gene-

---

und Köln Haupts: Lebensraum; Heß: Landes- und Raumforschung; auch Klingemann: Soziologie im Dritten Reich, S. 290ff.

141 Ein Beispiel für die letztere Variante ist das 1943 gegründete Soziographische Institut in Frankfurt unter Ludwig Neundörfer, das von der RAG und dem Reichsnährstand gemeinsam finanziert wurde und dessen Gründung eng mit den nationalsozialistischen Großplanungen verbunden war. Noch vor der formellen Institutsgründung hatte Neundörfer 1940 zusammen mit einem Mitarbeiterstab (und den gleichen Geldgebern) begonnen, eine Gesamtübersicht über die wirtschaftlichen und sozialen Verhältnisse in der deutschen Landwirtschaft zu erstellen. Sie hätte wohl vor allem den Planungen des Reichsnährstandes als Grundlage für die Neuordnung der bäuerlichen Lebensverhältnisse in einem großdeutschen Reich dienen sollen. Mai: Rasse und Raum, S. 131-141; Klingemann: Soziologie im Dritten Reich, S. 87ff.

142 Vgl. Das kriegswichtige Forschungsprogramm der Reichsarbeitsgemeinschaft für Raumforschung, in: RuR 3 (1939), S. 502.

143 Mai: Rasse und Raum, S. 141-154; ders.: Neustrukturierung des deutschen Volkes, S. 83ff. Protest kam nicht nur von den betroffenen Bauern, sondern z. B. auch von der

rell wieder die Rückbesinnung auf den Raum rund um das eigene Universitätsportal. Die obersten Planungsinstanzen hatten sich im Angesicht der militärischen Niederlagen mehr und mehr vom Osten ab- und wieder dem „Altreich" zugewandt. Dort gaben vor allem die im alliierten Bombardement untergehenden Städte den Planungsbedarf vor. Wiederaufbau statt Expansion lautete nun auch die Leitlinie der Forschung.

Die Raumforschung als interdisziplinären Forschungsverbund zu organisieren, das war eine Entwicklung, die ihre Akteure wohl nicht zu Unrecht als „revolutionär" verstanden. Denn obwohl die Ausrufung neuer Epochen zu den Standardfiguren der NS-Rhetorik gehörte, war der Neuerungswert gerade im Ressort Sozialwissenschaften nicht von der Hand zu weisen. Die Reichsarbeitsgemeinschaft wurde staatlich finanziert, sie band verschiedene Disziplinen in einem gemeinsamen Vorhaben zusammen und richtete umfangreiche Ressourcen auf ein gemeinsames Ziel hin aus. Zugleich war das Prinzip der zentralen Steuerung des Forschungspotentials recht geschickt mit dem der wissenschaftlichen Autonomie verknüpft. Insoweit wies die institutionalisierte Raumforschung mit ihrer Organisationsstruktur alle Züge der Großforschung, der *Big Science* auf.[144] Im zeitgenössischen Verständnis jedenfalls wurde sie geradezu zu einer Leitwissenschaft des Nationalsozialismus erhoben. Sie entsprach den Ideen einer volksbezogenen Wissenschaft, die zugleich eine zweckrationale Forschung für die Planungsaufgaben von Staats- und Parteiapparat gewährleistete. Darüber hinaus kam ihr Organisationsprinzip – die interdisziplinär und problemorientiert arbeitenden Forschungsgruppen – dem nationalsozialistischen Ideal der wissenschaftlichen Gemeinschaftsarbeit ziemlich nahe.

Dem widerspricht nicht, dass die Realität der Planungs- und Forschungspraxis mit dem Modell letztlich nur bedingt übereinstimmte. Trotz aller zentralisierenden Ansätze blieb die Raumplanung im Nationalsozialismus ein weites Feld und vor allem ein mehrgleisiges Unternehmen. Es gelang der Reichsstelle für Raumordnung letztendlich nie, ihren Zentralisierungsanspruch wirklich durchzusetzen. In der Raumplanung konkurrierten, wie oben bereits angedeutet, verschiedene Institutionen um Kompetenzen und Einfluss, so etwa die Deutsche Arbeitsfront oder auch der Reichsnährstand. Und nach Kriegsbeginn errangen bald die Stäbe von Heinrich Himmlers SS beziehungsweise dessen Stabshauptamt eine hervorragende Stellung in der Großraumplanung im Osten – auch als Ansprechpartner für die RAG-Raum-

---

badischen Industrie. Die Klein- und Kleinstlandwirte – für die Planung Vertreter einer unzeitgemäßen, ineffizienten Agrarwirtschaft und potentielle Verschiebemasse – waren für sie als Nebenerwerbslandwirte wichtige Arbeitskräfte.

144 Vgl. die Überlegungen von Trischler: Wachstum – Systemnähe – Ausdifferenzierung, bes. S. 244-246.

forscher.[145] Auch die konkreten Forschungsaktivitäten, die unter dem Etikett Raumforschung und innerhalb der RAG durchgeführt wurden, wird man ebenso wenig über einen Kamm scheren können wie den Grad an Aktivität und Politisierung ihrer Mitarbeiter.[146] Aber dessen ungeachtet sollte die gegenseitige Mobilisierung anschaulich werden. Mit der Institutionalisierung der Raumforschung in einem Forschungsverbund wurde keine neue Wissenschaft implementiert. Sie schloss vielmehr entsprechende Ansätze verschiedener Disziplinen zusammen, die ohnehin raum- und praxisorientiert ausgerichtet waren. Stimulierende Wirkung darauf, wie Wissenschaft betrieben wurde, hatte dies gewiss nicht nur, weil der Bezug auf Raum und Planung die Förderung einzelner Forschungsprojekte sicherstellen konnte. Auch für die Karrierestrategien von Wissenschaftlern kann es nicht unbedeutend

---

145 In Krakau beispielsweise hatte der Generalgouverneur Hans Frank bereits 1939 ein Planungsamt geschaffen. Auch Alfred Rosenberg hatte sogenannte Hauptämter für Raumordnung als Unterabteilungen seines Reichsministeriums für die besetzten Ostgebiete eingerichtet. Beide konnten sich jedoch nicht gegen Konrad Meyers Stabshauptamt unter Heinrich Himmler durchsetzen. (Rössler/Schleiermacher: Generalplan Ost, bes. S. 9; Pahl-Weber: Reichsstelle für Raumordnung.) Gerade auf dem Schauplatz der Großraumplanung tummelten sich als wissenschaftliche Experten aber beispielsweise auch die Volkstumsforscher. Sie hatten sich seit 1931 immer effizienter vernetzt und mit dem Staatsapparat verbunden und waren nun besonders gefragt: Modelle für eine „völkische" Neuordnung Europas waren unter ihnen schon seit langem diskutiert worden. Dazu gehörten vor allem Volkskundler, Historiker und Geographen, aber auch Soziologen, Rassekundler, Archivare und Kunsthistoriker, die sich in sechs regional und funktional getrennten Forschungsverbünden organisiert hatten. Die „Volksdeutschen Forschungsgemeinschaften" stellten wohl den größten „Brain Trust", wie Michael Fahlbusch das Netzwerk charakterisierte, für kulturwissenschaftliche Expertise dar: Rund 1.000 Personen waren in ihnen zusammengeschlossen. Ihre institutionelle Genese reichte bis in die zwanziger Jahre zurück, als die im Versailler Vertrag geregelten Gebietsabtretungen für die meisten Deutschen zur nationalen Demütigung gerieten und eine revanchistisch motivierte Volks- und Kulturbodenforschung die Ansprüche Deutschlands auf eine Revision der Grenzen zu untermauern suchte. Spätestens ab Herbst 1939 konnten sich die Besatzungsbehörden aus diesem Pool bedienen. Die Volkstumsforscher erstellten Übersetzungen, Karten, Volkstumskarteien und Personenlisten und berieten in Grenzziehungsfragen, bei der Umsiedlungsplanung und der Minderheitenpolitik – aber ebenso beim Kulturgutraub. Zu den Volkstumsforschern und den komplexen Verbindungen zur Bevölkerungs- und Raumpolitik in Ost- und Südosteuropa jeweils konzentriert: Fahlbusch: Volk, Führer und Reich; Haar: Ostforschung; ders.: Konstruktion des Grenz- und Auslandsdeutschtums; Wedekind: NS-Raumpolitik.

146 Vgl. zu dieser Frage z. B. Haupts: Lebensraum, S. 84f.

gewesen sein, ob sie in einem Bereich aktiv waren, der gerade eine ausgesprochene Konjunktur erlebte und als hochgradig politisch relevant gewertet wurde.[147]

2.3.2 Notstandsgebiete und Ballungsräume

Als „Hort der Dekadenz, Belanglosigkeit und Vermassung"[148] gehörte die Großstadt ebenso zu den unverzichtbaren Elementen der NS-Ideologie wie ihr Pendant, das bodenständige deutsche Bauerntum. „Tod der Nation", „biologischer Volkstod" und „Rassegrab"[149] – solche und ähnliche Äußerungen füllen Bände im Schrifttum des Dritten Reichs. Die nationalsozialistische Ideologie schloss an die konservative

---

147 Bisherige Untersuchungen zur Berufungspraxis im Nationalsozialismus differenzieren in erster Linie zwischen wissenschaftlichen und politischen Argumenten. Daher kann hier über die Bedeutung einer praxisorientierten Wissenschaftsauffassung nur aufgrund einzelner Hinweise gemutmaßt werden. Carsten Klingemann hat beispielsweise die akademische Karriere des Erlanger Soziologen Karl Seiler eng mit dessen soziologischer Raumforschung verbunden. (Klingemann: Soziologie im Dritten Reich, S. 261-263). Ähnliche Überlegungen kann man beispielsweise auch für den Nationalökonom Eduard Willeke anstellen, der zwischen 1933 und 1937 als Lehrbeauftragter für Sozialwissenschaften in Münster tätig und zwischen 1937 und 1943 Lehrstuhlvertreter bzw. außerordentlicher Professor für praktische Nationalökonomie an der Ludwigs-Universität Gießen war. Im Rahmen des Gießener Berufungsverfahrens wurde auf Willekes Engagement in der Raumforschung besonderen Wert gelegt. In Gießen engagierte sich Willeke sodann in der dortigen Hochschularbeitsgemeinschaft, was in späteren Beurteilungen besonders hervorgehoben wurde. Nach einer weiteren Lehrstuhlvertretung wechselte er 1943 als ordentlicher Professor für Volkswirtschaftslehre nach Straßburg. Ab Sommersemester 1944 wurde er dort als Leiter einer eigenen Abteilung wirtschaftliche Raumforschung innerhalb des Staatswissenschaftlichen Seminars geführt (Schäfer: Juristische Lehre und Forschung, S. 112). Über beide kann man aber zusätzlich anmerken, dass auch die politische Eignungsprüfung positiv ausfiel. Wie Karl Seiler war auch Eduard Willeke Mitglied der SA, hatte sich um die Aufnahme in die NSDAP bemüht und wurde als fest „auf dem Boden der nationalsozialistischen Weltanschauung" stehend eingestuft. (Studentenführung Universität Gießen an den Rektor der Universität Gießen; vgl. auch den Antrag der Universität zur Wiederbesetzung des ordentlichen Lehrstuhls für praktische Nationalökonomie, beide in: UA Gießen, PrA Phil Nr. 30 [unpaginiert]). Zu Willekes Vita vgl. auch Marcon/Strecker (Hg.): 200 Jahre, S. 588-590.
148 So lautet eine treffsichere Formulierung von Marie-Luise Recker: Großstadt als Wohn- und Lebensbereich, S. 8.
149 Mit ähnlichen Vergleichen schmähte nicht nur Gottfried Feder, erster „Reichskommissar für das Siedlungswesen" und einer der führenden Ideologen aus der Frühzeit der nationalsozialistischen Bewegung, die Großstadt. Vgl. Feder: Neue Stadt, z. B. S. 185.

Großstadtkritik seit der Jahrhundertwende an und radikalisierte diese durch die Sättigung mit rassebiologischen Inhalten. Aus dem Grab der Völker wurde bald das Grab der „nordischen Rasse". Die zirkulierenden Begründungen variierten zwar im Detail, besaßen aber alle den gleichen Grundtenor: Die Verstädterung führe zur Vernichtung hochwertigen Erbguts. Walther Darré beispielsweise, den seine Stellung im NS-Machtapparat zu einem der bekanntesten und einflussreichsten Blut- und-Boden-Ideologen machte, propagierte die natürliche Sesshaftigkeit der Germanen. Sie hätten die Städte instinktiv gemieden und seien erst in der „Periode des Liberalismus und Marxismus" in die Städte gedrängt worden. Diese indes seien historisch betrachtet schon immer die Stätten der ehemaligen Nomaden und des Judentums gewesen: rassisch minderwertig, aber vererbungsbiologisch dominant.[150] Hans F. K. Günther, der ehemalige Philologe, der zum obersten Rasseforscher des Dritten Reichs aufstieg, machte hingegen die städtische Lebensweise selbst verantwortlich. In der Großstadt reproduzierten sich die gebildeten und rassisch wertvollen Schichten weniger stark als die minderwertigen. Entsprechende Maßnahmen seien für die „Gesundheit" des gesamten „Volkskörpers" zu treffen.[151] Zu den fast routinemäßigen Forderungen der politischen beziehungsweise ideologischen Rede gehörte daher der Ruf nach der Auflösung der Großstädte, die von den Landkarten des Deutschen Reiches verschwinden sollten. Verklärt und idyllisiert wurde die heile Welt auf dem Land und das Leben in Dörfern und kleinen Gemeinden.

Nach der Machtergreifung hatten die Nationalsozialisten einen radikalen Bruch und Neuanfang in der Stadtpolitik verkündet.[152] Propaganda und faktische Politik klafften aber – wie in so vielen Bereichen der NS-Herrschaft – deutlich auseinander. Für Berlin, Hamburg, Nürnberg und München, die sogenannten „Führerstädte", entwarfen Hitlers Architekten im Gegenteil nur wenige Jahre später gigantische Ausbaupläne. Als Symbole von Macht und Größe eigneten Kleinstädte sich schlechterdings nicht.[153] Aber auch am Beispiel des Wohnungsbaus wurde sehr

---

150 Bergmann: Agrarromantik und Großstadtfeindschaft, S. 297ff.
151 Siehe Günther: Verstädterung.
152 Zu Stadtpolitik, Städte- und Wohnungsbau im Nationalsozialismus: Harlander: Heimstätte und Wohnmaschine, S. 53-73; Kähler: Nicht nur Neues Bauen, S. 402ff.
153 Durth/Gutschow: Träume in Trümmern, S. 21ff.; vgl. auch Bajohr: Führerstadt als Kompensation; Seiderer: Nürnberg. Ähnliches galt, wenn auch nicht in so großem Maßstab für die sogenannten „Gauhauptstädte". Dass sich auch andere Städte an den ehrgeizigen Plänen orientierten, hat beispielsweise Ursula von Petz für Dortmund aufgezeigt. Die Industriestadt hoffte, durch entsprechende Planungsvorhaben die Voraussetzungen dafür zu schaffen, um in die Reihe der „Neugestaltungsstädte" aufgenommen zu werden. Von Petz: Planungen, bes. S. 96ff.

schnell offensichtlich, dass beides nicht übereinstimmen musste.[154] In den Großstädten ging der Bau auch nach 1933 nahezu unverändert weiter, und seit 1935 förderte das Interesse an Industrieentwicklung und verstärkter Aufrüstung den Mietwohnungsbau in den Ballungsgebieten zusätzlich.[155] Für das Jahr 1936 wies die Statistik einen Anstieg um neun Prozent im Vergleich zum Vorjahr aus. Der Anteil der Großstädte am fertiggestellten Wohnraum lag damit bei 41 Prozent und war in seiner Konsequenz kaum zu übersehen: „In Verbindung mit der erneuten Verschiebung des Wohnbaus nach der Großstadt hin, deuten diese Unterschiede auf eine Vernachlässigung des Wohnungsneubaus und Wohnungsersatzes auf dem glatten Lande hin", stellte eine entsprechende Bestandsaufnahme fest.[156] Großstadt-

---

154 Die Wohnungsbaupolitik der Nationalsozialisten maß sich programmatisch an der vorhergehenden Epoche der Weimarer Republik: Eine unzureichende Bauproduktion, der „Klassenkampf" im Mietsektor, fehlende familienpolitische Komponenten, Ineffizienz und natürlich die Förderung des schädlichen Großstadtwohnens wurden kritisiert. Stattdessen sollte nun der Mensch als Volksgenosse im Mittelpunkt stehen, der ein Heim in ländlichen Gegenden, in Klein- und Mittelstädten erhalten sollte. (Kornemann: Gesetze, S. 639ff.) In der Wohnungspropaganda wurde die Bindung an den Boden und mit dieser die Kleinsiedlung in ländlichen Gemeinden oder Kleinstädten zum zentralen Moment. „Neben den deutschen Bauern muß dem deutschen Arbeiter der Weg zum deutschen Boden freigemacht werden." (Ludowici, Johann W.: Verwurzelung des Arbeiters mit dem Boden, in: Bauwelt 19 [1934], zit. nach Kähler: Nicht nur Neues Bauen, S. 406) Mit der Bindung des großstädtischen Arbeiters an die Scholle verband die NSDAP physische Leistungsfähigkeit, Geburtensteigerung und die Erhaltung der wertvollen Volkssubstanz. Die Gesundheit des Volkskörpers werde, so die NSDAP-Propaganda, in den Kleinsiedlungen gleich in mehrfacher Hinsicht gefördert: 1. Nationalpolitisch: das gesunde Leben in der Siedlung steigere die allgemeine Leistungsfähigkeit des Menschen; 2. wehrpolitisch: damit werde zugleich die Wehrtauglichkeit verbessert und die Wehrmacht gestärkt; 3. gesundheitspolitisch: die günstigen Luft- und Lebensverhältnisse verhinderten Infektions- (bzw. venerische) Krankheiten; 4. bevölkerungspolitisch: entziehe das Programm gerade junge Familien dem vergnügungssüchtigen Großstadtleben und fördere durch Vermittlung entsprechender Leitbilder die Geburtenzahlen; 5. Rassenpolitisch: werde durch strenge Auswahl der Familien die Erhaltung der wertvollen Volkssubstanz gewährleistet. Rodenstein/Böhm-Ott: Gesunde Wohnungen, S. 538f.
155 Bis 1935 hatte sich das Schwergewicht der Bautätigkeit auf kleine und mittlere Gemeinden verlagert, was zur Folge hatte, dass die Landgemeinden und Kleinstädte schneller wuchsen als die Großstädte. Das „Gesetz zur Förderung des Wohnungsbaus" von 1935 ermöglichte nun auch die Förderung von billigen Mietwohnungen in Zwei- und Mehrfamilienhäusern. Danach konzentrierte sich das Bevölkerungswachstum wieder auf die Großstädte. Harlander: Heimstätte und Wohnmaschine, S. 182.
156 Die räumliche Verteilung des Wohnungsneubaues 1936, in: RuR 1 (1937), S. 281.

feindschaft und Agrarromantik vertrugen sich nicht mit den Anforderungen der Wehrhaftigkeit des deutschen Volkes. Selbst dort, wo ein Jahrhundert Urbanisierung noch kaum hemmende Sachzwänge geschaffen hatte, spielte die Kleinstadtidylle keine Rolle. Wolfsburg und Salzgitter, die beiden großen Stadtgründungen des Dritten Reichs, wurden als Industriestädte für 100.000 Einwohner gebaut. Der Primat von Industrie und Rüstung in der nationalsozialistischen Politik förderte die Stärkung der Großstädte und Ballungsräume – allen propagandistischen Beteuerungen zum Trotz.

Dem widerspricht nur scheinbar, dass Städtebau und Raumplanung in den ersten Jahren der NS-Herrschaft in Richtung einer Auflösung der Großstädte tendierten. Auch für die frisch institutionalisierte Raumforschung war Ende 1936 ein Forschungsprogramm entworfen worden, das sich an dem komplementären Begriffspaar „Notstandsgebiete" und „Ballungsräume" orientierte. Das politische Fernziel ist daran in gewisser Weise schon abzulesen. Es ging um die sozioökonomische Makrostruktur des Reiches, um die Gegensätze, die zwischen den industriellen Zentren und Großstädten und den bislang wenig entwickelten ländlichen Gebieten lagen – und um deren Ausgleich.

Die meisten Untersuchungen und Gutachten der Hochschularbeitsgemeinschaften drehten sich zweifellos um die ersteren, die Notstandsgebiete. Darunter wurden ländliche Gebiete mit weitverbreiteter Armut verstanden, die nicht aus einem konjunkturellen Engpass resultierte, sondern auf ein dauerhaftes Strukturproblem zurückzuführen war. Dafür konnten verschiedene Mängel verantwortlich gemacht werden: Die natürlichen Ressourcen und die Lage des Gebietes, eine mangelhafte infrastrukturelle Erschließung, der Bedeutungsverlust alter Gewerbe durch die Auswirkungen der Industrialisierung, aber eben auch die „ungünstigen rassische[n] und biologische[n] Eigentümlichkeiten" ihrer Bewohner.[157] Eng damit verknüpft war der Begriff der Tragfähigkeit. Wie viele Menschen konnte ein Raum mit seinen natürlichen Grundlagen ernähren?[158] Die Ansätze der einzelnen Arbeitsgruppen waren vielfältig, aber in gewisser Weise liefen solche Analysen darauf hinaus, dass es

---

157 Forschungsarbeit im Dienst an Volk und Staat. Tagung der Reichsarbeitsgemeinschaft für Raumforschung, 9.-10.12.1937, S. 26.

158 Die RAG-Forscher konzentrierten sich auf die reichsweite Bestandsaufnahme und beschrieben zu diesem Zweck „Kümmerbetriebe" im Lahn-Dill-Gebiet, die Landflucht in Bayern oder Betriebsverhältnisse und Betriebsformen in Württemberg-Hohenzollern. Wie Michael Venhoff feststellte, folgte dem RAG-Programm ein regelrechter Forschungsboom, der zur Folge hatte, dass das ganze Reich plötzlich von Notstandsgebieten nur so wimmelte. Die RAG musste abwiegeln und die Ergebnisse relativieren, wollte sie nicht das Bild vom Armenhaus Deutschland zeichnen. Ihr Hauptsachbearbeiter forderte den Reichsforschungsrat schließlich auf, einen verbindlichen Kriterienkatalog zu erstellen. Venhoff: Reichsarbeitsgemeinschaft, S. 27f.

entweder unzureichend erschlossene oder aber übervölkerte Gebiete gab. Dem entsprachen die Antworten, die die Planung entwickelte. Sie sahen entweder die optimale Ausnutzung der vorhandenen Ressourcen vor, oder – dieser Umkehrschluss gewann doch erstaunlich schnell an Popularität – die Umsiedlung der überschüssigen Bevölkerung der betroffenen Regionen.[159]

Auf der anderen Seite hieß die Leitlinie der Forschung „Gesundung" durch „Entballung". Das musste nicht zwangsläufig auf die vollständige Auflösung von großen Städten hinauslaufen, aber eine bessere Gliederung, Auflockerung und Durchgrünung waren Mindestforderungen der städtebaulichen Diskussion. Schon vor dem Ersten Weltkrieg hatten Hygieniker und Sozialreformer dies als Maßnahme gegen die kapitalistische Verstädterung und die ungesunde Enge der großen Städte gefordert. Aus der Idee der Gartenstadt war eine Vielzahl städtebaulicher Konzepte entstanden, die sozialpolitische Verheißungen ebenso wie konservative Kritik aufnehmen konnten. Die Nationalsozialisten machten daraus Prinzipien der Volkskörpergesundheit und der Rassenhygiene. Außerdem entsprach die Forderung nach Auflösung oder Entballung den antikapitalistischen Überzeugungen vieler „alter Kämpfer", die die Kumulation von Kapital und Boden zerschlagen sehen wollten. In den Leitgedanken der Raumplanung schließlich waren die „Ballung" und der ländliche „Notstand" korrespondierende Probleme. Die Verlagerung von Industrie und Menschen aus den Großstädten hätte mit der Förderung der strukturschwachen Gebiete Hand in Hand gehen und zwischen stark und schwach besiedelten Regionen vermitteln sollen. In der zweiten Hälfte der dreißiger Jahre mischten sich darüber hinaus militärstrategische Überlegungen in steigendem Maße in die Diskussion. Der Luftschutz schien in den dichten Großstadträumen und Industriezentren

---

159 Die Umsiedlung und Neuorganisation der Bevölkerung im Raum wurde schon einige Jahre vor den Großraumplanungen mitgedacht. Als „Dr.-Hellmuth-Plan" ist ein Projekt bekannt, das auf den Gauleiter und Regierungspräsident in Würzburg zurückging, der 1936 einen Plan zur „Sanierung" der Rhönbevölkerung ausgearbeitet hatte. „Man scheidet den ‚kleinwirtschaftlichen Halbarbeiter' der Rhön nach seinen beiden unvollkommenen Merkmalen: Kleinlandwirt und Halbarbeiter. Dann schafft man in neuen Industrien diesem Arbeiter eine krisenfeste Dauerbeschäftigung, löst ihn von seinem heimatlichen Grund und Boden ab und siedelt mit Hilfe des Verkaufserlöses den jetzt erstandenen krisenfesten Vollarbeiter am Standort der neuen Industrie in einer ausreichenden Heimstätte an. Der in der Rhön durch dieses Absiedlungsverfahren frei gewordene Boden wird zur Aufbauerung der zurückgebliebenen Klein- und Mittelbauern verwendet." (Fröhlich: Sozialaufbau der Rhönbevölkerung, S. 80f.) Schwierigkeiten mache den Planern nur die „Heimatliebe" der Rhönbauern. Die Würzburger Arbeitsgruppe der RAG begleitete die Planungen wissenschaftlich und die Fachzeitschrift Raumforschung und Raumordnung widmete 1938 ein ganzes Heft dem Fortgang des Projekts. Siehe RuR 2 (1938); Venhoff: Reichsarbeitsgemeinschaft, S. 28f.

überhaupt nicht zu gewährleisten. Auch Städtebauer warnten nun, dass sich ein zukünftiger Luftkrieg vernichtend auswirken würde: Ein weiterer Aspekt, der „gebieterisch die Enthäufung der Bevölkerung und der Industrie" verlange.[160]

Die Diskrepanz zwischen der erwünschten Dezentralisierung und dem Primat der wirtschaftlichen Leistungsfähigkeit wurde durchaus erkannt, und Einwände gegen diese Vorgabe der Raumordnung blieben nicht aus. Albert Lange, Direktor des Ruhrsiedlungsverbands, machte 1938 beispielsweise darauf aufmerksam, wie sehr die Entballungsdiskussion an den realen Gegebenheiten vorbei ging: „Ob es berechtigt ist, den Ruhrkohlenbezirk immer wieder als Beispiel einer unvernünftigen Ballung hinzustellen, ist nun freilich zweifelhaft. Denn nur an wenigen Stellen im Reich ist die Standortbindung so zwingend wie bei uns." Eine Industrieverlagerung schloss er folglich aus.[161] Auch andere Stimmen wurden laut, die sich sogar für den weiteren Ausbau industrieller Zentren aussprachen. Dort, wo die räumlichen Voraussetzungen wesentliche Vorteile erbrachten, sei es durch die äußeren Verhältnisse, die Rohstoffe oder die Spezialisierung von Wirtschaft und Arbeiterschaft, sollte das durchaus möglich sein.[162]

---

160 Edler: Großstadtabbau und Raumordnung, in: Deutsche Bauzeitung 39 (1935), S. 768, zit. n. Kähler: Nicht nur Neues Bauen, S. 407. Die Vorsorge gegen den Luftkrieg blieb ein durchgängiges Thema in der städtebaulichen Auflockerungs-Diskussion, was nicht verwunderlich war, denn seine Auswirkungen konnten die Planer bald *en détail* studieren. Zynischerweise als Erstes anhand der Städte Großbritanniens und Polens, die die eigene Luftwaffe bombardiert hatte. Siehe z. B. Dörr: Bomben brachen die Haufen-Stadt.

161 Ebenso wie die Annahme, dass das Ruhrgebiet als Ballungsraum bevölkerungspolitisch schädliche Wirkungen entfalten könne. Die übliche statistische Aufrechnung von Großstadtwanderung und Landflucht sah er geradezu ins Gegenteil verkehrt. „Burgdörfer hat einmal eine Rechnung aufgemacht, welche gewaltigen materiellen Opfer die Landbevölkerung Deutschlands gebracht habe, als sie ihren Nachwuchs an die wachsenden deutschen Städte abgab. So mag denn auch das Ruhrgebiet einmal eine Rechnung präsentieren, was es dank seiner hohen Geburtenzahl an Nachwuchs aufgezogen und an andere, oft kinderarme Gebiete des Reiches abgegeben hat." Lange: Auflockerung des Ruhrkohlenbezirks, S. 191, 194.

162 1938 meldete sich beispielsweise der Magdeburger Bürgermeister Fritz Markmann in der Zeitschrift Raumforschung und Raumordnung zu Wort und verteidigte, wenn auch etwas verklausuliert, das Recht auf eine eigenständige Entwicklungspolitik der großen Städte. Seitdem er 1933 als Oberbürgermeister eingesetzt worden war, betrieb er eine konsequente Wirtschafts- und Infrastrukturpolitik, die die Stadt an der Elbe zum mitteldeutschen Industrie- und Rüstungszentrum expandieren ließ und bis zum Ende der dreißiger Jahre mit 340.000 Einwohnern die höchste Einwohnerzahl in ihrer Geschichte bescherte. Markmann betonte, dass auch die große Stadt, „genauso wie das Dorf […] eine Lebensäußerung der Landschaft" sei. „Die historische Entwicklungslinie vom Dorf zur

Dass sich vor diesem Hintergrund die Suche nach der idealen Struktur und Größe bald auf die wirtschaftlichen Aspekte der Großstädte konzentrierte, muss wahrscheinlich nicht verwundern. Zwar erlebten Sozialstrukturanalysen im Nationalsozialismus Konjunktur. Für viele Städte entstanden mehr oder weniger feingliedrige Überblicke, und auch Andreas Walther brachte sein Hamburger Forschungsprojekt in die dortige Hochschularbeitsgemeinschaft ein.[163] Aber auch da, wo „der Mensch in den Mittelpunkt [der] Betrachtung" rückte, ging es meist um eine Variante des *homo oeconomicus*. „Vom Standpunkt einer wirtschafts- und sozialwissenschaftlichen Betrachtung", erläuterte der Nationalökonom Eduard Willeke dies für die Raumplanung, „erschließt sich uns jedoch das Problem Mensch und Raum erst dann voll und ganz, wenn wir von dem arbeitenden Menschen ausgehen. Dies führt uns dazu, den Begriff Sozialstruktur im Sinne der beruflichen Gliederung des Volkes anzuwenden."[164]

Auch für den Großstadtraum waren daher andere, stärker ökonomisch akzentuierte Dimensionen von größerer Relevanz. In Berlin hatte die Technische Hochschule den Berufsverkehr der Arbeiterschaft untersucht. Eine Fragebogenaktion mit 2.000 Arbeitern hatte ergeben, dass alle zusammengenommen pro Tag insgesamt 3.500 Kilometer zurücklegten, um von ihrer Wohnung zum Arbeitsplatz und wieder zurück nach Hause zu gelangen. Volkswirtschaftlich verursachte das enorme Kosten. Ähnliche Untersuchungen waren auch in Hamburg zu den Lebensverhältnissen der Hafenarbeiter in Angriff genommen worden. Welche Kosten für den Berufsverkehr schlugen sich in deren Haushalt nieder? Solche Fragen der Zuordnung von Betrieben und Arbeitskräften, der Raum-Zeit-Relation von Ballungsgebieten ergaben ganz andere Anforderungen für eine Optimierung der städtischen Strukturen – und

---

Stadt gibt jedem städtischen Gemeinwesen jenes landschaftliche Fluidum, jenen schollengebundenen Charakter mit auf den Lebensweg, der die Individualität der einzelnen Städte mehr oder weniger ausprägt – weniger, je mehr sie sich von ihrem dörflichen Dasein entfernen und zur Großstadt werden, die als Masse aus Eisen, Beton, Stahl und Asphalt landschaftsgebundene Formungskräfte nur noch dem Wissenden und Forschenden unter der Oberfläche darbieten." Das bedeutete, dass jede Stadt individuell in ihren wirtschaftlichen, rassischen und kulturellen Bedingungen war, und daraus resultierte für Markmann, dass es „nach wie vor Aufgabe der Gemeinden [sein müsse], die städtebauliche Planung unter den Gesichtspunkten einer gesicherten räumlichen Entwicklung zu fördern." Markmann: Problematik der Raumordnung, S. 77.

163 Zur Entstehung der HAG Hamburg aus der Politischen Fachgemeinschaft der Universität siehe Rössler: Hochschularbeitsgemeinschaft, zur Konjunktur der Sozialstrukturanalysen im Nationalsozialismus Gutberger: Volk, Raum und Sozialstruktur.

164 Willeke: Sozialstruktur und Raumordnung, S. 492.

zwar zunächst einmal ungeachtet dessen, ob man die Großstadt auflockern oder auflösen wollte.[165]

Für die komplette Auflösung des Städtesystems trat zum Beispiel der ehemalige Staatssekretär und Raumplaner Gottfried Feder ein. Er entwickelte anhand der Berliner und ähnlicher Untersuchungen sein Modell für die „neue Stadt", das er 1939 vorlegte. Die Wege zwischen Wohnen und Arbeiten – in Berlin nahmen sie häufig ein bis zwei Stunden in Anspruch – sollten durch die räumliche Nähe von Wohnung und Arbeitsstätte verkürzt werden. Denn „wenn [jeder] Mensch im Durchschnitt nahezu zwei Stunden je Tag verliert […], so offenbaren sich darin ungeheure Schädigungen persönlicher und sachlicher Art."[166] Er begrenzte dazu die Einwohnerzahl auf 20.000 Menschen. Seiner Ansicht nach war dies die günstigste Größe, um einen möglichst geringen Verkehrs- und Verwaltungsaufwand auf der einen und trotzdem alle nötigen Versorgungs- und kulturellen Einrichtungen auf der anderen Seite gewährleisten zu können. Die Wege zwischen Wohnung und Arbeitsstätte reduzierten sich damit auf 10 bis 20 Minuten. Feders Vorstellungen nach hätte die deutsche Stadtlandschaft in ein ganzes System aus solchen Kleinstädten aufgeteilt und zu diesem Zweck auch die Großindustrie in kleine Gewerbebetriebe zerlegt werden sollen.[167] Letztlich setzte sich eine weniger radikale Variante durch, um die städtischen Strukturen an diese Ökonomie des Lebens, von Wohnen und Arbeiten anzupassen. Sie setzte statt auf die räumliche auf die zeitliche Nähe, die über Massenverkehrsmittel hergestellt werden sollte.

Mit Krieg und Expansion rückte das Problem der Entballung aber rasch in den Hintergrund. Nicht, dass sich an den grundsätzlichen Vorstellungen über deren Notwendigkeit etwas geändert hätte. Doch Städte wurden nun in neuen Dimensionen betrachtet und andere Konzepte wurden dominant. Planung und Forschung stellten sich, wie oben beschrieben, bereits kurz nach Kriegsbeginn in den Dienst eines na-

---

165 Venhoff: Reichsarbeitsgemeinschaft, S. 30; Rössler: Institutionalisierung, S. 190.
166 Feder: Neue Stadt, S. 44.
167 Seine Karriere haben diese Überlegungen allerdings nicht befördert. Der gelernte Bauingenieur und Wirtschaftstheoretiker saß seit 1924 als Abgeordneter der NSDAP (bzw. einer ihrer Ersatzorganisationen) im Reichstag und galt lange Zeit als Wirtschaftsexperte der Partei. Er verlor aber im NS-Staat rasch an Bedeutung: 1933 wurde Feder Staatssekretär im Reichswirtschaftsministerium und 1934 zum Reichskommissar für das Siedlungswesen ernannt. Ende 1934 verlor er alle politischen Ämter und wurde zwei Jahre später auf eine Professur für Raumordnung, Landes- und Stadtplanung abgeschoben, die er seit 1934 als Honorar- und später als außerordentlicher Professor an der TH Berlin-Charlottenburg innehatte. (Vgl. Kändler: Anpassung, S. 146) 1939 erschien sein Lehrbuch „Die neue Stadt", das bis weit in die fünfziger Jahre zu den Standardwerken der Zunft gehörte. (Durth/Gutschow: Träume in Trümmern, S. 234) Für eine eingehendere biographische Skizze des Technikers Feder siehe Meyer: Gottfried Feder, bes. S. 82-96.

tionalsozialistischen „neuen Europas". Ab November 1939 zogen zahlreiche Architekten und Städtebauer ins besetzte Polen, um polnische Städte „abzubauen" und „deutsche Städte" aus ihnen zu machen.[168] Generell gingen die Planer, die „der fechtenden Truppe" folgten und „den neuen Raum in Ost und West raumplanlich erkunden, auswerten und erobern"[169] sollten, davon aus, dass die eroberten Gebiete komplett neu zu strukturieren seien. Im neugegründeten Reichskommissariat für die Festigung des deutschen Volkstums (RKF), einer Dienststelle der SS, liefen seit dem Sieg über Polen die Pläne für die „Germanisierung" des eroberten Raumes. In ihrer letzten Ausarbeitungsphase sahen sie die Ansiedlung von 15,51 Millionen germanischen Siedlern und die „Umvolkung" von 7,54 Millionen geeigneten „fremdvölkischen" Menschen vor – zu realisieren innerhalb von 30 Jahren. Doch sollte dies nicht einfach durch den Austausch geschehen, sondern Siedlungs- und Raumstruktur sollten vielmehr den deutschen Ansprüchen und Bedürfnissen angepasst werden.

Auch die Raumforschung sollte von dieser Grundlage ausgehen. „Man müßte zwei bis drei Städte stehen lassen und alles andere abreißen und bestrebt sein, aus diesem Gebiet ein deutsches Mustergebiet zu schaffen."[170] Als die Frage, wie ein kulturell und wirtschaftlich überlegenes, deutsches Siedlungssystem für den Osten aussehen sollte, zu einem Schwerpunkt im Kriegsforschungsprogramm der RAG wurde, machte ein Konzept aus der Wirtschaftsgeographie rasch Karriere. Der Geograph Walter Christaller hatte bereits Anfang der dreißiger Jahre ein System der „Zentralen Orte" als Theorie über die Entstehung, Größe und Verteilung von Städten ausgearbeitet, in der er eine Hierarchie von Siedlungen aus bestimmten ökonomischen Bestimmungsfaktoren ableitete. Nach seinem Modell entwickelte sich in idealtypischen, homogenen Räumen eine (geometrische) Struktur zentraler Orte auf unterschiedlichen, aufeinander aufbauenden Hierarchiestufen. Die verschiedenen Stufen von Orten unterschieden sich durch eine jeweils zunehmende Anzahl von Ausstattungsmerkmalen. Zentrale Orte höherer Hierarchie, wie größere Städte, wiesen dabei zum Beispiel bestimmte Dienstleistungen oder Verwaltungsfunktionen auf, die auf den niederen Stufen noch fehlten und deren Überschuss zugleich ein bestimmtes Ergänzungsgebiet versorgte. Alle Hierarchiestufen zusammengenommen ergaben ein geschlossenes, funktionales Standort- und Versorgungssystem. Für die Anwendung im besetzten Osteuropa vereinfachte Walter Christaller sein ursprüngliches Modell und ordnete seine Überlegungen in ein Führer-Gefolgschafts-

---

168 Vgl. dazu Gutschow: Ordnungswahn, bes. S. 19-76; Gutschow: Eindeutschen; Gutschow/Klain: Vernichtung und Utopie.

169 Eine Formulierung des Referenten der Reichsstelle für Raumordnung Heinrich Dörr, der aus Polen berichtete. Dörr: Bomben brachen die Haufen-Stadt, S. 269.

170 Protokoll der Sitzung des Arbeitskreises Oberschlesien am 9. November 1940, zit. n. Venhoff: Reichsarbeitsgemeinschaft, S. 46.

Verhältnis ein, das in den Siedlungen klar zum Ausdruck kommen sollte. Damit verbunden waren Kriterien zur Ausstattung der Siedlungen mit Einrichtungen der NSDAP: Gemeinschaftshaus und Ortsgruppenhalle, Aufmarschplatz, Friedhof oder HF-Heim rückten an die zentralen Stellen von Kirche oder Rathaus. Aus dem theoretischen Erklärungsmodell wurde ein normatives Schema für die Großraumplanung, das eine bis ins Detail abgestimmte Raum- und Siedlungshierarchie im deutschen Osten ermöglichen sollte.[171] Als Instrument der „totalen Planung" und der Beherrschung des Raums erfuhr Christallers Entwurf der gesetzmäßigen Entwicklung von Städten eine bis dahin ungekannte Aufmerksamkeit – wenn auch keine praktische Umsetzung mehr.

Als das „Tausendjährige Reich" zwölf Jahre nach seiner Ausrufung zusammenbrach, bedeutete das auch das Ende für die nationalsozialistische Raumplanung und -forschung. Ihre Behörden und Einrichtungen, personalen und organisatorischen Strukturen wurden weitgehend aufgelöst. Nach 1945 schufen die Kriegsniederlage mit ihren territorialen, wirtschaftlichen und sozialen Folgen und vor allem der Wechsel des politischen Systems ganz neue Rahmenbedingungen für die Planung, die nun auch nicht mehr zentralstaatlich organisiert, sondern Ländersache war. Wie in vielen anderen gesellschaftlichen Bereichen waren allerdings auch hier die Kontinuitäten groß. Davon erzählen die Nachkriegskarrieren diverser Reichsstellen-Mitarbeiter und Planer, die später als Referenten in Ministerien und in den Landesplanungsämtern arbeiteten. Und in ähnlicher Weise gilt das auch für die Wissenschaftler, die ihre Arbeit in den Dienst der nationalsozialistischen Raumordnung gestellt hatten. Selbst Konrad Meyer, oberster NS-Raumforscher und Schöpfer des Generalplans Ost, gelangte 1956 wieder zu akademischem Amt und Würden und nahm von seiner Hannoveraner Professur aus Einfluss auf die bundesdeutsche Raumforschung und Landesplanung. Die Nachfolge der Reichsarbeitsgemeinschaft für Raumforschung wiederum traten das Bad Godesberger Institut für Raumforschung und die Akademie für Raumforschung und Landesplanung in Hannover an.[172] Das allerdings soll hier nicht mehr Thema sein, und die Frage von Kontinuität

---

171 Kegler: Begriff der Ordnung, S. 197. Christaller selbst war – trotz Bedenken wegen politischer Unzuverlässigkeit – an den Germanisierungsplanungen in den besetzten Gebieten aktiv beteiligt und arbeitete als wissenschaftlicher Gutachter für RAG und RKF. In kürzester Zeit arbeitete der Geograph eine detaillierte Siedlungsplanung für die deutsche Siedlung in Polen aus, die alle Lebensbereiche „vom Bauernhof zum Gau, und umgekehrt vom Gau bis zum einzelnen Hof" durchdringen sollte. Nach dem Rückzug der Wehrmacht begann er ähnliche vorbereitende Untersuchungen für den Wiederaufbau und die Neuordnung der westdeutschen Gebiete. Zu Christaller siehe Kegler: Walter Christaller; Aly/Heim: Vordenker, S. 161f., 186.

172 Zur Organisationsgeschichte der Raumplanung nach 1945 siehe Leendertz: Ordnung schaffen, S. 219ff.

oder Bruch wird im Übrigen später noch einmal aufgegriffen werden. Für die Entwicklung der sozialwissenschaftlichen Stadtforschung indessen wird man das folgende Resümee ziehen müssen.

Das, um noch einmal das Eingangszitat Margit Szöllösi-Janzes aufzugreifen, „sowohl instrumentelle als auch legitimatorische Wechselverhältnis" zwischen Wissenschaft und Politik hatte zweifellos einen Aufschwung empirischer Studien während des Dritten Reichs zur Folge. Das Interesse des Nationalsozialismus an der sozialwissenschaftlichen Expertise förderte parallel zu den Universitäten eine große Gruppe von Forschern, die ihre Arbeit und ihr Selbstverständnis wiederum eng mit den Zielen des nationalsozialistischen Staates verknüpft hatten und sich auf gemeinsame Vorstellungen von Volk, Raum, sozialer und ethnischer Ordnung stützten. Dass dies auch Auswirkungen hatte, wo es um die Erforschung von Städten ging, sollte ebenfalls anschaulich geworden sein. Zwar mochten die großstadtfeindliche Propaganda und die faktische Städtepolitik nur wenig miteinander zu tun gehabt, und die radikalen Auflösungspläne der nationalsozialistischen Großstadtkritiker auch nicht zur Aufgabe jeglicher Forschungsaktivitäten geführt haben. Aber es war doch ein ganz bestimmtes und begrenztes Verständnis von Forschung, das unter dem Postulat von Anwendbarkeit und Nutzen vertreten wurde. Überblicks- und Strukturstudien, die wie Andreas Walthers „Notarbeit 51" als Grundlage für den sozialtechnischen Eingriff dienen konnten, fielen darunter. Sie hatten insgesamt Konjunktur. Die nationalsozialistischen Behörden und Planungsstäbe hatten sich vor allem für Daten und Zahlen zur Optimierung der Sozial- und Wirtschaftsstruktur in einem bald gewaltsam vergrößerten Deutschen Reich interessiert. Soziologische oder sozialpsychologische Analysen des Großstadtlebens hatte das indessen nicht befördert. „An soziologischen Untersuchungen", hielt Elisabeth Pfeil, die spätere *Grande Dame* der westdeutschen Stadtsoziologie, in ihrem 1950 erschienenen Überblick über die Forschungslandschaft fest, „fehlt es so gut wie ganz."[173]

---

173 Pfeil: Großstadtforschung, S. 72. Was nicht heißt, dass sich nicht doch einzelne Psychologen und Volkstumssoziologen für das städtische Leben interessiert hätten. Vgl. ebd., S. 63ff., bes. 78-86.

3 Demokratisierung und Wissenschaftstransfer

Wenn es in der Vergangenheit um Beispiele für die sogenannte „Amerikanisierung" der bundesdeutschen Nachkriegsgesellschaft ging, rangierte der Import der amerikanischen Sozialwissenschaften für gewöhnlich auf den oberen Rängen – unabhängig davon, ob der Begriff im affirmativen oder pejorativen Sinne verwendet wurde. Tatsächlich sorgte eine breite Palette von Kanälen nach dem Zweiten Weltkrieg für die Verbreitung der transatlantischen Methoden, Erfahrungen und Blickweisen. Militärangehörige, Gastwissenschaftler und Emigranten fungierten als „kulturelle Mittler", Forschungsstäbe der amerikanischen und britischen Militärverwaltung beschäftigten (notgedrungen) bereits früh auch deutsche Mitarbeiter, Forschungsprogramme und -einrichtungen wurden zu Ausbildungszwecken entweder finanziell unterstützt oder eigens ins Leben gerufen, Seminare und Tagungen initiiert, um den Austausch anzuregen, die Verbreitung wissenschaftlicher Literatur gefördert. Im Hintergrund dieser Transferprozesse stand der hohe Status, den die Amerikaner im Rahmen der 1947 einsetzenden „Reorientierungs"-Politik den Sozialwissenschaften beimaßen. Um aus einer autoritären und nationalistischen eine friedliche und demokratische Gesellschaft zu machen, nahmen sie diejenigen Fächer, die auf die menschlichen Beziehungen zielten, nachdrücklich in die Pflicht. Im Sinne einer sozial- oder staatsbürgerkundlichen Aufklärungsarbeit ging es darum, in der jungen, unbelasteten Generation Verständnis für die moderne, westliche Gesellschaft zu wecken und demokratische Kompetenzen zu vermitteln. Als forschende Wissenschaften gehörten die *Social Sciences* in der amerikanischen Auffassung zu den grundlegenden Institutionen gesellschaftlicher Organisation und Ordnung. Dementsprechend legte der „kulturelle Marshall-Plan" auf diese Bereiche besonderes Gewicht. Gerade die Austauschprogramme, die seit 1950 jungen Deutschen in großem Maßstab den Anschauungsunterricht in westlichen Werten ermöglichen sollten (oder amerikanische Experten nach Deutschland brachten), gewannen für den Wissenschaftstransfer große Bedeutung.[1] Daher mögen Umfang, Eindringlichkeit und vor allem die konstitutive Programmatik dieser „säkularen Mission"[2] denn auch dazu verführen, Absicht und Wirkung ineinander aufgehen zu lassen. Dennoch kann man den Import der amerikanischen Sozialwissenschaften beispielhaft für die Bemühungen der amerikanischen Besatzungsmacht betrachten, etablierte Denk- und Deutungsweisen im Verbund mit wissenschaftlichen Traditionen und Praktiken der Deutschen umzugestalten – beziehungsweise sie durch eigene Modelle zu ersetzen.

Es lassen sich viele lohnende Ansätze in Erwägung ziehen, will man dieses Modell Sozialwissenschaften differenziert und angemessen erläutern. Im vorliegenden Rahmen und zu dem vorliegenden Zweck müssen jedoch einige punktuelle Anmerkungen ausreichen, um Entwicklung und Selbstverständnis der US-amerikanischen Wissenschaft zu konturieren.

3.1 PARTIZIPATION UND REFORM: ASPEKTE DER SOZIALFORSCHUNG IN DEN USA

Zentraler Angelpunkt des Export-Produkts *Social Sciences* war das Praxisverständnis, das sich sowohl auf den Erkenntnisgewinn als auch auf dessen Anwendung bezog. Die empirische Forschung, der *social research* beziehungsweise vor allem der *survey research,* hatte in den USA während der vorangegangenen zwei Jahrzehnte einen enormen Aufschwung erlebt und sich zu einem fest etablierten Instrument der gesellschaftlichen Selbstvergewisserung und -kontrolle entwickelt. Damit einher gingen zahlreiche methodische Entwicklungen, denen die oben beschriebenen Ansätze in Deutschland ebenso nachstanden, wie dem Grad ihrer Institutionalisierung. Denn „jener Drang, die Sozialforschung für Zwecke des öffentlichen Dienstes zu verwenden", mit dem Nels Anderson 1950 die amerikanische

---

1 Vgl. zum Gesamtkomplex: Füssl: Deutsch-amerikanischer Kulturaustausch, S. 169-236; ders.: Eliteförderung und Erziehungsreform; Rupieper: Wurzeln, bes. S. 137-172, 390ff.; ders.: Peacemaking; Boehling: Amerikanische Kulturpolitik; Ash: Wissenschaft und Wissenschaftsaustausch; für einen Überblick über die Programmschwerpunkte immer noch Kellermann: Cultural Relations.

2 Bernhard Plé, der mit seiner 1990 erschienenen Studie den Ausdruck im Hinblick auf den transatlantischen Wissenschaftstransfer aufgriff, meinte damit eigentlich in einem weiteren Sinne das global-politische Sendungsbewusstsein der USA, die einer kriegsgeschüttelten Welt mit der Soziologie eine auf rationaler Grundlage basierende Ordnung und Fortschritt hatten geben wollen. Seine Untersuchung konzentrierte sich allerdings auf die programmatische Ebene und blieb den Nachweis ihrer Adaption schuldig. Plé: Wissenschaft und säkulare Mission.

Wissenschaftstradition für das deutsche Publikum charakterisierte,[3] hatte bis zum Ende des Zweiten Weltkrieges seinen Höhepunkt erreicht. Es verwundert also nicht, dass auch die politischen beziehungsweise ideellen Ressourcen, aus denen die forschende Wissenschaft in den USA schöpfte, denen einer angewandten Forschung unter dem Nationalsozialismus diametral entgegen stehen mussten. Die amerikanische Sozialforschung galt ihren Exporteuren als eine genuin demokratische Praxis.

In mancherlei Hinsicht ließ sich das demokratische Selbstverständnis vorzugsweise aus der historischen Entwicklung des Instrumentariums ableiten, wie im Falle des *social survey*, der als Übersichtsstudie zum laufend weiterentwickelten Standardwerkzeug wurde und die Sozialforschung in den USA prägte.[4] Er verknüpfte bald Tatsachenforschung, Reformprogramm-Entwicklung und Public Relations miteinander. Ein früher und bekannter Repräsentant beispielsweise, der sogenannte *Springfield Survey* von 1914, kam durch die Initiative und mit Unterstützung einer Gruppe angesehener Bürger dieser Stadt zustande. Er zielte vordergründig auf die Identifikation und statistische Beschreibung von typischen Gegebenheiten und Problemfeldern der kommunalen Infrastruktur; praktische Vorschläge für Verbesserungsmöglichkeiten schlossen sich an. Dennoch wandte sich das Unternehmen weniger an die zuständigen politischen oder administrativen Einrichtungen, sondern vor allem an die Bürger der Stadt. Deren Beteiligung wurde durch eine groß angelegte Ausstellung und zahlreiche flankierende Veranstaltungen eingeholt, an denen fast 900 Freiwillige mitwirkten. Die Ausstellung war das eigentliche Ergebnis des Survey und wollte den circa 15.000 Besuchern einen neuen Blick auf die eigene Gemeinde und deren ineinander verwobene Faktoren und Probleme des täglichen Lebens vermitteln – und das nicht ohne pädagogischen Impetus. Die Akteure dieser frühen Form von Sozialforschung machten diese zu einer Angelegenheit der gesellschaftlichen Partizipation. Nicht das Ergebnis war essentiell, sondern die Beteiligung der Bürger an der Sammlung der Fakten, an ihrer Publikation und Inszenierung. In diesem Sinne waren die frühen Surveys ein Verfahren, das Reformer, Wissenschaftler und Bürger zum Zwecke der kommunalen Bestandsaufnahme und Optimierung an einen Tisch brachte. Die Technik verbreitete sich so rasant über das gesamte Land, dass die Geschichtsschreibung von einer ‚Survey-Bewegung' spricht, durch die bis zur Großen Depression Ende der zwanziger Jahre enorme Mengen quantitativer Daten gesammelt wurden. Die breite Bürgerbeteiligung stand dabei längst nicht mehr überall im Vordergrund. Zahlreiche Surveys wurden als faktenorientierte Untersuchungen von kleinen Expertengruppen ausgeführt, die statisti-

---

3 Anderson: Entwicklung, S. 65.
4 Zum Folgenden Converse: Survey Research, S. 22-25; Kern: Empirische Sozialforschung, S. 180-183; zur Bedeutung der Settlement-Bewegung und der Entwicklung der Sozialforschung aus der Sozialarbeit z. B. Lengermann/Niebrugge-Brantley: Back to the Future, bes. S. 10-17; auch Lengermann/Niebrugge: Thrice Told, S. 72ff.

sche Daten für die staatliche oder lokale Verwaltung bereitstellten. Doch auch während sich die Sozialforschung von den speziellen Erkenntnisinteressen des *Survey Movement* – der Definition sozialer Probleme – löste, blieben der Anwendungs- und Partizipationsgedanke erhalten. Er spielte auch 1948, während der Planung des *Community Survey*, der später unter dem Namen „Darmstadt-Studie" als erstes großes Ausbildungsprojekt für den wissenschaftlichen Nachwuchs in Deutschland Bekanntheit erlangte,[5] eine Rolle. Außer der Vermittlung von Forschungstechniken und Methoden sollte das Projekt, so sah es die Antragsskizze für das *Cultural Exchange Program* der Militärregierung vor, die örtlichen Gewerkschaften, Unternehmer, Beamten der Stadtverwaltung und die übrigen lokalen Interessenträger zusammenbringen, um die Probleme ihrer Gemeinde zu erörtern und entsprechende Lösungswege zu entwickeln.[6]

In großem Maßstab kam das Wissenschaftsverständnis, das den Surveys zugrunde lag und soziale Faktensammlung mit der pädagogisch-karitativen Initiative verknüpfte, durch die Arbeit der großen privaten Stiftungen zum Tragen. Das enorme Kapitalvolumen, das die *Russell Sage Foundation*, die *Rockefeller Foundation* oder *Carnegie Endowment* für ihre entsprechenden Ressorts zur Verfügung stellten, machte sie zum wichtigsten Förderfaktor für sozialwissenschaftliche Forschung vor dem Zweiten Weltkrieg. Den Spitzenplatz unter ihnen nahm die Stiftung des Ölmilliardärs John D. Rockefeller ein, deren umfangreiches, klar definierten Zielvorgaben und einem durchdachten Geschäftsmodell folgendes Förderprogramm sie ab 1918 zum *chief patron* der amerikanischen (und internationalen) Sozialwissenschaften aufsteigen ließ. Ihr philanthropisches Engagement gründete auf dem Prinzip der privaten Verantwortung und der Ablehnung staatlicher Regulierung. Und auch bei der Verteilung ihrer Mittel setzte die Stiftung dementsprechend auf individuelle Initiative und Investition in Zukunftschancen. „Help those, who will help themselves", in den Worten Andrew Carnegies.[7] Zum anderen verknüpfte sie dieses Prinzip mit

---

5 Zur Darmstadt-Studie vgl. unten, S. 153.
6 Gerhardt/Arnold: Zweimal Surveyforschung, S. 201.
7 Carnegie: Wealth, S. 663. Der Essay, den der Stahlindustrielle und Multimilliardär Andrew Carnegie 1889 veröffentlichte, wurde zum Manifest der sozialen Verantwortung der Gewinner der amerikanischen Industrialisierung und zum Gründungsdokument der bürgerlichen Philanthropie. Carnegie verteidigte darin den Kapitalismus und das Recht auf Eigentum ebenso wie die Teilung der Gesellschaft in Arm und Reich als zivilisatorischen Fortschritt, der als Wohltat für alle anzusehen war. Wer großen materiellen Besitz sein Eigen nannte, besaß nach seiner Ansicht aber auch große Verpflichtungen gegenüber der Gesellschaft. Er legte es in die Verantwortung der neuen Millionäre, ihren Reichtum gezielt zu reinvestieren, um das allgemeine gesellschaftliche Wohl zu fördern. Auf diese Weise werde, davon war Carnegie überzeugt, der Reichtum Einzelner zum Wohlstand aller.

einem außerordentlichen Glauben an das Potential der Wissenschaften. Sozialforschung und Hochschulausbildung wurden, im Sinne einer säkularisierten, verwissenschaftlichten Caritas, als eine Form von Investment verstanden, das helfen würde, die drängendsten gesellschaftlichen Probleme zu lösen und soziale Stabilität zu sichern. Die Sozialwissenschaften, die aus dieser organisierten gesellschaftlichen Selbsthilfe hervorgingen, definierten sich schwerpunktmäßig über die Produktion von angewandtem Wissen, das auf *scientific techniques* basieren sollte und viel stärker mit den Natur- als mit den Geisteswissenschaften verglichen wurde.[8]

In den 1930er Jahren hatten unterschiedliche Faktoren zu einer enormen Ausweitung sozialwissenschaftlicher Wissensproduktion und zur speziellen Ausformung der *Social Sciences* geführt, deren Einführung im besiegten Deutschland die Bildung einer pluralistischen, demokratischen Gesellschaft fördern sollte. Dabei griffen methodische Entwicklungen, neu erschlossene Anwendungskontexte und vor allem die Steigerung staatlicher Nachfrage ineinander und ließen die wissenschaftlichen Techniken und Expertisen zu einem umfassend institutionalisierten Bestandteil in der administrativen wie in der gesellschaftlichen Praxis werden.

Die Erforschung kollektiver Meinungsbilder war sicher diejenige Besonderheit der amerikanischen Sozialforschung, mit der die Deutschen als Erstes und am eindrücklichsten in Kontakt kamen. Durch entsprechende Surveys informierte sich die Besatzungsmacht beispielsweise über die politischen Tendenzen in der deutschen Bevölkerung und die Erfolge ihrer Entnazifizierungspolitik; Markt- und Meinungsforschungsinstitute machten die *public opinion polls* darüber hinaus rasch populär in Deutschland.[9] In den USA hatten komplexere Phänomene wie die Meinungen

---

8   Dazu die Beiträge in Richardson/Fisher (Hg.): Development. Die Arbeit der großen Stiftungen wurde in der Vergangenheit zumeist einer kritischen Sicht unterzogen. Das Interesse der privatkapitalistischen Institutionen an der bestehenden sozialen Organisation und am Schutz der Gewinne sowie die Monopolisierung und Engführung der Sozialwissenschaften standen dabei im Vordergrund. Vgl. zum letzteren Punkt z. B. Turner: Does Funding Produce its Effects?; mit einem etwas engeren Begriff von Beeinflussung und einem negativen Ergebnis auch Platt: History, S. 142-275.

9   Vgl. zur Arbeit der *Survey Section* von OMGUS: Merritt/Merritt: Public Opinion in Occupied Germany; dies.: Public Opinion in Semisovereign Germany; Gerhardt/Arnold: Zweimal Surveyforschung, S. 173-198 (mit einer Darstellung der verwickelten Entstehungsgeschichte der Abteilung). Genau genommen dominierte die Markt- und Meinungsforschung bis zum Beginn der fünfziger Jahre die Vorstellung von empirischer Sozialforschung. Die Weinheimer Tagung des Jahres 1951 zur „Empirischen Sozialforschung" beispielsweise sporientierte sich primär an deren Bedürfnissen. Die thematische Erweiterung, die während des Planungsprozesses vorgenommen worden war, hatte nur begrenzten Einfluss auf Beiträge und Diskussionen. Vgl. den Tagungsband: Institut zur Förderung öffentlicher Angelegenheiten (Hg.): Empirische Sozialforschung.

und Einstellungen unterschiedlicher Bevölkerungsgruppen schon früh die Aufmerksamkeit von Sozialforschern auf sich gezogen und methodische Entwicklungen angeregt. Dennoch erlebte der *public opinion research* seinen Durchbruch erst im Jahr 1936, als die drei *pollster* George Gallup, Archibald Crossley und Elmo Roper die Wiederwahl Theodor Roosevelts zum amerikanischen Präsidenten voraussagten. Bis zu diesem Zeitpunkt war die Zeitschrift *Literary Digest* das angesehenste Orakel der öffentlichen Meinung gewesen – und das Interesse der Amerikaner an den Umfragen ein kräftiger Faktor für die Auflagenhöhe der Zeitschrift. In diesem Jahr hatte der *Digest* jedoch den republikanischen Herausforderer Alf Landon ins Weiße Haus einziehen sehen und den öffentlichen Wettbewerb der Meinungsforscher haushoch verloren.[10] Im sogenannten *Literary Digest Desaster* trafen sich methodische Neuerung, kommerzielles Interesse und öffentliche Aufmerksamkeit. Für die Geschichte der Stichprobenerhebung gewann die, nicht zuletzt durch George Gallups systematische Arbeit am Mythos, hochpopularisierte Episode den Status einer Gründungsurkunde. Denn während der *Digest* vor allem auf die Masse der versandten Stimmzettel gesetzt hatte, hatte Gallup mit kleineren Stichproben experimentiert und verschiedene Wege erprobt, um deren Zusammensetzung zu kontrollieren und einen repräsentativen Ausschnitt der Bevölkerung zu erhalten. Die Stichprobentechnik gehörte zu diesem Zeitpunkt zu den noch jungen Entwicklungen der mathematischen Statistik. Auf dem Gebiet der Marktforschung, wo Gallup seit 1932 gearbeitet hatte, war sie jedoch aus ganz materiellen Anliegen heraus aufmerksam verfolgt worden. Marktforscher behandelten Fragen der öffentlichen Meinung in Form von Präferenzen für bestimmte Produkte und boten ihre Empfehlungen wiederum selbst als kommerzielles Produkt an. Dessen Wert hing folglich zum einen von der Zuverlässigkeit dieser Empfehlungen ab und zum anderen von dem Kostenaufwand, durch den sie erzielt wurden. Die Vorgehensweise, die George Gallup schließlich entwickelt und zum Zwecke der Wählerbefragung eingesetzt hatte, war nicht nur sehr viel weniger aufwendig als die Massenerhebung der Zeitschrift. Sie führte obendrein – aufgrund wissenschaftlicher Methoden, wie er nicht müde wurde zu betonen – zu verlässlicheren Ergebnissen. (Wenn auch die Herstellung der Repräsentativität weiterhin ein Problem bleiben sollte.)

Nach dem Wettbewerb mit dem *Literary Digest* setzte sich die neue, stetig verfeinerte Sampling-Technik zusammen mit einer Reihe weiterer Maßnahmen wie der

---

10 Haushoch war der Sieg Gallups und der anderen *pollsters* nicht nur wegen des eigentlichen Wahlausgangs, sondern auch weil Gallup den *Digest* zuvor öffentlich herausgefordert und sogar dessen eigenes, fehlerhaftes Ergebnis angekündigt hatte. Zu diesem Abschnitt und der Entwicklung der Meinungsforschung aus dem kommerziellen Kontext der Marktforschung: Converse: Survey Research, S. 87-127. Kern: Empirische Sozialforschung sieht die Wurzeln dagegen im Journalismus.

persönlichen Befragung und dem Panel-Verfahren weithin durch.[11] In den USA lösten die Erfolge dieser Art Forschung einen Prozess der Vermarktung aus, und eine regelrechte *polling industry* entstand, die sich bald schon nicht mehr nur mit Wählerumfragen beschäftigte, sondern kommerziell oder administrativ nutzbare Erhebungen vielfältiger Art durchführte. Aber auch für die akademische sozialwissenschaftliche Meinungsforschung lieferten die *public opinion polls* wichtige Anregungen bei der Entwicklung von flexibel in Arbeitsroutinen einsetzbaren Instrumenten – und dies sowohl hinsichtlich der Datengewinnung per Stichprobe als auch der Forschungsorganisation.

Unter den Akademikern blieb der wissenschaftliche Anspruch dieser Form der Meinungsumfrageforschung zwar umstritten, aber als Instanz des Wählerwillens fand sie durchaus breitere Zustimmung. Der berühmte *pollster* George Gallup selbst vertrat eine höchst optimistische Form von Basisdemokratie, wenn es darum ging, das *public opinion polling* demokratisch zu verankern. Es war Demokratie *in action* – zumindest wenn man sich wie Gallup an einer Gesellschaftstheorie orientierte, die von der politischen Souveränität des Volkes ausging und hinsichtlich der Lösung öffentlicher Probleme auf die Existenz einer kollektiven Intelligenz setzte. Die ‚neue Wissenschaft' mit ihren stetig verfeinerten Methoden sollte das Instrument sein, um diesen gesunden Kollektivverstand zu erfassen und direkt an die politischen Führer weiterzugeben.[12] Die öffentliche Meinung, die Gallup popularisierte, war mit den gesellschaftlichen oder politischen Mechanismen der Macht genauso wenig belastet wie mit der Möglichkeit ihrer Manipulation. Sie war ihr Korrektiv, und als zum Ausdruck gebrachte Weisheit des Volkes – hier zitierte der Meinungsforscher Theodor Roosevelt – brachte er sie in einem emphatischen Bekenntnis zur amerikanischen Demokratie sogar gegen den erstarkenden Totalitarismus in Europa in Stellung.[13]

Für den Aufschwung der Sozialwissenschaften setzten jedoch die Politik des *New Deal* und der spätere Kriegseintritt der USA die wichtigsten Impulse. Die Nachfrage nach sozialwissenschaftlicher Expertise war enorm gestiegen und die Verknüpfung der *Social Sciences* und ihrer gesellschaftlichen Anwendung erreichte

---

11 Desrosières: Politik der großen Zahlen, S. 229. Das *Literary Digest Desaster* trug dazu bei, in der amerikanischen Öffentlichkeit das Verständnis für das Prinzip kleiner Stichproben zu verbreiten. Eine ähnliche Funktion für die Fachleute in Politik und Verwaltung hatte beispielsweise eine Befragung durch das *Census Bureau*, die 1937 eine bessere Beschreibung und Messung der Arbeitslosigkeit ermöglichen sollte. Parallel zu einer postalischen Vollerhebung wurde eine Stichprobe erhoben, die sich nur auf 2 Prozent der Haushalte konzentrierte, diese jedoch mit einer direkten Befragung durch Interviewer kombinierte, was den Vergleich der beiden Zählweisen ermöglichte. Ebd., S. 227-229.

12 Converse: Survey Research, S. 122.

13 Vgl. Gallup: Government and Sampling Referendum, S. 141f.

eine neue Qualität. In den 1930er Jahren hatte die Regierung Roosevelt als Antwort auf die *Great Depression* umfassende Sozial- und Wirtschaftsreformen durchgeführt und den Informationsbedarf der Regierungsstellen dadurch stark erhöht. Die Einrichtung föderaler Regulierungssysteme überantwortete der Regierung eine völlig neue Funktion, die das bisherige Gleichgewicht der Gewalten zwischen der Föderation, den Einzelstaaten, den Gemeinden und den Unternehmen verschob. Um diese ausüben zu können, stützte die Regierung sich zunehmend auf Experten aus den Bereichen der Wirtschafts- und Sozialwissenschaften, der Demographie und des Rechts.[14] Eine sprunghaft expandierende Sozialforschung flankierte die Reformen, deren Maßnahmen durch Sozialstudien vorbereitet, deren Wirksamkeit anhand weiterer Studien überprüft wurden.[15] Und der unvergleichliche Ausbau von Behörden und Beraterstäben nahm 1941 noch einmal an Schwung zu, als die sozialwissenschaftliche Expertise in einem bisher ungekannten Maße für die Kriegsführung mobilisiert wurde. Eine beachtliche Anzahl von Sozialwissenschaftlern fand in dieser Zeit den Weg in den Staatsdienst. Besonders gefragt waren (wieder) die Psychologen, doch am *war effort* nahm die ganze Bandbreite der empirischen Sozialwissenschaften teil. Soziologen arbeiteten zusammen mit Anthropologen, Politologen oder Ökonomen in Bundesbehörden wie dem *Office of Strategic Service*, dem *Office of War Information* und vor allem der Forschungsabteilung des *War Department*.[16] Sie verschafften den Regierungsstellen die dringend benötigten Informationen über die Lage an der ‚Heimatfront'. Wirkten die Zuteilungs- und Rationierungsmechanismen? Wie entwickelte sich der Verkauf von Kriegsanleihen? Oder, besonders wichtig: Wie war es um die nationale Zuversicht bestellt? – und ebenso für die militärische Kriegsführung: Wie verhielt es sich mit der Moral der eigenen Soldaten? Wie effektiv war die eigene Kriegsstrategie? Die Forschungsstäbe folgten den Truppen zum Teil auf dem Fuße. Drei Wochen nach der D-Day-Invasion interviewten Mitarbeiter bereits Zivilisten im befreiten Frankreich. In Deutschland begann kurz nach der Kapitulation eine Gruppe besonders qualifizierter Wissenschaftler mit der Feldforschung. Die *Morale Division* des *United States Strategic*

---

14 Vgl. Desrosières: Politik der großen Zahlen, S. 233. Für eine genauere Analyse der Soziologie in der Zeit der *Great Depression* und des *New Deal* siehe Camic: On Edge.

15 Sozialforschung gehörte aber auch ganz unmittelbar in die Programme, durch die der massenhaften Arbeitslosigkeit entgegengewirkt werden sollte. Die Beteiligung an Forschungsprojekten war eine der sinnvollen Betätigungen, mit denen die *Work Projects Administration* (WPA) Arbeitslose betraute. Das hatte nicht nur einen Anstieg der Forschungsaktivitäten zur Folge, sondern auch Einfluss auf den Charakter der Forschung. Durch die leichte Verfügbarkeit von Forschern und Hilfskräften wurden beispielsweise sehr viel breiter angelegte Erhebungen möglich, als dies zuvor – außerhalb der Regierungseinrichtungen – der Fall war. Platt: History, S. 153.

16 Abbott/Sparrow: Hot War, Cold War, S. 286-297; Converse: Survey Research, S. 162-236.

Bombing Survey (USSBS) ging der Frage nach, welche Wirkungen das alliierte Bombardement auf die Moral der deutschen Bevölkerung ausgeübt hatte.[17] Auch das *Office of Military Government, United States* (OMGUS), die Militärregierung für das besetzte Deutschland, richtete bald eine Abteilung für Meinungsforschung ein, um die herrschenden Stimmungslagen zu überwachen.[18]

Die Kriegserfahrung der *Social Sciences* hatte jedoch auch Auswirkungen auf das Konzept sozialwissenschaftlicher Forschung, das in der Nachkriegszeit dominieren sollte.[19] Sie führte auf breiter Linie zur Durchsetzung eines Verständnisses von Wissenschaft, das seit den zwanziger Jahren bereits vertreten und auch zum Teil massiv gefördert worden war, das durch vielfältig gelagerte Einflüsse der Kriegszeit jedoch eine ganz neue Legitimation erhielt. Es beruhte auf der Idee, Sozialwissenschaften wie Naturwissenschaften betreiben zu können. Motive wie Empirie, Objektivität, Messbarkeit und Quantifizierung rückten in den Vordergrund, und Survey-Analysen, denen die Legitimation der exakten Wissenschaften zugeschrieben wurde, bestimmten bald die Arbeit. Eng mit der großflächigen Durchsetzung dieser Idee zusammen hing auch die Praxis der Wissenschaft. Kriegsforschung war ein interdisziplinäres Unternehmen gewesen, das Soziologen mit Vertretern anderer sozialwissenschaftlicher Disziplinen wie Anthropologie und Psychologie in Projekten mit nationalem Bezugsrahmen zusammenbrachte. Das erhöhte den Austausch über die Disziplinengrenzen hinweg und verfestigte die Vorstellung, dass die sozialwissenschaftliche Arbeit in der Hauptsache eine zentral gesteuerte, multidisziplinäre sowie teambasierte Forschung sein sollte, die weitgehend arbeitsteilig ablief.

Die Einführung der Sozialwissenschaften amerikanischen Stils durfte also eigentlich nicht nur bedeuten, neue, effizientere Methoden wie Befragungen, Stichprobentechnik und repräsentative Samples zu übernehmen. Diese Methoden waren vielmehr Elemente einer umfassenden Wissenschaftskultur. Ihre gesellschaftliche Position als wirklichkeitsorientierte Praxis der Selbstbeobachtung bezogen die Sozialwissenschaften aus einem historisch entwickelten Selbstverständnis und vielfältigen Verknüpfungen zwischen öffentlichen und politischen, wirtschaftlichen und wissenschaftlichen Interessensphären. Gesellschaftliche Selbsthilfe und Reformgedanke waren darin ebenso aufgehoben wie ökonomische Aspekte, der Bezug auf Konzepte westlicher Demokratie oder die großflächige Verankerung in administra-

---

17 Zum USSBS: Converse: Survey Research, S. 174-180, 212.
18 Vgl. Gerhardt: Denken der Demokratie, S. 173ff.
19 Dazu Abbott/Sparrow: Hot War, Cold War, S. 293ff., die diese Entwicklung auch über die Mechanismen des wissenschaftlichen Arbeitsmarktes während der Kriegszeit erklären: Er förderte die Dominanz eines Netzwerks von Wissenschaftlern, die eng mit den großen Ostküsten-Stiftungen verbunden waren und bereits vor dem Krieg für ein positivistisches Verständnis der *Social Sciences* standen.

tiven Routinen. Aber auch das ganz spezielle Selbstbewusstsein einer Wissenschaft, die soeben dazu beigetragen hatte, den Krieg gegen ein verbrecherisches Regime zu gewinnen. Wie weit dieses Ensemble nun transferierbar war, kann hier dahingestellt bleiben.

3.2 DIE ROCKEFELLER FOUNDATION ERKUNDET DEUTSCHLAND

Um einen Eindruck davon zu erhalten, wie sich der Kontakt der beiden Wissenschaftskulturen aus Sicht der Amerikaner gestaltete, ist die Einschätzung des *chief patron* der amerikanischen Sozialforschung aufschlussreich. Zwischen 1945 und 1948 finanzierte die *Rockefeller Foundation* mehrere Reisen eigener Vertrauensleute ins besetzte Deutschland, um genauere Informationen über das dortige wissenschaftliche Potential und eine Grundlage für die Beratungen über mögliche Fördermaßnahmen zu erhalten.[20] Die Gutachter zeichneten ein trostloses Bild: Die desolate materielle und soziale Situation fand ihre Entsprechung im akademischen Leben. Die Universitäten waren intellektuell in einem beklagenswerten Zustand, und besonders offenkundig wurde dies für die Gutachter im Falle der Sozialwissenschaften. „The Social Sciences suffered more under National Socialism in Germany than any other branch of knowledge. The best of the social scientists were discharged, their books destroyed, and their influence dissipated."[21] Der Pädagoge Robert J. Havighurst von der Universität Chicago formulierte damit einen verbreiteten Eindruck, der auch zu einem Axiom in der deutschen Soziologiegeschichtsschreibung wurde. Havighurst hatte zunächst für die UNESCO in Paris gearbeitet und dann 1947 und 1948 zweimal im Auftrag der Rockefeller-Stiftung Deutschland und andere europäische Länder besucht. Seine Reise war zwar nicht die erste Mission,

---

20 Die *Rockefeller Foundation*, bzw. ihr damaliger Ableger *Laura Spelman Rockefeller Memorial* (LSRM), hatte ihr Förderprogramm bereits während der zweiten Hälfte der 1920er Jahre auf Deutschland ausgedehnt, nach 1933 dann weitgehend eingestellt. Nach dem Zweiten Weltkrieg hatten die geknüpften Kontakte schließlich ihre Bedeutung verloren. Es mangelte der Stiftung daher an Informationen über potentielle Anknüpfungspunkte, die die sozialwissenschaftliche Infrastruktur im Land des ehemaligen Kriegsgegners bot: Viele der unterstützten Wissenschaftler waren entlassen worden oder emigriert, die Institutionen aufgelöst, umgestaltet oder durch NS-Kollaborationen belastet. Außerdem war man sich uneins, wie man nach den ungeheuren Verbrechen des Nationalsozialismus überhaupt mit den Deutschen umgehen sollte. Zu den Aktivitäten der Stiftung in der Zwischenkriegszeit in Deutschland Fleck: Transatlantische Bereicherungen, S. 71-85, 90-119, 130-167; nach 1945 und für die folgenden Absätze S. 428-475.
21 Robert J. Havighurst: Report on Germany, 1947, zit. n. Krohn: Marshall-Plan, S. 236.

die ausgesandt worden war, wohl aber lieferte er der New Yorker Zentrale die ausführlichsten Informationen über die deutsche Wissenschaftslandschaft nach dem Krieg. Auf ihrer Grundlage legte die Stiftung schließlich ihr erstes Förderprogramm für Nachkriegsdeutschland fest.

Havighursts Bericht zeigte drei unterschiedlich gelagerte Problemebenen auf, die die Sozialwissenschaften in Deutschland inkompatibel zur Praxis der Rockefeller'schen *scientific philanthropy* aufscheinen ließen. Zum Ersten vermerkte er die erschreckende intellektuelle Verarmung, die der Nationalsozialismus verschuldet hatte, indem die besten Geister verjagt und die Universitäten von der internationalen Diskussion abgeschnitten worden waren. Die Stiftung hatte bereits vor der Machtergreifung durchaus Probleme damit gehabt, eine umfassendere Förderlinie für Deutschland zu entwickeln, was an den differierenden Zugangsformen zur sozialen Welt lag.[22] Die deutschen Sozialwissenschaften mit ihrem sozialphilosophisch-historischen Ansatz – „speculative inertia" in den Augen der amerikanischen *social scientists* – entsprachen nicht dem Konzept moderner Gesellschaftsforschung, auf das die Stiftungspolitik ausgerichtet war. Das Problem hatte sich nach dem Ende des Regimes massiv verschärft. Die Deutschen waren offenbar, so stellte Havighurst fest, weder in Bezug auf die moderne Wirtschaftsforschung auf dem Laufenden noch hinsichtlich der Anwendung essentieller Forschungsinstrumente wie der Statistik. Und von den wenigen ihrer Vertreter, die als unbelastet eingeschätzt werden konnten, waren kaum noch neue Perspektiven zu erwarten. Das Studium von Gegenwartsproblemen durch eine „fact-finding and factual analysis" war in Deutschland nicht möglich.

Es war zum Zweiten allerdings nicht nur der Eindruck einer bestürzenden intellektuellen Rückständigkeit, der dazu führte, dass das deutsche Wissenschaftssystem jeglichen Glanz eingebüßt hatte. Wie die meisten alliierten Beobachter sah Havighurst auch seine soziale Struktur in einem höchst kritischen Licht. Der einstige Respekt vor dem Humboldt'schen Geist und den berühmten Zentren freier Wissenschaft war verschwunden. Stattdessen blickten alle Kundschafter der Stiftung nun mit Missbilligung auf die vordemokratischen Traditionen und Beharrungskräfte einer überalterten Ordinarien-Universität und die „aristocratic attitude" ihrer Professoren, an denen sie darüber hinaus jegliches Bewusstsein der Mitverantwortung für die Verbrechen der NS-Herrschaft vermissten. In beiderlei Hinsicht schienen diese Universitäten nicht in der Lage, ihre Aufgaben zu erfüllen. Als Ausbildungsstätte für die künftige Zivilgesellschaft waren sie offensichtlich ungeeignet. Und ebenso wenig eigneten sie sich für eine moderne Forschungsorganisation, die ebenfalls auf demokratischen Strukturen und Teamarbeit aufbauen musste.

---

22 Vgl. die Zusammenfassung des Berichts von Tracy Kittredge, einem der „Reisekader" der *Rockefeller Foundation*, der 1932 für die Stiftung in Deutschland unterwegs war, in Fleck: Transatlantische Bereicherungen, S. 147-156.

Gerade für die Etablierung einer modernen Sozialforschung hielt drittens die Struktur der Universitäten aber noch ein zusätzliches Hindernis bereit. Außer in München und Frankfurt, wo jeweils eigene Institute existierten, waren die Sozialwissenschaften an allen (west-)deutschen Universitäten auf die juridischen und philosophischen Fakultäten aufgeteilt. An amerikanischen Universitäten denke man bei Sozialwissenschaften dagegen an ein gut organisiertes und integriertes Set von Abteilungen für Ökonomie, Politikwissenschaften, Soziologie, Sozialanthropologie und Psychologie, erläuterte Havighurst den Unterschied. An den deutschen Universitäten jedoch existiere nichts Vergleichbares. Um einiges grundsätzlicher als der Mangel an qualifizierten Wissenschaftlern musste sich also die organisatorische Basis der Forschung auswirken. Sie stand dem amerikanischen Forschungsstil und dem Konzept einer problem- und praxisorientierten Projektforschung nahezu antithetisch gegenüber.[23]

Havighursts Beobachtungen waren nicht überraschend und stimmten mit den Eindrücken der anderen Rockefeller-Experten überein. An die Förderung von Spitzenforschung beziehungsweise deren Personal war in Deutschland in keinem Fall zu denken. Der Gutachter zog daraus den Schluss, dass ein Engagement nur sinnvoll sein konnte, wenn es inhaltlich neu ausgerichtet wurde – „at a simpler level than it has in the past". Um überhaupt wieder im Sinne der wissenschaftlichen Philanthropie tätig zu werden, musste zunächst einmal der Boden dafür bereitet werden. Seine Empfehlungen setzten auf Lehrer statt Forscher, auf die Heranführung an die Demokratie und eine in doppelter Hinsicht aufklärerische und gestaltende Funktion der Sozialwissenschaften. Denn wie in allen modernen Gesellschaften sei es auch in Deutschland deren Aufgabe: „(1) to provide data and analyses of economic, political, and social processes, (2) to produce informed, active, and moral citizens."[24]

---

23 Staley: Rockefeller Foundation, S. 256.
24 Robert J. Havighurst: Report on Germany, 1947, zit. n. Fleck: Transatlantische Bereicherungen, S. 435. Im Hinblick auf ihre letztgenannte Funktion, dem gesellschafts- oder staatsbürgerkundlichen Unterricht, der die Erkenntnisse der Sozialwissenschaften einschließe, sei der Mangel ganz besonders groß, da die deutsche Universitätsausbildung keine solche Allgemeinbildung vermittle. Ihn sah Havighurst aber überhaupt erst als Voraussetzung dafür, die westliche Welt und ihre Gesellschaftsform verstehen zu können. Wie sollten junge Studenten, die angehenden Lehrer der kommenden Generationen, die demokratischen Institutionen in Großbritannien oder Amerika als solche erkennen können, wenn ihnen diese elementaren Einsichten fehlten? Zur Illustration schilderte Havighurst eine entsprechende Episode über eine Begegnung mit einer Lehramtsstudentin, die das jüngst kennengelernte britische Gewerkschaftssystem als undemokratisch empfand – aus Unwissenheit, wie Havighurst meinte. Das vollständige Zitat ist abgedruckt sowohl in Fleck: Transatlantische Bereicherungen, S. 435f., als auch in Staley: Rockefeller Foundation, S. 257.

Die Einschätzungen des Pädagogen lösten in New York zwar einige Kontroversen aus. Als die Stiftung mit ihrem *European Rehabilitation Program* 1948 schließlich aber doch ein breites Förderprogramm für Deutschland anlaufen ließ, folgte sie in vielerlei Hinsicht den Empfehlungen, die Robert Havighurst formuliert hatte.[25] Sie rückte für die Laufzeit des Programms von ihrer Förderphilosophie ab und schwenkte stattdessen weitgehend auf die Linie der *reorientation*-Politik der Regierung ein, um die Voraussetzungen für eine Wissenschaftsförderung überhaupt erst schaffen zu können. Die bezeichnende Ähnlichkeit mit dem *European Recovery Program* und dessen ‚intellektuellem Marshall-Plan' war keineswegs zufällig. Das Ziel des Programms war die Wiederherstellung der Kommunikation mit den westlichen Staaten und die „Erziehung der Erzieher"[26] – man setzte auf die junge Generation. Bis 1951 gab die Stiftung circa 1,2 Millionen Dollar aus, von denen mehr als zwei Drittel in das Rehabilitationsprogramm flossen. Der größte Einzeletat mit einem Volumen von 120.000 Dollar war für den Professorenaustausch zwischen den Universitäten Chicago und Frankfurt vorgesehen, der in den folgenden drei Jahren durch Rockefeller Gelder finanziert wurde.[27] Außerdem wurden Mittel für die Beschaffung wissenschaftlicher Literatur, für Trainings- und Austauschprogramme von Multiplikatoren wie Journalisten, Lehrern beziehungsweise Studenten sowie für Gastprofessuren bereitgestellt. Erst als die US-Regierung ihre eigenen Programme und den Eliten-Transfer massiv ausbaute, kehrte die Stiftung ab 1950 wieder zu einem eigenen Förderprofil zurück.[28]

---

25 Die Diskussionen der Ressortleiter hatten sich im Angesicht der nationalsozialistischen Verbrechen hauptsächlich um die moralische Frage einer Unterstützung gedreht. Auch konnten sie nicht mehr davon ausgehen, dass die Produktion von Wissen *per se* der gesellschaftlichen Wohlfahrt dienen und demokratische Strukturen stärken musste. Außerdem sahen die Funktionäre durchaus die Schieflage zwischen der Praxis der Rockefeller Philanthropie und der täglichen Realität in dem zerstörten Land. „Human welfare" durch wissenschaftliche Spitzenforschung fördern zu wollen, schien vor dem Hintergrund von Hunger, Wohnungsnot und der unzureichenden Ausstattung mit Gegenständen des täglichen Bedarfs wenig angemessen. Zu den Auseinandersetzungen um das erste Förderprogramm siehe Fleck: Transatlantische Bereicherungen, S. 436-441.

26 Krohn: Marshall-Plan, S. 237.

27 Er wurde später mit weiteren 90.000 Dollar von der *Ford Foundation* fortgesetzt. Insgesamt kamen sieben Professoren aus Chicago nach Frankfurt, von denen der Soziologe Everett C. Hughes im Sommersemester 1948 der erste war. Siehe auch unten, S. 126f.

28 In den darauffolgenden fünf Jahren verlagerte die Stiftung ihren Schwerpunkt wieder hin zur Förderung akademischer Bildung und angewandter Forschung, die das Potential besaß, die Demokratisierung der deutschen Gesellschaft zu unterstützen. Dem war ein kritischer Bericht des Leiters des Bereichs Sozialwissenschaften vorausgegangen. Joseph H. Willits hatte 1950 eine weitere Reise nach Deutschland unternommen und rechnete

3.3 WISSENSCHAFTSGESCHICHTE UND EMPIRISCHE SOZIALFORSCHUNG NACH 1945

Um die Bedeutung der oben skizzierten Transferprozesse und insofern um das Geburtsdatum der bundesdeutschen Soziologie wird in der Fachgeschichte seit mehr als zwei Jahrzehnten teils erbittert und mit erheblichem Aufwand gestritten.[29] Bis in die achtziger Jahre hinein ruhte das Selbstverständnis weitgehend unangefochten auf der Vorstellung von der ‚Stunde Null' der Disziplin, die nach dem Zweiten Weltkrieg als empirische Sozialwissenschaft amerikanischen Zuschnitts wiederbegründet wurde, und somit auf einem doppelten erinnerungspolitischen Kunstgriff: der normativen Aufladung einer kritischen Demokratiewissenschaft und der Trennung zwischen Wissenschaft und ihren Ausführenden. Die überdurchschnittlich häufige Entlassung und Vertreibung von Sozialwissenschaftlern, die Schließung oder Gleichschaltung sozialwissenschaftlicher Institutionen im Zuge der Machtergreifung der Nationalsozialisten und ihrer Weltanschauung wurde gleichgesetzt mit dem vollständigen Abriss der Tradition soziologischer Gesellschaftsanalyse in Deutschland.[30] Sie wurde, so lautete die Quintessenz, zwölf Jahre später ersetzt durch die empirisch ausgerichtete und tatsachenbezogene Sozialwissenschaft, die nach 1945 als kultureller Transfer im Gepäck der Besatzungsmacht USA und zurückkehrender Emigranten nach Deutschland gelangte. Ihren Kontrapunkt erhielt diese Deutung in einer zunehmenden Anzahl von Darstellungen, die die Existenz

---

danach vor, wie sehr sich die Stiftung von ihren eigentlichen Interessen fortbewegt hatte. Bisher seien weniger als 7 Prozent aller Ausgaben tatsächlich in Forschungspro-jekte geflossen, der Rest zu jeweils 30 Prozent in den Austausch von Experten, die Jugend- und Studentenarbeit sowie den allgemeinen Kulturaustausch. 1955 stellte die *Rockefeller Foundation* ihre Aktivitäten in Deutschland und Europa bis auf wenige Ausnahmen ein. Vgl. Staley: Rockefeller Foundation, S. 257; auch Stapleton: Joseph Willits, S. 110f.

29 Da die Beiträge mittlerweile eine fast unüberschaubare Fülle erreicht haben, sei nur exemplarisch auf die Arbeiten Carsten Klingemanns verwiesen (z. B. Klingemann: Soziologie im Dritten Reich; ders.: Semantische Umbauten; ders.: Wissenschaftliches Engagement), sowie auf die Kontroversen, die in der Zeitschrift „Soziologie", Heft 3, 1997 – Heft 2, 1998, sowie in den ZUMA-Nachrichten, Heft 46, 2000 (Carsten Klingemann, Erwin Scheuch) ausgetragen wurden.

30 So urteilte z. B. M. Rainer Lepsius, ein Vertreter der „ersten Nachkriegsgeneration" der Soziologen, 1979: „Eine nationalsozialistische Soziologie ist nicht entstanden, und sie konnte schon deswegen nicht entstehen, weil der rassistische Determinismus der nationalsozialistischen Weltanschauung das Gegenprogramm einer soziologischen Analyse darstellte." Lepsius: Entwicklung der Soziologie, S. 28. Siehe zu dieser Darstellung der Entwicklungsgeschichte des Fachs die in Form eines persönlichen Briefs an Lepsius gehaltene, harsche Gegendarstellung von Helmut Schelsky: Entstehungsgeschichte.

einer angepassten soziologischen Wissenschaft im Dritten Reich und die Dauerhaftigkeit ihrer kognitiven Inhalte und personellen Netzwerke über dessen Zusammenbruch hinweg nachzeichneten. Mit der perspektivischen Erweiterung auf Phänomene der Ressourcenverschränkung zwischen Wissenschaft und Politik geriet auch die angewandte, im Dienste der nationalsozialistischen Rassen-, Sozial- und „Volkstums"-Politik stehende Forschung verstärkt in den Blick, was in der Folge die kritische Frage nach dem Innovationsgehalt des empirischen Erkenntnisapparats in der westdeutschen Sozialwissenschaft nach 1945 provozierte.

In diesen Deutungssträngen bleibt die Entscheidung zwischen Kontinuität oder Diskontinuität zumeist eine präjudizierte, je nachdem, ob der personelle und ideelle Übertritt aus der Diktatur in die Demokratie oder die Verbreitung des westlichen Imports in der Nachkriegsgesellschaft fokussiert wird. Das konzentriert ihr wissenschaftsgeschichtliches Interpretationspotential jedoch auf eine Wertung von Einflussgrößen in der disziplinären Entwicklung, deren Parameter unscharf bleiben und schwer verhandelbar scheinen. Wie viel Bedeutung muss man den, dank der kontinuitätsgeleiteten Analysen mittlerweile außer Frage stehenden „Altlasten" des NS-Wissenschaftsbetriebs für den Aufbau der „demokratischen" Disziplin zugestehen? Waren sie, zugespitzt formuliert, nicht vielmehr die „Neandertaler" in der bundesrepublikanischen Wissenschaftslandschaft, die noch anderthalb Jahrzehnte parallel zu dem modernen Neuankömmling aus dem Westen existierten, bis dieser sich in den sechziger Jahren und einer zweiten Generation schließlich durchsetzte? Oder stieß der amerikanische Import auf ein zwar angerissenes, aber noch tragfähiges Netz von Wissenschaftlern, Methoden und wissenschaftlich-politischen Interaktionsformen, durch das die Voraussetzungen für eine selektierende Adaption bereits erarbeitet worden waren und das sich nun mehr oder weniger mühelos an die demokratischen Spielregeln anpassen ließ?

Um dieses Dilemma[31] produktiv zu umgehen, kann ein Perspektivenwechsel sinnvoll sein, der zwar hypothetisch eine mit dem Jahr 1945 assoziierte Zäsur an-

---

31 Ohne die wichtigen Erkenntnisse, die in beiderlei Hinsicht erzielt wurden und auf denen auch diese Überlegungen überhaupt erst aufbauen, schmälern zu wollen, fällt doch die Ähnlichkeit mit dem zeitgenössischen Dilemma auf: Kontinuitäten waren schon allein personell betrachtet innerhalb der Soziologenschaft kaum zu übersehen, denn das Neben- und Miteinander von Remigranten und im Dritten Reich aktiven Wissenschaftlern sorgte für ausreichend Konfliktpotential. Die These von der vollständigen Ausschaltung und dem Neuanfang der Disziplin konnte dennoch eingesetzt werden – mit Hilfe der apriorischen Norm. Für Emigranten wie René König hatten die regimekompatiblen Forschungsaktivitäten keine Gemeinsamkeiten mit dem eigenen Soziologieverständnis. 1987 sprach der Kölner resümierend zwar nicht mehr, wie noch in den fünfziger Jahren, von der „brutalen Auflösung" der Disziplin, konnte jedoch den „blinden Empirizismus" und den „totalen Sinnverlust" noch immer nicht mit einer Wissenschaft identifizieren,

nimmt, ohne damit implizit Phänomene der Kontinuität auszuschließen. Einen solchen Perspektivwechsel ermöglicht das Denkmodell der „Ressourcenensembles", das Mitchell Ash zur Analyse des Verhältnisses von Wissenschaft und Politik im 20. Jahrhundert vorgeschlagen hat.[32] So betrachtet setzte mit dem Zusammenbruch des Dritten Reichs und der Besatzungsherrschaft der Alliierten wissenschaftsgeschichtlich eine enorme Umverteilung ein. In ihrer Folge wurden wissenschaftliche Einrichtungen geschlossen, Kollaborationsverhältnisse aufgelöst, Forschungskontexte diskreditiert und das Personal „entnazifiziert". Aber es wurden auch bisher nicht verfügbare Optionen ins Spiel gebracht – besonders greifbar im amerikanischen Wissenschaftsimportprogramm *Social Sciences* –, die neue Strategien und Allianzen ermöglichten und Dynamik in die Neuaufstellung der Elemente des „Ensembles" brachten.

Für die „personellen Ressourcen" und die *scientific community* zum Beispiel bedeutete das Ende des nationalsozialistischen Regimes auch das vorläufige Ende eines elitären Netzwerks von Geistes- und Sozialwissenschaftlern, die ihre Universitätskarrieren mit einer Expertentätigkeit für politische Großvorhaben verbunden hatten.[33] An seine Stelle trat die äußerst heterogene, sogenannte „Gründungsgeneration"[34] der westdeutschen Soziologie, deren Mitglieder sich hinsichtlich ihrer wis-

---

die für ihn eine „Waffe der Kritik" und einen „Bewußtseinsreinigungsprozeß" bedeutete. (vgl. König: Soziologie in Deutschland, S. 346, 390; ders.: Soziologie als Oppositionswissenschaft) In einer wissenschaftshistorischen Analyse sind diese Argumente indes nur schwer von den Auseinandersetzungen zu trennen, die in den fünfziger Jahren um den Kurs des Faches, um Einfluss und materielle Ressourcen geführt wurden.

32 Siehe Ash: Wissenschaft und Politik.
33 Vgl. Kap. 2.3 der vorliegenden Arbeit.
34 Die Einteilung in zwei verschiedene, sich im Laufe der fünfziger bzw. am Anfang der sechziger Jahre ablösende Generationen von Soziologen ist ein allgemein akzeptierter und analytisch attraktiver Ansatz der Soziologiegeschichte. Sie geht auf die Selbstbeschreibung der sogenannten „ersten Nachkriegsgeneration" zurück, also derjenigen Soziologen, die ihre Ausbildung erst nach dem Krieg begonnen oder abgeschlossen hatten und während der sechziger Jahre auf die neu geschaffenen Lehrstühle für Soziologie gelangten. Insofern schwingt darin aber auch stets das Bedürfnis dieser Generation nach Selbstvergewisserung und Abgrenzung gegenüber älteren Traditionen oder Irrwegen mit. Mit der Vorstellung einer jungen Generation, die von den Feindschaften der älteren, der „Gründungsgeneration", nicht belastet und offen für die Wissenschaft und Kultur des Westens war, ließ sich letztlich auch die These von der Neubegründung der Soziologie nach dem Zweiten Weltkrieg lange verteidigen. (Rainer Lepsius hat indessen vor einiger Zeit die schlichte Schwarz-Weiß-Schematik einer älteren, undemokratischen und jüngeren, demokratieoffenen Generation zurückgewiesen. Lepsius: Kritische Anmerkungen) Vgl. dazu die mittlerweile recht umfangreiche Erinnerungsliteratur dieser zweiten Gene-

senschaftlichen Herkunft, ihrer Forschungsinteressen und ihres Wissenschaftsverständnisses erheblich voneinander unterschieden. Persönliche Zu- oder Abneigungen, aber vor allem die Erlebnisse und das Verhalten während der NS-Zeit bestimmten, welche Kontakte und Kooperationen geknüpft und welche Konflikte oder Feindschaften ausgetragen wurden. Biographisch existierte in dieser Hinsicht eine große Variationsbreite. Zu den in Deutschland Gebliebenen zählten beispielsweise mit Otto Stammer, Leopold von Wiese, Arnold Gehlen oder Karl Valentin Müller Soziologen, die sich in der Art, wie sie nach 1933 mit den neuen Machtverhältnissen in Konflikt geraten waren, sich arrangiert, identifiziert oder von ihnen profitiert hatten, eklatant unterschieden. Die Emigrationsschicksale der sukzessive aus dem Ausland Zurückkehrenden standen dem in keiner Weise nach, je nachdem, unter welchen Umständen sie Deutschland verlassen, in welchem Land sie die Jahre des Exils verbracht hatten, und wie gut es ihnen gelungen war, in dem dortigen Wissenschaftssystem Fuß zu fassen.[35] Trotz der differierenden Wissenschaftlerbiographien und Karrierestrategien trafen sie sich aber in dem gemeinsamen Bestreben um die Etablierung des Faches (und wurden bereits seit der Mitte der 1950er Jahre durch die Vertreter der zweiten, der sogenannten Nachkriegsgeneration ergänzt).

Weil die westdeutschen Universitäten und ihre ‚Mandarine' die von den Alliierten angestrebte Hochschulreform erfolgreich abwehrten, blieben die akademischen Strukturen jenseits der mehr oder weniger tiefgreifenden Entnazifizierung des Lehrkörpers nach 1945 zunächst in großen Teilen unangetastet.[36] Trotzdem veränderten sich die Organisationsformen der Sozialwissenschaften recht schnell, da For-

---

ration: Fleck (Hg.): Wege zur Soziologie; Bolte/Neidhardt (Hg.): Soziologie als Beruf; zu ihrer erfahrungsweltlichen Charakterisierung auch Nolte: Soziologie als kulturelle Selbstvergewisserung, bes. S. 20ff.

35 Für die Soziologie in der frühen Bundesrepublik ist die Bedeutung der Remigranten kaum umstritten, traten einige doch „schulbildend" auf, wie die aus den USA zurückkehrenden Mitglieder des Frankfurter Instituts für Sozialforschung, respektive Max Horkheimer und Theodor W. Adorno, René König, der 1950 aus dem Schweizer Exil nach Köln auf den Lehrstuhl Leopold von Wieses wechselte, oder auch Helmuth Plessner, der nach einem Umweg über die Türkei in den Niederlanden Asyl gefunden hatte und 1951 den neu gegründeten Lehrstuhl für Soziologie in Göttingen übernahm. Im Hinblick auf die Sozialwissenschaften insgesamt warnte Christian Fleck davor, die Bedeutung der Remigranten über der einmütigen Klage über den Brain Drain und das geringe Ausmaß der Remigration aus dem Blick zu verlieren. Er geht von einer strategisch einigermaßen flächendeckenden Präsenz von Remigranten aus, da praktisch an jede deutsche Universität zumindest einige emigrierte Sozialwissenschaftler zurückkehrten. Fleck: Transatlantische Bereicherungen, S. 462f.

36 Vgl. zur Hochschulpolitik der Alliierten Heinemann (Hg.): Hochschuloffiziere und Wiederaufbau; Fassnacht: Universitäten am Wendepunkt.

schungsgebiete, hier einem längerfristigen Prozess folgend, aus den Universitäten in hochschulnahe oder freie Forschungseinrichtungen ausgelagert wurden. Den neu- oder wiederbegründeten Instituten für Sozial- oder Wirtschaftsforschung traten schon früh die Einrichtungen für Markt- und Meinungsforschung zur Seite, die privatwirtschaftlich verfasst waren und eine routinisierte Auftragsforschung betrieben.[37] Sie boten Erkenntnisse über soziale Sachverhalte als Dienstleistungen an, deren Auftraggeber sie in strategische oder ökonomische Vorteile umsetzen konnten. Die Verfügbarkeit wissenschaftlichen Wissens für zahlungskräftige Interessenten aus verschiedenen gesellschaftlichen Sphären nahm zu und parallel dazu stieg seine Popularität rasch an, da die Institute die öffentliche Meinung nicht nur erforschten, sondern zugleich selbst als Ressource nutzten.[38] Durch die steigende Nachfrage und die rasche Expansion der Demoskopie brach das Wissensmonopol von akademischer Wissenschaft und amtlicher Statistik bald zusammen.

Akademische Soziologen, Wissenschaftler außeruniversitärer Institute sowie Markt- und Meinungsforscher griffen auf die gemeinsame Ressource „empirische Sozialforschung" zurück. Wie sie jedoch genutzt wurde, differierte signifikant, und um den legitimen Gebrauch dieses Instrumentariums wurden zum Teil heftige Schlagabtausche geführt. René König beispielsweise leitete die ersten Lehrbücher zur „praktischen Sozialforschung", die in Deutschland herausgegeben wurden, mit leidenschaftlichen Attacken gegen die Demoskopie und deren vermeintlich defektive Indienstnahme der amerikanischen Methoden ein.[39] Ein Streit, der die Sozialforschung in der Nachkriegszeit begleitete: Beide Seiten boten in gewisser Weise eine ähnliche Leistung an, nämlich anwendungsbezogenes Wissen über die Verfasstheit der westdeutschen Gesellschaft, dessen Validität durch die instrumentelle Objektivität der empirischen Methoden und Techniken verbürgt wurde. Aber die akademische Disziplin strebte nach wissenschaftlicher Autonomie und der Verankerung im universitären Bildungssystem und verstand dieses im Sinne eines gesellschaftlichen Reform- oder Emanzipationsprozesses. Ihren Intentionen mussten die

---

37 Dazu und zum Folgenden Weischer: Unternehmen, S. 130-146; auch Kruke: Demoskopie, S. 43ff.

38 Erich Peter Neumann und Elisabeth Noelle-Neumann, die 1947 gemeinsam das Allensbacher Institut für Demoskopie gründeten, waren diesbezüglich besonders aktiv, und von den ca. 700 *polls*, die bis 1949 durchgeführt wurden, dienten nicht wenige der Werbung für das eigene Produkt. Das Interesse an der neuartigen Praxis der Volksbeschau schlug sich in zahlreichen ausführlichen Zeitschriftenbeiträgen nieder (vgl. z. B. Der Spiegel: 44/1949; 16/1950; 43/1952; 1953 schaffte es Elisabeth Noelle-Neumann sogar auf das Titelblatt des Magazins [Heft 44]).

39 König: Praktische Sozialforschung, in: Praktische Sozialforschung 1: Das Interview (1952), S. 21f.; schärfer noch im Ton: ders.: Vorwort zur zweiten Auflage, in: Praktische Sozialforschung 1: Das Interview (2. Aufl., 1957), S. 8.

der kommerziellen Institute, die kurzfristig erzeugte und offenkundig auftragsabhängige Einsichten boten, diametral entgegenstehen. Der Anspruch auf die unerlässliche theoretische und methodenkritische Reflexion, den die akademischen Soziologen für sich erhoben, sagt also auch etwas über die Distinktionsstrategien in einem sich herausbildenden wissenschaftlichen Feld aus.

Darüber hinaus wurde der Nutzen dieser modernen Forschung nicht mehr auf die technokratische Volkstumspolitik eines diktatorischen Staates bezogen, sondern an dessen Stelle sollte nun eine junge, pluralistisch organisierte Demokratie treten. In den USA war der *social research* zwar zu einem integralen Bestandteil der Regierungs- und Verwaltungspraktiken avanciert, in Westdeutschland war dies trotz institutioneller Demokratisierung aber keineswegs sogleich der Fall. Umso offensiver richteten die Sozialforscher teilweise ihre Tätigkeit auf der rhetorischen Ebene an demokratischen Bedürfnissen aus. Dabei kamen zwei Strategien in Frage, in deren Rahmen die eigene Arbeit entweder als Instrument zur Umsetzung politischer Ziele angeboten oder eine substantielle Kohärenz zwischen Demokratie und Sozialforschung veranschlagt wurde. Für Erich Peter Neumann, Mitbegründer des Allensbacher Instituts für Demoskopie, konnte die Meinungsforschung zwar als demokratischer Kontrollmechanismus zwischen Regierung und Wählermajorität dienen, aber ihre Verwendung lag außerhalb der Forschung selbst. Ihre Bedeutung für die Stabilität einer umsichtig agierenden demokratischen Regierung strich er dennoch deutlich heraus: Hätte es das Dritte Reich auch gegeben, wenn die letzte Weimarer Regierung bereits über demoskopisch ermittelte Einsichten verfügt hätte?[40] Die zweite Variante betonte hingegen das genuin „demokratische Potential" von *public opinion research* oder *social research* und deren Erhebungs- und Auswertungsmodalitäten. „Daß der statistischen Auswertung jede Stimme gleich viel gilt, daß der bei der Bildung von Querschnitten so wichtige Begriff des Repräsentativen kein Privileg kennt, erinnert[] allzu sehr an die freie und geheime Wahl".[41]

Die exemplarische Auswahl und das beschriebene Konzept einer Neuformierung sollen jedoch eines nicht implizieren: nämlich, dass Phänomene der Kontinuität, seien es personelle oder ideelle, institutionelle oder in Kollaborationsverhältnissen begründete, von vornherein ausgeschlossen oder in ihrer historischen Bedeutung marginalisiert würden. Die Belege für die lückenhaft gebliebene Entnazifizie-

---

40 Siehe Neumann: Politische und soziale Meinungsforschung, bes. S. 45-47. Vgl. dazu auch allgemein die Beiträge zur Weinheimer Tagung „Empirische Sozialforschung" vom Dezember 1951 (Institut zur Förderung öffentlicher Angelegenheiten [Hg.]: Empirische Sozialforschung).

41 Theodor W. Adorno brachte 1951 mit diesen Worten Meinungs- und Sozialforschung gegen die NS-Diktatur in Stellung. Von dem *per se* demokratischen Wesen der empirischen Forschung rückte er in den folgenden Jahren allerdings zunehmend ab. Adorno: Zur gegenwärtigen Stellung, S. 27f.

rung von Wissenschaftlern und Sozialwissenschaft sind zahlreich und weisen auf mehr oder weniger bruchlos fortgesetzte Karrieren, auf Arbeitszusammenhänge und Projekte, die nach 1945 scheinbar mühelos weiterverfolgt werden konnten, hin. Eine Neuformierung legt aber nahe, dass diese Kontinuitäten unter veränderten Konditionen aufrechterhalten oder mittels verschiedener Strategien aktiv wiederhergestellt werden mussten.[42] Dafür kamen rhetorische Strategien in Frage, die auf die vermeintliche Neutralität wissenschaftlicher Methoden und die Trennung zwischen politischer und wissenschaftlicher Sphäre abhoben oder „semantische Umbauten" vornahmen, um belastetes Vokabular gegen ein politisch konformes auszutauschen.[43] Auf diese Weise von den früheren Verstrickungen bereinigt war es auch zahlreichen Vertretern des NS-Wissenschaftssystems bald wieder möglich, das Leistungspotential einer Wissenschaft vom Sozialen in den neuen Zusammenhängen bereitzustellen.

---

42 Ash fasste dies bereits früh in der Bezeichnung der „konstruierten Kontinuitäten", wobei der deutsche Begriff des „Konstruierens" mit seiner Konnotation eines mühsamen Zurechtlegens über bestehende Tatsachen hinweg vielleicht etwas zweideutig ist. Ash: Verordnete Umbrüche.

43 Vgl. dazu die Beiträge in dem von Georg Bollenbeck und Clemens Knobloch herausgegebenen Band „Semantischer Umbau der Geisteswissenschaften nach 1933 und 1945" sowie speziell zur Soziologie Klingemann: Semantische Umbauten.

4 Die Sozialforschungsstelle in Dortmund

In den fünfziger und sechziger Jahren war die Sozialforschungsstelle an der Universität Münster mit Sitz in Dortmund die größte Einrichtung für sozialwissenschaftliche Forschung in der Bundesrepublik. Nicht einmal ein Jahr nach Kriegsende gegründet, gehörte sie zu den neuen Standorten, die den sozialwissenschaftlichen Hochburgen aus der Weimarer Zeit schnell ernsthafte Konkurrenz machten und für die Entwicklung der Sozialwissenschaften eine zunehmend wichtige Rolle spielten. Sie entstand als ein sogenanntes „An-Institut", das formell an die rechts- und staatswissenschaftliche Fakultät der Universität Münster beziehungsweise deren Institut für Wirtschafts- und Sozialwissenschaften angeschlossen war. In den fünfziger Jahren agierte sie jedoch als eigenständige Forschungseinrichtung, die in ihrer Tätigkeit, Personal- und Haushaltspolitik von der Hochschule unabhängig war. Schon 1956 konnte René König nicht umhin, sie anlässlich ihres 10jährigen Bestehens im Kölner Hausorgan als ein „wesentliches Zentrum der Sozialforschung in Deutschland" zu bezeichnen, dessen Bedeutung man gar nicht überschätzen könne.[1] Zu diesem Zeitpunkt arbeiteten dort circa fünfzig Mitarbeiter in sieben Abteilungen,[2] deren Zuschnitt während der 23 Jahre ihres Bestehens einige Male angepasst wurde.[3]

---

1   König: Zehn Jahre Sozial-Forschungsstelle, S. 530. Das genaue Zitat lautet eigentlich: „[...] dessen Bedeutung gar nicht unterschätzt werden kann." Aber hier darf man wohl getrost und ohne Hintergedanken zu vermuten von einem rhetorischen Lapsus ausgehen. Dafür spricht sowohl der Gesamttenor des Beitrags als auch die Tatsache, dass er König auch in anderen Schriften unterlief, die sich nicht mit der Sozialforschungsstelle befassten (vgl. z. B. ders.: Grundformen, S. 271).

2   Wissenschaftliche und technisch-administrative Kräfte hielten sich die Waage. Sozialforschungsstelle: 1946-1956, S. 12. Nicht eingerechnet sind hier natürlich die zahllosen Hilfskräfte, die für die Durchführung der Feldforschung beschäftigt wurden und auf diese Weise die Sozialforschungsstelle als Ausbildungsstätte durchliefen.

3   Im Zehnjahresbericht von 1956 werden statt der Abteilungen Forschungsbereiche aufgeführt, die mit der formalen Organisation nicht ganz identisch waren (Sozialforschungs-

Formal orientierten sie sich meist an disziplinären Schwerpunkten, waren aber weniger Zeichen für strenge wissenschaftliche Systematik als für die pragmatische Ausrichtung der Sozialforschungsstelle an ihrem Forschungsgegenstand: der industriellen Gesellschaft in der zweiten Hälfte des 20. Jahrhunderts. Zahlreiche Arbeiten, die in den fünfziger Jahren in Dortmund entstanden, wurden für die weitere Entwicklung des Faches in Deutschland wesentlich. Ein Abgleich der Lehrstuhlinhaber der sechziger und siebziger Jahre mit der Liste ihrer Mitarbeiter macht ihren Rang als Ausbildungsstätte für die sogenannten ‚Disziplinmacher' der akademischen Soziologie deutlich.[4] Parallel zu dieser Geschichte von Erfolg und Einfluss existierten jedoch immer auch kritische Narrative. Noch im Jahr 1990 komprimierte der Kölner Soziologe Erwin Scheuch sie zu einer einsamen polemischen Spitze. Seinem Urteil nach war die Sozialforschungsstelle in Dortmund ein Ort, an dem mit Hilfe amerikanischer Gelder, unter Beteiligung ehemaliger Nationalsozialisten und Rassisten und durch eine Forschungsmethodik, die ebenfalls aus der Zeit des Nationalsozialismus stammte, eine Wissenschaft befördert wurde, die über eine lokale Bedeutung nicht hinaus kam.[5] In dieser Summe blieb der Kölner, wie erwähnt, mit seiner Meinung allein. Doch auch von anderen Kommentatoren wurden die Auseinandersetzungen um den wissenschaftlichen Charakter selten getrennt von der Kritik an den nationalsozialistisch belasteten Mitarbeitern des Instituts geführt. Für die Geschichte der Sozialforschung in der frühen Bundesrepublik wird die Einrichtung in Dortmund aber gerade aufgrund des angedeuteten Widerstreits (oder Zusammenspiels) von Elementen der Kontinuität und Innovation zu einem interessanten Ort.

---

stelle: 1946-1956, S. 23-40). Eine Übersicht über diese bietet Weyer: Westdeutsche Soziologie, S. 427f.

4   Auch in der Selbstdarstellung kam dieser Aspekt nicht zu kurz. Vgl. das Pressematerial zum 20jährigen Bestehen, bes. „Professoren für Soziologie, Sozialgeschichte usw., die als Direktoren, Abteilungsleiter, Referenten und Assistenten längere Zeit an der Sozialforschungsstelle tätig waren." (o. D. [1966]). SFS Archiv, ONr. I, Bestand G 2/3, Pressemappe; 20 Jahre SOFO. Vgl. z. B. auch das frühe Resümee von Mackensen: Sozialforschungsstelle 1956-1960, S. 164 (er zählte rund 100 Nachwuchswissenschaftler, die am Institut tätig waren); auch Goch: Wege und Abwege, S. 164, der eine Zahl von 40 späteren Lehrstuhlinhabern aus allen Bereichen der Sozialwissenschaften angibt.

5   „Mit dem Geld der Rockefeller-Foundation wurde 1946 die Sozialforschungsstelle begründet […]. In der personellen Besetzung mit Neuloh und Wilhelm Brepohl und durch die Mitarbeit des Rassisten Karlheinz Pfeffer knüpfte man jedoch an die deutsche Soziographie zur Zeit des Nationalsozialismus an und beförderte so eine Art heimatbezogene Sozialwissenschaft der lokalen Probleme der Zeit." Scheuch: Von der Deutschen Soziologie, S. 42.

4.1 Gründung, Ziele, Aufbau

Am 17. April 1946 wurde die „Sozialforschungsstelle an der Universität Münster, Dortmund" nach nur acht Monaten der Planung offiziell ins Leben gerufen. Vergegenwärtigt man sich die Bedingungen der unmittelbaren Nachkriegszeit, so muss der frühe Zeitpunkt bemerkenswert erscheinen.[6] Millionen Deutsche lebten in Trümmern, die Bevölkerungsverschiebungen waren kaum überschaubar, Wohnungs- und Nahrungsmittelknappheit bestimmten das Leben, die Wirtschaft war nach Kriegsende fast vollständig zum Erliegen gekommen.[7] Der Standort Dortmund selbst war wie das gesamte Ruhrgebiet besonders schwer betroffen, und die Stadtverwaltung appellierte mit öffentlichen Aufrufen an ihre Bürger: „[K]ehrt vorerst nicht nach Dortmund zurück, bleibt da, wo Ihr jetzt seid!"[8] Der Wiederaufbau des wissenschaftlichen Lebens begann zwar bereits zum Wintersemester 1945/46, als an den meisten Universitäten der Lehrbetrieb wieder aufgenommen wurde. Aber die Sozialforschungsstelle war eine Neugründung und daher kaum vergleichbar.[9] Auch waren die Besatzungsmächte an ihrer Einrichtung nicht beteiligt. Dass dennoch bereits im September 1945 ein erster Entwurf vorlag, auf dessen Grundlage einige Monate später das neue Institut entstehen sollte, wird man stattdessen auf die Entwicklungen der vorangegangenen, nationalsozialistischen Jahre zurückführen müssen. Sie hatten der sozialwissenschaftlichen Forschung und ihrem Anwendungspotential zweifellos eine steigende Akzeptanz verschafft.[10]

Für diesen Aspekt stand insbesondere der eigentliche Initiator und erste Geschäftsführer des Dortmunder Instituts, der Arbeitswissenschaftler Otto Neuloh. Der ausgebildete Diplom-Volkswirt war 1928 mit einer Arbeit zur „Arbeiterbildung im neuen Deutschland" in Münster zum *doctor rerum politicarum* promoviert wor-

---

6   Genau genommen war die Gründung der Gesellschaft Sozialforschungsstelle an der Universität Münster e.V. der eigentliche konstituierende Akt.
7   Trotz einer Erholung seit der zweiten Jahreshälfte 1945 glaubten die Finanzminister der britischen Zone im November noch, dass Deutschland auf einen Stand zurückgeworfen sei, der den Anfängen der Industrialisierung entspreche. Abelshauser: Wirtschaftsgeschichte, S. 69.
8   „Dortmunder Evakuierte". Aufruf an evakuierte Dortmunder Bürger, Sommer 1945, Stadtarchiv Dortmund, abgedruckt in: Heine-Hippler/Trocka-Hülsken: Wohnungsbau, S. 82.
9   Von den hochschulnahen bzw. hochschulfreien Einrichtungen, an denen empirische Sozialforschung betrieben wurde, entstand nur das Wirtschaftswissenschaftliche Institut der Gewerkschaften ebenfalls in diesem Jahr. Auch das erste der kommerziellen Institute für Markt- und Meinungsforschung, das Institut für Demoskopie in Allensbach, wurde erst 1947 gegründet. Der amerikanische Vorläufer des EMNID-Instituts wird hier nicht mitgezählt. Vgl. die entsprechenden Kapitel in Weischer: Unternehmen, S. 60-94; 130ff.
10 Vgl. Kap. 2.3 der vorliegenden Arbeit.

den, hatte dann aber eine berufliche Laufbahn in der Arbeitsverwaltung und Berufsberatung eingeschlagen und die letzten vier Jahre des Dritten Reichs als Abteilungsleiter des Landesarbeitsamtes Sudetenland in Reichenberg verbracht.[11] Seit den späten dreißiger Jahren beschäftigte Neuloh, folgt man seinen Schriften, besonders das Problem der gezielten Berufsnachwuchslenkung. Er vertrat die Auffassung, dass junge Schulabgänger nach wirtschaftsstrategischen Gesichtspunkten eingesetzt werden müssten beziehungsweise dass die Berufswahl keine Privatsache sei und sich vielmehr am jeweiligen Bedarf der ‚Volksgemeinschaft' ausrichten sollte. Für ihn war es Aufgabe der Berufsberatung, deren Ansprüche umzusetzen und im Sinne eines definierten Gemeinwohls leitend und ordnend tätig zu werden.[12]

Die Idee für ein Steuerungsinstrument im Dienste einer stabilen wirtschaftlichen und sozialen Ordnung nahm Neuloh nach Kriegsende und seiner Flucht ins Ruhrgebiet wieder auf. Mittlerweile hatten sich seine Vorstellungen allerdings weiterentwickelt. Es ging ihm nicht mehr nur um die Weitergabe und Umsetzung eines (wirtschafts-)politisch vorgegebenen Kurses, sondern um die Ermittlung dieses Kurses selbst durch die Erkenntnisse einer problemorientierten wissenschaftlichen Forschung. In Zusammenarbeit mit zwei frühen Mitstreitern, dem Sozialpsychologen Ernst Bornemann und dem Arbeitsrechtler und Chefjustiziar der Harpener Bergbau AG Gerhard Boldt, entstand im September ein erster Entwurf für ein „Institut für Wirtschaftsforschung und Arbeitsgestaltung im Ruhrbezirk". Er sah vorerst drei Abteilungen vor, die den Berufsfeldern entsprachen, in denen Neuloh, Bornemann und Boldt tätig waren: „Wirtschaftsforschung und Sozialpolitik", „Berufsforschung, Betriebspsychologie und Arbeitsgestaltung" sowie „Wirtschafts- und Arbeitsrecht". In seinen Zielen blieb das geplante Institut, wie es der Arbeitstitel schon versprach, auf den Wiederaufbau und die Förderung des Ruhrgebiets konzentriert. Aber von der regionalen Begrenzung abgesehen sah der Entwurf recht umfassende Funktionen für die neue Einrichtung vor. Neuloh definierte ihre Aufgabe sechsfach. Sie sollte 1. die Industrieregion an der Ruhr durch die „räumliche[ ] Verbindung" mit „der Wissenschaft" aufwerten, 2. als „wissenschaftliches Instrument" von Politik und Wirtschaft am Wiederaufbau mitwirken, 3. den Betrieben und den Menschen im Rahmen des wirtschaftlichen Wiederaufbaus „Rat und Hilfe" gewähren, 4. eine Ausbildungseinrichtung der angewandten Forschung und Praxis für Studenten der Rechts- und Staatswissenschaftlichen Fakultäten sein – um diesen „gewissermaßen

---

11 Adamski: Ärzte, S. 31-33.

12 „Die Stärkung der eigenen Verantwortung und des Bewusstseins, dass die Berufswahl nicht mehr eine Privatsache des Einzelnen ist, sondern für Volk und Staat in der Ordnung des Berufs- und Wirtschaftslebens entscheidende Bedeutung hat, ist das Ziel des grundlegenden Aufgabengebietes der Berufsberatung: der Berufsaufklärung." Neuloh, Otto: Schulentlassung 1939 und Berufsnachwuchslenkung, in: Der Erzieher im Donauland 1 (1939), H. 12, S. 1-4, hier S. 3, zit. n. Adamski: Ärzte, S. 33.

eine ‚klinische Ausbildung' zu geben", 5. die Fortbildung von Berufstätigen in „volkswirtschaftlichen, sozialpolitischen, psychologischen, pädagogischen und praktischen Berufen" unterstützen und 6. ihre Ergebnisse durch entsprechende Veröffentlichungen „weiten Kreisen der Bevölkerung des Bezirks nutzbar" machen.[13]

Im Rückblick beschrieb Otto Neuloh gerade die Bedingungen nach dem Zusammenbruch des nationalsozialistischen Regimes und seiner sozialen Ordnung als „eine Sternstunde für innovative wissenschaftliche Aktivität".[14] Es muss nicht erörtert werden, wieweit dies den Gegebenheiten im Sommer 1945 insgesamt entsprach. Auf jeden Fall aber ist nicht von der Hand zu weisen, dass er mit seinem Konzept für ein Forschungsinstitut im Dienste der sozialen Praxis auf einiges Interesse stieß. Die Attraktivität des Entwurfs und die persönlichen Kontakte von Neuloh und Boldt genügten, um in den darauffolgenden Monaten eine ausreichende Zahl von Unterstützern aus Wissenschaft, Wirtschaft und Politik für die neue Einrichtung zu gewinnen.[15]

Dem Aufbau des Instituts kam zugute, dass noch während der Gründungsphase zwei weitere, bereits bestehende Einrichtungen integriert werden konnten, die – wenn auch unterschiedlich akzentuiert – ebenfalls Ansätze empirischer beziehungsweise angewandter Forschung verfolgt hatten. Für die erstere, 1935 in Gelsenkirchen durch das Provinzialinstitut für westfälische Landes- und Volkskunde eingerichtete „Forschungsstelle für das Volkstum im Ruhrgebiet" standen der Name Wilhelm Brepohl und dessen Studien zum „Industrievolk an der Ruhr".[16] Brepohl hatte die Innovationen der Geschichtsschreibung, die seit den 1920er Jahren mit dem ‚Volk' ein neues Subjekt der Geschichte zunehmend in den Mittelpunkt rückten, aufgenommen und ein distinktes Konzept der Volkstums- und Kulturraumforschung entwickelt. Im Gegensatz zum populären bis ideologiekonformen Mainstream der Heimat- und Volksgeschichte, der die bäuerliche Bevölkerung im agrarromantischen Kolorit zum Träger der Gemeinschaft stilisierte, wandte er deren Fragenkatalog auf das Zentrum der Industrialisierung in Deutschland an: auf die von Bergbau und Schwerindustrie geprägte Ruhrregion und dessen Bevölkerung. Wie dort aus den vielfältigen, zugewanderten Bevölkerungsgruppen ein eigenes, ruhrgebietsspezifisches ‚Volkstum' entstand, sollte die Arbeit an der Gelsenkirchener Forschungsstelle herauspräparieren. Brepohls Pläne waren auf der einen Seite innova-

---

13 Ebd., S. 38f. Zitate aus „Entwurf der Verfassung eines ‚Instituts für Wirtschaftsforschung und Arbeitsgestaltung' oder ‚Wirtschaft und Arbeit' im Ruhrbezirk" vom 8.9.1945, zit. nach ebd.
14 Neuloh: Entstehungs- und Leistungsgeschichte, S. 36.
15 Vgl. Ebd., S. 14-16.
16 So eigentlich der Titel seiner Monographie aus dem Jahr 1957. Zu Brepohl und der Forschungsstelle Linne: Ruhrgebiet als Testfall; Weyer: Forschungsstelle; Goch: Wege und Abwege.

tiv und vielschichtig angelegt und bezogen Ansätze und Methoden verschiedener Disziplinen ein. Er ‚soziologisierte' eine historisch-geographisch ausgerichtete Volkskunde, indem er die Untersuchung von Migrationsprozessen und Mikrogruppen („Volkstumsinseln" bei Brepohl), sozialen Praktiken wie Sprache und Gebräuche und die Ausbildung verschiedener ‚Typen' der industriellen Arbeitswelt einbezog. Brepohl nutzte statistische Verfahren, arbeitete mit (noch recht einfach aufgebauten) Fragebogen-Aktionen, setzte auf Gesprächsrunden und Beobachtungen. Andererseits blieb er germanisch-mythisierenden und biologistischen Deutungsschemata verhaftet, die nicht nur der Interpretation sozialer – beziehungsweise „volkskundlicher" – Phänomene enge Grenzen setzten, sondern ihm auch mühelos den Anschluss an die nationalsozialistische Gedankenwelt ermöglichten. So setzte sich das Brepohlsche „Ruhrvolk" trotz dieser Ansätze doch im Sinne der völkischen Hierarchie zusammen: aus westlichen „Industriekapitänen" und zugewanderten Arbeitern aus dem Osten, mit denen „sehr viele untüchtige Elemente ins Ruhrgebiet gekommen" seien.[17] Für dringend gesuchte Geldgeber stellte Brepohl obendrein das Anwendungspotential solcher Studien heraus, zum Beispiel für eine an rassischen Merkmalen ausgerichtete Betriebsführung und Personalauslese.[18] Allerdings wurden die Vorhaben nur ansatzweise ausgeführt und die Forschungsstelle kümmerte – wohl vor allem aufgrund einer chronischen Unterfinanzierung – bis zum Kriegsende mehr oder weniger vor sich hin.[19] Im Herbst 1946 wurde sie schließlich auf Betreiben Wilhelm Brepohls hin in die Sozialforschungsstelle eingegliedert, wo der Volkstumsforscher seine Studien fortsetzte; ab 1951 sogar in einer eigenen Abteilung. Der Provinzialverband Westfalen trat im Gegenzug in die Trägergesellschaft der Sozialforschungsstelle ein und erhielt einen Sitz im Kuratorium, während das Provinzialinstitut im wissenschaftlichen Beirat vertreten war. [20]

Ähnliche Umstände führten zur Eingliederung des „Harkort-Instituts für westfälische Industrieforschung" mit dem Kölner Wirtschaftshistoriker und RAG-Raumforscher Bruno Kuske an der Spitze.[21] Es war 1943 gegründet und der Gau-

---

17 Brepohl: Zur Charakteristik der Industriestädte, S. 38.
18 Vgl. dazu Goch: Wege und Abwege, S. 155; 156, auch 158f.
19 Das wissenschaftliche Personal bestand in der Hauptsache aus dem Leiter Wilhelm Brepohl, in dessen Gelsenkirchener Privatwohnung die Forschungsstelle auch untergebracht war, und wechselnden Doktoranden.
20 Adamski: Ärzte, S. 96.
21 Der Wirtschaftshistoriker Bruno Kuske hatte bereits seit 1924 das Fach Wirtschaftsraumlehre und Wirtschaftsgeographie an der Universität Köln vertreten und in seinen Arbeiten die wirtschaftlichen Verflechtungen politisch getrennter Räume analysiert. 1932-33 war er Rektor der Kölner Hochschule gewesen, als SPD-Mitglied 1933 aber kurzzeitig vom Staatsdienst suspendiert worden. 1934 konnte er seine Lehrtätigkeit wieder aufnehmen und wurde später Obmann der Hochschularbeitsgemeinschaft für Raum-

wirtschaftskammer Westfalen-Süd angeschlossen worden, die außerdem seine Finanzierung übernommen hatte. Wie im Falle der Gelsenkirchener Forschungsstelle richteten sich die Vorhaben des Instituts auf die Region, allerdings nicht auf das rheinisch-westfälische Ruhrgebiet als typischem Raum der Industrialisierung, sondern, Eigenständigkeit betonend, auf die Provinz Westfalen. Mit dem Andenken an den Industriepionier Friedrich Harkort, den „Vater des Ruhrgebiets", verknüpfte es in seiner Aufgabenstellung die Konturierung dieses Raumes unter wirtschaftsgeschichtlichen und -geographischen Gesichtspunkten. In dem Maße, wie die Bedeutung Harkorts und der westfälische Beitrag zur Industrialisierung an der Ruhr betont werden sollte, verfolgte das Institut ein Konkurrenzmodell zu einer – aus Sicht Westfalens – rheinischen Dominanz des Ruhrgebiets. Regionalpolitische Motive spielten daher keine unbedeutende Rolle für die Agenda des Instituts.[22] Sein wichtigstes Vorhaben war ein Kartenwerk zur Wirtschaft Westfalens, mit dem Bruno Kuske betraut wurde. Kuske schwebte ein umfassender Atlas vor, der in Gemeinschaftsarbeit erstellt werden sollte. Sein Ziel war es, nicht nur die geographische Anordnung der Wirtschafts- und Industriezweige durch Einzelkarten zu beschreiben, sondern auch deren Entwicklung und Verflechtungen untereinander und mit den umliegenden Gebieten mit historischer Tiefenschärfe nachzuzeichnen. Im Gesamtwerk sollte die historisch-ökonomische Bestandsaufnahme schließlich Westfalen als dynamischen Wirtschaftsraum fassbar werden lassen. Allerdings waren die Bedingungen der Jahre 1943 bis 1945 denkbar ungünstig für den Start der neuen Einrichtung, und die nur zögerlich aufgenommene Forschungsarbeit wurde bald kriegsbedingt hintangestellt.[23] Nach Kriegsende und der Auflösung der Gauwirtschaftskammer begann für das Institut die Suche nach einer neuen finanziellen Ba-

---

forschung an der Universität Köln sowie Koordinator der rheinischen Arbeitsgemeinschaften Aachen, Bonn und Köln – und damit der wichtigste wissenschaftliche Ansprechpartner für die mit der Raumplanung beschäftigten Einrichtungen des Rheinlands. Darüber hinaus engagierte er sich in der Westdeutschen Forschungsgemeinschaft. Nach dem Krieg konnte Kuske trotzdem glaubhaft machen, keine zu engen Verbindungen zum nationalsozialistischen System unterhalten zu haben – wobei seine Argumentation unterstützt haben dürfte, dass er 1944 verhaftet und zu Zwangsarbeit im Straßenbau verurteilt worden war. (Zur knappen Information siehe die beiden biographischen Abrisse: http://www.rheinische-geschichte.lvr.de/persoenlichkeiten/K/Seiten/BrunoKuske.aspx, 29.10.2015; http://rektorenportraits.uni-koeln.de/rektoren/bruno_kuske, 29.10.2015. Ausführlich zur Tätigkeit Kuskes an der Kölner Universität und in der Westforschung: Engels: Wirtschaftsgemeinschaft; ders.: Bruno Kuske; Haupts: Universitätsarbeitsgemeinschaft.

22 Vgl. Adamski: Ärzte, S. 103ff.; Weyer: Westdeutsche Soziologie, S. 242f.

23 Stattdessen schloss man sich dem Programm der Reichsstelle für Raumforschung an, die die Erarbeitung von Grundlagen für den Wiederaufbau der zerstörten Großstädte angefordert hatte. Vgl. S. 78 u. 197 dieser Arbeit.

sis, die durch Vermittlung der wiedererstandenen Industrie- und Handelskammer sowie der Stadt Dortmund in der Zusammenlegung mit der Sozialforschungsstelle gefunden wurde: zunächst als eigenständige „Harkort-Abteilung" mit einer eigenen Geschäftsführerin.[24] Im März 1947 folgte dann die formal fugenlose Integration des Instituts als „Abteilung für Wirtschafts- und Sozialgeschichte und Raumforschung" unter Leitung Bruno Kuskes. Die begonnenen Projekte wurden dort fortgesetzt und im Auftrag der Landesregierung nahmen die Mitarbeiter 1947 auch die Arbeiten am Wirtschaftsatlas wieder auf. Er wurde nun an den inzwischen gültigen Bezugsrahmen des neu gegründeten Landes Nordrhein-Westfalen angepasst, bald aber an die Landesplanungsbehörde in Düsseldorf abgetreten.[25]

Als Gründung war die Sozialforschungsstelle in Dortmund also ein Amalgam, in dem die Vorstellung vom praktischen Nutzen wissenschaftlich erzeugten, empirischen Wissens auch die Einbindung der beiden älteren Institute und ihrer nicht zwangsläufig kompatiblen Forschungsansätze ermöglichte. Der Münsteraner Theologe und Gesellschaftswissenschaftler Heinrich Weber, der die Gründungsversammlung der Gesellschaft Sozialforschungsstelle leitete, verschmolz die drei Stränge, als er im April 1946 die Aufgaben des neuen Instituts benannte. Sie wurden definiert durch

„die Erforschung des sozialen Lebens des rheinisch-westfälischen Raumes in Vergangenheit und Gegenwart unter soziologischen, sozialpsychologischen und sozialrechtlichen Gesichtspunkten, die wirtschaftsgeschichtliche und wirtschaftsgeographische Erforschung des rheinisch-westfälischen Raumes und der mit ihm wirtschaftlich verflochtenen Gebiete sowie die Mitwirkung an der Lösung praktischer sozialer Fragen durch Beratung und Gutachtertätigkeit, schließlich die Verwendung der Ergebnisse der wissenschaftlichen Arbeit in der Schulung und Fortbildung von Berufstätigen."[26]

Dieses programmatische Profil schärfte Otto Neuloh drei Jahre später noch einmal in dem neu gegründeten Hausorgan der Sozialforschungsstelle, der Zeitschrift „Soziale Welt". Er brachte die Forschung für eine Reform der Sozialpolitik in Stellung, die, um es bildhaft auszudrücken, dadurch vom Kopf auf die Füße gestellt werden sollte.[27] Neuloh kritisierte an der deutschen politischen Praxis, dass sie stets „eine

---

24 Laut einem Gesprächsprotokoll vom 4.1.1946 hatte Oberbürgermeister Hermann Ostrop die Vereinigung vorgeschlagen. Siehe „Aktennotiz", 4.1.1946, SFS Archiv. ONr. I, Bestand G 3/3, Material zur Entstehung und Entwicklung der Sozialforschungsstelle Dr. Neuloh. Vgl. auch Adamski: Ärzte, S. 109.

25 Sozialforschungsstelle: Jahresbericht 1948, S. 9; Sozialforschungsstelle: Bericht 1949/1950, S. 10.

26 So die Wiedergabe durch Gerhard Boldt in: Sozialforschungsstelle: 1946-1956, S. 9.

27 Siehe Neuloh: Sozialforschung – eine öffentliche Angelegenheit.

Politik [...] von oben gewesen und bis heute geblieben" sei. Aus 70 Jahren Sozialpolitik strich er eine rein nachsorgend und auf Krisenbewältigung angelegte Wirkungsweise hervor – Stichworte wie DAF oder AwI umging er dabei geflissentlich.[28] Ihr stellte er die Sozialforschung entgegen: Deren Bemühungen setzten ‚unten' in der Gesellschaft an und somit direkt an Ort und Stelle, wo die sozialen Probleme eigentlich entstanden. Es galt daher, beide Praktiken zu einer neuen zusammenzuschließen und die angewandte Forschung zum Korrektiv einer Sozialpolitik zu machen, die bis dahin auf weitgehend unerkannt und unkontrolliert ablaufende soziale Prozesse bloß hatte reagieren können. Gegen die ‚Verwaltung' der Gesellschaft durch die politische Praxis setzte Neuloh die aktive ‚Gestaltung' auf der Grundlage der wissenschaftlichen Erkenntnis.

Für die Sozialforschung bedeutete Neulohs Programm, dass sie in der modernen Gesellschaft im Wesentlichen eine Aufgabe besaß, nämlich die „Entstörung" des sozialen Lebens.[29] Dies war wohlgemerkt eine wagemutig umfassende Zielvorgabe, zumal sie mehr oder weniger aus dem Stand heraus in Angriff genommen werden sollte. Schließlich bedeutete es, dass zunächst einmal – von den kleineren zu den größeren Einheiten aufbauend – eine Art von ‚Normalzustand', dann die ‚Abweichung' und schließlich ein geeignetes Mittel zu deren Überwindung gefunden werden mussten. Neben Familie und Gemeinde trat vor allem der industrielle Betrieb mit seinen unterschiedlichen Interessengruppen und Konfliktfeldern, den Interaktionen zwischen Arbeitgebern, Arbeitnehmern und Gewerkschaften in den Fokus der Wissenschaft. Denn dort, so meinte der Sozialforscher, lagen die wirklichen „Brandherde der sozialen Frage".

„Je näher wir an die eigentlichen Quellen der sozialen Störungen und Krankheiten herankommen, desto anschaulicher und sachlicher begegnet uns die soziale Wirklichkeit jenseits aller Diskussionen. [...] Desto eher wird die Sicht frei für die Erkenntnis der wirklichen Stö-

---

28 Dabei ähnelte seine Argumentation den frühen Denkschriften aus dem Arbeitswissenschaftlichen Institut der Deutschen Arbeitsfront gar nicht wenig. Wolfgang Pohl, Theodor Bühler und andere, anonyme Autoren hatten 1935 festgestellt, dass die Auffassung von Sozialpolitik sich gewandelt habe. Nun würden nicht mehr planlos die ärgsten Missstände beseitigt, sondern man gehe dazu über, planvoll und gestaltend in die Sozialordnung einzugreifen. Aus dem Funktionswandel der Sozialpolitik resultierte aber auch eine radikale Veränderung der bisherigen sozialwissenschaftlichen Ansätze, denn diese hätten den Generalstabsplan zu erarbeiten, mit dessen Hilfe die Ordnung des menschlichen Lebens mit wissenschaftlicher Gründlichkeit vorbereitet und betrieben werden könne. Vgl. Roth: Intelligenz, S. 138f.

29 Neuloh: Sozialforschung – eine öffentliche Angelegenheit, S. 10f.

rungsfaktoren des menschlichen Zusammenlebens in Deutschland und für die Ergründung der geeigneten Mittel, sie zu beseitigen."[30]

Für das Objekt des Interesses, nämlich die industrialisierte Gesellschaft Westdeutschlands, bedeuteten Neulohs Ausführungen vor allem eines: Sie liefen auf die organologische Vorstellung vom sozialen Körper hinaus, die zu den wichtigsten Bestandteilen allen konservativen sozialen Denkens überhaupt zählte: Ein System von regelmäßigen und harmonischen Abläufen, in dem Abweichungen und Unregelmäßigkeiten als störend beziehungsweise pathologisch wahrgenommen wurden und der Heilung bedurften. Neuloh präsentierte letztlich ein sozialtechnisches Konzept – statt des Organismus konnte man schließlich auch von einer Maschinerie sprechen – in biologistischer Metaphorik. In diesem Sinne rückte Otto Neuloh die Aufgabe der Sozialforscher in die Nähe der Tätigkeit der praktischen Mediziner – „Ärzte des sozialen Lebens".[31] Dass der Patient bestimmte Krankheitssymptome, ausgedrückt in „Spannungen" und „Störungen", aufwies, war eine allgemeine Einsicht. Die eingehende Diagnosestellung und der Therapievorschlag oblagen hingegen dem Sozialwissenschaftler.[32]

Die Interessenten und Unterstützer dieses Vorhabens schlossen sich in dem am 17. April 1946 gegründeten Trägerverein, der „Gesellschaft Sozialforschungsstelle an der Universität Münster e.V.", zusammen, dem auch die freie Verwaltung der Haushaltmittel der Sozialforschungsstelle oblag. Ein Blick auf die Zusammensetzung seines Kuratoriums vermittelt einen Eindruck von dem Umfeld der neugegründeten wissenschaftlichen Einrichtung. Dort hatten sich Vertreter der akademischen Wissenschaft, der Stadt Dortmund, der Provinz Westfalen und seiner Ministerien, der kommunalen beziehungsweise Landes-Wirtschaftsverbände und der Ge-

---

30 Ebd., S. 6.
31 Ebd., S. 11. Bemerkenswert ist aber auch Neulohs ausgreifende Argumentation, mit der er das Forschungsobjekt westdeutsche Gesellschaft in eine historische Linie mit der industrialisierten Gesellschaft und der „sozialen Frage" des 19. Jahrhunderts stellt. Sozialer Wandel und vor allen Dingen die Verhältnisse der Nachkriegsgesellschaft kommen darin nicht vor.
32 Ähnliche Vergleiche zog beispielsweise auch Walther Hoffmann, als er im Juli 1952 die Aufgaben der Sozialforschung einem anlässlich des Bezugs der Institutsgebäude versammelten Publikum erläuterte. Der Direktor der Sozialforschungsstelle empfahl die gestörten sozialen Beziehungen der besonderen Aufmerksamkeit des Sozialforschers, durch dessen besondere Einsichten das, was dem Außenstehenden vielleicht nicht verständlich sei, einer eventuellen Therapie zugänglich werde. Wie „Arzt und Anwalt" könnten sie jedoch ihren „Patienten bzw. Klienten" nur geeignete Wege aufzeigen, deren Nutzung im Ermessen der sozialpolitisch Handelnden liege. Vgl. Hoffmann: Sozialforschung als Aufgabe, S. 323, 335.

werkschaften zusammengeschlossen. In der Folgezeit traten weitere Mitglieder dem Trägerverein bei: öffentliche Körperschaften, Verbände, Firmen und Einzelpersonen beteiligten sich an der Unterstützung der Sozialforschungsstelle, wobei die Industrie- und Wirtschaftsverbände besonders stark vertreten blieben.[33] Die festgesetzten Beiträge dieser Mitglieder sicherten zusammen mit Zuschüssen des Landes Nordrhein-Westfalen, die ab 1947 dauerhaft gewährt wurden, die Grundfinanzierung des Instituts. Ergänzt wurde sie durch Zahlungen für Forschungsprojekte, die eingeworben werden mussten und an denen in den fünfziger Jahren die Deutsche Forschungsgemeinschaft steigenden Anteil gewann.[34] Hinzu kamen Honorare für Gutachtertätigkeiten. Da die Arbeit der Dortmunder Wissenschaftler durch diese Finanzierungsstruktur in doppelter Hinsicht in finanzieller Abhängigkeit von den Interessenorganisationen im Ruhrgebiet stand, hat dies naheliegenderweise die Frage nach ihrer Urteilsfreiheit und Unabhängigkeit aufgeworfen. Sie wird, im Sinne einer direkten Einflussnahme auf die durchgeführten Studien, im Allgemeinen ver-

---

33 Einflussreiche Mitglieder waren später die Stadt Dortmund, die nordrhein-westfälische Landesregierung, der Deutsche Gewerkschaftsbund, die Bundesanstalt für Arbeitsvermittlung und Arbeitslosenversicherung in Nürnberg, der Landschaftsverband Westfalen-Lippe (vormals Provinzialverband Westfalen), die Industrie- und Handelskammern in Dortmund, Bochum und Münster, der Westdeutsche Handwerkskammertag, die Wirtschaftsvereinigung der Eisen- und Stahlindustrie, der Unternehmensverband Ruhrbergbau, das Oberbergamt Dortmund, die Dortmunder Bergbau AG, der Verband Dortmunder Bierbrauer, die Dortmund-Hörder Hüttenunion AG, die Gewerkschaft Eisenhütte Westfalia, die Hoesch AG, die Dortmunder Stadtwerke, die Vereinigte Elektrizitätswerke AG, die Chemischen Werke Hüls und die Ruhrgas AG in Essen. (Adamski: Ärzte, S. 46f.) Bis zur Währungsreform stieg die Mitgliederzahl auf ca. 60, verringerte sich dann jedoch wieder auf 45, „weil übergeordnete Organisationen in die Mitgliedschaft von Einzelunternehmen eintraten". Im 20. Jahr ihres Bestehens, drei Jahre vor dem umstrittenen Umzug nach Bielefeld, stand sie bei 41 Mitgliedern. Vgl. Sozialforschungsstelle: 1946-1956, S. 12 und die Mitgliederliste der Gesellschaft Sozialforschungsstelle an der Universität Münster e.V., Sitz Dortmund (o. D. [1966]), SFS Archiv. ONr. I, Bestand G 2/3, Pressemappe; 20 Jahre SOFO.

34 Die Projektmittel fielen im Vergleich erst ab 1951 ins Gewicht. Die Zuschüsse der Landesregierung stiegen bis zur zweiten Hälfte der 1950er Jahre auf fast 50 Prozent des Gesamthaushalts an, während die Mitgliedsbeiträge gegenüber den beiden anderen Einnahmequellen an Bedeutung verloren. Vgl. die tabellarische Übersicht 1949-1957 in Adamski: Ärzte, S. 50. Der Zehnjahresbericht aus dem Jahr 1957 wies eine andere, gedrittelte Zusammensetzung des Haushalts auf. Vgl. Sozialforschungsstelle: 1946-1956, S. 13. Die Geldgeber der Projektmittel, wenn auch ohne Zahlenangaben, in Weyer: Westdeutsche Soziologie, S. 431ff.

neint, auch wenn damit noch nicht die ‚Objektivität' einer auf definierte soziale Störungen ausgerichteten Forschungsaktivität behauptet ist.

Es würde an dieser Stelle zu weit führen, wäre aber nichtsdestoweniger legitim, in anderer Richtung und nach den Erwartungen zu fragen, die diese Finanziers mit ihrer Unterstützung verbunden haben mochten. Zum Eintritt in den Trägerverein musste nicht zwangsläufig der Glaube an das Leistungspotential der Sozialforschung bewegen, und die Motive der Mitglieder differierten höchstwahrscheinlich. Als Beispiel für ein vermutlich ausnehmendes Interesse an wissenschaftlich erzeugten Argumenten lassen sich die Gewerkschaften anführen. Sie knüpften nach 1945 an eine Tradition der Gewerkschaftsstatistik und gewerkschaftlicher Forschung an, die bereits im Kaiserreich und der Weimarer Republik ausgebildet worden war. Um die Alltagsnöte und Lebensverhältnisse der Arbeitnehmer und ihrer Familien abzubilden, setzten sie auf wissenschaftliche Beobachtung und Analyse. Später wurden die wissenschaftlich erzeugten Daten dazu genutzt, tarifpolitische Forderungen zu fundieren. Das gewerkschaftliche Interesse manifestierte sich allerdings noch im selben Jahr in der Gründung eines eigenen Instituts für wirtschaftswissenschaftliche Forschung, das eigene Kapazitäten schaffen und mit wissenschaftlichen Methoden arbeiten sollte, „aber ihren Interessenstandpunkt nicht verbergen und andere Interessen bloßlegen" konnte.[35] Daher kann man mit einiger Überzeugung annehmen, dass die Gewerkschaftsvertreter beziehungsweise seit 1949 der DGB in den ersten Jahren durchaus am Arbeitsprogramm der Sozialforschungsstelle interessiert waren, um die Ergebnisse am gesellschaftspolitischen Verhandlungstisch zu nutzen. Immerhin ging es um die Erforschung eines ihrer zentralen Operationsgebiete.[36]

Als mehrdeutig hingegen lässt sich auf der anderen Seite die Haltung der Stadt Dortmund beschreiben. Deren Unterstützung war für das Projekt Sozialforschungsstelle in jedem Falle essentiell. Sie ermöglichte in den unsicheren ersten Jahren im kriegszerstörten Dortmund überhaupt erst die Aufnahme des Forschungsbetriebs, da sie für Arbeits- und Wohnräume der Mitarbeiter, eine Basisausstattung an Einrichtungsgegenständen, einen Grundbestand an Literatur und über die Mitgliedschaft in

---

35 Markmann, Heinz / Spieker, Wolfgang: Wissenschaft für Arbeitnehmer und Gewerkschaften. 40 Jahre WWI/WSI, in: WSI-Mitteilungen 1986, hier S. 121, zit. n. Weischer: Unternehmen, S. 75. Vgl. dazu Hülsdünker: Praxisorientierte Sozialforschung.

36 Allerdings scheinen die Studien der Sozialforschungsstelle ihren Vorstellungen nicht entsprochen zu haben. Noch 1947 waren 50.000 Reichsmark aus Gewerkschaftstöpfen in den Institutshaushalt geflossen, 1949 waren es nur noch 5.000 DM, aus undurchsichtigen Gründen – unter Hinweis auf eine angenommene Unproduktivität des Instituts – wurde auch die Zahlung zeitweise ganz eingestellt. Zwar wurden sie in geringem Rahmen bald wieder veranlasst, aber der DGB spielte unter den Trägern der Einrichtung keine nennenswerte Rolle mehr. Adamski: Ärzte, S. 51f.; Weyer: Westdeutsche Soziologie, S. 284f.

der Gesellschaft Sozialforschungsstelle für eine grundlegende Finanzierung sorgte. Durch die Jahresbeiträge der Stadt flossen zwischen 1946 und 1959 circa 533.000 DM an die Sozialforschungsstelle, weitere 1.512.000 DM kamen an Baukosten für das Institutsgebäude hinzu.[37] Außerdem wurden zusätzlich Einzelprojekte finanziell gefördert. Welche Effekte die Stadtväter jedoch von dem städtischen Engagement erwarteten – ob sie sich tatsächlich Rat und Hilfe für den Wiederaufbau erhofften, also das Institut als „wissenschaftliches Instrument" förderten, blieb unklar. Konkrete Erwartungen an die angewandte Sozialforschung sind jenseits der pauschalen „wertvollen Ergebnisse" in den Schriftwechseln und Unterlagen der Stadt nicht belegt. Und trotz einiger kritischer Nachfragen scheint die Arbeit des Instituts auch später kaum Nachhall in den Büros der Dezernenten gefunden zu haben.[38] Attraktiv für die Stadt musste indes derjenige Aspekt sein, den Otto Neuloh sicher nicht ohne Grund an erster Stelle in sein Arbeitspapier aufgenommen hatte: die Aufwertung des Ruhrgebiets und speziell Dortmunds durch eine wissenschaftliche Einrichtung. Wissenschaftspolitisch war die traditionell von Schwerindustrie und Arbeitermilieus geprägte Region ein toter Winkel. Im neu gegründeten Land Nordrhein-Westfalen gab es infolgedessen genau drei Universitäten: Münster, Köln und Bonn, so-

---

37 Die Zahlen entstammen einer Aufstellung aus dem Jahr 1967, die für den Präsidenten der Gesellschaft Sozialforschungsstelle August Flesch angefertigt worden war. Allerdings handelt es sich dabei wohl um Näherungswerte, denn jenseits der Jahresbeiträge scheinen die genauen Beträge für den Geschäftsführer Hilmar Frank schwer zu ermitteln gewesen zu sein. (Die Deutsche Mark wurde erst 1948 eingeführt, für die ersten Jahre musste also umgerechnet werden. Es fehlten außerdem die Leistungen für laufende Unterhalts- und Bewirtschaftungskosten.) In den Jahren 1950-56 betrug der Jahresbeitrag 50.000 DM – das waren 1954 ca. 46 und 1956 ca. 33 Prozent aller Mitgliedsbeiträge. Beim Bau des Institutsgebäudes trug die Stadt geschätzte 86 Prozent der Kosten, die Erweiterung finanzierte sie mit 732.000 DM komplett. Vgl. die beiden Schreiben Geschäftsführer an August Flesch, 12.10.1967, 16.10.1967, SFS Archiv. ONr. I, Bestand G 1/3, Material betreffend der [sic] Sozialforschungsstelle für Kurator Dr. Flesch.

38 Vgl. dazu einen Gesprächsvermerk vom 20.1.1950. Der Besprechung zwischen den beiden Stadträten Delfs und Kaymer sowie den Vertretern der Sozialforschungsstelle Duvernell und Neuloh waren Unstimmigkeiten über Aufgabengebiet und Methoden vorausgegangen, zu denen offenbar die Anwesenheit amerikanischer Gastwissenschaftler beigetragen hatte. Mit den Ausführungen der Mitarbeiter zu Forschungsplänen und -methoden gaben sich die Stadtvertreter jedoch zufrieden. Vermerk über eine Besprechung mit der Stadtverwaltung Dortmund, 20.1.1950, SFS Archiv, ONr. I, Bestand G 1/3. Die Sozialforschungsstelle fiel in den Zuständigkeitsbereich des Kulturdezernats, und die Überlieferung im Stadtarchiv Dortmund bleibt auch auf dieses Dezernat und damit den kultur- bzw. bildungspolitischen Aspekt beschränkt. In anderen Abteilungen hat sich die Arbeit des Instituts offensichtlich nicht niedergeschlagen. Vgl. dazu auch unten, S. 299f.

wie wenige kleinere, spezialisierte wissenschaftliche Institute. Seit während der Weimarer Zeit von verschiedener Seite Versuche unternommen worden waren, regionales Selbstbewusstsein und Eigenständigkeit zu entwickeln, hatte sich auch die Stadt Dortmund um die Einrichtung einer Technischen Hochschule bemüht, war jedoch gescheitert. Es liegt also nahe, dass die Stadt in der Forschungsstelle, die zudem in Verbindung mit der Universität Münster stand, primär einen Ersatz für das gescheiterte Projekt sah und einen Garant dafür, dass nun auch „in den Städten des Industriebezirks in verstärktem Masse eine aktive Geistigkeit gepflegt" wurde.[39]

4.2 DORTMUND UND DIE USA

Die Besatzungsmächte hingegen spielten während der Gründung der Sozialforschungsstelle kaum eine Rolle, sieht man davon ab, dass die britischen Entnazifizierungsdirektiven diese offensichtlich auch nicht erschwert haben. Für die weitere Entwicklung des Instituts ist ihre Bedeutung allerdings nicht so einfach von der Hand zu weisen, im Gegenteil. Die ersten Beziehungen nach Großbritannien, frühe Studienreisen der Mitarbeiter und Besuche britischer Repräsentanten in Dortmund, wurden geflissentlich dokumentiert. Schließlich konnten sie, zusammen mit den gleichfalls geknüpften Kontakten in die Niederlande, als frühe Anerkennung der Institutsarbeit gelesen werden, auch wenn die Qualität der Besuche – nicht alle hatten wissenschaftlichen Charakter – unterschiedlich ausgefallen sein dürfte.[40] Bald je-

---

39 Bruno Kuske hob diesen Aspekt in seinem Gutachten zum Antrag der Sozialforschungsstelle auf Landesfördermittel hervor. Schreiben des Obmanns der Landesarbeitsgemeinschaft für Raumforschung an den Ministerpräsidenten des Landes Nordrhein-Westfalen vom 20.1.1947, SFS Archiv. ONr. I, Bestand G 1/3. Hermann Ostrop, der kommissarische Oberbürgermeister und erster Präsident des Trägervereins, gab zudem seiner Hoffnung Ausdruck, dass von der Neugründung eine zusätzlich Signalwirkung ausgehen würde. „Auch ist die Annahme berechtigt, daß die Gründung eines wissenschaftlichen Forschungsinstituts in Dortmund im gegenwärtigen Augenblick von der Bevölkerung als Beweis des Lebens- und Aufbauwillens unserer durch den Krieg so schwer betroffenen Stadt empfunden werden wird. Unter diesem Gesichtspunkte gewinnt die Errichtung der Forschungsstelle für Dortmund ganz besondere Bedeutung." Schreiben des Oberbürgermeisters der Stadt Dortmund an Prof. Dr. Heinrich Weber vom 14.1.1946, SFS Archiv. ONr. I, Bestand G 3/3, Material zur Entstehung und Entwicklung der Sozialforschungsstelle Dr. Neuloh.
40 Sie reichten von der kurzen Visite über Tagungsteilnahmen und Vortragstätigkeiten bis zur Beherbergung einer Forschungsgruppe des UNESCO-Instituts, die im „Dozentenheim" der Sozialforschungsstelle untergekommen war. Die unter der Leitung von Knut Pipping stehenden Sozialwissenschaftler untersuchten die Bedeutung autoritärer Denk-

doch gewannen die USA einen besonderen Stellenwert für die Institutsarbeit. Im Haushalt tauchten zwischen 1949 und 1955 an mehreren Stellen US-Mittel für Forschungsprojekte auf,[41] und eine Spende von 100.000 DM floss 1951 aus dem McCloy-Fond für kulturelle Zwecke[42] in den Bau des Institutsgebäudes. Als *chief patron* agierte ein weiteres Mal die *Rockefeller Foundation*, deren Zuwendungen einen größeren Einfluss ausübten, als dies über bloße Haushaltsübersichten zum Ausdruck kommen kann. Ein Blick auf die Beziehungen zu der philanthropischen Stiftung beleuchtet die Gründungskonstellationen des Dortmunder Instituts daher im Folgenden von einer weiteren Seite.

Die Eindrücke, die die Rockefeller-Gutachter von ihren Reisen nach Deutschland mitgebracht hatten, waren, wie erwähnt, so ungünstig gewesen, dass die Stiftung daraufhin von ihren eigentlichen Förderprinzipien abwich. Reorientierung und Ausbildung umschrieben in den nächsten Jahren ihre deutschlandpolitischen Ziele. In Dortmund verhielt sich dies allerdings etwas anders. Robert Havighurst hatte dort während seiner ersten Erkundungsreise im Sommer 1947 einen Besuch abgestattet und offenbar einen äußerst positiven Eindruck gewonnen. Zu diesem Zeitpunkt spiegelten die Arbeitsbedingungen dort gewiss noch die allgemeine Lage des Lebens im Nachkriegsdeutschland, und es fehlte an Wohn- und Arbeitsräumen, Heiz- und Arbeitsmaterialien und Büchern. Trotzdem hatten die Mitarbeiter damit begonnen, die drängendsten sozialen Probleme empirisch zu erfassen und widmeten sich beispielsweise der Entwicklung der Lohn- und Lebenshaltungskosten und der Flüchtlingsfrage im Ruhrgebiet. Havighurst wurde in der Folge zu einem überzeugten Unterstützer des Instituts, denn in ihm schien nun doch eine Einrichtung gefunden zu sein, an der eine angewandte, multidisziplinäre Sozialforschung im Sinne der Stiftung betrieben wurde: „a place where the social sciences of economics, sociology, social psychology, and law are all being developed in close touch with the practical problems of the industrial Ruhr [...],"[43] wie er später festhielt. Der Pädagoge sah die Sozialforschungsstelle auf dem Weg zu einem erstklassigen Ausbildungsort für junge Sozialwissenschaftler – es fehle eigentlich nur noch die stärkere Integration von Sozialanthropologie und Sozialstatistik. Und Havighurst war nicht

---

und Verhaltensweisen bei westdeutschen Jugendlichen (siehe dazu die Publikation der Studie: Pipping et al.: Gespräche). Vgl. Neuloh: Entstehungs- und Leistungsgeschichte, S. 17, 26ff.; Sozialforschungsstelle: 1946-1956, S. 20; zum organisatorischen Hintergrund der Studie: Arnold: Evidence, S. 258f.

41 Vgl. die Aufstellung in Weyer: Westdeutsche Soziologie, S. 435ff.

42 Benannt nach dem Hohen Kommissar für Deutschland John McCloy. Vgl. Übersicht über die rechtlichen Verpflichtungen und Leistungen der Stadt Dortmund gegenüber der Gesellschaft Sozialforschungsstelle, 15.4.1959, S. 5. StAD. Bestand 141, lfd. Nr. 105.

43 Robert J. Havighurst: Tagebuch. Eintrag vom 6. August 1953, zit. n. Staley: Rockefeller Foundation, S. 261.

der Einzige, dem der Ansatz der Dortmunder zugesagt hatte. Im Sommersemester 1948 kam der Soziologe Everett C. Hughes als erster Gastprofessor nach Deutschland und eröffnete damit das Austausch-Programm zwischen den Universitäten Chicago und Frankfurt.[44] Er verbrachte vier Monate am Main, in denen er versuchte, den deutschen Studenten amerikanische Sicht- und Forschungsweisen zu vermitteln, und die er zugleich für eigene Feldforschungen nutzte.[45] Außerdem unternahm er einige Reisen in andere Universitätsstädte und machte sich bei dieser Gelegenheit auch in Dortmund mit den laufenden Forschungsarbeiten vertraut. Hughes war, so überliefern es seine Tagebücher, offensichtlich angetan von der Arbeit des Instituts und besonders interessiert an den Untersuchungen über die Vertriebenen und die Probleme der Industriearbeit. Da auch der eine oder andere Stoßseufzer über die kaum zur Feldforschung zu animierenden Studenten und Wissenschaftler in Frankfurt darin überliefert ist – für den Schüler von Robert Park kaum begreiflich, bot ihm doch die Nachkriegssituation schier prototypisch spannende Möglichkeiten, vom praktischen Nutzen nicht zu reden – müssen die aktuellen und problemorientierten Arbeiten tatsächlich positiv hervorgestochen sein. Der Chicagoer kam zu dem Schluss, dass es sich in Dortmund um die vielversprechendste Einrichtung für sozialwissenschaftliche Forschung in Deutschland handelte.

Empirische Forschung war für die Funktionäre der Rockefeller-Stiftung keineswegs gleich empirische Forschung. Erkennen lässt sich das beispielsweise an der Einschätzung der beiden in Frankfurt ansässigen Institute, die die europäischen Repräsentanten nach New York übermittelten.[46] Am Soziographischen Institut von Ludwig Neundörfer[47] wurden Arbeiten durchgeführt, die ebenfalls auf drängende

---

44 Das Folgende nach Fleck: Transatlantische Bereicherungen, S. 447-456, der eine ausführliche Darstellung von Hughes Aufenthalt in Frankfurt bietet.

45 Offenbar plante der „kulturelle Mittler" ein Buch, in dem er sich mit seiner eigenen Rolle im besetzten Deutschland auseinandersetzen wollte, das aber nie Realität wurde. (Fleck: Transatlantische Bereicherungen, S. 454f.) Zu dem zweiten Problem, das ihn beschäftigte, hielt er 1948 einen Vortrag an der McGill University in Montreal. Es war ein Versuch, anhand der Eindrücke, die er vom Umgang der Deutschen mit ihrer jüngsten Vergangenheit gesammelt hatte, die sozialen Mechanismen herauszufiltern, die – trotz der angenommenen überwiegenden Mehrheit von „guten Deutschen" – das NS-Regime und dessen Verbrechen ermöglicht hatten. Er wurde allerdings erst 1962 publiziert. (Hughes: Good People. Siehe dazu auch die scharfe Replik von Arnold M. Rose: Comment; sowie Hughes recht knappe Antwort: Hughes: Rejoinder to Rose).

46 Dazu Staley: Rockefeller Foundation, S. 258-261.

47 Zum Soziographischen Institut, das 1943 an der Universität Frankfurt gegründet wurde, und zu Neundörfers Arbeiten im Rahmen der nationalsozialistischen Siedlungsplanung und Raumordnungspolitik vgl. Klingemann: Soziologie im Dritten Reich, S. 87ff.; Mai:

soziale Probleme und administrative Bedürfnisse ausgerichtet waren. Die Gutachter Frederic Lane und Philip Mosely äußerten sich daher beide lobend über den Versuch, nutzbringende Informationen zu erzeugen, die entsprechende Maßnahmen effektiver gestalten beziehungsweise deren Effizienz auch überwachen konnten. Mosely entdeckte an einer Studie zum Flüchtlingsproblem in Schlüchtern sogar demokratisches Potential. Als Nebenprodukt fördere sie die Aufmerksamkeit der Gemeinde für die eigenen Belange und animiere zu einer Selbsthilfe, die sich nicht mehr nur auf zentralisierte bürokratische Entscheidungen verließ. Dennoch entsprach das Institut nicht ganz den Standards der Stiftung, denn Neundörfers Empirie hatte zwei Haken. Sie war zu sehr auf ad hoc-Methoden aufgebaut, und es mangelte ihr an Fundierung in allgemeinen Prinzipien, wie die Gutachter befanden. Neundörfer sei kein systematischer Denker, der eine allgemeine Bedeutung in seinem Survey-Material suchte. Deshalb fehlte ihm auch, Minuspunkt Nummer zwei, die wissenschaftliche Legitimierung an der Frankfurter Fakultät, so dass kaum multiplikatorische Wirkung zu erwarten war.[48] Das genaue Gegenteil traf auf das renommierte Institut für Sozialforschung zu. Während Neundörfer zu empirisch vorging und deshalb mehr Zähler und Planer als Wissenschaftler war, misstrauten die Rockefeller-Mitarbeiter der Verbindung von Sozialphilosophie und empirischer Sozialwissenschaft, die die kritischen Theoretiker dort forcierten. Horkheimer und Adorno hatten die amerikanischen Techniken nach ihrer Rückkehr nach Deutschland zwar stark gemacht, aber die Vertreter der Stiftung hegten den Verdacht, dass dies mehr aus strategischen Motiven geschah und die eigentlichen Anliegen des Instituts andere waren. Eine Soziologie aber, die in ihrer grundsätzlichen Fragestellung philosophisch blieb und durch empirische Methoden nur ergänzt werden sollte, passte ebenfalls schlecht in das Konzept der *Social Sciences*, das die Stiftung verfolgte.[49]

In Dortmund schienen die Konditionen indessen weitgehend zu stimmen, denn schon im Sommer 1948 machte Robert Havighurst auf seiner zweiten Europareise dort wieder Station, um die Modi eines möglichen Engagements der Stiftung zu be-

---

Rasse und Raum, S. 134ff., zur Entwicklung von Neundörfers soziographischer Methode 104ff.; unter der Perspektive der „rekursiven Kopplungen" auch: Gutberger: Fallbeispiel.

48   Trotz dieser Einschätzung unterstützte die Stiftung das Soziographische Institut in geringem Umfang – denn, wie der Gutachter Lane vermerkte, es gab höchstens ein oder zwei Institute, an denen Studenten an der Survey-Forschung mitarbeiten konnten. Staley: Rockefeller Foundation, S. 260.

49   „[T]hey are putting a lot of energy into earning money by carrying through investigations done by methods they don't believe in," urteilte Frederic Lane über die Arbeit am Institut. Der Amerikaner zweifelte umgekehrt an der Tragfähigkeit des Frankfurter Ansatzes, der keine Ergebnisse zur Folge zu haben schien. Frederic Lane an Joseph Willits, 21.-26.2.1953, zit. n. Staley: Rockefeller Foundation, S. 260.

sprechen.⁵⁰ Das Ergebnis war ein Forschungsprojekt zu den sozialen Bedingungen der Produktivitätsentwicklung der Ruhrindustrie. Für den wirtschaftlichen Aufbau der neu gegründeten Bundesrepublik war eine rasche Erhöhung der Produktion in Bergbau und Schwerindustrie Grundbedingung. Besatzungsmächte und Regierung hatten dementsprechend ein großes Interesse daran, die Kohleförderung zu steigern und die Leistungen der Zechen zu optimieren. Allerdings hatte sich seit 1946 bereits in mehreren Streikwellen der Bergarbeiter gezeigt, wie viel Konfliktpotential in der Schlüsselregion steckte. Die Sozialforschungsstelle erhielt Anfang 1949 für die Durchführung der Studie eine erste Zahlung von 15.000 Dollar,⁵¹ die auf insgesamt 25.000 Dollar erhöht wurde. (Umgerechnet entsprachen die Leistungen ungefähr 100.000 DM.)⁵² Die finanzielle Hilfestellung war jedoch nur die eine Hälfte der in New York beschlossenen Fördermaßnahmen. Wichtiger noch für das Projekt war die Beteiligung eines qualifizierten Soziologen, der die Mitarbeiter in den amerikanischen Forschungsmethoden ausbilden sollte. Havighurst hatte Everett Hughes vorgesehen, der sich aufgrund seiner Frankfurt-Erfahrung für die Aufgabe empfohlen hätte. Da dies jedoch scheiterte, fiel die Wahl auf Conrad Arensberg. Der Anthropologe gehörte in den USA zu den Schrittmachern einer anwendungsorientierten Disziplin, die ihre Aufmerksamkeit weg von ruralen und exotischen Völkern und hin zur komplexen Organisation industrialisierter Gesellschaften und deren

---

50 Vgl. Sozialforschungsstelle: Jahresbericht 1948, S. 8f. Der positive Eindruck Havighursts kam auch darin zum Ausdruck, dass die Stiftung im gleichen Jahr einen Antrag Nels Andersons ablehnte, der um Unterstützung für die (spätere) Darmstadt-Studie gebeten hatte. Havighurst hatte daraufhin die Sozialforschungsstelle als die geeignetste Einrichtung für eine solche Aufgabe vorgeschlagen: „This Center has been carrying on studies on a county in Westphalia and has a staff organized in seven divisions which possesses a good deal of competence in social research. They have asked us to help them in bringing one or more British (and American) social scientists to work with them and to teach them some of the techniques which are not well known in Germany." Robert J. Havighurst an Nels Anderson, 3.12.1948, zit. n. Gerhardt/Arnold: Zweimal Surveyforschung, S. 210, Anm. 131.

51 Die Zahl nennt Krohn: Marshall-Plan, S. 244.

52 Der Wechselkurs für den Dollar wurde nach der Währungsreform auf 4,20 DM festgelegt. Letztlich ist die gesamte Aufstellung aber eine ungefähre, da die finanziellen Leistungen der Rockefeller-Stiftung für die Studie aus den Unterlagen der Sozialforschungsstelle nicht mehr zu ermitteln sind. Die 25.000 Dollar nannte Otto Neuloh (Neuloh: Die Sozialforschungsstelle als Modell, S. 40) mehr als 25 Jahre später. Wenn es um den Gesamtaufwand geht, muss außerdem eingerechnet werden, dass die Stiftung auch den Aufenthalt der amerikanischen Berater finanzierte. Nach den Hinweisen in Krohn: Marshall-Plan, S. 244 muss man mindestens 23.000 Dollar addieren. Hinzu kamen höchstwahrscheinlich Fördermittel der Notgemeinschaft der Deutschen Wissenschaft.

Problemen lenkte.⁵³ Er hatte sich bereits in den dreißiger Jahren durch seine Dissertation über den „Irish Countryman" ausgewiesen, die bald zu einem Klassiker wurde – vor allem, weil sie detaillierte Anleitungen für die anthropologische Methode der Beobachtung bereithielt.⁵⁴

Zwischen Herbst 1949 und Herbst/Winter 1950 begleitete Arensberg zusammen mit seinem damaligen Assistenten Max Ralis die Arbeit der Dortmunder Mitarbeiter.⁵⁵ Ihre Anwesenheit sorgte, so formulierte es der Jahresarbeitsbericht der Sozialforschungsstelle, für „wertvolle Hinweise" und ein „intensives Training auf methodologischem und arbeitstechnischem Gebiet".⁵⁶ Die Berichte, die der amerikanische Wissenschaftler nach New York sandte, ließen hingegen die Herausforderung erkennen, die die Entwicklungshilfe aus den USA für beide Seiten bedeutete.⁵⁷ Seine Aufgabe hatte Arensberg darin gesehen, ein Forschungs- und Ausbildungsprogramm zu verankern, das die amerikanischen Untersuchungstechniken und Forschungsroutinen nutzte. In Dortmund erfuhr er jedoch bald, dass es primär darum gehen musste, den amerikanischen Import so zu präsentieren und anzupassen, dass er für die Deutschen anwendbar wurde. Der ‚Theorie' hatten die Dortmunder Forscher zwar offiziell entsagt, aber Arensberg betonte, dass er zu einem großen Teil damit beschäftigt war, die theoretische Basis hinter den neuen Methoden zu erklären, die von den Mitarbeitern dann in die eigene sozialwissenschaftliche Perspektive übersetzt werden konnten. Der Amerikaner sah in diesem Zwang die Altlasten der deutschen akademischen Tradition. „To raise a method to scientific dignity they need to see it as more than an operating technique; they need to see its historical continuity and to give it scholastic authority." Aber seine Anmerkungen legen nahe, dass den Methoden aus den USA zunächst einmal der Bezug zum Gesellschaftsver-

---

53 Wie viele andere amerikanische Sozialwissenschaftler auch hatte Conrad Arensberg zuvor den Kriegsdienst der Wissenschaften geleistet. Nach dem Krieg arbeitete der Anthropologe am *Strategic Bombing Survey* und als Berater für verschiedene Regierungsstellen. Im Frühjahr 1952 wurde er Forschungsdirektor des UNESCO-Instituts für Sozialwissenschaften in Köln, bevor er endgültig zurück an die Columbia University ging und Nels Anderson im Herbst des gleichen Jahres den Kölner Posten übernahm. Zu Arensberg vgl. den entsprechenden Eintrag in „Contemporary Authors" sowie verschiedene Nachrufe: Columbia Universität (http://www.columbia.edu/cu/pr/96_99/19048.html, 29.10.2015); AnthroWatch V (1997), S. 25f.; New York Times vom 16.2.1997; American Anthropologist 101 (1999), S. 810-813.
54 Arensberg: Irish Countryman. Vgl. auch unten, S. 162f.
55 Man darf wohl annehmen, dass hauptsächlich der Assistent Max Ralis kontinuierlich vor Ort präsent war: Er blieb über ein Jahr in Dortmund. Vgl. Sozialforschungsstelle: Bericht 1949/50, S. 13.
56 Sozialforschungsstelle: Bericht 1950/51, S. 9, 14.
57 Siehe Staley: Rockefeller Foundation, S. 262f.

ständnis der Dortmunder Wissenschaftler fehlte. Sie waren nicht ohne Weiteres als Operationalisierung, als technisches Knowhow für die eigenen Frage- und Sichtweisen verwendbar, sondern setzten eine Vermittlung zwischen der eigenen und der neuen Perspektive voraus. Ohne diese besaßen sie kaum Anwendungspotential. „Otherwise new concepts are interesting exotic definitions and concepts, to be played with as such, no more."[58]

Das Ergebnis des breit angelegten Forschungsunternehmens erschien 1953 unter dem Titel „Bergmann und Zeche". Carl Jantke, der ab 1950 Leiter der Abteilung für Wirtschafts- und Sozialgeschichte und Conrad Arensbergs erster Ansprechpartner gewesen war, wies die Arbeit in seinem Vorwort als „Pilot-Studie" aus,[59] und wenn man das Verhältnis der Sozialforschungsstelle zur *Rockefeller Foundation* und der amerikanischen Sozialwissenschaft nachvollziehen möchte, muss man seine Charakterisierung ernst nehmen. Hinsichtlich des ökonomischen Aspekts hat Jens Adamski wahrscheinlich zu Recht darauf hingewiesen, dass das Gewicht der finanziellen Unterstützung im Gesamthaushalt und im Vergleich mit anderen Großgeldgebern nicht zu hoch angesetzt werden dürfe.[60] Aber um die Bedeutung des amerikanischen Förderprojekts zu ermessen, greift eine bloße Quantifizierung etwas zu kurz. Bildlich gesprochen betraten die Dortmunder Sozialforscher im November 1949 zum ersten Mal die Welt, die sie beschreiben wollten: eine Zechenanlage im Kreis Recklinghausen. Zuvor basierte die Arbeit am Institut vornehmlich auf der sekundären Auswertung an anderer Stelle erhobener Daten, vor allem Material der statistischen Ämter kam zum Einsatz. Die Amerikaner führten dagegen die ‚Feldforschung' und deren Arbeitsorganisation ein. Mittels Fragebogentechnik, Interviews und durch ‚teilnehmende Beobachtung' erkundete ein ganzes Team von Mitarbeitern ein knappes Jahr lang Arbeit und Leben im Bergbau. Die Sozialforscher folgten den Bergleuten auch unter Tage – ein Novum, auf das man besonders hinwies –, um die Arbeitsabläufe, das Gruppenverhalten, die Einstellungen der Bergleute zu verstehen. Drei Mitglieder des Forschungsteams lebten und arbeiteten über zehn Monate in dem Ort.[61]

---

58 Beide Zitate aus: Conrad Arensberg an Norman S. Buchanan, 28.11.1949, zit. n. Staley: Rockefeller Foundation, S. 262.
59 Jantke: Bergmann und Zeche, S. 3.
60 Adamski: Ärzte, S. 53ff., bes. S. 54f., Anm. 98 und S. 59. Adamski geht es mit diesen Zahlen indessen vor allem um ein Gegenargument zu Interpretationen, die noch immer die USA als wichtigsten Förderer empirischer Sozialforschung betrachten und in den vergangenen Jahren beispielsweise durch Uta Gerhardt vehement vertreten wurden (vgl. z. B. Gerhardt: Denken der Demokratie).
61 Insgesamt waren (außer den beiden Gastwissenschaftlern) acht wissenschaftliche Mitarbeiter an der Planung und Durchführung beteiligt, neben Otto Neuloh, ihrem Leiter, wurde die Feldarbeit von vier Kräften ausgeführt. Außerdem wird ein weiterer, „an der

Das praktische Interesse an größtmöglicher Produktivität und der ‚Entstörung' von Arbeitsabläufen war unzweifelhaft kein neues, geschweige denn ein amerikanisches Phänomen. Aber die soziologischen Ansätze, die während der Weimarer Jahre den Betrieb als Sozialgebilde beschrieben und untersucht hatten, waren während des Nationalsozialismus zurückgedrängt worden. Stattdessen hatten sich verstärkt betriebswirtschaftlich orientierte Arbeitswissenschaftler und Arbeitsphysiologen des Zusammenspiels von Menschen, Technik und (nationalsozialistisch definierten) Arbeitszielen angenommen.[62] In „Bergmann und Zeche" indes nahmen die Mitarbeiter sozialpsychologische und -anthropologische Theorien auf und gingen den sozialen Beziehungen innerhalb des Betriebes nach. Die Meinungen und Einstellungen der Arbeiter, ihr Denken und Empfinden traten ins Zentrum der Aufmerksamkeit. Welche Auswirkungen hatte das für den Bergbau signifikante Entlohnungssystem[63] auf die Einstellung der Bergleute zu den Kollegen, zu den Vorgesetzten, zu ihrer Arbeit im Allgemeinen? Welche Interessengruppen bildeten sich dadurch innerhalb der Bergarbeiterschaft? Wie schätzten sie die Arbeitsbedingungen ein? Welche Atmosphäre herrschte zwischen den Bergleuten und den Vorgesetzten und den Betriebsräten? Wie abgesichert fühlten sie sich gegenüber Berufskrankheiten und Arbeitsunfähigkeit durch das Versorgungssystem im Bergbau? All das waren

---

Erhebung nicht beteiligte[r]" wissenschaftlicher Mitarbeiter erwähnt, der als Untertagearbeiter „rein eindrucksmäßig über bestimmte Sachverhalte" berichten sollte, „die bereits Gegenstand der Befragung gewesen waren." Jantke: Bergmann und Zeche, S. 5; vgl. auch Sozialforschungsstelle: Bericht 1949/50, S. 13.

62 Im großen Bereich der Arbeitswissenschaften dominierten die Forschungen zur physischen und psychischen Einsatz- und Leistungsfähigkeit. Wie und wo ließ sich die Produktion durch den Einsatz von Frauen, Jugendlichen, älteren oder körperlich eingeschränkten Menschen steigern? Wie sah der Zusammenhang zwischen Ernährungslage und Leistung aus? Wie ließ sich die physische und psychische Eignung von Arbeitern bestimmen? Wie ließen sich Arbeitsprozesse rationell und effektiv organisieren? Vgl. Raehlmann: Arbeitswissenschaft, S. 109ff., 128f., 141ff., 168ff.

63 Die sogenannten „Gedinge" beschrieben eine Lohnvereinbarung, die individuell oder für Gruppen zwischen Bergleuten und der Betriebsleitung ausgehandelt wurde. Sie war dem Akkordlohn ähnlich, weil sie auf eine definierte Arbeitsleistung, also auf eine bestimmte, zu gewinnende Menge an Erz oder Kohle bezogen wurde. Diese Arbeitsleistung indessen wurde in Abhängigkeit von der Leistungsmöglichkeit der Bergleute festgelegt, die aufgrund der unterschiedlichen Einsatzgebiete und deren natürlicher Verhältnisse (etwa Flöz, Gesteinsdruck, Temperatur) variierte. Das hatte zur Folge, dass die Frage der Entlohnung beständig aufs Neue ausgehandelt wurde und es zudem unterschiedlich entlohnte Gruppen innerhalb der Belegschaft gab, die nicht allein hierarchisch definiert waren. Das Gedinge und das diesem inhärente Konfliktpotential bildeten einen Ausgangspunkt der Studie. Vgl. dazu Jantke: Bergmann und Zeche, S. 33-42.

Fragen, die davon ausgingen, dass die Schwierigkeiten im industriellen Betrieb aus Gruppenkonflikten resultierten: aus Misstrauen und Rivalitäten zwischen einzelnen Gruppen, aus der Unkenntnis oder dem Missverstehen der Bedingungen des Betriebs. Und es waren Fragen, die sowohl mit der Produktivitätsentwicklung im Bergbau als auch mit der Neuordnung der Wirtschaft zusammenhingen. Die Sozialisierungsforderungen der unmittelbaren Nachkriegszeit spielten zwar am Ende der vierziger Jahre kaum noch eine Rolle, aber in abgeschwächter Form tauchten sie in den Auseinandersetzungen um die betriebliche Mitbestimmung auf, die die bisher rein autoritäre Betriebsverfassung demokratisieren sollte. (Ihre gesetzliche Grundlage erhielt sie 1951 im Montanmitbestimmungsrecht und im Betriebsverfassungsgesetz von 1952.) Das Verhalten der Beschäftigten wurde also auch hinsichtlich ihrer Bereitschaft zur Kooperation im Rahmen der veränderten Spielregeln in den Betrieben interessant.

Die Initialwirkung der deutsch-amerikanischen Zusammenarbeit lässt sich am Enthusiasmus ablesen, mit dem 1951 die nächste Zukunft der Sozialforschungsstelle geplant wurde. Zahlreiche Anfragen von Industriebetrieben, die schon vor der Veröffentlichung erster Ergebnisse ihr Interesse an der Untersuchung angemeldet hatten, bestätigten außerdem den eingeschlagenen Kurs und die praktische Bedeutung der Institutsarbeit.[64] Der Tätigkeitsbericht zum Jahr 1950 geriet unter dem Eindruck der jüngsten Erfahrungen zu einem Dokument des Aufbruchs. Das Institut beanspruchte nun selbstbewusst eine eigenständige Position in der wissenschaftlichen Landschaft Westdeutschlands – bezeichnet durch das Konzept der „Realsoziologie". Es gab neue Schwerpunktsetzungen in seiner Tätigkeit bekannt – Betriebssoziologie als neue Aufgabe des Instituts. Und es kündigte eine arbeitsorganisatorische Umstellung auf flexibel zusammengesetzte Forscherteams an – denn „die Fruchtbarkeit solcher Forschungsgruppenbildungen [...] ist längst an anderen Plätzen und in anderen Ländern erwiesen".[65] Eine ganze Anzahl weiterführender Arbeiten zur Betriebsverfassung, zum Bergarbeiternachwuchs, zur Jugend in den Zechensiedlungen sowie eine *community study*[66] und eine medizinisch-psychologische Studie zum Thema „Arzt und Bergmann" wurden in Angriff genommen.[67] Sie bauten auf der ersten Zechenuntersuchung auf, erweiterten oder präzisierten ihre Problemstellungen und sollten nun ebenso die übrigen Abteilungen und deren Mitarbei-

---

64 Vgl. das Schreiben Otto Neuloh an Gunther Ipsen vom 2.2.1951. SFS Archiv, ONr. VII, PAW Gunther Ipsen.
65 Sozialforschungsstelle: Bericht 1950/51, S. 6ff., Zitat S. 8.
66 Vgl. dazu Kap. 5 der vorliegenden Arbeit.
67 Da ein breites Interesse an den betriebssoziologischen Erkenntnissen zu bestehen schien, hofften die Leiter mittels dieser Projekte auch die Forschungszuschüsse erhöhen und die Finanzierung des Instituts sicherstellen zu können. Otto Neuloh an Gunther Ipsen vom 2.2.1951. SFS Archiv, ONr. VII, PAW Gunther Ipsen.

ter einbeziehen.[68] Auch die industriesoziologische Forschungsarbeit, aus der die 1957 publizierten Titel „Technik und Industriearbeit" und „Das Gesellschaftsbild des Arbeiters" hervorgingen und durch die sich Bearbeiter und Institut einen Namen in der westdeutschen Soziologie machten, lebte von den gesammelten Anregungen und Erfahrungen.[69]

Man darf den begeisterten Bekenntnissen zum ‚neuen Stil' aus den USA wohl getrost ein gewisses Quantum standortpolitischen Kalküls unterstellen – die amerikanische Sozialwissenschaft versprach schließlich Fördermittel und Ansehen.[70] Das löst das Verhältnis zu den transatlantischen Importen aber keinesfalls in opportunistische Oberflächengestaltung auf. Für die Sozialforschungsstelle bedeutete die Starthilfe der Amerikaner gewiss mehr als nur einen warmen Regen, der einen klammen Haushalt aufbesserte. Wirft man einen Blick auf die Arbeiten des Jahres 1948, so fällt auf, dass neben eher kurzatmigen Kommentaren zu tagesaktuellen Fragen keine sozialwissenschaftlichen Untersuchungen mit einem grundlegenderen Erkenntnisziel in Angriff genommen worden waren. Grundlagenforschung oder „Problemfindung" führt der Arbeitsbericht nur in der volkskundlichen Arbeit Wilhelm Brepohls zum „Aufbau des Ruhrvolks im Zuge der Ost-West-Wanderung" an, die aus seinen Untersuchungen der vierziger Jahre hervorgegangen war. Auch die weiteren Planungen blieben unbestimmt. Das mag zu einem Teil der unsicheren finanziellen Lage vor der Währungsreform geschuldet gewesen sein. Es legt aber auch den Schluss nahe, dass es den Sozialwissenschaftlern bis dahin nicht gelungen war, die sozialen ‚Störungen' einer recht unübersichtlichen Gegenwart in eine wis-

---

68 „Noch sind nicht alle Abteilungen des Instituts auf dieses Profil der Sozialforschungsstelle hin geformt. Es mußte sich zunächst einmal die Mitte realsoziologischer Forschung in einer bestimmten Gruppe entwickeln, und als solche ergab sich schon aus der Größe der Aufgabenstellung heraus die Rockefeller-Forschungsgruppe. Aber schon seit mehreren Monaten sind Mitarbeiter anderer Abteilungen in diese Mitte einbezogen und haben Zugang zu Gegenstand und Methode dieser Forschung gefunden. Es ist zu erwarten, daß in wenigstens ein bis zwei Jahren der gesamte Mitarbeiterstab der Sozialforschungsstelle in eine Beziehung zu der neuen Richtung gelangen wird." Sozialforschungsstelle: Bericht 1950/51, S. 7.

69 Auch diese 1953 begonnenen Arbeiten wurden wieder von der Rockefeller-Stiftung mitfinanziert. Verantwortlich für sie zeichneten Heinrich Popitz, Hans Paul Bahrdt, Ernst August Jüres und Hanno Kesting. Popitz et al.: Technik und Industriearbeit; ders. et al.: Gesellschaftsbild des Arbeiters. Vgl. dazu auch Schellhase: Industrie- und betriebssoziologische Untersuchungen, S. 161ff.

70 Vgl. z. B. einen bereits 1949 in der Westfälischen Rundschau erschienenen Bericht, der unter dem fast schon triumphalen Titel „Dortmund interessiert New York" über die Verhandlungen mit der Rockefeller-Stiftung und die geplante Bildung eines „Social Research Centre" informierte. Westfälische Rundschau, 26.3.1949.

senschaftliche Perspektive und ein Forschungsprogramm umzusetzen. Beides bot die amerikanische Förderung. Dennoch wäre es nicht angemessen, von einer ‚Amerikanisierung' zu sprechen. Die günstigen Voraussetzungen, die die *Rockefeller Officers* in Dortmund entdeckt und zu nutzen gesucht hatten, ermöglichten die Aufnahme von neuen Impulsen und Methoden – jedoch nur, soweit sie anschlussfähig an bestehende Konzepte waren.

4.3 POSITIVISMUS UND REFORMWISSENSCHAFT

In der Programmatik der Sozialforschungsstelle ließ sich eine gewisse Ambivalenz nicht verleugnen. Ihre Gründungsväter waren ‚Praktiker' und planten das Institut als ein Instrument des staatlichen Gestaltungswillens. Zugleich fassten sie aber ihre Arbeit als unabhängige Grundlagenforschung auf. Das Ideal konnte zwar enger oder großzügiger ausgelegt werden – schließlich war man auf Fördermittel angewiesen und die Arbeiten mussten daher einen gewissen Nutzen und Mehrwert versprechen. Dennoch schmälerte dies nicht den Anspruch, eine von Partikularinteressen freie, umfassende und objektive Gesellschaftsanalyse zu betreiben. Dass diese widersprüchliche Vorstellung in gewisser Weise aufgehen konnte, hatte nicht zuletzt etwas mit der Stellung zu tun, die die Dortmunder der empirischen Sozialforschung zuwiesen.

Um sie, das heißt, um ihren Rang im Erkenntnisprozess und um das Verhältnis von Theorie und Empirie wurden in der Soziologie der fünfziger Jahre teilweise erbitterte Kontroversen geführt.[71] Vordergründig drehten sich diese Debatten um Grundsatzfragen, denn es ging um die epistemologische Basis und die Arbeitsweise einer sich ausbildenden Disziplin. Strittig waren die eigentlichen Erkenntnisinteressen, die Feinheit von Forschungsmethoden und deren Anwendungspotential, Aussagekraft und Reichweite der entwickelten Instrumente und die Deutungshorizonte der Arbeiten. Hinter ihnen stand jedoch ein sehr viel weiter greifendes Problem: nämlich die Frage, wo die empirische Sozialwissenschaft selbst innerhalb der Gesellschaft stand und auf welche Weise sich die Wissenschaft mit ihrem empirischen Forschungsbetrieb auf die gesellschaftliche Lage nach 1945 einlassen sollte und konnte.

Das Dortmunder Institut positionierte sich in dieser Hinsicht eindeutig. Ob kontemplativ oder in gestaltender Absicht geforscht wurde, stand kaum mehr zur Dis-

---

71 In gewisser Weise fanden sie ihren innerdisziplinären Höhepunkt im sogenannten „Positivismusstreit" (Theodor W. Adorno) der sechziger Jahre, in dem sich die Vertreter des Kritischen Rationalismus (Popper, Albert) und die der Kritischen Theorie (Adorno, Habermas) gegenüberstanden. Dazu: Adorno et al.: Positivismusstreit; Dahms: Positivismusstreit.

kussion. Aus der gestellten Aufgabe, eine Brücke zwischen Wissenschaft und Praxis zu schlagen und auf diesem Wege das gesellschaftliche Wohl zu mehren, leitete seine Gründergeneration auch die einzig angemessen scheinende Vorgehensweise ab. Wieder war es Otto Neuloh, der die Direktive, mit der die Sozialforschungsstelle an den Start ging, am unmissverständlichsten formulierte. ‚Pragmatismus' musste eine Forschung leiten, die einzig und unmittelbar an ihrem Objekt interessiert war. Der Empirie, die sich an den gestellten Problemen erprobte, war daher der unbedingte Vorzug zu geben. Sie löste nicht nur strenge disziplinäre Grenzen auf – in einer problemorientierten Forschung mussten alle Ansätze, die sich mit Aspekten des Sozialen beschäftigten, vereint werden –, sondern verhieß auch eine Objektivität, die sich über tradierte weltanschauliche Determinierungen hinweg setzte. Neuloh forderte eine Annäherung an die gesuchte soziale Realität, die diese und die eingesetzten Methoden aneinander überprüfte. Ihm schwebte eine Arbeitsweise vor, die an denen der sogenannten exakten Wissenschaften Physik und Chemie angelehnt schien: ein interdisziplinäres, empirisches Experimentieren am Gegenstand.[72] Umfassendere theoretische Vorgriffe wurden dagegen an der Sozialforschungsstelle als ideologische oder politische Befangenheit vorgestellt. Otto Neuloh, Walther Hoffmann[73] oder Bruno Kuske folgten wie viele andere Sozialwissenschaftler in der Nachkriegszeit einer Argumentation, die in der Übernahme der empirischen Methoden eine Auflösung festgefahrener Sichtweisen feierte – sei es soziologisch-systematischer oder politischer (belasteter) Art. Die Gesellschaftstheorien der zwanziger Jahre wurden zusammen mit der Entscheidung zwischen „rechts" und „links", konservativ oder reformerisch vielfach zur lähmenden Glaubensfrage erklärt, während die Empirie den unverstellten Blick auf die „Tatsachen" eröffnete. Otto Neuloh vermerkte dazu: „Sie [eine künftige, angewandte Sozialforschung,

---

72 Vgl. Neuloh: Sozialforschung – eine öffentliche Angelegenheit, S. 11. Walther Hoffmann machte deutlich, wie sehr es dabei auch um die Entwicklung von Methoden und Instrumenten gehen musste, die dem veränderlichen Forschungsobjekt des „Sozialen" und dessen Anforderungen angemessen waren. Hoffmann: Sozialforschung als Aufgabe, S. 323.

73 Der 1903 geborene Münsteraner Wirtschaftswissenschaftler Walther Hoffmann war von 1946 bis 1960 Direktor des Instituts. Er hatte seine Karriere in den dreißiger Jahren als Abteilungsleiter am Institut für Weltwirtschaft in Hamburg begonnen und – nach einer Kieler Dozentur bzw. außerordentlichen Professur, die er von 1936 bis 1943 inne hatte – 1944 einen Ruf nach Münster erhalten, wo er bis zu seiner Emeritierung im Jahr 1969 ordentlicher Professor für Volkswirtschaftslehre war. Hoffmanns Rolle als Wissenschaftsorganisator und Politikberater – so stand Hoffmann in den 1950er und 1960er Jahren insgesamt vier Forschungsinstituten als Direktor vor, pflegte enge Beziehungen zur Industrie und war Mitglied des wissenschaftlichen Beirats des Bundeswirtschaftsministeriums – ist bisher noch unerforscht. Vgl. die älteren Beiträge bzw. Nachrufe: Hardach: Walther G. Hoffmann; Hesse: Walther G. Hoffmann.

U.K.] muß damit auf die Idee eines geschlossenen Gedankengebäudes, einer systematischen Theorie vorläufig Verzicht leisten und einem Pragmatismus huldigen, der in weiten Bereichen der Forschung als unwissenschaftlich bezeichnet wird."[74] Die Sozialforschungsstelle trat dementsprechend mit einem weitgehenden Verzicht auf gesellschaftliche Theoriebildung an, für den bald, mit der amerikanischen Unterstützung im Rücken, die Bezeichnung der „Realsoziologie" gefunden wurde. Mit diesem genuin empirischen Ansatz beanspruchte das Institut einen singulären Platz in der wissenschaftlichen Landschaft:

„Während z. B. Heidelberg seit Jahrzehnten als Vorort der Kultursoziologie anerkannt ist und in Köln Ursprung und Gestalt der Formalsoziologie schon durch die Wirksamkeit von Prof. von Wiese über den Rahmen der deutschen Sozialforschung hinaus bekannt sind [...], ist die Sozialforschungsstelle Dortmund ohne solche Vorteile der Tradition allmählich zu einem Profil in einer neuen Richtung soziologischer Forschung geworden, die man als Realsoziologie bezeichnen könnte. Darunter ist jene Art des soziologischen Denkens zu verstehen, die sich ohne Orientierung an den Erkenntnissen der theoretischen Soziologie und ohne die Frage nach den Einflußkräften der Ideologien und Ismen zunächst mit Beobachtung und Befragung der Wirklichkeit nähert."[75]

Folglich spielte auch die Frage, wohin diese Absicht zielte, ob man sich eher am „Status quo" orientieren sollte, „restaurativ" oder „reformerisch" agierte, programmatisch keine Rolle. Walther Hoffmann verdeutlichte dies in seiner Aufgabenbeschreibung wiederum anhand eines Vergleichs mit Arzt oder Anwalt. (Wobei er über die zwangsläufige Parteilichkeit des Anwalts hinwegsah.)

„Was die Sozialwissenschaft leisten kann, ist die analytische Aufrollung der Spannungsprobleme und eventuell in einigen Fällen die Darlegung von theoretischen Lösungsmöglichkeiten. Dabei muß es dem Handelnden überlassen bleiben, wieweit er davon Gebrauch machen will. Arzt und Anwalt können ihren Patienten bzw. Klienten nur Mittel und Wege aufzeigen, die der Fragende nutzen muß, um zu einem gegebenen Ziel zu gelangen. [...] Was dagegen *nicht* Sache sozial*wissenschaftlicher* Arbeit ist – und das sei ausdrücklich ausgesprochen –, ist die Verteidigung bestimmter sozial*politischer* Ziele. Hier muß sich der Wissenschaftler bescheiden und seine Grenzen kennen. [...] Seine Stärke liegt darin, gegebenenfalls der Öf-

---

74 Neuloh: Sozialforschung – eine öffentliche Angelegenheit, S. 11.
75 Es muss auffallen, dass diese Positionierung 1950/51 erfolgte, als die Rockefeller-Förderung für „Bergmann und Zeche" offenbar nicht nur zum Ausbau der betriebssoziologischen Forschung, sondern auch zu einem neuen Selbstbewusstsein des Instituts geführt hatte. Sozialforschungsstelle: Bericht 1950/51, S. 6f.

fentlichkeit aus eigener Initiative zu sagen, was ist und was – bei bestimmten Voraussetzungen – sein könnte."[76]

Die Sozialforschung erarbeitete die Einsichten und zeigte die Optionen auf. Wie diese schließlich aufgenommen und umgesetzt wurden, dafür zeichnete die Wissenschaft nicht verantwortlich, beziehungsweise dafür sollte sie nicht verantwortlich zeichnen. Der Direktor der Forschungsstelle bekräftigte mit diesen Ausführungen letztlich noch einmal die Einhaltung der traditionellen Trennung der beiden Sphären Wissenschaft und Politik – ein für ein solch „angewandtes" Institut doch bemerkenswert doppelbödiger Kunstgriff.

Man kann dieses Verständnis den differierenden Positionen gegenüberstellen, die sich in der Soziologenschaft der fünfziger Jahre immer deutlicher ausprägten und die Koordinaten des wissenschaftlichen Feldes vorgaben. Obwohl dies der Vielfalt der Ansätze und Meinungen bekanntermaßen so nicht gerecht wird, werden sie doch der Einfachheit halber zumeist in die drei großen „Schulen" Köln, Frankfurt und Hamburg/Münster eingeteilt.[77]

Ein dezidiertes Gegenmodell kristallisierte sich unter dem Markennamen der „Frankfurter Schule" rund um das 1950 wiedereröffnete Institut für Sozialforschung heraus.[78] Vor allem Theodor W. Adorno schärfte in zahlreichen Beiträgen die Frankfurter Position, die er in einer pronocierten Kritik an dem sich nicht allein in Dortmund herausbildenden Forschungsbetrieb entfaltete. Er betonte den Theoriebedarf der empirischen Forschung genauso wie den Empiriebedarf, den eine Theorie der Gesellschaft anmelden musste. Beide stellten, wie der gesamtgesellschaftliche Zusammenhang auf der einen und das soziale Einzelphänomen auf der anderen Seite, reziproke Größen dar, die auch nur als solche zu erkennen seien. Soziologische, wissenschaftliche Erkenntnis begriff Adorno dementsprechend als einen dialektischen Prozess, der sich nicht auseinanderdividieren ließ. Empirische Einzelforschung war nicht denkbar ohne einen problemerschließenden und die Interpretation

---

76 Hoffmann: Sozialforschung als Aufgabe, S. 335, Hervorhebungen im Original.

77 Die folgenden Ausführungen zu diesen drei beherrschenden Strömungen im Wesentlichen nach Kern: Empirische Sozialforschung, S. 220-228.

78 Am Ende der Weimarer Zeit hatte das Institut zu den Pionieren der empirischen Forschung gehört. Nach ihrer Rückkehr nach Deutschland konnten allen voran Max Horkheimer und Theodor Adorno ihre Erfahrungen im amerikanischen Exil für eine Art Monopolstellung in Bezug auf amerikanisches Knowhow nutzen. Während die Techniken in Deutschland jedoch immer stärker verbreitet wurden, arbeiteten sie eine eher kritische Haltung zur amerikanischen Forschung aus. Zur Frankfurter Schule und den Frankfurter Erfahrungen in Amerika siehe Wiggershaus: Frankfurter Schule, S. 171-478; eine dezidierte Gegendarstellung zum Charakter der in den USA entstandenen Arbeiten liefert dagegen Fleck: Transatlantische Bereicherungen, S. 264-427.

leitenden gesellschaftstheoretischen Vorgriff – und die Theorie der Gesellschaft war zugleich auf die realitätsgesättigte, empirische Bestandsaufnahme angewiesen. In der Position Adornos steckte eine nach zwei Seiten ausgerichtete Kritik. Er opponierte, wie die Dortmunder, gegen eine wirklichkeitsferne, geisteswissenschaftliche Spekulation auf der einen Seite und brachte andererseits die Frankfurter Sozialforschung gegen eine „Überamerikanisierung der Amerikaner" in Stellung. In der von Marx ausgehenden Kritik an der bürgerlich-kapitalistischen Gesellschaft und ihrer Herrschaftsmechanismen, die dem Frankfurter Denken zugrundelag, gehörten die traditionelle Theorie und deren losgelöste Überreste zu einer bürgerlichen Wissenschaft, die mit deren Herrschaftsverhältnissen verflochten war und dadurch ihre Reflexionsfähigkeit verloren hatte. Gegen sie spielte Adorno das kritische Korrektiv der empirischen Methoden aus. Die ‚Überamerikanisierung' dagegen lag für ihn in einem unreflektierten Empirismus, der mit dem Rückfall in eine vorwissenschaftliche Beschreibung der sozialen Wirklichkeit einherging.[79] In seinem Problemhorizont lag das Konzept des Frankfurters also auf einer ganz anderen Griffhöhe als das der Sozialforschungsstelle. Empirische Sozialforschung war für ihn die umfassende Aufnahme einer komplexen und in sich widersprüchlichen Realität, der „ganzen Gewalt der widerstrebenden Faktizität", in der keine Zugangsweise, quantitativ wie qualitativ, subjektive wie objektive Analyse, dogmatisiert wurde. Dazu gehörte au-

---

79 In seinem einleitenden Vortrag zur Weinheimer Tagung „Empirische Sozialforschung" führte Adorno dies folgendermaßen aus: „Begegnet uns etwa, unter Berufung auf irgendwelche vorgeblichen Autoritäten geisteswissenschaftlicher Soziologie, die Aussage, daß der sogenannte bäuerliche Mensch sich auf Grund seines wesenhaft konservativen Geistes oder seiner ‚Haltung' gegen Neuerungen technischer und gesellschaftlicher Art sträube, so werden wir bei solchen Erklärungen uns nicht beruhigen. Wir werden den bündigen Ausweis verlangen, daß sie wahr sind. Wir werden also etwa mit den Bauern vertraute Interviewer aufs Land schicken und dazu anhalten, weiter zu fragen, wenn die Bauern ihnen erklären, sie blieben auf ihrem Hof aus Liebe zur Heimat und Treue zu den Sitten der Väter. Wir werden den Konservativismus mit wirtschaftlichen Fakten konfrontieren und dem nachgehen, ob etwa technische Neuerungen in Betriebseinheiten unter einer gewissen Größe unrentabel sind und so hohe Investitionskosten verursachen, daß die technische Rationalisierung in einem solchen Betrieb unrationell würde. Wir werden uns weiter darum bekümmern, ob nicht das Festhalten an Grundbesitz, [...] sich deshalb für die befragten Bauern rechtfertigt, weil sie durch die billigen Arbeitskräfte der eigenen Familie einen höheren Realertrag erzielen, als es ihnen in der Stadt möglich wäre. [...] Es ist selbstverständlich, daß nicht alle empirisch-soziologischen Erhebungen kritische Funktionen erfüllen. [...] Diese objektive, in der Sache gelegene Beziehung zur Aufklärung, zur Auflösung blinder, dogmatischer und willkürlicher Thesen ist es, die mich als Philosophen der empirischen Sozialforschung verbindet." Adorno: Zur gegenwärtigen Stellung, S. 30f.

ßerdem ein Praxisverständnis, das nicht, wie in Dortmund vorgestellt, auf das reibungslose Funktionieren einer sozialen Maschine ausgerichtet war, sondern auf die historische Aufgabe der gesellschaftlichen Veränderung mit dem Ziele der zunehmenden Emanzipation des Menschen.[80]

Allein vom hohen Stellenwert der Empirie her betrachtet lag sicher der Ansatz von René König näher an dem Konzept aus Dortmund. Der Soziologe war nach umfangreichen Studien in Deutschland und Frankreich 1938 in die Schweiz emigriert und schließlich 1950 nach Köln auf den Lehrstuhl Leopold von Wieses berufen worden. Sein Kontakt mit den amerikanischen Methoden hatte sich wohl erst nach dem Krieg intensiviert, dennoch schrieb er sich als der große Vermittler der amerikanischen Soziologie in die Disziplinengeschichte ein. König entwickelte ein relativ einliniges Denken aufeinanderfolgender Schritte der soziologischen Erkenntnis.[81] An ihrem Anfang stand die gesellschaftstheoretisch unvermittelte Hypothesenbildung, es folgte die empirische Verifikation, daraus entstanden empirisch überprüfte Teiltheorien und schließlich, im Idealfalle, die Zusammenfassung der Teiltheorien zu umfassenderen soziologischen Gesellschaftstheorien. Auf das ständige Wechselspiel zwischen Theorie und Empirie verzichtete der Kölner Soziologe also zugunsten einer Ereigniskette, als deren Ausgangspunkt die empirische Forschung funktionierte. Gegen das Frankfurter Modell einer sozialphilosophisch gebundenen Deutungswissenschaft setzte er die empirische Einzelwissenschaft, die „nichts als Soziologie" zu sein hatte. Die Sozialphilosophie – und damit auch Horkheimers und Adornos Verständnis – stand für René König dagegen unter massivem Ideologieverdacht. Sie beziehe sich zwar auf die gesellschaftliche Wirklichkeit, erreiche sie aber nicht, da ihre empirische Arbeit kritiklos verallgemeinernd und unkontrolliert vonstattengehe und ihre Gedankensysteme nichts Anderes als ein Aus-

---

80 In Adornos Worten: „Zugleich obliegt es der eigentlichen Theorie der Gesellschaft, ihre Konzeption unermüdlich an den tatsächlichen Verhältnissen zu messen, heute wie in aristotelischen Zeiten. Gerade eine Theorie der Gesellschaft, der die Veränderung keine Sonntagsphrase bedeutet, muß die ganze Gewalt der widerstrebenden Faktizität in sich aufnehmen, wenn sie nicht ohnmächtiger Traum bleiben will, dessen Ohnmacht wiederum bloß der Macht des Bestehenden zugutekommt. Die Affinität unserer Disziplin zur Praxis, deren negative Momente gewiß keiner von uns leichtfertig einschätzt, schließt in sich das Potential, gleichermaßen den Selbstbetrug auszuschalten und präzis, wirksam in die Realität einzugreifen. Die Legitimation dessen, was wir versuchen, liegt in einer Einheit von Theorie und Praxis, die weder an den freischwebenden Gedanken sich verliert, noch in die befangene Betriebsamkeit abgleitet." Adorno: Zur gegenwärtigen Stellung, S. 39.

81 Kern: Empirische Sozialforschung, S. 221f. Vgl. auch primär: König: Praktische Sozialforschung, in: Praktische Sozialforschung 1: Das Interview (1952), bes. S. 24-29; ders.: Einleitung, in: Fischer-Lexikon Soziologie 1958, S. 7-11.

druck der Gesellschaftsverfassung seien, aus der sie hervorging. Mit dem grundlegenden und erkenntnissichernden Stellenwert der Empirie ging bei König ein ausgeprägtes Interesse an ihren Methoden und deren Perfektionierung einher. Er kritisierte zwar auch eine Form des unreflektierten Empirismus in der vorherrschenden wissenschaftlichen Praxis, sie lag für den Kölner jedoch in der seiner Ansicht nach „ganz ungewöhnlichen methodologischen und forschungstechnischen Ahnungslosigkeit"[82] der meisten Arbeiten, die in den fünfziger Jahren entstanden. René König trat deshalb mit der Abfassung beziehungsweise Herausgabe zahlreicher methodischer Schriften hervor. Er gab die ersten Handbücher heraus, durch die die amerikanischen Erhebungs- und Auswertungstechniken in Deutschland systematisch verbreitet wurden.[83]

Zwischen Köln und Dortmund verliefen zwar Gräben, die zunehmend tiefer ausgehoben wurden, denn Königs weiterführendes analytisches Verständnis setzte sich deutlich von dem sozialtechnologischen Verdikt aus Dortmund ab. (Auch wenn der Hauptkonflikt sicher darin lag, dass der Remigrant im Mitarbeiterstab der Sozialforschungsstelle den Bodensatz der NS-Soziologie angesammelt sah.) Im Vertrauen auf die objektivierende Kraft der Empirie kann man aber durchaus Gemeinsamkeiten entdecken. In beiden Konzepten überwand die „Tat" der unmittelbaren Erforschung die überkommenen ideologischen Barrieren, die der realitätsgetreuen Erfassung gesellschaftlicher Verhältnisse im Weg standen.[84] Zum Vergleich: Die kritischen Theoretiker aus Frankfurt betrachteten vielmehr die gesellschaftstheoretisch entkontextualisierte Empirie als ideologisch verhaftet. Gerade die ange-

---

82 König: Vorwort zur zweiten Auflage, S. 8.
83 Siehe z. B. die Bände „Praktische Sozialforschung" 1 und 2 zum Interview (1. Aufl., 1952), bzw. zu Beobachtung und Experiment (1. Aufl., 1956), die bis in die siebziger Jahre hinein – aktualisiert – neuaufgelegt wurden.
84 René König sah nach dem Zweiten Weltkrieg die Voraussetzungen für eine Wissenschaft der Tat gegeben. Während die formale Soziologie der zwanziger Jahre und der Neo-Hegelianismus die Wahl zwischen rechts oder links, zwischen Wilhelm Dilthey oder Karl Marx aufgezwungen habe, „können wir heute durchaus sagen, daß sich unsere Diskussion *jenseits dieser Antinomie* bewegt, die durch den Nationalsozialismus und den Krieg zerschmolzen und verbrannt worden ist." Nun führe die formale Soziologie nicht mehr weiter, denn ihr tieferer Grund war verschwunden. Stattdessen bestünde die Möglichkeit, jenseits aller systematischen Aporien, „*durch die unmittelbare empirische Sozialforschung*" auf das Nächstliegende zurückzugreifen. Überkommenen Theorien misstraute König – „wir sind uns [...] auch ganz klar darüber, daß das zweifellos vorhandene Bedürfnis nach Theorie nicht durch Theorien von gestern erfüllt werden kann" – und stellte ihnen die Systematik entgegen. König: Vorbemerkung des Herausgebers, in: KZfSS 1955, S. 2f.

wandte, administrativ orientierte Sozialforschung wirke zwangsläufig restaurativ, wandte Theodor W. Adorno gegen sie ein.

Helmut Schelsky, der zwischen 1952 und 1960 einen Lehrstuhl für Soziologie an der Universität Hamburg innehatte, bevor er Ordinarius in Münster und zugleich Direktor der Sozialforschungsstelle in Dortmund wurde,[85] publizierte 1959 in seiner „Ortsbestimmung der deutschen Soziologie" eine dritte Position zu dieser Problematik. Obwohl sie ihre Wirkungen erst später entfaltete und für die disziplingeschichtlichen Konfliktlinien der fünfziger Jahre eher subkutan bedeutsam war, soll sie dennoch erwähnt werden. Ihr Zugriffshorizont bezog die Wissenschaften vom Sozialen nämlich um Einiges determinierender in eine Theorie der modernen, verwissenschaftlichten Gesellschaft ein, als dies die Frankfurter Soziologen letztendlich taten.

Schelsky wies die Frankfurter These vom restaurativen Charakter der Sozialforschung im Allgemeinen zurück, bejahte sie jedoch in einem speziellen, aktuellen Sinne. In der konkreten Situation der modernen Gesellschaft, also auch der der Bundesrepublik, könne nicht bestritten werden, dass empirische Forschung restaurativ wirken könne. Was er jedoch bestritt, war die Verantwortung, die die Wissenschaft selbst daran trug. Schelskys Vorstellung beruhte auf der Annahme, dass die wissenschaftliche Erkenntnis bereits in einem Maße zur Grundlage der gesellschaftlichen Organisation geworden sei, das eine gesellschaftskritische oder -verändernde Wirkung derselben *per se* ausschloss. Er nahm Arnold Gehlens Konzept einer automatisierten Superstruktur auf, in der Wissenschaft als Ausgangspunkt, Grundlage und Element dieses Systems verstanden werden musste. Wissenschaftliche Erkenntnis erzeugte Sachgesetzlichkeiten, die, einmal zur Anwendung gekommen, den Gang der weiteren Entwicklung durch immer weitere Sachgesetzlichkeiten bestimmte. Die Intentionen der Forscher spielten alsdann keine Rolle mehr, genauso wenig wie das soziale Handeln einzelner Individuen oder sozialer Gruppen, das ebenfalls seine gesellschaftsgestaltende Macht weitgehend eingebüßt hatte. Was

---

85 Helmut Schelsky, Jahrgang 1912, hatte seine politische und akademische Sozialisation im Dritten Reich erfahren. Nach Stationen in Leipzig, Königsberg, Budapest und Straßburg folgten in den letzten Kriegsjahren Einberufung und Fronteinsatz. 1949 wurde er zunächst an die Akademie für Gemeinwirtschaft in Hamburg berufen, nach dem Ordinariat an der Universität Hamburg wechselte er 1960 auf eine Professur nach Münster und übernahm zugleich die Leitung der Sozialforschungsstelle in Dortmund. Als einer der Gründerväter der Universität in Bielefeld wurde er dort 1969/70 ordentlicher Professor für Soziologie und inkorporierte auch Teile der Sozialforschungsstelle in die Reformuniversität. 1973 ließ er sich allerdings wieder zurück nach Münster versetzen. Trotz seiner enormen Prägekraft für die westdeutsche Soziologie blieb Schelsky immer eine umstrittene Persönlichkeit. Vgl. z. B. Schäfer: Soziologie als politische Tatphilosophie; Schäfers: Helmut Schelsky.

Adorno oder Horkheimer als ein politisch gestaltbares Produktionsverhältnis begriffen, war für den Hamburger Soziologen vielmehr eine „automative technisch-wissenschaftliche Zivilisation".[86] Obwohl er betonte, dass sich das Konzept hauptsächlich auf die Verbindung von Naturwissenschaft, Produktionstechnik und industrieller Produktion bezog, sah er auch die empirische Sozialforschung zunehmend in diese Superstruktur eingebaut. Einen Unterschied erkannte Schelsky nicht in ihrem Wesen, sondern nur in der geringeren Verwertung ihrer Arbeit durch die Praxis. Auf diese Weise aber wurde die Kritik an einer Gesellschaft, deren Grundlage die Wissenschaft selbst war, selbstredend zu einem Widerspruch in sich. Für Schelskys Verhältnis zur Empirie galt, dass er sie zwar einerseits entschieden bejahte, jedoch auch ihre begrenzte Reichweite betonte. Den Vorgriff auf das Ganze, den die Frankfurter als notwendig in die Erkenntnismechanismen eingebaut hatten, lehnte er im Sinne seines oben dargelegten Systemverständnisses als ein Abrutschen in die Welt des Glaubens ab. Zwischen den umfassenden Theorien und der empirischen Sozialforschung bestehe daher eine unauflösliche Spannung, wie der Soziologe meinte. Die empirische Sozialforschung könne nur konkrete Phänomene erfassen, der gesellschaftliche Gesamtzusammenhang bliebe ihr hingegen verschlossen. (Die eigene Theorie der modernen Gesellschaft reflektierte er auf diese Weise allerdings nicht.) Sein Konzept fiel durch eine weitere Abgrenzung auf, die das Verhältnis der Wissenschaft zur Wirklichkeit betraf. Wissenschaftliche Erkenntnis war für ihn nicht die denkende Verarbeitung einer erfahrenen gesellschaftlichen Realität. Die sozialwissenschaftliche Empirie erschaffe vielmehr durch ihre Methoden eine zweite, wissenschaftlich begründete und bearbeitete Realität, die den unmittelbaren Erfahrungsumfang des Einzelnen generell überschreite. Für Helmut Schelsky lag zwischen den Primärerfahrungen und der wissenschaftlichen Erkenntnis ein echter Gegensatz. In einer wissenschaftlich-technischen Zivilisation stellte jedoch nur die zweite die soziale Wirklichkeit dar.[87]

4.4 DIE GRÜNDUNGSGENERATION

Das spezifische Modell der empirisch gewonnenen Erkenntnis war nicht das einzige Distinktionsmerkmal des Dortmunder Forschungsinstituts. Die Zusammensetzung der Mitarbeiterschaft tat ein Eigenes, um die Konfliktlinien auszuprägen, die die Disziplin in den fünfziger Jahren bestimmten. Für ihre zeitgenössischen Kritiker

---

86 Kern: Empirische Sozialforschung, S. 225.
87 Schelsky: Ortsbestimmung, S. 68f.: „Diese ‚zweite' Wirklichkeit, nämlich die wissenschaftlich bearbeitete und erfahrene, stellt in den wissenschaftlich-technischen Zivilisationen die soziale Wirklichkeit dar, mit der wir es entscheidend zu tun haben; erst die in ihr lokalisierten Erfahrungen sind als ‚*Fakten*' anzusehen", Hervorhebung im Original.

wie auch aus der historiographischen Rückschau galt sie als ein Sammelbecken für die einschlägigen Repräsentanten der NS-Wissenschaft, die mit Beginn der fünfziger Jahre wieder in das akademische, oder, sofern ihnen dieses noch verstellt blieb, doch zumindest in das wissenschaftliche Leben zurückdrängten.[88] Wissenschaftliche und politisch-biographische Kontroverse waren in den fünfziger Jahren kaum zu trennen, auch wenn man sich öffentlich bis auf wenige Ausnahmen auf die systematisch-analytischen Kriegsschauplätze zurückzog. „Man kann nicht bestreiten, dass diese Herren nicht genau gewusst hätten, was sie taten."[89] Selbst der streitbare René König wich jedoch, um die Verstrickungen von Wissenschaftlern und NS-Regime derart deutlich zu benennen, in Fußnoten aus: Er nutzte seinen Beitrag und dessen Anmerkungsapparat im 1956 erschienenen „Handbuch der Kommunalen Wissenschaft und Praxis" dazu. Das bedeutet jedoch nicht, dass die Differenzen nicht auf die eine oder andere Weise wirksam geworden oder ausgetragen worden wären.

Königs Angriff galt in dem zitierten Falle der „infamen" Indienstnahme der Soziologie für die ‚völkisch'-ideologische Begründung des Regimes durch Gunther Ipsen und damit einem der prominentesten Vertreter der ehemaligen Reichssoziologie an der Sozialforschungsstelle. Der Soziologe und Bevölkerungswissenschaftler hatte 1945 seine Professur an der Universität Wien verloren und kam 1951 als Abteilungsleiter nach Dortmund, nachdem er sich in den vorangegangenen sechs Jahren als freier Wissenschaftler und Lektor verdingt hatte. Während des Nationalsozialismus war er als ein Mitbegründer der völkisch ausgerichteten, sogenannten „Deutschen Soziologie" aufgetreten, die mit den Wissenschaftsstandorten Leipzig und Königsberg verbunden war. Unter deren Vertretern konnte man ihn mit einigem Recht zur Blut-und-Boden-Fraktion zählen. In der Nachkriegswissenschaft gehörte Ipsen dann zu den Hauptakteuren in den Auseinandersetzungen, die Johannes Weyer als den „Bürgerkrieg" der Soziologie beschrieben hat – eine Bezeichnung, die im Übrigen auf Ipsen selbst zurückging. Mit der martialischen Assoziation waren die Konflikte gemeint, die zwischen 1951 und 1959 um das Fach ausgetragen wurden, als eine Gruppe ehemaliger Reichssoziologen um Hans Freyer, Gunther Ipsen und Karl Valentin Müller wieder verstärkten Einfluss auf dessen Entwicklung zu nehmen versuchte. In verschiedenen Scharmützeln rund um die wiederbegründete Standesorganisation, die „Deutsche Gesellschaft für Soziologie" (DGS), standen Remigranten wie René König und Helmuth Plessner, die seit 1955 die Politik der DGS prägten, den Vertretern der „alten Orientierung" gegenüber. Sie kulminierten

---

88 Als ehemaliger Mitarbeiter der Sozialforschungsstelle aus der zweiten Generation beschrieb Rainer Mackensen dies als „Rückstand aus deutscher Vergangenheit". (Mackensen: Nichts als Soziologie, S. 174f.) Dezidierter im Urteil beispielsweise Ahlheim: Der Fall Dietrich von Oppen.

89 König: Gemeinde im Blickfeld, S. 33, Anm. 6; ähnlich S. 22, Anm. 1.

1958, als Müller mit Unterstützung von Freyer in Nürnberg einen internationalen Kongress organisierte, der als offene Demonstration ihres Wiedererstarkens galt. Der Vorstand der DGS (insbesondere Plessner und König) intervenierte daraufhin bei der Bundesregierung, um die offizielle deutsche Unterstützung für den Kongress zu verhindern.[90] In den folgenden Jahren sorgte die Personalpolitik an der Sozialforschungsstelle durch die „Affäre Karl Heinz Pfeffer" noch einmal für Empörung in der Fachwelt, als Helmut Schelsky seinen früheren Leipziger Kollegen 1958 zunächst als Abteilungsleiter am Institut unterbrachte. Drei Jahre später verhalf er ihm schließlich auch zu einer ordentlichen Professur für Soziologie der Entwicklungsländer an der Universität Münster. Pfeffer hatte sich während der zwölf Jahre der NS-Diktatur mit Forschungen und programmatischen Begründungen der „Deutschen Soziologie" hervorgetan, die als deckungsgleich mit den Zielen und der Ideologie des Nationalsozialismus konzeptioniert waren. Die massiven Interventionen René Königs gegen seine Berufung blieben jedoch folgenlos.[91]

Ipsen und Pfeffer wurden so, jeder auf seine Art, zu besonders exponierten Belegen dafür, dass das Dortmunder Forschungsinstitut zu einer neuen Basis für ehemalige NS-Sozialwissenschaftler wurde, die ihre Netzwerke nutzen und nach kurzer Schamfrist ihre Tätigkeit in der Bundesrepublik fortsetzen konnten. Die sogenannte „Leipziger Schule" (rund um Hans Freyer und Gunther Ipsen) war in den fünfziger Jahren überdies durch Hans Linde vertreten, während Carl Jantke[92] und Dietrich von Oppen,[93] später dann Helmut Schelsky und Karl Heinz Pfeffer für das Königs-

---

90 Weyer: Bürgerkrieg; ders.: Westdeutsche Soziologie, S. 79ff.

91 Sein Versuch, die Kollegen auf einer DGS-Vorstandssitzung zu einem Votum gegen diese Ernennung zu bewegen, schlug fehl, da der DGS-Vorstand sich kollektiv für nicht kompetent erklärte. Weyer: Bürgerkrieg, S. 302f.; zur Einstellung und Tätigkeit Pfeffers an der Sozialforschungsstelle siehe Adamski: Ärzte, S. 184ff.

92 Carl Jantke war 1935, nach der Entlassung seines Heidelberger Doktorvaters Arnold Bergstraesser, als Assistent an das Staatswissenschaftliche Institut der Universität Königsberg gewechselt und hatte sich dort 1939 auch habilitiert. Er war 1949 nach Dortmund gekommen, wo er die Nachfolge des Kölner Wirtschaftshistorikers Bruno Kuske angetreten und die Leitung der Abteilung für Wirtschafts- und Sozialgeschichte übernommen hatte. 1953 wechselte er nach Hamburg, wo er die Professur für Soziologie an der Akademie für Gemeinwirtschaft übernahm, die Helmut Schelsky vor seinem Wechsel an die Hamburger Universität inne gehabt hatte (Lebenslauf Carl Jantke, 10.6.1949, SFS Archiv, ONr. VII, PAW Carl Jantke; auch Etzemüller: Sozialgeschichte als politische Geschichte, S. 30f.).

93 Dietrich von Oppen zählte Theodor Schieder, Gunther Ipsen und Arnold Gehlen zu seinen Lehrern, hatte durch die Einziehung zum Wehrdienst aber seine Promotion in Königsberg nicht mehr abschließen können. Er reichte seine Dissertation zur „Umvolkung in Westpreußen" 1942 in Innsbruck ein, wo Theodor Schieder eine Lehrstuhlvertretung

berger Milieu standen. Das lässt in etwa erahnen, welche Spannungen der Soziologenschaft in der Sozialforschungsstelle zusammenliefen und weshalb sie nicht nur in Kölner Perspektive zu einem Garant dafür werden konnte, dass die Elemente einer im Nationalsozialismus ausgebildeten Volkstumssoziologie in die Bundesrepublik weitergetragen wurden.[94]

Dieser Vorwurf war in vielerlei Hinsicht nicht von der Hand zu weisen; zeitgenössisch wirksam wurde er allemal. Doch wenn es um eine Geschichte der sozialwissenschaftlichen Forschung geht, die über die Kontinuitäten-Frage hinaus greifen möchte, bietet sich eine andere Akzentuierung der Beschreibung an, wie sie Carsten Klingemann vorgenommen hat. Die Mitarbeiter der ersten Stunde zeichneten sich ebenso wie das Führungspersonal in den fünfziger Jahren nicht allein dadurch aus, dass sie nach 1933 in Deutschland geblieben waren, ihre (wissenschaftlichen) Karrieren vielfach während des Nationalsozialismus begonnen und ihre Reputationen in diesem System erhalten hatten. Die meisten von ihnen hatten sich überdies bereits vor 1945 empirisch orientiert oder waren in „angewandten" Forschungszusammenhängen wie der Raumforschung tätig gewesen.[95] Wilhelm Brepohls Studien zur Zusammensetzung des „Ruhrvolks" wurden bereits erwähnt. Bruno Kuske war zwar mit dem Geburtsjahr 1876 der älteste im Mitarbeiterstab, empirisch-geographisch hatte er seinen wirtschaftshistorischen Forschungen aber schon als Kölner Raumforscher betrieben. Gunther Ipsen hatte bereits vor 1933 sein Programm für eine empirisch akzentuierte Volkstumssoziologie präsentiert und zwischen 1931 und 1939 zunächst in Leipzig, dann in Königsberg Dorfforschung und agrarsoziolo-

---

übernommen hatte. Von Oppen folgte Carl Jantke ein Jahr später an die Hamburger Akademie für Gemeinwirtschaft und habilitierte sich 1957 bei Helmut Schelsky. (Ahlheim: Der Fall Dietrich von Oppen, S. 311-314).

94 Vgl. z. B. König: Soziologie in Deutschland, S. 421f. Claus-Dieter Krohn wunderte sich vor diesem Hintergrund nicht als einziger Forscher über die „Blindheit, die Unkenntnis oder zumindest die Naivität" der amerikanischen Unterstützer der Sozialforschungsstelle. (Krohn: Marshall-Plan, S. 245) Gutachten oder Berichte zur speziellen Personalstruktur am Institut sind tatsächlich nicht bekannt. Man kann dazu verschiedene Überlegungen anstellen: Zum einen ist es möglich, dass die zufriedene Zustimmung zum Arbeitseinsatz des Instituts die Bereitschaft erhöhte, nicht allzu genau auf die Vergangenheit des Personals zu schauen. Zum anderen bildete sich der Mitarbeiterstab erst mit Beginn der fünfziger Jahre voll aus, als die Sozialforschungsstelle (u. a. dank amerikanischer Förderung) deutlich expandierte. In den frühen Berichten der reisenden Emissäre mag sie deshalb keine Rolle gespielt haben. Und abgesehen von Gunther Ipsen, gehörten die dort beschäftigten Mitarbeiter eher zu den weniger exponierten Wissenschaftlern, deren Aktivitäten während des Dritten Reichs auch weniger offenkundig waren.

95 Zum Folgenden siehe daher Klingemann: Wissenschaftliches Engagement, S. 422ff.

gische Studien betrieben.[96] Elisabeth Pfeil publizierte 1950 die Überlegungen zu einer empirischen Stadtforschung, die sie in den vierziger Jahren ausgearbeitet hatte. Carl Jantke hatte in Königsberg an einer Erhebung der Hochschularbeitsgemeinschaft für Raumforschung mitgearbeitet und war nach dem Krieg kurzzeitig am Soziographischen Institut in Frankfurt untergekommen.[97] Und selbst ein eher wenig bekannter Mitarbeiter wie Wilhelm Mitze war immerhin 1937 mit einer „strukturtypologischen Gliederung" Düsseldorfs an der Universität Marburg promoviert worden.[98] Dass die Netzwerke der Protagonisten aus der NS-Zeit an dem Ruhrgebiet-Institut wieder zum Tragen kommen konnten, hatte also offensichtlich etwas mit dem Dortmunder Unternehmen einer tatsachengetreuen Erfassung der sozialen Wirklichkeit zu tun, für das diese Personen bestimmte Qualifikationen mitbrachten. Ohne dieses Vorhaben und dessen Anschlusspotential wären Gunther Ipsen im österreichischen Götzens, Carl Jantke in Frankfurt und Elisabeth Pfeil in München geblieben. Diese Hinweise sollen aber weder den Entwicklungsstand der angewandten Sozialforschung im Dritten Reich überbetonen noch die Wirksamkeit alter Netzwerke unterschätzen. Es geht schlicht um die Eigenschaften dieser Netzwerke.

Tatsächlich ist es bemerkenswert, dass an dieser Forschungseinrichtung, die das empirische, angewandte Wissen und dessen Techniken nach Ansicht so vieler Kommentatoren wie kaum eine andere zu verbreiten half, Remigranten so gut wie keine Rolle spielten. Der einzige aus dem Exil zurückgekehrte Wissenschaftler im Umfeld der Sozialforschungsstelle war der evangelische Theologe und Sozialpädagoge Friedrich Siegmund-Schultze. Er war nach der Machtergreifung der Nationalsozialisten in die Schweiz emigriert und übernahm 1949, nachdem sein Versuch

---

96 Eine Qualifikation, die im Zuge seiner Einstellung besonders vermerkt wurde, ebenso wie der Umstand, dass bis 1934 auch amerikanische Wissenschaftler an den Untersuchungen teilgenommen hatten. Vgl. den Kurzlebenslauf in der Personalakte (undatiert), der offensichtlich von fremder Hand, evtl. von Carl Jantke, abgefasst wurde. Auch Ipsens 1933 publizierte Bevölkerungslehre und deren „begrifflich-soziologische[r] Gehalt [...] und die Möglichkeiten und Aufgaben der Statistik in diesem Rahmen" empfahlen ihn für die leitende Mitarbeit. Vgl. Carl Jantke an Gunther Ipsen, 5.10.1950. Beide Schriftstücke SFS Archiv, ONr. VII, PAW Gunther Ipsen. Zu den sogenannten Leipziger „Soziologischen Dorfwochen", die Gunther Ipsen seit 1931 als zehn- bis vierzehntägige studentische Exkursionen durchführte und in denen Methoden der Feldforschung geübt wurden vgl. Ipsen: Soziologische Dorfwochen.

97 Vgl. den Lebenslauf (10.6.1949) in Jantkes Personalakte. SFS Archiv, ONr. VII, PAW Carl Jantke.

98 Die 1937 fertiggestellte Arbeit wurde 1941 im Archiv für Bevölkerungswissenschaft und Bevölkerungspolitik publiziert. Siehe Mitze: Strukturtypologische Gliederung.

gescheitert war, an die frühere Arbeit in Berlin wieder anzuknüpfen,[99] die Leitung der Abteilung für Sozialethik und Sozialpädagogik in Dortmund.[100] (Gleichzeitig hatte er den gleichbenannten Lehrstuhl an der Universität Münster inne.) Man kann im Hinblick auf die signifikante Personalstruktur des Instituts daher weitere Überlegungen anstellen. Die personellen Ressourcen, die die Nachkriegszeit für das Dortmunder Vorhaben bot, waren zweifellos begrenzt. Zwar wurde die Soziologie der fünfziger und sechziger Jahre in der Wahrnehmung von Fachwelt wie Öffentlichkeit von ihren remigrierten Heroen geprägt. Doch darüber mag leicht aus dem Blick geraten, dass die Gesamtzahl der Rückkehrer keineswegs besonders groß und im Vergleich zur Emigration kein Massenphänomen war.[101] Zumal, wenn es sich

---

99 Als missionarisch inspirierter Stadtforscher hatte sich Friedrich Siegmund-Schultze bereits seit 1908 betätigt und im Rahmen einer „social tour" das „dunkle" East London erkundet. 1911 übersiedelte der junge Pfarrer von Potsdam in ein Berliner Arbeiterviertel, wo er an der Gründung der „Sozialen Arbeitsgemeinschaft Berlin-Ost" (SAG) beteiligt war, einem deutschen Pendant zur englischen und amerikanischen Settlement-Bewegung (vgl. S. 46, Anm. 49 der vorliegenden Arbeit). Ab 1917 leitete Siegmund-Schultze dann das Berliner Jugendamt und beteiligte sich nach dem Ersten Weltkrieg maßgeblich an der Friedensarbeit der Kirchen und der ökumenischen Bewegung. Hinzu kam die Lehre an der Berliner Universität zu Jugendkunde, Jugendwohlfahrt und Sozialethik. Schon im Rahmen der „Sozialen Arbeitsgemeinschaft" wurden zahlreiche kleinere Erhebungen und Milieustudien, aber auch eine teilnehmende Beobachtung unter den Arbeiterinnen einer Berliner Glühlampenfabrik durchgeführt. Und auch als Honorarprofessor der Friedrich-Wilhelm-Universität ließ Siegmund-Schultze Seminararbeiten anfertigen, die häufig auf kleinen Feldstudien im Berliner Osten beruhten. Siehe dazu Wietschorke: Stadt- und Sozialforschung, bes. S. 53ff., sowie insgesamt die Beiträge in Tenorth et al. (Hg.): Friedrich Siegmund-Schultze, die allerdings auf seine spätere Tätigkeit an der Sozialforschungsstelle nicht eingehen.

100 Wie Jürgen Reulecke allerdings angemerkt hat, spielte die Jugendsoziologie in den folgenden Jahren trotz des engagierten Wirkens des Sozialpädagogen Siegmund-Schultze an der Sozialforschungsstelle keine Rolle. Reulecke verweist in diesem Kontext auf die weltanschaulichen Differenzen zwischen Siegmund-Schultze und den übrigen leitenden Mitarbeitern des Instituts. Reulecke: Entwurzelte Jugend, bes. S. 242-244.

101 In den vergangenen Jahren wurden zwar verstärkt Einzelstudien zur Geschichte der Remigration publiziert. Beispielhaft zu nennen sind die Beiträge in Lühe/Schildt/ Schüler-Springorum (Hg.): Auch in Deutschland; Krohn/Schildt (Hg.): Zwischen den Stühlen. An übergreifenden Zahlen fehlt es indes noch immer. Marita Krauss formulierte dazu folgenden Eindruck: „Genannt werden als Rückkehrende seit 1945 [...] etwa 12.000 Juden und Jüdinnen bis 1960; danach noch etwa 250 Personen im Jahr, das wären rund fünf Prozent der ehemaligen jüdischen Bevölkerung Deutschlands. Werner Röder schätzt [...] die Rückkehrerquote der aus ‚rassischen Gründen' Verfolgten auf vier

um Sozialwissenschaftler einer mittleren Karrierestufe handelte, die mit empirischen Herangehensweisen vertraut waren. Außerdem war mit großer Wahrscheinlichkeit die Anstellung an der jungen, noch nicht etablierten Einrichtung, selbst wenn es sich um die Funktion eines Abteilungsleiters handelte, im Vergleich mit einem vollwertigen Universitätsordinariat auch wenig attraktiv – sowohl am finanziellen wie am sozialen Kapital gemessen. Für diejenigen Wissenschaftler, die beim Untergang des nationalsozialistischen Reiches Stelle und akademischen Kontext eingebüßt hatten, mochte sich dieses Verhältnis jedoch ganz anders darstellen.

Mit der Aufmerksamkeit für diese mehr oder weniger intensiv mit dem NS-Regime verstrickten Akteure sollte auch keinesfalls eine weitere Gruppe übersehen werden, die ebenfalls das Personal der fünfziger Jahre ausmachte. Ihr gehörten junge Sozialwissenschaftler wie Heinrich Popitz, Hans Paul Bahrdt, Wolfgang Köllmann, Hanno Kesting, Rainer Mackensen oder Hans-Jürgen Teuteberg an, um nur die bekanntesten zu nennen.[102] Sie waren meist in der Mitte der 1920er Jahre geboren und hatten während der letzten Kriegsjahre oder, bedingt durch den Dienst in der Wehrmacht, erst nach dem Zweiten Weltkrieg ein Studium aufgenommen. Ungefähr ab 1960 gelangten viele von ihnen dann auf die Lehrstühle des expandierenden Faches Soziologie. In der Fachgeschichtsschreibung wird die Nachkriegszeit gerne durch das Modell unterschiedlicher Generationen strukturiert, das auch auf die Sozialforschungsstelle übertragbar ist.[103] Wendet man es allerdings zur Beschreibung an und ergänzt die Dortmunder Gründungsgeneration im Laufe der fünfziger Jahre durch die Angehörigen der Nachkriegsgeneration, entsteht dadurch ein irreführender Eindruck von aufeinander folgenden und einander ablösenden personellen Formationen und langfristigen Zeiträumen. Die ersten dieser jungen Sozialforscher kamen nämlich schon 1951 an das Institut; entweder über den Einstieg als studentische Feldarbeiter oder unmittelbar als wissenschaftliche Mitarbeiter und mit eigenen Forschungsprojekten betraut. An dem Dortmunder ‚Projekt Sozialforschung' waren sie somit bereits sehr früh beteiligt.

Auch wenn dieses Projekt also in mancherlei Hinsicht von den Vorleistungen und den Arbeitszusammenhängen der vierziger Jahre lebte, wurde es doch unter den

---

Prozent. Für die ‚politischen Emigranten' vor allem aus den Gewerkschaften und den Linksparteien werden etwa 60 Prozent genannt [...]. Für einzelne Berufsgruppen geht man von Zahlen in der Größenordnung von zehn bis 25 Prozent aus." Krauss: Rückkehr einer vertriebenen Elite, S. 105f.; vgl. auch dies.: Remigration in die Bundesrepublik.

102 Eine Übersicht über die Mitarbeiter der zweieinhalb Nachkriegsjahrzehnte bietet Adamski: Ärzte, S. 236-260.

103 Zur Selbstwahrnehmung dieser Generation siehe die autobiographischen Beiträge in Fleck (Hg.): Wege zur Soziologie; Bolte/Neidhardt (Hg.): Soziologie als Beruf. Zum Generationenkonzept allgemein z. B. Bude: 50er Jahre; Herbert: Drei politische Generationen sowie die Beiträge in Jureit/Wildt (Hg.): Generationen.

Bedingungen der Nachkriegszeit in Angriff genommen. Diese führten recht unterschiedliche Ansätze und Kräfte zusammen (‚neue' und ‚alte' Sozialforscher und amerikanische *Social Scientists*, Kommunalpolitiker und Verwaltungsbeamte, Unternehmer und Gewerkschafter). Das Vorhaben erforderte außerdem die Abgrenzung von konkurrierenden Interpretationen sozialer Realität (‚objektives', wissenschaftliches Wissen von politisch-administrativem, ‚Tatsachen' und ‚Realsoziologie' von ‚Spekulation' und ‚Ideologie'). Und es richtete sich an verschiedenen Bezugsrahmen aus (Ruhrgebiet und Westfalen, das Bundesland Nordrhein-Westfalen, die westdeutsche, die industrielle Gesellschaft). Als ein wissenschaftsgeschichtliches Setting für die aufstrebende empirische Sozialforschung war das Institut in Dortmund daher, wie oben bereits erwähnt, ein höchst interessanter Ort.

5 Ein goldenes Jahrzehnt

Als goldenes Jahrzehnt der Gemeindeforschung wurden die 1950er Jahre von Soziologen bezeichnet, und sie konnten dazu in der Tat auf eine ansehnliche Zahl entsprechender Untersuchungen verweisen. Vor allem die großen Studien zu den Mittelstädten Darmstadt, Datteln und Euskirchen haben das Bild geprägt. Doch ließe sich die Reihe auch mit Gerhard Wurzbachers „Das Dorf im Spannungsfeld industrieller Entwicklung" oder den Kölner Studien zum Thema Zeitung und Gemeinde fortsetzen.[1] René König sorgte darüber hinaus für die theoretische Begründung dieser Konjunktur, indem er die Gemeinde zur Grundform der Gesellschaft erklärte: Ein soziales Urphänomen, meinte König, das sich aus dem ursprünglichen Prinzip des menschlichen Zusammensiedelns und -lebens ableite. Nicht Stadt, nicht Dorf sollten das Objekt der Soziologie sein, sondern die Gemeinde als eine soziale Wirklichkeit für sich, die sich in verschiedensten Formen lokaler Sozialsysteme ausprägte. Der Kölner Soziologe gehörte zu den leidenschaftlichsten Verfechtern der amerikanischen Sozialwissenschaften in Deutschland und hatte seit seiner Rückkehr aus dem Schweizer Exil offensiv daran gearbeitet, die Soziologie als Demokratiewissenschaft neu zu begründen. Und so war auch diese Definition dazu angetan, den kategorischen Gegensatz zwischen Stadt und Dorf aufzulösen, um im selben Zug ein lebendiges Erbe aus konservativer Großstadtkritik und volkstümelnder Sozialromantik aus dem Weg zu räumen.[2]

---

1 Zu diesen im August 1957 in Köln durchgeführten Erhebungen siehe Scheuch: Sozialprestige; Rink: Zeitung und Gemeinde; Kunz: Untersuchungen.

2 Siehe König: Grundformen; ders.: Einige Bemerkungen. Dass sich König eng an den amerikanischen Traditionen orientierte, wird nicht nur an seiner Definition der Gemeinde deutlich, sondern auch an der praktisch-gesellschaftspolitischen Seite, die er der Gemeindeforschung zumaß: Er wollte sie durchaus auch im Sinne der Survey-Bewegung als Instrument der Bürgerbeteiligung gefördert wissen. Vgl. ders.: Rez. Zwei amerikanische Anleitungen.

Doch nicht allein bei Königs Einsatz für die Gemeinde bildeten Reformgedanke und Ideologiekritik den Hintergrund. Denn so sehr sich die oben angeführten Arbeiten auch in Zielsetzung und Ausführung unterschieden, sind sie doch alle nicht ohne das wissenschaftliche Importprogramm zu verstehen, mit dessen Hilfe in Deutschland die Demokratie verankert werden sollte. In den USA, deren Gesellschaftssystem in viel höherem Maße auf lokalen *communites* aufbaute, als in Deutschland je der Fall, hatten die Studien eine lange Tradition. Genau genommen stellte die *community* sogar das zentrale Forschungsfeld der Sozialwissenschaften dar, seit die frühen Sozialreformer begonnen hatten, statistische Daten zu sammeln, um die lokalen Bedingungen einer Stadt (oder Gemeinde) zu verbessern.[3]

Doch auch für die akademische Soziologie, die ihren reformerischen Impetus zugunsten grundsätzlicherer Fragestellungen zurückgedrängt hatte, hatte es lange Zeit wenig Alternativen zur *community study* gegeben. Denn solange das existierende methodische Instrumentarium es kaum erlaubte, Massendaten zu erheben, war die Untersuchung überschaubarer Einheiten eine forschungspraktische Notwendigkeit gewesen. Jugendkriminalität, *race relations*, die sozialen Auswirkungen von Arbeitslosigkeit – Probleme ganz unterschiedlicher Art ließen sich in den Blick nehmen, wenn man die Unübersichtlichkeit der Gesellschaft – *pars pro toto* – auf die Dimensionen einer einzelnen Gemeinde reduzierte.[4]

---

3   In diesem Sinne bildeten die zahllosen Erhebungen aus der Zeit der Survey-Bewegung auch die Anfänge und erste Blütezeit der *community studies*. Mehr als 2.500 Titel konnte die Russell-Sage-Foundation 1930 in einer entsprechenden Bibliographie auflisten. In der überwiegenden Mehrheit waren es Untersuchungen zu speziellen Teilproblemen, doch war auch eine ganze Anzahl ‚vollständiger' Surveys darunter, „which cover several major fields of social interest". (Eaton/Harrison: Bibliography, Zitat S. 1. Vgl. zur sogenannten Survey-Bewegung auch S. 93f. dieser Arbeit.) Ihre Popularität schwand auch in den darauffolgenden Jahrzehnten nicht, als Sozialreform und -wissenschaften zunehmend getrennte Wege gingen. In der Tradition der Survey-Bewegung entstanden weiterhin zahlreiche Bestandsaufnahmen zu einzelnen Städten oder Gemeinden, in denen das Interesse am sozialen Lagebericht mit Reform- und mitunter auch mit Partizipationsgedanken verknüpft wurde. So gab die Russell-Sage-Foundation einen entsprechenden Leitfaden 1955 bereits in dritter Auflage heraus. Im Vergleich mit den beiden Vorgängern von 1939 und 1911, die sich hauptsächlich an Sozialarbeiter und Experten richteten, hatte der Soziologe Roland Warren darin ein sehr breites Publikum im Blick. „Studying Your Community", so der Titel des Buches, sollte mit allen wichtigen Fragen und Methoden vertraut machen und verlässliche Orientierung auf dem Feld der *community studies* bieten – und zwar interessierten Laien wie Fachleuten gleichermaßen (Warren: Studying Your Community; vgl. dazu König: Rez. Zwei amerikanische Anleitungen).

4   Arensberg: Community as Object and as Sample, bes. S. 253-256; Häußermann/Siebel: Stadtsoziologie, S. 78f.; Häußermann: Erkenntnisinteresse, S. 235f.

Die *community* selbst hingegen spielte als soziales System beziehungsweise lokale Form menschlicher Vergesellschaftung in einer anderen Gruppe von Untersuchungen eine Rolle.[5] Dazu gehören Klassiker der Sozialforschung wie zum Beispiel „Middletown" von Helen und Robert Lynd aus dem Jahr 1929 oder William Foote Whytes „Street Corner Society" von 1943. Zwei Studien, die sich in ihrem Objekt – in dem, was sie als *community* in den Blick nahmen – wiederum deutlich voneinander unterschieden. „Middletown" beschrieb Leben, Gruppenbeziehungen und soziale Institutionen einer 35.000-Einwohner-Stadt im Mittleren Westen der USA. Whyte hingegen hatte in seiner Ethnographie von „Cornerville" – eigentlich ein italienisches Einwanderer-Viertel im Bostoner Nordend – die Welt der Jugendgangs erschlossen. Mit „Street Corner Society" wies er nach, dass auch in einem vermeintlich desintegrierten, großstädtischen Armenviertel komplexe soziale Organisationsformen wirksam waren.[6]

Kurzum: *Community studies* waren erstens ein weites Feld, und zweitens gehörten sie um die Jahrhundertmitte zu den wichtigsten Erkenntnisinstrumenten der amerikanischen Sozialforschung. Sie gelangten im Gepäck der kulturellen Mittler nach Deutschland, die gerne auf die *community study* zurück griffen, um junge Wissenschaftler mit den Errungenschaften der amerikanischen Sozialforschung vertraut zu machen. In kurzer zeitlicher Folge wurden 1949, 1950 und 1952 die ersten Gemeindestudien – wie sie in Deutschland nun genannt wurden – in Angriff genommen. Den Auftakt bildete der „Darmstadt Community Survey" (heute besser bekannt als „Darmstadt-Studie"), für dessen Durchführung sogar ein eigenes Forschungsinstitut gegründet wurde. Mit neun beziehungsweise zehn festen wissenschaftlichen Mitarbeitern und drei amerikanischen Beratern, die für mehr oder weniger lange Aufenthalte nach Darmstadt reisten, stellte das erste dieser Projekte

---

5 Der Anthropologe Conrad Arensberg hat die Fülle der Studien 1961 mittels dieser Einteilung „as object and as sample" zu fassen versucht. (Arensberg: Community as Object and as Sample, bes. S. 253-256; vgl. auch die [allerdings in der Übersetzung des „Sample" eher missverständliche] deutsche Fassung des Beitrags: ders.: Gemeinde als Objekt und als Paradigma.) Andere Soziologen gingen von drei Hauptformen aus, die sich auf dem weiten Feld identifizieren ließen (vgl. z. B. Simpson: Sociology of the Community).

6 Lynd/Lynd: Middletown; Whyte: Street Corner Society. Was Norbert Elias 1973 nach zwanzig weiteren Jahren *community*-Forschung bemerkte, hatte bereits am Ende der vierziger Jahre seine Berechtigung: „The figurations of people which are investigated today under the name ‚community' vary a great deal. The term community can refer to villages with some characteristics of a state in relatively undifferentiated agrarian societies. It can refer to a backwater village of a more or less urbanized nation state. It can be used with reference to a suburban community, a neighbourhood region or an ethnic minority of a large industrial city. Especially in America a whole town can be studied as a community." Elias: Foreword, S. IX.

zweifellos auch das umfangreichste dar.⁷ Ein deutlich kleineres Team fand sich ein Jahr später in Dortmund an der Sozialforschungsstelle zusammen, um das soziale Leben in einer mittelgroßen Zechenstadt des Ruhrgebiets zu untersuchen. Mit einer ländlichen Gemeindestudie hingegen begann man am neu gegründeten UNESCO-Institut für Sozialwissenschaften in Köln. Sie fiel insofern aus dem Rahmen, als sie nicht eine einzelne Siedlung, sondern eine Westerwälder Gesamtgemeinde, bestehend aus einer ganzen Anzahl kleiner Kirchspiele und verstreuter Dörfer, zum Operationsfeld und Gegenstand der Untersuchung erklärte.⁸ Was diesen Studien in ers-

---

7   Das Projekt war 1948 von Nels Anderson, dem Chicagoer Hobo-Ethnographen und damaligen Zivilbeamten der amerikanischen Militärregierung, angeregt worden. Andersons ursprünglicher Plan hatte eine Untersuchung der sozialen Probleme der Arbeiterschaft vorgesehen, durchzuführen in verschiedenen Städten der amerikanischen Besatzungszone. Gleich drei Zwecke auf einmal hätte sie erfüllen sollen: Neben den erwarteten wissenschaftlich-praktischen Einsichten war das Projekt dazu gedacht, jungen Sozialwissenschaftlern die amerikanischen Ansätze und Methoden nahe zu bringen, sowie darüber hinaus die lokalen Interessenvertreter an einen Tisch zu holen und „die jungen Gewerkschaftsfunktionäre mit den Sorgen der Arbeiter vertraut zu machen" (Anderson: Darmstadt-Studie, S. 144). 1949 wurde dafür eigens das Institut für sozialwissenschaftliche Forschung Darmstadt (ISFD) gegründet, als dessen Direktoren ab 1950 der aus dem Exil zurückgekehrte Frankfurter Soziologe Theodor W. Adorno und der Gießener Agrarsoziologe Max Rolfes fungierten. Der Forschungsplan indessen hatte sich im Laufe seiner Verwirklichung merklich geändert: Die Untersuchung konzentrierte sich nur noch auf eine Stadt – nämlich Darmstadt. Der Partizipationsgedanke war in den Hintergrund getreten, und aus einer Untersuchung des Arbeitslebens und der Arbeitsbeziehungen in der Gemeinde wurde der Versuch, „die soziologische Totale einer schwer bombengeschädigten, im übrigen typischen deutschen mittleren Stadt" und ihres Hinterlandes zu entwerfen (von Ferber: Gemeindestudie, S. 153). Ergebnisse dieses komplett aus amerikanischen Mitteln finanzierten Großprojekts präsentierten die Mitarbeiter schließlich in neun einzelnen Monographien – der angestrebte Überblick gelang hingegen nicht. „Die nichtbehandelten Aspekte", räumte der Initiator Anderson später bedauernd ein, „würden mehrere zusätzliche Monographien erfordern" (Anderson: Darmstadt-Studie, S. 149). Es blieb das Bewusstsein der wissenschaftspolitischen, nicht der wissenschaftlichen Bedeutung des Projekts. Für eine ausführliche Rekonstruktion der Darmstadt-Studie siehe Arnold: Reorientation.

8   Am 1951 eröffneten Kölner UNESCO-Institut plante man eine ganze Reihe von vergleichend angelegten Gemeindestudien, die sich der Frage der wesentlichen gesellschaftlichen Formen und Gliederungsweisen widmen sollten. Die 1952 begonnene Herchen-Studie war die erste dieser Arbeiten, an der sich im Laufe von zwei Jahren eine ganze Anzahl von Forschern und Hilfskräften beteiligte. Auch die „Untersuchung an den 45 Dörfern und Weilern einer westdeutschen ländlichen Gemeinde", die 1954 unter dem Ti-

ter Linie gemeinsam war: Alle drei wurden von amerikanischen Wissenschaftlern angeregt und beraten sowie zum größten Teil von amerikanischen Einrichtungen finanziert.[9]

Mit ihnen wird das, was gerne als wissenschaftlicher Kulturtransfer bezeichnet wird, in Ablauf und Bedingungen greifbar – dieser Gedanke jedenfalls liegt den

---

tel „Das Dorf im Spannungsfeld industrieller Entwicklung" publiziert wurde, muss man vor allem als Ausbildungsprojekt betrachten. Was Gerhard Wurzbacher in seiner Einleitung als „Experimentcharakter" bezeichnete (Wurzbacher: Dorf, S. 1), hatte Erwin Scheuch bei Beginn der Arbeit eher als konzeptionelle Planlosigkeit wahrgenommen. Das war wohl einerseits darauf zurückzuführen, dass die Mitarbeiter mit den Anforderungen einer solchen Forschungsarbeit kaum vertraut waren. Andererseits waren Anleitung und Betreuung durch die Leiter des Instituts (Jan Juriaan Schokking, Conrad Arensberg) allem Anschein nach zunächst wenig ausgeprägt. Das Forschungsprogramm war auf Vorschläge Conrad Arensbergs hin beschlossen worden, der im Februar 1952 in Köln zum Forschungsdirektor ernannt worden war (zuvor hatte er in Dortmund sozialwissenschaftliche Entwicklungshilfe geleistet). Unter den Verantwortlichen der amerikanischen Demokratisierungsoffensive war die Eignung von Programm und Direktorenduo von Anfang an umstritten. (Arnold: Evidence, S. 268-271) Arensbergs Tätigkeit war ohnehin begrenzt, denn er ging bereits zum Wintersemester des gleichen Jahres zurück an die Columbia University. 1953 folgte ihm in Köln schließlich Nels Anderson auf den Posten nach, der 1954 auch die Institutsleitung übernahm.

9   1955 begann Renate Mayntz am UNESCO-Institut mit einer weiteren Gemeindestudie, die heute als Euskirchen-Studie bekannt ist. Obwohl zwischen ihr und den oben genannten Projekten kaum ein Jahrfünft lag, kann man diese Studie doch aufgrund ihres Grades an Professionalisierung kaum noch in der Reihe der Ausbildungsprojekte führen. Renate Mayntz (geb. Pflaum) war bereits während eines zweijährigen Studiums in den USA mit der amerikanischen Soziologie in Kontakt gekommen und hatte nach ihrer Rückkehr ab 1951 in Berlin ein Promotionsstudium mit Soziologie als Hauptfach absolviert. Auch praktische Forschungserfahrung hatte Mayntz bereits gesammelt und zwar am UNESCO-Institut, wo sie 1953 als Mitarbeiterin der laufenden Herchen-Studie eingestellt worden war. Die besagte, 1955 in Angriff genommene Euskirchen-Studie basierte auf einer standardisierten Befragung von 1.000 Einwohnern, die auf einer mathematischen Zufallsstichprobe beruhte und vom Deutschen Institut für Volksumfragen (DIVO) durchgeführt wurde. Renate Mayntz reichte das Manuskript 1957 als Habilitationsschrift ein. 1958 erschien die Studie dann unter dem Titel „Soziale Schichtung und sozialer Wandel in einer Industriegemeinde". Sie gilt als eine der wichtigsten Forschungsarbeiten der fünfziger Jahre. (Vor einigen Jahren wurde sogar eine Replikationsstudie durchgeführt: siehe Friedrichs/Kecskes/Wolf: Struktur und sozialer Wandel einer Mittelstadt.) Mayntz: Soziale Schichtung; dies.: Mein Weg zur Soziologie, S. 228; dies.: Eine sozialwissenschaftliche Karriere, S. 285-239.

Ausführungen des folgenden Kapitels zugrunde. Es handelt von dem zweiten dieser Projekte, das 1950 an der Dortmunder Sozialforschungsstelle begonnen und dessen Ergebnisse 1958 unter dem Titel „Zeche und Gemeinde" publiziert wurden. Auf den folgenden Seiten soll es unter verschiedenen Aspekten analysiert werden. Es wird um den sozialhistorischen Hintergrund und um die politische Problemstellung gehen, zu deren Lösung eine *community study* beitragen sollte. Die ‚personellen Ressourcen' werden ebenso wie die methodischen genauer betrachtet werden. Und nicht zuletzt wird eine Frage wenn auch nicht abschließend geklärt, so doch zumindest angesprochen werden: Inwieweit wurden mit dieser frühen Gemeindestudie auch die Deutungsmuster der amerikanischen Vorbilder übernommen?

5.1 Schicksal Kohle

Das Schicksal Deutschlands würde sich im Ruhrbergbau entscheiden, so hatte sich die Situation nach dem 8. Mai 1945 dargestellt.[10] Denn die Kohle, die dort gefördert wurde, hatte mit den Wiederaufbauplänen der Alliierten eine Schlüsselstellung für die Zukunft des gesamten Landes gewonnen: der wichtigste Energieträger und das einzige Exportprodukt. Für das besiegte Deutschland war es daher geradezu zur Existenzfrage geworden, ob eine rasche Steigerung der Kohleproduktion gelang.[11]

Für die besorgten Beobachter in- und außerhalb des Ruhrgebiets hatte sich der Bergbau in den ersten Nachkriegsjahren allerdings eher als Krisen- denn als Aufbaugebiet präsentiert. Die alten Anlagen selbst hatten sich trotz der Kriegsschäden zwar relativ schnell wieder in Betrieb nehmen lassen. Und dennoch waren Kohleförderung und Kokserzeugung weit hinter dem Vorkriegsniveau zurückgeblieben. 1946 hatten sie nicht einmal den Stand von 1900 erreicht. Jahrelang war im Namen der nationalsozialistischen Kriegsziele ein massiver Raubbau an der Substanz der Zechen betrieben worden, der sich nun rächte. Doch wo die Restriktionen der Besatzungspolitik Investitionen und technische Modernisierungen auf Jahre hinweg blockieren sollten, drehte sich die Frage der Produktionssteigerung fast vollständig um den Einsatz der menschlichen Arbeitskraft. Und da war die Lage dramatisch. Es herrschte erstens ein enormer Mangel an Bergarbeitern. Und zweitens war darüber hinaus die Produktivität der bestehenden Belegschaften (gemessen an der durchschnittlichen Leistung des einzelnen Arbeiters pro Schicht) alarmierend niedrig. Letzten Endes allerdings war das eine Problem von dem anderen schwer zu trennen.

---

10   „Kohle ist unser Schicksal", zitierte *Der Spiegel* im Januar 1947 Nordrhein-Westfalens Wirtschaftsminister Erik Nölting. Der Spiegel 3/1947, S. 3.
11   Die folgenden Ausführungen nach Abelshauser: Ruhrkohlenbergbau, S. 15-70; Kroker: Entwicklung, S. 75-81.

In den Kriegsjahren war die Kohleförderung einzig durch den massenhaften Einsatz von Zwangsarbeitern und Kriegsgefangenen aufrechterhalten worden, deren Befreiung die Belegschaften um fast die Hälfte reduziert hatte. Von den eingezogenen Bergleuten hatten viele den Krieg nicht überlebt. Die Zurückgebliebenen waren meist fortgeschrittenen Alters und aufgrund der schlechten Ernährungslage körperlich geschwächt. Auf diese desolate Lage in den Zechen hatte die britische Militärregierung zunächst mit Arbeitsverpflichtungen reagiert und außerdem die eigenen Kriegsgefangenenlager nach ehemaligen Bergleuten und neuen Rekruten durchsucht – mit mäßigem Erfolg allerdings. Was Alter, physische Belastbarkeit und Erfahrung betraf, waren die Auswahlkriterien für die Neuen niedrig, die Unfallquoten hingegen hoch. Und die ohnehin geringe Motivation und Arbeitsmoral in den Betrieben war dadurch nicht besser geworden. Viele Bergleute blieben ihren Schichten willkürlich fern. Hamsterfahrten, Schwarzmarktgeschäfte und andere Formen der Selbsthilfe trugen deutlich mehr dazu bei, sich und die eigene Familie zu versorgen, als die Knochenarbeit in den Stollen und Kokereien. Oft war es der Besatzungsmacht und den Behörden nur unter Androhung harter Strafen gelungen, Disziplin und regelmäßige Schichten aufrechtzuerhalten. Und die Mehrzahl der zwangsweise Verpflichteten kehrte dem Bergbau bei der ersten sich bietenden Gelegenheit wieder den Rücken.[12] 1947 hatte sich die Krise bedrohlich zugespitzt, als nach einem harten Winter die notdürftig wiederhergestellten Transportnetze zusammengebrochen, Lebensmittellieferungen ausgeblieben waren und der Hunger sich ausgebreitet hatte.[13] Im gesamten Ruhrgebiet war es zu Unruhen, Tumulten und Demonstrationen gekommen, und die Bergleute hatten in Streiks und Hungermärschen ihrem Unmut über die trostlose Ernährungslage, über Kleidungsmangel, Wohnungsnot und das Fehlen von Heizmaterial Luft gemacht. Dazwischen waren politische Forderungen zunehmend lauter geworden: nach Bodenreform und Sozialisierung der wichtigsten Industrien, gegen die Demontage- und Reparationspolitik der Alliierten und für eine gerechtere Entnazifizierung.[14]

---

12 1946 kehrten monatlich durchschnittlich 73 Prozent der so rekrutierten Bergleute dem Bergbau wieder den Rücken. Abelshauser: Ruhrkohlenbergbau, S. 30.

13 Allerdings lag das Problem, so Werner Abelshauser, „nicht im Kohlenbergbau selbst. Ganz im Gegenteil. Gerade in diesem Winter gelang es dort zum ersten Mal, die Förderung signifikant zu erhöhen. Zur gleichen Zeit, da in der Industrie die Produktion nahezu zusammenbrach, bahnte sich im Kohlenbergbau die Wende zum Besseren an. Von 183.000 Tagestonnen im Oktober 1946 stieg die Förderung auf 234.000 Tagestonnen im März 1947 an. Gleichzeitig wuchsen aber die Haldenbestände von 318.000 Tonnen auf 1.227.000 Tonnen. Eine Vervierfachung der Halden inmitten der Kohlennot – dies weist auf eine Transportkrise großen Ausmaßes hin." Abelshauser: Wirtschaftsgeschichte, S. 110.

14 Abelshauser: Ruhrkohlenbergbau, S. 40f.; Kleßmann/Friedemann: Streiks und Hungermärsche, S. 55.

Und doch hatte eine Wende bereits in eben diesem Jahr eingesetzt und erwiesen, dass materielle Vergünstigungen ein geeigneteres Instrument zur Produktionssteigerung waren. Seit 1946 hatte die britische Besatzungsmacht ihre restriktiven Maßnahmen durch Lohnerhöhungen, eine bessere Nahrungsmittelversorgung und schließlich die bevorzugte Zuteilung von Konsumgütern und Wohnraum ersetzt. Das hatte zwar kaum Einfluss auf die Leistung des einzelnen Bergmannes gehabt. Aber zum einen war die Zahl der Feierschichten dadurch gesunken, und zum anderen hatte die Aussicht auf einen vergleichsweise hohen Lebensstandard die Attraktivität des Berufs immens erhöht. – „Mit Speck fängt man Kumpels", wie *Der Spiegel* im Januar 1947 die Einführung des sogenannten Bergarbeiter-Punktsystems kommentierte.[15] – Benachbarte Branchen hatten bereits über die Abwanderung von Facharbeitern geklagt. Mit der Zunahme der Arbeitskräfte erholte sich die Kohleförderung von ihrem Tiefstand des Jahres 1946.[16] Die übrigen, von den Amerikanern angestoßenen Maßnahmen zur wirtschaftlichen Wiederbelebung zeigten ebenfalls Wirkung, und die Kohle verlor ihre alles entscheidende Bedeutung für den wirtschaftlichen Aufschwung. Seit der Währungsreform im Juni 1948 war es auch mit dem Hunger vorbei. Kurz gesagt: Am Ende des Jahrzehnts hatte sich die Lage merklich entspannt.

Das bedeutete allerdings nicht, dass das chronische Problem des Bergbaus damit beseitigt gewesen wäre. Die Wirtschaft war auf die Kohle angewiesen, was besonders spürbar wurde, als während der Energiekrise 1950/51 zum Weihnachtsfest die Lichter in Deutschland ausgingen. Doch noch immer blieb die Leistung der Zechen hinter den Erwartungen zurück. Eine Stabilisierung der Produktion, eine dauerhaft ausreichende Versorgung schien noch längst nicht erreicht. Und auch die gemessene Einzelleistung pro Mann und Schicht ließ noch immer zu wünschen übrig.[17] Für die Zechenleitungen, Bergwerksgesellschaften und die meisten Beobachter des Geschehens liefen die Schwierigkeiten in den hohen Abwanderungszahlen zusammen, die die Statistiker jedes Jahr ausrechneten. Es gelang einfach nicht, stabile, gut eingearbeitete Belegschaften aufzubauen – was jedoch als Voraussetzung für Effizienz und Produktionserhöhung galt. Auch massive, bundesweit ange-

---

15 Der Spiegel 3/1947, S. 2. Das Bergarbeiter-Punktsystem war ein leistungsabhängiges Bonus-Programm für besonders rare Güter wie Zucker, Schokolade, Kaffee, oder Zigaretten, Textilien oder Möbel. Es lief 1948 aus. Vgl. dazu auch Borsdorf: Speck oder Sozialisierung, S. 360ff.

16 Bis Herbst 1947 hatte sich die Zahl der Arbeitskräfte von 195.000 (Juni 1945) auf 350.000 erhöht. Das waren rund 90 Prozent der Kriegshöchstziffer. Kroker: Entwicklung des Steinkohlenbergbaus, S. 78.

17 Sie hatte bei der Untertagebelegschaft 1936 im Durchschnitt 2,2 Tonnen betragen, war 1946 auf 1,2 Tonnen gesunken und war auch 1949 erst auf 1,38 Tonnen herangekommen. Abelshauser: Ruhrkohlenbergbau, S. 34.

legte Werbekampagnen und die überdurchschnittlichen Löhne – erst ab 1952 verdiente ein Arbeiter in der Stahlindustrie mehr – änderten daran nichts.[18] Zwar ließen sich jedes Jahr Tausende meist junger Männer in die Anlegebücher eintragen. Doch die übergroße Mehrheit der Angeworbenen absolvierte nur ein kurzes Gastspiel im Bergbau. Nachdem sie ihre ersten Erfahrungen mit der Arbeit unter Tage gemacht, das Leben in den Bergmannsheimen kennengelernt hatten, kehrten die meisten den verrußten Zechenhöfen schnell wieder den Rücken – überwiegend innerhalb des ersten Jahres. Viele verschwanden sogar schon nach wenigen Wochen, und nahmen dabei auch einen Vertragsbruch in Kauf. 1949 hatte man bei den Untertage-Arbeitern insgesamt 62.189 Neuzugänge gezählt – aber 43.503 Kumpel hatten im gleichen Jahr den Bergbau verlassen. Ein Jahr später stand es gar 55.328 zu 51.976.[19]

Die ungenügende Produktivität der Kohlebergwerke war primär ein wirtschaftliches Problem. Doch in der Konzentration auf die hohen Fluktuationszahlen wurde es zum sozialen, das nicht nur die Kohlewirtschaft beschäftigte, sondern ebenso Politiker, Jugendfürsorger, Arbeitsämter, Kirchen und sogar Architekten. Hing die Fluktuation wirklich nur damit zusammen, dass die Arbeit schwer, gefährlich und unattraktiv war? Und wie ließen sich die Arbeiter dann mit ihr versöhnen? Spielten die Bedingungen, unter denen sie geleistet werden musste, auch eine Rolle – im Betrieb und außerhalb? Die Einarbeitung in den Gruben folgte gewöhnlich dem Grundsatz ‚schwimm oder stirb', und Berichte über Beschimpfungen, Willkür oder Schikanen durch Vorgesetzte waren mehr Regel denn Ausnahme. Musste sich also in den Zechen etwas ändern? Oder waren dies, wie manch ein Verantwortlicher meinte, nicht einfach die Klagen übermäßig sensibler Gemüter, die für die harte Arbeit ohnehin nicht geeignet waren? Der Mangel an Wohnraum war ein besonders großes Problem, aber war es einfach damit getan, für zusätzliche Wohnungen zu sorgen? Oder mussten sie speziellen Ansprüchen genügen? Und lag es nicht auch am mangelnden sozialen Ansehen des Berufs, dass sich die wenigsten dauerhaft für ihn entscheiden wollten? Wer sich als Kumpel verdingen musste, war in den Augen vieler Zeitgenossen ganz unten angekommen. Ließ sich das Image also entsprechend verbessern? Oder hatten einfach die zahlreichen Kommentatoren recht, die von menschlichen Defiziten sprachen, Disziplin und Standesbewusstsein unter den neuen Bergleuten vermissten und überhaupt die soziale Wurzellosigkeit in der modernen Gesellschaft beklagten? Eine breite und lang anhaltende Diskussion entspann sich um Produktivitätszahlen und Abwanderung, ihre möglichen Ursachen und nicht zuletzt um die Maßnahmen, die aus Neuankömmlingen produktive und zuverlässige Bergleute machen sollten. Gerade weil Jugendliche, Flüchtlinge und

---

18 Zu den verschiedenen Versuchen, stabile Belegschaften durch die dauerhafte Heranziehung junger Männer aufzubauen siehe Roseman: Recasting the Ruhr, S. 161ff.
19 Ebd., S. 153; zum Folgenden ebd., S. 191ff., 223ff., 263ff.

Vertriebene die wichtigsten Zielgruppen der Werbekampagnen bildeten, berührte sie zugleich die allgemeinen und drängenden Fragen der Nachkriegszeit.

Dennoch würde es in die Irre führen, wollte man behaupten, dass die skizzierte Situation der unmittelbare Anlass für die Untersuchung war, die zwischen 1950 und 1953 als eine der ersten Gemeindestudien in Deutschland durchgeführt wurde. Am Ende der vierziger Jahre trafen vielmehr zwei folgenreiche Umstände zusammen, von denen die krisenhaft instabile Lage im Bergbau nur der eine, die *scientific philanthropy* beziehungsweise das *reorientation programm* der *Rockefeller Foundation* indessen der andere war. Denn den eigentlichen Anstoß für „Zeche und Gemeinde" gab genau genommen eine andere Studie: das betriebssoziologische Forschungsprojekt zu „Bergmann und Zeche", mit dem die Rockefeller-Stiftung die amerikanische Sozialforschung nach Dortmund bringen wollte.[20]

Es bezog sich, ganz im Sinne der Stiftungs-Philosophie, auf das wirtschaftliche Problem, das für die damalige Situation so wesentlich und drängend war. Wie ließ sich die Produktionsleistung im Bergbau steigern, wie die Fluktuation der Arbeitskräfte eindämmen? „Bergmann und Zeche" fragte nach den sozialen Faktoren, die auf die Arbeitsleistung in einer Schachtanlage einwirken konnten. „Betriebliche Schwierigkeiten", hielt Wilhelm Brepohl dazu fest, seien „zu einem guten Teil auf Störungen in den zwischenmenschlichen Beziehungen zurückzuführen."[21] Auch der private Lebensbereich durfte dabei nicht vergessen werden. Die Forschergruppe hatte sich in den ersten Monaten sogar fast ausschließlich auf die Wohn- und Familienverhältnisse der Bergleute konzentriert. Aber bald schon wurde dieser Schwerpunkt ausgegliedert.[22] Conrad Arensberg, den die Rockefeller-Stiftung 1949 zum

---

20 Vgl. oben, Kap. 4.2.
21 Diese könnten „auch dann auftreten, wenn das Werk technisch und betrieblich in Ordnung ist", schrieb Brepohl an die Notgemeinschaft der Deutschen Wissenschaft, bei der ein finanzieller Zuschuss beantragt worden war. Sozialforschungsstelle/Dr. Brepohl an die Notgemeinschaft der Deutschen Wissenschaft, 6.4.1950. SFS Archiv. ONr. V, Bestand 1, K 20/23, Bd. „Projektverwaltung und -begleitung".
22 Nach einem Bericht an die Notgemeinschaft der Deutschen Wissenschaft dauerte die erste Phase der Materialerhebung bis April 1950 und „galt der Ermittlung der Wohnungs- und Familienverhältnisse und der Beziehungen der Familien zum Betrieb". Im Mai 1950 berichtete Otto Neuloh dann in einem Schreiben an Nels Anderson, der zu diesem Zeitpunkt noch dem *Office of Labor Affairs* angehörte, bereits von der geplanten Gemeindestudie. Siehe Sozialforschungsstelle [Kürzel Neuloh] an Nels Anderson, 6.5.1950; Sozialforschungsstelle/Dr. Brepohl an die Notgemeinschaft der Deutschen Wissenschaft, 6.4.1950; Sozialforschungsstelle/Dr. Neuloh an die Notgemeinschaft der Deutschen Wissenschaft, 7.2.1951. Alle SFS Archiv. ONr. V, Bestand 1, K 20/23, Bd. „Projektverwaltung und -begleitung".

wissenschaftlichen Berater der Sozialforschungsstelle bestellt hatte, schlug eine eigenständige Untersuchung vor: „eine Studie über Industrie und Community".[23]

Mit der finanziellen Unterstützung des amerikanischen Hochkommissariats (HICOG), der Notgemeinschaft der Deutschen Wissenschaft und der Forschungsgemeinschaft des Landes Nordrhein-Westfalen entwickelte sich das 1950 als *spin-off* begonnene Folgeprojekt zu einem für die Geschichte der bundesdeutschen Stadtsoziologie bemerkenswerten Unternehmen.[24] In „Zeche und Gemeinde", wie der später gewählte Titel lautete, wandte ein Forscherteam das empirisch-methodische Werkzeug der Kulturanthropologen an, um das alltägliche Leben in einer industrialisierten Kleinstadt durch teilnehmende Beobachtung zu erforschen. Ein Novum in der deutschen Soziologie. Von dem Ausgangsproblem entfernte sich das Team dabei allerdings rasch. Helmuth Croon, Dietrich von Oppen und Kurt Utermann hatten sich ursprünglich für die Lebensverhältnisse der Bergleute interessiert – hauptsächlich für die der neuen – und das Verhältnis zwischen den zugewanderten Zechenarbeitern und den ‚Eingeborenen' Datteln näher beleuchten wollen. Während ihrer Beobachtungen hatten sie jedoch bald einen entscheidenden Irrtum bemerkt: Die zwei Gruppen existierten so nicht. Nicht die Bergleute, und nicht einmal diejenigen in Datteln Geborenen, deren Familien seit mehreren Generationen in dem Ort heimisch waren, mochten sie bei genauerem Hinsehen noch als eine Einheit betrachten.[25] Die Studie mündete daher in einer Analyse der komplexen Gruppen- und Sozialstruktur der Gemeinde und deren Wandel seit Gründung des Berg-

---

23 Vorschläge für ein [sic] Community-Study von C.M. Arensberg (unter Zugrundelegung von Aufzeichnungen für einen in Dortmund gehaltenen Vortrag in deutscher Sprache am 22.9.1950). SFS Archiv. ONr. V, Bestand 1, K 20/23, Bd. „D. v. Oppen. Persönliche Mappe".

24 Die Erst- und Grundfinanzierung von 50.000 DM erhielt die Sozialforschungsstelle (offenbar auf die Vermittlung von Nels Anderson hin) aus HICOG-Mitteln. Später gewährte die Notgemeinschaft der Deutschen Wissenschaft einen Zuschuss von 30.000 DM und die Forschungsgemeinschaft NRW 20.000 DM, um die Arbeit fertigzustellen. Vgl.: Sozialforschungsstelle [Kürzel Neuloh] an Nels Anderson, 6.5.1950; Gemeindeuntersuchung Datteln (Finanzaufstellung), 26.6.1953; Antrag an die Deutsche Forschungsgemeinschaft, 25.3.1954; Schreiben Sozialforschungsstelle an den Minister für Wirtschaft und Verkehr des Landes NRW, 6.11.1954. Alle SFS Archiv. ONr. V, Bestand 1, K 20/23, Bd. „Projektverwaltung und -begleitung". Zusätzlich müssten bei einer genauen Aufstellung die Gehälter der beiden *consultants* eingerechnet werden, die von der *Rockefeller Foundation* gezahlt wurden. Die Eigentümlichkeiten des frühen Finanzhaushalts der Sozialforschungsstelle mit ihrer Aufteilung in Grund- und Projektfinanzierung, der Praxis der kombinierten Untersuchungen und der wenig entwickelten Routine in der Projekt- und Finanzplanung machen kommastellengenaue Angaben kaum möglich.

25 Methode und Verfahren der Untersuchung einer Zechengemeinde im nördlichen Ruhrgebiet, S. 3. SFS Archiv. ONr. V, Bestand 1, K 20/23, Bd. „Projektverwaltung und -begleitung".

werks Emscher-Lippe. Ihre Ergebnisse wollten die Forscher freilich „auf zwei Koordinatensystemen" eingetragen wissen: „auf dem dieser Gemeinde und auf dem des Gesamtprozesses, des Strukturwandels unter dem Einfluß der vordringenden Industrialisierung."[26]

5.2 WER ERKUNDET DATTELN?

Mit Conrad Arensberg war das Projekt Gemeindestudie von einem Forscher angestoßen worden, der vielen seiner Kollegen als Pionier auf dem Gebiet der *community studies* galt – auch wenn er sich den Ruhm mit seinem Lehrmeister William Lloyd Warner teilen musste. Beide Namen standen für eine revolutionäre Neuerung, die die amerikanischen Sozialwissenschaften in den dreißiger Jahren erfahren hatten: das Studium der modernen Gesellschaften mit Hilfe von Theorien und Forschungstechniken der Anthropologie. Ob es um die Aborigines in Australien oder die Yankee-Kultur in Neuengland ging – man konnte sie, so der forschungsleitende Gedanke, auf ähnliche Weise untersuchen und verstehen. Warner hatte den großangelegten Praxistext dazu 1930 mit seinem Yankee-City-Projekt in Angriff genommen, in dem auch Conrad Arensberg seine ersten Erfahrungen als studentischer Feldarbeiter gesammelt hatte.[27] Arensberg selbst war hingegen für die kulturanthro-

---

26 Croon/Utermann: Zeche und Gemeinde, S. 6. Neben „Zeche und Gemeinde" berichten drei weitere, weitaus schmalere und als Manuskript gedruckte Bände von den Ergebnissen der Studie: Croon: Gesellschaftliche Auswirkungen; von Oppen: Familien in ihrer Umwelt; Utermann: Freizeitprobleme. Außerdem setzten sich die Gemeindeforscher in mehreren Aufsätzen mit dem Projekt und dessen Ergebnissen auseinander: Utermann: Aufgaben und Methoden; ders.: Forschungsprobleme; von Oppen: Soziale Mobilität.

27 Der Anthropologe William Lloyd Warner hatte zuvor drei Jahre lang die Ureinwohner Australiens untersucht und 1930 nach seiner Rückkehr die wohl ambitionierteste, erschöpfendste, aber auch kostenaufwendigste aller amerikanischen Gemeindeuntersuchungen begonnen. „Yankee-City" (die Stadt hieß eigentlich Newburyport und lag in Massachusetts) war der Versuch, eine amerikanische Gemeinde mit 17.000 Einwohnern als gesellschaftliches System mit komplexen Beziehungen, Verhaltensmustern und sozialen Normen zu untersuchen. Im Gegensatz zu den „kleinen Welten" der klassischen *Chicago School*, die sich auf die ethnischen und sozialen Milieus einer Großstadt konzentrierten, betrachtete Warner die gesamte Stadt als gesellschaftlichen Mikrokosmos – und stellvertretend für die Ostküsten-Gesellschaft Neuenglands. 1930 begannen die ersten Erhebungen, und es brauchte allein fünf Jahre, bis diese abgeschlossen waren. Insgesamt mehr als dreißig Mitarbeiter waren an der Datenerhebung und der Veröffentlichung der sechs Berichtbände beteiligt, die zwischen 1941 und 1959 erschienen. Bekannt ist die Studie vor allem für ihre Ergebnisse zur sozialen Ungleichheit, die Rang- und Sta-

pologischen Untersuchungen bekannt geworden, die er 1932/33 zusammen mit seinem Kollegen Solon Kimball in Irland, in einer ländlichen, abgelegenen Gegend der Grafschaft Clare durchgeführt hatte.[28]

Die County-Clare-Studie ging von der Vorstellung aus, dass sich in dem rückständigen und noch immer agrarisch dominierten Inselstaat am Rande Europas der soziale Wandel von der traditionalen zur modernen Gesellschaft besonders gut beobachten lassen würde. Dazu hatte Arensberg über ein Jahr lang in dem kleinen Marktstädtchen Ennis und zwei der umliegenden bäuerlichen *townlands* gelebt. Er hatte sich mit der Lebensweise der irischen Kleinbauern vertraut gemacht, mit Arbeitsroutinen und Gebräuchen, mit Familien- und Haushaltsstrukturen, Glauben und Aberglauben, und er hatte nachzuvollziehen versucht, in welchen Handlungszusammenhängen und Beziehungssystemen das Leben dort verlief. Eine *community study* war dies in doppelter Hinsicht. Die lokale *community* ersetzte einerseits das, was für die frühen Anthropologen der Stamm oder Clan gewesen war: ein kleines, überschaubares Untersuchungsgebiet, auf dem der Forscher die intime Vertrautheit mit den Besonderheiten einer fremden Kultur erlangte.[29] Andererseits aber begriff

---

tusunterschiede nachwiesen, die unabhängig von „harten" ökonomischen Merkmalen existierten. Bell/Newby (Hg.): Sociology of Community, S. 259ff.

28 Genau genommen war die Arbeit Arensbergs und Kimballs im County Clare Teil der großen „Harvard Irish Study", die zwischen 1931 und 1936 an 17 Orten in ganz Irland und mit drei disziplinären Schwerpunkten (Biologische Anthropologie, Archäologie und Sozialanthropologie) durchgeführt wurde. Den größten Grad an Bekanntheit erlangte freilich die Studie der beiden Sozialanthropologen. William Lloyd Warner, verantwortlich für diesen Teilbereich, hatte für die Durchführung seine beiden jungen Mitarbeiter gewonnen, die ihre Dissertationsschriften auf der Basis dieser Untersuchung verfassten. Die Studie bzw. die veröffentlichten Berichte (Arensberg: Irish Countryman und Arensberg/Kimball: Family and Community) erregte Aufsehen als erster Versuch, eine europäische Gesellschaft ethnologisch zu untersuchen. Zum Hintergrund vgl. Byrne/Edmondson/Varley: Arensberg and Kimball (Einleitung zur 2001 erschienenen dritten Auflage von Arensberg/Kimball: Family and Community); außerdem: Wilson/Donnan: Anthropology of Ireland, S. 18ff.

29 Den Dortmunder Mitarbeitern erklärte Arensberg, dass sich mit der strukturfunktionalen Theorie in der Ethnologie auch die Überzeugung durchgesetzt hatte, „dass das Community entsprechend dem kleinen Stamm innerhalb der primitiven Bevölkerung als die Einheit gelten konnte, vermittels derer man die Funktionen und den funktionellen Zusammenhang von Bräuchen, Riten und Sozialgebilden einer stärker komplexen grossräumigen Gesellschaft aufzeigen konnte." Vorschläge für ein [sic] Community-Study von C.M. Arensberg (unter Zugrundelegung von Aufzeichnungen für einen in Dortmund gehaltenen Vortrag in deutscher Sprache am 22.9.1950). SFS Archiv. ONr. V, Bestand 1, K 20/23, Bd. „D. v. Oppen. Persönliche Mappe").

Arensberg die *community* als eine der beiden tragenden sozialen Institutionen: „a framework of long-term customary relationships uniting persons beyond their family ties."[30] Neben der Familie sorgte die *community* als Ausdruck kulturell geformter Handlungs- und Verhaltensweisen für die Beständigkeit der bäuerlichen Lebensweise und der ländlichen Gesellschaft Irlands:[31] „culture as a way of life" im Sinne der Kulturanthropologie.[32]

Irish Countryman oder Bergmann im Ruhrgebiet – eine ähnliche Untersuchung wie seinerzeit im County Clare mochte Arensberg auch 1950 im Sinn gehabt haben, als er den Dortmunder Mitarbeitern vorschlug, Datteln als „ethnologische[n] Schauplatz" zu betrachten, „auf dem die Bergarbeiter studiert werden können".[33] Wollte

---

30 Arensberg/Kimball: Family and Community, S. 311.

31 „He works within the influence of a long established tradition of ancestral experience which has established for him the best dates for planting, for reaping, for breeding cattle, and for most of the tasks of his yearly round. The community holds that tradition in common, and the farmer is caught in the midst of a mesh of rivalries, competitions, and gossip in praise and condemnation, which binds him the more strongly to the accepted patterning of his yearly activity." (ebd., S. 47).

32 Arensberg: Irish Countryman, S. 9. Conrad Arensbergs Ethnographie des „Irish Countryman" war 1937 erschienen und nahm 1950 bereits den Status eines kanonischen Werks ein. Mit „Family and Community in Ireland" hatte er ihr drei Jahre später (zusammen mit Solon Kimball) eine systematische Beschreibung der Funktionsweisen der agrarischen Gesellschaft Irlands zur Seite gestellt. Durch sie vor allem wurde die County Clare-Studie in den folgenden Jahren zum einflussreichen Modell für die sozialwissenschaftliche *community*-Forschung. Welche Bedeutung „Family and Community in Ireland" für die amerikanischen Sozialwissenschaften besaß, lässt sich daran erkennen, dass das Buch 1968, also fast drei Jahrzehnte nach dem ersten Erscheinen, noch einmal neu aufgelegt wurde. Sein unangefochtener Status als Klassiker der irischen Anthropologie kommt hingegen in der dritten, 2001 in Irland erschienenen und um einen umfangreichen historischen Kommentar ergänzten Auflage zum Ausdruck. Arensberg/Kimball: Family and Community (2001); vgl. zum Einfluss der Studien auf die Erforschung der irischen Gesellschaft auch Wilson/Donnan: Anthropology of Ireland.

33 Das war wohlgemerkt nur eine von vier verschiedenen Möglichkeiten, die der wissenschaftliche Berater den Mitarbeitern präsentierte, um „Datteln zur Förderung der Emscher-Lippe-Untersuchung zu benutzen": als „ethnologischer Schauplatz, auf dem die Bergarbeiter studiert werden können"; als „Mittelpunkt, an dem man sich einen aufklärenden Überblick über die wirklichen sozialen und privaten Nöte der Bergarbeiter verschaffen kann"; als „ein ‚testing ground' für Typologie"; als „Untersuchungsgegenstand für die Zwischenverbindungen und die Organisation gesellschaftlicher Beziehungen, den Prozess und die Struktur der industriewirtschaftlichen und politischen Kontrolle des Gemeindelebens in Deutschland" (Vorschläge für ein [sic] Community-Study von C. M.

man gesellschaftliche Phänomene *in vivo* – am lebenden Objekt sozusagen – erforschen, war eine *community study* für den Kulturanthropologen das Instrument der Wahl.³⁴

Das dreiköpfige Team der Sozialforschungsstelle, das im November 1950 für eben dieses Unternehmen ins Feld zog, entsprach auf der anderen Seite recht augenfällig dem Personalprofil des Instituts, das schon die Zeitgenossen beanstandet hatten. Keinen der drei Mitarbeiter hätte man als Gegner des Nationalsozialismus bezeichnen können. Alle hatten sich auf die eine oder andere Weise auf die neue Gesellschaftsordnung eingelassen, hatten sich engagiert, von ihr profitiert oder die eigene wissenschaftliche Arbeit an ihren Dogmen ausgerichtet. Allerdings unterschieden sich diese Lebensläufe im Detail durchaus, und das betraf nicht nur den Grad ihrer Verstrickung in das NS-Regime. Ein Pädagoge, ein Archivar, ein Volkstumssoziologe – das wäre, etwas zugespitzt, eine andere Möglichkeit, die Wissenschaftlergruppe zu beschreiben, die Datteln nun zum Schauplatz einer *community study* machte. Erfahrungen mit der qualitativen Sozialforschung (oder dem strukturfunktionalen Gesellschaftsbild des Anthropologen Arensberg) besaß indessen keiner der Mitarbeiter.

Zu ihnen gehörte der 1905 in Duisburg-Ruhrort geborene Kurt Utermann, Sohn eines Oberlandesrichters, der nach seiner Schulausbildung Geschichte, Staatswissenschaften und Philosophie studiert hatte.³⁵ Er war 1931 in Berlin zum *doctor philosophiae* promoviert worden – sein Doktorvater war Friedrich Meinecke. Danach jedoch bewegte er sich vor allem im Einflussbereich des NS-Hofpädagogen Alfred Baeumler. An dessen Institut für Politische Pädagogik (IPP) war Utermann fünf Jahre lang – von April 1934 bis Mai 1939 – Assistent.³⁶ Obwohl er unter den po-

---

Arensberg (unter Zugrundelegung von Aufzeichnungen für einen in Dortmund gehaltenen Vortrag in deutscher Sprache am 22.9.1950). SFS Archiv. ONr. V, Bestand 1, K 20/23, Bd. „D. v. Oppen. Persönliche Mappe"). Seine methodischen Vorschläge für die Datteln-Studie veröffentlichte Arensberg 1954 im Rahmen eines Grundlagenbeitrags im American Journal of Sociology (Arensberg: Community-Study Method, bes. S. 115-119).

34 Arensberg: Community-Study Method, S. 110.

35 Der kurze Abriss folgt Tilitzki: Universitätsphilosophie, Bd. 2, S. 945f.; Hinweise auch bei Klingemann: Soziologie im Dritten Reich, S. 260f. Das Dokument, das Utermann für seine Anstellung an der Sozialforschungsstelle abfasste und das in seiner Personalakte überliefert ist, sollte man hingegen in erster Linie als Beispiel für die Neutralisierung politisch belasteter Lebensläufe nach 1945 lesen (Lebenslauf und wissenschaftlicher Werdegang, 10.6.1949. SFS Archiv. ONr. VII, PAW Kurt Utermann).

36 Weltanschauliche Übereinstimmungen scheint es dafür genug gegeben zu haben. Kurt Utermann war in der Jugendbewegung und im Köngener Bund aktiv gewesen. Im April 1933 – gerade eben noch vor Inkrafttreten der Aufnahmesperre – war er in die NSDAP eingetreten; HJ und SA folgten kurz darauf. Tilitzki: Universitätsphilosophie, Bd. 2, S. 945.

litischen Pädagogen als der Historiker des Instituts galt, lagen seine Aufgaben nun vor allem im Bereich der wissenschaftspolitischen Aktivitäten des Leiters. Utermann verfasste Gutachten für das Amt für Schrifttumpflege, Artikel für den Völkischen Beobachter sowie Polemiken gegen den politischen Katholizismus und die Schulpolitik der katholischen Kirche und war ab Herbst 1936 mit dem Aufbau einer schulpolitischen Abteilung betraut. Da sein Vorgesetzter Alfred Baeumler obendrein dem „Amt Wissenschaft" an der Dienststelle Rosenberg vorstand und dieses zunächst mit Hilfe des Institutsapparats leitete (dies war dem Mangel an eigenen Planstellen geschuldet), gehörte Utermann dort ebenfalls zum (ehrenamtlich geführten) Mitarbeiterstab. Und in diese Zusammenhänge des Baeumler-Rosenbergschen Wissenschaftsimperiums blieb er auch eingebunden, nachdem er 1939 aus dem IPP ausschied. Er leitete – nach zweieinhalbjährigem Kriegsdienst – eine Stelle in Baeumlers Amt und war dort ab 1943 für die weltanschauliche Schulung der Wehrmacht zuständig. Und auch innerhalb der vorläufigen Organisationsstruktur der „Hohen Schule" der NSDAP, die als Partei-Elitehochschule neben den Universitäten geplant wurde, hatte man ihm offenbar eine Aufgabe zugewiesen: die Abteilung für die Geschichte der Reichstradition.[37] Als Kurt Utermann 1949 Mitarbeiter der Sozialforschungsstelle wurde, scheinen es aber eher seine Erfahrungen im Bereich der Pädagogik gewesen zu sein, die für seine Anstellung sprachen. Er wurde als Assistent an der Sozialpädagogischen Abteilung von Friedrich Siegmund-Schultze eingestellt. Seine erste Arbeit war eine Untersuchung über jugendliche Flüchtlinge in Nordrhein-Westfalen.[38]

---

37 Die „Hohe Schule" unterstützte mit Fördermitteln offenbar auch seine geplante Habilitation für das Fach Geschichte. Utermann erhielt 1939 ein „Stipendium für die Zwecke der Hohen Schule" und arbeitete ab 1942 an einem „Forschungsauftrag für die Hohe Schule der NSDAP" (Klingemann: Soziologie im Dritten Reich, S. 260; ein von Gerd Simon erstelltes Organigramm zeigt ihn 1944 als geplanten Referatsleiter [http://homepages.uni-tuebingen.de/gerd.simon/HSText.pdf, 29.10.2015]). Später gab Utermann an, dass nichts von seinen wissenschaftlichen Manuskripten und Vorarbeiten den Krieg überstanden habe. Vor diesem Hintergrund könnte man sich allerdings auch andere Gründe dafür denken, dass er diese Arbeiten nach 1945 nicht weiterverfolgte. Seine schwammigen Angaben zum Gegenstand – „über den Komplex 1859-66 oder ein verwandtes institutionengeschichtliches Thema" – lassen jedenfalls Raum für Spekulationen (Lebenslauf und wissenschaftlicher Werdegang, 10.6.1949. SFS Archiv. ONr. VII, PAW Kurt Utermann). Der oben erwähnte Forschungsauftrag der Hohen Schule hatte die „Entstehung des Ultramontanismus" zum Thema.

38 Außerdem lehrte er Sozialgeschichte an der von Friedrich Siegmund-Schultze 1948 in Dortmund gegründeten Jugendwohlfahrtsschule (Sozialforschungsstelle: Bericht 1949/50, S. 19). Später war Utermann Dozent und Professor für Sozialpädagogik an der 1971 ge-

Der zweite promovierte Historiker im Team war Helmuth Croon, über dessen Lebenslauf im Vergleich am wenigsten bekannt ist.[39] Er kannte Kurt Utermann vermutlich schon aus der gemeinsamen Zeit in Berlin. Dort war Croon 1928 bei Fritz Hartung mit einer nicht unbeachtet gebliebenen Arbeit über Stände und Steuern in Jülich-Berg promoviert worden. Im Anschluss daran hatte er im Auftrag der Historischen Kommission für die Provinz Brandenburg und die Reichshauptstadt Berlin die kurmärkischen Ständeakten bearbeitet – ein Projekt, das allerdings aus Geldmangel bald eingestellt wurde. Nach einigen kleineren Aufträgen des Düsseldorfer Staatsarchivs war er 1933 in den Freiwilligen Arbeitsdienst eingetreten, aus dem über verschiedene Stufen der Gleichschaltung schließlich der Reichsarbeitsdienst (RAD) wurde: eine der umgreifenden Einrichtungen des nationalsozialistischen Erziehungssystems. Croon blieb dort bis zum Ende des nationalsozialistischen Reichs und leitete ab 1943 die Archive des RAD. Er stieg in der Hierarchie auf – vom Führer und Sachbearbeiter bis zum Arbeitsführer als letztem Dienstgrad – und saß dafür nach Kriegsende für 18 Monate in einem alliierten Internierungslager ein. Später verdiente er seinen Lebensunterhalt als Hilfsarbeiter in einer Lackfabrik und erteilte außerdem Privatunterricht. Er stieß im Januar 1950 als wissenschaftlicher Mitarbeiter zur Sozialforschungsstelle.[40]

Seit Klaus Ahlheim den Werdegang Dietrich von Oppens in den 1990er Jahren publik gemacht hat, kann man den 1912 in Eberswalde geborenen wohl als den prominentesten unter den drei Gemeindeforschern bezeichnen.[41] Auch der NSDAP- und SS-Mann von Oppen war von der akademischen Herkunft her Historiker, mit den Nebenfächern Philosophie und Soziologie. Er hatte jedoch, anders als Croon

---

gründeten Fachhochschule Dortmund, in die die Jugendwohlfahrtsschule integriert wurde (Otto: Kurt Utermann zum Gedenken, S. 291).

39 Die Skizze basiert daher notgedrungen auf Croons selbstverfasstem, in den Personalakten überliefertem Lebenslauf sowie einem Nachruf (Seebold: Helmuth Albrecht Croon verstorben; Lebenslauf. SFS Archiv. ONr. VII, PAW Helmuth Croon).

40 Nach seinem Austritt aus der Sozialforschungsstelle wechselte er 1955 an das Bundesarchiv Koblenz, übernahm dann aber bald die Leitung des Bochumer Stadtarchivs. 1967 erhielt er einen Lehrauftrag an der neugegründeten Universität Bochum. Eine intensive Forschungstätigkeit zur Verfassungs- und Verwaltungs- sowie Sozial- und Wirtschaftsgeschichte schlug sich in mehreren weithin beachteten Publikationen nieder. 1976 wurde Helmuth Croon vom Bundespräsidenten für seine Verdienste um das Archivwesen und seine Forschungen zur modernen Verwaltungs- und Stadtgeschichte mit dem Bundesverdienstkreuz ausgezeichnet. Seebold: Helmuth Albrecht Croon verstorben, S. 46.

41 Für Ahlheim stand von Oppen stellvertretend für „jene[] Generation von Wissenschaftlern, die ihre Karriere im NS-Staat erfolgreich begannen und nach 1945 erfolgreich fortsetzen konnten". Das Folgende nach Ahlheim: Der Fall Dietrich von Oppen, Zitat S. 311; ausführlicher dazu auch: Ahlheim: Geschöntes Leben.

und Utermann, die aus dem Berliner Milieu stammten, in Königsberg bei den dortigen Volkstums- und Kulturbodenforschern studiert. In diesem politisch hochaufgeladenen Bereich ordnete sich auch seine Dissertation ein. Von Oppen schrieb sie bei Gunther Ipsen – und mit dessen Bevölkerungstheorie im Rücken – über die „Umvolkung" in Westpreußen zwischen Reichsgründung und Erstem Weltkrieg.[42] Dass er darin bedenkenlos an völkische und antisemitische Argumentationen anschloss, hat Klaus Ahlheim offengelegt. Dass die Arbeit von Nutzen für die nationalsozialistischen Pläne zur Germanisierung des europäischen Ostens sein konnte, war hingegen schon dem Verfasser zu betonen wichtig gewesen – ebenso wie dem ersten Gutachter Theodor Schieder.[43] Nach Kriegsdienst und Promotion war von Oppen dann zwischen 1942 und 1944 mit einem Atlas-Projekt der Volksdeutschen Forschungsgemeinschaften beschäftigt, das die neuen Verhältnisse in Europa historisch-geographisch umsetzen sollte. Im Gegensatz zu seinen beiden Kollegen hatte er also Erfahrungen mit der historisch-soziographischen Arbeitsweise der Volkstums- und Raumforscher gesammelt, was ihm nach Kriegsende zugutekam. Für das Landesplanungsamt Hannover hatte von Oppen eine Kreisbeschreibung erstellt, bevor er, ausgestattet mit einem Gutachten von Helmut Schelsky, 1950 an die Sozialforschungsstelle kam.[44]

---

42 Wegen Ipsens Wechsel nach Wien bzw. dessen kurz darauf folgender Einberufung zum Kriegsdienst reichte von Oppen die Arbeit allerdings 1942 in Innsbruck bei Theodor Schieder ein, der dort eine Lehrstuhlvertretung übernommen hatte. Ahlheim: Der Fall Dietrich von Oppen, S. 311f. Zu Ipsens Bevölkerungstheorie siehe unten, S. 270ff.

43 Ahlheim: Der Fall Dietrich von Oppen, S. 313. Besonders anschaulich wird die Ausrichtung auf politische Ziele übrigens da, wo die ursprünglichen, revanchistischen Absichten dieser Art Volkstumsforschung durch den Einsatz der Wehrmacht bereits hinfällig geworden waren: Dass das „Polentum auf dem Wege war, aus einer fast gleichförmigen Masse ein Volk zu werden, das einen Willen besaß und diesen Willen in bodenständiger Weise auf den Raum der Provinz richtete, [...] darf und muß im Jahre 1942 offen ausgesprochen werden: denn heute brauchen wir nicht mehr gegen die Polen ein Anrecht auf diesen Raum zu begründen." (Oppen, Dietrich von: Die Umvolkung in Westpreußen von der Reichsgründung bis zum Weltkriege, Diss. masch. Univ. Innsbruck 1942, S. 101f., zit. nach Klingemann: Soziologie und Politik, S. 101.) Eine veränderte Version wurde 1955 gedruckt, nun unter dem Titel „Deutsche, Polen und Kaschuben 1871-1914".

44 Vier Jahre später wechselte von Oppen als Assistent an die Akademie für Gemeinwirtschaft nach Hamburg und habilitierte sich 1957 im Fach Empirische Soziologie bei Helmut Schelsky. 1960 erhielt er einen Ruf auf den Lehrstuhl für Sozialethik an der Theologischen Fakultät der Philipps-Universität Marburg, wo er bis zu seiner Emeritierung im Jahr 1980 lehrte. Ahlheim: Der Fall Dietrich von Oppen, S. 314ff.

5.3 Feldforschung

Der eigentliche Startschuss für die Datteln-Studie fiel im November 1950, als Helmuth Croon und Dietrich von Oppen in der Stadt Quartier nahmen, um mit der Feldarbeit zu beginnen. Während Kurt Utermann, der dritte ständige Mitarbeiter und Leiter der Forschungsgruppe, von Dortmund aus arbeitete, blieben die beiden für mehr als anderthalb Jahre, bis Juni 1952, in Datteln. Zusammen mit den Neubergleuten – denjenigen, die im Kohle-Boom der Nachkriegszeit als Letzte zur Zeche gestoßen waren – lebten sie im sogenannten „Dümmerbunker" in der Nähe der Schachtanlagen und später auch bei verschiedenen Familien im alten Ortskern. „Da die Aufgabe darin besteht, zwischenmenschliche Beziehungen und Gruppenverhältnisse in einer Gemeinde konkreter und unmittelbarer als bisher zu untersuchen", müsse man, so formulierte es Kurt Utermann, Methoden anwenden, „die so nahe wie möglich an die soziale Wirklichkeit selbst heranführen".[45] Die Feldforschung bedeutete für die Mitarbeiter methodisches Neuland – Grund genug, ihre Verfahrensweise auf den folgenden Seiten etwas genauer zu betrachten.

Einmal in Datteln angekommen, sind die Gemeindeforscher in ihrem Eifer, Material zu sammeln, ausgesprochen ausdauernd, aber zunächst einmal auch ausgesprochen unspezifisch vorgegangen. Allerdings lassen sich, wenn man einen genaueren Blick auf den Verlauf der Studie wirft, zwei verschiedene Phasen der Feldarbeit ausmachen. Anfangs war es wohl eher die unvoreingenommene Erfahrung, auf die von Oppen und Croon bei ihren Erkundungen im Feld setzten. Das heißt, einer festgelegten Vorgehensweise folgten beide nicht. Die würde sich, wie sie annahmen, aus ihren ersten Eindrücken ergeben.[46] Stattdessen handelten sie nach dem Vorsatz, „an möglichst vielen Bereichen [...] und an möglichst vielen Zweigen des Lebens in der Gemeinde beobachtend teilzunehmen".[47] Sie erschienen in Betrieben und suchten Familien zu Hause auf, standen auf dem Sportplatz und saßen in der Wirtschaft. Den Sitzungen des Stadtrats und seiner Ausschüsse wohnten sie ebenso bei wie den Übungsstunden des Männergesangvereins oder der Turner. Sie besuch-

---

45 Utermann: Aufgaben und Methoden, S. 34. An anderer Stelle haben die Gemeindeforscher die Wahl ihrer Vorgehensweise allerdings höchst lapidar erläutert: „Es lag nahe, die Methoden der Feldforschung, die von der Sozialforschungsstelle in der betriebssoziologischen Untersuchung angewendet wurden, die teilnehmende Beobachtung und die Befragung, auch bei den Forschungen in der Gemeinde zu erproben." Methode und Verfahren der Untersuchung einer Zechengemeinde im nördlichen Ruhrgebiet, S. 5. SFS Archiv. ONr. V, Bestand 1, K 20/23, Bd. „Projektverwaltung und -begleitung".
46 Vgl. Methode und Verfahren der Untersuchung einer Zechengemeinde im nördlichen Ruhrgebiet, S. 5f. SFS Archiv. ONr. V, Bestand 1, K 20/23, Bd. „Projektverwaltung und -begleitung".
47 Utermann: Aufgaben und Methoden, S. 36.

ten Volksfeste, Betriebsversammlungen und Elternabende – und vor allem führten sie unzählige Gespräche mit Bergleuten und Lokalpolitikern, Handwerkern und Pfarrern, Hausfrauen und Oberstudiendirektoren, Familienvorständen und Vereinsvorsitzenden, alten und neuen Bürgern.[48]

„Sind sie Ihnen nicht auch schon begegnet, die Herren, die sich seit Jahresfrist in Datteln in verdächtiger Weise zu schaffen machen? Kaum glaublich, wo sie überall auftauchen [...]. Mancher möchte wetten, sie seien mit Röntgenaugen ausgestattet, die durch die Mauern sehen und daher wissen, wie es in einzelnen Dattelner Familien zugeht. [...] Genug sei die Feststellung, daß sie nur selten gemeinsam aufkreuzen. In der Regel ist es bloß einer, der sich still und unauffällig im Hintergrund hält, den Bleistift gezückt, amüsiert lächelnd oder gespannt dreinschauend."[49]

Das ist ein Ausschnitt aus einem Beitrag der Dattelner Lokalpresse, der im Sommer 1951 auf die Anwesenheit der Sozialwissenschaftler und die laufende Untersuchung aufmerksam machte: „Graue Eminenzen", so lautete sein Titel. Er bietet einen kleinen Eindruck davon, wie die Beobachteten die Feldforschung gesehen haben mögen. Aber darüber hinaus erhält man auch einen Hinweis auf das Rollenverhalten der Wissenschaftler und auf die Haltung, die sie ihrem Untersuchungsobjekt gegenüber an den Tag legten. Die Aura des Arkanwissens, mit der sie der Artikel umgab, mochte den Vorlieben eines formulierungsfreudigen Lokalreporters geschuldet sein. Aber dass Croon und von Oppen offenbar eine prinzipielle Distanz zum Leben in der Gemeinde kultivierten – „still und unauffällig im Hintergrund [...] amüsiert lächelnd oder gespannt dreinschauend" – scheint darin deutlich auf. Später, im 1958 publizierten Bericht über die Beziehungen zwischen „Zeche und Gemeinde", haben die Autoren es sogar direkt angesprochen, dass von einer im strikten Sinne „teilnehmenden" Beobachtung bei der Datteln-Studie eigentlich nicht die Rede sein konnte. Wenn sich eine solche ergab, dann offenbar eher ungewollt: „Es war nicht immer leicht", so resümierten sie, „den Wünschen zu widerstehen, aus der bloßen Teilnahme zur aktiven Mitbeteiligung in zahlreichen Angelegenheiten überzugehen".[50] Die Gemeindeforscher setzten bewusst Grenzen, beschränkten sich auf die

---

48 Vgl. Zwischenbericht über den Stand der Arbeit an der Monographie Datteln, o. D. [Juli 1951]. SFS Archiv. ONr. V, Bestand 6, K 6/21, Bd. „Referate der Arbeitsgemeinschaft Dortmund". Das daraus hervorgegangene, überaus umfangreiche und vor allem aus Gedächtnisprotokollen bestehende Material wird, neben den Auswertungen der Interviewreihen und übrigen Materialsammlungen, im Archiv der Sozialforschungsstelle aufbewahrt. SFS Archiv. ONr. V, Bestand 1.

49 „Graue Eminenzen", 2.7.1951, SFS Archiv. ONr. V, Bestand 1, K 20/23, Bd. „Projektverwaltung und -begleitung".

50 Croon/Utermann: Zeche und Gemeinde, S. 4.

Rolle des am Rande stehenden Beobachters und vermieden private Kreise und Veranstaltungen. Sie verstanden das als Gebot der methodischen Objektivierung, aber auch des Taktgefühls (also der Forschungsethik) und sprachen rückblickend denn auch lieber von „methodischer" als von „teilnehmender" Beobachtung, um ihre Vorgehensweise zu charakterisieren.[51] – Das bedeutete aber andererseits auch, dass informelle Vereinigungen, gesellschaftliche oder politische Einflussgruppen von vornherein ausgeklammert wurden.

Spätestens ab Sommer beziehungsweise Herbst 1951 wurden die Gespräche mit den Einwohnern schließlich zur wichtigsten Informationsquelle, als die Sozialforscher begannen, selektiver und gezielter zu verfahren. Die Unterhaltungen wurden nun möglichst unaufdringlich auf ihre Interessen hin zu lenken versucht. Und um die Informationsbeschaffung auf eine systematischere Grundlage zu stellen, begann ab Herbst 1951 eine um zwei Mitarbeiter erweiterte Arbeitsgruppe mit der reihenweisen Befragung von Schülern, Lehrlingen, Bergleuten und deren Familien.[52] Sie wurden als sogenannte Leitfadeninterviews durchgeführt: freie Gespräche, die einem zuvor erstellten Fragebogen je nach Situation und Atmosphäre mehr oder weniger eng folgten und anschließend aus dem Gedächtnis aufgezeichnet wurden.[53] Mit Akten-, Zeitungs- und statistische Auswertungen vervollständigte die Arbeitsgruppe das Datenmaterial.

---

51 Ebd., S. 3.
52 Im August bzw. Oktober 1951 trafen die neuen Mitarbeiter, Gertrud Balzer und Hans-Georg Genetzkow, in Datteln ein, um die Befragungsreihen und die Jugenduntersuchungen zu unterstützen. Weitere Hilfskräfte wurden für Auszählungen herangezogen, darunter z. B. Wolfgang Köllmann, der zu dieser Zeit auf die Bewilligung eines Forschungsstipendiums für die Erstellung der geplanten Großstadtmonographie wartete. (Vgl. dazu z. B. das Schreiben Walther Hoffmanns „Betr. Forschungsgruppe Datteln" vom 20.6. 1952, SFS Archiv. ONr. V, Bestand 1, K 20/23, Bd. „Projektverwaltung und -begleitung"; Protokoll „Besprechung ‚Großstadtgruppe und Datteln-Gruppe' vom 9.10.1951, S. 2. SFS Archiv. ONr. V, Bestand 6, K 6/21, Bd. „Referate der Arbeitsgemeinschaft Dortmund").
53 Das war eine Vorgehensweise, die im Zuge der sich etablierenden sozialwissenschaftlichen Methodenlehre bald fragwürdig wurde. Aber rückblickend wird man sie wohl als Charakteristikum einer qualitativen Forschung betrachten müssen, die auf die spezifische Objektivität quantifizierender Methoden nicht verzichten wollte oder konnte. Bei der Absicherung der Ergebnisse ging es dabei noch weniger um ausgefeilte Kontrolltechniken, als um die Vorstellung vom ‚natürlichen' und unverfälschten Umfeld. Das freie, ungezwungene Gespräch sollte „das notwendige Vertrauensverhältnis zwischen unseren Mitarbeitern und den Gesprächspartnern" gewährleisten (Croon/Utermann: Zeche und Gemeinde, S. 280).

In gewisser Weise war es daher letztlich auch nur folgerichtig, dass es nicht das Eintauchen in eine fremde Lebenswelt und die geteilte Erfahrung waren, die für die Authentizität ihrer Einsichten bürgte, wie im klassischen Modell der ethnographischen Feldforschung der Fall. Für die Datteln-Studie leisteten dies nach Ansicht der Dortmunder Mitarbeiter der soziale Status der Wissenschaftler und eine beiderseits akzeptierte Rollenverteilung zwischen Forschern und Gemeindemitgliedern. Die „Berufung auf die Universität", so wurden sie später nicht müde zu betonen, „erwies sich immer wieder als ein von allen angenommenes Unterpfand für unvoreingenommenen Ernst und unbeeinflusste Sachlichkeit".[54]

Für eine Diskussion, ob und wie weit die Forschungsweise des Teams einer reflektierten Methodologie nahe kam, kann und soll hier nicht der Ort sein. Aber ein Problem der Studie wird anhand der Auseinandersetzungen deutlich, die sich an die Feldarbeit anschlossen. Die Untersuchungen in Datteln waren zwar als Teamarbeit geplant und durchgeführt worden. Und an der Sachlichkeit und Zuverlässigkeit der gemeinsam gesammelten Informationen mochten die Gemeindeforscher auch nie gezweifelt haben. Trotzdem zogen Helmuth Croon und Dietrich von Oppen daraus am Ende so unterschiedliche Schlussfolgerungen, dass die Zusammenarbeit in einem zum Teil erbittert und über mehrere Runden geführten Streit zu Ende ging. Er drehte sich um eine Fülle von Einzelfragen und abweichenden Detailinterpretationen. Aber am Ende scheiterten die Verständigungsversuche wohl insbesondere daran, dass die einzelnen Mitarbeiter äußerst disparate Vorstellungen über die systematischen Grundlagen der Gemeindeforschung vertraten.

Die Front verlief dabei eindeutig zwischen Berlin und Königsberg. Helmuth Croon (und mit ihm Kurt Utermann) warf Dietrich von Oppen vor, ideologisch befangen zu sein und „die Wirklichkeit" zugunsten seines soziologischen „Systems" bis „zur Unkenntlichkeit [zu] verzerren".[55] Das zielte darauf, so muss man annehmen, dass von Oppen viele seiner Daten an den Lehrsätzen seines akademischen Lehrers Gunther Ipsen abtrug.[56] Eine Art der Wahrnehmung und Deutung der sozialen Verhältnisse Datteln, die der Hartung-Schüler Croon nicht teilte. Für Dietrich von Oppen hingegen war das, was sein ehemaliger Kollege als Ideologie ablehnte,

---

54 Methode und Verfahren der Untersuchung einer Zechengemeinde im nördlichen Ruhrgebiet, S. 6. SFS Archiv. ONr. V, Bestand 1, K 20/23, Bd. „Projektverwaltung und -begleitung".

55 „Aktenvermerk über eine Besprechung in Münster", 15.4.1954; „Auszug aus einem Schreiben von Dr. Croon an Dr. v. Oppen v. 29. Juli 1954", S. 4. Beide SFS Archiv. ONr. V, Bestand 1, K 20/23, Bd. „Datteln. Sonderakte 64a".

56 Das lässt sich aus dem Briefwechsel und aus den die Untersuchung flankierenden Beträgen von Oppens schließen. Vgl. „Auszug aus einem Schreiben von Dr. Croon an Dr. v. Oppen v. 29. Juli 1954"; „Auszug aus dem Schreiben von Dr. Croon an Dr. v. Oppen v. 29. Sept. 1954" (SFS Archiv. ONr. V, Bestand 1, K 20/23, Bd. „Datteln. Sonderakte 64a") sowie von Oppen: Wirtschaftliche und soziale Eingliederung; ders.: Soziale Mobilität.

nichts Anderes als soziologische Begriffsbildung – die er als wichtiges Instrument sozialwissenschaftlicher Erkenntnis verteidigte. Croon und Utermann hätten sich, so parierte er, „nun einmal die einfache unproblematische Schilderung vorgestellt" und wünschten nun nicht, dass ein „Sachgebiet eine eigene Problematik aufweist."[57] Und darin – in der „eigenen Problematik" – lag wohl ein weiterer Knackpunkt der Auseinandersetzungen. Helmuth Croon beanspruchte, „Tatsachen" ohne theoretische Vorgriffe abzubilden, selbst wenn sie sich in den Details zu widersprechen schienen.[58] Den Gegenstand des Interesses ‚„sauber an Hand des Materials darzustellen, sowie das Material vorsichtig quellenkritisch zu deuten'"[59] – so sah für den gelernten Historiker und Archivar eine angemessene Arbeitsweise aus. Wenn er von Oppen bezichtigte, dass dieser stattdessen „soziologische Erkenntnisse heraus-[]arbeiten" wolle, dann mag man zunächst versucht sein, dem so Kritisierten beizupflichten: „Jeder unbefangene Leser wird [...] einwenden, das sei kein Gegensatz, sondern man soll das eine tun und das andere nicht lassen. [...] Ich vermag wirklich nicht einzusehen, warum in einer Gemeinde-Arbeit der Sozialforschungsstelle die Herausarbeitung soziologischer Erkenntnisse verpönt sein soll."[60] Aber es war doch ein Unterschied der Erkenntnisweisen, der da zum Vorschein kam. Croon sah die Gruppenbeziehungen in Datteln primär als historisches Phänomen. Er wollte ihren Wandel verfolgen und, zurückhaltend zwar, die (lokalen) Hintergründe prüfen. Für Dietrich von Oppen dagegen war die Untersuchung auch ein Anlass, allgemein drängende soziologische Fragestellungen zu klären: Was aus den gemeinschaftlichen Formen des Zusammenlebens geworden war, zum Beispiel. Und ob man wirklich von einer substanzlosen Auflösung (oder gar von Entwurzelung und Anomie) sprechen konnte oder ob im Leben der Stadtbewohner andere Beziehungsmuster an die Stelle der alten getreten waren.[61] Das deutet aber schon an, dass Dat-

---

57 Dietrich von Oppen an Helmuth Croon, 10.8.1954. SFS Archiv. ONr. V, Bestand 1, K 20/23, Bd. „Datteln. Sonderakte 64a".

58 „Auszug aus dem Schreiben von Dr. Croon an Dr. v. Oppen v. 29. Sept. 1954". SFS Archiv. ONr. V, Bestand 1, K 20/23, Bd. „Datteln. Sonderakte 64a".

59 Dietrich von Oppen an Helmuth Croon, 10.8.1954 (von Oppen zitiert hier aus einem vorangegangenen Schreiben seines ehemaligen Kollegen). SFS Archiv. ONr. V, Bestand 1, K 20/23, Bd. „Datteln. Sonderakte 64a".

60 Dietrich von Oppen an Helmuth Croon, 10.8.1954. SFS Archiv. ONr. V, Bestand 1, K 20/23, Bd. „Datteln. Sonderakte 64a".

61 Vgl. dazu von Oppen: Familien in ihrer Umwelt. Es handelt sich dabei um von Oppens Analyse der sozialen Netzwerke (bzw. Verkehrskreise) der Dattelner Familien. Als Resultat des Streits wurde sie nicht in „Zeche und Gemeinde" aufgenommen, sondern gesondert publiziert („Plan für eine Sonderpublikation", 14.1.1956. SFS Archiv. ONr. V, Bestand 1, K 20/23, Bd. „Datteln. Sonderakte 64a"). Von Oppen überprüft darin Bindungskraft und Intensität sowohl der durch Herkunft vorgegebenen Beziehungen (Ver-

teln als Gemeinde für beide eine unterschiedliche Rolle spielte. Croon bezog sich auf ein historisch-soziales Phänomen, von Oppen hingegen hatte sie eher als Forschungsfeld betrachtet.

Selbstverständlich ist es letztlich nicht zu klären, ob es nur diese unterschiedlichen Vorstellungen waren, die einer Beilegung des Streits im Weg standen. Fest steht jedoch, dass sich Helmuth Croon und Kurt Utermann am Ende kategorisch weigerten, gemeinsam mit Dietrich von Oppen zu publizieren. Auch die Vermittlungsversuche Wilhelm Brepohls und Gunther Ipsens konnten daran nichts ändern.[62] Was unter dem Titel „Zeche und Gemeinde" als Endfassung der Studie erschien, bestand schließlich aus zwei Teilen. Zum einen aus Helmuth Croons Beschreibung der Gemeinde, die in seinen eigenen Worten, „im personalen Sinne als Ort der lebendigen Begegnung der in ihr wohnenden Menschen und Gruppen" verstanden wurde.[63] – Sie wird auf den folgenden Seiten im Mittelpunkt stehen. – Und zum anderen aus der Jugenduntersuchung von Kurt Utermann, die zu ermitteln versuchte, welche Bedeutung die Gemeinde als soziale Lebenswelt für „Denken, Fühlen und Handeln" der Jugendlichen, für ihren Berufsweg und ihre Freizeitgestaltung besaß.[64] Dietrich von Oppen hingegen schied als Autor aus.[65]

---

wandtschaft, Nachbarschaft) als auch der frei gewählten (Bekanntenkreise, Vereinsaktivitäten). Als sozialpsychologisches Fazit verwies er auf das bewusste „Abstandhalten" als dominierende Verhaltensweise der modernen Familie gegenüber ihrer sozialen Umwelt. Vgl. außerdem zu einer weiteren seiner Fragestellungen ders.: Soziale Mobilität.

62 Allerdings entschied die Abteilungsleiterkonferenz im Falle der besonders strittigen Interpretation der Nachbarschaftsbeziehungen gegen Helmuth Croon. Ihm wurde nahegelegt – oder, wie er es gereizt formulierte, „befohlen" –, seine Ausarbeitung nicht in „Zeche und Gemeinde" aufzunehmen bzw. in veränderter Form einzuarbeiten. Dazu E. Scherbening an H. Croon, 3.2.1956; H. Croon an E. Scherbening, 20.3.1956; E. Scherbening an H. Croon, 20.6.1956. SFS Archiv. ONr. III, Bestand 1.2, Bd. „Schriftwechsel mit ehemaligen Mitarbeitern".

63 Croon/Utermann: Zeche und Gemeinde, S. 2.

64 Ebd., S. 190.

65 Von Oppen sollte nach dem Beschluss der Abteilungsleiter die Gelegenheit erhalten, seine Ergebnisse gesondert zu publizieren. Aus diesem Grund, und um die vertraglich gesicherten Ansprüche eines Geldgebers, des Wirtschafts- und Verkehrsministeriums NRW zu erfüllen, wurden neben „Zeche und Gemeinde" die drei weiter oben bereits genannten Berichte als Manuskript gedruckt. „Plan für eine Sonderpublikation", 14.1.1956. SFS Archiv. ONr. V, Bestand 1, K 20/23, Bd. „Datteln. Sonderakte 64a"; E. Scherbening an H. Croon, 3.2.1956. SFS Archiv. ONr. III, Bestand 1.2, Bd. „Schriftwechsel mit ehemaligen Mitarbeitern", siehe auch oben, S. 162, Anm. 26.

5.4 Zeche und Gemeinde

Nach acht Jahren Arbeit wurde der Untersuchungsbericht 1958 publiziert. Ähnlich wie bei den amerikanischen Vorbildern haben die Autoren darin einen Decknamen für die untersuchte Stadt gewählt. Aus Datteln wurde Steinfeld. Das sorgte einerseits für Anonymität, hatte aber möglicherweise noch mehr damit zu tun, dass der paradigmatische Charakter der Studie betont werden sollte.[66] Bei aller Einmaligkeit ihrer jüngsten Geschichte – nicht um die außergewöhnliche und situationsgebundene soziale Dynamik einer einzelnen Gemeinde ging es hier, sondern um einen lokalen Typus industrialisierter Gemeinwesen.

Aufgrund von Erinnerungen der älteren Einwohner – viele von ihnen hatten die vorindustrielle Zeit noch selbst erlebt –, von Akten- und Zeitungsauswertungen rekonstruierte Helmuth Croon die Lebenswelt des westfälischen Dorfes der Jahrhundertwende und die sozialen Auswirkungen der Industrialisierung. (In dieser Hinsicht kann man die Studie im Übrigen auch als Beispiel für historische Sozialforschung und frühe Ansätze einer *oral history* lesen.[67]) Er deutete sie als überwältigendes Erlebnis, das über die Bewohner hereingebrochen war – ein hartes Aufeinanderprallen von ländlicher und industrieller Welt.

Im Falle Steinfelds, führte Croon aus, handelte es sich nicht um die Industrialisierung eines Dorfes. Vielmehr war einem geschlossenen ländlichen Lebensbereich mit festgefügtem Normensystem und sozialer Hierarchie ein industrieller Großbetrieb hinzugefügt worden. Zweieinhalb Kilometer vom Ortskern entfernt waren seit 1902 die Schachtanlagen eines Steinkohle-Bergwerks entstanden, während in den umliegenden Bauerschaften (Weilern) die Zechenkolonien wuchsen. Hier wurden die zuströmenden Arbeitskräfte untergebracht, die hauptsächlich aus Ostpreußen oder Polen sowie aus dem südlichen Ruhrgebiet kamen; aber auch Kroaten, Slowenen und Italiener waren darunter. Die meisten dieser Männer waren jung, ledig und sehr mobil; viele der Zuwandernden waren überdies evangelisch. Sie unterschieden sich in Beruf und Sprache, Lebensweise und Kultur deutlich von den katholischen Dorfbewohnern, deren eng begrenzte Welt von Ackerbau und Handwerk, Besitz und Tradition geprägt wurde. Die Alteingesessenen auf der anderen Seite reagierten

---

66 Nach der Lektüre des ersten Manuskripts hatte einer der Gutachter (vermutlich war es Wilhelm Brepohl) sogar empfohlen, die korrekten Namen beizubehalten. Er konnte sich nicht vorstellen „dass irgendwo Feststellungen wären, die in Datteln Verdrießlichkeit und andere Unannehmlichkeiten" hervorrufen würden, und zweifelte außerdem daran, dass man durch einen solchen Kunstgriff die Identifizierung verhindern würde („Datteln-Untersuchung", o. D. SFS Archiv. ONr. V, Bestand 1, K 20/23, Bd. „Datteln. Sonderakte 64a"). Croon und Utermann hielten dennoch an der Umbenennung fest.

67 Als Hinweis auf die Bedeutung für die geschichtswissenschaftliche Methodenlehre vgl. Croon: Methoden; ders.: Sozialgeschichtsforschung.

darauf mit feindseliger Ablehnung und sozialer Stigmatisierung der Fremden. „‚Kolonist' und ‚Pollack' wurde zum Schimpfwort."[68] Sie schotteten sich ab, und die Lebenswelten von alten und neuen Steinfeldern blieben in den folgenden Jahren streng getrennt. Im Wohnen und Arbeiten, in der Freizeitkultur oder dem Vereinswesen – sozial wie räumlich bildeten Dorf und Kolonie zwei separierte Welten, die sich „fremd, ja feindlich" gegenüberstanden.[69]

Diese Rekonstruktion bildete gewissermaßen die Nullmessung der Studie. Was Croon als „Erlebniswelt" beschrieb, „durch die in den ersten Jahren der Industrialisierung die Vorstellungen und Gedanken der Menschen, der Erwachsenen und Jugendlichen geformt wurden",[70] war zugleich auch der Interpretationsrahmen seiner Analyse. „Haben sich Städter und Bauer, der Bergmann in der Siedlung, der Handwerker, der Kaufmann in der engeren Stadt gefunden? Fühlen sich Einheimische und Zugewanderte als Bürger einer Gemeinde?"[71] Das waren die Fragen, die den Gemeindeforscher durch das Steinfeld der frühen fünfziger Jahre führten.

Demzufolge hatten sich die schärfsten sozialen Gegensätze im Verlauf der vorangegangenen drei Jahrzehnte abgeschliffen. Der Ausbau der Zeche hatte Folgeeinrichtungen nach sich gezogen. Handel und Gewerbe hatten aufgrund der wachsenden Bevölkerung und ihrer Bedürfnisse einen enormen Aufschwung erlebt, der schon bald nicht mehr von den einheimischen Handwerkern und Kaufleuten getragen wurde, sondern von weiteren Zuwanderern. Wirtschafts- und Sozialleben veränderten sich dramatisch. Steinfeld war kein Bauerndorf mit Zechenbetrieb mehr, sondern eine Industrie- und Arbeiterstadt. Und in dieser hatten die Alteingesessenen längst nicht mehr das Sagen. In der Gemeindevertretung waren sie kaum noch als solche wahrnehmbar, eine kleine Sondergruppe innerhalb der Christlich Demokratischen Union. Die neuen Bürger der Stadt waren aber nicht nur politisch aktiver. Auch die Wirtschaft war fest in der Hand von Zugezogenen der ersten oder zweiten Generation. Ein Bedeutungsverlust, den Croon durchaus mit dem krampfhaften Bemühen um soziale Abgrenzung in Verbindung brachte, mit dem die Alteingesessenen auf die Veränderungen reagiert hatten. Wer sich zu sehr an seinen vermeintlich überlegenen sozialen Status geklammert hatte – und an die Lebensweise, aus der dieser sich abgeleitet hatte – hatte die neue ökonomische Realität, deren Bedingungen und Chancen, schlicht verpasst.[72]

In vier Abschnitten, die verschiedene Ebenen und Reichweiten menschlicher Sozialisierung umfassten, ging Croon dann den Wandlungen in der sozialen Ordnung der Gemeinde nach. Er entwarf dabei ein facettenreiches, aber teilweise auch

---

68 Croon/Utermann: Zeche und Gemeinde, S. 22.
69 Ebd., S. 22.
70 Ebd., S. 9, Anm. 1.
71 Ebd., S. 8.
72 Vgl. ebd., S. 26f., 57ff., 96ff., 251ff.

widersprüchliches Bild, das in der folgenden, knappen Zusammenfassung bewusst nicht geglättet werden soll.

Die Familienstrukturen wiesen für den Gemeindeforscher darauf hin, dass sich die Frontstellung zwischen den etablierten und den zugewanderten Einwohnern bis zu einem gewissen Grade aufgelöst hatte. Noch in den zwanziger Jahren hatten Altansässige vor allem untereinander geheiratet, und auch die Zugewanderten suchten sich einen Lebenspartner aus, der aus der gleichen Region stammte und der gleichen Konfession angehörte wie sie selbst. In der Nachkriegszeit hingegen war die regionale Herkunft insgesamt etwas in den Hintergrund getreten. Stattdessen formulierte nun in erster Linie die durch den Beruf ausgedrückte soziale Stellung das Heiratsgebot. Westfälisch-katholische Bauernsöhne und -töchter fanden ihre Ehepartner in der bäuerlichen Umgebung – die allerdings auch westfälisch war. Handwerker und Facharbeiter aus altansässigen Meister- oder Bauernfamilien wollten ebenfalls lieber Meistertöchter aus der Gegend heiraten. Aber wo die altansässigen Handwerker zu den sozialen Aufsteigern gehörten, wo der Vater Bergmann war, wurden auch gerne Ehen mit Bergmannstöchtern aus dem Osten geschlossen, das betonte der Autor.[73]

Überhaupt schien die soziale Gliederung auf die Berufsstruktur als wichtigstes Ordnungsprinzip hinauszulaufen – zumindest in der Art, wie die Steinfelder selbst ihre Gemeinde wahrnahmen. Die Reihenbefragung hatte zwar ergeben, dass unter den älteren Erwachsenen noch das duale Modell von alten und neuen Einwohnern dominierte. Aber vor allem bei den Jugendlichen und den Bewohnern der Zechensiedlungen hatte der Beruf klar gegenüber regionaler Herkunft, Konfessionalität, Wohnviertel oder Dauer der Ansässigkeit gewonnen. Geschäftsleute und Unternehmer, die als die wirtschaftlich am besten gestellte Gruppe betrachtet wurden, höhere Angestellte und Beamte, Handwerker, Bauern sowie selbstverständlich die Bergleute, deren soziales Ansehen sich inzwischen verbessert hatte – das waren Croons Erkenntnissen zufolge die „gesellschaftlichen Gruppen in der Gemeinde".[74]

---

73 Ebd., S. 78ff.

74 Eine auf soziale Distinktion bedachte Gruppe, die sich aus Steinfelder Eingeborenen überwiegend bürgerlicher Berufe zusammensetzte, existierte nach Croons Erkenntnissen zwar immer noch. Aber sie hatten in der industrialisierten Stadt kaum noch wirtschaftliches oder politisches Gewicht, und die Statuswerte, auf die sie sich beriefen, hatten für die Mehrzahl der Einwohner keine Bedeutung. Ein Problem der Methodik wird am Beispiel der Heimatvertriebenen deutlich: Croon beschrieb sie zwar als Sondergruppe, wies aber darauf hin, dass sie von den Steinfelder Bürgern eigentlich nicht als eigenständige soziale Gruppe wahrgenommen wurden – trotz der verbreiteten Klagen über Bevorzugung oder unmäßige Anspruchshaltung. Anders die Neubergleute, die Croon als Letzte der eindeutig als solche wahrnehmbaren und wahrgenommenen Gruppen beschreibt, denn darunter verstanden die Steinfelder nur die jungen, seit Kriegsende von auswärts

Den Ergebnissen dieser Befragungen zufolge hatte sich auch die „gesellschaftliche Bedeutung der Ortsteile", die soziale Topographie der Gemeinde verändert.[75] Für die Einwohner teilte sich Steinfeld in verschiedene Viertel und Ortsteile mit unterschiedlichen sozialen Qualitäten. Was das anging, hatten sie eine recht klare Gliederung vor Augen:

„Die dörflich gebliebenen Teile des Ortskerns sind für die Altansässigen noch ‚das richtige alte Steinfeld', ‚da kennt sich ein jeder, da weiß man, was überall los ist, da sind auch nicht so viele Fremde'. Als ‚Prominentenviertel' gelten allgemein die Straßenzüge in der Nähe des Amtshauses und an der Oberschule. Die ‚Beamtenhäuser' der Zeche am Ring liegen nicht nur räumlich am Rande der Innenstadt. Ihre Bewohner leben weitgehend für sich. Der im Eigentum der Zeche befindliche Ringblock wird von den Altansässigen nicht zur Innenstadt gerechnet; für sie ist er schon ‚Kolonie'. Die dort wohnenden Bergleute haben auch mit den Bewohnern der anliegenden Straßen – vornehmlich Angestellten und Beamten – keinen Verkehr [...]."[76]

Was für Helmuth Croon als sozialräumliche Struktur im Fokus stand, war jedoch nicht die Verteilung der Wohnbevölkerung nach sozialen Merkmalen wie Einkommen, Beruf oder Herkunft. Ihm ging es vornehmlich um die beiden scharf getrennten Lebenswelten, um die sozialen und kulturellen Distanzen, die sich ein halbes Jahrhundert zuvor ausgebildet hatten. Mit Dorf und Zechensiedlungen waren zwei weitgehend geschlossene Teilräume entstanden, die sich auch im gesellschaftlichen Ansehen scharf voneinander abgrenzten. Das Etikett „Kolonie" war ein Stigma gewesen, das nicht nur den neu entstandenen Siedlungen, sondern auch ihren Bewohnern anhaftete. Und obwohl Croons Bericht erkennen lässt, dass sich das negative Image mancher Zechensiedlung im gesellschaftlichen Gedächtnis offenbar hartnäckig gehalten hatte, strich der Gemeindeforscher besonders die kleinen Veränderungen in der Ordnung des Sozialraums hervor: Die Verwandtschaftsbeziehungen der Steinfelder verliefen mittlerweile über die frühere Grenze hinweg. Die Bezeichnung Kolonie wurde kaum noch verwendet, die Siedlungen waren nicht mehr alle und pauschal verrufen. Und viele ihrer Bewohner hatten ein Selbstwertgefühl entwickelt, das von abwertenden Urteilen kaum noch beeinflusst wurde. Nach Helmuth Croons Auffassung war „an [die] Stelle des alten Gegensatzes von ‚Dorf und Kolonie' ein Nebeneinander von Innenstadt und Siedlungen getreten".[77]

---

zugezogenen Bergleute, unter denen mehr als die Hälfte jünger als 23 Jahre waren. Ihre Beurteilung bewegte sich zu einem guten Teil im Rahmen eines stabilen Diskurses um Jugendliche und Sittenverfall. Ebd., S. 99-103.

75 Vgl. dazu ebd., S. 146-162.
76 Ebd., S. 147.
77 Ebd., S. 162.

Ähnlich fiel auch die Einschätzung der Steinfelder Vereinskultur aus, die Croon auf ihre integrativen Funktionen und auf das Verhältnis zwischen alten und neuen Bürgern hin untersucht hatte. Auch hier vermittelte die Darstellung keineswegs ein eindeutiges Bild. Von den älteren Vereinen, so kann man nachlesen, war ein beträchtlicher Teil zwischenzeitlich verschwunden, darunter einige Landsmannschaften. Doch in vielen anderen waren die sozialen Abgrenzungen der ersten industrialisierten Jahrzehnte, in denen das Vereinsleben säuberlich getrennt verlaufen war, noch greifbar. Es gab in Steinfeld zum Beispiel noch immer drei Männergesangvereine. Im ältesten hatten sich die altansässigen Bürger lange und erfolgreich gegen Neuzugänge abgeschottet. Im Sängerbund gingen, wie gehabt, hauptsächlich die zugewanderten Angestellten ihren musikalischen Neigungen nach. Und in einem dritten Chor sangen nur die Bergleute der Zechensiedlungen. Sozial bunt zusammengesetzt waren eigentlich nur die Mitgliederlisten der Turner und Fußballspieler. Dem Gemeindeforscher kam es jedoch darauf an, dass hinter diesen Konstellationen keine aktive Abgrenzungspolitik mehr stand. Er führte sie vielmehr auf die Persistenz bestehender Strukturen zurück: Sänger waren länger aktiv als Sportler – und die sozialen Differenzierungen, so seine Schlussfolgerung, dementsprechend eine generationelle Frage.[78] In den neueren Gründungen, dem Auto- oder Tennis-Club, hatte es ohnehin noch nie eine Rolle gespielt, ob man Steinfelder Vorfahren vorweisen konnte oder nicht. Croons Fazit für den Bereich der organisierten Geselligkeit lautete schließlich ähnlich wie für die Steinfelder Sozialstruktur insgesamt: „Die Angleichung der gesellschaftlichen Gruppen, die sich in der Stadt allmählich vollzieht, kommt darin zum Ausdruck [...]".[79]

Eine detailliertere Auseinandersetzung mit Zeche und Gemeinde birgt einige Schwierigkeiten, denn beim heutigen Lesen hinterlässt die Studie an vielen Stellen einen eher diffusen Eindruck. Am realsoziologischen Ideal einer unverfälschten Bestandsaufnahme der Wirklichkeit ausgerichtet, beschränkten sich die Autoren auf die reine Deskription – weshalb bei der Lektüre auch jegliche Orientierungspunkte in Form theoretisch-methodischer Vorüberlegungen fehlen. Und so anschaulich und pointiert Helmuth Croon nun einerseits die konfliktreiche Vergangenheit Steinfelds schilderte, so widersprüchlich blieben andererseits seine Ausführungen zur Gegenwart der Gemeinde. Hier wurden einmal getroffene Feststellungen bereits im nächsten Absatz relativiert oder korrigiert. Aussagen der Steinfelder mischte der Autor

---

78 In anderen Fällen mochte die „gesellschaftliche Zusammensetzung eines Wohnbereiches" (also die räumliche Segregation) der Mitgliedschaft vorausgehen; so beispielsweise bei den kirchlichen Vereinigungen, die in bestimmten Pfarrbezirken aktiv waren. „Die Vereine bewahren dadurch das Gesicht ihrer Gründungszeit, sie halten aber nicht starr an den alten Formen fest, sondern passen sich langsam den sich verändernden Gegebenheiten der Stadt an." Ebd., S. 178.

79 Ebd.

mit Beobachtungen oder Erläuterungen über die mutmaßlichen Beweggründe dieser Aussagen. Wenn man dieser Eigenheit näherkommen will, muss man sich vermutlich das spezielle Methodenverständnis Helmuth Croons ins Gedächtnis rufen. Eine soziologische Analyse hatte für ihn nach der Logik geschichtswissenschaftlicher Quellenkritik zu verlaufen: Zusammenstellung, Präsentation und vorsichtige Einordnung. Beim Lesen hat das – jenseits aller Fragen nach methodischer Verlässlichkeit – allerdings den Effekt, dass sich die Gegenstände des Interesses in ihrer Beschreibung fast auflösen.

Was jedoch besonders auffällt, ist ein frappierender Widerspruch zwischen dem, was Helmuth Croon schilderte, und den Schlussfolgerungen, die er daraus zog. Der Gemeindeforscher sprach zwar von Angleichung, aber genau betrachtet beschrieb er Strukturen sozialer Ungleichheit. Er spürte dem Bedeutungsverlust sozialer Gegensätze nach und dokumentierte eine gesellschaftliche Differenzierung, die einer hierarchischen Verteilung sozialer Positionen sehr nahekam.

Das wird zum Beispiel an der (neuen) Gliederung in Berufsgruppen greifbar, die nicht nur soziale Distanz, sondern auch den Eindruck eines gesellschaftlichen Oben und Unten vermittelt. Folgt man Croons Ausführungen, dann wurden zum Beispiel die Geschäftsleute von fast allen Seiten misstrauisch beäugt. Die altansässigen Bürger von Steinfeld pflegten ihre Ressentiments, weil die Geschäftsleute meist Zugezogene waren – und außerdem ökonomisch erfolgreicher als sie selbst. Das ergaben die Interviewäußerungen, doch der Gemeindeforscher bestätigte es auch durch eigene Eindrücke. Im „Einkommen, der Lebensweise, im Verhalten und in der allgemeinen Einstellung" unterschieden sich die beiden Gruppen demnach so sehr, dass sie keinerlei Anschluss aneinander fanden. Und schärfer noch, einer städtischen Klassenstruktur ähnlich, empfanden offenbar Bergleute und Zechenangehörige die soziale Differenz. „Die haben doch ein anderes Leben, die sind alle reich und wohlhabend, stellen ganz andere Lebensansprüche, Autos, Reisen, schauen auf uns herab, wollen mit uns nichts zu tun haben, wollen uns nur das Geld abnehmen", zitierte Croon die beherrschende Meinung.[80]

Noch auffälliger fast scheint dieser Widerspruch in den Ausführungen zur Vereinskultur auf. Die sozialen Gräben der Steinfelder Vergangenheit mochten in einigen Vereinen tatsächlich keine Rolle spielen, so beispielsweise im Automobil-, Ruder- oder Tennis-Club. Und doch hätte man nach Croons Beschreibung kaum behaupten können, dass diese Zusammenschlüsse sozial egalitär waren. Im Gegenteil sprachen sie offenkundig eine ganz bestimmte und zahlungskräftige Klientel an, zu der hauptsächlich Ärzte, Rechtsanwälte, leitende Angestellte und Unternehmer gehörten. Auch die Steinfelder selbst zweifelten nicht am exklusiven Charakter dieser Clubs. „Prominentenverein"; „alles, was Rang und Namen hat"; „ein ganz vornehmer Verein" – die zitierten Kommentare waren in dieser Hinsicht unmissverständ-

---

80 Ebd., S. 105.

lich.[81] Diese Vereine grenzten zwar bestimmte Einwohnergruppen nicht von vornherein aus. Trotzdem konnte nicht jeder beitreten. Der Tennis-Club achtete auf eine strenge Begrenzung der Mitgliederzahl. Und um sich den Automobilisten oder Ruderern zugesellen zu können, bedurfte es einer kostspieligen Ausrüstung.

Wenn also von Angleichung gesellschaftlicher Gruppen die Rede war, so bezog sich das nur auf einen einzigen Aspekt der neuen Sozialstruktur: Sie ließ sich nicht mehr über den Gegensatz von altansässigen und neuen Einwohnern beschreiben. Zwar deutete die Darstellung soziale Distanz, Superioritätsempfinden oder schichtenspezifische Klientelstrukturen in der Gemeinde an, doch in seinen Schlussfolgerungen ging Croon ohne weiteren Kommentar über diese Hinweise hinweg. Der Stadtsoziologe Hartmut Häußermann hat hier den blinden Fleck der Studie gesehen. Auf die Idee eines Zusammenwachsens und eines gemeinsamen Zugehörigkeitsgefühls fixiert, habe der Autor auch neue Gliederungen einzig unter diesem Gesichtspunkt interpretiert und in der Folge die sich neu herausbildende Schichtstruktur nicht wahrgenommen. Häußermann verwies im Übrigen auf die „heimliche[] Theorie" im Hintergrund, die die Perspektive vorgab – nämlich die „gemeindesoziologische Annahme, daß sich aus dem dauerhaften Zusammenleben verschiedener Gruppen an einem Ort eine irgendwie geartete Integration ergeben müsse."[82]

In der Tat orientierte sich die Studie wie wohl kaum eine andere in dieser Zeit am Paradigma der Gemeinde. Doch könnte man darüber diskutieren, ob Croon die besagten Schichtungsphänomene nicht wahrgenommen hatte, wie Häußermann urteilte, oder ob er sie vielmehr nicht problematisierte. In der Definition beispielsweise, die René König 1958 unter Rückgriff auf amerikanische Vorbilder vorlegte, wird die Gemeinde als lokales Sozialsystem begriffen, in dem die Wirksamkeit von Schichtungs- und Klassenstrukturen bereits mitgedacht war: eine „lokale Gesellschaft auf lokaler Basis". Zwar wollte König sie nicht als Abbild der Gesellschaft im Kleinen missverstanden wissen – ein solches Postulat wäre für ihn „einer Bankrotterklärung der Gemeindesoziologie gefährlich" nahegekommen.[83] Aber das bedeutete nicht, dass sie nicht ähnlich komplex aufgebaut sein konnte: Ein soziales Gebilde aus unterschiedlichen Funktions- und Interaktionskreisen, Gruppen- und Machtstrukturen, Prestigemustern und Werthaltungen, das eine eigene soziale Wirklichkeit darstellte – die Gemeinde im soziologischen Sinne. Nach Königs Bestimmung kam es darauf an, dass Leben, Arbeiten und Handeln auf einen lokalen Zusammenhang ausgerichtet beziehungsweise in einen solchen eingebunden waren, und bei den Mitgliedern der Gemeinde ein Bewusstsein für dessen Existenz und Grenzen existierte. Mit den administrativen Bedürfnissen geschuldeten Grenzen der gleichnamigen Gebietskörperschaft hatte dies nichts zu tun, wie der Kölner Sozio-

---

81 Ebd., S. 171f., 174.
82 Häußermann: Erkenntnisinteresse, S. 225f.
83 König: Grundformen, S. 261.

loge bekräftigte. Die Bewohner eines eingemeindeten Dorfes musste nichts davon mit denen anderer, derselben Verwaltungseinheit zugehöriger Siedlungen verbinden. Letztlich erzählte Croons und Utermanns Steinfeld-Buch von der Entwicklung eines solchen Sozialsystems. Es berichtete davon, wie seit der Gründung der Zeche zwei Gruppen auf dem gleichen Territorium und dennoch in zwei separaten sozialen Welten gelebt hatten und wie sich zögerlich ein neues Interaktions- und Beziehungssystem über die einst so scharfe Grenze hinweg bildete. Die alten Gruppeneinteilungen, Normen und Wertvorstellungen verloren an Bedeutung, mit der Zeit traten andere an ihre Stelle. Und in den Köpfen der Steinfelder selbst gewann nach und nach die Vorstellung Raum, dass es nicht Dorf und Kolonie, sondern die gemeinsame Gemeinde Steinfeld war, in der man lebte. Welche neuen Hierarchien auf diese Weise entstanden waren, hatte in den Interviews durchaus eine Rolle gespielt – anders lassen sich die oben zitierten Kommentare (sowie zahlreiche andere) zum sozialen Ansehen von Gruppen und Personen eigentlich nicht erklären. Darüber hinaus widmete sich in „Zeche und Gemeinde" sogar ein eigenes Kapitel dem Thema „Honoratioren und Oberschicht", allerdings nur auf der Basis der Einschätzungen, die die „Steinfelder" selbst vorgenommen hatten. Über die bloße Wiedergabe ging die Darstellung nicht hinaus.

Das legt nahe, dass die Existenz hierarchischer Schichtungs- und Ordnungsstrukturen zwar vorausgesetzt worden war, jedoch keine besondere Vertiefung erfahren hatte. Denn unbenommen stand am Ende im Zentrum der Studie die Entwicklung von Dorf und Kolonie zur „Industriegemeinde" – in all ihren gültigen Gliederungsformen. Auch René Königs Reaktion auf das Erscheinen des Buches mag eine solche Sicht unterstützen. Die hohen Erwartungen, die das Projekt geweckt habe, seien nicht enttäuscht worden, hielt der Soziologe 1958 anerkennend fest. Für ihn gehörten gerade die Abschnitte, „welche die gesellschaftlichen Gruppen in der Gemeinde behandeln [...] zum besten Teil des Buches", weil sie zeigten, „wie komplex geschichtet und in zahlreichen perspektivischen Ansichten sich aufbauend der sozial-kulturelle Mikrokosmos einer solchen Gemeinde tatsächlich ist".[84] Der Kölner Soziologe fand dort seine Thesen über die Besonderheiten lokaler Vergesellschaftung und insbesondere die Bedeutung informeller Strukturen bestätigt – was vielleicht erklärt, weshalb er, der sich andernorts so vehement für eine professionelle Methodenlehre einsetzte, hier bereitwillig über eine wenig gesicherte Methodik hinwegsah. Vielleicht lässt sich aus dieser etwas anders akzentuierten Betrachtung heraus die folgende Schlussfolgerung formulieren: In der Steinfeld-Studie wurden gemeindesoziologische Ansätze aus den USA mit einer historisch dominierten Perspektive verbunden, wie sie im damaligen Denken über die „industrielle Gesellschaft" verbreitet war. Letztlich überwog auch in „Zeche und Gemeinde" das

---

84 König: Neuere Literatur, S. 506.

Interesse daran, ob sich im Anschluss an die industrielle Revolution neue soziale Einheiten ausbildeten – und wenn ja, welche. Dass diese bestimmte Struktur- und Schichtungsmuster aufwiesen, wurde zwar mitgedacht. Doch war das Verständnis für die Mechanismen dieser Gruppen- und Hierarchiebildung in dieser Studie kaum ausgeprägt, ebensowenig wie tragfähige Ansätze zu ihrer Erfassung und Erforschung. Eine über die unverfälschte, ‚realsoziologische Abbildung' hinausgehende Analyse sozialer Differenzierung hat zumindest Helmuth Croon in seiner Darstellung nicht angestrebt.

5.5 MITTELSTADT IM RUHRGEBIET

Wolfgang Köllmann, selbst ein ehemaliger Dortmunder Mitarbeiter, der den Gemeindeforschern zwischenzeitlich bei der Materialauswertung zur Hand gegangen war, urteilte 1959 über „Zeche und Gemeinde": „This piece of research is in many respects a German counterpart to the famous American ‚Middletown' investigations [...]".[85] Das war freilich hoch gegriffen, gehörten die beiden Studien von Robert und Helen Lynd doch zu diesem Zeitpunkt bereits zu den Klassikern der amerikanischen Sozialforschung.[86] In Deutschland stellten sie zwei der wichtigsten Referenzarbeiten dar, anhand derer die *cultural experts* aus den USA die neu ernannten deutschen Gemeindeforscher anlernten. „Religiously", so schilderte Nels Anderson später, hatten die Darmstädter sie gar studiert.[87] Und doch entbehrte Köllmanns Beur-

---

85 Köllmann: Rez. „Zeche und Gemeinde", S. 331.

86 Die erste der beiden, „Middletown. A Study in American Culture", war 1924 begonnen worden und nach ihrem Erscheinen im Jahr 1929 fast über Nacht zum Bestseller avanciert. Für die damalige sozialwissenschaftliche Praxis hatte sie eine revolutionäre Neufassung des *community survey* dargestellt. Der langanhaltende soziologische Nachruhm indessen hatte wahrscheinlich mehr mit der Wiederholungsstudie zu tun, die Robert Lynd zehn Jahre später durchführte. „Middletown in Transition" erschien 1937 und beschäftigte sich mit den Auswirkungen der Weltwirtschaftskrise und der *Great Depression* auf die Gemeinde. Dafür hatte Lynd die Schwerpunkte neu gesetzt und auch die Machtverhältnisse in der Gemeinde analysiert, die insgesamt durch die Geschäftswelt dominiert wurden und in einem einzigen, reichen und einflussreichen Familienclan zusammenflossen (vgl. Lynd/Lynd: Middletown in Transition, S. 74-101).

87 So zitierte Christian von Ferber den Bericht, den Nels Anderson 1953 den Teilnehmern des ISA World Congress gab (von Ferber: Gemeindestudie, S. 154). Dass sie für Utermann, Croon und von Oppen eine ähnlich sakrale Bedeutung gehabt hätte, kann man zwar nicht nachweisen. Sie wird aber an verschiedenen Stellen erwähnt. (vgl. Vorschläge für ein [sic] Community-Study von C. M. Arensberg. SFS Archiv. ONr. V, Bestand 1, K 20/23, Bd. „D. v. Oppen. Persönliche Mappe"; Utermann: Aufgaben und Methoden,

teilung keineswegs jeder Grundlage. Im Vergleich mit den anderen frühen Gemeindestudien orientierte sich die der Dortmunder zweifellos am stärksten an dem amerikanischen Vorbild. Gerade der ersten der Middletown-Studien ähnelte das Projekt Datteln/Steinfeld in mancherlei Hinsicht. Eine kurze Gegenüberstellung soll das verdeutlichen, aber auch eine bedeutsame Differenz aufzeigen.

In beiden Fällen war es die nachdrückliche Erfahrung der Industrialisierung, die den Wahrnehmungshintergrund der Untersuchungen bildete. Denn schon das Forscherpaar Lynd hatte – fast dreißig Jahre zuvor – vom sozialen Wandel in einer mittelgroßen, industrialisierten Stadt berichtet. Middletown (eigentlich Muncie im Bundesstaat Indiana) war als typische Stadt der amerikanischen Provinz ausgewählt worden, die in den vorangegangenen vierzig Jahren eine stürmische Entwicklung erlebt hatte. Im Jahr 1885 – „before gas and wealth spouted from the earth, bringing in their wake a helter-skelter industrial development"[88] – hatte an der gleichen Stelle noch ein beschauliches, agrarisch geprägtes Kreisstädtchen mit 6.000 Einwohnern gelegen. Als die Lynds 1924 dort eintrafen, um mit der Feldarbeit zu beginnen, war die Stadt fast sechsmal so groß.

Sie hatten für anderthalb Jahre ihren Wohnsitz in Muncie genommen, um Informationen zu sammeln und das Leben in der Stadt zu beobachten – auch methodisch galt Middletown daher als Pioniertat. Als Helmuth Croon und Dietrich von Oppen 26 Jahre später nach Datteln zogen, stellte diese Vorgehensweise in Deutschland zwar ein Novum dar. Aber im Methodenkatalog der amerikanischen Sozialforschung war die teilnehmende Beobachtung inzwischen längst fester Bestandteil. Vor allen Dingen ähnelte „Zeche und Gemeinde" dem amerikanischen Vorgänger aber im Anspruch, ein möglichst vollständiges Bild der Gemeinde und ihres Wandels zu erarbeiten. Obwohl Croon, von Oppen und Utermann von der Zeche aus auf das Leben in Datteln geschaut hatten, ging es ihnen am Ende doch um den großen Überblick.[89] Das amerikanische Vorbild war ursprünglich als Untersuchung über

---

S. 34, 38, Anm. 4.) Genannt werden an diesen Stellen auch Arensbergs „Community and Culture in Ireland", „Deep South" von Davis, Gardner und Gardner sowie die „Yankee City"-Untersuchung Warners, deren Bände zu diesem Zeitpunkt aber noch nicht alle erschienen waren. Dass Kurt Utermann die 1949 erschienene Studie „Elmtown's Youth" von August B. Hollingshead bearbeitet hatte, um daraus Anregungen zur Analyse der Klassenstruktur zu gewinnen, lassen hingegen Arbeitsunterlagen erkennen (Übersicht „Familienschichtung Elmtown". SFS Archiv. ONr. V, Bestand 1, K 20/23, Bd. „D. v. Oppen. Persönliche Mappe").

88 Lynd/Lynd: Middletown, S. 12.
89 „Die Thematik einer dieser Gemeinde gewidmeten Untersuchung", so formulierte es ein Zwischenbericht, „besteht in der unter diesen Bedingungen vollzogenen Wandlung der Gemeinde. Dabei ist nicht dieser Prozess selbst mit seinen einzelnen Stadien der Gegenstand unserer Untersuchung, sondern die veränderte Gemeinde, wie wir sie im Untersu-

Religiosität in dem industrialisierten Gemeinwesen geplant worden. Aber das Forscherpaar hatte sich bald vor dem Problem gesehen, seinen Gegenstand vom übrigen Leben der Stadtbewohner nicht sinnvoll abgrenzen zu können. Die Studie mündete schließlich in einer Untersuchung der *gesamten* Gemeinde – und wurde so zum vielzitierten Beispiel für den holistischen Ansatz in der Sozialforschung.

Neben all diesen Gemeinsamkeiten lässt sich allerdings auch eine zentrale Differenz kaum übersehen. Helen und Robert Lynd hatten von den Kulturanthropologen nicht nur eine bestimmte Vorgehensweise übernommen. Dahinter stand auch der Versuch, den gleichen Blick, mit dem diese die fremden und ‚unzivilisierten' Völker betrachteten, auf die eigene Zivilisation zu werfen. Sie hatten dazu eine ziemlich durchschnittliche Stadt im Mittleren Westen der USA zum Unbekannten und Fremden erklärt und waren den alltäglichen bis banalen Aktivitäten der Middletown-Bewohner mit der staunenden Aufmerksamkeit des Amazonien-Forschers nachgegangen.

Was taten die Einwohner der Stadt, wenn sie nicht gerade damit beschäftigt waren, ihren Lebensunterhalt zu sichern? Sie hielten Reden. Einen großen Teil der Freizeit, so schilderten die beiden ihre Beobachtungen, verbrachte man in Middletown damit, entweder selbst zu reden, oder anderen beim Reden zuzuhören. „The habit of thinking no occasion, from an ice cream social to the burial of the dead, complete without a speech, is nearly as strong as in the nineties when, on a characteristic occasion, it took no less than eight speakers to dedicate a public building."[90] Im Jahr 1925 verlangte ein solcher Anlass kaum weniger: „six formal addresses and five other ‚talks'". Und dabei war die Beherrschung der Redekunst offenbar fast, wenn nicht genauso wichtig wie der Gegenstand der Rede selbst. „‚No matter what it's about, there's nothing I like better than a real good speech'", hatte ein führender Bürger den Sozialforschern erklärt. Um Publikum anzuziehen, war ein Thema eigentlich nebensächlich. Das ließ sich an der Existenz der *civic clubs* nachvollziehen (der Gesellschaftsvereine wie Rotary oder Lions), „which are kept alive week after week by an endless succession of speeches on almost every subject from Gandhi to the manufacture of a local brand of gas burners for coffee roasters."

Man kann sich vorstellen, dass die erzähltechnische Verfremdung von Verhaltensweisen, die den Lesern eigentlich sehr vertraut sein mussten, zu dem großen Erfolg des Buches beigetragen hat. In Middletown jedenfalls ging es darum, was Menschen taten und wie sie es taten. Das ist zweifellos der wichtigste Unterschied zu Croons Beschreibung von Steinfeld. Die Lynds untersuchten das Familien-, Gruppen- und Gemeindeleben und dessen interdependente Entwicklungen seit der

---

chungszeitraum vor uns hatten." Zwischenbericht über die Untersuchung einer Zechengemeinde im nördlichen Ruhrgebiet, S. 1. SFS Archiv. ONr. V, Bestand 1, K 20/23, Bd. „Projektverwaltung und -begleitung".

90 Dieses wie auch die folgenden Zitate ebd., S. 226f.

Industrialisierung anhand von sechs großen Handlungsbereichen und unter einer Prämisse: „[A]ll the things people do in this American city may be viewed as falling under one or another of the following six main-trunk activities."[91] Dabei handelte es sich darum, den Lebensunterhalt zu verdienen; das private und häusliche Leben zu gestalten; die Heranwachsenden auszubilden; Freizeit zu verbringen; Religion auszuüben sowie in der und für die Gemeinde aktiv zu sein.[92] Und sie schilderten, wie die vielfach und regelmäßig wiederholten Handlungs- und Verhaltensweisen mehr oder weniger dauerhafte gesellschaftliche Institutionen konstituierten: Familie,[93] Bildungs- und Freizeiteinrichtungen, religiöse und politische Institutionen[94]. In dieser strukturfunktionalen Perspektive war gesellschaftliche Organi-

---

91 Lynd/Lynd: Middletown, S. 4.

92 Im amerikanischen Original sind diese Handlungsbereiche folgendermaßen benannt: Getting a living; Making a home; Training the young; Using leisure; Engaging in religious practices; Engaging in community activities (ebd., S. 4).

93 „In each of Middletown's homes lives a family, consisting usually of father, mother, and their unmarried children, with occasionally some other dependents. [...] Within the walls of each house this small family group carries on the activities concerned with sex, child-rearing, food, clothing, sleep, and to some extent play and religion. These activities center about the institution of marriage. [...] Marriage consists in a brief ceremonial exchange of verbal pledges by a man and woman before a duly sanctioned representative of the group. This ceremony, very largely religious in the nineties, is becoming increasingly secularized. [...] A heavy taboo, supported by law and by both religious and popular sanctions, rests upon sexual relationships between persons who are not married. There appears to be some tentative relaxing of this taboo among the younger generation, but in general it is as strong today as in the county-seat of forty years ago. [...] The choice of a mate in marriage is nominally hedged about by certain restrictions – legal, religious, and customary. Legal stipulations, substantially the same as a generation ago, prohibit marriage between a white and a negro, by an insane person, an imbecile or epileptic [...]. Further informal demands, made by the fluid sentiments of the group, have apparently altered little since the nineties, although they have been given somewhat greater legal recognition. Foremost among these is the demand for romantic love as the only valid basis for marriage. Theoretically, it is the mysterious attraction of two young people for each other and that alone that brings about a marriage, and actually most of Middletown stumbles upon his partners in marriage guided chiefly by ‚romance'." Ebd., S. 110-117.

94 „But it is perhaps noteworthy that, despite the enormous importance Middletown attaches to money, it chooses the representatives to whom it delegates the work of looking after the $61.000.000 city of today with its 38.000 inhabitants and its $3-$400.000 annual operating expenses in substantially the same way that it chose them for the $5.000.000 city of 1890 with its 11.000 people or for the village of 1850 with its 700

sation, waren soziale Institutionen, Gruppen oder Schichten, „simply the form which human behavior under this particular set of conditions has come to assume".[95]

Demgegenüber hatten sich Helmuth Croon und Dietrich von Oppen, so hat es zumindest den Anschein, nie wirklich für die Lebensweisen der Einwohner von Steinfeld interessiert. Wenn sie thematisiert wurden, dann unter der Perspektive von sozialer Distanz oder Nähe, Ablehnung oder Akzeptanz. So sind es nur wenige Passagen in Zeche und Gemeinde, die noch daran erinnern, dass aus der Studie – wie Conrad Arensberg vorgeschlagen hatte – auch eine Ethnographie der Bergarbeiter hätte werden können.[96]

Etwa wenn Helmuth Croon beschrieb, wie sich mit dem Anstieg der Löhne und der Verbesserung der Sicherungssysteme bei Unfall und Krankheit auch die Lebensweisen verändert hatten. Es war mittlerweile weniger aufwendig, sich und die eigene Familie zu ernähren. Die wenigsten Familien hielten daher nebenher noch Ziegen oder Schweine. Und weder die Frauen noch die Kinder, stellte Croon fest, mussten noch dauerhaft an der Sicherung des Lebensunterhalts mitwirken. Eine andere Entwicklung hatte zu einer kleinen, eigentlich unspektakulär erscheinenden Veränderung im Tagesablauf der Bergleute geführt, die dennoch große Wirkung gehabt hatte. Lange war es üblich gewesen, dass die Bergleute in ihrer Arbeitskleidung zur Zeche gingen – und nach der Schicht in der gleichen, stark verschmutzten Kleidung wieder nach Hause. Das hatte sich geändert, als die Betriebe Wasch- und Umkleidemöglichkeiten (Schwarz-Weiß-Kaue) eingerichtet hatten. Auf diese Weise war nicht nur die Grenze zwischen Arbeit und Privatleben verschoben worden. Es war auch ein wichtiges Merkmal weggefallen, durch das ein Steinfelder sofort

---

people and annual operating expenses of less than $1.000. One explanation of this constancy of procedure in the midst of radical changes in the number and kinds of activities required of the corporate group is to be found in the fact that the operation of the city's business is dominated by one of its most cherished ideals – ‚democratic government'. This system of selection is based upon the theory that, if periodically given an opportunity to express itself, the choice of the majority of adult citizens [...] will fall upon the person best qualified to fill a particular post." Ebd., S. 413f.

95 Ebd., S. 4.
96 Vgl. dazu auch den Arbeitsplan vom Sommer 1951, der noch Kapitel zum Tagesablauf, zum Wohnen, zum „Bergmann im Straßenbild" und den physischen wie sozialen Auswirkungen der Arbeit vorsah. „Entwurf eines Themen- und Arbeitsplanes für die Arbeit in Datteln", o. D. [Juli 1951]. SFS Archiv. ONr. V, Bestand 6, K 6/21, Bd. „Referate der Arbeitsgemeinschaft Dortmund".

als Mitglied dieser sozialen Gruppe hatte identifiziert werden können. Die Zechenarbeiter fielen im Stadtraum längst nicht mehr auf.[97]

Solche Einschübe boten einen flüchtigen Eindruck von den Arbeits- und Lebensweisen der Bergleute, den tagtäglichen Routinen beziehungsweise vor allem von deren Wandel. Worum es in diesen Abschnitten aber eigentlich ging, war die Selbst- und Fremdwahrnehmung einer sozialen Gruppe. Croon schilderte darin, wie sich mit der Angleichung der Lebensweisen das Image der Bergleute verbessert hatte, wie stabil sich dennoch bestimmte Vorurteile als Modi sozialer Distanzierung und Identitätssicherung gehalten hatten – und warum diese fehlgingen.[98] Im Gegensatz zu Middletown standen in Steinfeld die gültigen sozialen Organisationsformen im Vordergrund, nicht die Verhaltensweisen, die diese begründeten. Veränderungen in den Gliederungsmustern, die Croon anhand der drei Bereiche Wirtschaft, Soziales und Kommunales präsentierte, bildeten den Gradmesser für sozialen Wandel. Das ging durchaus weit über die bis dahin verbreiteten Analysen wirtschafts- und sozialstatistischer Daten hinaus. Das strukturfunktionale Verständnis von Gesellschaft jedoch, das für „Middletown" kennzeichnend war – oder auch für die County Clare-Arbeiten des Rockefeller-Mentors Conrad Arensberg – lässt sich in „Zeche und Gemeinde" so nicht wiederfinden.

---

97 Vgl. Croon/Utermann: Zeche und Gemeinde, S. 21; 107ff., 144ff. Z. B. wurde eine zwischenzeitlich geplante Untersuchung über die „Verschiedenheit der Tagesläufe von Bergmann, Städter und Bauer und ihre Auswirkungen auf das Leben der Familie und der Stadt" wieder aufgegeben. Vgl. Entwurf eines Themen- und Arbeitsplanes für die Arbeit in Datteln, o. D, S. 9. SFS Archiv. ONr. V, Bestand 6, K 6/21, Bd. „Referate der Arbeitsgemeinschaft Dortmund".

98 Eigene Beobachtungen und Einblicke nutzte er hauptsächlich, um Prestigestrukturen und Wahrnehmungsmuster – die soziale Gliederung im Kopf der Steinfelder – zu objektivieren bzw. sie anhand einer anderen Realität zu falsifizieren: „Die Beobachtung zeigt", schlussfolgerte Croon, „daß der größte Teil der Kritik an der Lebensweise und der Lebenshaltung der Bergmannsfamilie fehlgeht. Die Urteile sind Vorurteile, aus der Vergangenheit blindlings übernommen, oder Verallgemeinerung aus Einzelfällen. Ihr richtiger Kern weist auf die im Vergleich zur Vergangenheit veränderten Lebensverhältnisse hin. [...] Die Kritik richtet sich insgesamt vielmehr nur gegen den jungen Bergmann und seine Frau. Der junge Ledige, der sich auf Grund seines für sein Alter verhältnismäßig hohen Einkommens mehr leisten kann als andere, fällt mehr auf, auch die junge Frau. Die Kritik des ‚Bürgers' an den zeitbedingten Veränderungen des Lebensstils, die allgemein festzustellen sind, trifft aber nicht den jungen Menschen seiner Kreise, die in ihrem Verhalten und in ihrer Lebensweise in vielem dem jungen Bergmann und Arbeiter gleich sind, sondern allein den Bergmann, der von altersher stärker im Blickpunkt der Kritik steht." Croon/Utermann: Zeche und Gemeinde, S. 145f.

Diese Unterschiede zwischen den Studien haben sich auch stilistisch niedergeschlagen. Schon die jeweils ersten Sätze sind dafür symptomatisch. Sie führen den Leser an die Gemeinde heran, verschaffen ihm einen ersten Eindruck – und erzählen zugleich viel über das Verhältnis der Sozialforscher zu ihrem Gegenstand:

„Dem Wanderer, der von Norden her durch Wiesen und Felder an Höfen und Kotten vorbei Bauernland durchschreitend sich der Gemeinde nähert, bietet sich von einer Anhöhe ein neues Bild."[99]

„A stranger unfamiliar with the ways of Middletown, dropped down into the city, as was the field staff in January 1924, would be a lonely person."[100]

Dass die Figur des Wanderers, der sich einem fremden Ort näherte, die „distanzierte, relativ unspezifische Interessiertheit der Forscher" versinnbildlichen sollte, hat schon Hartmut Häußermann festgehalten.[101] Aber der Wanderer nimmt auch eine ganz bestimmte Position ein. Mit der soeben durchschrittenen, bäuerlich-ländlichen Vergangenheit im Rücken blickte er von oben *auf* ein unbekanntes Phänomen, das sich vor ihm ausbreitete: eine industrielle Siedlung in der Landschaft. Einen größeren Kontrast zu dem vorbereitungslosen „drop down into the city", durch das man als Leser nach Middletown gelangt, kann man sich wohl kaum vorstellen. Während die Lynds das Leben um sich herum zu erklären versuchten – wie sie erläuterten, hätte kaum ein Einwohner ihnen dafür Rede und Antwort stehen können, waren doch fast alle auf hunderterlei Weise damit beschäftigt, ihren Lebensunterhalt zu verdienen[102] – behielt Helmuth Croon seine Überblicksposition weitgehend bei. Dem Rundblick über die räumliche Gestalt der Gemeinde folgte der über die soziale, deren Veränderungen er vor dem Leser ablaufen ließ. Zum Abschluss ließ er ihn sogar – in einer Art folgelogischen Erwartung weiterer Entwicklung – in die Zukunft schweifen:

„Steinfeld kann in seinem Siedlungsbild, in seiner baulichen Gestaltung die Industriegemeinde nicht verleugnen, das äußere Bild zeigt eine Stadt im Wachsen und Werden, im Einzelnen noch unvollkommen; der vorhandene gewandelte Ortskern wirkt noch kleinstädtisch. Dem äußeren Bild entspricht die innere Gestalt. Von der älteren und mittleren Generation aus gesehen ist die Stadt noch keine Einheit, sondern ein Nebeneinander von Ortsteilen besonderer Art und einzelner Gruppen. Erst allmählich wird die Einheit der Stadt, vor allem in der jüngeren Generation, je mehr die Unterschiede und Gegensätze der Vergangenheit verblassen [...]. In der jüngeren Generation finden sich die aufstrebenden Bergmannssöhne mit den le-

---

99 Ebd., S. 8.
100 Lynd/Lynd: Middletown, S. 21.
101 Häußermann: Erkenntnisinteresse, S. 224.
102 Lynd/Lynd: Middletown, S. 21f.

bendigen, der Gegenwart aufgeschlossenen Söhnen der Altansässigen und andere Zugewanderter in der sachlichen Verbundenheit, die der gemeinsame Arbeitsplatz, das Zusammensein im gleichen Verein, die gleichen Neigungen und Liebhabereien geben. Aus ihnen wächst die Schicht empor, die in Zukunft, vereint mit den neuen Zuwanderern das junge Gemeinwesen tragen und gestalten wird. Ihre Aufgabe ist es, nach der äußeren Stadtwerdung die innere zu verwirklichen [...]".[103]

Um nun noch einmal zusammenzufassen: „Zeche und Gemeinde" ist ein Beispiel dafür, dass der Wissenschaftstransfer aus den USA auch vor der Sozialforschungsstelle nicht Halt machte. Drei Mitarbeiter – die alle dem vielfach beanstandeten Personalprofil des Instituts entsprachen, weil ihre Karriere und ihr Leben auf die eine oder andere Weise mit dem NS-System verbunden waren – erprobten in diesem Rahmen das amerikanische Forschungsinstrument *community study* und dessen Einsatzmöglichkeiten. Es ist vermutlich nicht überraschend, dass dies nicht mit dem bloßen Import von Forschungstechnik getan war, sondern einer Vermittlung zwischen Verfahrens- und Sichtweisen bedurfte. Den Forschungs- und Objektivitätsbedürfnissen der drei geschulten Historiker kam die Informationsbeschaffung per Einzel- und Reihengespräch offenbar stärker entgegen als die zunächst eingesetzte teilnehmende Beobachtung. Das Authentizitätsversprechen der standardisierbaren Interviewaussagen war überzeugender als das des mimetischen Eintauchens der Ethnographen. Das ist nachvollziehbar – jedenfalls wenn das leitende Interesse weniger die ethnographisch „dichte Beschreibung" war, die zeigen wollte, „wie das Leben an einem Ort, zu einer Zeit, in einer Gruppe abläuft",[104] als die soziographische Konturierung von Gruppenstrukturen. (Dass darüber hinaus auch im Umgang mit den gesprächsweise gewonnenen Daten keineswegs Routine herrschte, zeigt der Streit zwischen Helmuth Croon und Dietrich von Oppen.)

Damit ist man schon auf der Ebene der Stadt- und Gesellschaftsdeutung angelangt. Am Anfang des Kapitels wurde erläutert, dass die Hochkonjunktur der Gemeindeforschung nur im Zusammenhang mit den damaligen Reform- und Demokratisierungsbestrebungen zu verstehen ist. Und allein von ihrer Motivation her betrachtet entsprach die Untersuchung zum Verhältnis von „Zeche und Gemeinde" auch durchaus den amerikanischen Vorstellungen vom Einsatz und Nutzen der Sozialforschung in einer freien Gesellschaft. Schließlich hatte sie (ursprünglich) dort angesetzt, wo ein wirtschaftliches Problem nicht mehr durch Zwangsmaßnahmen oder ökonomische Anreize gelöst werden konnte. Lässt sich freilich auch darüber hinaus ein verändertes Verständnis von städtischem Leben und städtischer Gesell-

---

103 Croon/Utermann: Zeche und Gemeinde, S. 278f.
104 Geertz, Clifford: Die künstlichen Wilden, München 1990, S. 138, zit. nach Lindner: Walks on the Wild Side, S. 148.

schaft erkennen? Wie, um es anders zu formulieren, kann man die Steinfeld-Studie innerhalb einer Geschichte der Stadtforschung in Deutschland einordnen?

Den strukturfunktionalen Ansatz amerikanischer Referenzstudien (also eine bestimmte Vorstellung von der Entstehung sozialer Institutionen und Gliederungsmuster) haben die drei Gemeindeforscher nicht übernommen – das sollte die Gegenüberstellung mit „Middletown" verdeutlicht haben. Stattdessen kultivierte Helmuth Croons Darstellung von „Zeche und Gemeinde" zu einem gewissen Grad noch immer die Vogelperspektive der Strukturstudien der vorangegangenen Jahrzehnte. Das Paradigma der Gemeinde scheint indessen in Verbindung mit der „realsoziologischen" Ausrichtung des Instituts ein eher indifferentes Verhältnis zu sozialen Exklusionsmechanismen und hierarchischen Gesellschaftsstrukturen befördert zu haben. Einer kritischen Gesellschaftswissenschaft entsprach das zweifellos nicht.

Dennoch ist die Studie mit diesen Punkten nur unzureichend charakterisiert. „Zeche und Gemeinde" stellte eines der ersten sozialwissenschaftlichen Stadtforschungsprojekte in Deutschland dar, das den bis dahin gebannt auf die Großstädte gerichteten Blick löste. Das bedeutete keineswegs nur ein auf das Maß einer Mittelstadt verkleinertes Forschungsfeld, sondern auch den Abschied von einem bis dahin tonangebenden Deutungsmuster: nämlich der sozialpathologischen Wirkung des (Groß)Stadtlebens. Das ‚Problem' Steinfelds – ganz kam auch diese Studie nicht ohne die Definition von Problemen aus – lag für die Forscher aus Dortmund in der sozialen Kluft zwischen den alten und den neuen Bewohnern. Diese wiederum war eine Folge der Art und Weise, wie die altansässigen Steinfelder auf den massenhaften Zuzug nach Eröffnung der Zeche reagiert hatten – und hatte nichts mit der Stadt selbst und ihren Lebensbedingungen zu tun.[105] Der kulturkritischen Vorstellung von der Auflösung gemeinschaftlicher Bindungen in der Stadt setzte die Studie das – wertpositiv, im Sinne eines integrierten Sozialsystems verstandene – Paradigma der Gemeinde entgegen. Zwar versuchten sich die drei Sozialwissenschaftler nicht an einer Analyse des Verhältnisses zwischen Etablierten und Außenseitern in Datteln. Sie begnügten sich stattdessen damit, die Umformung dominanter Gruppenstrukturen historisch nachzuzeichnen. Und dennoch ging „Zeche und Gemeinde" auch als Strukturstudie neue Wege, indem sie ein sozialpsychologisches Phänomen in den Mittelpunkt stellte. Nicht Alter, Beruf, Geschlecht, regionale Herkunft oder konfessionelle Zugehörigkeit – also eine demographische

---

105 Ohne Zweifel kann man allerdings darüber diskutieren, welche Bedeutung – über die amerikanischen Vorbilder hinaus – gerade Wilhelm Brepohls volkskundliche Arbeiten für die Steinfeld-Studie hatten. Brepohls zweites Ruhrvolk-Buch entstand zur gleichen Zeit an der Sozialforschungsstelle. Nicht nur in der historischen Betrachtungsweise und dem Impetus der Konstruktion einer industrieregionalen (bzw. industriestädtischen) Identität ähneln sich die Studien durchaus. Den ethnographischen Blick dürfte Brepohl indessen sogar stärker gepflegt haben. Vgl. Brepohl: Industrievolk, auch: ders.: Aufbau.

Merkmalsbildung – stellten hier die Kategorien bereit. Vielmehr waren es soziale Verhaltensweisen, die in der Steinfeld-Studie als gruppenbildender und gesellschaftlich wirksamer Faktor wahrgenommen wurden. Das war ohne Zweifel das auffälligste Novum dieser *community study*.

6 Die Soziologie der industriellen Großstadt

„Die moderne Menschheit lebt in großen Städten. Sie hat in ihnen den Rausch der Technik und der Naturerkenntnis erlebt, von ihrem Boden ist ihr Geist aufgefahren, aber sie hat auch an ihnen gelitten und sie für ihre Abstürze verantwortlich gemacht. Ihre schwersten sozialen, gesundheitlichen und psychologischen Probleme, alles was sie als Zivilisationsschäden begreift, sind an die großstädtische Daseinsform geknüpft. Die Untergangsvorstellungen heften sich an den Namen Großstadt. Luftkrieg und Hungerkrieg weisen unübersehbar auf die Gefahr großstädtischer Existenz: die körperliche Bedrohung konnte als Sinnbild letzter geistig-seelischer Gefährdung erscheinen. In den zerstörten Häuserreihen, den verwüsteten Plätzen lasen die Menschen erschrocken das Urteil über eine Daseinsweise, die ihnen seit langem unheimlich gewesen war."[1]

Die große Stadt als paradigmatischer Ort der Moderne; nicht nur Elisabeth Pfeil hat sie so beschrieben. Für eine lange Reihe von Beobachtern hatten sich in ihr das Neue, aber auch die Probleme der modernen Gesellschaft konzentriert; für mehrere Generationen ihrer Kritiker war dort der kulturelle Niedergang greifbar geworden. Das Interesse am urbanen Leben war daher hauptsächlich ein Interesse am großstädtischen Leben gewesen, und wer von der modernen Stadt sprach, meinte damit meist die große Stadt. Die Dortmunder Forscher machten in dieser Hinsicht keine Ausnahme. Denn auch wenn die Datteln-Studie zu „Zeche und Gemeinde" davon zeugte, dass im Rahmen von *community studies* nun auch kleineren und mittleren Städten eine ganz neue Aufmerksamkeit zukam: Die weitaus größere zog doch die Großstadt auf sich.

Seit 1947 stand sie auf der Agenda des Instituts weit oben und band in den fünfziger Jahren die Arbeitskraft einer ganzen Abteilung und ihrer wechselnden Mitarbeiter. Lucius Burckhardt, Walter Christaller, Karl Hahn, Henny Hellgrewe, Helmut Klages, Wolfgang Köllmann, Rainer Mackensen, Johannes Papalekas, Wolfgang Schütte, Kurt Weichselberger, Eduard Willeke und nicht zuletzt Elisabeth Pfeil und

---

1 Pfeil: Großstadtforschung, Vorwort, unpaginiert [S. 7].

Gunther Ipsen, der seit 1951 die Abteilung für Soziographie und Sozialstatistik leitete – insgesamt 13 wissenschaftliche Kräfte waren zwischen 1947 und 1960 daran beteiligt, Mosaiksteine für eine empirische Soziologie der Großstadt zusammenzutragen. Hinzu kamen die unzähligen Hilfskräfte, die im Laufe der Jahre zur Feldarbeit und Auswertung herangezogen wurden. Forschungsmittel in Höhe von circa 200.000 DM wurden dafür verbraucht, bereitgestellt unter anderem von der Stadt Dortmund, der Deutschen Forschungsgemeinschaft, der Dortmunder Industrie und vor allem dem nordrhein-westfälischen Ministerium für Wirtschaft und Verkehr.[2]

Als „Dortmund-Studie" hat dieses Großprojekt Eingang in die Disziplingeschichtsschreibung gefunden – benannt nach dem bevorzugten Forschungsfeld und beurteilt anhand des zusammenfassenden Berichts, der 1959 unter dem Titel „Daseinsformen der Großstadt" publiziert wurde. In der Soziologiegeschichte wird es als gescheitert geführt.

„Obwohl wir Probleme des Wohnens kennenlernen, die durchaus als charakteristisch für die industrielle Großstadt gelten können, erfahren wir über die industrielle Gesellschaft ansonsten sehr wenig. Die Struktur, die Bedeutung und der Wandel der sozialen Schichtung bleiben außerhalb der Betrachtung, Macht- und Einflußstrukturen werden ebensowenig thematisiert wie z. B. Arbeitsformen und -bedingungen. Im Schlußkapitel, in dem die Ergebnisse zusammengefaßt werden, wird deutlich, was der Grund dafür sein könnte. Es fehlt jede soziologisch inspirierte Vorstellung von einer ‚industriellen' Gesellschaft. [...] Ein schwammiger theoretischer Ansatz und eine unklare Haltung gegenüber der methodischen Frage, ob die Stadt paradigmatisch für die industrielle Gesellschaft oder als distinkte soziale Realität im Sinne eines abgeschlossenen Mikrokosmos untersucht werden solle, sind wahrscheinlich der Grund dafür, daß das Projekt Fragment geblieben ist. Weder ‚die industrielle Gesellschaft' noch die Stadt Dortmund wurden in dieser Studie adäquat dargestellt."[3]

Diesem Urteil Hartmut Häußermanns ist wenig hinzuzufügen – allerdings nur, wenn man die Studie vom Entwicklungsstand der heutigen akademischen Soziologie aus betrachtet. Denn dass ihr jegliche „soziologisch inspirierte Vorstellung" der industriellen Gesellschaft und ihrer Großstädte fehlte, kann aus zeitgenössischer

---

2   Eine Bilanz aus dem Jahr 1957 führte zu diesem Zeitpunkt bereits Projektmittel in Höhe von 192.370 DM auf. Sie setzten sich folgendermaßen zusammen: Deutsche Forschungsgemeinschaft: 20.850 DM, Dortmunder Industrie: 20.000 DM, Stadt Dortmund: 39.000 DM, Ministerium für Wirtschaft und Verkehr Nordrhein-Westfalen: 64.520 DM, Eigenmittel der Sozialforschungsstelle: 48.000 DM. Für die letzten Jahre der Großstadt-Forschung an der Abteilung liegen leider keine Zahlen vor. Bericht über den Ablauf und Stand der Studien zur industriellen Großstadt, 9.10.1957, S. 15. SFS Archiv. ONr. IX, Bestand 3, Nachlass Gunther Ipsen, K 7/14, Bd. I 24, Bl. 75-89.
3   Häußermann: Erkenntnisinteresse, S. 228f.

Sicht nicht behauptet werden. Das allerdings wird erst in einem späteren Kapitel demonstriert werden.[4]

Doch auch sonst ist das Projekt wissenschaftsgeschichtlich keineswegs ohne Reiz, lässt sich an ihm das Verhältnis von Kontinuität und Wandel in der empirischen Sozialforschung doch gewissermaßen mikroperspektivisch nachvollziehen. In den 14 Jahren, in denen sich die Dortmunder Forscher um die „realsoziologische" Erfassung der Großstadt bemühten, arbeitete man sich an Ansätzen und Methoden ab, veränderten sich Sichtweisen, lösten Mitarbeiter einander ab. Wissenschaftler, die wie Gunther Ipsen oder Elisabeth Pfeil bereits im Dritten Reich aktiv gewesen waren, waren daran ebenso beteiligt wie die zahlreichen Vertreter der sogenannten Nachkriegsgeneration. Forschungskonzepte aus den Zeiten der Reichsarbeitsgemeinschaft für Raumforschung spielten darin eine Rolle, genauso wie die Methoden der amerikanischen Sozialwissenschaften.

Bei einer näheren Analyse beginnen die Schwierigkeiten allerdings bereits mit der Rekonstruktion eines mäandernden Projektverlaufs. Denn dieser hatte offensichtlich wenig mit einem stringenten Forschungsprogramm und stattdessen viel mit forschungspraktischen und -theoretischen Problemen zu tun. Ein später Rechenschaftsbericht der Abteilung sprach dies auch knapp, aber unmissverständlich an: „Aus dem Verlauf der ersten Untersuchungen und den abgelieferten Erstmanuskripten wurde die Notwendigkeit zusätzlicher Bemühungen um die Methodik und weiterer theoretischer Durchdringung immer deutlicher."[5] Dass die verantwortlichen Bearbeiter im Zuge dieser Bemühungen wechselten, trug ebenfalls nicht zur Stringenz der Untersuchungen bei. Selbst der Leiter Gunther Ipsen sollte das später eingestehen – nicht ohne dem allerdings auch etwas Positives abgewinnen zu wollen. 1959 erklärte er:

„Jedermann, der es sich mit seinem Gegenstande sauer werden lässt, weiß, wie sehr Zufall und Gelegenheit mitsprechen, wenn eine Forschungsgruppe an die Arbeit geht. Die vielen Köpfe und die wechselnden Köpfe, die zu Worte kommen, beeinträchtigen aber nicht nur Straffheit und Einheit, sondern bereichern auch Einsicht und Ansicht, wie das bunte Leben selbst."[6]

In erster Linie aus Finanzierungsgründen waren darüber hinaus Datenerhebungen miteinander gekoppelt oder einzelne Aspekte in neuem Kontext bearbeitet worden, was die Zuordnung von Fragestellungen und Lösungsansätzen zusätzlich erschwert.

---

4   Siehe unten, Kap. 7.2 und 7.3.
5   Bericht über den Ablauf und Stand der Studien zur industriellen Großstadt, 9.10.1957, S. 6. SFS Archiv. ONr. IX, Bestand 3, Nachlass Gunther Ipsen, K 7/14, Bd. I 24, Bl. 75-89.
6   Mackensen et al.: Daseinsformen, S. V.

Dem Verlauf des Projekts entsprach schließlich auch die Publikation der Ergebnisse. Man hatte eine Gesamtdarstellung zur industriellen Großstadt geplant, doch musste diese mehrfach verschoben werden. Dafür erschienen 1957 und 1958 einige Untersuchungen bereits separat, während andere es gar nicht bis zur Publikationsreife schafften. Als die Abteilung 1959 schließlich unter dem Titel „Daseinsformen der Großstadt" doch noch einen Abschlussband vorlegte, deutete bereits die Pluralbildung im Titel an, dass man vom Anspruch einer Gesamtinterpretation hatte zurücktreten müssen. Zwei weitere Bände, so der Plan, sollten folgen und diesen Anspruch einlösen. Sie wurden allerdings nicht mehr realisiert.[7] Dass ohnehin den meisten der präsentierten Teilstudien im Jahr 1959 kaum mehr ein Neuigkeitswert zukam, war selbst den Verantwortlichen bewusst.[8]

Alle diese Umstände werfen ein Licht auf die Praxis dieser stadtsoziologischen Forschung; auf das Tasten und Stolpern, unter dem sich die Entwicklung der empirischen Sozialforschung der fünfziger Jahre womöglich nicht nur in Dortmund vollzog. Und sie machen, wie gesagt, eine Analyse der Arbeiten, ihrer Fragestellungen und Vorgehensweisen nicht leicht. Jedoch kann man innerhalb des Projekts zwei Untersuchungskomplexe voneinander unterscheiden, die systematisch und inhaltlich erst einmal wenig miteinander zu tun zu haben scheinen. Ihre Verbindung lag

---

7   Forschungsleiter Gunther Ipsen bat einleitend denn auch um Nachsicht, dass man sich damit begnügen müsse, „einige Schneisen" zu legen und „wichtige Züge abzuhandeln". (Mackensen et al.: Daseinsformen, S. V) Vgl. zum Vorhaben weiterer Bände auch Rainer Mackensen an Elisabeth Pfeil, 17.1.1958: Es habe sich erwiesen, teilt Mackensen dort der ehemaligen Kollegin mit, „daß die Gesamtheit der vorgesehenen Untersuchungen einen Band sprengen müßte. Wir haben uns deshalb entschieden, das Buch – obgleich als Einheit gefaßt und unter einem Titel – nach der schon länger vorliegenden Gliederung in Bände zu zerlegen." SFS Archiv. ONr. IX, Bestand 3, Nachlass Gunther Ipsen, K 5/14, Bd. I 17, Bl. 34.

8   Elisabeth Pfeil hatte sich aus diesem Grund dagegen gewehrt, ihren (bereits 1955 abgeschlossenen) Beitrag zum Großstadtwohnen zusammen mit dem von Wolfgang Schütte bearbeiteten Teil in einem separaten Band zu veröffentlichen. „Man kann", argumentierte sie, „wenn man über großstädtisches Wohnen schreibt, sich nicht mehr mit dem genügen lassen, was Schütte bringt. […] Auch sind die Beobachtungen gerade an der Kleinsiedlung, die ja das Interessanteste an der Schütteschen Arbeit waren, stark zeitgebunden und müßten in einer Buchveröffentlichung durch neuere ergänzt werden. Ich mußte für die 3. Auflage des Lehrbuches von Schelsky und Gehlen jetzt ein neues Kapitel meiner Großstadtsoziologie schreiben […] und ich kann schlecht in einem Buche, das ich mitzeichne, gewissermaßen hinter das zurückgehen, was ich an anderer Stelle veröffentlicht habe. […] Als Teil des Sammelwerkes dagegen vermögen beide Arbeiten zu genügen". (Elisabeth Pfeil an Gunther Ipsen, 1.8.1957. SFS Archiv. ONr. IX, Bestand 3, Nachlass Gunther Ipsen, K 7/14, Bd. I 24, Bl. 43).

eher in ihrer planerisch-praktischen Zielsetzung – der neu geordneten Stadt – als einer gemeinsamen, übergreifenden Konzeption. Den einen Komplex machten Sozial- und Raumstruktur-Analysen aus. Um Wohnen und Nachbarschaft in der Großstadt drehte sich der zweite. Beide sollen auf den anschließenden Seiten zunächst einmal ausführlich durchleuchtet werden. In einem weiteren Kapitel wird sodann das zugrundeliegende Stadtverständnis diskutiert werden sowie die mit diesem zusammenhängenden Methoden der Forscher. Allerdings kommt diese Ankündigung nicht ohne eine gleichzeitige Einschränkung aus: Nicht alle im Folgenden behandelten Untersuchungen haben zu einem greifbaren Ergebnis geführt, so dass der Überblick an einigen Stellen notgedrungen auf verstreuten Hinweisen beruht.

6.1 VON DEN STÄDTEMONOGRAPHIEN ...

Wie sah die ideale Struktur und Größe der deutschen Städte aus? 1944 war diese Frage auf der Agenda der Reichsarbeitsgemeinschaft für Raumforschung weit nach oben gerückt. Zwar hatte man die Ostraum-Forschung noch nicht endgültig *ad acta* gelegt. Aber mit dem Kriegsverlauf hatte sich auch der Planungsbedarf merklich verändert. Nicht mehr Expansions- und Germanisierungswahn gaben die Leitlinie vor, sondern der Wiederaufbau im sogenannten „Altreich" – beziehungsweise der Neubau. Viele Städteplaner begriffen die verheerenden Zerstörungen der alliierten Luftangriffe alsbald als Chance, um mit den ungeliebten Städten der Gründerzeit endgültig aufzuräumen. Neue und bessere sollten aus ihren Trümmern entstehen. Von den verbliebenen RAG-Forschern, die ihren Dienst fürs Vaterland am Schreibtisch leisten durften, wurde daher Grundlagenwissen über die Planungsmassen erwartet: Wirtschafts- und Versorgungsstruktur, Verkehrsanbindung, räumlich-geographische Gegebenheiten, die soziale und ‚rassische' Zusammensetzung der Bevölkerung, Kriminalität und die ‚sozialen Schäden'. Umfassende Strukturuntersuchungen – Städtemonographien genannt – sollten die Planer mit den notwendigen Informationen über die jeweiligen lokalen Gegebenheiten versorgen.[9]

Wenig davon wurde bis Kriegsende realisiert, was jedoch nicht bedeutet, dass diese Form der Wiederaufbau-Forschung nach 1945 vom Tisch gewesen wäre. In Dortmund an der neugegründeten Sozialforschungsstelle griffen Otto Neuloh, Bruno Kuske und Eduard Willeke die Idee 1947 wieder auf. Ihnen schwebte zeit-

---

9 Reichsarbeitsgemeinschaft für Raumforschung. Programmrundschreiben, 25.4.1944, S. 1, 5. UA Gießen, PrA 2088; Walther Däbritz an Bruno Kuske, 22.6.1944; Walther Däbritz an Bruno Kuske, 10.7.1944. UA Köln. Zug. 96/5. Däbritz verweist in den Schreiben auf ein vorangegangenes Rundschreiben Kuskes, dem offenbar ein Gliederungsentwurf beilag, sowie auf eine Musterdarstellung, die Gerhard Isenberg am Beispiel Leipzigs verfasst hatte.

weilig sogar eine ganze Serie von „Sozialmonographien deutscher Städte" vor, die alle nach einer festen Systematik erstellt werden sollten. Witten, Hannover, Bremen, Hamburg und Dortmund waren dazu ausgewählt worden – „Städte, die unter den Verwüstungen des Krieges am meisten gelitten haben".[10] Dabei sollte die Grundlagenforschung Hand in Hand gehen mit der Erarbeitung „praktisch verwendbarer Vorschläge für die zuständigen Verwaltungsstellen"[11] – weshalb diese möglichst auch für die Finanzierung aufkommen sollten.

Nun gab es auf der anderen Seite wohl kaum eine Stadtverwaltung, in deren Ämtern nicht zur gleichen Zeit entsprechende Bestandsaufnahmen, Denkschriften und Aufbau-Leitlinien entstanden wären. In Dortmund empfahl der Oberstadtdirektor sogar ausdrücklich, das Material zur Vermeidung von Doppelarbeit „im Einvernehmen mit der Stadtverwaltung zu sammeln" – weil nämlich „ihre Arbeiten mit der Arbeit der Forschungsstelle als gleichartig betrachtet" wurden.[12] Weshalb also eine „Sozialmonographie" bezahlen? Worin würde der Wert der wissenschaftlichen Arbeiten liegen? Ihre Initiatoren hätten vermutlich nicht lange um eine Antwort gerungen: Im Verständnis der historischen, sozioökonomischen Individualität der jeweiligen Stadt – ihrer Eigenlogik, um einen aktuell in der Stadtsoziologie diskutierten Begriff zu verwenden.

Neuloh, Kuske und Willeke betrachteten eine Stadt als sinnhaftes Produkt menschlichen Lebens und Handelns in Auseinandersetzung mit den Bedingungen der Umwelt. Sie war einerseits Teil übergreifender historischer Entwicklungen – etwa der Technik, der Produktionsformen und Wirtschaftssysteme. Andererseits jedoch war jede Stadt als individuelles Phänomen zu verstehen, weil die jeweilige Konstellation aus Bevölkerung, geographischer Lage, verfügbaren natürlichen Ressourcen und beherrschenden Wirtschaftsformen ihre je eigene Wirklichkeit hervorbrachte.

Dementsprechend sollte jede Monographie aus drei Hauptteilen bestehen, so sah es zumindest der Entwurf für die Pilot-Studie vor, die der Nationalökonom und RAG-Forscher Willeke zu Hannover bearbeitete.[13] Eine sozial- und wirtschaftshis-

---

10 Sozialforschungsstelle: Jahresbericht 1948, S. 10; vgl. auch Otto Neuloh an Eduard Willeke, 20.10.1947. SFS Archiv. ONr. V, Bestand 6, K 6/1, Bd. Korrespondenz Neuloh.

11 Otto Neuloh an Treue, 20.10.1950. SFS Archiv. ONr. V, Bestand 6, K 6/19, Bd. „Nr. 5 Großstadtmonographie Dortmund u. Bochum. Schriftverkehr".

12 Stadt Dortmund/Oberstadtdirektor an Sozialforschungsstelle, 27.2.1948. SFS Archiv. ONr. V, Bestand 6, K 6/1, Bd. „Die Industrie- und Arbeiterstadt Dortmund".

13 Die Arbeit zu Hannover, die Eduard Willeke 1947 begonnen hatte, war eine Zusammenarbeit zwischen der Sozialforschungsstelle und der Akademie für Raumforschung und Landesplanung in Hannover. Kurt Brüning, letzter Obmann der RAG und erster Präsident der Akademie, hatte dazu eine Finanzbeihilfe von der Stadt Hannover beantragt. Diese Monographie war als Pilot-Studie gedacht, mit der zugleich eine einheitliche Sys-

torische Untersuchung musste nach seinen Vorstellungen die Grundlage jeder Monographie bilden. Immerhin galt es durch sie nachzuweisen, „wie das heutige Leben in Hannover in dem Hannover des Mittelalters und des Absolutismus vorgezeichnet war, weil die Menschen im wesentlichen dieselben geblieben sind und der Umwelt Bedingungen wenigstens potentiell."[14] Zweitens stand sodann im Blickfeld, welche Wirtschafts- und Sozialstruktur sich daraus ergeben hatte. Sie sollte nicht nur beschrieben, sondern „näher auf die räumliche Ausbreitung, die fachliche Gliederung und die inner- und zwischenräumliche Verflechtung" hin analysiert und „auf Grund des sich ergebenden Prozesses sozialer und wirtschaftlicher Art bewertet werden".[15]

---

tematik für alle folgenden erarbeitet werden sollte. Allerdings musste sie „nach der Währungsreform aus Mangel an Mitteln zunächst ruhen", wie Otto Neuloh an die Notgemeinschaft der Deutschen Wissenschaft berichtete (20.10.1950. SFS Archiv. ONr. V, Bestand 6, K 6/19, Bd. „Nr. 5 Großstadtmonographie Dortmund u. Bochum. Schriftverkehr"). Ob sie je komplett fertiggestellt wurde, ist unklar. Eduard Willeke selbst, der seine Karriere während des Dritten Reichs auf der Raumforschung aufgebaut (vgl. oben, S. 80, Anm. 147) und 1945 seine Straßburger Professur verloren hatte, hatte 1947 zusätzlich zu der Arbeit über Hannover einen Lehrauftrag an der TH Stuttgart versehen. 1949 erhielt er dann allerdings eine Gastprofessur an der Universität Tübingen, so dass außer den finanziellen Mitteln auch das Interesse an der begonnenen Monographie abgenommen haben dürfte. Allerdings legte Willeke in Hannover zumindest Teile davon als gutachterlichen Bericht vor. (vgl. Protokoll Sitzung der Großstadt-Arbeitsgruppe am 23.5.1951. SFS Archiv. ONr. V, Bestand 6, K 6/21, Bd. „Referate der Arbeitsgemeinschaft Dortmund") 1953 wurde er schließlich auf eine Professur an der Wirtschaftshochschule Mannheim berufen (Marcon/Strecker (Hg.): 200 Jahre, S. 588-590). Zur Hannover-Monographie siehe: Eduard Willeke an Rat Hannover, 3.10.1947; Oberbürgermeister Hannover an Eduard Willeke, 27.8.[1947]; Otto Neuloh an Eduard Willeke, 30.1.1948; Otto Neuloh an Eduard Willeke, 27.2.1948. Alle SFS Archiv. ONr. V, Bestand 6, K 6/1, Bd. Korrespondenz Neuloh.

14 Eduard Willeke an Henny Hellgrewe, 26.4.1948. SFS Archiv. ONr. V, Bestand 6, K 6/1, Bd. „Die Industrie- und Arbeiterstadt Dortmund".

15 Forschungsplan zur Sozialmonographie der Stadt Hannover, o. D. Ähnlich hatte auch Otto Neuloh die Vorgehensweise gegenüber dem Dortmunder Oberstadtdirektor Hansmann charakterisiert: „Diese Frage [...] soll auf einem sozialgeschichtlichen Teil aufgebaut werden. Aus der historischen Perspektive und den Eindrücken der gegenwärtigen sozialen Lage der Bevölkerung der Stadt werden die Schlussfolgerungen für den sozialen Neubau gezogen." Otto Neuloh an Oberstadtdirektor Hansmann, 21.10.1947. Beide SFS Archiv. ONr. V, Bestand 6, K 6/1, Bd. „Die Industrie- und Arbeiterstadt Dortmund". Einen Schwerpunkt auf der Sozial- und Wirtschaftsgeschichte hatte Bruno Kuske schon 1944 als Arbeitsdisposition für die RAG-Großstadtmonographien vorgeschlagen. Nicht von allen wurde er als zweckmäßig angesehen. Walther Däbritz beispiel-

Eine Untersuchung der Kriegseinwirkungen komplettierte drittens die Studie, und zwar im Hinblick darauf, in welchem Maße neben Gebäuden und Infrastruktur auch das Wirtschafts- und Sozialleben betroffen war. Welche Betriebe und Industrien waren in der Stadt noch existent oder würden wieder aufgebaut werden? Welche sozialen Gruppen waren besonders vom Krieg und dessen Zerstörungen betroffen?[16] Zusammenfassend könnte man also sagen, dass das Konzept auf eine Art historisch angereicherte Tragfähigkeitsuntersuchung hinauslief – auf eine Gegenrechnung des Potentials von Wirtschaft und Bevölkerung. Wie viele Menschen würde die jeweilige Stadt mit der ihr eigenen Konstellation aus Ressourcen und Wirtschaftsform ernähren können? Wo setzten die Übervölkerung und mit ihr die sozialen Probleme ein?

Zur Serienreife wurde das Konzept Stadtmonographien jedoch nie gebracht, und auch sonst war es kein Erfolg für die Sozialforschungsstelle. Nur zwei der fünf geplanten Untersuchungen wurden 1947/48 überhaupt begonnen: Hannover und Dortmund, bearbeitet von Eduard Willeke sowie der Kuske-Schülerin Henny Hellgrewe. Und nur eine dieser beiden, Hellgrewes Monographie zu Dortmund, wurde fertiggestellt und 1951 auch gedruckt.[17] Allerdings entsprach diese Arbeit weder den Er-

---

se, dessen Rheinisch-Westfälisches Institut für Wirtschaftsforschung einige der Monographien hätte bearbeiten sollen, mahnte im Angesicht der Dringlichkeit dieser wissenschaftlichen Vorarbeiten Konzentration und Arbeitsökonomie an. „Hier aber scheinen mir wiederum bei aller Würdigung der geschichtlichen Bedingtheiten die Gegenwartsfragen dringlicher. Alle künftigen Planungen müssen von der Klärung der Vorfragen ausgehen, <u>wieviel von diesen historischen und sonstigen Bedingungen inzwischen hinfällig geworden sind</u>." Walther Däbritz an Bruno Kuske, 22.6.1944, UA Köln. Zug. 96/5, Hervorhebung im Original.

16 Eduard Willeke an Henny Hellgrewe, 26.4.1948; siehe auch Forschungsplan zur Sozialmonographie der Stadt Hannover, o. D. SFS Archiv. ONr. V, Bestand 6, K 6/1, Bd. „Die Industrie- und Arbeiterstadt Dortmund". Eduard Willeke, so kann man annehmen, griff in seiner Arbeit auf Werner Sombarts Stadttheorie zurück und verstand das Verhältnis von ‚originärer' und ‚abgeleiteter' Industriebevölkerung als Basis des „Sozialen". Die sozialen Probleme der Großstädte wiederum ergaben sich aus den ‚Überzähligen', die nicht in das System eingebunden waren und die er als „soziale Trabanten" bezeichnete. Das allerdings ist eine Schlussfolgerung, die sich auf recht verstreute Hinweise stützt. Vgl. Protokoll Sitzung der Großstadt-Arbeitsgruppe am 23.5.1951. SFS Archiv. ONr. V, Bestand 6, K 6/21, Bd. „Referate der Arbeitsgemeinschaft Dortmund".

17 Siehe Hellgrewe: Wirtschafts- und Sozialmonographie. Dass die „sozialen Probleme", wie Willeke gemahnt hatte, auch „eine eigne Problembedeutung aufweisen" und „keineswegs nur in abgeleiteter Wertfunktion von den wirtschaftlichen Gegebenheiten" aus zu betrachten waren, kam darin nicht zum Tragen. Henny Hellgrewe versammelte in der Hauptsache bereits anderweitig zugängliche Daten zur Wirtschafts- und Bevölkerungs-

wartungen der Geldgeber – die Dortmunder Stadtväter ließen verlauten, dass man die Arbeit „höchstens als ausreichend" bezeichnen könne[18] – noch fand die Monographie Zustimmung von wissenschaftlicher Seite. Die Kritik Werner Conzes jedenfalls fiel harsch aus:

„Das rein deskriptiv vorgehende Werk läßt sowohl sozialgeschichtliche Tiefe wie soziologische Theorie und Methode vermissen und gelangt, wo dies überhaupt über die Begriffe der Statistik hinaus versucht wird, zu unbefriedigenden Kategorien, [...] woraus sich wiederum fragwürdige Schlüsse [...] ergeben."[19]

6.2 ... ZUR GROSSSTADT-FORSCHUNG

Insgeheim mögen die Initiatoren ähnlich geurteilt haben, denn bereits im Mai 1951 stand abermals eine Großstadt-Monographie zu Dortmund auf der Agenda des Instituts. Der Anstoß dazu war aus Göttingen gekommen, von einem Architekten namens Wolfgang Schütte. Eigentlich hatte dieser im Sommer 1950 bei der Notgemeinschaft der Deutschen Wissenschaft einen Förderantrag für ein Forschungsprojekt zu Hannover gestellt: eine „Stadtmonographie", in die die jeweiligen Fachkenntnisse eines Architekten und eines Soziologen einfließen sollten. Freilich handelte es sich bei dem „jungen Soziologen", mit dem Schütte das Projekt verabredet hatte, eigentlich um einen Historiker. Nämlich um den 1925 geborenen Wolfgang

---

struktur – wie z. B. Altersaufbau, Geburten- und Sterblichkeitsraten, Vertriebenenzuzug, Frauenüberschuss, Berufsstruktur, Arbeitslosigkeit, Fachkräfte-Mangel –, ohne dabei überhaupt einer erkennbaren Problemstellung zu folgen. Und auch ihr Versuch, die soziale Schichtung der Bevölkerung und deren sozialtypische Wohngebiete zu ermitteln – diese Daten basierten auf der einzigen eigens vorgenommenen Erhebung, nämlich einer Auszählung des Dortmunder Adressbuchs der Jahre 1939 und 1951 – blieb insofern beliebig (vgl. Bericht über die Auszählung Hannover, o. D. SFS Archiv. ONr. V, Bestand 6, K 6/1, Bd. „Die Industrie- und Arbeiterstadt Dortmund". Hellgrewe: Wirtschafts- und Sozialmonographie, S. 117).

18 Aktenvermerk Betr.: Beitrag der Stadt Dortmund zur struktursoziologischen Untersuchung, 25.2.1953. SFS Archiv. ONr. V, Bestand 6, K 6/19, Bd. „Großstadtmonographie Dortmund u. Bochum. Schriftverkehr". Das ist nicht verwunderlich: Henny Hellgrewe präsentierte den Stadtvätern kaum mehr als deren eigene Datensammlungen. Ihr wichtigstes Anliegen war die weibliche Erwerbstätigkeit. Darüber hinaus indessen schloss sie sich auch in ihren Empfehlungen für den Wiederaufbau kritiklos den Beschlüssen und Denkschriften der Dezernate an. Vgl. Hellgrewe: Wirtschafts- und Sozialmonographie, bes. S. 283f.

19 Conze: Rez. „Dortmund als Industrie- und Arbeiterstadt".

Köllmann, der sich soeben anschickte, sein Geschichtsstudium mit der Promotion bei Werner Conze abzuschließen.[20] Ziel des gemeinsamen Vorhabens war es, „die Entwicklung der Großstadt Hannover von 1870 bis heute darzustellen und daraus möglichst planerische Folgen zu ziehen".[21]

Der Referent der Notgemeinschaft hatte Wolfgang Schütte mit seinen Plänen jedoch an die Sozialforschungsstelle verwiesen,[22] wo das Projekt Städtemonographien zwar inzwischen ins Stocken geraten, aber von Otto Neuloh noch längst nicht aufgegeben worden war. Neuloh schlug daraufhin eine Zusammenarbeit vor und kam im Januar 1951 schließlich mit Schütte und Werner Conze zu einer Übereinkunft, die beide Seiten zufriedengestellt haben dürfte. Köllmann und Schütte entschieden sich für Bochum als neuen Untersuchungsgegenstand, stellten bei der Notgemeinschaft einen weiteren Stipendienantrag und traten im April 1951 in die Sozi-

---

20 Allerdings hatte Köllmann die Dissertation im Sommer 1950 noch nicht eingereicht (das sollte er erst Anfang 1951 tun), weshalb Schütte zunächst einen Einzelantrag bei der Notgemeinschaft stellte. Schüttes Irrtum, was die disziplinäre Zuordnung seines Kollegen betraf, mag man in diesem Fall als Hinweis darauf verstehen, wie sehr sich die beiden Disziplinen zuvor in ihren Bemühungen um Volk und Volkstum einander angenähert hatten. Köllmanns Göttinger Doktorvater zumindest hatte längst das soziale Geschehen in den Mittelpunkt des historischen Interesses gerückt, und er nutzte dabei Zugriffe, wie sie der Volkstumssoziologie Gunther Ipsen entwickelt hatte. Und auch Köllmann selbst hatte mit seiner Dissertation einen ersten Versuch unternommen, die „Entwicklung der Stadt Barmen zwischen 1808 und 1870" als Zusammenspiel von Wirtschaftssystem und Bevölkerungsentwicklung zu beschreiben. Sein Part in einer gemeinsamen Sozialmonographie scheint vom Ansatz her ähnlich gedacht gewesen zu sein – allerdings für die jüngsten achtzig Jahre der Hannoveraner Stadtgeschichte. Vgl. Köllmann: Entwicklung; Arbeitsprogramm. Großstadtmonographie Hannover, o. D. SFS Archiv. ONr. V, Bestand 6, K 6/19, Bd. „Nr. 5 Großstadtmonographie Dortmund u. Bochum. Schriftverkehr".

21 Wolfgang Schütte an Otto Neuloh, 13.11.1950. SFS Archiv. ONr. V, Bestand 6, K 6/19, Bd. „Nr. 5 Großstadtmonographie Dortmund u. Bochum. Schriftverkehr".

22 Genau genommen hatte der von der Notgemeinschaft herangezogene Gutachter – es handelte sich dabei um Eduard Willeke – auf die Arbeiten der Sozialforschungsstelle im Allgemeinen und seine eigene Hannover-Untersuchung im Speziellen hingewiesen, woraufhin der zuständige Referent Wolfgang Treue bei Otto Neuloh um eine Stellungnahme angefragt hatte. Vgl. Eduard Willeke an Otto Neuloh, 28.9.1950; Wolfgang Treue an Otto Neuloh, 29.9.1950; Otto Neuloh an Wolfgang Treue, 20.10.1950; Wolfgang Treue an Wolfgang Schütte, 8.11.1950 (Abschrift). Alle: SFS Archiv. ONr. V, Bestand 6, K 6/19, Bd. „Nr. 5 Großstadtmonographie Dortmund u. Bochum. Schriftverkehr".

alforschungsstelle ein.[23] Gleichzeitig sollte sich dort eine zweite Arbeitsgruppe, bestehend aus Henny Hellgrewe und dem Statistiker Karl Hahn, erneut der Heimatstadt des Instituts annehmen. – Dieses Mal allerdings unter der Direktive des Volkstumssoziologen Gunther Ipsen, der seit dem 1. April dieses Jahres der neue Leiter der Abteilung für Soziographie und Sozialstatistik war. Die ersten Vorhaben, „eben anlaufend", schrieb Ipsen Anfang Mai an Elisabeth Pfeil in München, „sind die Sozialstruktur Dortmund und Bochum, zwei parallele Grossstadtuntersuchungen".[24]

Dass sich dieses Vorhaben paralleler Stadtmonographien schließlich zu einer systematischen Großstadtforschung wandelte, hatte zunächst einmal einen höchst pragmatischen Grund: nämlich den Verlust eines Untersuchungsobjekts. Sieben Monate nachdem die beiden Großstadtgruppen die Arbeit aufgenommen hatten, scheiterten die Verhandlungen mit der Bochumer Stadtverwaltung. Die dortigen Amtsleiter hatten zu guter Letzt zu verstehen gegeben, dass sie den praktischen Wert einer solchen Studie nicht zu erkennen vermochten. Der monetäre hingegen dürfte ihnen deutlich vor Augen gestanden haben. Denn das Institut hatte 15.000 DM Unkostenzuschuss von der Stadt gefordert. Die Großstadtforscher[25] konzentrierten sich daraufhin ausschließlich auf die zweite Stadt im Fokus, deren Stadtväter sich den Versprechen der Sozialforschung gegenüber aufgeschlossener gezeigt hatten.[26] Die monographische Untersuchung wurde währenddessen „auf

---

23 Otto Neuloh an Wolfgang Treue, 7.2.1951. SFS Archiv. ONr. V, Bestand 6, K 6/19, Bd. „Nr. 5 Großstadtmonographie Dortmund u. Bochum. Schriftverkehr".
24 Gunther Ipsen an Elisabeth Pfeil, 11.5.1951. SFS Archiv. ONr. IX, Bestand 3, Nachlass Gunther Ipsen, K 5/14, Bd. I 17, Bl. 74.
25 Durch den Weggang Henny Hellgrewes zum 31.1.1952 war die Arbeitsgruppe im nächsten Jahr bereits auf drei Personen reduziert. (Karl Hahn schied weitere 14 Monate später aus, hatte zu diesem Zeitpunkt aber ein Manuskript zu seinem Arbeitsschwerpunkt, dem Dortmunder Eingemeindungsprozess, vorgelegt. Siehe dazu S. 209f. der vorliegenden Arbeit.) Bericht über den Ablauf und Stand der Studien zur industriellen Großstadt, 9.10.1957, S. 4f. SFS Archiv. ONr. IX, Bestand 3, Nachlass Gunther Ipsen, K 7/14, Bd. I 24, Bl. 75-89.
26 Bei Aufnahme der Untersuchungen im Mai 1951 standen zunächst noch Restmittel zur Verfügung, die die Stadt zur Fertigstellung der Hellgrewe-Arbeit bewilligt hatte. Knapp zwei Jahre später, im Februar 1953, wurde die Sozialforschungsstelle noch einmal wegen eines Zuschusses in Höhe von 34.000 DM bei der Stadt vorstellig. Er wurde allerdings nicht ohne Bedenken bewilligt. Die Stadtvertreter wandten unter anderem ein, dass die erste Untersuchung von Henny Hellgrewe eigentlich „nicht den Mut gebe zu einer neuen Arbeit noch größeren Umfangs". Außerdem vermissten sie Fragestellungen, die für die Gemeinde selbst von (praktischem) Interesse sein würden. Aktenvermerk Betr.: Beitrag der Stadt Dortmund zur struktursoziologischen Untersuchung, 25.2.1953. SFS

Anregung des Leiters Gunther Ipsen vor allem auf die[] Frage der typischen Strukturen abgestellt", wie Schütte und Köllmann später gegenüber ihrem Geldgeber, der Deutschen Forschungsgemeinschaft, erklärten.[27] Dortmund wurde auf diese Weise zum fast alleinigen Forschungsfeld der Abteilung und blieb es auch, als die Arbeiten in den folgenden sieben Jahren noch ausgeweitet, ergänzende und weiterführende Untersuchungen angeschlossen wurden.

6.3 DYNAMISCHE STRUKTURBILDER

Die Großstadt als formlos fluktuierende und unkontrollierbare Masse – das war eine Vorstellung, die zu den klassischen Topoi der Großstadtkritik gehörte, und sie war auch in der zweiten Hälfte des 20. Jahrhunderts noch populär und einflussreich. Dieses Bild zu widerlegen war eine der selbstgestellten Aufgaben des Dortmunder Forschungsprojekts. Ein ganzer Komplex von Einzeluntersuchungen beschäftigte sich zwischen 1951 und 1958 damit, urbane Strukturen und Beziehungen nachzuzeichnen und die immanenten Ordnungsmuster der Großstadt offenzulegen. Bis auf eine Ausnahme konzentrierten sich die Sozialforscher dazu auf die Heimatstadt des Instituts. Sie wurde zum repräsentativen Beispiel für die Struktur der modernen, industriell geprägten Großstädte ernannt, nachdem die Idee individualisierender Stadtmonographien nach und nach aufgegeben und die Frage der typischen Strukturen in den Vordergrund gerückt worden war. Auf den folgenden Seiten soll zunächst ein erster Eindruck von den Forschungsaktivitäten entstehen, bevor in einem nächsten Kapitel ihr stadt- und gesellschaftstheoretischer Hintergrund genauer analysiert wird.

6.3.1 Sozialstruktur

Im Gegensatz zu der wenig gewürdigten Arbeit Henny Hellgrewes mit ihren statistischen Überblicken sollte die Neuauflage einer Dortmund-Monographie – gegenüber den Geldgebern sprach man vorzugsweise von einem zweiten Band – nun endlich die angekündigte soziologische Strukturanalyse leisten. Zwischen 1951 und 1954 war dies der Aufgabenbereich des Historikers Wolfgang Köllmann. Er hatte kurz vor seinem Arbeitsantritt seine Dissertation zur Geschichte der Stadt Barmen

---

Archiv. ONr. V, Bestand 6, K 6/19, Bd. „Großstadtmonographie Dortmund u. Bochum. Schriftverkehr".

27 Wolfgang Schütte/Wolfgang Köllmann: Großstadtmonographie Dortmund, Abschlussbericht, 14.12.1953. SFS Archiv. ONr. IX, Bestand 3, Nachlass Gunther Ipsen, K 7/14, Bd. I 24, Bl. 305-313.

zwischen 1808 und 1870 abgeschlossen und wandte sich nun der Entwicklung Dortmunds zu. Köllmanns Arbeiten teilten sich in zwei Schwerpunkte, deren erster in den Bereich der Mobilitäts- und Schichtungsforschung fiel. Für vier Stichjahre (1909, 1929, 1938/39 und 1949) wertete er die Akten der städtischen Standesämter aus, um dem Heiratsverhalten der Dortmunder auf die Spur zu kommen – und damit der Frage, welche neue soziale Ordnung sich in der Großstadt herausgebildet hatte. Heirateten die Konfessionsgruppen ausschließlich untereinander? Wirkte die regionale Herkunft als soziale Schranke? Und was war inzwischen aus den Klassengegensätzen der kapitalistischen Stadt geworden? Dabei hatte sich Köllmann augenscheinlich auch für Phänomene der intergenerationellen (vertikalen) Mobilität interessiert. Also für die Frage, ob und wie weit den in der Stadt sesshaft gewordenen Zuwanderern und ihren Kindern der soziale Aufstieg gelungen war.[28] „Durch die Kombination der standesamtlich zu erfassenden Merkmale (Geburtsort, Alter, Beruf

---

28 So wurden 1951 die Ziele der soeben begonnenen Untersuchung wie folgt formuliert: „Gefragt ist nach der räumlichen und sozialen Herkunft der Ehepartner, aufgegliedert nach Berufen und Berufsgruppen und nach der elterlichen Herkunft in denselben Hinsichten, sodass auch die soziale Mobilität und Rotation durch zwei Generationen erkenntlich wird. Das Connubium ist als Index für soziale Wert- und Gruppengefüge in ihrer Bestätigung im persönlichen Sozialverhalten verstanden, so dass das Ergebnis gestatten wird, die echte erlebte und wirksame Schichtung und Differenzierung der industriellen Population zu erkennen." Betr. Arbeitsvorhaben, 10.10.1951. SFS Archiv. ONr. IX, Bestand 3, Nachlass Gunther Ipsen, K 7/14, Bd. I 24, Bl. 379f. Ein weiteres Arbeitsvorhaben hätte, so kann man zumindest annehmen, dem Umstand Rechnung tragen sollen, dass soziale Mobilität und sozialer Aufstieg in der Großstadt nicht nur durch Veränderungen der Schichtzugehörigkeit und über Generationen hinweg erfolgen musste, sondern bereits mit dem Wechsel auf andere (besser bezahlte) Arbeitsstellen begann. Jedenfalls war im Rahmen des Großstadt-Projekts auch eine Studie zur „Frage des Berufswechsels im Verlauf des industriellen Arbeitslebens" geplant, die anhand „einer Repräsentativbefragung und -erhebung bei den Alten [sic] Leuten" durchgeführt werden sollte. Allerdings wurde sie allem Anschein nach ebenso wenig realisiert wie die parallel geplante Erhebung zu „Auslese und Ausbildung, Ersatz und Ergänzung hochqualifizierter Arbeiter in der Maschinenfabrik". (Da Gunther Ipsen offenbar vorhatte, diese Aufgaben Heinrich Popitz zu übertragen, mag es sein, dass dessen spätere betriebssoziologische Untersuchungen diese Teilbereiche gewissermaßen aufhoben.) Eine ähnliches „Rahmenthema" wurde übrigens schon 1944 für das Forschungsprogramm der Reichsarbeitsgemeinschaft für Raumforschung formuliert. Vgl. ebd. sowie Gunther Ipsen an Elisabeth Pfeil, 15.9.1951. SFS Archiv. ONr. IX, Bestand 3, Nachlass Gunther Ipsen, K 5/14, Bd. I 17, Bl. 70; Reichsarbeitsgemeinschaft für Raumforschung. Programmrundschreiben, 25.4.1944, S. 5. UA Gießen, PrA 2088.

und Konfession) der Ehegatten, sowie für 1939 und 1949 auch deren Eltern, ist es möglich, die ‚Verkehrskreise' zu gewinnen, d. h. den Umkreis von Menschen, in dem sich das Gemeinschaftsleben des Einzelnen vollzieht,"[29] so kündigte es der bei der DFG eingereichte Untersuchungsplan an. Allerdings kann man auf diese Arbeiten nur noch aus Forschungsverwaltungsunterlagen wie Finanzierungsanträgen, knappen Skizzen oder Zwischenberichten schließen. Denn publiziert hat Köllmann seine Untersuchungen nicht. Die überlieferten Unterlagen legen nahe, dass dafür in erster Linie methodische Schwierigkeiten verantwortlich waren. Jedenfalls waren nach Köllmanns Ausscheiden aus der Sozialforschungsstelle verschiedene Mitarbeiter damit beschäftigt, die Untersuchung auf methodisch sicheren Boden zu stellen. So war der Statistiker Kurt Weichselberger beauftragt worden, das „Problem der Mengengewichte" durch „eine besondere mathematische Untersuchung" zur Entwicklung „brauchbare[r] Indices für eine theoretische Messung der Abhängigkeit bei quantitativen Merkmalen" in den Griff zu bekommen und das Material neu aufzubereiten. Auf dieser Basis beschäftigten sich Johannes Papalekas und Lucius Burckhardt erneut mit dem regionalen und konfessionellen Konnubium, während sich Abteilungsleiter Gunther Ipsen selbst der Frage der sozialen Schichtung annahm.[30] Jedoch schafften es auch diese Arbeiten nicht bis zur Publikationsreife.

Der zweite Schwerpunkt drehte sich um die sozialräumliche Struktur Dortmunds, also um die Verteilung von Nutzungsarten und Bevölkerungsgruppen im Stadtraum. Er schloss an den Umstand an, dass im Zuge ihrer industriell bedingten Expansion auch in der ehemaligen Handelsstadt am Hellweg verschiedene Viertel mit besonderen Eigenschaften entstanden waren, die mit den existierenden Verwaltungsbezirken nicht notwendig etwas zu tun hatten: Von der durch Mietskasernen und Industriebetriebe geprägten Arbeiter-Nordstadt über die Zechensiedlungen am Stadtrand, den gutbürgerlichen Wohngebieten im Süden bis zu den Geschäftsvierteln der Innenstadt mit ihren „flanierenden Einkäufern und Schaufensterbummlern".[31] Auch hier hatte Wolfgang Köllmann die ersten Versuche unternommen, um solche sozialräumlichen Einheiten zu identifizieren und statistisch zu umreißen.[32]

---

29 Wolfgang Schütte an die Notgemeinschaft der Deutschen Wissenschaft, 18.12.1951, S. 2. Vgl. auch Wolfgang Schütte/Wolfgang Köllmann an die Deutsche Forschungsgemeinschaft (Abschlussbericht), 14.12.1953, S. 5f. Beide SFS Archiv. ONr. IX, Bestand 3, Nachlass Gunther Ipsen, K 7/14, Bd. I 24, Bl. 361-363, 305-313.

30 Bericht über den Ablauf und Stand der Studien zur industriellen Großstadt, 9.10.1957. SFS Archiv. ONr. IX, Bestand 3, Nachlass Gunther Ipsen, K 7/14, Bd. I 24, Bl. 75-89.

31 Mackensen et al.: Daseinsformen, S. 24.

32 Köllmann hatte die Einwohnerentwicklung und -dichte, die Berufsstruktur und die Familien- und Haushaltsgrößen in Dortmund untersucht. Auf dieser Grundlage hatte er neun jeweils einheitlich strukturierte Stadtteile abgegrenzt, deren Größe „so beschaffen" sei, „dass sie eine Neugliederung des Stadtgebiets nach den Erfordernissen städtischer Ver-

Den elaboriertesten Entwurf legte aber schließlich Rainer Mackensen vor, der 1955 an die Abteilung gekommen und mit einer Revision dieser ersten Arbeiten betraut worden war.[33] So, wie das gesamte Projekt die Idee individualisierender Stadtmonographien hinter sich gelassen hatte, ging es auch dabei nicht mehr um die Besonderheiten des Dortmunder Sozialraums. Mackensen hatte am Dortmunder Beispiel nach allgemeinen Mustern der Stadtentwicklung gesucht und diese schließlich in einem bestimmten zonalen Aufbau zu erkennen geglaubt.

In seinem Beitrag zu den „Daseinsformen der Großstadt" schlug er 1959 ein Gliederungsmodell Dortmunds vor, das die Stadt in zehn differierende Teilgebiete aufteilte. Um sie zu kennzeichnen, hatte Mackensen vier Bündel von Indikatoren genutzt: nämlich demographische Merkmale (Bevölkerungsdichte, Haushaltsgrößen, Kinderzahl), den sozioökonomischen Status ihrer Bewohner (Erwerbsquote, Berufszugehörigkeit nach Wirtschaftsabteilungen differenziert); die Dichte der Arbeitsplätze (nach Grund- und Folgeleistungen differenziert) sowie die verschiedenen Landnutzungsarten (Gewerbe-, Grün-, Wohn- und landwirtschaftliche Produktionsflächen, Verkehrswege). Er grenzte auf diese Weise die reinen Wohngebiete von denen mit gewerblicher Nutzung ab, zeigte, wo die meisten Familien und wo verstärkt Paare ohne Kinder oder Alleinstehende wohnten. Er wies nach, welches

---

waltung gestattet." Wolfgang Schütte/Wolfgang Köllmann: Großstadtmonographie Dortmund, Abschlussbericht, 14.12.1953, S. 4. SFS Archiv. ONr. IX, Bestand 3, Nachlass Gunther Ipsen, K 7/14, Bd. I 24, Bl. 305-313.

33 Der 1927 in Greifswald geborene Rainer Mackensen hatte seine Schulzeit in Riga, Berlin und Posen verbracht, nach Militäreinsatz und Kriegsgefangenschaft das Abitur nachgeholt und von 1947 bis 1955 in Göttingen und Tübingen Germanistik, Anglistik und Philosophie studiert. Der Verwirklichung seines Plans, mit Hilfe eines Fulbright-Stipendiums in den USA ein Soziologie-Studium aufzunehmen, kam die Anfrage aus Dortmund zuvor. Mackensen wurde zum 1.12.1954, noch vor Abschluss seiner Promotion (Februar 1955), an der Sozialforschungsstelle als Assistent von Gunther Ipsen eingestellt. (Wie er sich später erinnerte, aufgrund „einer Burleske": Gunther Ipsen habe – aufgrund biographisch bedingter persönlicher Vorlieben – einen Deutschbalten als Nachfolger für Wolfgang Köllmann gesucht und seine aus Riga stammende Sekretärin mit der Suche beauftragt, die ihrerseits bei der Leiterin der Institutsbibliothek um Hilfe bat, welche sich wiederum an den Deutschbaltischen Jugend- und Studentenring wandte. Diese Vereinigung hatte genau zwei Mitglieder, die zu dieser Zeit kurz vor ihrem Studienabschluss standen: einen Altsprachler und den Neuphilologen Rainer Mackensen.) Er blieb, unterbrochen von einer einjährigen *Rockefeller Research Fellowship*, bis 1967 an der Sozialforschungsstelle, zunächst als persönlicher Assistent von Gunther Ipsen, später als Abteilungsleiter. 1967 habilitierte er sich an der Universität Münster und wechselte 1968 auf eine Professur für Soziologie an der TU Berlin. Mackensen: Nichts als Soziologie, S. 171-183; auch Adamski: Ärzte, S. 117, Anm. 209.

die Viertel der Metallarbeiter oder Bergleute waren und dass in Innenstadt, Bürgerstadt sowie dem erst 1928 eingemeindeten Hörde die meisten Beamten und Angestellten des öffentlichen Dienstes zu Hause waren.

Die zehn Stadtviertel wiederum fasste Mackensen zu fünf Stadtzonen zusammen (Stadtmitte, Bürgerstadt, Vorstädte, Kohlenmark und Wohnmark). Nach seinen Analysen bildeten sie die typische Struktur, die sich in industriell geprägten Städten einstellte: Ein – wenn auch grobes – räumliches Muster, an dem sich erkennen lasse, dass „jeder industriellen Agglomeration eine eigene typische, aber in den wichtigsten Elementen auf ein gemeinsames Modell zurückzuführende Raumordnung zugestanden werden muß."[34]

Nun kann und soll es hier nicht darum gehen, die Verallgemeinerbarkeit oder überhaupt die Überzeugungskraft dieses Entwurfs zu diskutieren. Da sich allerdings eine gewisse Analogie zur amerikanischen Sozialökologie kaum übersehen lässt, sei eines angemerkt: Was Rainer Mackensen beschrieb, war kein Entwicklungs- oder Prozessmodell, wie das insbesondere für die konzentrischen Kreise des Chicagoers Ernest Burgess gilt.[35] Die Ausbildung des Sozialraums basierte bei ihm vielmehr auf Prinzipien, die in seinem Fünf-Zonen-Schema nicht enthalten waren.

---

34 Mackensen et al.: Daseinsformen, S. 19. Vgl. auch den ersten publizierten Entwurf zur großstädtischen Raumordnung, den Mackensen und Ipsen zwei Jahre zuvor auf der Grundlage von Köllmanns Manuskript erarbeitet hatten: Ipsen et al.: Standort und Wohnort, S. 53-101. Zum Interesse am zonalen Aufbau der Stadt siehe auch Ipsen: Stadt (IV) Neuzeit, S. 793f.

35 Nach der Theorie, die der Chicagoer Sozialökologe Ernest Burgess in den zwanziger Jahren anhand der (kartographisch festgestellten) Sozialstruktur Chicagos entwickelt hatte, ließ sich Stadtentwicklung als ein Prozess der Ausdehnung und inneren Restrukturierung städtischer Teilgebiete verstehen, der von innen (der City) nach außen verlief und auf den Mechanismen der Standort-Konkurrenz sozialer Gruppen basierte. Burgess' Ringmodell ähnelte optisch einer Zielscheibe: Die Teilgebiete – eine Übergangszone, die Wohngebiete der Arbeiter, Mittelstands-Wohngebiete sowie die Pendler-Zone – schmiegten sich in Form konzentrischer Kreise an ihren Mittelpunkt, die Stadtmitte, an. Nach Burgess' Theorie entwickelte sich aus dem Wettbewerb um die Standorte das Hauptgeschäftszentrum in der City. Zugleich war dies der Ort der höchsten Bodenpreise, an den sich nach außen hin ringförmige Zonen anschlossen, in denen die Intensität der Nutzungen mit sinkenden Bodenpreisen abnahm. Mit der Ausdehnung des *Central Business District* wanderten die wohlhabenderen Schichten aus der Übergangszone ab; meist an den Stadtrand oder in die Vororte. Um kurzfristigere Gewinne zu erzielen, verzichteten die Hausbesitzer auf weitere Investitionen in den Baubestand, bzw. vermieteten Spekulanten stattdessen Kleinwohnungen an Zuwanderer und andere Gruppen, die keine höheren Mietpreise zahlen konnten, usf. Burgess: Growth of the City; Heineberg: Stadtgeographie, S. 110ff.

„Der erste Ansatz geschieht auf Grund der Standortwahl des Unternehmens. Sie schafft unmittelbar neue Standortbedingungen, etwa für zuliefernde oder weiterverarbeitende Gewerbe, für Wohnsiedlungen, für die Betriebe zu deren Versorgung und für alle Einrichtungen, die jedem dieser Teile wiederum ihre Leistungen zur Verfügung stellen, angefangen von den Verkehrseinrichtungen und der Post über die Energie- und Wasserversorgung bis zu den Geldinstituten. All dieses bemüht sich, die Entfernungen – und die mit ihnen verbundenen Kosten, Aufwände und Chancenverluste – gering zu halten, häuft sich so dicht an, wie es die vorhandenen topographischen und ökologischen Gegebenheiten und Erfordernisse irgend gestatteten."[36]

Der Dortmunder Großstadtforscher präsentierte also ein statisch gedachtes Muster, das sich aus dem Primat der Wirtschaft ergab und im Laufe der Stadtentwicklung festigte – ihr Endergebnis also. Den „sozialen Prozeß der Verstädterung" hingegen konnte man seinem Urteil nach „in der räumlichen Gliederung der industriellen Großstadt" nicht notwendig wiedererkennen.[37]

6.3.2 Verwaltungsräume

Während also Rainer Mackensen die Stadtentwicklung als Ausdifferenzierung und Festigung einer bestimmten sozialräumlichen Struktur vorstellte, wurde ein anderer Zugriff auf die Stadt und deren Entwicklung aus dem Abschlussbericht des Jahres 1959 bewusst ausgeklammert. Es handelte sich dabei um die Arbeiten des Statistikers Karl Hahn, der wie Wolfgang Köllmann zur ersten Besetzung der Projektgruppe gehört und von 1951 bis 1953 einen eigenen Schwerpunkt bearbeitet hatte.[38] Hahn hatte Großstadtforschung kommunalhistorisch aufgefasst und sich der Eingemeindungen angenommen, die seit der Wende zum 20. Jahrhundert zur stetigen Vergrößerung des Dortmunder Stadtgebietes geführt hatten – ein zweiter Motor der Stadtentwicklung also.

Damit trug Hahn durchaus den Besonderheiten des Verstädterungsprozesses zwischen Ruhr und Lippe Rechnung.[39] Dort hatte die Expansion existierender Stadtkerne eine eher untergeordnete Rolle gespielt. Vielmehr waren es der boo-

---

36 Mackensen et al.: Daseinsformen, S. 19f.
37 Ebd., S. 27.
38 Karl Hahn hatte seit 1948 als Statistiker an der Sozialforschungsstelle gearbeitet, war dann jedoch zunächst für eine Sonderaufgabe und 1953 endgültig ins Statistische Amt der Stadt Dortmund gewechselt. Vgl. Adamski: Ärzte, S. 196, 242; Übersicht über die rechtlichen Verpflichtungen und Leistungen der Stadt Dortmund gegenüber der Gesellschaft Sozialforschungsstelle, 15.4.1959, S. 7. StAD. Bestand 141, lfd. Nr. 105.
39 Vgl. Hahn: Kommunale Neuordnung, S. 8-22, wo Hahn die Dortmunder Entwicklung vor dem Hintergrund der kommunalen Neuordnung des Ruhrgebiets skizziert.

mende Bergbau und die Bedürfnisse der Schwerindustrie gewesen, die die Weichen für das Wachstum gestellt hatten. Die Industrialisierung hatte Betriebe und Arbeitersiedlungen sprichwörtlich auf der grünen Wiese, ohne Rücksicht auf vorhandene Siedlungen entstehen lassen. Kleine Bauernflecken waren zu schnell expandierenden Industriestädten geworden, die sich bis in die angrenzenden Gemeinden ausdehnten. Im Laufe eines halben Jahrhunderts hatte sich die schwach besiedelte Agrarlandschaft so in die größte Industrie- und Städteregion Deutschlands verwandelt, in der das Aus- und Ineinandergreifen von Industrieanlagen, Wohnsiedlungen und Versorgungseinrichtungen Zusammenhänge geschaffen hatte, die jenseits von Gemeindegrenzen und Verwaltungsstrukturen lagen. In dieser Situation gewann eine Stadt wie Dortmund – der, wie Karl Hahn es formulierte, „ihr Kleid [...] zu eng wurde"[40] – durch die Eingliederung der unmittelbar angrenzenden Gemeinden neue Handlungsspielräume: dringend benötigte Flächen für Fabriken oder Wohnviertel und neue Perspektiven für die kommunale Infrastrukturpolitik.

Eingemeindungen waren insofern das Instrument einer zukunftsorientierten Stadt- und Raumplanung, bei dessen Einsatz derweil ganz unterschiedliche und vielschichtige Interessen zum Tragen kommen konnten beziehungsweise miteinander vereinbart werden mussten: mindestens die der beteiligten Kommunen und ihrer Bürger, aber auch die der Industriellen und Bergwerksgesellschaften. In den knapp zwei Jahren seiner Projektmitarbeit erstellte Karl Hahn auf der Basis des städtischen Aktenmaterials einen Überblick über die Eingliederung der elf Gemeinden, die zwischen 1905 und 1928 zu Dortmunder Stadtteilen geworden waren. Allerdings beinhaltete das keine Analyse – weder der differierenden Interessenlagen noch der Bedeutung der beschriebenen Verwaltungsakte für die Stadtentwicklung. Das könnte ein Grund dafür gewesen sein, dass Hahns Manuskript später für den 1959 veröffentlichten Abschlussbericht nicht herangezogen wurde. Wahrscheinlicher ist jedoch, dass die Entwicklung von Verwaltungsstrukturen – die im Konzept der Stadtmonographien noch ihren Platz gehabt hatte[41] – am Ende nicht mehr zu einer Forschung passte, der es um typische soziale Erscheinungen ging. Hahns Manu-

---

40   Ebd., S. 14.
41   So war es 1951 für die Initiatoren der vergleichenden Städtemonographien noch wichtig gewesen, „auch die [...] verwaltungsmäßige Entwicklung und Gliederung des Raumes" aufzunehmen. Anlage. Betr. Sozialstruktur und Sozialplanung Bochum, 31.5.1951. SFS Archiv. ONr. IX, Bestand 3, Nachlass Gunther Ipsen, K 7/14, Bd. I 24, Bl. 383f. Und auch 1955 hatte der Hahnsche Beitrag zur „große[n] Eingemeindung" noch auf der Liste der Beiträge für den Band „Dortmunder Studien zur industriellen Großstadt" gestanden. SFS Archiv. ONr. IX. Bestand 3, Nachlass Gunther Ipsen, K 7/14, Bd. I 24, Bl. 242.

skript jedenfalls wurde, überarbeitet und ergänzt von Rainer Mackensen,[42] 1958 separat publiziert – sehr zum Missfallen seines Autors übrigens.[43]

6.3.3 Zentralität

Wie weit der städtische Einfluss – jenseits der Stadt- und Verwaltungsgrenzen – tatsächlich reichte, wurde wiederum zum Thema einer eigenen Untersuchung zur „Zentralität Dortmunds".[44] Von dem Gedanken ausgehend, dass eine Stadt durch einen Überschuss dort angesiedelter Versorgungs-, Dienstleistungs- und Verwaltungsfunktionen ein bestimmtes Ergänzungsgebiet mitversorgte, hatte der Statistiker Kurt Weichselberger[45] 1954 damit begonnen, diesen Einflussbereich Dortmunds auszumessen. Es war ein ehrgeiziges Vorhaben: Die Ströme der Berufspendler, die Einzugsgebiete der Schulen, die Absatzräume des Groß- und Einzelhandels, der Banken und anderer Dienstleister – all dies sollte in die Untersuchung einbezogen

---

42 Rainer Mackensen hatte unter anderem ein Kapitel zur Entwicklung von Einwohnerzahlen und Bevölkerungsstruktur im Zuge der Eingemeindungen hinzugefügt. Es war allerdings Sekundärverwertung von Material, das bereits 1957 in dem Band „Standort und Wohnort" veröffentlicht worden war. Vgl. Hahn: Kommunale Neuordnung, S. 80ff.

43 Karl Hahn, seit 1953 Mitarbeiter des städtischen Amts für Statistik und Wahlen, hatte nach dieser Entscheidung von der Rechtsabteilung prüfen lassen, wem das Urheberrecht an seiner Arbeit zukam und ob „die Sozialforschungsstelle an einer irgendwie gearteten Verwertung des Beitrages [...] gehindert werden kann" („Großstadtmonographie Dortmund"; hier: Urheberrecht, 24.5.1957. StAD. Bestand 141, lfd. Nr. 92). Es ist nicht ganz klar, warum Hahn mit einer eigenständigen Publikation nicht einverstanden war. (Allerdings liegt verletzter Forscherstolz nahe, da man ihm zu einer Überarbeitung des Manuskripts geraten hatte.) Hahns Unmut jedenfalls traf auf ähnliche Stimmungen in der Stadtverwaltung, so dass die Episode einen (erneuten) Anstoß gab, das Verhältnis zur Sozialforschungsstelle grundlegend zu prüfen. (Betrifft: ‚Großstadtmonographie Dortmund', 19.3.1957; Übersicht über die rechtlichen Verpflichtungen und Leistungen der Stadt Dortmund gegenüber der Gesellschaft Sozialforschungsstelle, 15.4.1959, bes. S. 14. StAD. Bestand 141, lfd. Nr. 105, vgl. auch unten, S. 299f.).

44 Richtlinien für diese Untersuchung hatte zuvor Walter Christaller für die Sozialforschungsstelle ausgearbeitet. Vgl. Walter Christaller an Gunther Ipsen, 18.1.1954. SFS Archiv. ONr. IX, Bestand 3, Nachlass Gunther Ipsen, K 3/14, Bd. I 8, Bl. 119.

45 Der 1929 geborene Kurt Weichselberger hatte in Wien Mathematik, Physik und Statistik studiert und war dort 1953 auch promoviert worden. Er war noch im gleichen Jahr an die Sozialforschungsstelle gekommen, wo er bis 1960 arbeitete. Es folgten die Habilitation an der Universität Köln und eine akademische Laufbahn, die ihn über die TU Berlin auf einen Lehrstuhl an der Universität München (1969) führte. Adamski: Ärzte, S. 117; Kürschners Deutscher Gelehrten-Kalender 2009.

werden. Nicht zu vergessen die „Bedeutung Dortmunds als Unterhaltungs- und Geselligkeitszentrum", die zum Beispiel in der Anziehungskraft des Dortmunder Fußballvereins oder kultureller Großveranstaltungen zum Ausdruck kommen sollte. Nach Möglichkeit, so sah es ein Förderantrag vor, sollten mit der Untersuchung auch „kleiner[e] und kleinste[] Siedlungseinheiten, sogenannte[] Nachbarschaften" stufenweise abgegrenzt werden.[46] Den verwendeten Begriff der Nachbarschaft wird man dabei wohl getrost als rhetorische Referenz an das angloamerikanische Vorbild interpretieren dürfen. Da im Hintergrund allem Anschein nach die Christallersche Theorie der „Zentralen Orte" stand, ging es hier eher um die Suche nach Einheiten mit einer geringeren Anzahl von Ausstattungsmerkmalen innerhalb des Stadtgebietes – äquivalent zu den Orten niedrigerer Hierarchiestufen in Walter Christallers Modell.[47] Auch dieses Projekt scheiterte allerdings nach knapp zwei Jahren an methodischen Problemen.[48] Aus dem zugänglichen statistischen Material hatten sich die in Frage stehenden Verhältnisse nicht herauspräparieren lassen und die Idee eigener Erhebungen war offenbar rasch aufgegeben worden.[49] Im Rahmen der „Daseinsformen der Großstadt" wurde der großstädtische Einzugsraum 1959 jedenfalls nicht beschrieben.

---

46 Forschungsbericht der Abteilung für das Haushaltjahr 1953/54, 22.2.1954, Anlage Untersuchung „Zentralität Dortmund". SFS Archiv. ONr. IX, Bestand 3, Nachlass Gunther Ipsen, K 7/14, Bd. I 24, Bl. 302f.
47 Zu Christallers „Theorie der zentralen Orte" und ihrer Karriere im Nationalsozialismus siehe oben, S. 88; zu Gunther Ipsens Interesse an Christallers Theorie auch S. 278ff.
48 Genau genommen war sie 1955 „bis zum Abschluss der übrigen Untersuchungen" zunächst zurückgestellt worden. Weichselberger fokussierte daraufhin auf ein Teilproblem der Fragestellung und untersuchte die „Konzentration und Dispersion der Versorgung" in Dortmund. Es ging also nur noch um die Verteilung des Kleingewerbes und die Versorgung der Bevölkerung im unmittelbaren Stadtgebiet. Auch diese Untersuchung brachte es nicht zur Publikationsreife. Ablauf und Stand der Studien zur industriellen Großstadt, 9.10.1957, hier S. 7f. SFS Archiv. ONr. IX, Bestand 3, Nachlass Gunther Ipsen, K 7/14, Bd. I 24, Bl. 75-89.
49 Vgl. dazu einen frühen Untersuchungsplan, in dem „Befragungen durch Interviewer oder Fragebogen" angekündigt wurden, „um die Einflussbereiche des Detailhandels zu bestimmen." Forschungsbericht der Abteilung für das Haushaltjahr 1953/54, 22.2.1954, Anlage Untersuchung „Zentralität Dortmund". SFS Archiv. ONr. IX, Bestand 3, Nachlass Gunther Ipsen, K 7/14, Bd. I 24, Bl. 302f.

6.3.4 Citybildung

Dort lenkte Johannes Papalekas[50] den Blick stattdessen auf den Zusammenhang von moderner Verstädterung und Citybildung. Er beschrieb die Stadtmitte als typische funktionalräumliche Einheit, in der die Konzentration hochrangiger zentraler Leistungen (Gewerbe- und Dienstleistungen) ihren höchsten Stand erreichte. Während die Wohnbevölkerung fast völlig verschwand, dominierten dort, wo der Boden knapp und teuer wurde, die kommerziellen Nutzungen – allen voran die höheren Verwaltungsstellen von Industrie und Handel, die Banken und Versicherungen. Die ‚City' wurde auf diese Weise zu dem Ort, an dem sich die überlokale, gesamtgesellschaftliche Bedeutung der Großstädte manifestierte. „In der Stadtmitte", so formulierte es Papalekas, „vollzieht sich somit gewissermaßen der Ausleseprozeß der industriellen Gesellschaft. Ihre Spitzenfunktionen und deren Träger konzentrieren sich hier auf engem Raum und dokumentieren die gesellschaftliche Hierarchie des industriellen Aufbaus".[51] Seine empirischen Untersuchungen hatten sich seit 1955[52]

---

50 Der am 2. Januar 1924 in Athen geborene Johannes (Jannis) Papalekas gehörte ebenfalls zu einer jüngeren Generation der Dortmunder Mitarbeiter, auch wenn er geistesgeschichtlich wohl stark in der älteren verankert war: Papalekas war 1942, nach seinem Abitur an der Deutschen Schule im besetzten Athen, zum Studium nach Österreich gegangen und 1946 an der Staats- und Wirtschaftswissenschaftlichen Fakultät der Universität Innsbruck mit einer Arbeit über „Das Problem der politischen Massenparteien" promoviert worden. 1952 habilitierte er sich dort mit einer Schrift zum Thema „Dialektischer Materialismus und verstehende Soziologie". Der Wechsel an die Sozialforschungsstelle in Dortmund folgte 1955. 1958 wurde er dort Abteilungsleiter und führte zugleich den Titel eines außerplanmäßigen Professors der Universität Münster. 1963 wurde Papalekas als Professor für Soziologie an die im Aufbau befindliche Universität Bochum berufen, wo er bis zu seiner Emeritierung blieb. Helmut Schelsky sollte Johannes Papalekas später fest in die Genealogie der Leipziger Schule einreihen, während die Bochumer Studentenschaft ihn in den sechziger Jahren eher in den politischen Traditionslinien der dreißiger und vierziger Jahre verortete und zu einem ihrer „Lieblingsfeinde" erklärte, wie es Eckart Pankoke 1996 in einem Nachruf formulierte. Vgl. Adamski: Ärzte, S. 117; Eckart Pankoke: Der fremde Blick. Zum Tode des Soziologen Johannes Papalekas, Frankfurter Allgemeine Zeitung, 24.01.1996, Nr. 20, S. 30; Gegen den Strom. Der Soziologe Johannes Papalekas wird siebzig, Frankfurter Allgemeine Zeitung, 31.12.1993, Nr. 304, S. 29.

51 Mackensen et al.: Daseinsformen, S. 60. Der Abteilungsleiter Gunther Ipsen hatte die Funktion der Stadtmitte folgendermaßen umrissen: „Hier finden sich die regierenden Staatsbehörden und das Stadtregiment; hier befinden sich oder treffen sich die Unternehmensleitungen, die Verbände, die Handelswelt, die Banken und Versicherungen. Fast allein hier stellt sich auch baulich die Macht der neuen Mächte aufwendig und eifersüch-

darauf konzentriert, die entsprechenden Strukturveränderungen in Dortmund (die die Stadtplaner nach dem Krieg durchaus forciert hatten) nachzuvollziehen und diese spezielle Ausbildung der Stadtmitte gegenüber anderen Citytypen abzugrenzen. Er ging dazu auf die Entwicklung der Bodenpreise, die Bebauungs- und Verkehrsstruktur, die Einwohner- und Arbeitsplatzdichte und besonders auf die dort versammelten „Folgeleistungen" ein, die er nach der Anzahl der Arbeitsplätze aufgliederte. Dazu muss man festhalten, dass Papalekas darunter alle „diejenigen Beschäftigungen" verstand, „deren Leistung überwiegend den Einwohnern am Orte zugute kommt und auch von diesen entgolten wird".[53] Er erfasste also neben den Einrichtungen des tertiären Sektors auch Handwerker beziehungsweise Produzenten wie Schneider oder Bäcker. Auf dieser Basis kam er zu dem – theoretisch wie empirisch allerdings schlecht abgesicherten – Fazit, dass es sich bei Dortmund um „die typische Produzentenstadt, die typische industrielle Großstadt" handele. Mehr noch sei sie „eine Stadt, der es wie kaum einer anderen gelungen ist, ihren Einflußbereich so gut wie vollständig in die eigenen Grenzen zu verlegen. Der über die Grenzen hinausgehende Einfluß ist unbedeutend; die Grenzen stimmen im allgemeinen mit dem Bereich der sozialen Einheit überein."[54] Auch wenn sich also in der Stadtmitte diese Folgeleistungen konzentrieren mochten, dienten sie doch nur der Versorgung der eigenen Bevölkerung. Denn auf das gesamte Dortmunder Stadtgebiet gerechnet, glichen sich die Arbeitsplätze der Folgeleistungen und die der Grundleistungen zahlenmäßig aus. Ohne Folgeleistungs-Überschuss auch kein Versorgungsüberschuss – das war letztlich die Argumentation des Großstadtforschers.

Welche Theorie hinter dieser Rechnung stand, wird an späterer Stelle noch diskutiert werden. Hier mag vorläufig der Hinweis genügen, dass auch Papalekas Arbeit zu den Versuchen gehörte, die Gliederung der industriellen Großstadt in sozialfunktionale Teilgebiete nachzuweisen.[55]

---

tig dar. Das ist das bewegende, das belebende Element der industriellen großen Stadt. In ihr sammelt sich und vereinigt sich die Summe politischer und wirtschaftlicher Verfügungsgewalt. Hier arbeitet, hier lebt die Mehrzahl der Führungskräfte und Führungsgruppen der industriellen Welt." Ipsen: Stadt (IV) Neuzeit, S. 798f.

52 Für Juli 1956 jedenfalls hatte Ipsen bereits eine vorläufige Fassung des Kapitels erwartet. Eine druckfähige Fassung hingegen wurde wohl frühestens im November 1957 fertig. Arbeitsbesprechung 17.7.1956. SFS Archiv. ONr. IX, Bestand 3, Nachlass Gunther Ipsen, K 7/14, Bd. I 24, Bl. 174f. Gunther Ipsen an Elisabeth Pfeil, 11.9.1957. SFS Archiv. ONr. IX, Bestand 3, Nachlass Gunther Ipsen, K 7/14, Bd. I 24, Bl. 41.
53 Mackensen et al.: Daseinsformen, S. 90.
54 Ebd., S. 101.
55 Siehe unten Kap. 7.2 u. 7.4.

6.3.5 Pendlerwesen

Wer in den fünfziger Jahren auf die Zusammenhänge von Urbanisierung und Mobilität zu sprechen kam, bezog sich dabei mit großer Wahrscheinlichkeit nicht mehr auf den dauerhaften Zuzug vom Land in die Stadt. Er hatte stattdessen die tägliche Wanderung der Berufstätigen vor Augen, die morgens von ihren Wohnorten zu ihren Arbeitsplätzen und abends wieder zurück pendelten. Mit der Expansion der Städte und dem Ausbau des öffentlichen Nahverkehrs hatten diese Ströme seit der Jahrhundertwende konstant zugenommen und ein immer größer werdendes Umland mit einbezogen. Und doch war die Pendelwanderung aufgrund der Kriegsfolgen noch einmal sprunghaft angestiegen. Ausgebombte, Flüchtlinge und Heimatvertriebene füllten die ländlichen Gemeinden und traten von dort aus jeden Morgen den Weg in die Stadt an.

Das Pendlerwesen war seit Anfang des Jahrzehnts Gegenstand einer breiten öffentlichen Debatte, in der ganz unterschiedliche Interessen und Bewertungen zum Tragen kamen. Für die Stadt- und Raumplanung gehörte die Distanz zwischen Betrieb und Wohnung seit den dreißiger Jahren zu den zentralen Problemen der Großstadt, die es durch eine Optimierung städtischer Strukturen zu lösen galt. Und manch ein Raumplaner hegte noch immer Ideen gezielter Umsiedlungen, um einen ausufernden Berufsverkehr einzudämmen und die volkswirtschaftlichen Verluste gering zu halten.[56] Um die gesellschaftliche Stabilität sorgten sich hingegen diejenigen Zeitgenossen, die die vermeintlich zersetzende Wirkung der überlangen Abwesenheit auf das Familien- und Gemeindeleben kritisierten. Dagegen waren die ländlichen Kommunen durchaus an den Pendlern – und einem angemessenen Gewerbesteuerausgleich – interessiert. Sie fürchteten nicht Desintegration, sondern die Verarmung, die einsetzen würde, wenn zu viele Erwerbstätige in die Nähe ihrer Arbeitsplätze abwanderten und einzig Rentner, Arbeitslose und Fürsorgeempfänger in den Dörfern zurückblieben.[57]

Vor diesem Hintergrund liefen 1954 an der Sozialforschungsstelle fast zeitgleich zwei Untersuchungen an, die den Berufsverkehr der Großstadt genauer in den Blick nahmen – sowohl das Binnen- wie das Umland-Pendeln. Für die Sozialforscher ging es dabei in erster Linie um das raumplanerische Problem, genauer gesagt um das des „optimalen Verhältnis[ses] der Arbeiterwohnsiedlungen in der industriellen Großstadt": Das „Bild einer [...] Pendlerkarte mit ihren oft gegeneinanderlaufenden und sich so scheinbar aufhebenden Strömen" werfe die Frage auf, „ob ein solcher Raum in vernünftiger Weise geordnet sei". Und zwar einerseits „im Hinblick auf die technische und wirtschaftliche Gestaltung des Verkehrssystems,

---

56 Vgl. z. B. Kleiber: Bergarbeiterberufsverkehr.
57 Gall: Gute Straßen, S. 250ff.

dann aber auch in Bezug auf die Lokalisierung der Wohnorte und der Industriestandorte".[58]

Gerade in der von Rainer Mackensen bearbeiteten Untersuchung zu den innerstädtischen Arbeitswegen kam dieses planerische Interesse zum Ausdruck. Im Herbst 1954 waren dafür Bewohner der Nordstadt – dem traditionellen Arbeiterviertel Dortmunds – nach dem Zeitaufwand für ihren Weg zur Arbeit gefragt worden. Das hauptsächliche Ziel dabei war es, die akzeptablen Distanzen für den innerstädtischen Berufsverkehr zu ermitteln, wobei die Zufriedenheit und subjektive Einschätzung der Befragten als wichtigster Indikator diente. Auf dieser Grundlage kam Mackensen zu einem Ergebnis, das vermutlich auch ihn kaum noch überrascht haben wird: nämlich dass „der Berufsweg umso eher als eine Belastung empfunden wird, je länger man für ihn braucht."[59] Seinen Auswertungen zufolge bezeichnete eine Viertelstunde Zeitaufwand in dieser Hinsicht die günstigste Entfernung, während die Schwelle zur Ungemach bei einer halben Stunde lag. Die Stichprobe von 168 ausgewerteten Interviews war allerdings eine eher dünne Basis für planerische Verallgemeinerungen, weshalb selbst der Bearbeiter Mackensen seine Ergebnisse in mancherlei Hinsicht nur unter Vorbehalt verstanden wissen wollte. In der Rückschau jedenfalls scheint die wichtigste Erkenntnis der Erhebung in einer am Rande erwähnten Beobachtung gelegen zu haben: „Die besondere Wohnung oder der besondere Arbeitsplatz werden auch in größerer Entfernung aufgesucht; differenzierte Bedürfnisse sind wesentliche Ursache des Berufsverkehrs."[60]

Was in der öffentlichen Diskussion als „Pendler" verhandelt wurde, war letztlich ein Konstrukt der Statistik, die unter dem Begriff alle Erwerbstätigen zusammenfasste, die auf ihrem täglichen Weg zur Arbeit eine Gemeindegrenze überschritten. Dabei war es einerlei, ob es sich dabei um einen zehnminütigen Fußweg auf die Gemarkung des Nachbardorfs handelte, oder um eine zweistündige Bahnfahrt in die nächste Großstadt. Und ebenso liege „zwischen dem Falle des wohlhabenden Pendlers, der seinen einkömmlichen Beruf in der Stadt mit dem Leben auf dem Lande" kombiniere, „und dem Flüchtling, dessen Pendeln ein Ende hat, sobald man ihm eine Wohnung näher beim Arbeitsplatz zuweist, [...] eine [...] breite Skala von Fällen".[61] Das merkte der Geograph Walter Christaller an, der im Auftrag der Sozialforschungsstelle die zweite Untersuchung zum Berufsverkehr bearbeitete. Für Christaller ging es daher zunächst einmal darum, von den statistischen Gesamtzahlen zur vielschichtigen Wirklichkeit der „Formen und Gründe des Pendelns" vorzudringen; diesmal im großstädtischen Umland. Freilich sollte auf diese Weise aber auch eine weiterführende Frage geklärt werden. Waren diese Zahlen tatsäch-

---

58 Ipsen et al.: Standort und Wohnort, S. 124.
59 Ebd., S. 123.
60 Ebd., S. 110.
61 Ebd., S. 124.

lich ein Ausdruck der Erosion familiärer und gemeinschaftlicher Bindungen, der zunehmenden Desintegration der Gesellschaft? Produzierte die (werk)tägliche Mobilität entwurzelte Menschen?

Zu diesem Zweck führte Christaller zwischen August 1954 und Januar 1955 eine Fragebogen-Aktion durch – ausnahmsweise jedoch nicht in Dortmund, sondern in Südhessen, in zwölf Gemeinden des Darmstädter Einzugsgebietes. Diese Wahl stellte in erster Linie ein Zugeständnis an den Bearbeiter dar: Christaller lebte in Jugenheim an der Bergstraße.[62] Ein Teil der von ihm zusammengestellten Fragen erkundete dabei die ‚harten Fakten' des zurückgelegten Weges (Arbeitsort, genutzte Verkehrsmittel, Kosten, Zeitaufwand). Der andere drehte sich um Umzugsabsichten und Bleibewille, gemeindepolitisches Engagement, Vereinsaktivitäten, Haus- und Grundbesitz, verwandtschaftliche Beziehungen am Wohnort sowie die räumliche Orientierung des Freizeit- und Konsumverhaltens. Kurz gesagt zielte er also auf den Integrationsgrad der Pendler.

In dieser Hinsicht konnte Christaller nach seinen Auswertungen Entwarnung geben. Nur fünf Prozent derjenigen Befragten, die in ihrem Dorf auch einheimisch waren, planten die Abwanderung. Der „extreme Zustand" der Lebensführung zwischen Wohn- und Arbeitsort führte also allem Anschein nach nicht zwangsläufig zur Preisgabe alter Bindungen. Es gab viele Gründe, die trotz langer Wege und hoher Kosten für das Bleiben sprachen: Eltern und Familie, Heimatgefühle und vor allen Dingen der Haus- und Grundbesitz. Und selbst für die Evakuierten, Flüchtlinge und Heimatvertriebenen, die zu mehr als einem Drittel den Willen zum Ortswechsel bekundet hatten, schien nicht notwendig die Distanz zur Großstadt beziehungsweise

---

62 Walter Christaller, der sich im Dritten Reich mit seinen Arbeiten zur „Theorie der zentralen Orte" für Konrad Meyers Osteuropa-Planungsstab qualifiziert hatte (vgl. oben, S. 88) und seit 1945 seinen Lebensunterhalt als freier Geograph bestritt, hatte Gunther Ipsen zunächst den Plan für eine „soziologisch-geographische Untersuchung über die optimale Größe einer Nachbarschaft als Siedlungseinheit" vorgestellt. Da Ipsens Suche nach „finanzkräftige[n] Auftraggeber[n]" dafür jedoch erfolglos blieb, Christaller indessen offen auf seine schwierigen finanziellen Verhältnisse hinwies, bot Ipsen ihm im Juli 1954 einen Werkvertrag für eine kombinierte Untersuchung an, die einerseits „das Problem der optimalen Größe" von Landgemeinden und andererseits „in Verbindung damit die Frage der Arbeitswege" behandeln sollte. (Gunther Ipsen an Walter Christaller, 7.7.1954; Walter Christaller an Gunther Ipsen, 9.6.1954; Walter Christaller an Gunther Ipsen, 16.7.1954; Werkvertrag zwischen Gesellschaft Sozialforschungsstelle und Walter Christaller, 21.7.1954. Alle vier: SFS Archiv. ONr. IX, Bestand 3, Nachlass Gunther Ipsen, K 3/14, Bd. I 8, Bl. 105f., 107, 97, 86) Beide wurden von Christaller fertiggestellt und in dem Sammelband Ipsen et al.: „Standort und Wohnort" publiziert. Als (im weiteren Sinne) zur Großstadtforschung zugehörig wird in den folgenden Abschnitten jedoch nur die letztgenannte Untersuchung der täglichen Pendelwanderung berücksichtigt.

zum Arbeitsplatz ausschlaggebend zu wirken. *Ex negativo* belegt sah der Geograph dies unter anderem durch eine 2.000-Seelen-Gemeinde namens Hähnlein, in der fast die Hälfte der circa 1.000 Erwerbstätigen außerhalb arbeitete und 70 Prozent der befragten Männer dafür tägliche Fahrtzeiten von anderthalb bis zwei Stunden auf sich nahmen. Es hegte nämlich trotzdem kaum jemand Umzugsabsichten in Hähnlein – auch die nach dem Krieg eher unfreiwillig Zugezogenen nicht.[63] Ein Umstand, den Christaller zu einem großen Teil auf das aktive Vereins- und Sozialleben zurückführte. Die Befragten hatten dies immerhin ausdrücklich vermerkt. Der Ort stellte für ihn den „Muster-Fall" einer Pendler-Gemeinde dar, „aus welcher freiwillig und dauernd gependelt wird, und in welcher man die Trennung von städtischem Verdienst und ländlichem Wohnen und Wirtschaften bewußt gewählt hat". Im Gegensatz zu den in unmittelbarer Stadtnähe gelegenen Orten wollten solche wie Hähnlein, so vermutete er, „ihren landwirtschaftlichen Charakter beibehalten", und „auch da, wo sie ihren Standard zu heben unternehmen, nicht verstädtern, sondern ländliche Lösungen suchen".[64] Nach Walter Christallers Ansicht sprach das übrigens dafür, nicht den Raum neu zu ordnen, sondern das Nahverkehrssystem auszubauen. Kürzere Fahrtzeiten würden es mehr Menschen ermöglichen, das städtische Arbeiten mit einem ländlich orientierten Leben zu verbinden.

Unter den Untersuchungen des Dortmund-Projekts zur Soziologie der Großstadt zog die der südhessischen Pendler die mit Abstand größte Aufmerksamkeit auf sich. Nachdem erste Details bekannt geworden waren, wurde die Abteilung 1956/57 geradezu überschwemmt mit Anfragen von Verbänden, Ämtern, Zeitschriften-Redaktionen und Wissenschaftlern.[65] In der öffentlichen Diskussion jedoch dürften die 1958 veröffentlichten, akribischen Aufschlüsselungen Christallers zu Arbeitswegen, Kosten und Umzugsabsichten eher eine untergeordnete Rolle gespielt haben, ebenso sein Versuch einer Typologisierung der Pendler-Gemeinden. Hier mochte der sehr viel knappere Vorab-Bericht, mit dem Gunther Ipsen bereits 1957 auf das große Interesse reagiert hatte, die griffigeren Formeln geliefert haben. Ipsen hatte alle diejenigen Fälle zusammengerechnet, für die das eigene Haus auf eigenem Grund und Boden in irgendeiner Form eine Rolle spielte: Also nicht nur die Hausbesitzer selbst, sondern ebenso erwachsene Kinder und junge Ehepaare, die im Elternhaus wohnten und dieses später erben würden, sowie diejenigen, die sich mit Hausbauabsichten trugen. Dabei war er auf hohe Prozentzahlen gekommen, die er als Ausdruck der befriedenden Kraft des Eigenheims interpretierte. „[A]ls Bestand, Erwartung oder Absicht" binde dieses zwei Drittel der Zugezogenen und sogar drei Vier-

---

63 Ipsen et al.: Standort und Wohnort, S. 196f., 218-222.
64 Ebd., S. 125.
65 Siehe dazu die Korrespondenz bzw. die Versandlisten in SFS Archiv. ONr. V, Bestand 6, K 6/19, Bd. „Industrielle Großstadt I/Standort und Wohnort". Städtische, Landesplanungs- und Bundesämter stellten den größten Teil der Interessenten.

tel der Ortseinheimischen an den Wohnort. Für Ipsen war dies die Quintessenz der Studie: „Wenn das Ergebnis unsrer Untersuchung Aufsehen erregt, dann ist es [...] zuallererst der Einblick in die beherrschende Wirklichkeit des ländlichen Eigenheims als Lebensziel der Arbeiterfamilie, das Aufsehen verdient."[66] Die Tagespresse jedenfalls reagierte mit enthusiastischen Schlagzeilen: „Der Pendler hängt am Eigenheim – Auf dem Lande wird der Arbeiter zum Besitzbürger".[67]

6.4 GROSSSTADTWOHNEN

Die Untersuchungen zum Pendlerwesen sowie dem „optimalen Verhältnis der Arbeiterwohnsiedlungen in der industriellen Großstadt" schlugen gewissermaßen den Bogen zum zweiten Komplex des Dortmunder Großstadtprojekts. Mit insgesamt drei Untersuchungen versuchte man an der Abteilung von Gunther Ipsen den großstädtischen Wohnverhältnissen auf die Spur zu kommen. Sie standen einerseits in guter Tradition und hatten andererseits einen hochgradig tagesaktuellen Bezug. Die ‚Wohnungsfrage' war so alt wie die Großstädte selbst. Sie bildete den Mittelpunkt der Auseinandersetzungen um die große Stadt, seit die bürgerlichen Beobachter des 19. Jahrhunderts vom Wohnungselend der zuströmenden Arbeiter aufgeschreckt worden waren. Nie zuvor jedoch hatte sie sich mit so brennender Dringlichkeit gestellt wie nach der Kapitulation des nationalsozialistischen Reiches, als in ganz Deutschland millionenfache Wohnungsnot herrschte.

Den einsetzenden Massenwohnungsbau vor Augen begann Wolfgang Schütte 1951 mit der ersten der drei Studien und erlebte dabei durchaus eine kleine Überraschung. Sie brachte nicht nur ihn dazu, einige festgefügte Annahmen zum Verhältnis von Wohnung und Wohnen zu überdenken. Die 1954/55 von Elisabeth Pfeil anschließend durchgeführte Erhebung stellte in dieser Hinsicht nicht nur eine methodische Verbesserung dar, sondern verfolgte auch eigene Ziele. Helmut Klages nahm sich 1956/57 mit einer weiterführenden Untersuchung ein letztes Mal des Großstadtwohnens an. Die drei Arbeiten – die im Gegensatz zu einigen der oben skizzierten Strukturuntersuchungen alle zum Abschluss gebracht und veröffentlicht wurden – mögen einerseits als Beispiel für den individuellen Faktor in der Dortmunder Großstadtforschung gelesen werden, denn sie trugen zweifellos die Handschrift ihrer Bearbeiter. Doch weisen die Unterschiede in Fragestellung und Vorgehensweise zugleich auf die Weiterentwicklung des Forschungsprogramms und ein verändertes Verständnis für die großstädtische Wohnwirklichkeit hin.

---

66 Ipsen: Wohnwünsche der Pendler, S. 227.
67 Dortmunder Zeitung vom 16.11.1957. SFS Archiv. ONr. V, Bestand 6, K 6/19, Bd. „Industrielle Großstadt I/Standort und Wohnort".

Ihre Zeit- und Situationsgebundenheit können diese Wohnforschungen zweifellos nicht verbergen. Daher soll auf den anschließenden Seiten zunächst ein Eindruck vom Stand der Wohnungsfrage zu Beginn der fünfziger Jahre vermittelt werden, um den sozialhistorischen Hintergrund und Wahrnehmungshorizont dieses Untersuchungskomplexes auszuleuchten. Die folgende Untersuchung zu den Problemstellungen, Lösungswegen und Deutungsmustern der Studien soll darüber hinaus die Aspekte freilegen, deren Reichweite die unmittelbare Nachkriegszeit überdauerte.

6.4.1 Die Wohnungsfrage 1945-1951

Auch auf die Wohnungssituation hatte der Zweite Weltkrieg verheerende Auswirkungen gehabt. 20 bis 25 Prozent des Wohnraums waren von dem alliierten Bombardement zerstört worden; in den besonders betroffenen Großstädten an der Küste sowie an Rhein und Ruhr schwankte der Anteil zwischen 50 und 90 Prozent. Zu diesen Verlusten kamen Millionen von Flüchtlingen und Vertriebenen aus den Ostgebieten, die ebenso mit Wohnraum versorgt werden mussten. Als Folge beherrschte eine katastrophale Wohnungsnot die Nachkriegsjahre, in denen das „Notwohnen" unter primitiven Bedingungen und auf engstem Raum, in denen Sammellager und Flüchtlingsbaracken, Nissenhütten und Einquartierungen den Wohnalltag bestimmten.[68]

Auch bis zum Ende des Jahrzehnts hatte sich daran nur wenig geändert, hatte doch zunächst die ganz elementare Sorge ums Überleben und die Reorganisation der grundlegenden Funktionen städtischen Lebens im Mittelpunkt gestanden. Man war der dramatischen Lage hauptsächlich mit der rigiden Verwaltung des Mangels begegnet, während die wirtschaftlichen und politischen Verhältnisse es kaum zuließen, an Neubau zu denken. Unterdessen bescherte die forcierte Industrialisierung des beginnenden „Wirtschaftswunders" den Städten und ihrem Umland enorme Zuwachsraten und stellte sie vor zusätzliche Probleme. Zahlreiche Arbeitsplätze an den Schwerpunkten industrieller Entwicklung blieben trotz Millionen Arbeitsloser unbesetzt, weil für den Zuzug der nötige Wohnraum fehlte.

Im Februar 1950 hatte die Regierung Adenauer schließlich zum Befreiungsschlag aus der Wohnungsnot ausgeholt. Das Erste Wohnungsbaugesetz, im Februar vorgelegt und im März einstimmig vom Bundestag verabschiedet, war ein staatliches Förderprogramm, das in erster Linie dazu diente, den sozialpolitisch orientierten Wohnungsbau mittels finanzieller Förderung in Schwung zu bringen; Miethöhen zu begrenzen und das Bauen dennoch nach Möglichkeit wirtschaftlich zu ge-

---

68 Dazu wie zum Folgenden: Durth: Vom Überleben, S. 17-25; von Beyme: Wohnen und Politik, S. 90ff.; von Saldern, Häuserleben, S. 256-259.

stalten.[69] 1,8 Millionen Sozialwohnungen waren das Ziel, die innerhalb von sechs Jahren entstehen sollten. Der Startschuss für den sozialen Massenwohnungsbau der fünfziger Jahre war gefallen.

Was damit allerdings nicht geklärt – beziehungsweise bewusst ausgeklammert – worden war, war die qualitative Seite der Wohnungsfrage. Wie sollten diese massenhaft zu bauenden Wohnungen aussehen? Wie sollten die Deutschen in Zukunft wohnen? Dass zwischen Wohnung und Lebensweise eine enge Verbindung bestand, war eine lange gefestigte Überzeugung. Seit die bürgerlichen Sozialreformer des 19. Jahrhunderts mit Sorge das Elend der Unterschichten in den großstädtischen Mietskasernen beobachtet hatten, galt angemessener Wohnraum als Schlüssel zu einer sittlichen, sozial angepassten Lebensführung und gesellschaftlicher Stabilität. Auch zum nächsten Schritt war es nicht weit gewesen, nämlich zu der Annahme, dass sich gesellschaftlich erwünschte Lebensweisen über das Wohnen herstellen ließen. Wie selbstverständlich war man seitdem davon ausgegangen, über die bauliche Gestaltung von Haus und Wohnung auch das soziale Verhalten gestalten zu können.[70] In diesem Sinne hatten Sozialreformer, Wohnungspolitiker und -bauer in der ersten Hälfte des 20. Jahrhunderts ganz unterschiedliche Vorstellungen vom ‚richtigen Wohnen' entwickelt, hatten Architekten wahlweise lebensreformerische Verheißungen, sozialistische Utopien oder konservative Zivilisationskritik in Wohnungsgrundrisse und Stadtpläne eingezeichnet. Das Spektrum reichte vom sechs Quadratmeter großen, tayloristisch optimierten „Labor der Hausfrau" (der Frankfurter Küche, die Margarete Schütte-Lihotzky 1926 als Förderinstrument weiblicher Emanzipation entwickelte) bis zu den aufgelockerten Stadtlandschaften der dreißiger und vierziger Jahre. In deren „Siedlungszellen" sollten die amorphen Massen der Großstadt gleich in mehrfacher Hinsicht zu gegliederten Einheiten geformt werden: baulich, sozial – und schließlich sogar politisch. Nicht nur in Konstanty Gutschows Entwurf der „Ortsgruppe als Siedlungszelle" gaben die Organisationsstrukturen der NSDAP auch die Struktur von Siedlung und Wohnalltag vor, wurde der Wiederaufbau mit der Realisierung der totalen Volksgemeinschaft verknüpft – den Sieg des nationalsozialistischen Reiches immer vorausgesetzt.[71]

Gemessen an den reformerischen Programmen der Weimarer Jahre lagen die verschiedenen wohnungspolitischen Positionen der zweiten Nachkriegszeit nicht sehr weit auseinander. Die unmittelbaren Nöte des Alltags hatten in den ersten Jahren zunächst für einen breiten Konsens in Bezug auf die Leitbilder des Wohnens gesorgt. Als Nahrungsmittel, Geld und Baustoffe knapp, Arbeitskräfte hingegen im Überfluss vorhanden waren, hatte die alte Idee der Selbsthilfesiedlungen neuen Glanz gewonnen. Kleine Häuser am Stadtrand, mit sparsamen, reduzierten Grund-

---

69 Schulz: Wiederaufbau, S. 239-247.
70 Häußermann/Siebel: Soziologie des Wohnens, S. 85-100.
71 Durth/Gutschow: Träume in Trümmern, S. 239-251.

rissen, die in Eigenleistung und aus dem Wenigen, das zur Verfügung stand, realisiert werden konnten; mit Wirtschafts- und Stallräumen und einer Landzulage für Gartenbau und Kleintierzucht versehen, die die Bevölkerung angesichts des herrschenden Hungers in die Lage versetzen würden, sich wenigstens zum Teil selbst zu versorgen – sogar für großstädtische Sozialdemokraten wurden sie in dieser Zeit zum Muster des zukünftigen Wohnungsbaus.[72] Forderungen nach aufgelockerten, in kleine, überschaubare Bereiche gegliederten Stadtlandschaften gehörten nach dem Krieg ohnehin zum städte- und wohnungsbaupolitischen Allgemeingut. Städtebauer, deren Siedlungszellen-Entwürfe zu sehr nach nationalsozialistischer Volksgemeinschaft klangen, orientierten sich nun am angloamerikanischen Vorbild und machten Pläne für den Aufbau funktionierender „Nachbarschaften". Auf ihren Reißbrettern entwarfen sie Wohnsiedlungen für 5.000 oder auch 50.000 Einwohner (die Ansichten über eine angemessene Größe konnten durchaus variieren), die aufgrund ihrer verordneten sozialen Mischung und baulichen Anlage die Bildung lokaler Gemeinschaften fördern sollten.[73]

Allerdings wurden zu Beginn der 1950er Jahre auch wieder Divergenzen in den Vorstellungen vom richtigen Wohnen sichtbar – so beispielsweise in der Frage Eigenheim oder Mietwohnung, Einfamilienhaus oder Geschossbau? Als der Aufbau in Schwung kam, setzten viele Planer und die Baugenossenschaften nicht mehr auf die Kleinsiedlung, sondern auf den Geschossmietwohnungsbau, und gerade SPD-Politiker hielten diesen nun wieder für wesentlich. Es war die kosten- und städtebaulich günstigere Lösung, so das Hauptargument der Befürworter, dem, je nach weltanschaulichem Standort, weitere folgen konnten.[74]

Hingegen stand vor allem bei den bürgerlich-konservativen Kritikern der Großstadt auch weiterhin die Kleinsiedlung in Verbindung mit dem Individualeigentum hoch im Kurs. In der CDU/CSU steigerte sich diese Präferenz ab 1950/51 zu einer massiven Offensive, an der sich auch die katholische Kirche beteiligte. Wohnungspolitik wurde hier unmittelbar mit Familienpolitik verknüpft und das freistehende Einfamilien-Siedlerhaus zur Idealform der Wohnung stilisiert, weil es das „familiengerechte Heim" sei. Es biete ausreichend Platz, um den Bestand der Familie zu sichern, und die Möglichkeit zur Selbstversorgung mache sie krisenfest. Überdies trage die Bindung an Haus und Boden zur „Verwurzelung" der Menschen bei, arbeite so der Proletarisierung der Massen entgegen und befördere die Integration der Siedler in die bürgerliche Gesellschaft. Die großstädtische Mietwohnung hingegen

---

72 Schulz: Wiederaufbau, S. 95-110, bes. S. 98f.
73 Mit der baulichen Anlage meinten die Planer unter anderem: in sich geschlossen, verkehrsberuhigt, mit einer ausgewogenen Anzahl an Versorgungs- und Gemeinschaftseinrichtungen, die als Treffpunkte und Kontaktzonen der Bewohner dienen konnten. Vgl. Durth: Vom Überleben, S. 43ff.; Durth/Gutschow: Träume in Trümmern, S. 232ff.
74 Schulz: Wiederaufbau, S. 70ff.

wirkte – zumindest der Argumentation Paul Lückes zufolge, des wohl einflussreichsten Wohnungsbaupolitikers der Nachkriegszeit – unmittelbar familienfeindlich. Sie töte „den Willen zum Kind", zwinge zu Empfängnisverhütung, Abtreibung und Entsittlichung und führe auf diese Weise zum „biologischen Volkstod".[75]

Für die Dortmunder Sozialforscher lautete die Konsequenz aus den divergierenden Positionen und Argumenten, dass das großstädtische Wohnen auf den wissenschaftlichen Prüfstand gehörte. Ob es denn verlässliche Untersuchungen darüber gebe, „ob das Wohnen im Einfamilienhaus mit Garten […] wirklich gesündere, selbständigere, vollere Menschen entwickelt als das Wohnen im mehrstöckigen Etagenhaus?", hatte Elisabeth Pfeil bereits 1950 gefragt – und sich selbst mit ‚nein' geantwortet:

„[W]eil es keine Versuche mit sauberen Versuchsbedingungen gibt: Nie sind die Voraussetzungen zweier verglichener Gruppen die gleichen, so daß eine Versuchsanordnung möglich wäre, die jede auftretende Variation auf einen einzigen Faktor, der erkannt werden soll, zurückführen ließe. […] Man ist daher darauf angewiesen, nach Beobachtung und Augenschein, nach psychologischer Wahrscheinlichkeit und Evidenz zu entscheiden, aber gerade das setzt Selbstkritik und Kenntnis aller Fehlerquellen voraus."[76]

In diesem Sinne hatte die Arbeitsgruppe um Gunther Ipsen dem Wiederaufbauministerium in Düsseldorf im Dezember 1951 ihr wohl ambitioniertestes Teilprojekt angekündigt: eine Reihe von „Erhebungen und Befragungen in Wohngebieten der Stadt Dortmund", die, wie es in dem Förderantrag hieß, zu einer soziologischen Bewertung „von gängigen Haustypen des sozialen Wohnungsbaus" führen sollten.[77] Vier Wohnviertel, so war es geplant, wollten die Sozialforscher auf ihren soziologischen Gehalt hin durchleuchten – vom klassischen Mietskasernen-Viertel und dem neueren Mietblock der Innenstadt über das Eigenheimgebiet bis zur Kleinsiedlung. „Abschließend", stellte Ipsen in Aussicht, wollten sie zu „Planungsfragen Stellung nehmen", und dabei besonderes Gewicht auf die Frage legen, wie man „erlebbare Einheiten gestalten muss" – von der Familie über die Hausgruppe zur Wohnsiedlung – „und welche Grössenmasse sich da als praktisch erweisen".[78]

---

75 Paul Lücke, zit. nach Schulz: Eigenheimpolitik, S. 418.
76 Pfeil: Großstadtforschung, S. 195.
77 Gunther Ipsen an Wiederaufbauministerium Nordrhein-Westfalen, 18.12.1951. SFS Archiv. ONr. IX, Bestand 3, Nachlass Gunther Ipsen, K 7/14, Bd. I 24, Bl. 355.
78 Gunther Ipsen an Wiederaufbauministerium Nordrhein-Westfalen, 18.12.1951, Anlage 1. SFS Archiv. ONr. IX, Bestand 3, Nachlass Gunther Ipsen, K 7/14, Bd. I 24, Bl. 358f.

6.4.2 Idyll am Stadtrand

Der Auftakt der Reihe, begonnen im Dezember 1951, war indessen ganz dem großstadtkritischen Ideal vom Familienheim auf eigenem Grund und Boden gewidmet und konzentrierte sich auf drei kleine Siedlungen am Stadtrand von Dortmund beziehungsweise Wuppertal. Alle drei bestanden überwiegend aus Ein- bis Zweifamilienhäusern mit Garten, meist Eigenheimen. Alle drei waren auf mehreren Seiten durch Frei- oder Grünflächen umgrenzt, so dass sie rein physisch-räumlich bereits als geschlossene Einheit betrachtet werden konnten. Was sie unterschied, war zunächst einmal ihr Alter, denn sie repräsentierten je unterschiedliche Phasen des sozialen Wohnungsbaus in Deutschland.

Die älteste Siedlung lag im Süden Dortmunds und ging auf die große Zeit der Genossenschaftsbewegung zurück. Über die Hälfte der auf dem „Busenberg" stehenden 168 Eigenheime hatten die Mitglieder des Gemeinnützigen Bauvereins Berghofen im Laufe der zwanziger Jahre errichtet; die übrigen waren in den folgenden zwei Jahrzehnten nach und nach hinzugekommen. Am nordwestlichen Rand der Großstadt hingegen war 1932 die Kleinsiedlung Deusen gegründet worden. Sie war ein Produkt der Weltwirtschaftskrise, als die Reichsregierung im Angesicht massenhafter Arbeitslosigkeit und Wohnungsnot ebenfalls auf Selbsthilfe gesetzt und dafür auch über geltende Wohnungsstandards und Hygienenormen hinweggesehen hatte. Das jüngste Objekt war eine Nachkriegsgründung, die die Sozialforscher allerdings nicht in Dortmund, sondern in Wuppertal ausfindig gemacht hatten. Zwischen 1949 und 1953 war dort am Rande des Stadtteils Vohwinkel die Selbsthilfesiedlung „Am Osterholz" entstanden, die fast schon idyllisch an Felder, Weiden und Wald grenzte.[79]

Der Mitarbeiter, der diese Untersuchungsreihe in Angriff nahm, war der Anfang des Jahres 1951 zur Sozialforschungsstelle gestoßene Wolfgang Schütte. Der 1915 geborene Schütte war kein Sozialwissenschaftler, sondern ein in Hannover und Berlin ausgebildeter Architekt. Er hatte nach Beendigung seines Studiums im Jahr 1940 zunächst eine Laufbahn in der Bauverwaltung eingeschlagen, die nach 1945 aller-

---

79 Vgl. Wolfgang Schütte/Wolfgang Köllmann: Abschlussbericht Großstadtmonographie Dortmund, 14.12.1953, S. 6-9. SFS Archiv. ONr. IX, Bestand 3, Nachlass Gunther Ipsen, K 7/14, Bd. I 24, Bl. 305-313; Mackensen et al.: Daseinsformen, S.124f., 249-251, 235-238, 307f. Dass die Wahl auf die Wuppertaler Siedlung fiel, mag nicht ganz zufällig gewesen sein: Wolfgang Schütte, der Mitarbeiter, der die Untersuchung durchführte, wohnte dort. (Vgl. den Schriftwechsel zwischen Schütte und Gunther Ipsen in SFS Archiv. ONr. V, Bestand 6, K 6/19, Bd. „Nr. 5 Großstadtmonographie Dortmund u. Bochum. Schriftverkehr").

dings ins Stocken geraten war.[80] Schütte besaß, wie Eduard Willeke ihm attestierte, „starke soziologische bzw. sozialwissenschaftliche Interessen", die sich, so scheint es, hauptsächlich um die soziale Wirkung baulicher Strukturen drehten.[81] An der Sozialforschungsstelle sollte er sich rasch als ausnehmend engagierter Mitarbeiter erweisen, wenn es darum ging, Sozialwissenschaftler und Planer an einen Tisch zu bringen und das Mitspracherecht der Forscher zu vertreten.[82] Dennoch ist man retrospektiv dazu geneigt, Wolfgang Schütte in erster Linie als einen an Bauformen interessierten Architekt zu sehen, der keine Erfahrung mit einer systematisch fragenden Sozialwissenschaft besaß und schon gar nicht mit den Techniken der qualitativ orientierten Forschung.[83] Das mag zumindest eine Erklärung dafür sein, dass die langwierigen und, wie es ein Rechenschaftsbericht der Abteilung später doppel-

---

80 Von 1940 bis 1942 hatte Schütte als Sachbearbeiter im Bereich Städte- und Wohnungsbau für die Mitteldeutsche Heimstätte in Magdeburg gearbeitet und danach eine Ausbildung als Regierungsbaureferendar absolviert. Adamski: Ärzte, S. 115, Anm. 200.

81 Eduard Willeke an Otto Neuloh, 28.9.1950. SFS Archiv. ONr. V, Bestand 6, K 6/19, Bd. „Nr. 5 Großstadtmonographie Dortmund u. Bochum. Schriftverkehr". Entsprechende Vorstellungen hatten zumindest bereits im ersten Konzept einer Städtemonographie Hannover eine Rolle gespielt, mit dem Schütte 1951 an die Sozialforschungsstelle gekommen war. „Wenn ich ihn richtig verstanden habe", hatte der Gutachter Willeke mitgeteilt, „will er von der Anlage einer Stadt ausgehend die Auswirkungen auf die Sozialstruktur und das soziale Gefüge untersuchen." Eduard Willeke an Otto Neuloh, 28.9.1950. SFS Archiv. ONr. V, Bestand 6, K 6/19, Bd. „Nr. 5 Großstadtmonographie Dortmund u. Bochum. Schriftverkehr".

82 Vgl. unten, S. 315ff.

83 Seine Dissertation, die er im Dezember 1945 an der TH Hannover eingereicht hatte, war eine im 19. Jahrhundert angesiedelte, bauhistorische Arbeit zur „Idee der Weltausstellung und ihre[r] bauliche[n] Gestaltung". Und auch bei den Auftragsarbeiten, mit denen Schütte nach 1945 den Lebensunterhalt seiner Familie bestritten und die er Otto Neuloh als Referenz angegeben hatte, hatten soziologische Aspekte keine Rolle gespielt. (Es war eine an den Effizienzbedürfnissen der städtischen Verwaltung orientierte Beschreibung der Hannoveraner Verwaltungsbezirke sowie eine Beschreibung von Agglomerations- und Entleerungszonen der Großstadt, die er für das niedersächsische Aufbauministerium durchgeführt hatte, letztere war als vorbereitende Arbeit für den Flächennutzungsplan gedacht.) Siehe dazu Schütte: Idee; ders.: Sozialplanung; Wolfgang Schütte an Otto Neuloh, 1.1.1951. SFS Archiv. ONr. V, Bestand 6, K 6/19, Bd. „Nr. 5 Großstadtmonographie Dortmund u. Bochum. Schriftverkehr". Protokoll zur „Sitzung der Grosstadt Arbeitsgruppe am 22.5.1951", 29.5.1951. SFS Archiv. ONr. V, Bestand 6, K 6/21, Bd. „Referate der Arbeitsgemeinschaft Dortmund".

deutig formulierte, „umständliche[n] Erhebungen"[84] in den Siedlungen nicht zu den eigentlich angestrebten Ergebnissen führten. Sie zerfielen am Ende gewissermaßen in zwei Teile: in eine Untersuchung der Selbsthilfesiedlung Deusen – und den Rest. Um das Wohnen der Kleinsiedler zu studieren, hatte Schütte im Januar 1952 in Deusen mit der Feldforschung begonnen, unterstützt von einer Gruppe studentischer Hilfskräfte. Damals wohnten dort ungefähr 1.400 Menschen, überwiegend Arbeiter und Handwerker mit mittleren bis niedrigen Einkommen in insgesamt 117 kleinen, meist einstöckigen Doppelhäusern mit integriertem Stallgebäude – viele von ihnen bereits seit nunmehr zwei Jahrzehnten, seit sie die Häuser 1932/33 selbst gebaut hatten. Hohe Dämme umgaben die Siedlung von drei Seiten und verwehrten so zwar den Blick auf die nahe Mülldeponie und die Kläranlage, ohne jedoch etwas gegen den schwarzen Rauch und die Abgase aus den Kokereien der weiteren Nachbarschaft ausrichten zu können. Als vorbildliche Wohnanlage hätte sie kaum jemand bezeichnet, auch nicht ihre Bewohner. Aber für die Sozialforschung stellte sie einen attraktiven Untersuchungsgegenstand dar, weil sich an ihrer Entwicklung überprüfen ließ, wie weit die Realität des Kleinsiedlerlebens dem Ideal der Wohnungspolitiker standhielt – auch nach zwanzig Jahren noch. In den folgenden Monaten entfaltete Wolfgang Schütte jedenfalls eine breit gefächerte Untersuchungstätigkeit. „Gelenkte Gespräche" mit insgesamt 70 Siedlerfamilien sollten für erste Eindrücke vom Leben und Wohnen in der Siedlung sorgen.[85] Hinzu kamen Unterhaltungen mit „Schlüsselpersonen" wie dem Lehrer, dem Pfarrer, der Gemeindeschwester, der Familienfürsorgerin und mehreren Vereinsvorsitzenden. Anschließend fügte er den Einsichten, die sich daraus ergeben hatten, ein statistisches Fundament hinzu, das er aus Unterlagen der städtischen und Landes-Ämter (Einwohnermelderegister, Heiratsregister, Grundbucheinträge, Grundstückskartei, Baupolizei-Akten), des Bauträgers sowie des lokalen Siedlerbundes erarbeitete.

Diese Vorgehensweise war aufwendig (und tendenziell uferlos), was auch den Projektleitern klar geworden sein mochte. Darüber hinaus war sie ungeeignet für die Untersuchung der beiden anderen Siedlungen. So war an den Häusern der Wuppertaler Kleinsiedlung „Am Osterholz" noch kaum der Mörtel getrocknet; es erübrigte sich also, ihre Entwicklung nachzuzeichnen. Und am Dortmunder „Busenberg" standen zwar ältere Eigenheime mit Garten, aber den strikten Vorgaben einer Selbsthilfesiedlung war man dort nie gefolgt. In beiden Siedlungen wurden 1953 und im Frühjahr 1954 daher nur noch „Vergleichsuntersuchungen" angestellt – was

---

84 Bericht über den Ablauf und Stand der Studien zur industriellen Großstadt, 9.10.1957, S. 4. SFS Archiv. ONr. IX, Bestand 3, Nachlass Gunther Ipsen, K 7/14, Bd. I 24, Bl. 75-89.
85 Mackensen et al.: Daseinsformen, S. 273.

bedeutete, dass die Erhebungen erstens auf wenige Fragen reduziert und zweitens an die strukturellen Bedingungen der jeweiligen Siedlung angepasst wurden.[86]

Der erste von insgesamt vier Schwerpunkten der gesamten Untersuchung[87] war die Frage nach der ‚richtigen' Wohnung, beziehungsweise dem ‚geeigneten' Haus. Wolfgang Schütte versuchte sie mit Hilfe einer Art objektivierender Bedürfnisforschung zu beantworten. Dazu ermittelte er die an den Häusern vorgenommenen Um- und Ausbauten und ließ sich Nutzung oder Umfunktionierung von Wohn- und Wirtschaftsräumen vorführen. Er fragte nach Gartenbau, Vorratswirtschaft und Tierhaltung sowie nach der generellen Zufriedenheit der Bewohner mit der baulichen Gestaltung des Hauses.[88] Den wichtigsten Bezugspunkt für Schüttes ausgiebige Beschäftigung mit Wohnungsgrößen und -grundrissen bildete wohl die Entwicklung von Haushalts- und Familienstrukturen. Ließen Wohnfläche und Raumaufteilung ein erfülltes Familienleben überhaupt zu? Und was passierte, wenn sich die Raumbedürfnisse einer Familie im Laufe des Lebens veränderten – zum Beispiel wegen der Geburt von Kindern, der Aufnahme weiterer Familienangehöriger oder zusätzlicher Haushalte nach der Eheschließung der Kinder? Wohnung wurde im Rahmen dieser Untersuchung in erster Linie als Familienwohnung verstanden.

Der zweite Schwerpunkt widmete sich der Frage nach den Beziehungen der Bewohner untereinander – den gemeinschaftlich-nachbarschaftlichen, um genau zu sein. Gerade die Kleinsiedlungen standen im Ruf, Gemeinschaftssinn und enge Sozialbeziehungen zu fördern, weil sie auf dem Prinzip der Selbsthilfe aufbauten, mit

---

86 Vgl. dazu ebd., S. 124ff.; Fragebogen Vohwinkel, o. D. SFS Archiv. ONr. V, Bestand 6, K 6/7, Bd. „April 1954, Schütte Nr. 12"; auch: Wolfgang Schütte/Wolfgang Köllmann: Abschlussbericht Großstadtmonographie Dortmund, 14.12.1953, S. 6-9. SFS Archiv. ONr. IX, Bestand 3, Nachlass Gunther Ipsen, K 7/14, Bd. I 24, Bl. 305-313.

87 Vgl. dazu Fragebogen Vohwinkel, o. D. SFS Archiv. ONr. V, Bestand 6, K 6/7, Bd. „April 1954, Schütte Nr. 12"; Fragebogen „Wohnbefragung/Kleinsiedlung". SFS Archiv. ONr. V, Bestand 6, K 6/11; Mackensen et al.: Daseinsformen, S. 338-342.

88 Auch diese Vorgehensweise eignete sich vor allem für die beiden Kleinsiedlungen, da dort alle Häuser nach demselben, sparsamen Bauplan errichtet worden waren, Schütte also von einem einheitlichen Grundriss ausgehend die individuellen Veränderungen verzeichnen konnte. In Deusen bedeutete dies eine kleine, eingeschossige Doppelhaushälfte, in der auf knapp 34 Quadratmetern zwei Schlafzimmer sowie eine Wohnküche als zentraler Raum des Haushalts untergebracht waren. Durch einen kleinen Eingangsflur davon getrennt lagen in einem Anbau Waschküche, Trockenklosett und ein Stallraum. Die Häuser waren teilunterkellert und besaßen eine Dachkammer, die als Heuboden genutzt, aber auch als zusätzlicher Wohnraum ausgebaut werden konnte. Mackensen et al.: Daseinsformen, S. 273ff.

dem gleichzeitig die Verpflichtung zur gegenseitigen Hilfe ausgedrückt war.[89] Schütte und seine Interviewer testeten also die Beziehungen zu den nächsten und den entfernteren Nachbarn mit Fragen nach Kontakten und Hilfsdiensten; sie überprüften, ob die Selbsthilfegruppen der Bauphase dauerhafte Bekanntschaften nach sich gezogen hatten, wie hoch die integrative Wirkung der lokalen Siedlergemeinschaft beziehungsweise des Vereinslebens insgesamt war.

Hauptsächlich anhand statistischer Auswertungen sollte drittens ein Bild davon entstehen, wie sich die Siedlungen insgesamt entwickelten: Eigentumsverhältnisse, die Zahlen zu Hausverkäufen oder Erbfällen, zur Einwohnerzahl und -struktur, zu Um- und Zuzügen ließen sich als Hinweise darauf lesen, wie weit es mit der sozialbefriedenden – „verwurzelnden" – Kraft von Eigenheim und Kleinsiedlung tatsächlich her war.

Ein letzter, vierter Schwerpunkt indessen sollte den „Verkehrskreisen" nachspüren, in denen sich das Leben der Einwohner abspielte – und die sie auch aus ihrer Siedlung hinausführen mochten. Wo lag der Arbeitsplatz? Wo ging man einkaufen? Wie und wo verbrachte man die Freizeit? Über welche Distanz erstreckten sich Freundeskreise und Familienbande? Dabei ging es also – in der Terminologie der Zeit – um die Frage, inwieweit die Siedlung einen „echten Mittelpunkt" des Lebens bildete – beziehungsweise welche „erlebbaren Einheiten" darüber hinaus für die Stadtrandbewohner existierten.[90]

Das praktische Ziel von Schüttes Untersuchung war, daran sei noch einmal erinnert, eine „soziologische Bewertung" verschiedener Haus- und Siedlungstypen, wobei zumindest der Abteilungsleiter Gunther Ipsen ursprünglich offenbar einen statistischen Vergleich im Sinn gehabt hatte.[91] Weshalb dieses Vorhaben nicht verwirklicht wurde, lässt sich nicht zweifelsfrei nachvollziehen. Aber retrospektiv ist

---

89 Beim Aufbau ihrer Häuser hatten die zukünftigen Bewohner Arbeitsgruppen bilden müssen, um gemeinsam eine bestimmte Zahl an Gebäuden bis zum Rohbau zu errichten – erst danach wurde gelost und einzeln ausgebaut. Außerdem funktionierten die Siedlungen ähnlich einer landwirtschaftlichen Kooperative, in der ein lokaler Siedlerbund die wirtschaftlichen Interessen der Kleinsiedler vertreten sollte; über ihn lief meist der Bezug von Dünge-, Saat- und Futtermitteln. Auch größere Geräte wurden normalerweise als Gemeinschaftseigentum angeschafft. Vgl. zu dieser Politik auch Hafner: Eigenheim und Kleinsiedlung.

90 Fragebogen Vohwinkel, o. D. SFS Archiv. ONr. V, Bestand 6, K 6/7, Bd. „April 1954, Schütte Nr. 12"; Fragebogen „Wohnbefragung/Kleinsiedlung". SFS Archiv. ONr. V, Bestand 6, K 6/11; Mackensen et al.: Daseinsformen, S. 338-342. Zitat Gunther Ipsen an Wiederaufbauministerium Nordrhein-Westfalen, 18.12.1951, Anlage 1. SFS Archiv. ONr. IX, Bestand 3, Nachlass Gunther Ipsen, K 7/14, Bd. I 24, Bl. 358f.

91 Gunther Ipsen an Wiederaufbauministerium Nordrhein-Westfalen, 18.12.1951. SFS Archiv. ONr. IX, Bestand 3, Nachlass Gunther Ipsen, K 7/14, Bd. I 24, Bl. 355.

man doch zu bemerken geneigt, dass das entwickelte Verfahren dazu wenig zweckmäßig war. Die Siedlungen waren nicht ausgewählt worden, weil sie besonders ähnlich, sondern weil sie unterschiedlich waren. Das stellte gewisse Ansprüche an einen Vergleich, denen die Unsicherheiten in der Datenerhebung wohl kaum entgegen kamen. Auch waren gerade die Interviews in einer Form geführt worden, die den Befragten zwar, wie beabsichtigt, genug Gelegenheit für den freien, unbefangenen Bericht geboten haben mochte. Aber am Ende hatte dies offenbar keine systematische, sondern nur eine monographische Auswertung erlaubt, was es fast unmöglich machte, Wohnbedürfnisse beispielsweise nach sozialen Merkmalen hin zu differenzieren.

Was Wolfgang Schütte zwischen 1952 und 1954 in den Stadtrand-Siedlungen zu Tage gefördert hatte, wurde erst 1959 in der Bearbeitung von Lucius Burckhardt publiziert.[92] Der Baseler Soziologe[93] beschäftigte sich überwiegend mit den Beobachtungen zum Kleinsiedlerleben in Deusen – weil diese „ja das Interessanteste an der Schütteschen Arbeit waren", wie Elisabeth Pfeil bemerkte.[94] Die von Schütte penibel ermittelten Umbauten ließen sich in Burckhardts Bericht als Ausdruck

---

92   Mackensen et al.: Daseinsformen, Kapitel V: Wohngürtel, S. 226-317. Vgl. auch Bericht über den Ablauf und Stand der Studien zu industriellen Großstadt, 9.10.1957, S. 6. SFS Archiv. ONr. IX, Bestand 3, Nachlass Gunther Ipsen, K 7/14, Bd. I 24, Bl. 75-89.

93   Der Schweizer Nationalökonom und Soziologe Lucius Burckhardt (1925-2003) war von 1955 bis 1958 Mitarbeiter der Abteilung. Nach dem Abitur 1943 studierte er Medizin, später Volkswirtschaft sowie Kunstgeschichte und Philosophie. Bei Edgar Salin und Karl Jaspers wurde er 1955 mit einer Arbeit über „Partei und Staat im (italienischen) Risorgimento" promoviert (1959 gedruckt). Nach Dortmund kam er 1955 zunächst als Tagungsteilnehmer und berichtete über eine Bürgerinitiative, die er gemeinsam mit einigen Kommilitonen 1949 gegründet hatte, um die Basler Altstadt vor dem autogerechten Umbau zu bewahren (siehe unten, S. 331f.). Nach seiner Zeit an der Sozialforschungsstelle war Burckhardt zuerst Gastdozent an der Hochschule für Gestaltung in Ulm, von 1962 bis 1973 Gastprofessor an der Eidgenössischen Technischen Hochschule Zürich und Redaktionsleiter der Schweizer Architekturzeitschrift WERK (1961-1972), von 1974 bis zu seiner Emeritierung 1997 Professor für sozioökonomische Grundlagen des Städtebaus an der Gesamthochschule Kassel und zwischenzeitlich (1992-1994) Gründungsdekan der Fakultät für Gestaltung an der späteren Bauhaus-Universität Weimar. Vgl. Kürschners Deutscher Gelehrten-Kalender 2009; Munzinger Online: Personen – Internationales Biographisches Archiv; sowie die ausführliche Würdigung von Burckhardts Wirken in Form des dreiteiligen Radio-Features „Querfeldein denken mit Lucius Burckhardt" von Markus Ritter und Martin Schmitz, gesendet Deutschlandfunk 14., 21., 28.6.2015 in der Reihe „Essay und Diskurs".

94   Elisabeth Pfeil an Gunther Ipsen, 1.8.1957. SFS Archiv. ONr. IX. Bestand 3, Nachlass Gunther Ipsen, K 7/14, Bd. I 24, Bl. 43.

gründlich gewandelter Lebensweisen lesen. Nur noch wenige Einwohner führten das bodenverbundene Leben des Kleinsiedlers. Viele hatten Wirtschaftsräume und Ställe stattdessen in zusätzliche Wohnräume umgewandelt und dabei eine unübersehbare Präferenz für einen „modernen" Lebensstil zum Ausdruck gebracht. Längst waren in den meisten Häusern WC und Bad eingebaut, die großen Wohnküchen waren vielfach der Funktionstrennung zum Opfer gefallen und von reinen Kochküchen ersetzt worden. Man wünschte sich städtische Errungenschaften wie Gasanschluss, Müllabfuhr und Straßenreinigung. Und diejenigen, die tatsächlich auf einen „fühlbaren Beitrag" zum Lebensunterhalt angewiesen waren, setzten größtenteils lieber auf Untervermietung als auf die Aufzucht von Ziegen oder Schweinen. „In Deusen vollzieht sich eine Annäherung an die Wohnweisen der Stadt", lautete Burckhardts Fazit.[95] Wenn einige der älteren Bewohner an ihrem Gemüsegarten, an Hasen- oder Taubenzucht dennoch festhielten, so hatte das viel mit persönlichen Gewohnheiten und individuellen Neigungen zu tun, und die hatten ihre Kinder in der Regel nicht übernommen. Ob es eine weitere Generation verwurzelter Kleinsiedler in Deusen geben würde, erschien insofern fraglich. Was das Bild vom ländlich-gemeinschaftlichen Wohnen am Stadtrand allerdings besonders erschüttert haben mag: Die Deusener mochten gesellige Menschen sein, wenn man beispielsweise nach ihren zahlreichen Vereinsaktivitäten urteilte. Doch von engeren sozialen Beziehungen innerhalb der Siedlung war nicht viel zu finden gewesen. Die Kleinsiedler pflegten offenbar nicht einmal zu ihren direkten, rechts und links lebenden Hausnachbarn ein besonders vertrautes Verhältnis. Und „überhaupt gab es", das hatten die Sozialforscher in Erfahrung gebracht, „nach 1945 zunächst ein ziemliches Gegen- und Durcheinander in der Siedlung."[96] Der Entladung der aufgestauten politischen Spannungen hatte das Modell Kleinsiedlung jedenfalls nichts entgegenzusetzen gehabt.

6.4.3 Mietskasernen-Nachbarschaft

Da Wolfgang Schütte ausschließlich die Siedlungen am Stadtrand in den Blick genommen hatte, blieben die Wohnverhältnisse der innerstädtischen Mietshaus-Quartiere – Symbol für das Großstadtwohnen *per se* – einer Folgeuntersuchung vorbehalten. Zu diesem Zweck zog im Herbst 1954 unter Schüttes Anleitung erneut ein Team studentischer Interviewer zur Feldarbeit aus. Diesmal allerdings hieß die verantwortliche Bearbeiterin der Untersuchung Elisabeth Pfeil.

Die 1901 in Berlin geborene Pfeil hatte ihre wissenschaftliche Karriere in den zwanziger Jahren zunächst als mediävistische Historikerin begonnen, nach ihrer Promotion im Jahr 1929 jedoch rasch entdeckt, dass ihre Interessen auf einem ande-

---

95 Mackensen et al.: Daseinsformen, S. 271.
96 Ebd., S. 264.

ren Gebiet lagen: Zwischen 1930 und 1950 hatte sie sich als Bevölkerungswissenschaftlerin einen Namen gemacht[97] – bekannt und als Wissenschaftlerin der zweiten Reihe wohl zugleich auch unbekannt genug, um den Systemwechsel beruflich relativ unbeeinträchtigt zu überstehen. Nach 1945 war sie von verschiedenen Einrichtungen mit Forschungsaufträgen und Expertisen betraut worden. Sie hatte sich darin hauptsächlich mit der drängenden Flüchtlingsfrage befasst – nicht allein in ihrer bevölkerungspolitischen, sondern auch in ihrer soziologisch-sozialpsychologischen Dimension: „Der Flüchtling" als „Gestalt einer Zeitenwende".[98] Als Otto Neuloh und Gunther Ipsen ihr 1950/51 – unabhängig voneinander – die Mitarbeit in der Sozialforschungsstelle anboten, hatte Elisabeth Pfeil es jedenfalls nicht eilig gehabt mit einer Entscheidung. Andere Optionen, hatte die Münchnerin in ihrer Antwort bekannt, standen ebenfalls im Raum, wenn auch „allzu viele und allzu vage", und „die Stadt Dortmund erfordert, weiss Gott, einen Entschluss, ehe man sich in ihre unfreundlichen Gefilde begibt!".[99] Ob Ipsens postwendende Preisung reizvoller Ruhrlandschaften dann doch den Ausschlag gab, mag dahingestellt bleiben.[100] Jedenfalls begann Pfeil im Januar 1952 ihre Arbeit als Gruppenleiterin Großstadtforschung an seiner Abteilung.

---

97 Zu Pfeils Karriere im Nationalsozialismus liegt inzwischen die Studie Sonja Schnitzlers vor, die jedoch erst nach Abschluss des Manuskripts erschienen ist. Schnitzler: Soziologie im Nationalsozialismus.

98 Siehe dazu Pfeil: Der Flüchtling; dies.: Fünf Jahre später; dies.: Flüchtlingskinder in neuer Heimat, Stuttgart 1951; dies.: Thema und Wege. Vgl. z. B. auch Klingemann: Soziologen, S. 111-118.

99 Elisabeth Pfeil an Gunther Ipsen, 20.5.1951. SFS Archiv. ONr. IX, Bestand 3, Nachlass Gunther Ipsen, K 5/14, Bd. I 17, Bl. 73. Als Favoriten unter ihren übrigen Optionen stand, wie sie schrieb, das Vertriebenenministerium in Bonn offen, wo man jemanden suchte, „der die Vermittlung zwischen Ministerium und Forschung übernehme", wofür jedoch noch keine Mittelfreigabe erfolgt war. Außerdem wollte Gerhard Weisser, in dessen Auftrag Pfeil in den folgenden Monaten ein soziologisches Gutachten zu den geplanten (bzw. im Aufbau befindlichen) Flüchtlingsstädten erstellte, sie nach Köln holen, um sie dort mit Forschungs- und Lehrauftrag auszustatten. Ebd., vgl. auch die später veröffentlichte, überarbeitete Version dieses Gutachtens: Pfeil: Neue Städte.

100 Gunther Ipsen an Elisabeth Pfeil, 26.5.1951. SFS Archiv. ONr. IX, Bestand 3, Nachlass Gunther Ipsen, K 5/14, Bd. I 17, Bl. 72. „Dortmund kennen Sie nicht, wenn Sie meinen, es fordre Todesmut. Ich wohne hier im Pfarrhaus Berghofen, das Ardeygebirge beginnt auf der andern Strassenseite, und ich laufe täglich zwischen Buchen und Eichen über die Höhen. So ist es überall südwärts – eine Parklandschaft, die berühmt wäre, wenn sie nicht das Pech hätte, dass man hier nur den Pott kennt. Dazu sind die Menschen so anständig und ansehnlich, wie sonst nur im NO; ich freu mich täglich daran."

Was die Bevölkerungswissenschaftlerin vor allen anderen als Gruppenleiterin qualifizierte, war die Tatsache, dass sie als einzige Mitarbeiterin der Abteilung (deren Leiter Gunther Ipsen eingeschlossen) ‚Erfahrung' in der Stadtforschung besaß.[101] Diese war, so paradox das klingen mag, eher theoretischer Natur gewesen, denn konkrete Studien hatte Pfeil bis zu diesem Zeitpunkt nicht betrieben. Aber sie hatte sich bereits seit den späten dreißiger Jahren intensiv mit der Großstadt als Objekt des Wissens und der Wissenschaft beschäftigt und ihre Schlussfolgerungen 1950 veröffentlicht. Mit ihrem Buch über „Großstadtforschung. Fragestellungen, Verfahrensweisen und Ergebnisse einer Wissenschaft, die dem Neubau von Stadt und Land von Nutzen sein könnte" legte sie den Grundstein für ihren Ruf als Stadtsoziologin. Es war ein Plädoyer für wissenschaftliche Forschung im Dienste der „Neuen Stadt", in dem die Bevölkerungswissenschaftlerin ganz unterschiedliche Problemstellungen und Wissensbestände zu einem vielschichtigen Wissens- und Handlungsfeld zusammenführte: zur Großstadt als „Allzusammenhang der Lebensvorgänge" des Menschen.[102] Das lässt bereits erkennen, dass das Buch durchaus den wissenschaftlichen Entwicklungen der dreißiger und vierziger Jahre verpflichtet war.[103] Elisabeth Pfeils Programm basierte nicht auf einer neuen Stadttheorie, sondern auf einer Systematisierung existierender Ansätze und Forschungsergebnisse. Was es indessen auszeichnete, waren allem voran zwei Aspekte: Erstens ein undogmatischer, doch sachlich-abwägender Zugang zum Gegenstand. Er bewirkte, dass Pfeil die verschiedensten Einzelergebnisse zwar offen und interessiert diskutierte – von der vermeintlichen Entdeckung stadtstrebiger Langkopfrassen über den Einfluss der Ernährung in der Großstadt bis zum funktionalen Stadtbegriff der Charta von Athen. Nicht wenige der bestehenden Ansichten und Urteile empfahl sie jedoch

---

101 Für Gunther Ipsens Bemühungen, Elisabeth Pfeil nach Dortmund zu holen, dürften neben den fachlichen allerdings auch persönliche Gründe eine Rolle gespielt haben. Der in launigem Ton gehaltene Briefwechsel legt nahe, dass beide gute Bekannte waren.

102 Pfeil: Großstadtforschung, S. 91.

103 Eine Feststellung, die sich nicht nur aufgrund der praxisorientierten Interdisziplinarität des Programms treffen lässt, sondern zweifellos auch für die dort versammelten Ansätze und Fragestellungen. Besonders greifbar wird das beispielsweise im Kapitel zur Stadtwanderung, in dem Pfeil unter anderem Versuche der Bevölkerungsbiologen diskutiert, die charakterliche und rassische Auslesewirkung der Massenmigration nachzuweisen. „Die Großstadt-Anthropologie fragt, ob die Stadtwanderung bestimmte Rassen, Stämme, Schläge bevorzugt? Unterscheiden sich solche anthropologischen Gruppen in Bezug auf Grad und Form ihrer Großstadt-Strebigkeit, ihrer Großstadt-Sucht, ihrer Großstadt-Fähigkeit und -Bewährung? Also auch in Hinsicht auf die Gefährdung durch das Großstadtleben?" Auch Studien, die sich mit diesen Fragen beschäftigten, gehörten für Pfeil zu einer Großstadtforschung, „die Stadt und Land von Nutzen sein könnte". Vgl. ebd., S. 159ff., Zitat S. 165.

der wissenschaftlich-empirischen Überprüfung, sofern sie ihr einseitig oder widersprüchlich erschienen. Und zweitens ein besonderes Interesse an den sozialen und sozialpsychologischen Prozessen in der Großstadt. Ihm ging sie schließlich auch an der Sozialforschungsstelle in der zweiten Untersuchung zum Großstadtwohnen nach, die in der Dortmunder Nordstadt durchgeführt wurde.[104]

Abseits der Innenstadt, zwischen Eisenbahn, Hafen und Industrieflächen war dort seit Mitte des 19. Jahrhunderts aus den Baracken und Notunterkünften der zuströmenden Arbeiter ein ganzer Stadtteil entstanden. Welches soziale Prestige er besaß, umschrieb Elisabeth Pfeil mit einem amerikanischen Zitat: „Born on the wrong side of the railway track".[105] Die Nordstadt war eines der traditionellen, großstädtischen Arbeiterviertel und genoss als Wohngebiet einen zweifelhaften Ruf, der auch damit zusammenhing, dass sie zugleich das traditionelle Amüsier- und Vergnügungsviertel Dortmunds war. Stehbierhallen, Kneipen, Bordelle, Tanz-

---

104 Obwohl Elisabeth Pfeil als Gruppenleiterin für die Großstadtgruppe eingestellt worden war, stellte die Nordstadt-Untersuchung die einzige von ihr selbst durchgeführte Forschungsarbeit zur Soziologie der Großstadt dar. 1952 hatte sie eine Ausweitung des Forschungsprojekts auf sozialpsychologische Fragestellungen unter Verweis auf die volle Auslastung aller Kräfte zunächst abgelehnt. Nach Abschluss der Nordstadt-Arbeit 1955 hat Pfeil zwar eine Anschlussuntersuchung beantragt, jedoch aufgrund ihres Wechsels an die Hamburger Akademie für Gemeinwirtschaft (April 1956) nicht mehr selbst bearbeitet. Neben ihren Aufgaben als Gruppenleiterin oblag Pfeil während der vier Dortmunder Jahre die soziologische Auswertung der „Wohnwünsche der Bergarbeiter" (vgl. unten, Kap. 8.1 u. 8.4). Außerdem entstand in Zusammenarbeit mit Ernst Wolfgang Buchholz ein umfangreiches Gutachten über „Die wirtschaftliche und gesellschaftliche Eingliederung der Heimatvertriebenen in regionaler Differenzierung". Dazu gehörten auch zwei „Städtemonographien", die exemplarisch Wachstum und Strukturveränderungen (Wirtschafts-, Verwaltungs-, Bevölkerungs- u. Sozialstruktur) zweier Klein- bzw. Mittelstädte (Husum und Memmingen) als Folge des Flüchtlings- und Vertriebenenzuzugs nachvollzogen. (Ein Auftrag des Instituts für Raumforschung in Bad Godesberg, der der Sozialforschungsstelle übertragen worden war.) Darüber hinaus entstanden ihr 1955 erschienenes Büchlein über „Das Großstadtkind" sowie verschiedene Beiträge für Fach- bzw. Universallexika. (Wie Gunther Ipsen gehörte auch Elisabeth Pfeil zu den Autoren des „Brockhaus".) Siehe dazu die Druckversion des erwähnten Gutachtens: Pfeil/Buchholz: Kleinstadt; außerdem Pfeil: Großstadtkind; dies.: Soziologie der Großstadt. Auch Elisabeth Pfeil an Gunther Ipsen, 20.5.1952; „Zeitplan für ein Jahr (zur Erörterung), o. D. [Mai/Juni 1952]; „Entwurf", o. D. [Mai/Juni 1952]; Elisabeth Pfeil an Gunther Ipsen, 9.9.1955; Inhaltsverzeichnis „Die wirtschaftliche und gesellschaftliche Eingliederung […], o. D. Alle SFS Archiv. ONr. IX, Bestand 3, Nachlass Gunther Ipsen, K 5/14, Bd. I 17, Bl. 65f., 60f., 57, 52.
105 Mackensen et al.: Daseinsformen, S. 128.

lokale und Kinos reihten sich an ihren Straßen und Plätzen. Im Jahr 1954 war für die Sozialforscher jedoch weniger die sittliche Herausforderung als die typische Baustruktur des dichtbevölkerten Arbeiterquartiers ausschlaggebend gewesen. In der Goldgräberstimmung der Gründerzeit hatten Spekulanten dort exorbitante Gewinne mit dem Bau von Mietskasernen erzielt, nach der Jahrhundertwende hatte der Spar- und Bauverein Dortmund in großem Stil Mietshäuser in Karreebebauung errichtet, und in den Weimarer Jahren hatte die Gemeinnützige Wohnungsbaugesellschaft in der Nordstadt sozialen Wohnungsbau betrieben. Allerdings hatte das Viertel im Krieg stark gelitten, und so klafften 1954 noch immer Ruinengrundstücke zwischen wiederhergestellten oder neugebauten Häusern.[106]

Als Untersuchungsgebiet waren sieben Wohnblocks ausgewählt worden, die aus allen Phasen des privaten und öffentlich geförderten Wohnungsbaus stammten und auch ansonsten recht unterschiedliche Wohnbedingungen aufwiesen. Eine klassische Mietskaserne war darunter, eng und dicht belegt; zwei 1928/29 gemeinnützig errichtete Blöcke der Wohnungsbaugesellschaft; ebenso einer mit vielen kleinen Privateigentümern, die oft selbst zu den Bewohnern der Häuser gehörten; zwei Blöcke mit besonders alten Gebäuden, die nur notdürftig wiederhergestellt worden waren und auf den Abbruch warteten; in einem anderen mischten sich die Alt- mit den Neubauten der Aufbaujahre. Ihre Bewohner waren hauptsächlich Arbeiter der Hüttenindustrien mit ihren Familien, Angestellte und einige Geschäftsleute: Besitzer von nahegelegenen Läden und Werkstätten, auch kleinere Beamte. In der überwiegenden Mehrzahl waren sie schon lange in Dortmund oder stammten aus der Stadt, viele waren im Krieg jedoch evakuiert oder ausgebombt worden und erst nach 1945 in die betreffende Wohnung eingezogen.[107] Insgesamt lebten dort 4.084 Menschen in 158 Häusern – beziehungsweise in insgesamt 1.554 Haushalten.[108] Da sich die Datenerhebung dieses Mal einzig auf die Interviews und einen präzisierten, weitgehend standardisierten Fragebogen stützte, erhielt im Oktober 1954 jeder sechste dieser Haushalte Besuch von einem studentischen Mitarbeiter.

Soweit es die Frage der ‚richtigen' Wohnung betraf, fiel die Auswertung dieser Daten für Elisabeth Pfeil allerdings enttäuschend aus. Sie mündete nämlich in der Erkenntnis, dass die grundlegende Voraussetzung zur empirischen Ermittlung der Wohnbedürfnisse fehlte: eine quantitativ ausreichende Versorgung mit Wohnraum. Bei den überaus beengten Verhältnissen in den Häusern mochte sie es beispielsweise kaum als Ausdruck eines gruppenspezifischen Wohnstils interpretieren, wenn

---

106 Vgl. knapp: Luntowski et al.: Geschichte der Stadt Dortmund, S. 275f., sowie die Beiträge von Hubert Nagusch zur Geschichte der Nordstadt, http://www.dortmund.de/de/leben_in_dortmund/stadtbezirke/stbzportal_innenstadtnord/leben_in_in/geschichte_in/index.html, 29.10.2015.
107 Mackensen et al.: Daseinsformen, S. 172.
108 Ebd., S. 130f.

Familienmitglieder in der Küche schliefen. Pfeil hatte interessiert, ob bestimmte (Berufs-)Gruppen zur Wohn- oder zur Kochküche tendierten, für wen ein separates Wohn- oder ein Arbeitszimmer zu einer guten Wohnung gehörte, und wer das Haus mit Garten, die Mietwohnung oder gar das Hochhaus vorzog. Doch auch als die Interviewer die Bewohner nach ihren Wünschen und Vorstellungen von einer guten Wohnung fragten, zeigte „sich leider, daß eine Mehrheit der Wohnungen so dicht belegt ist, daß die Entlastung durch zusätzliche Schlafräume das vordringlichste Begehren ist und besondere Wünsche oder Vorhaben bezüglich der Verteilung der Nutzungen gar nicht geäußert werden."[109] In einer Hinsicht mag sich die Großstadtforscherin allerdings bestätigt gefunden haben: Auf die Frage, ob sie gerne in der Nordstadt lebten, hatten 28 Prozent der Interviewten geantwortet, dass sie sich dort ausdrücklich wohlfühlten, und eine persönliche oder soziale Verbundenheit mit dem Viertel zum Ausdruck gebracht.[110] Offenbar konnten Großstädter Wurzeln schlagen – auch in einem Mietshausquartier.

Zwar hatten die Interviewer bei ihren Hausbesuchen gerade den Wohnbedürfnissen vergleichsweise viel Zeit gewidmet. Doch die anschaulicheren Ergebnisse erzielte Elisabeth Pfeil wohl mit ihrer Nachbarschaftsuntersuchung. Getestet hatte man die nachbarlichen Beziehungen wiederum mit Fragen nach Kontakten zu den Hausbewohnern in ansteigender Intensität. Grüßte man sich, wenn man sich begegnete? Führte man hin und wieder kurze Gespräche? Und wenn ja, dann mit wem und wo? Gab es gegenseitige Hilfeleistungen – vom Leihen eines Kochtopfes über das Kinderhüten bis zur Pflege im Krankheitsfall? Wen kannte man näher? Nahmen die Nordstädter an familiären Ereignissen in der Nachbarschaft wie Hochzeiten, Todesfällen oder Konfirmationen Anteil – und in welcher Form?

Was Pfeil aus den Antworten ablas, war durchaus nicht das, was Sozialwissenschaftler und Stadtplaner in einem solchen Quartier vermuteten. Sie entdeckte „sehr weit reicher[e] und intensiver[e]" Nachbarschaftsbeziehungen, als sie es offenbar selbst erwartet hatte,[111] tastete aber auch die Grenzen ihrer Reichweite ab. Demnach war ein Grundlevel aus gegenseitigem Grüßen und gelegentlichen Gesprächen auf der Straße und vor allem im Hausflur gegeben. Auch zu nachbarlichen Hilfeleistungen hatten sich die meisten Nordstädter im Gespräch bekannt (wenn auch teilweise auf Nachfrage und mit eindeutiger Differenzierung zwischen banalem Borgen und Kinderhüten). Der Personenkreis war hier allerdings schon kleiner: „Am ehesten ist es die Flurnachbarin, mit der man engere nachbarliche Beziehungen pflegt und zugibt." Familiäre Feiern hingegen waren Pfeils Urteil nach tatsächlich Familiensache, für die sich in der Nachbarschaft alternative Formen der indirekten Anteil-

---

109 Ebd., S. 152.
110 Ebd., S. 134-136.
111 So das fast überschwängliche Fazit in Pfeil: Soziologie der Großstadt, S. 253. Auch das folgende Zitat findet sich ebd., S. 254.

nahme gefunden hatten: von der Grußkarte bis zum gemeinsamen Geschenk.[112] Eine der signifikantesten Erkenntnisse ergab der Vergleich zwischen den verschiedenen Wohnblocks. Er legte nahe, dass die Intensität der nachbarschaftlichen Kontakte kaum etwas mit den baulichen Arrangements oder dem Alter der Gebäude zu tun hatte. Bei der Umrechnung der Befragungsergebnisse rückte Pfeil stattdessen Wohndauer, Lebensalter und Schichtzugehörigkeit in den Blick. Dennoch hielt sie diese Faktoren für sekundär. „Aus der Dortmunder Nordstadt-Untersuchung" so ihr Fazit, „geht jedenfalls schon so viel hervor, [...] daß [...] das Entstehen nachbarlicher Beziehungen nicht an sie gebunden ist, sondern daß diese sich überall entwickeln, wo eine Angewiesenheit aufeinander besteht."[113]

Für Elisabeth Pfeil waren die Nachbarschaftsverhältnisse besonders aus sozialpsychologischer Sicht interessant. Sie sah dahinter eine großstadttypische Verhaltensweise, nämlich den Balanceakt zwischen (begrenzter) Angewiesenheit, unausweichlicher räumlicher Nähe und notwendiger psychischer Distanz.[114] Besonders intensive Kontakte hatte sie in der Nachbarschaft allerdings nicht vermutet – zumindest hatte man sich während der Datenerhebung kaum die Mühe gemacht, die „näheren Bekannten im Haus" genauer zu differenzieren. Diese engeren Beziehungen waren aber das Thema eines dritten Teils der Befragungen, auf deren Basis Elisabeth Pfeil den „Verkehrskreis" der Nordstädter erkundete – eine Untersuchung, wie sie Dietrich von Oppen zuvor in ähnlicher Form in Datteln angestellt hatte.[115]

Sie basierte auf dem Gedanken, dass es nicht die lokale, nachbarschaftliche Einheit war, die die unmittelbare soziale Umwelt der Großstädter ausmachte, sondern vielmehr ein Netz aus Verwandten und Bekannten, in dem die räumlichen Konstellationen sekundär waren. Dazu hatten sich die Interviewer nach dem Besuchsverkehr der befragten Familien erkundigt – verstanden im Sinne wechselseitiger Familienbesuche in den jeweiligen Wohnungen. Mit wem traf man auf diese Art zusammen und wie häufig? Waren es Verwandte, mit denen dieser vertraute Umgang gepflegt wurde, oder Bekannte ohne verwandtschaftlichen Anschluss? Wie war, im letzteren Fall, die Bekanntschaft zustande gekommen? Und wo im Stadtgebiet wohnten diese Familien?

Auf diese Weise arbeitete Pfeil heraus, dass die überwältigende Mehrzahl der Nordstädter Familien in einen so definierten „Verkehrskreis" eingebunden war – nur vier Prozent hatten angegeben, weder engere verwandtschaftliche noch freundliche Bande zu pflegen – und lebendige soziale Beziehungen unterhielten. Überdies hatten die Familien die häufigsten Besuchskontakte mit Verwandten, was ihre

---

112 Mackensen et al.: Daseinsformen, S. 194-197.
113 Pfeil: Soziologie der Großstadt, S. 255.
114 Mackensen et al.: Daseinsformen, S. 187.
115 Siehe zum Folgenden ebd., S. 200-225, 337; Pfeil: Soziologie der Großstadt, S. 255f.; von Oppen: Familien in ihrer Umwelt.

Vermutung bestätigte, dass „der gesellige Umgang der Großstadtfamilien" in hohem Maße von der weiteren Verwandtschaft bestimmt war. Auf der anderen Seite schienen die Kontakte zu Bekannten und Freunden abzunehmen, je größer die Verwandtschaft war – eine Einsicht, die Pfeil sogar schlussfolgern ließ, dass viele Großstädter ihren Bekanntenkreis aktiv begrenzt hielten, eben weil sie eine große Verwandtschaft besaßen.

Auch die räumliche Ausbreitung dieser Verkehrskreise hatte die Großstadtforscherin untersucht und eine Überlagerung von verwandtschaftlichem beziehungsweise bekanntschaftlichem und lokalem System diagnostiziert. Wo verwandtschaftliche oder freundschaftliche Beziehungen bestanden, so stellte sie fest, wurden sie offenbar positiv durch räumliche Nähe beeinflusst. Denn die wenigsten Mitglieder des familiären Verkehrskreises wohnten in der unmittelbaren Nachbarschaft – dafür aber mehrheitlich im gleichen oder in den angrenzenden Vierteln.

„Je umfangreicher der Verwandtenkreis, desto enger scheint er beieinander zu sitzen [...]. Die Verwandtschaft ist im wesentlichen vorgegeben, wenn auch gelegentlich Verwandte zuziehen. Vielleicht hält sie um so besser zusammen, je näher sie beieinander wohnt; überspitzt gesagt: nur *wenn* sie zusammensiedelt, *bleibt* sie groß. [...] Je größer aber der Bekanntenkreis, desto stärker löst er sich von der lokalen Grundlage: wer bereit ist, auch fernerwohnende Bekannte aufzusuchen, erwirbt mehr Bekannte."[116]

6.4.4 Nachbarn und Kollegen

Die Nordstadt-Untersuchung hatte zwar den Blick für die Formen nachbarschaftlicher Kontakte in der Großstadt geöffnet. Aber als Quartier der „kleinen Leute", der unteren Mittelschicht vermutete Elisabeth Pfeil hinter der unerwarteten Intensität der Nordstadt-Nachbarschaft die Wirkungen eines bestimmten sozialen Milieus. Ob ähnliche Verhältnisse in allen Wohngebieten und unter allen Schichten der städtischen Gesellschaft – Beamten, Angestellten, wohlhabenderen Geschäftsleuten – herrschten, erschien ihr deswegen fraglich. Bereits im Sommer 1955 hatte sie daher eine weitere Untersuchungsreihe beantragt, um die Ergebnisse „für andere Wohnviertel und anders strukturierte Bevölkerungen" zu überprüfen, die im Januar 1956 auch bewilligt worden war.[117] Allerdings wechselte Pfeil in diesem Jahr nach Ham-

---

116 Mackensen et al.: Daseinsformen, S. 212.
117 Gunther Ipsen an die Arbeitsgemeinschaft für Forschung, 29.7.1955. Anlage 1. Zwischenbericht. SFS Archiv. ONr. IX, Bestand 3, Nachlass Gunther Ipsen, K 7/14, Bd. I 24, Bl. 215-217. Dazu auch vorab: Vorschläge für empirische Untersuchungen 1956 von Dr. Elisabeth Pfeil, o. D. SFS Archiv. ONr. IX, Bestand 3, Nachlass Gunther Ipsen, K 7/14, Bd. I 24, Bl. 241.

burg an die Akademie für Gemeinwirtschaft, und für das inzwischen bewilligte Projekt musste ein neuer Bearbeiter gefunden werden.

Die Wahl fiel auf Helmut Klages, einen Vertreter der später sogenannten Nachkriegsgeneration der Soziologie. Klages war Jahrgang 1930. Er hatte Volkswirtschaftslehre studiert, war für die Promotion aber seinen eher soziologischen Interessen nachgegangen und 1953 von Helmut Schelsky – der soeben dem Ruf auf den Lehrstuhl für Soziologie der Universität Hamburg gefolgt war – als Doktorand angenommen worden. Seinem Doktorvater Schelsky war auch die empirische, gegenwartsaktuelle Fragestellung seiner Dissertation zu verdanken gewesen: Helmut Klages hatte die Entwicklung zweier Hamburger Selbsthilfesiedlungen auf ihre sozialintegrative Wirkung hin untersucht – als soziologischer Beitrag zur Diskussion um die städtebauliche Gestaltung funktionierender Nachbarschaften. Mit dieser Arbeit war er 1955 in Hamburg promoviert worden. Im August 1956 übernahm er das vakante Dortmunder Projekt.[118]

Entgegen Elisabeth Pfeils oben erwähnten Interessen richtete er die neue Studie jedoch an der Frage aus, „ob das Arbeitsverhältnis der Wohnbevölkerung einen erkennbaren Einfluß" auf die nachbarlichen Beziehungen ausübte.[119] Sahen also die Nachbarschaftsverhältnisse anders aus, wenn man nicht nur Tür an Tür wohnte, sondern auch im gleichen Betrieb arbeitete? Oder systematisch gefragt: Wirkten die sachlich-unpersönlichen, die „sekundären" Beziehungen des Arbeitslebens (positiv) auf die „primären" Beziehungen, die durch lokale Vorgegebenheiten entstanden?

Dieses Mal standen daher Werksiedlungen im Fokus der 14 Interviewer, die im Oktober 1956 zur Feldarbeit auszogen. Man hatte drei Objekte am Rande von Dortmund dazu ausgewählt, die sich im Alter, in Architektur, Bau- und Sozialstruktur zwar ähnelten. – Alle drei waren zwischen 1939 und 1941 erbaut worden; es waren reine Wohngebiete, mit einzelnen Einfamilienhäusern und einer überwiegenden Anzahl Mehrfamilien- und Reihenhäusern, mit Vorgärten und kleinen Gärten hinter dem Haus. Auch die Bewohnerschaft war ähnlich zusammengesetzt und bestand zu 70 Prozent aus Arbeitern, den Rest machten vorwiegend kleinere Angestellte aus. – Doch unterschieden sie sich im Hinblick auf die Betriebsbindung: Im 1914 eingemeindeten Huckarde stand eine reine „Unionsiedlung", denn dort hatte nur die Dortmund-Hörder Hüttenunion für ihre Werksangehörigen gebaut. Zwei Drittel der dort lebenden, berufstätigen Männer arbeiteten für das Unternehmen. Etwas anders waren die Verhältnisse im 1929 unter Dortmunder Verwaltung gekommenen Hombruch. Dort hatten drei große Unternehmen gemeinsam den Bau einer Wohnsiedlung finanziert, so dass nicht alle Nachbarn zwangsläufig im selben Betrieb arbeiteten. Noch heterogener war in dieser Hinsicht die Bewohnerschaft der

---

118 Klages: Soziologie als Basis, S. 373f.
119 Gunther Ipsen an Arbeitsgemeinschaft für Forschung, 19.12.1956, Zwischenbericht. SFS Archiv. ONr. IX, Bestand 3, Nachlass Gunther Ipsen, K 7/14, Bd. I 24, Bl. 152-154.

dritten, ebenfalls in Hombruch gelegenen Vergleichssiedlung. Als Bauträger hatte dort die Dortmunder Gemeinnützige Wohnungsbaugesellschaft agiert, und die Belegungsrechte waren an verschiedene Firmen sowie an die Stadt Dortmund gegangen. Hier waren die Chancen also am größten, beim Verlassen der Wohnung keinem Werkskollegen zu begegnen. In der Sprache der Studie handelte es sich um eine überlagerte, eine teilüberlagerte und eine nichtüberlagerte Siedlung.

Ähnlich wie Elisabeth Pfeil in der Nordstadt, so versuchte auch Helmut Klages, den Nachbarschaftsbeziehungen auf die Spur zu kommen, indem er die Bewohner jedes zweiten Hauses nach Kontakten unterschiedlicher Intensitätsstufen fragte. Um ihre Bedeutung für das Ideal der gebauten Gemeinschaft zu verdeutlichen, differenzierte er allerdings von vornherein zwischen drei Modi des nachbarschaftlichen Verhaltens – zeremoniellem, Solidaritätsverhalten und individuellem Kontaktverhalten.[120] Das zeremonielle Verhalten verlief für den Sozialforscher im Rahmen ritualisierter „Anstandsregeln", einerlei ob beim Gruß, bei der Anteilnahme an Todesfällen oder bei „gemeinsamen Handlungen festlichen Charakters"[121] wie Familienfeiern, Nachbarschafts- oder Straßenfesten. Solidaritätsverhalten lag in allen Fällen praktischer Lebenshilfe vor, die vom Borgen einer Zwiebel bis zur Pflege im Krankheitsfall reichen konnten. Mit individuellem Kontaktverhalten hingegen waren engere Bekanntschaften oder Freundschaften gemeint. „Wir gewinnen über sie Aufschluß, wenn wir die Antworten auf unsere Gesprächsfrage, ‚Mit wem treffen Sie sich, wenn Sie sich mal nett unterhalten wollen' auswerten," so Klages.[122]

Und ähnlich wie Elisabeth Pfeil das implizit getan hatte, kam Helmut Klages ausdrücklich zu dem Schluss, dass die räumliche Nähe, die Gelegenheit zu unmittelbaren Kontakten nicht zwangsläufig zur Formierung gemeinschaftlicher Einheiten führte. Für ihn waren die sozialen Beziehungen, die die Siedlungsbewohner pflegten, in hohem Maße individuell bestimmt, und bezogen stets nur einen bestimmten Kreis von Personen ein. Nicht einmal das Grüßen als unterste Ebene des zeremoniellen Verhaltens wurde auf die Einwohner der gesamten Siedlung ausgedehnt, sondern schien in unterschiedlichem Ausmaß gehandhabt zu werden – der kleinste gemeinsame Radius waren die Hausmitbewohner. Ähnlich gingen die Befragten auch bei verschiedenen Formen der Anteilnahme an Trauerfällen oder anderen familiären Anlässen vor. Leih- und Hilfsdienste wurden zwar im Kreis der unmittelbaren Nachbarn im Haus übernommen, aber vor allem als Notfallhilfe. Man sprang temporär ein, wenn die Verwandtschaft ausfiel. Zum Alltag gehörten sie selbst im Rahmen der banaleren Formen des Borgens nur für einen geringen Teil der Einwohner. „Im Rahmen der Lebenssicherung des modernen Großstädters" füll-

---

120 Klages: Nachbarschaftsgedanke, S. 127.
121 Ebd., S. 131.
122 Ebd., S. 158.

ten sie nach Klages Urteil „letzten Endes doch nur eine Randfunktion" aus.[123] Wenn es um engere Bekanntschaften ging, mochte der gemeinsame Wohnort allerdings unterstützend wirken, so seine Überlegung. Zumindest hatte er errechnet, dass die Siedlungsbewohner den größten Teil (mehr als 60 Prozent) ihrer in der Nähe wohnenden Bekannten eigentlich aus einem Kontext kannten, der mit dem Wohnort nichts zu tun hatte.[124]

Auf die zentrale Frage der Studie – ob der gemeinsame Arbeitsplatz die nachbarschaftlichen Beziehungen nun fördere oder nicht – vermochte Helmut Klages indessen nur unter Vorbehalt zu antworten. Im Verlauf der Untersuchung hatte sich nämlich herausgestellt, dass nicht einmal in der Unionsiedlung in Huckarde tatsächlich direkte Arbeitskollegen Tür an Tür wohnten – dafür war das Unternehmen mit seinen 10.000 Beschäftigten zu groß. Und da ein statistischer Vergleich der Beziehungsdichte in den verschiedenen Siedlungen keinen nennenswerten Unterschied ergeben hatte, ging der Sozialforscher davon aus, dass folglich auch kein Korpsgeist auf das nachbarschaftliche Verhalten eingewirkt hatte. Zusätzlich waren die Bewohner nach ihrer Meinung zum Werkswohnen gefragt worden, und die Auswertung hatte ergeben, dass vielmehr die ausdrückliche Trennung der beiden Sphären Arbeiten und Wohnen gewünscht wurde, weil Angst um den Wohnfrieden bestand. „Die Zusammenführung von Familien unter dem Aspekt der gemeinsamen Werkszugehörigkeit", schlussfolgerte Klages, „vergrößert die Chance des nachbarlichen Kontakts nicht wesentlich. Im Gegenteil werden in das Verhältnis zusätzliche Spannungsmomente eingeführt."[125]

Ein Ergebnis, das sich nahtlos in seine sozialpsychologische Gesamtinterpretation der Nachbarschafts-Beziehungen fügte: Auch für Klages legten die Aussagen und Verhaltensweisen der Siedlungsbewohner nahe, dass es sich dabei um Modi der Distanzwahrung handelte, die ein möglichst konfliktfreies Zusammenleben ermöglichen sollten. Mit steigender Intensität der Beziehungen fürchte man auch ihre steigende Labilität und sei deshalb ängstlich bemüht, keine Reibungspunkte entstehen zu lassen und die eigene Privatsphäre zu wahren. Helmut Klages verstand das als „Verhaltensunsicherheit" in Folge des großstädtischen „Fremdheitserlebnis[ses]". Was bedeutet, dass er diese Form der nachbarschaftlichen Beziehungen (anders als Elisabeth Pfeil in der Nordstadt-Untersuchung) latent negativ bewertete – als Störung oder Schwundstufe früherer, gemeinschaftlicher-vertrauterer Verhältnisse:

„Es fehlt das Bewußtsein einer tragfähigen Basis des Miteinander-Gemeinsam-Habens, das dem Fremdheitseindruck seine Schärfe nehmen könnte und gleichzeitig die einbruchgefähr-

---

123 Ebd., S. 156.
124 Ebd., S. 158f.
125 Ebd., S. 212.

dete Verhüllung der Ungleichartigkeit überflüssig machen würde. Der Affekt, die Verbitterung und Enttäuschung, ja gerade die spontane und heftige Abwehr, mit der man engeren nachbarlichen Kontakt ablehnt, lassen ganz deutlich werden, daß sich hier der ‚kleine Mann' der Großstadt nicht gegen eine Gefährdung eines <u>originären</u> Anonymitäts- und Privatheitsbedürfnisses zur Wehr setzt. Es deutet sich vielmehr an, daß dieses faktisch zweifellos starke Bedürfnis [...] <u>bedingt</u> ist, daß es <u>Kontaktreserven</u> gibt, <u>die durch das Fremdheitserlebnis</u> verschüttet sind und <u>durch die der physischen Nachbarschaft immanenten Bindungskräfte auch nicht mobilisierbar sind.</u>"[126]

6.5 ZWISCHENFAZIT

Von den Städtemonographien zur systematischen Großstadtforschung – zwei Dinge sollten an der skizzierten Genese greifbar geworden sein: Zum einen, wie sehr das Gründungsprogramm der Sozialforschungsstelle auf den wissenschaftlichen Entwicklungen der dreißiger und vierziger Jahre aufbaute. Und zum anderen, dass es in erster Linie der Leistungs- und Anwendungsgedanke und die Orientierung an politischen Interessen waren, die dieses Programm getragen hatten – weniger ein entsprechendes empirisches Knowhow. Als 1944 die sogenannten Städtemonographien auf dem Forschungsplan der RAG aufgetaucht waren, hatte das bereits mehr über den Willen ausgesagt, das dort gebündelte wissenschaftliche Potential zur Aufbauplanung zu nutzen, als über das zur Verfügung stehende Instrumentarium. Und auch an dem Dortmunder Institut, an dem die Gründer die Idee wenige Jahre später wieder aufgenommen hatten, geschah das im Sinne einer Entwicklungsarbeit. Die Stadtmonographie sollte über die bloße Datenkompilation hinaus zu einem seriell einsetzbaren Forschungs- und Diagnoseinstrument entwickelt werden. Ein erfolgloses Vorhaben, dem die einzige fertiggestellte Arbeit in keiner Weise gerecht wurde. Henny Hellgrewes Wirtschafts- und Sozialmonographie Dortmunds fiel gleich doppelt durch: bei den Kollegen aus der Wissenschaft als auch bei den potentiellen Anwendern im Dortmunder Rathaus. Der 1951 genommene zweite Anlauf führte ebenfalls nicht zum Ziel. Doch ging daraus das Projekt einer systematischen, nach allgemeingültigen Merkmalen fragenden Großstadtforschung hervor.

Worin bestand diese Forschung? Als eigener Komplex innerhalb des Projekts wurden auf den vorangegangenen Seiten zunächst die Strukturuntersuchungen beschrieben, die zweifellos eine gewisse Ähnlichkeit mit dem Gedanken der Monographien aufwiesen. Stadtwanderung und die Modi der Integration, die aus den Zuwanderern die Stadtbevölkerung werden ließen; ihre Verortung im Raum und die Ausbildung räumlich-sozialer Gliederungsmuster in Stadtzonen, in Nukleus und Peripherie bis zu den täglich wiederkehrenden Bewegungsmustern des Erwerbslebens

---

126 Ebd., S. 180, Hervorhebungen im Original.

und dem Einzugs- und Einflussraum, den die Berufspendler täglich durchmaßen: Betrachtet man alle diese Arbeiten im Zusammenhang, so zielten sie auf eine Art Entwicklungsbild, das die Großstadt als spezifischen Sozialraum mit einheitlichem, gesetzmäßigen Aufbau sichtbar machen sollte. Im Vergleich zu den Stadtmonographien war die Perspektive dabei offensichtlich auf sozialwissenschaftliche Fragen im engeren Sinne neu ausgerichtet worden. Denn wenn es 1951 noch wichtig gewesen war, „auch die [...] verwaltungsmäßige Entwicklung und Gliederung des Raumes" zu berücksichtigen,[127] so spielte sie 1959 im Rahmen der „Daseinsformen der Großstadt" keine Rolle mehr. Die kommunalhistorische Arbeit Karl Hahns, die sich mit dem Großstadtwachstum per Eingemeindung beschäftigt hatte, wurde in Folge dessen ausgegliedert und separat publiziert.

Weniger eindeutig hingegen ist zu erklären, was aus dem historischen Ansatz wurde, der dem Konzept der Monographien inhärent gewesen war. Eduard Willeke und Henny Hellgrewe hatten mit ihren Arbeiten noch den großen Bogen schlagen und die Gegenwart einer Stadt über ein 500jähriges Zusammenspiel von Mensch und Raum erklären wollen. An so viel geschichtliche Tiefe hatten Wolfgang Köllmann und Wolfgang Schütte zwar zu keinem Zeitpunkt gedacht. Doch auch sie hatten die „planerischen Folgen" unter anderem aus der Entwicklung Dortmunds seit 1870 ableiten wollen. Hatten historische Analysen also auch im Rahmen der Großstadtforschung noch ihren Platz? Sowohl Rainer Mackensen als auch Johannes Papalekas hatten ansatzweise versucht, die sozialräumliche Gliederung als Ergebnis langfristiger Entwicklungen zu präsentieren – wenn auch auf empirisch eher dünner Grundlage. Wolfgang Köllmanns historisch orientierte Arbeiten aus dem Bereich der sozialen Mobilitätsforschung hingegen wurden nie publiziert, wobei man jedoch mehr an die methodischen Schwierigkeiten als an einen freiwilligen Verzicht wird denken dürfen. Denn trotz mathematisch-statistischer Nachbearbeitungen und Neuauswertungen war es nicht gelungen, anhand der Eheschließungen der vier Stichjahre den Wandel der Dortmunder Sozialstruktur nachzuvollziehen. Da man letzten Endes bei fast keiner Untersuchung von einem methodisch trittsicheren Verlauf ausgehen kann (eine Ausnahme bildete wohl Christallers Pendlerstudie), fällt ein Urteil schwer. Denn es lässt sich kaum entscheiden, ob diese Aspekte für ein verändertes Verständnis sprechen. Oder ob es nicht gelungen war, die historische Perspektive methodisch umzusetzen.

Eine solche Perspektive hatte im zweiten Untersuchungskomplex zu keiner Zeit eine Rolle gespielt. Die Wohnforschung war in Dortmund aus einem konservativen Gesellschaftsbild heraus begonnen worden, sowohl zur Förderung familiärer und gemeinschaftlicher Bindungen wie auch zur Erfassung (berufs)gruppenspezifischer Wohnstile, die im Zusammenhang mit sozialer Zufriedenheit und Integration gese-

---

127 Anlage. Betr. Sozialstruktur und Sozialplanung Bochum, 31.5.1951. SFS Archiv. ONr. IX, Bestand 3, Nachlass Gunther Ipsen, K 7/14, Bd. I 24, Bl. 383f.

hen wurden. Ausschlaggebend war der Gedanke des ‚richtigen' Wohnens gewesen; beziehungsweise der ‚richtigen' Wohnung, die diese Funktionen für verschiedene Schichten und Gruppen der Gesellschaft erfüllte. Dass sich Ausformungen und Bedürfnisse mit den gesellschaftlichen Verhältnissen wandeln mochten, kam in diesem Ansatz zunächst einmal nicht vor.

Schaut man die drei Studien an, so ist schwer zu übersehen, wie eng sich die Forschung anfänglich am Wohnungsbau und dessen Konzepten orientierte. Wolfgang Schüttes Siedlungsuntersuchungen zielten auf eine „soziologische" Bewertung gängiger Wohnungsgrundrisse, Haustypen und Siedlungsformen. Seine Vorgehensweise war offenbar von der Vorstellung konzentrisch aufeinander aufbauender sozialer Einheiten (Familie, Nachbarschaft, Siedlergemeinschaft, erweiterter „Verkehrskreis") und ihrer jeweils passenden ‚Gehäuse' bestimmt. Auch Elisabeth Pfeil suchte vor der Blaupause gängiger Wohnungsgrößen und -grundrisse nach gruppenspezifischen Wohnbedürfnissen und verglich die Intensität der nachbarschaftlichen Beziehungen in verschiedenen Mietwohnungsblocks. Insofern waren es weniger die spezifischen Wohnverhältnisse in der Großstadt, die die Wissenschaftler interessierten, als der Zusammenhang von Lebensweisen und Baustruktur. Das war eine erweiterte Form der Bauforschung, wenn man es etwas überspitzt formulieren möchte, und weniger der Stadt- oder Wohnsoziologie. Davon hob sich die chronologisch letzte Studie deutlich ab, ging es Helmut Klages doch in erster Linie um die Dependenz zweier sozialer Beziehungssysteme: Nachbarschafts- und Berufsleben standen hier im Mittelpunkt.

Dennoch können diese Versuche, die soziale Eignung und Wirkung baulicher Strukturen zu messen, durchaus als innovativ bezeichnet werden. Zwar waren wissenschaftliche Vorarbeiten zur sozialen Optimierung architektonischer Entwürfe längst kein neuer Gedanke mehr, als Schütte 1951/52 seine Siedlungsuntersuchungen begann. Immerhin schickten sich die Praktiker des sozialen Wohnungsbaus in diesem Moment an, ein Programm modernen Wohnens in massenhafte Realität umzusetzen, dem die Prinzipien der wissenschaftlichen Betriebsführung zugrunde lagen. Das „Neue Bauen" stützte seine Formen seit der Weimarer Zeit auf die exakte Beobachtung und Zergliederung häuslicher Abläufe und Arbeitsvorgänge und auf die mit Stoppuhr und Maßband unternommene Untersuchung ihres Kraft- und Zeitaufwands. Und auch um Städte in gemeinschaftsstiftende Siedlungszellen respektive *neighborhood units* zu unterteilen, hatten Architekten und Städteplaner auf verschiedene Weise Maß genommen, Arbeitswege und deren Kosten korreliert und fußläufige Distanzen ermittelt. Was jedoch mit Schüttes Siedlungsuntersuchung zur Grundlage wurde, war weder die Logik tayloristischer Rationalisierung noch der volksgemeinschaftsorientierten Sozialtechnik, sondern die Bedürfnisse, die die Wohnenden selbst zum Ausdruck brachten: durch Umbau, Umnutzung, durch verbal artikulierte Zufriedenheit, Kritik oder Wünsche. Ähnlich verfuhr Elisabeth Pfeil knapp drei Jahre später, als sie Wohnraumnutzung und Wohnwünsche der Nordstädter zu ermitteln suchte, um Anhaltspunkte für sozialgruppenspezifische Wohnbedürfnisse zu gewinnen. Der Aussagewert dieser Bedürfnisforschung mag bereits unter den Zeitgenossen umstritten gewesen sein.[128] Und man muss auch Pfeils – offensichtlich dem Modell der Klassengesellschaft verpflichtete – normative Vorstellung verbindlicher Wohnkulturen von Arbeitern, Angestellten oder Beamten nicht teilen. Doch war es in diesem Kontext nicht ohne Neuigkeitswert, dass die Dortmunder Forscher nun das Wohnen selbst als Auseinandersetzung zwischen gelebter, gebauter und gewünschter Realität zu ihrem Gegenstand und letztlich zur architekturkorrigierenden Instanz machen wollten.

Über diesen Aspekt hinaus war es – im Gegensatz zu den statistischen Sekundärauswertungen der Strukturuntersuchungen – für das Vorhaben nötig, methodisch neue Wege zu suchen. Wolfgang Schütte begann in Deusen mit einer vielfältig angelegten Feldforschung, die – sieht man einmal davon ab, dass sie eine eher wenig entwickelte empirische Epistemologie verriet – keineswegs ganz einfallslos daher kam. Als erster Mitarbeiter des Projekts setzte er außerdem das Interview zur Datenerhebung und Ergänzung seines Aktenmaterials ein. Solche Quellen waren für die Erhebungen in der Dortmunder Nordstadt ohnehin nicht nutzbar, und Elisabeth Pfeil, wie auch später Helmut Klages stützten sich vollständig auf die gesprächsweise erhobenen Daten.

Man kann, dies als kleiner Exkurs, darüber nachdenken, warum gerade das Reiheninterview zur Methode der Wahl wurde. Schließlich hätten die Stadtforscher gerade den nachbarschaftlichen Verhaltensweisen in einem Großstadt-Quartier auch durch eigene Erkundungen und Beobachtungen auf die Spur kommen können. Dass die Interviewerhebungen überdies nicht unproblematisch, ihre Ergebnisse „mit Verschweigungen oder […] möglicherweise mit Übertreibungen belastet" waren, hatten Elisabeth Pfeil und ihre Kollegen sogar selbst bemerkt.[129] Allerdings ließen sie sich vergleichsweise einfach statistisch aufbereiten, in Zahlen umsetzen, vergleichbar und somit anwendbar machen. Für die Ziele, die Wolfgang Schütte mit seiner

---

128 Vgl. unten, S. 311ff.
129 Mackensen et al.: Daseinsformen, S. 193. So hatte Elisabeth Pfeil die Erfahrung gemacht, dass die Beobachtung der Interviewer und die Interviewangaben sich diametral entgegenstehen konnten. „Es geschah z. B.", illustrierte sie das Phänomen, „daß eben noch mit Nachdruck erklärt worden war, daß man Stubenlaufen oder Pöttekieken nicht dulde, und schon öffnete sich die Tür, und es erschien die Nachbarin mit edler Selbstverständlichkeit, ja, einmal hob sie alsbald den Deckel vom lieblich duftenden Kochtopf mit der Frage: ‚Na, was gibt es denn heute?', damit zugleich den Sozialforscher belehrend, daß eine Redewendung wie die vom ‚Pöttekieken' keineswegs metaphorisch zu verstehen sei." (ebd., S. 185) Die Wohnforscherin nahm an, dass die Aussagen der Befragten häufig weniger reale Verhaltensweisen als vielmehr ein bestimmtes „Leitbild" zum Ausdruck brachten.

Siedlungsuntersuchung ursprünglich verfolgt hatte, war das eigentlich wichtiger als die detaillierten Einblicke, die er zur Entwicklung und dem Leben in der Kleinsiedlung Deusen gewonnen hatte. Die Praxisorientierung der Arbeiten mag also wesentlich dazu beigetragen haben, dass die Forscher den standardisierten Interviews den Vorzug gaben. Darüber hinaus spielte der Zeit- und Kostenfaktor in einem Institut, das sich zu einem großen Teil per Mitteleinwerbung finanzierte, gewiss keine untergeordnete Rolle. Allerdings sollte ein dritter Aspekt nicht übersehen werden: nämlich die vermutete Exaktheit und Objektivität dieser Methodik. Sie schien geeignet, Repräsentativität herzustellen.[130] Und es ist anzunehmen, dass auch von den Möglichkeiten der statistischen Auswertung, der technisch verbürgten Objektivität der neu zum Einsatz kommenden Hollerithmaschine eine nicht geringe Faszination ausging. Elisabeth Pfeils 1954 erschienener Bericht über die „Wohnwünsche der Bergarbeiter" – eine ungefähr zeitgleich entstandene Studie, die an späterer Stelle noch behandelt werden wird[131] – vermittelt einen knappen Eindruck davon:

„Schon die[] erste Auszählung der Ergebnisse pflegt neben Erwartetem Überraschungen zu bringen. – Ein Beispiel: Wir hatten danach gefragt, ob Gas für Kochzwecke gewünscht würde. Die Bergleute hatten das häufig abgelehnt. Sie befürchteten Unglücksfälle, vor allen Dingen eine Gefährdung der Kinder. Diese Argumente waren mit starkem Nachdruck vorgetragen worden, und es hatte sich bei uns die Meinung gebildet: *die* Bergleute wünschten kein Gas, und zwar hauptsächlich deswegen nicht, weil sie es für zu gefährlich hielten. Damals war die Auszählung durch die Hollerithmaschine für uns etwas Neues, und wir machten uns ein Vergnügen daraus, davor zu stehen und zu raten, wie das Ergebnis liegen würde. Manchmal richtig, manchmal etwas danebengehend, kaum aber je hatten wir so danebengegriffen wie in diesem Fall. Denn was stellte sich heraus? Knapp die Hälfte der Befragten hatte sich gegen die Einführung von Gas ausgesprochen, und diejenigen, die es mit der Gefährlichkeit begründet hatten, machten nur 12% aus! Aber diese hatten ihre Argumente so nachdrücklich vorgetragen, daß sie im Gedächtnis der Frager stark in den Vordergrund getreten waren. – Das kleine Beispiel erweist, wie nötig es ist, das Urteil, das man sich gemeinhin aus Gesprächen bildet, zuweilen durch Auszählungen zu kontrollieren. *Jede Urteilsbildung im täglichen Leben erfolgt ohne eine solche Kontrolle.* Sie erliegt daher dem Eindruck, den das Auffällige hinterläßt. […] Aus psychologischen Gesetzlichkeiten, denen wir alle unterworfen sind, ver-

---

130 Vgl. Klages: Nachbarschaftsgedanke, S. 117. Die Entscheidung gegen eigene Erkundungen und Beobachtungen und zugunsten der Befragungstechnik sei gefallen, so erklärt Klages dort, „weil anzunehmen war, daß in Ausschnitten aus großstädtischen Wohnquartieren zu wenig Angriffsfläche für wirklich fruchtbare und repräsentative Beobachtungen gegeben sein würden."

131 Siehe unten, S. 302ff.

schieben sich die Gewicht um so mehr, je stärker Emotionen auf der Seite der Beobachteten oder der Beobachter beteiligt sind."[132]

Und als letzter, doch keineswegs unwichtiger Punkt muss die perspektivische Veränderung angesprochen werden, die in diesen Untersuchungen greifbar wird. Oben wurde der Schluss gezogen, dass es weniger die Wohnverhältnisse der Großstadt als der integrative Gehalt architektonisch vorstrukturierter Wohnformen war, der die Wissenschaftler anfänglich interessierte. Doch sind die Studien damit nur unzureichend charakterisiert. Denn eine solche Forschung, die auf die Gestaltung der Wohnbedingungen als Integrationsinstrument zielte, sprach eben auch die großen Themen der zeitgenössischen Großstadtwahrnehmung an: Vereinzelung und Verwahrlosung, Anonymisierung und Vermassung. Die richtige Wohnung, eine gut entworfene Siedlung beugte diesen Tendenzen vor – das war die weithin geteilte Überzeugung, von der aus auch die Dortmunder Wohnforschung ihren Anfang nahm. Insofern gewann Wolfgang Schütte in Deusen – womöglich zunächst unwillkommene – Einsichten, die nicht nur diesen Gedanken, sondern auch das Bild vom gemeinschaftlich-verwurzelten Stadtrand-Siedler ins Wanken bringen mussten. Für das Großstadtwohnen im engeren Sinne konnte Elisabeth Pfeil einerseits zeigen, dass Alter und bauliches Arrangement der Wohnblocks nichts mit der Intensität der Nachbarschaftsverhältnisse zu tun hatten. Und andererseits, dass die Bewohner eines großstädtischen Arbeiterquartiers – allen anderslautenden Gewissheiten zum Trotz – Ortsverbundenheit entwickelten, nachbarschaftliche Kontakte innerhalb selbstgesteckter Grenzen unterhielten und darüber hinaus intensive verwandtschaftliche und freundschaftliche Bindungen pflegten. Pfeils Untersuchungen in der Dortmunder Nordstadt stachen indessen in einer weiteren Hinsicht aus den beiden anderen Studien hervor. Wolfgang Schütte und später Helmut Klages hatten eine räumliche Konstellation (die Wohnsiedlung als gebaute Einheit) zum Ausgangspunkt genommen und nach den sozialen Beziehungen ‚darin' gefragt. Elisabeth Pfeil hingegen ging den entgegengesetzten Weg, als sie danach fragte, wie die sozialen Beziehungen der Nordstädter räumlich organisiert waren. Das bedeutete eine um 180 Grad gewendete Perspektive, die die soziale Umwelt der Großstadtfamilien nicht mehr im lokalen, räumlichen Kontext suchte, sondern neu definierte: als ein Netz aus Verwandten und Bekannten, in dem die räumlichen Konstellationen sekundär waren. Das wies in Richtung der späteren Netzwerkanalysen, wenngleich die Bevölkerungswissenschaftlerin weiterhin von der Familie und nicht vom Individuum ausging. Sie öffnete damit nichtsdestotrotz den Blick für großstädtische Beziehungssysteme, die nicht mehr nur als Schwundstufe vorindustriell-ländlicher Verhältnisse zu betrachten waren.

---

132 Pfeil (Bearb.): Wohnwünsche, S. 14, Hervorhebungen im Original.

Was in all diesen Studien aber tatsächlich nicht zu übersehen ist: Die Dortmunder Großstadtforscher schienen regelrecht blind sowohl für die Ursachen als auch für die Folgewirkungen der beschriebenen Phänomene zu sein. Rainer Mackensen entwickelte sein zehnteiliges Gliederungsmodell der Großstadt, ohne Faktoren wie Bodenpreise, den sozioökonomischen Status der Bewohner oder politische Weichenstellungen auch nur anzusprechen. Weder spielten die möglichen sozialen Konsequenzen der vermeintlich typischen Segregationsmuster in seinen Arbeiten eine Rolle, noch legte er auf Milieuschilderungen Wert. Ähnliches gilt auch für die Wohnungsuntersuchungen, in denen soziale Einflüsse auf Bedürfnisse und Wohnkulturen ausgeblendet blieben. Das entspricht dem Urteil Hartmut Häußermanns, das eingangs bereits zitiert wurde. Der Stadtsoziologe führte das Scheitern des Projekts darauf zurück, dass ihm „jede soziologisch inspirierte Vorstellung von einer ‚industriellen' Gesellschaft" gefehlt habe. Im folgenden Kapitel wird es (unter anderem) um eben diesen Großstadt- und Gesellschaftsbegriff gehen, auf dem das Forschungsprogramm der Dortmunder Mitarbeiter aufbaute. Und diese Ausführungen mögen nahelegen, dass nicht das Fehlen einer solchen Vorstellung für die blinden Stellen des Dortmunder Großstadtprojekts verantwortlich war, als vielmehr deren spezifische Ausprägung.

7 Gunther Ipsen
und die Logik des Leistungsgefüges

Was also war nun das soziologisch Charakteristische an einer Großstadt? Eine systematische Antwort auf diese Frage gab Gunther Ipsen, der zweifellos die dominierende Figur der Dortmunder Großstadtsoziologie war. Seit 1951 leitete er die Abteilung für „Soziographie und Sozialstatistik" und drückte sowohl ihr als auch dem Forschungsprojekt unverkennbar seinen Stempel auf. Als er 1960 aus der Sozialforschungsstelle ausschied, endete in Dortmund zugleich ein Jahrzehnt des realsoziologischen Interesses an der Großstadt.

Gunther Ipsen hat keine eigenständige Stadttheorie entwickelt, dafür aber einen distinkten Stadtbegriff, der den programmatischen Rahmen der Großstadt-Untersuchungen an der Sozialforschungsstelle lieferte. Man kann ihn in verschiedenen Beiträgen zu Nachschlagewerken und Sammelbänden nachlesen. Außerdem hat ihn Rainer Mackensen dem Band „Daseinsformen der Großstadt", in dem die Ergebnisse der Dortmund-Studie abschließend präsentiert wurden, vorangestellt.

Anders als Elisabeth Pfeil war Ipsen sicherlich kein Freund der Großstadt. Aber im Gegensatz zu seiner persönlichen Haltung, die an einigen Stellen aufblitzte und in der großen Stadt das „Unzumutbare", das „Widerwärtige" und jene „abschreckende[] Neubildung eines gepferchten Daseins" wahrnahm,[1] warf der Sozialforscher Ipsen einen betont sachlichen Blick auf das Phänomen. Die Großstadt, so wurde er nicht müde zu betonen, war keineswegs identisch mit der formlosen und unkontrollierbaren Masse bindungs- und traditionsloser Individuen, als die sie in den düsteren Deutungen der Kulturpessimisten erschien. Die Verstädterung war zwar unbestreitbar mit einem Prozess der Desintegration einhergegangen, in dem die bisher gültigen sozialen Bindungen aufgelöst worden waren. Aber die großen Städte hatten ihre eigenen Formen sozialer Ordnung hervorgebracht, die ein grund-

---

1   Ipsen: Vorwort, in: Mackensen et al.: Daseinsformen, S. V-VI, hier S. V.

sätzlich anderes Fundament besaßen als die des Lebens auf dem Land. „[W]esentlich", hielt der Realsoziologe fest, waren dies „sachliche Ordnungen".[2]

Das mag verwundern, wenn man in dem Dortmunder Abteilungsleiter vornehmlich den NS-affinen Agrarromantiker und Riehl-Bewunderer sieht, der im Bauerntum die mythische Einheit von Mensch, Natur und Boden und das Heilmittel gegen die Unbill der Moderne beschwor. Ipsen gehörte ohne Zweifel in den Kreis konservativ-antiliberaler Sozialwissenschaftler, die die Entwicklungen der Moderne als Instabilität und Bedrohung wahrnahmen und ihre Theoriebildung an der politisch-sozialen Vormoderne ausrichteten – beziehungsweise an dem Ideal, das sie dazu erkoren hatten. Volk und Raum, die beiden großen Themen seiner Soziologie, lagen nicht weit von Blut und Boden. Man kann den Schwenk zu den „sachlichen Ordnungen" der Großstadt daher gewiss als einen Bruch im wissenschaftlichen Profil interpretieren. Ein sachlicher Zwang, denn Stadtforschung hätte der Volkstumssoziologe ohne seinen Eintritt in die Dortmunder Forschungsstelle womöglich nie betrieben.[3] Aber sein grundsätzliches Verständnis vom Sozialen und dessen ordnen-

---

2 Ipsen: Stadt (IV) Neuzeit, S. 790.

3 Gunther Ipsen und Otto Neuloh hatten zunächst Sonderbedingungen für Ipsens Eintritt als Abteilungsleiter abgesprochen, die, das ist zu vermuten, dessen ausgeprägte Vorliebe für das Bauerntum und die Agrar-Bevölkerung berücksichtigt hätten, aber nie schriftlich fixiert wurden. In einem Forschungsinstitut im Ruhrgebiet, das gerade die industrielle Arbeits- und Betriebsverfassung zum Schwerpunktthema erklärt hatte, wäre das ohne Frage ein weitgehendes Zugeständnis gewesen. Neuloh widerrief diese Absprachen jedoch unter Verweis auf das Institutsprofil und die Finanzierungslage und informierte Ipsen, dass „eine kastenmäßige Abschließung der einzelnen Abteilungen nicht aufrechtzuerhalten" sei (Otto Neuloh an Gunther Ipsen, 2.2.1951). In seiner im Tonfall generösen Antwort zeigte Ipsen sich selbst zur industriesoziologischen Auftragsforschung bereit, „wenn Sie mir zusagen, dass umgekehrt Sie meine weiteren Anliegen nicht als ein opus supererogatum ansehn, das Sie nicht oder wenig anginge, sondern als eigne Sache – denn ich unternehme und treibe sie ja nicht als Eigensinn oder Sonderzweck, sondern als entscheidend wichtigen Beitrag zu unserm gemeinsamen Werk – auch wenn das vielleicht im Augenblick noch nicht jedermann deutlich ist. Was ich damit wünsche, ist im Augenblick nur dies: dass mutatis mutandis der Grundgedanke unsrer Abreden weiter gelten soll. Wie und wann das realisiert werden kann, wird sich finden, wenn nur die Absicht beiderseits übereinstimmend festgehalten wird" (Gunther Ipsen an Otto Neuloh, 8.2.1951). Beide Schreiben SFS Archiv. ONr. VII, PAW Gunther Ipsen. Drei Monate später beschrieb er Elisabeth Pfeil seine Arbeitsbereiche: „Die Abt. nennt sich Soziographie und Sozialstatistik. Das besagt nicht viel. Konkret treibe ich erstens meine eigenen wiss. Anliegen, u. d. h. zunächst die Ausarbeitung meiner Bevölkerungslehre (deren Puppenzustand im HDWB Sie unlängst so freundlich in Erinnerung brachten), zweitens leite ich Gruppen zur Feldarbeit an" (Gunther Ipsen an Elisabeth Pfeil, 11.5.1951. SFS

den Kräften wurde davon kaum berührt. Es waren die soziologischen Deutungsmuster der dreißiger Jahre, unter denen er auch das Dortmunder Großstadtprojekt anleitete. In den folgenden Abschnitten wird es daher darum gehen, eine Kontinuitätslinie nachzuzeichnen, die von der Volkstumssoziologie des Dritten Reichs in die empirische Sozialforschung der fünfziger Jahre führt. Nachvollzogen wird sie anhand theoretischer Grundlegungen und Prämissen, an konkreten Forschungen zur Großstadt und soziologischen Gutachten sowie einem charakteristischen Methodenverständnis. Aber am Beispiel Gunther Ipsens und seines soziologischen Forschungsprogramms sollten zumindest ansatzweise auch die Grenzen dieser Kontinuität erkennbar werden.

7.1 Leipzig, Königsberg, Dortmund: Zur Karriere des Gunther Ipsen

An der Gattung der Festschrift sind wissenschaftsgeschichtlich gemeinhin weniger die versammelten Beiträge als die versammelten Beiträger interessant. Es ist die Anwesenheit, die zählt, wenn Kollegen, Schüler und Freunde mit einem Aufsatz geistige Nähe oder akademisch-soziale Verbundenheit demonstrieren. Daher sagt die Liste, die der Festschrift zu Ehren des Soziologen und Bevölkerungswissenschaftlers Gunther Ipsen vorangestellt ist, Einiges über die Position aus, die der auf diese Weise geehrte Jubilar 1967 in der Gemeinde der Wissenschaftler einnahm. Von den 23 angefragten Autoren hatten sich am Ende nur noch 13 beteiligt. Zwei der Angefragten waren inzwischen verstorben; die acht übrigen hatten ihre Zusage zurückgezogen und demonstrierten somit nicht An- sondern Abwesenheit. Darunter war auch Ipsens wahrscheinlich einflussreichster Königsberger Schüler Werner Conze.[4]

Archiv. ONr. IX, Bestand 3, Nachlass Gunther Ipsen, K 5/14, Bd. I 17, Bl. 74). Seine agrarsoziologischen Interessen hat Gunther Ipsen im Übrigen ebenfalls weiterverfolgt – nur eben nicht im offiziellen Rahmen der Abteilungsarbeit.

4   Rainer Mackensen hat die acht Namen in seinem Vorwort aufgeführt, seine Motivation mag ungeklärt bleiben. Werner Conze und Carl Jantke, erläuterte Mackensen, „mußten ihre Beteiligung davon abhängig machen, daß sie nicht durch zwingende Gründe an der Niederschrift eines Beitrages gehindert würden, was aber leider der Fall war. Friedrich Halstenberg und Leo Weisgerber waren gezwungen, ihre anfängliche Bereitschaft aufzugeben. Helmut Klocke und Hans Raupach entschieden sich schließlich dafür, ihre längst vorliegenden Beiträge gesondert zu veröffentlichen. Helmut Klages und Johannes Chr. Papalekas konnten an ihren vorbereiteten Beiträgen aus beruflichen und wissenschaftlichen Gründen nicht mehr die abschließende Überarbeitung vornehmen, die ihnen notwendig erschien; sie beabsichtigen eigene größere Veröffentlichungen." Mackensen:

Weder Ipsens fachpolitische Bedeutung noch sein Programm einer empirischen Gesellschaftsforschung haben die sechziger Jahre überlebt; als Begründer der bundesdeutschen Nachkriegssoziologie gelten andere Wissenschaftler. Dennoch fällt sein Name mit schöner Regelmäßigkeit, wenn Historiker die Vorläufer und Entwicklungslinien der empirischen Soziologie in der Bundesrepublik diskutieren. Die Fachgeschichte tut sich mit der wirkungsgeschichtlichen Bewertung dieses Gelehrten noch immer nicht leicht – nicht zuletzt, weil seine politisch-weltanschauliche Beurteilung zu keinem Zeitpunkt in Frage stand.

1899 als Sohn eines Mediziners in Innsbruck geboren, wurde Gunther Ipsen 1922 in Leipzig mit einer wahrnehmungspsychologischen Arbeit zum Sanderschen Parallelogramm promoviert.[5] Drei Jahre später habilitierte er sich dort für Philosophie und Soziologie. In Leipzig folgten Lehrtätigkeiten und 1930 eine außerplanmäßige Professur. 1933 wechselte Ipsen nach Königsberg, wo er eine ordentliche Professur für Philosophie mit einem Lehrauftrag für Volksforschung verband.[6] Nach dem „Anschluss" Österreichs ging er 1939 als Ordinarius für Philosophie an die Universität Wien und übernahm dort den Lehrstuhl des entlassenen und später emigrierten Psychologen Karl Bühler. Er wurde gleichzeitig Leiter des Psychologischen Instituts und gehörte, zumindest nominell, auch zur Leitung des Philosophischen Instituts.[7] Faktisch war seine Tätigkeit in Wien allerdings begrenzt auf die wenigen Wochen des Sommersemesters 1939, denn ab Herbst dieses Jahres war Gunther Ipsen für den Kriegsdienst langfristig von seiner Professur beurlaubt. Arnold Gehlen vertrat ihn als Institutsdirektor.[8] 1945 wurde Ipsen entlassen und verbrachte die folgenden Jahre mit seiner Familie im ländlichen Götzens bei Innsbruck. Nach fast sechs Jahren des Privatgelehrten-Daseins gelang der Neuanfang,

---

Vorwort, in: Jürgensen: Entzifferung, S. 5-7, hier S. 7. Der Vollständigkeit halber hier auch die Namen der Beiträger. Mit vier Ausnahmen waren dies vor allem Kollegen und Schüler bzw. Mitarbeiter aus Königsberg und Dortmund: Hans Linde, Arnold Gehlen und Dietrich von Oppen, Wilhelm Brepohl, Rainer Mackensen, Wolfgang Schütte, Wolfgang Köllmann, Lucius Burckhardt und Elisabeth Pfeil, außerdem Hans Harmsen und Karl Martin Bolte, sowie Andreas Predöhl und Gerhard Isbary.

5 Vgl. dazu den entsprechenden Eintrag im Professorenkatalog der Universität Leipzig (http://www.uni-leipzig.de/unigeschichte/professorenkatalog/leipzig/Ipsen_432, 29.10. 2015); auch Ipsen: Über Gestaltauffassung.

6 Zu den Details dieser Berufung vgl. Tilitzki: Universitätsphilosophie, Bd. 1, S. 615-618, der im Folgenden auch knapp diskutiert, wie die politisch-ideologische Zuverlässigkeit Ipsens im Partei- und Staatsapparat eingeschätzt wurde.

7 Ash: Psychology and Politics, S. 157f.; Tilitzki: Universitätsphilosophie, Bd. 1, S. 777.

8 Details zu Einberufung und Kriegsdienst finden sich beispielsweise in Sehested von Gyldenfeldt: Gunther Ipsen, S. 50f. Sehested von Gyldenfeldts Würdigung Gunther Ipsens ist allerdings durchaus eigenwillig.

als Otto Neuloh ihn 1951 an die Sozialforschungsstelle in Dortmund holte. Ipsen wurde dort Leiter der Abteilung für Soziographie und Sozialstatistik, wobei ihm seine alten Königsberger Kontakte zweifellos hilfreich gewesen waren.[9] 1959 musste er die Leitung allerdings niederlegen und ein Jahr später endgültig gehen – eine Bedingung des neuen Institutsdirektors Helmut Schelsky.[10] Mit dem Verlust einer ging jedoch auch ein nicht zu unterschätzender Gewinn, denn Ipsen erlangte 1959 seinen früheren Rang als Universitäts-Professor wieder. Er erhielt den Status eines „Professors zur Wiederverwendung" der Rechts- und Staatswissenschaftlichen Fakultät der Universität Münster und wurde gleichzeitig emeritiert. Diese Vorgehensweise war in den fünfziger Jahren keineswegs unüblich und bedeutete gemeinhin für den Rehabilitierten nicht nur die Wiederherstellung eines beruflich-sozialen Status, sondern auch handfeste Pensionsansprüche. Den Abschluss dieser wissenschaftlichen Laufbahn bildete in den sechziger Jahren eine eher verstreute Lehrtä-

---

9   Die beiden Ehemaligen der Albertina Carl Jantke und „mein alter Assistent und Adjutant" Dietrich von Oppen, waren ihm, schrieb Ipsen, „dahin zuvorgekommen". „Conze wird, wie wir hoffen, durch eine Vertretung in Münster eine Weile lang Nachbar sein." (Gunther Ipsen an Joachim Freiherr von Braun, 5.4.1951. SFS Archiv. ONr. IX, Bestand 3, Nachlass Gunther Ipsen, K 3/14, Bd. I 9, Bl. 301.) Dass Jantke und von Oppen mit Ipsen in Kontakt standen und ihn Geschäftsführer wie Direktor empfahlen, legt der Briefwechsel, der der Einstellung vorwegging, nahe. Vgl. Carl Jantke an Gunther Ipsen, 5.10.1950; Otto Neuloh an Gunther Ipsen, 2.2.1951; Gunther Ipsen an Otto Neuloh, 9.2.1951. SFS Archiv. ONr. VII, PAW Gunther Ipsen.

10 In der zweiten Hälfte der fünfziger Jahre hatte sich an der Sozialforschungsstelle bereits ein Generationenwechsel vollzogen, in dem die Ablösung alter Abteilungsleiter eine verhaltene Neuausrichtung des Instituts angekündigt hatte – ein Prozess, den Helmut Schelsky bei seinem Amtsantritt als neuer Direktor auch gegen innere Widerstände massiv forcierte, um die Sozialforschungsstelle zu einem soziologischen Fachinstitut auszubauen. Die genauen Umstände, die zu Ipsens Abgang führten, hat Jens Adamski rekonstruiert: Offenbar hatte der inzwischen vom renommierten Volkstumssoziologen zum leitenden Mitarbeiter an der Sozialforschungsstelle degradierte Gunther Ipsen wenig Neigung gezeigt, sich dem 13 Jahre jüngeren Schüler Hans Freyers und Arnold Gehlens unterzuordnen, dessen Habilitationsarbeit er ehedem selbst begutachtet hatte. (Noch weniger akzeptabel dürfte es für den ehemaligen Major des I. Ostpreußischen Infanterie-Regiments Ipsen wohl gewesen sein, dass damit sein früherer Leutnant Schelsky zu seinem Chef aufgestiegen wäre.) Nachdem Details eines Mitarbeitertreffens, in dem Ipsen über seine Vorstellungen von einer weitgehend unabhängigen Forschungsgruppe unter seiner Leitung gesprochen hatte, bis zu Schelsky durchgedrungen waren, wurde Ipsens Abgang beschleunigt. Er verließ das Institut zum 31. Dezember 1960 (seine Vergütung lief allerdings bis März 1961 weiter). Adamski: Ärzte, S. 171-173.

tigkeit an der Universität München. Gunther Ipsen starb 1984 im hessischen Oberursel.[11]

Als ausgewogene Persönlichkeit wird man den Innsbrucker Professorensohn kaum bezeichnen können. Geistig war er brillant, zumindest wenn man Helmut Schelsky Glauben schenkt, der ihn 1980 als einen „der hochbegabtesten, umfassendsten, ja geradezu genialischsten Gelehrten, die ich kennengelernt habe", charakterisierte.[12] Ipsen galt aber zugleich als überzogen ehrgeizig und geltungsbedürftig, was seiner wissenschaftlichen Bedeutung Schelskys Ansicht nach jedoch weniger nutzte denn schadete. Sein Ehrgeiz, urteilte dieser, habe sich auf „allzu viele Handlungs- und Gegenstandsgebiete" gerichtet und sei daher „nirgend zu einer konzentrierten Wirkung" gekommen.[13] Ein Wesenszug, der offenbar auch in seinem Auftreten zum Ausdruck kam: Er spiele gerne den lieben Gott, „allwissend, allmächtig und allgewaltig", schilderte Wolfgang Köllmann 1953 mit bitterem Unterton den Vorgesetzten.[14] Der sportlich-legere Leipziger Privatdozent der frühen dreißiger Jahre, der zu befangen gewesen war, um vor versammeltem Auditorium seine Vorlesungen flüssig halten zu können, existierte zu diesem Zeitpunkt wohl nur noch in den Erinnerungen Hans Lindes.[15] Zwanzig Jahre später beklagten Dortmunder Mitarbeiter wie Wolfgang Köllmann vielmehr das herrische Gebaren und den schneidigen Tonfall ihres Abteilungsleiters: „ein absoluter Kompaniefürst".[16] Als

---

11 Vgl. Mackensen: Gunther Ipsen in memoriam, S. 231f.

12 Schelsky: Entstehungsgeschichte, S. 27.

13 Ebd.

14 Wolfgang Köllmann an E. Grewe, 14.11.1953, zit. nach Adamski: Ärzte, S. 129, Anm. 5. Das kam, wie sich Rainer Mackensen 1998 erinnerte, auch in seinem Verhältnis zu den Kollegen zum Ausdruck. Als intellektueller Kopf in der Sozialforschungsstelle zwar anerkannt, habe er doch „in andauerndem, oft bösartigem Streit mit anderen, namentlich mit Otto *Neuloh*, dem Gründer des Instituts" gelegen, „dessen wissenschaftliche Qualifikation er schlichtweg bestritt." Mackensen: Nichts als Soziologie, S. 174.

15 Linde: Soziologie in Leipzig, S. 104. Um der Anschaulichkeit willen hier das komplette Zitat aus Hans Lindes autobiographischem Beitrag: „Vor seinem Auditorium hatte er immer größte Schwierigkeiten überhaupt seiner Stimme Ton zu geben. Diese dem natürlichen Fluß der Rede abträgliche Befangenheit stand in ebenso eigenartigem Gegensatz zu der jugendlich straffen Erscheinung wie das bereits vollständig ergraute Haar oder wie an heißen Sommertagen sein offenes kurzärmeliges Sporthemd und die Gabardine-Shorts zu dem Katheder aus der Gründerzeit."

16 Wolfgang Köllmann an Werner Conze, 8.6.1953, zit. nach Klingemann: Soziologie und Politik, S. 376. Rainer Mackensen und Lucius Buckhardt, die 1954 und 1955 als Assistent bzw. wissenschaftlicher Mitarbeiter an die Abteilung kamen, beschrieben Ipsen 47 Jahre später mit anschaulichen Assoziationen: als Weltkriegs-Offizier mit schneidigem Tonfall. Burckhardt: Stadtplan, S. 72; Mackensen: Nichts als Soziologie, S. 172.

Veteran des Ersten und des Zweiten Weltkriegs scheint Gunther Ipsen schließlich auch die Abteilung für Soziographie und Sozialstatistik mit dem Habitus eines Majors der Infanterie geleitet zu haben.

Allerdings liegt es wohl weniger an Ipsens Persönlichkeitsstruktur als an seiner politisch-weltanschaulichen Position, wenn sich die Wissenschaftsgeschichte heute an einigen Stellen nicht ganz leicht mit der Bewertung dieses Gelehrten tut. Ipsen besaß, wie viele Mitglieder seiner Generation, einen jugendbewegten Hintergrund.[17] Er stand der revanchistischen Volks- und Kulturbodenforschung nahe und gilt als Unterstützer des Nationalsozialismus, der den Machtwechsel 1933 freudig begrüßt hatte. Innerhalb der Soziologenschaft agierte er als ‚Scharfmacher', bemüht, die Disziplin in nationalsozialistischen Gleichschritt zu bringen. Das NS-Regime ermöglichte ihm im Gegenzug, die langen Jahre als Leipziger Privatdozent beziehungsweise außerplanmäßiger Professor zu beenden und die universitäre Karriereleiter hinaufzusteigen. Gunther Ipsens akademische Verbindungen wurden durch gute Kontakte zu Behörden und ins Reichserziehungsministerium ergänzt, und er scheint keine Mühe damit gehabt zu haben, seine Wissenschaft nun offen politischideologisch zu bewerten – Programme wie Kollegen. Indessen hatte er sich während der dreißiger Jahre wohl kaum als Großstadt-Experte ausgewiesen, denn im Mittelpunkt seiner Arbeit stand zu dieser Zeit ein mythisch überhöhtes Bauerntum, das als Fundament seines soziologischen Volksbegriffs diente. Mit dessen Rückbindung an Scholle und Boden und die „organischen Schichten des Geschehens" – vereinfachend gesagt der biologische Aspekt der Bevölkerungsentwicklung – schloss Ipsen zeitweise eng an die NS-Ideologie an. Rassegeleitete oder antisemitische Argumentationen ließen sich quasi *en passant* darin aufnehmen,[18] und der Blick auf den europäischen Osten – wo er den „völkische[n] Kampf" hochbrennen sah – war dieser Volkstumssoziologie ohnehin inhärent. Seine Arbeiten zu Bauerntum, ländlicher Gesellschaft und Bevölkerung wiesen über die Grenzen Deutschlands weit hinaus und dienten ihm als Argument gegen das „System von Versailles" und für „eine neue politische Antwort auf die Bevölkerungslage im Osten".[19]

In den fünfziger Jahren hielt Gunther Ipsen sich allerdings mit politischen Einlassungen weitgehend zurück und beschränkte sich zumindest schriftlich lieber auf die ‚rein' wissenschaftliche Aussage.[20] Viele Kollegen hielten ihn dennoch für politisch reaktionär und seine exponierte Vergangenheit machte ihn besonders für die

---

17 Diese generationelle Gemeinsamkeit hat beispielsweise Ingo Haar für die Königsberger Historiker um Hans Rothfels herausgearbeitet. Vgl. Haar: Historiker, S. 70ff.
18 Vgl. z. B. Ipsen: Industriesystem.
19 Ipsen: Bevölkerung, S. 462.
20 Siehe zu Ipsens damaliger wissenschaftspolitischer Tätigkeit sowie die Affäre um den IIS-Kongress oben, S. 143.

Remigranten unter ihnen zur *persona non grata*.[21] Dennoch, und trotz seiner Degradierung zum Dortmunder Abteilungsleiter war Gunther Ipsen auch in der Bundesrepublik noch ein gut vernetzter Sozialwissenschaftler, der viele seiner früheren Kontakte wieder aufnehmen oder neue knüpfen konnte. Er stand auf der Mitgliederliste zahlreicher Gesellschaften und Arbeitskreise,[22] hatte gute Verbindungen zu Raumforschung und Landesplanung und auch seiner Publikationstätigkeit wird man ein Grundmaß an Breitenwirkung kaum absprechen können: Ipsen steuerte einerseits Artikel für verschiedene Fachlexika bei. Ein sehr viel größeres Publikum fanden andererseits aber ohne Zweifel seine Beiträge zum „Großen Brockhaus",[23] der

---

21 Vgl. dazu beispielsweise eine Episode, die Jens Adamski beschrieben hat. Demnach musste der leitende Direktor der Sozialforschungsstelle Walther Hoffmann 1959 die Vorbehalte des in der Schweiz lehrenden Soziologen Richard Behrendt beschwichtigen, mit dem Verhandlungen zur Übernahme der Institutsleitung geführt wurden: Behrendt hatte sich besorgt über die Personalkonstellation der Sozialforschungsstelle und ganz besonders über die leitende Funktion Gunther Ipsens gezeigt. Adamski: Ärzte, S. 171f.

22 Dazu gehörten Fachverbände wie z. B. das Institut International de Sociologie, die Agrarsoziale Gesellschaft, die Gesellschaft für Bevölkerungswissenschaft, das Institut für Raumforschung und die Akademie für Raumforschung und Landesplanung (vgl. „Vermerk über eine Besprechung [...] am 25.6.1951", 26.6.1951. SFS Archiv. ONr. IX, Bestand 3, Nachlass Gunther Ipsen, K 7/14, Bd. I 24, Bl. 382), der Göttinger Arbeitskreis, Werner Conzes „Arbeitskreis für moderne Sozialgeschichte", aber auch die „Erinnerungs- und Erfahrungsgemeinschaft" (Reulecke) der Bündisch-Jugendbewegten: der „Freideutsche Kreis". In welchem Maße sich Kontinuitätslinien aus der Soziologie der dreißiger und vierziger Jahre, der Ost- und Volkstumsforschung des Dritten Reichs durch Programm und Mitgliederlisten einiger dieser Verbände zogen, muss hier nicht weiter diskutiert werden. Vgl. dazu z. B. Weyer: Bürgerkrieg; Schulze: Deutsche Geschichtswissenschaft, S. 254-262; Reulecke: Nachkriegsgenerationen, S. 80ff.; sowie die umfangreiche Korrespondenz in SFS Archiv. ONr. IX, Bestand 3, Nachlass Gunther Ipsen, K 2/14-5/14.

23 Gunther Ipsen schloss zwischen Juli 1951 und Januar 1953 Verträge für die Fachgebiete bzw. Artikelgruppen „Agrarsoziologie, Bevölkerungspolitik und -statistik", „Soziologie", „Deutsches Reich, soziale Einrichtungen" und „Allgemeine Soziologie und Statistik" sowie für die Artikel „Deutsche Wirtschafts- und Sozialgeschichte", „Bergbau, Kulturgeschichtliches" und eine ganze Anzahl kleinerer Lemmata aus dem letzten Abschnitt des Alphabets ab. SFS Archiv. ONr. IX, Bestand 3, Nachlass Gunther Ipsen, K 2/14, Bd. I 7, Bl. 1-5, 7, 13-19. Unter der Perspektive „semantischer Umbauten" hat sich Carsten Klingemann intensiver mit den Autoren des „Kleinen" und des „Großen Brockhaus" sowie Ipsens Beitrag auseinandergesetzt. Darüber hinaus wies er ausführlich nach, dass Ipsen einzelne Artikel an Mitarbeiter delegierte, deren Entwürfe er entweder korrigierte oder auch unverändert übernahm und unter seinem Namen einsandte. Das wirft ein Licht

zwischen 1952 und 1957 in zwölf Bänden erschien und nach „22 folgenschwere[n] Jahren" nun endlich wieder zuverlässiges Orientierungswissen für breite Schichten bieten sollte, das den „Umwälzungen der weltpolitischen Lage und der sozialen Lebensformen" sowie den „Erschütterungen des abendländischen Lebensgefühl[s]" Rechnung trug.[24]

Doch auch das Konvolut der Schriften erschwert den Zugang auf eigene Weise. Gunther Ipsen hat im Laufe seines akademischen Lebens auf verschiedenen Gebieten gearbeitet, aber das Schreiben war ihm offenbar ein Gräuel. Sieht man einmal von dem 1933 selbständig publizierten Bändchen „Das Landvolk" ab, so hat der Soziologe seine Forschungen nie zu einer monographischen Darstellung gebracht, geschweige denn ein geschlossenes Werk hinterlassen. Seine konzeptionellen Entwürfe erschienen entweder in Form verstreuter Artikel, die dicht und voraussetzungsvoll angelegt sind, oder blieben implizite Grundlage. Er neige dazu, klagte Elisabeth Pfeil 1957, seine „gedankenreichen und sorgfältig formulierten Arbeiten" in Handwörterbüchern zu „vergraben".[25] Das bedeutet nicht, dass sie deshalb ohne Einfluss geblieben wären. Auf seine „Bevölkerungslehre" – entfaltet auf 40 zweispaltig engbedruckten Seiten, die Ipsen 1933 als programmatischen Beitrag zum „Handwörterbuch des Grenz- und Auslanddeutschtums" beigesteuert hatte[26] – beriefen sich die Historiker Werner Conze und Wolfgang Köllmann noch viele Jahr-

---

auf das Selbstverständnis Ipsens als leitender Wissenschaftler und die Arbeitsverhältnisse am Institut, aber es ist kein Argument gegen den Zirkulationsradius Ipsenscher Ansichten und Konzepte. Vgl. Klingemann: Semantische Umbauten, bes. S. 374-379.

24 Erstes Rundschreiben an die Mitarbeiter der 16. Auflage des „Großen Brockhaus", April 1951. SFS Archiv. ONr. IX, Bestand 3, Nachlass Gunther Ipsen, K 2/14, Bd. I 7, Bl. 27.

25 Jene einmal hervorzulocken, „etwa in einer Sammlung von verschiedenen Arbeiten", gelang allerdings auch ihr nicht. Elisabeth Pfeil an Gunther Ipsen, 1.8.1957, SFS Archiv. ONr. IX, Bestand 3, Nachlass Gunther Ipsen, K 5/14, Bd. I 17, Bl. 43.

26 Das voluminöse, dreibändige Werk war mit seinen 43 Teilredaktionen und ca. 700 Mitarbeitern unterschiedlichster disziplinärer Provenienz wohl das bekannteste Großprojekt aus dem Umfeld der „Volksdeutschen Forschungsgemeinschaften" und der Leipziger „Stiftung für deutsche Volks- und Kulturbodenforschung". Wie diese zielte es auf eine Revision der territorialen Bestimmungen des Versailler Vertrags und argumentierte im Namen von Volk und Wissenschaft gegen die neuen staatlichen Grenzen. Es gehe darum, so fassten die Herausgeber das Vorhaben zusammen, „Wesen und Formen deutschen Lebens überall im europäischen und außereuropäischen Raum zu erkennen, wo Deutschtum im Kampf um die Bewahrung seiner Art und Sitte und seines von den Vätern ererbten Bodens steht, und die geistigen Kräfte zu stärken für dieses Ringen". (Petersen et al.: Vorwort, in: Handwörterbuch des Grenz- und Auslanddeutschtums, S. V-VIII, hier S. V.) Dazu ausführlich Fahlbusch: Wissenschaft im Dienst; ders.: Wo der deutsche…; Oberkrome: Geschichte, ders.: Volksgeschichte, S. 81ff., 154ff.

zehnte später.[27] Zusätzlich erschwert wird die Rezeption auch durch die zeitgebundene Diktion und Semantik der Texte. Ipsens Sprache war geprägt – dies wohl der jugendbewegten wie auch der akademischen Sozialisation geschuldet – von existentialistischen Formulierungen und Metaphern. Typisch für die Publikationen der dreißiger Jahre sind außerdem die religiös-überhöhenden bis schwülstig-ausufernden Passagen, in denen der Soziologe das Bauerntum als semisakrale Einheit von Mensch, Natur und Boden beschwor oder seine Sicht auf das Proletariat zum Ausdruck brachte – weshalb manch späterer Rezipient neben der politischen gar eine psychologische Lesart nahegelegt hat.[28] Viele von Gunther Ipsens systematischen Begriffen sind im mythischen Halbdunkel schwer auszumachen. In den fünfziger Jahren wirkten sie dann, vom schwersten Ballast einer *lingua tertii imperii* befreit, wie Elemente einer Privatsprache, die immer weniger Wissenschaftler sprachen.

Das sind Aspekte einer Soziologie, die jedem heute allgemein geteilten Verständnis von wissenschaftlicher Rationalität entgegenstehen. Mehr noch, sie scheinen auch wenig mit dem akribischen Rechner Gunther Ipsen zu tun zu haben, der soziale Realität aus enormen statistischen Datenmassen heraus präparierte und sozialen Wandel mit mathematischer Rationalität in Zahlen und Kennziffern zu erfassen suchte. Carsten Klingemann hat gar vom „doppelten Ipsen" gesprochen, um diesen vermeintlichen Widerspruch aufzulösen: „[D]er volkstumspolitische Schwärmer Ipsen unterliegt dem soziologischen Ipsen, wenn es darauf ankommt."[29] Jenseits einer solchen Zwei-Seelen-in-einer-Brust-Hypothese kann man dies auch anders betrachten: In seiner Wissenschaft verband Gunther Ipsen ein affirmatives Denken von volkstümlicher Einheit und Ordnung mit Methoden, die diese Ordnung messbar und vergleichbar machten. Es mag gerade diese Kombination gewesen sein, die seine Soziologie im Nationalsozialismus so erfolgreich und – mit veränderter Gewichtung – in der jungen Bundesrepublik noch immer anschlussfähig machte.

---

27 Vgl. z. B. Köllmann: Bevölkerungsgeschichte, S. 14; auch ders.: Sozialgeschichte Barmen, S. 70ff. (passim).
28 Vgl. z. B. Ehmer: Eine deutsche Bevölkerungsgeschichte, S. 65, der in Ipsens Verhältnis zum Proletariat sozialneurotische Züge erkennt.
29 Klingemann: Bevölkerungssoziologie, S. 201; ders.: Agrarsoziologie und Agrarpolitik, S. 192.

7.2 STANDORT UND WOHNORT ODER: DIE SACHLICHEN ORDNUNGEN DER GROSSSTADT

Auch seine Stadttheorie hat Gunther Ipsen in den fünfziger Jahren nur verstreut publiziert.[30] Es handelte sich dabei genau genommen um eine Adaption der einflussreichen ökonomischen Städtetheorie Werner Sombarts, die Ipsen zur Beschreibung und Erklärung von Stadtentwicklungsprozessen (und damit zur sozialräumlichen Ordnung der Stadt) heranzog. Fasst man Ipsens Vorstellungen zusammen, dann waren es vor allem ökonomische und demographische Entwicklungen, die für das Wachstum der Städte und die Ausbildung städtischer Strukturen verantwortlich waren. Unter den ersteren waren bei ihm vor allem Arbeitsteilung und die Ausdifferenzierung verschiedener Tätigkeiten und Leistungen in Folge der Industriewirtschaft zu verstehen. Mit den demographischen Entwicklungen wiederum verband Ipsen Zuwanderung und biologisches Bevölkerungswachstum.

In welcher Beziehung standen diese Entwicklungen also zueinander? Gunther Ipsen griff die Grundgedanken Sombarts auf[31] und erklärte Produktion und Kon-

---

30 Ausführlich in Ipsen: Stadt (IV) Neuzeit. Außerdem: ders.: Städtescharen; ders.: Verstädterung; ders. et al.: Standort und Wohnort, S. 8-18.

31 Werner Sombart hatte in seinem Hauptwerk zur Genese des „Moderne[n] Kapitalismus" einen distinkten Stadtbegriff entwickelt, der sich auf genuin städtische Wirtschaftshandlungen berief und diese in der Konsumtion erkannte: Die Bewohner der Stadt lebten vom Überschuss des Landes. Eine Stadt im ökonomischen Sinne war nach Werner Sombart daher „eine größere Ansiedlung von Menschen, die für ihren Unterhalt auf die Erzeugnisse fremder landwirtschaftlicher Arbeit angewiesen ist". Dazu hatte der Nationalökonom zwei Gruppen der städtebegründenden Menschen vorgestellt: die Subjekte und Objekte der Städtebildung. Die eigentlichen Gründer – „die aktiven oder originären oder primären Städtebildner" – waren diejenigen Menschen, die den Überschuss des Landes überhaupt erst in die Stadt holten. Dies konnte aufgrund von Standesprivilegien oder einer bestimmten wirtschaftlichen Tätigkeit geschehen, über Steuer-, Zins- und Grundrenteneinkünfte, aber auch durch den Export von Waren oder Dienstleistungen „nach auswärts". (Dazu zählten z. B. „ein König, der Steuern erhebt; ein Grundherr, dem gezinst wird; ein Kaufmann, der im Handel *mit Fremden* Profit macht".) Als grundverschieden zu dieser Gruppe von Menschen fasste er die zweite Gruppe: die sekundären Städtebildner bzw. die „Städtefüller". Ihre Wirtschaftsfunktionen waren völlig andere, denn sie lebten direkt oder indirekt von den primären Städtebildnern. Entweder standen sie unmittelbar in deren Diensten oder waren mittelbar in ihrer Existenzgrundlage von diesen abhängig. Bei ihnen handelte es sich also anders formuliert um Dienstleister, die als Handwerker, Diener, Beamte, Kaufleute, Ärzte oder Künstler die Nachfrage der Städtegründer bedienten. Auch sie produzierten in der Folge wiederum selbst Nachfrage nach bestimmten Produkten oder Leistungen. Auf diese Weise verdienten andere Städter

sum hier zu den grundsätzlichen Mechanismen. Verstädterung im Industriezeitalter begann mit dem industriellen Großbetrieb und dessen Bedarf an Arbeitskräften. Die entstandenen Großbetriebe zogen – anders als frühere Gewerbeformen – riesige Mengen von meist männlichen Arbeitskräften an einen bestimmten Standort. Dabei war es zunächst einmal gleichgültig, ob dieser Betrieb in einer bereits existierenden Stadt, einem Dorf oder fernab von jeglicher Siedlung in der Nähe eines Rohstoffvorkommens wie der Kohle angesiedelt war. Worauf es ankam, war die enorme Bevölkerungsverdichtung, die aus der massenhaften Zuwanderung und Ansiedlung der Arbeiter und ihrer Familien resultierte.

Was diese Wohnbevölkerung nämlich für ihren täglichen Lebensunterhalt benötigte – Nahrung, Kleidung, Wohnraum, Möbel, Energie, Gesundheitsleistungen, Kinderbetreuung etc. – wurde nicht mehr selbst hergestellt, wie es im geschlossenen Selbstversorgungskreislauf der ländlichen Oikoswirtschaft der Fall war. Die städtischen Haushalte deckten ihren Bedarf kaum noch durch eigene Produktion, sondern mussten ihn überwiegend durch den Kauf von Gütern oder Dienstleistungen befriedigen. Von ihrem Konsum lebten bald Handel und Baugewerbe, private und öffentliche Dienste unterschiedlichster Art. Es entstand eine komplexe Maschinerie zur Versorgung der privaten Haushalte, die so zum zweiten Motor der Verstädterung wurde. Parallel zum Anwachsen der „industriellen Belegschaften" stieg die Zahl der Dienstleister, die ihren eigenen Lebensunterhalt im Bedarf der industriellen „Grundbevölkerung" des Standorts fanden. Im Endeffekt wuchs dem ursprünglichen Industriestandort auf diese Weise „eine zweite Stadt" zu. „Mit anderen Worten: die Zunahme der industriellen Belegschaften und ihrer Angehörigen erscheint mit doppeltem Ausschlag im Wachstum der industriellen Ballung."[32]

---

an den sekundären Städtebildnern – und wurden damit in Sombarts System zu tertiären Städtebildnern. Sombart hatte den empirischen Nachweis seiner Theorie am Beispiel der mittelalterlichen Stadt geführt, die städtebildenden (weil kapitalbildenden) Kräfte in seiner historischen Analyse aber bis in die Hochindustrialisierung verfolgt. Dort knüpfte Ipsen an, der die Wirtschaftshandlungen der Städtebildner und Städtefüller für sein eigenes Programm in Bevölkerung und Raumstrukturen übersetzte. Vgl. Sombart: Moderner Kapitalismus I, 1, S. 528ff. (Zitate S. 128, 131f.); III, 1, S. 399-423; zusammenfassend ders.: Begriff der Stadt; Betz: Sombarts Theorie der Stadt.

32 Ipsen: Stadt (IV) Neuzeit, S. 790. Für die Bevölkerungsverhältnisse selbst rechnete er andere Zahlenverhältnisse aus: „Als Faustregel gilt in der industriellen Gesellschaft unsrer Zeit, daß ein industrieller Arbeitsplatz fünf Menschen beansprucht und trägt; zum ersten in der industriellen Grundleistung einen zweiten in den Folgeleistungen; zu beiden die gleiche Zahl von Angehörigen; den letzten als berufslosen Selbständigen, der aus dem Arbeitsleben ausgeschieden ist und von Rentenansprüchen lebt. So lebt im wirtschaftlichen Kreislauf eine Million Menschen unmittelbar oder mittelbar von 200.000 industriellen Arbeitsplätzen." (ders.: Städtescharen, S. 269).

Die demographische Entwicklung in der Stadt wiederum – das Aufwachsen von „Menschenwesen aller möglichen Eignungen, Begabungen, Neigungen und Wünsche"[33] – vergrößerte das Angebot an Arbeitskräften. Sie stimulierte so den weiteren wirtschaftlichen Ausbau. Irgendwann, wenn das Wachstum der Industrie an seine Grenzen gelangt war, ergab sich nach diesem Modell schließlich eine Art Gleichgewichtszustand.

Deshalb begriff Gunther Ipsen die Dualität von Standort und Wohnort als zentrale Kategorien der städtischen Ordnung. Sie verlieh der Stadtentwicklung ihre spezielle Dynamik – „Zug um Zug" ließ ihr „Wechselauftrieb" die Städte wachsen. Auf ihr baute das sozialräumliche „Gefüge" der industriellen Großstadt auf – die Ipsen nicht als „überbordende, immer größere Stadt" ansah. Vielmehr handele es sich um einen „soziale[n] Raum als vermittelter Leistungszusammenhang."[34] Und den Vorgaben von Standort und Wohnort unterlag auch das Leben der Großstädter. „Beide Ordnungen", hielt Ipsen kategorisch fest, „sind in der industriellen Welt verschieden und geschieden."[35]

Was bedeutete das nun für die sozialen Beziehungen der Großstädter? Die Art, wie sie einander begegneten, wurde durch diese ökonomische Entwicklungslogik weitgehend vordefiniert. Die Menschen, die während der Hochindustrialisierung massenhaft in die entstehenden Industriestädte geströmt waren, hatten sich zwar aus ihren alten sozialen Bindungen gelöst – insoweit begriff auch Gunther Ipsen Verstädterung als Desintegrationsprozess. In der Stadt jedoch gingen sie neue und nicht minder verbindliche Beziehungen ein, die auf dem Gefüge von Produktion und Verbrauch, Grund- und Dienstleistungen basierten. Das hatte zur Folge, dass diese sozialen Kontakte einen grundsätzlich anderen Charakter aufwiesen, als dies innerhalb des geschlossenen Systems der ländlichen Sozialverbände der Fall gewesen war.

Erstens waren die Beziehungen der Großstädter nun überwiegend sachlich organisiert und betrafen nur noch begrenzte Ausschnitte der beteiligten Personen. Der Dortmunder Sozialforscher bezog sich damit auf die funktionalen Rollen, die schon Georg Simmel ein halbes Jahrhundert zuvor zu einem zentralen Aspekt der großstädtischen Lebensweise erklärt hatte.[36] Bei Ipsen liest sich das indessen folgendermaßen:

„Der Anspruch der besetzten Stelle bestimmt die Rolle der Person als teilhaftes Dasein. Sie wird jeweils nur mit Teilen ihres Seins und Vermögens beansprucht, sie begegnet jeweils auch nur anderem teilhaften Dasein. Am dritten Orte ist sie als ein anderer in anderen Ver-

---

33 Ipsen: Stadt (IV) Neuzeit, S. 789.
34 Ebd., S. 790-793.
35 Ipsen et al.: Standort und Wohnort, S. 8.
36 Siehe Simmel: Großstädte.

hältnissen, aber auch das wieder fordert sie nur teilhaft. So ist der Mensch im Umgang vielfach beteiligt, aber niemals oder selten ganz."[37]

Mit anderen Worten: Während im Dorf ein engmaschiges Netz personaler Bindungen dazu führte, dass jeder jeden und dessen Position in diesem Netz kannte – als Nachbar von X, zugleich Eigentümer von Y, Ehemann von Z, Erbe von A, befreundet mit B – begegneten sich die Menschen in der Großstadt nur in spezialisierten Funktionen – etwa als Kaufmann, Kunde, Dienstleister, Vorgesetzter, Patient oder Kollege. Ihre Kontakte verliefen begrenzt auf einen meist sachlich geprägten Teilbereich, während der größte Teil der Persönlichkeit, ihre Fähigkeiten und Eigenschaften, Verpflichtungen, Erfahrungen und Vorlieben, ausgeblendet blieben. Die Großstädter gehörten vielen verschiedenen solcher „Verkehrskreise" an, aber diese überlagerten sich nicht oder kaum – anders als in kleineren, ländlichen Siedlungen. Die Kontakte blieben segmentär, und in welche anderen Beziehungskreise das Gegenüber außerdem eingebunden war, musste den beteiligten Personen nicht bekannt sein.

Zweitens unterlagen auch diese versachlichten Beziehungen der Dualität von „Standort und Wohnort", von Betrieb und Haushalt. Das städtische Leben war dadurch gekennzeichnet, dass es in diese zwei Sphären zerfiel, die zwar grundsätzlich aufeinander bezogen, aber auch grundsätzlich voneinander getrennt waren: Große Teile der produktiven Arbeit waren in der industriellen Großstadt aus dem Haus und der Hausgemeinschaft ausgelagert. Sie waren an einem anderen Ort, im Betrieb, organisiert. Was „nach der Herausnahme der angesprochenen Arbeitskraft" verblieb, war der Haushalt – ein wirtschaftliches wie soziales Phänomen, das erst mit dieser Trennung entstanden war. Zuvor hatte „das ganze Haus" (beziehungsweise der Bauernhof oder das „alte Handwerk") eine geschlossene Einheit der Selbstversorgung gebildet, in der Arbeiten, Wohnen und Erholung, Familie und Arbeitskräfte, Produktion und Konsum verbunden waren. „In ihm sind Sachliches und Persönliches zur Deckung gebracht", benannte Gunther Ipsen die Differenz.[38] Nun umfasste der Haushalt die Elemente, die nicht zur produktiven Arbeit gehörten. „Betrieb und Haushalt sind Paarlinge der industriellen Welt; im Betrieb entsteht das Arbeitseinkommen, im Haushalt wird es verbraucht." Sachlichkeit und Leistung gehörten zur Sphäre von Lohnarbeit und Betrieb; Wohnen, Familie und „Geborgenheit in Unterhalt und Pflege der Mutterschaft" zur Sphäre des Haushalts.[39]

---

37 Ipsen: Stadt (IV) Neuzeit, S. 791.
38 Ipsen et al.: Standort und Wohnort, S. 9, ebd. auch das folgende Zitat.
39 Ipsen: Stadt (IV) Neuzeit, S. 791. Charakteristisch für die wissenschaftliche Perspektive Gunther Ipsens war allerdings, dass die soziologische Qualität dieser Teilung – welche Auswirkungen sie z. B. auf Umgangs- und Verhaltensformen der Großstädter, auf Privatsphäre oder Freizeitverständnis hatte – letztlich kaum eine Rolle spielte. Er setzte sich

Mit der funktionalen korrespondierte die räumliche Neustrukturierung. Nicht immer und überall, so hielt er fest, war diese so ausgeprägt, dass distinkte Strukturen, also reine Gewerbe- oder reine Wohngebiete entstanden. „Ihr Dasein kann sich vermengen und durchsetzen; es kann sich aber auch entmischen und entfernen." Dennoch begriff Ipsen das „räumliche Auseinander" nicht nur als den „sichtbare[n] Ausdruck der neuen Verhältnisse", sondern auch als Basis der sozialräumlichen Organisation der großen Stadt.[40]

Drittens war es, wie oben angedeutet, diesem Stadtbegriff zufolge letztlich die Ökonomie und die distinkte Organisation der menschlichen Arbeit, aus der heraus das soziale Phänomen Großstadt erklärbar wurde. Als Standort und Sitz der Industriewirtschaft organisierte die industrielle Großstadt die Lebensweise ihrer Bewohner im Sinne der Zweckmäßigkeit und der Ausdifferenzierung von Funktionen und Leistungen. Die daraus entstehende gegenseitige Abhängigkeit der Individuen – ein Aspekt der modernen Gesellschaft, mit dem sich Soziologen seit dem 19. Jahrhundert beschäftigt hatten – interpretierte Ipsen als „übermächtige[] Ordnungsformen" sachlicher Art, in denen „menschliche Verhältnisse im wörtlichen Sinne ,angelegt'" waren.[41] Der Sozialraum einer Großstadt war vergleichbar mit der innerbetrieblichen Organisation eines Großbetriebs oder einer Schiffsbesatzung, deren Mitglieder hochspezialisierte Arbeiten verrichteten. Nicht die einzelne Arbeit sicherte die Produktion des Betriebs oder den Kurs des Schiffes, sondern erst ihr Ineinandergreifen: „Dem einzelnen ist freigestellt, ob er und wo er eintritt. Umgekehrt ist der einzelne grundsätzlich ersetzbar und vertretbar. Wer aber eintritt, wo immer es auch sei, der muß sich die Gesamtheit der Ansprüche zu eigen machen, die seine Stelle jeweils fordert."[42] Insofern begriff Ipsen die Großstadt als ein „Leistungsgefüge", auf des-

---

zwar im Rahmen von Diskussionsbeiträgen damit auseinander, was das Wohnen in der Großstadt eigentlich sei bzw. wie die Großstädter wohnen sollten. Doch ging es ihm dabei vor allem um die Frage, wie Familienstrukturen über Wohnungsformen und -größen gestützt werden konnten. Der Bevölkerungswissenschaftler Ipsen betrachtete Wohnform und Familiengröße vor allem als Organisationsstruktur der menschlichen Reproduktion: „Dem Haushalt obliegt die Gattungsleistung der Familie" (Ipsen: Stadt [IV] Neuzeit, S. 791). Mit der Kategorie der Privatheit, die Hans Paul Bahrdt wenige Jahre später zur Bezeichnung einer Handlungssphäre in die Großstadtsoziologie einführen sollte, hatte die Sphäre des „Haushalts" nur wenig gemeinsam. (Dazu Bahrdt: Großstadt; auch ders.: Humaner Städtebau, S. 111ff., 180ff.) Über ihre Bedeutung als Gegenpol zur „versachlichten Berufstätigkeit" hatte sich aber beispielsweise auch Helmut Schelsky Gedanken gemacht. (Schelsky: Ist der Großstädter wirklich einsam? Zitat S. 309).

40 Ipsen et al.: Standort und Wohnort, S. 9.
41 Ipsen: Stadt (IV) Neuzeit, S. 790.
42 Ebd.

sen Grundlage sich nicht nur die ökonomischen, sondern auch die sozialen Beziehungen erfassen ließen.

Das war ein Verständnis von der Lebenswelt der Großstadt, in dem die sozialen Phänomene nur sekundären Charakter besaßen. Ipsen lehnte die Vorstellung einer spezifischen sozialen Produktivität, wie sie beispielsweise Georg Simmel und, in dessen Folge, die Chicagoer Stadtforscher vertreten hatten, ausdrücklich ab. Die Freisetzung des Individuums – für Simmel oder Park nicht nur eine Folge aufgelöster traditionaler Bindungen und versachlichter Beziehung, sondern eine Voraussetzung für die Entwicklung der Stadtkultur – erklärte der Dortmunder Sozialforscher zu einer bloßen Randerscheinung in der Geschichte der Urbanisierung und der Stadtwanderung.[43]

Gunther Ipsens Theorie eines Leistungsgefüges, das auf Wirtschaft und Bevölkerungsentwicklung aufbaute, schien eng an ökonomischen Determinismus zu grenzen. Aber genau betrachtet hatte für den Soziologen das, was in der Großstadt geschah, einfach nichts mit der Großstadt selbst zu tun. Es war eine Konsequenz aus den sozialen Veränderungen, die die bürgerlich-kapitalistisch organisierte In-

---

43 „Der Weg der Verstädterung geht durch diese Desintegration. Dem großstädtischen Dasein ist daraus zweierlei verblieben; eine bisher unbekannte Spannweite der Extreme und breite Streuung der Erscheinungen, die als lebendige Vollzüge möglich werden, und eine anspruchsvolle Autonomie der menschlichen Person in der Vereinzelung; Freiheit als Selbstbestimmung des sittlichen Willens nach eigenem Ermessen wird gefordert und gewährt. Die Freibeweglichkeit des Selbstseins nach eigener Wahl bedeutet dem Großstädter Wunsch und Glück, er sonnt sich in dem Schein der Freiheit. Darüber wird oft und leicht verkannt, was unterdes an übergreifenden und übermächtigen Ordnungsformen neu entstanden ist und immer geschlossener entsteht." (ebd.) Wo Individualität in der städtischen Gesellschaft soziologisch greifbar wurde, erläuterte Ipsen indes nicht. Er sah ihren Platz vermutlich in jenen „formalen und informalen Gruppenbildungen", denen Rainer Mackensen in seiner Einleitung zum Untersuchungsbericht nur sekundäre Bedeutung für die sozialen Phänomene der Großstadt beigemessen hatte: „Ein gewisser Teil der Menschen ist außerdem noch in Vereinen, Parteien, Interessengruppen und allerlei informalen Gruppen – wie Skatrunde, Stammtisch usw. – gebunden. Doch wird immer deutlicher, daß dieser Anteil weit geringer ist, als man das lange Zeit geglaubt und für notwendig befunden hat, und daß wiederum die Bedeutung solcher Gruppen für das Dasein in der Großstadt im allgemeinen nicht die entscheidendste ist. [...] Allen anderen Gruppen, die weder durch die Familie, noch durch das Wohnen, noch durch die Arbeitsstätte bedingt sind, schließt sich der Großstädter freiwillig an. Sie sind nicht Bedingungen, denen er als Großstädter unterworfen ist, sondern Lebensformen, die er sich selbst schafft. Von diesem Gesichtspunkt her verdienen sie besondere Aufmerksamkeit, weil sie den Menschen der Großstadt erkennen lassen. Für die Großstadt an sich haben sie geringere Bedeutung." Mackensen et al.: Daseinsformen, S. 13f.

dustrialisierung ausgelöst hatten. Diese hatte die großen Städte erzeugt und mit ihr zusammen die Ordnungsformen von Standort und Wohnort in all ihren Ausprägungen. Das eigentliche Thema Gunther Ipsens war nicht die Großstadt, sondern es war der gesellschaftliche Wandel in Folge der industriellen Revolution.

7.3 AM ANFANG DES SOZIALEN: BEVÖLKERUNG IN ZEIT UND RAUM

Das Ordnungsmodell des Leistungsgefüges entsprach in weiten Teilen der speziellen Soziologie, deren Grundlegung Gunther Ipsen bereits am Anfang der dreißiger Jahre ausgearbeitet hatte. Zu dieser Zeit lehrte Ipsen als nichtplanmäßiger außerordentlicher Professor an der Universität Leipzig. Er publizierte zwar noch immer zu Themen der Sprachwissenschaft, Wahrnehmungs- und Erkenntnistheorie. Aber unter dem Einfluss Hans Freyers hatte er sich längst einer „Soziologie des deutschen Volkstums" zugewandt, deren Aufgabe er in der Befriedung der modernen Gesellschaft und der Durchsetzung einer volkstümlich-ständischen Sozialordnung sah. Anders als sein Kollege Freyer, der mit seiner „Soziologie als Wirklichkeitswissenschaft" am Ende doch bei einer historisch erweiterten Kulturphilosophie blieb, arbeitete Gunther Ipsen daran, seine Volkstumssoziologie als empirische Wissenschaft auf das ‚wirkliche Leben' auszurichten. Was er in diesem Kontext als Theorie gesellschaftlicher Entwicklung, sozialer Gegenwart und deren wissenschaftlicher Erforschung entfaltete, sollte in den folgenden Jahrzehnten seine wissenschaftliche Arbeit bestimmen. Auch die Vorstellung von der Großstadt als Leistungsgefüge, die Großstadtforschung in Dortmund insgesamt, ist ohne die Berücksichtigung dieses Programms nicht angemessen zu interpretieren.

Knapp zusammengefasst lauten Ipsens programmatische Prämissen: Industrialisierung und sozialer Wandel waren eine gesellschaftliche Realität in Deutschland, die nicht zu leugnen und auch nicht rückgängig zu machen war. Die „industrielle Gesellschaft" freilich bedrohte nun als „übermächtiges Schicksal" das Wesen des Volkes. Und doch war diese Gesellschaft bei genauerem Hinsehen nichts Anderes als ein verselbständigter Teil eben dieser übergeordneten Einheit namens Volk selbst. Sie beruhte auf den gleichen „organischen" Entwicklungsgesetzen. Und sie ließ sich historisch, strukturell und territorial eingrenzen. Das bedeutete: Ihr Siegeszug war noch nicht vollkommen. Vor allem im „deutschen Osten", der industriell noch nicht erschlossen war, im Bauerntum und in der agrarischen Dorfgesellschaft existierten „Restbestände" einer anderen, ursprünglicheren Ordnung des Volkes, die auch für die Zukunft wieder vorbildhaft sein sollte. Aufgabe einer dem Volkstum verpflichteten Soziologie war es, durch empirische Forschung zur Stärkung dieser

Restbestände beizutragen und einer volkstümlich-ständischen Ordnung wieder zu ihrem Recht zu verhelfen.[44]

Zweierlei war für dieses wissenschaftliche Programm von grundsätzlicher Bedeutung. Zum Ersten die immens gestiegene Überzeugungskraft, die der Begriff des Volkes seit dem Ende des Ersten Weltkriegs gewonnen hatte. Ein Begriff als „Krisenbewältigung der Moderne", wie Elfriede Üner dies prägnant charakterisiert hat.[45] Wie bei so vielen Vertretern seiner Generation waren auch bei Gunther Ipsen damit nicht nur wertkonservative Utopien von ursprünglicher gesellschaftlicher Ordnung verbunden, die in der romantischen Verklärung bäuerlicher Lebensweisen kulminierten. Auch für entschieden politische Forderungen zur Wiederherstellung nationaler Größe und Stärke war der Volksbegriff anschlussfähig.

Es kann hier nicht darum gehen, die intellektuelle Genese von Ipsens Soziologie zu diskutieren. Doch stand der Riehl-Bewunderer Ipsen durchaus auch in der Tradition der bürgerlichen Wissenschaft und eines soziologisch-historischen Denkens, das man mit Namen wie Wilhelm Wundt, Karl Lamprecht, Emile Durkheim, aber auch Karl Marx in Verbindung bringen kann.[46] Unmittelbar war es indessen – dies zum Zweiten – Hans Freyers pointierte Ideologie-Kritik der Weimarer Gesellschaftswissenschaft, an die Ipsen anschloss, als er 1931 in seiner Antrittsvorlesung betonte: „Die Soziologie ist als das soziale Selbstbewusstsein ihrer Zeit der gegenwärtigen Wirklichkeit verpflichtet."[47] Wie Hans Freyer verstand auch Gunther Ipsen seine Arbeiten als Beiträge zur „Volkwerdung", als institutionalisierte, ständige wissenschaftliche Selbstreflexion, die das politische Handeln begleitete. Konnte die deutsche Soziologie (und nur um diese ging es ihm) dieser Aufgabe gerecht werden? Nein, befand Ipsen, denn sie war letztlich noch immer ein Kind ihrer Zeit: die Wissenschaft von der bürgerlich-industriellen Klassengesellschaft des 19. Jahrhunderts, gemeinsam mit dieser entstanden und aus dieser heraus. Sie hatte, so führte er aus, ihren Gesellschaftsbegriff an einem übermächtigen Phänomen ausgebildet. Industrialisierung, Kapitalismus, Klassenformierung und Klassengegensätze hatten die gesellschaftliche Entwicklung in Deutschland über ein Jahrhundert lang bestimmt. Doch die wissenschaftlichen Beobachter übersahen im Angesicht dieser Übermacht, dass diese Gesellschaft selbst ein historisches Phänomen war, das erst

---

44 Siehe Ipsen: Programm, bes. S. 4-8, 22-24.
45 Üner: Politisches Volk, S. 32.
46 Zur Einordnung in die Leipziger Tradition und deren Volksbegriff vgl. Üner: Einbruch des Lebens; knapp, mit direktem Bezug auf Ipsen auch dies.: Emanzipation, bes. S. 308-311. Marxsche Theoreme spielten in Ipsens Soziologie ebenfalls eine wichtige Rolle, was in der direkten Auseinandersetzung, aber mehr noch in der stillschweigenden Aufnahme und Transformation von Konzepten wie der Entfremdung fassbar wird. Vgl. auch die Hinweise bei Klingemann: Soziologie und Politik, S. 338f.
47 Ipsen: Programm, S. 9.

im 19. Jahrhundert entstanden war – und kein allgemeingültiges Muster für den Aufbau sozialer Beziehungen und Gruppen. „Das Erbe des 19. Jahrhunderts ist eine Vielzahl von sozialen Bewegungen, ein Pluralismus von Eigenständigkeiten. Das Erbe der Soziologie des 19. Jahrhunderts ist eine wertfreie Wissenschaft, die den Pluralismus zum System erhebt."[48] Eine Disziplin aber, die in ihren Grundlagen an ihr Objekt gebunden war, musste diese Grundlagen ebenfalls neu ausrichten, wenn das Objekt sich wandelte, wenn sich die „soziale Bewegung" im „Umbruch" befand, so die programmatische Schlussfolgerung des Leipziger Soziologen.[49]

Als grundlegende Voraussetzung dieser überfälligen Neuausrichtung nannte Ipsen, ähnlich wie Hans Freyer, die konsequente Historisierung der Soziologie und der von ihr hervorgebrachten Strukturbegriffe. „Gemeinschaft" oder „Gesellschaft" konnten keine allgemeingültigen Hilfsmittel der Erkenntnis sein, da sie, wie die Soziologie selbst, an das Objekt gebunden waren, an dem sie entwickelt worden waren. Sie besaßen Gültigkeit für die sozialen Ordnungsformen in einem bestimmten Zeitraum oder an einem bestimmten Ort, die als solche das Ergebnis eines komplexen Gefüges historisch gewachsener Strukturen waren. Aber sie verstellten die Perspektive für strukturelle Veränderungen und waren daher ungeeignet, um auf sozialen Wandel reagieren zu können. Dessen Ankündigung aber meinte Ipsen gleichsam soziologisch-seismographisch erfassen zu können.[50]

Während Freyer zu Beginn der dreißiger Jahre aber noch das „politische Volk" postuliert und seine Akzente auf Kategorien wie Tat, Entscheidung und Führung gesetzt hatte, orientierte sich sein Kollege an der romantischen Volkstumstheorie Wilhelm Heinrich Riehls. Gunther Ipsen entwarf das Volk als organisch gewachsene Kultureinheit und „historische[s] Gesamtsubjekt der deutschen Geschichte". Nach seiner Definition entsprach es „jene[r] Struktur, die zugleich der tragende Grund und das unendlich reiche Resultat unsrer wirklichen Geschichte ist".[51] Alle weiteren Beschreibungsversuche hingegen lehnte er ab, denn auch für das Volk musste gelten, dass es historisch veränderlich war und im Laufe der Geschichte un-

---

48 Klappentext zu Ipsen: Programm (= Bd. 1 von: Das politische Volk. Schriften zur sozialen Bewegung, hg. von Hans Freyer und Gunther Ipsen. Der Klappentext bezieht sich auf diese Reihe.).
49 Ipsen: Programm, S. 4.
50 Vgl. Ipsen: Landvolk, S. 14ff.; ders.: Programm, S. 5f. Wenn Gunther Ipsen in den folgenden Jahrzehnten von „Gesellschaft" sprach, dann im Sinne der bürgerlichen, zumeist aber der „industriellen Gesellschaft". Mit dem Terminus umfasste er die Lebensweisen und Sozialformationen, die sich seit der Hochindustrialisierung und auf der Basis dieser Produktionsweise in Deutschland und Westeuropa ausgebildet hatten. Mit dem „Dasein" indessen bezeichnete er das vorgesellschaftliche Stadium, das sich noch nicht zu sozialen Strukturen und Einheiten geformt hatte.
51 Ipsen: Programm, S. 11.

terschiedliche Erscheinungs-, Ordnungs- und Herrschaftsformen ausprägte. Mit allgemeinen Begriffen und Theorien konnte es dementsprechend nicht erfasst werden, denn diese waren notgedrungen immer historische Begriffe. Insofern sprach sich Ipsen gegen die Suche nach Kategorien aus, die für alle Geschichte und alle Gesellschaften gleichermaßen gelten sollten – was die meisten Weimarer Soziologen als eigentliche Aufgabe der theoretischen Soziologie verstanden hatten.

Was diesen Volksbegriff vor der Auflösung in historische Beliebigkeit bewahren sollte, war eine geschichtsphilosophische Voraussetzung des Soziologen: nämlich dass hinter dem Volk als historischem Realzusammenhang die Kraft des „Volkstums" wirksam war. Im Gegensatz zu seinen Emanationen war das Volkstum selbst unveränderlich und die metaphysische Größe in Gunther Ipsens Geschichtsphilosophie. Aus ihr sollte alle „Lebendigkeit und Gediegenheit", alle „Fülle und [...] Innigkeit" entspringen, die sich im Volk realisierte.[52] Seinen Ursprung machte er in einem bestimmten Phänomen der abendländischen Geschichte ausfindig, das Mensch, Natur, Boden und Technik zu einer neuen, kulturgeschichtlich wirksamen Einheit zusammenschloss. In der Entstehung des „Pflugbauerntums" erblickte Ipsen eine Art sakraler Verbindung und gewissermaßen die mythische Urzelle des Volks.[53] Aus ihr ließen sich alle grundlegenden Formen des menschlichen

---

52 Ebd.

53 Obwohl der Soziologe diese kategorische Aufladung des Bauerntums durch Verweise auf die agrarethnologisch-historischen Arbeiten Eduard Hahns wissenschaftlich zu belegen suchte, lassen seine Ausführungen wohl kaum an der völkisch-romantischen Motivation zweifeln: Der ewige Mythos des Bauern erläuterte für Ipsen, was der Bauer „heute wie ehemals, wirklich und wesentlich sei [...]. Er spricht seine Beziehung zum Leben der Erde, zum Dasein der Geschöpfe aus, er weist dem Bauern seine Stelle im großen Ganzen des irdischen Lebens an, er läßt seine Leistung und Bedeutung für den Weltzusammenhang ahnen, und er bestimmt und prägt die bäuerliche Lebensform durch die Würde metaphysischen Geschehens. Denn wie der Himmel sich zur Erde neigt, die sehnend seiner wartet; wie sich der Blitz aus der Wolke löst und fruchtendes Naß über die Fluren gießt; wie durch die himmlische Begattung aus dampfendem Boden das Wachstum rauscht: so schreitet der Stier gewaltig über die Felder und eröffnet mit dem Pflug den Schoß der Erde, worein die Hand des Bauern den Samen streut. Das unermeßlich reiche Leben der Erde selbst wird hier noch einmal menschlich gelebt in heilignüchterner Gemeinschaft. Es gehört zum Wesen des Organischen, sich nicht nur fortzupflanzen, sondern in einem solchen Übermaß zu vermehren, daß jede einzelne Art in kürzester Zeit allein die Erde bevölkern könnte. [...] Bei diesem Überschwang des Zeugens und Gebärens, bei diesem Rausch des Wachstums setzt die Leistung des Bauern ein; wo sich das Leben zu höchster Produktivität aufgipfelt, nistet er sich ein [...]. Er entfesselt die gebundene Fruchtbarkeit zu brünstigem Dasein und richtet sie aus zur Zucht; er leitet ordnend das Entstehen und pflegt das Wachstum; er bewahrt den Ertrag

Zusammenlebens ableiten, vom Hof und der bäuerlichen Familie über das Dorf bis hin zu bestimmten Herrschaftstypen wie der Monarchie. Diese wirkten nach Ipsens Geschichtsbild bis zum 18. Jahrhundert gesamtgesellschaftlich prägend und sorgten für soziale und herrschaftliche Stabilität. Das Bauerntum bildete denn auch den ideologischen Fixpunkt für Ipsens gesamte soziologische Arbeit. Als Garant für das unverfälschte, überzeitliche Wesen des Volkstums sah er in ihm nicht nur die Vergangenheit des Volkes, sondern auch die Hoffnung der Zukunft gegen die Bedrohung, die von der modernen Gesellschaft ausging.

Für eine „Soziologie des Volkstums" indes bedeutete diese Geschichtsphilosophie in logischer Konsequenz, dass geschichtliche Veränderungen immer Variationen des einen Themas waren. Ipsen bestand also einerseits darauf, dass die Wirklichkeit des Volkes nur in seiner Geschichtlichkeit und durch eine historisch-individualisierende Perspektive zu erschließen war. Dementsprechend bildete die Geschichte für ihn „gewissermaßen den methodischen Umweg, das Gefüge des Volkstums als gegenwärtige Wirklichkeit zu erkennen".[54] Andererseits gehörten auch die historisch-individuellen Erscheinungsformen des Volks wiederum in die allgemeinen Zusammenhänge, die sich aus der geschichtlichen Macht des Volkstums ergaben. Sie waren der je konkrete Fall in einem allgemeinen Bildungsgesetz, das aller Volksgeschichte zugrunde lag. Das Gefüge der historisch gewachsenen Strukturen wandelte sich und mit ihm Lebens- und Ordnungsformen – das Volkstum jedoch nicht.

Nach Ipsens Verständnis war die „Soziologie des deutschen Volkstums" eine nomothetisch orientierte Wissenschaft, die darauf zielte, diese allgemeinen Aufbau- und Entwicklungsgesetze zu erkennen. Vom privilegierten Standort eines empirischen Gesetzeswissens aus ließen sich dann die individuellen Erscheinungen als eindeutig prognostizierbare Entwicklungstrends sozialer Ordnung lesen. Die Soziologie konnte gewissermaßen die Willensrichtung ihres Erkenntnisobjekts offenlegen, was ihr im nächsten Schritt ermöglichen sollte, Einfluss auf dieses auszuüben und gesellschaftsgestaltend tätig zu werden. Und darin lag – um noch einmal auf die am Anfang zitierte Positionsbestimmung der Soziologie zurückzukommen – ihre Aufgabe als „soziale[s] Selbstbewusstsein ihrer Zeit": in der (fördernden) Einsicht in die Bewegungsrichtung sozialer Entwicklung.[55]

---

zu eigner Nutzung. Menschliche Zwecke, menschliches Bedürfnis schalten sich in den Kreislauf irdischen Lebens ein und verwenden die gewachsene Fruchtbarkeit auf sich, für sich. Eigenmächtig und gewalttätig greift der Mensch hier ein und gestaltet den großen Lebenszusammenhang um." Ipsen: Landvolk, S. 20f.

54 Ipsen: Programm, S. 12.
55 Auch in einem Radiovortrag aus dem Jahr 1932 hat Gunther Ipsen diesen Anspruch selbstbewusst mit einem Marx-Zitat bekräftigt. „Aufgrund […] der Erkenntnis der gegenwärtigen Lage vermag die Soziologie selbst zu einer geschichtlichen Kraft zu wer-

7.3.1 Bevölkerungslehre

Unter der Überschrift einer „Bevölkerungslehre" beschrieb Gunther Ipsen überdies, wo eine Soziologie empirisch ansetzen musste, wenn sie dem subkutanen Wandel gesellschaftlicher Ordnungsformen auf die Spur kommen wollte: nämlich auf der untersten, der „organischen" Ebene sozialer Strukturbildung, in der er bereits die Ursprünge des Volkstums freigelegt hatte.[56] Dieser Text, der 1933 (beziehungsweise 1934) im Handwörterbuch des Grenz- und Auslanddeutschtums erschien, bildete die Blaupause für Ipsens Arbeiten in den folgenden Jahrzehnten – einerlei, ob er sie, wie während des Dritten Reichs, als Volkstumslehre oder später dann als Realsoziologie bezeichnete.[57]

Für Gunther Ipsen bauten alle komplexeren Phänomene der Gesellschaft, seien es soziale Gruppen und Verbände, Klassen oder Institutionen, Herrschaftsstrukturen oder Staatsformen, auf der von ihm als elementar angesehenen Beziehung zwischen Bevölkerung und Raum auf. Mit seiner Bevölkerungslehre rückte er die Wechselwirkungsprozesse zwischen diesen beiden Aggregaten in den Blick, in denen seiner Ansicht nach die Grundlage für die Persistenz oder das Neuarrangement sozialer Ordnungsformen zu suchen war.

Ipsens Bevölkerungslehre zielte, knapp zusammengefasst, auf die Mechanismen, die zwischen der Größe der Bevölkerung und den Ressourcen eines bestimm-

---

den, um somit dem kühnen Wort zu entsprechen, das ihr mit auf den Weg gegeben wurde: ‚Die Philosophen haben die Welt nur verschieden interpretiert, es kommt aber darauf an, sie zu verändern.'". Ipsen, Gunther: Was verspricht uns die Soziologie? Vortrag im Mitteldeutschen Rundfunk, Leipzig vom 15. Januar 1932, unveröff. Manuskript im Nachlass, zit. n. Üner: Emanzipation, S. 309.

56 In seiner Antrittsvorlesung hatte Ipsen ein dreistufiges Verlaufsmodell sozialer Strukturbildung entworfen, in dem eine „organische Schicht" den Unterbau für die „pluralische" und die „politische Schicht" bildete. Die Soziologen des bürgerlichen Zeitalters – er nannte beispielhaft Lorenz von Stein und Karl Marx – hatten sich Ipsens Verständnis nach auf die beiden letztgenannten Dimensionen sozialer Realität konzentriert. Seine Schlussfolgerung lautete, dass eine Soziologie, die von der Historizität aller in diesen beiden Schichten angesiedelten Phänomene und ihrer Beschreibungsformen ausging, die unterste Schicht in den Blick nehmen musste. Die Veränderungen dieser „organischen Schicht" bildeten die Grundlage für das Neuarrangement der beiden oberen. Vgl. Ipsen: Programm, S. 10-13, 19ff.

57 Auch als es an der Sozialforschungsstelle Dortmund im Oktober 1950 darum ging, die Leitung der statistischen Abteilung zu besetzen, wurde Gunther Ipsen zu einem Vortrag über diese Bevölkerungslehre und ihr Potential als soziologisch-empirisches Forschungsprogramm aufgefordert. Siehe Carl Jantke an Gunther Ipsen, 5.10.1950. SFS Archiv. ONr. VII, PAW Gunther Ipsen.

ten Siedlungsraumes vermittelten. Das Grundmodell sah die „Bevölkerung" beziehungsweise deren Fortpflanzungsdrang als Hauptagent sozialer Entwicklung, den „Raum" als ihre sachliche Existenzbedingung und die vorherrschende Wirtschaftsform als eine Art Transmitter zwischen beidem vor. Dahinter stand die eher beiläufig vermittelte Vorstellung eines natürlichen Ausgleichs zwischen den ökonomischen Ressourcen und dem generativen Verhalten der Bevölkerung.

„Bevölkerung" wollte Ipsen als dynamische Kategorie, als Prozessbegriff verstanden wissen, dessen eigentlicher Gehalt in der immerwährenden Erneuerung und dem Fortbestand des Volkes beziehungsweise der Rasse als überhistorischer Einheit lag.[58] „Bevölkerung" war nicht als Summe von Individuen, sondern im Sinne des „Bevölkerns" zu erfassen: als ein aktiver Vorgang, durch den sich Existenz und Wille eines bestimmten Volkes beziehungsweise einer bestimmten Rasse manifestierte und der außerdem bestimmte Gebiete umfasste. Er basierte prinzipiell auf dem Leben und der Fortpflanzung einzelner menschlicher Individuen, wurde unter der Bezeichnung des „Gattungsvorgangs" allerdings zu einer Art Stoffwechselfunktion des Kollektivwesens namens Rasse oder Volk ernannt. Individualität ging im „Volkskörper" auf, und der wiederum „verflüssigt[e] sich ununterbrochen im Gattungsvorgang u. stellt sich ebendaraus wieder her."[59] In Ipsens Modell war es gewissermaßen die schicksalhafte Tendenz der Bevölkerung, sich unbegrenzt zu vermehren – wenn nicht äußere Einflüsse diesem Vorgang Grenzen setzten.

Solcherart bevölkert wurde der „Raum", den Ipsen als sachliche – und diese Grenzen definierende – Existenzbedingung des Volkes begriff. Ein Raum bot bestimmte natürliche Verhältnisse und Ressourcen, im substantiellen Sinne also einen gewissen Nahrungsspielraum. Allerdings war die Bevölkerung von Räumen mit deren Aneignung und wirtschaftlichen Nutzung verbunden, was mit der bäuerlichen Bearbeitung des Bodens und der agrarischen Produktion begann und sich in unterschiedlichen Wirtschaftsformen fortsetzte: von der kleinbäuerlichen Ackerwirtschaft über den Großgrundbesitz bis zur Industriewirtschaft. Für Ipsens Begriffsverständnis bedeutete das, dass ein bevölkerter Raum keine natürlich-geographische Landschaft mehr war, sondern immer ein gestalteter Raum. Im heutigen Sprachgebrauch also ein Kultur- oder Wirtschaftsraum, für den Volkstumssoziologen Gunther Ipsen hingegen der „Lebensraum":

---

58 Die Begriffe Volk und Rasse scheint Ipsen zumindest in seinen frühen Schriften weitgehend synonym verwendet zu haben.
59 Ipsen: Bevölkerung, S. 426. – Beim heutigen Lesen drängen sich Vergleiche mit Fisch- oder Insektenschwärmen auf. Was im Kern als rein biologischer Vorgang erscheinen mochte, lud Ipsen im Übrigen zusätzlich mit sozialkonservativen Grundwerten auf; unter anderem indem er nach der „Wertigkeit" einer Geburt fragte und diese von der Frage der Ehelichkeit abhängig machte. Vgl. ebd., S. 427.

„Diese Landschaft wird nun durchschossen u. durchsetzt von menschlichen Trieben, menschlichen Zwecken, menschlichen Nutzungen; sie sind es, die das fremde Draußen des Raumes menschlich ansprechen, durchsuchen, befragen, aufschließen und ermessen; sie sind es, die den Raum neu gestalten, umgestalten (sofern sie ihm die Nutzbarkeit in eignen Formen aufprägen), einrichten. Was so geschieht, ist eine Vermählung des menschlichen Daseins mit dem Raum. Sie beginnt mit seiner schöpferischen Erschließung durch Landnahme, Entdeckung u. Erfindung; sie setzt sich fort in seinem Ausbau, der den Menschen darin heimisch u. den Raum zu menschlicher Heimat werden lässt."[60]

Was zwischen beidem, zwischen Bevölkerung und Raum, vermittelte, war die Produktionsweise.[61] Von ihr hing ab, wie viele Menschen ein Raum ernähren konnte, beziehungsweise, in Gunther Ipsens bevorzugter Größenordnung, wie viele „Stellen" er bot, um den Lebensunterhalt einer Familie zu ermöglichen. Ipsen orientierte sich insgesamt stark an den Bevölkerungslehren Johann Peter Süßmilchs und Thomas Robert Malthus. Aber bei aller Orientierung an der vormodernen ständischen Gesellschaft, die seine Theorie ohne Frage anleitete, war diese doch von der Erfahrung der Industrialisierung geprägt. Malthus' pessimistischer Prognose aus dem Jahr 1798, die vor der wachsenden Weltbevölkerung und den Grenzen der Nahrungsmittelproduktion, vor Übervölkerung und Verelendung gewarnt hatte, mochte sich Ipsen 1933 nicht mehr anschließen. Er stellte ihr die Kapazitätssteigerung eines Raumes durch „schöpferische Erschließung", „Entdeckung und Erfindung" gegenüber – entsprechende Stichwörter wären hier wohl Kunstdünger, landwirtschaftliche Maschinen und die Dampfkrafttechnik, die die Produktion effizienter gestalte-

---

60 Ipsen: Bevölkerung, S. 426.
61 Allerdings sah Ipsen dieses Verhältnis ganz anders, wenn es um das von ihm idealisierte Bauerntum ging. Hier wandte er sich ausdrücklich gegen eine funktionale Reduktion: „Die bäuerliche Welt ist etwas durchaus Unvergleichliches. Der Handwerker hat sein Gerät und sein Material, der Arbeiter Werkstück und Maschine, der Unternehmer seinen Betrieb [...]; sie leben in einer geschaffenen Welt von Formen, mit menschlichen Erzeugnissen und wesentlich in bestimmten Bezügen zu anderen Menschen; Natur ragt nur als Material, umgeformt oder entformt, in ihren Bereich oder als Ort und Zeit gleichwie ein leerer Rahmen ihres Daseins. Allein der Bauer bleibt auf den gewachsenen Boden bezogen und lebt in wesenhafter Gemeinschaft mit fremdem Leben. [...] Bei aller Zwecktätigkeit und Zweckgerichtetheit [...] bleibt diese Gemeinsamkeit eine wirkliche, wuchernde Welt eigenständiger Geschöpfe. Niemals und nirgends erschöpft sie sich in bloßer Nutzung, sondern wächst an allen Enden und Ecken darüber hinaus, so daß all ihre Menschlichkeit organisch überwuchert wird. Pferd und Rind sind gewiß Zug- und Nutzvieh; aber die Sympathiebeziehung zwischen Mensch und Tier reicht um vieles weiter und tiefer [...]. Der Mensch tritt gleichsam als der Geist der Herde in ihr Leben ein und verändert es, wie er das Pflanzendasein verändert [...]." Ipsen: Landvolk, S. 21f.

ten, oder die Erschließung bisher ungenutzter Ressourcen. Je intensiver die Wirtschaftsform, desto größer war auch die Tragfähigkeit des Raumes, desto höher die Anzahl der Stellen. Dennoch waren es in Ipsens Verständnis weniger die Wirtschaftsweise oder die Produktionsverhältnisse, von der Entwicklung und Formation der Bevölkerung abhingen, als der Raum, auf den diese einwirkten und den diese gestalteten.

Zusammengefasst hieß das: Ipsens Bevölkerungslehre arbeitete mit zwei prinzipiell voneinander getrennten Vorgaben, nämlich dass es den biologisch-prozesshaften „Gattungsvorgang" des Volkes einerseits und die sachlichen Bedingungen des Raumes andererseits gab, die aufeinander bezogen werden mussten. Erst aus ihrem Wechselspiel entstand soziale Ordnung mit ihren typischen Gliederungs- und Gruppierungsformen.[62] Der Raum erschien in Ipsens Lehre einerseits als das zu strukturierende Fundament für die geschichtsmächtige Existenz des Volkes. Andererseits strukturierte er dessen Erscheinungsformen über die Akkumulation und Gliederung von Ressourcen – und war demnach Ergebnis wie Voraussetzung der Bevölkerung gleichermaßen.[63]

7.3.2 Strukturgenetik des 20. Jahrhunderts

Sozialen Wandel, die Entstehung der modernen Gesellschaft und des bürgerlich-liberalen Staates erklärte Gunther Ipsen diesem Modell gemäß als Äußerungsformen des Bevölkerungsdrucks: in Schach gehalten und stabil, planvoll gelenkt und kanalisiert – oder entfesselt und in neue Lebensräume sich ergießend.

Folgt man Ipsens Geschichtsbild, dann hatte circa vom 14. bis zur Mitte des 18. Jahrhunderts eine Phase des natürlichen Ausgleichs geherrscht. Die Bevölkerungs-

---

62 In seiner Schrift zum „Landvolk", die ebenfalls 1933 erschien, bemühte sich Ipsen ausführlich und gestützt auf statistisches Material, dieses grundsätzliche Verhältnis für die Gegenwart des Bauerntums nachzuweisen. Ipsen: Landvolk, bes. S. 39-55.

63 Letztendlich changierte Ipsens Raumbegriff aber kaum abgrenzbar zwischen einem geographisch-natürlichen – schließlich basierte Ipsens gesamte Volkstumslehre auf der mythischen Bindung an den Boden und seine Untersuchungen richteten sich auf die flächenhaften Territorien dreier unterschiedlicher Bevölkerungsweisen – und einem anthropologisch- (bzw. ökonomisch) konstruktivistischen Verständnis. Raumqualitäten reichten bei Ipsen von organisch-natürlich bis künstlich und abstrakt, was dem bäuerlichen Lebensraum am einen und den Großstädten am anderen Ende einer Skala entsprach, die zugleich eine Werteskala war. Auch gab es zwar den „gemachten Raum", jedoch verfügte Ipsen über keine Kategorie des „Machens" oder Handelns. Seine Erklärungsansätze zur Entstehung oder Persistenz bestimmter Räume bewegen sich daher im Rahmen „spontaner Anpassungsleistungen" an veränderte Bedingungen, die das Volk als Emanation des Volkstums aufwies.

menge war auf die Kapazitäten des Raumes eingestellt. Schwankungen entstanden zwar aufgrund externer Faktoren wie Seuchen oder Kriege, wurden aber rasch ausgeglichen. Als stabiles soziales Gefüge baute die ständische Feudalgesellschaft auf diesem Gleichgewicht von Bevölkerung und Lebensraum auf.

Im 18. Jahrhundert betrat dann der absolutistische Staat als weiterer Akteur die Bühne des historischen Geschehens. Ihn pries Ipsen als unabhängige, vollstreckende Instanz, die durch eine gezielte Bevölkerungspolitik der schicksalhaften Bestimmung des Volkes zur Verwirklichung verhalf.

„Die Daseinsmächtigkeit des rassischen Bestandes u. seine schöpferische Leistung in der Einung mit dem Lebensraum wird damit nicht nur ins politische Handeln hineingenommen [...], sondern auch als eminent politischer Sachverhalt erkannt u. um dessentwillen seinerseits zum Gegenstand politischen Handelns gemacht; der Staat befördert u. legt frei, regt die Bevölkerung an u. leitet sie, ja er geht weiter, indem er sie zu allererst erzeugt, um sie dann zu politischem Dasein zu gestalten. [...] So wird die Bevölkerungspolitik des absoluten Staates [...] endlich zur ‚Bevölkerungszucht'."[64]

Der Staat löste aber auch die Bevölkerungswelle aus, die ihn im Laufe des 19. Jahrhunderts schließlich selbst überrollte. Tatsächlich waren die Bevölkerungszahlen auf dem Land seit 1800 stark angestiegen. Ipsen interpretierte das allerdings weniger als Folge einer sinkenden Sterblichkeitsrate, sondern sah den Auslöser in den preußischen Reformen und der Bauernbefreiung. Zusammen mit der geschlossenen, ländlich-feudalen Gesellschaftsordnung hatten diese seiner Sichtweise nach auch die sozialen Beschränkungen der Fortpflanzung beseitigt. „Hufenverfassung und Schollenpflichtigkeit, Herrenrechte auf Gesinde, Ehe- und Erbregelung erzw[a]ngen in den meisten Fällen die Ehelosigkeit der Überzähligen; die überhöhte Sterblichkeit der unehelichen Geburten t[a]t ein Übriges, den Bevölkerungsdruck des flachen Landes abzufangen."[65] Nun waren jedoch, so folgerte Ipsen, alle regulierenden Mechanismen außer Kraft gesetzt und die entfesselte Bevölkerung brach sich Bahn in der ungehemmten und „schrankenlose[n] Vermehrung". vor allem der „untersten Schichten der ländlichen Bevölkerung". Der Soziologe deutete die außerordentlichen Wachstumsraten des 19. Jahrhunderts also in bester Malthusianischer Manier unmittelbar als Folge einer zu hohen Fortpflanzungsrate.[66] Gleichzeitig war die vormodern organisierte Agrarwirtschaft nicht mehr imstande, die wachsende Bevölkerung zu beschäftigen und zu ernähren. Ein Heer aus eigentums- und funktionslosen, „losgelösten Individuen" entstand, die aus der ländlichen Wirt-

---

64 Ipsen: Bevölkerung, S. 430.
65 Ipsen: Landvolk, S. 10.
66 Ebd.

schafts- und Sozialordnung herausfielen – das künftige Proletariat, das bald die Großstädte bevölkern sollte.[67]

Alle sozialen Erscheinungen, die das 19. und frühe 20. Jahrhundert hervorgebracht hatten, ließen sich für Gunther Ipsen auf die Art und Weise zurückführen, in der sich dieser Druck entlud. Er identifizierte drei „Bevölkerungsweisen" die er als (durchaus politisch beeinflusste) Reaktion auf das entstandene Ungleichgewicht zwischen Bevölkerung und Raum auswies – denen also sozusagen eine Ventilfunktion zukam. Alle drei, die „agrarische", die „bürgerliche" und die „industrielle Bevölkerungsweise" nutzten und formten den Raum auf unterschiedlich intensive Art. Sie unterlagen einer gewissen zeitlichen Abfolge, waren aber für Ipsen vor allem als räumliche Ausprägungen der Bevölkerung bedeutsam. Sie gliederten das Gebiet, das der Soziologe „unmittelbar als Lebensraum des deutschen Volkstums" ansah (und das „Europa ohne das Mittelmeergebiet vom Atlantischen Ozean bis zur Wolga" umfassen sollte).[68]

Agrarisch sah Ipsen seit dem späten 18. Jahrhundert vor allem das „nordgermanische Kernland, Ostelbien u. die südöstliche Steppe" bevölkert. Dort war entweder neuer Lebensraum zu erobern und durch Hofbauerntum zu erschließen gewesen. Oder Flurreformen und Änderungen in Verfassung und Organisation der bäuerlichen Betriebe ermöglichten dort mehr Menschen als bisher den agrarisch gewonnenen Lebensunterhalt. Das geringste Interesse brachte der Soziologe ohne Zweifel der bürgerlichen Bevölkerung entgegen – sieht man einmal davon ab, dass er sie rigoros ablehnte. Ihre Entwicklung streifte er nur am Rande und in Bezug auf die französischen Großstädte, in denen während der ersten Urbanisierungswelle aufgrund bestimmter Gewerbeformen „neue Stellen" in den Städten entstanden waren. Die Bevölkerung wurde vom Land abgezogen und passte ihr generatives Verhalten

---

67   Den Anstieg der ländlichen Bevölkerungszahlen hatten schon die Zeitgenossen sorgenvoll als Bedrohung der sozialen Ordnung wahrgenommen. In ähnlicher Denkart behauptete auch Gunther Ipsen den Zusammenhang zwischen Übervölkerung und politisch-sozialem Umbruch. In seinem Geschichtsbild mündeten die Wirtschafts- und Hungerkrisen der ersten Jahrhunderthälfte schließlich direkt in die revolutionären Ereignisse, die mit dem Jahr 1848 verbunden sind. Der „aufgeladene[] Bevölkerungsdruck" stieß auf den „wachsende[n] Gegendruck aus der Enge des Lebensraums" und eskalierte so im „politischen Massenhandeln", wie der Soziologe durchaus eigenwillig deutete. „[D]er revolutionären Erschütterung dieser Zeit liegt allgemein die Not der Übervölkerung zugrunde", entschied Ipsen dazu unmissverständlich. Die Bevölkerung schwoll, so führte er diese Entwicklung fort, „vom absoluten Staate ausgelöst, zur Flutwelle; sie überwächst, sie überwältigt dann den Staat, sie zersetzt seine Ordnung u. stürzt die herrschenden Gewalten, um endlich, als soziale Bewegung, Macht heischend u. Macht werdend, ein neues politisches Sein zu begründen." Ipsen: Bevölkerung, S. 433, 430.

68   Ebd., S. 431.

den bürgerlichen Werten an, was sich von der Stadt ausgehend auch auf dem Land bemerkbar machte.[69]

Das „übermächtige Schicksal" des Volkstums hingegen setzte erst in den 1870er Jahren, „während der zweiten Bevölkerungswelle", ein. Sie begann „unter den Bedingungen des Kapitals und der Maschine"[70] und mit der räumlichen Anpassung der Überschussbevölkerung des Landes, die die neuen Beschäftigungsmöglichkeiten der industriellen Standorte suchte. Die Industrialisierung steigerte die Anzahl der „Stellen" eines Raumes um ein Vielfaches, denn zu den Erwerbsmöglichkeiten in der Industrie kamen die der Versorgung der Haushalte:

„Wenn sich die Industriebeschäftigung verdoppelte, gab sie [die industrielle Ballung, U.K.] der vierfachen Menge Raum; stieg jene aufs Dreifache, ernährte sie sechsmal so viel Einwohner, wie ehedem – kurzum, ihr Fassungsvermögen stieg mit dem industriellen Aufbau nicht nur in gleichem Schritt, sondern in doppeltem Ausmaß; der industrielle Anstoß pflanzte sich verstärkt fort."[71]

Die „entfesselte Gebürtigkeit" des Heeres proletarischer Arbeitskräfte sicherte darüber hinaus auch in der nächsten Generation noch die „beschleunigte[] Selbsterzeugung", auf die das Industriesystem zur Expansion angewiesen war. In England als Vorreiter der industriellen Revolution, urteilte Ipsen, war die Industrialisierung „ein Glied im Zug der britischen Reichsbildung" gewesen. In Kontinentaleuropa hingegen war sie „eine wirtschaftliche Antwort auf eine gesellschaftliche Frage: [...] der Ausweg aus einer drohenden Übervölkerung."[72]

Ipsens „Bevölkerungsweisen" kann man wohl als „Realtypen" verstehen, die es dem Soziologen ermöglichten, wesentliche Aspekte der sozialen Welt zu erfassen und zu ordnen. Sie reduzierten die konfliktbeladene Entwicklung und die Komplexität der modernen Gesellschaft auf die Wechselwirkung zweier, von ihr unabhängiger Größen: Bevölkerung und Raum. Auf ihrer Basis zeichnete Ipsen (gemeinsam mit seinem Mitarbeiter Wilhelm Haufe[73]) die enormen Wanderungsbewegungen

---

69 „[E]in schrumpfender Volkskörper zieht sich gesellschaftlich auf den vom Stadtbürgertum geprägten Bereich der Lebensführung zusammen". Dort war die Lebensweise im Sinne der Anforderungen des Marktes geordnet; das „Allgemeine[]" wurde „zu Beziehungssystemen zwischen Individuen" und der Lebensraum selbst war nur das „Abstraktum eines Raumes": die „Bestimmung der Raumwirklichkeit des Lebens durch Knotenpunkte". Vgl. Ipsen: Bevölkerung, S. 434-437; die Zitate finden sich auf S. 435.
70 Ipsen: Landvolk, S. 7.
71 Ipsen: Bevölkerung, S. 437.
72 Ebd., S. 443.
73 Zur Rolle des 1942 gefallenen Haufe: Klingemann: Bevölkerungssoziologie, S. 199ff.; Gutberger: Bevölkerung, Ungleichheit, Auslese, S. 92f.

seit der Hochindustrialisierung nach und steckte großflächig Sozialräume ab – verstanden im Sinne von Territorien, in deren Grenzen sich ein je differierendes Set von Bevölkerungs-, Familien- und Besitzstrukturen, Produktions- und Lebensweisen, Arbeitsverhältnissen und Beziehungssystemen, Gruppen- und Herrschaftsstrukturen herausgebildet hatte. Und er analysierte während des folgenden Jahrzehnts die jeweiligen Konstellationen von Bevölkerung und Raum, die für verschiedene Regionen prägend waren.

Konkret untersuchte der Soziologe, wie sich die Industrialisierung Deutschlands auf das ländliche Leben und die landwirtschaftliche Betriebsverfassung ausgewirkt hatte. Dazu prüfte er die Bevölkerungs- und Eigentumsverhältnisse in verschiedenen Regionen und – mit besonderer Aufmerksamkeit – die Ausprägungen des bäuerlichen Erbrechts: also die Institution, die den übergenerationellen Fortbestand von Besitz-, Familien- und damit Sozialstrukturen sicherte. Für Ipsen ging es dabei um die Suche nach dem „inneren Maß", das die optimale Hofgröße für ein bestimmtes Gebiet bezeichnen sollte. Was dahinter stand, war eine politisch-sozialplanerische Frage, die schon im Reichserbhofgesetz von 1933 eine nicht unwichtige Rolle gespielt hatte. Wie groß mussten, je nach Region, die bäuerlichen Betriebe sein, um die größtmögliche Anzahl von Menschen auf dem Land zu versorgen und dort zu binden? Dabei war das Ideal zwar das romantisch verklärte „Hofbauerntum", das für die geschlossene Sozialordnung von Boden, Hof, Familie und Dorf stand und besonders gefördert werden sollte. Aber Ipsen konnte in bestimmten Fällen durchaus den Ausbau der Industriewirtschaft fordern, wenn ihm dies, so paradox das zunächst wirken mag, zur Eindämmung der „Landflucht" und zur Absicherung bodenverbunden-ländlicher Lebensweisen auf „halben Stellen" sinnvoll erschien.[74]

Das waren Versuche, diese vorindustriellen Lebensweisen zu erhalten und sie in einer der industriellen Wirklichkeit angemessenen Weise zu transformieren und zu

---

74 Siehe z. B. Ipsens Beitrag „Landvolk und industrieller Lebensraum im Neckarland", der 1941 in der Zeitschrift „Raumforschung und Raumordnung" erschien. Wenn Ipsens Vorstellungen einer neuen Agrarordnung auch auf die Schaffung möglichst vieler Erbhofstellen hinauslaufen mochten, so traten diese im Angesicht der Gemengelage aus industriellen und agrarischen Strukturen, die er im Stuttgarter Raum vorfand, doch in den Hintergrund. In dem genannten Beitrag führte der Volkstumssoziologe sogar aus, welche positiven Wirkungen die teilweise Industrialisierung des Raumes sowohl für dessen wirtschaftliche Stabilität als auch für ein ländlich-bodenverbundenes soziales „Gefüge" besaß: Ein große Gruppe von Kleinbauern war auf die Möglichkeit des industriellen Nebenerwerbs angewiesen, um auf ihren halben Stellen überleben zu können: „Durch die Lebensform des Arbeiterbauern und des Arbeiterhäuslers" wurden aber, das betonte Ipsen nachdrücklich, „im Neckarland weit über 100.000 Familien auf dem Dorfe bodenständig gemacht und erhalten, die ohne dies abwandern oder in sich selbst verstädtern müßten." (Ebd., S. 255).

stärken. Ein rückwärtsorientierter Entwurf für die Zukunft, der aber keineswegs auf der Ebene der Utopie stehen bleiben sollte, sondern in zunehmendem Maße auch die Einflussbereiche und Schnittstellen zwischen Agrar- und Industriegesellschaft berücksichtigte. (Wie überzeugend deren Analyse aus heutiger Sicht ausfallen mag, ist eine andere Frage.) Ipsens eigentliche Interessen mochten sich auf das Schicksal des „Landvolks" und die Erneuerung des Bauerntums in der industrialisierten Welt konzentrieren. Aber er musste nicht die Perspektive, sondern nur den gewählten Ausschnitt wechseln, um nach 1945 mit der Großstadt Dortmund nun auch ein hervorstechendes Phänomen der „industriellen Bevölkerung" zu untersuchen. Sein grundsätzliches Verständnis von Gesellschaft und ihrer Wissenschaft, das auf der wechselseitigen Bedingtheit von Bevölkerung und Raum gründete, wurde von diesem Wechsel nicht berührt. Dieses Verständnis bildete die Basis für seine Vorstellung vom „Leistungsgefüge" der Großstadt. – „Das Ordnungsgesetz, wonach der neue Lebensraum durch industrielle Bevölkerung aufgebaut wird, ist das einer durchaus neuartigen Raffung [...] der Erwerbsgesellschaft: [...] Die industrielle Raffung schließt sich zum Gefüge des neuen Lebensraums [...]" hatte Ipsen schon 1933 dazu festgehalten.[75] – Und es war damit wiederum Grundlage für eine ganze Reihe von Arbeiten der Abteilung Ipsen an der Sozialforschungsstelle. Die Versuche, am Beispiel Dortmunds die sozial-funktionalen Raumstrukturen der Großstadt abzugrenzen, stellten darunter genau genommen nur einen Teil dar. (Zur Erinnerung: Auch sie basierten auf den Indikatoren Bevölkerungsdichte und -zusammensetzung sowie der Dichte der Arbeitsplätze nach Grund- und Versorgungsleistungen.) Aussagekräftiger für Gunther Ipsens Blick auf die Stadt sind eigentlich die Planungs-Gutachten, mit denen der Soziologe von verschiedenen Stellen betraut worden war. Sie zeigen, dass Ipsen die Stadt im engeren Sinne eigentlich längst hinter sich gelassen hatte.

7.4 DIE STADT IM BALLUNGSRAUM: GUTACHTEN FÜR ESCHWEILER UND WULFEN

Die Stadt Eschweiler im Kreis Aachen hatte der Krieg besonders schwer getroffen. Dabei waren es nicht einmal die Kriegszerstörungen an sich, die die Stadt in ihre verhängnisvolle Lage gebracht hatten. Sie waren letztlich nur der abrupte Schlusspunkt einer Geschichte des Niedergangs, die lange vor dem deutschen Überfall auf Polen begonnen hatte. Im 19. Jahrhundert hatten Bodenschätze und eine günstige Verkehrslage Eschweiler zu einer der frühen Gewinnerinnen der Industrialisierung gemacht. Der Steinkohle-Abbau und die eisenverarbeitende Industrie schufen im Zusammenspiel mit einem gut geknüpften Eisenbahnnetz eine der ersten Industrie-

---

75　Ipsen: Bevölkerung, S. 439.

regionen in Deutschland. Beide bildeten ein Jahrhundert lang den Entwicklungsmotor der Stadt, deren Einwohnerzahl zwischen 1825 und 1939 um knapp das Sechsfache auf circa 35.000 Menschen angestiegen war. Und dennoch hatte Eschweilers Blüte bereits im letzten Drittel des Jahrhunderts zu schwinden begonnen. Bergbau und Wirtschaftsräume verlagerten sich; der Erste Weltkrieg und die Weltwirtschaftskrise taten ein Übriges dazu. Schließlich legte der Zweite Weltkrieg 60 Prozent der Stadt in Schutt und Asche und besiegelte diese Entwicklung damit. Öffentliche und private Gebäude, Industriebetriebe und die kommunale Infrastruktur – Straßen, Brücken, Wasser-, Strom- und Gasversorgung – waren wie in keiner anderen Gemeinde der Region zerstört worden; ebenso die letzte der Steinkohle-Gruben. Besonders folgenschwer wirkte sich der Verlust der Großbetriebe aus, deren letzter in der Nachkriegszeit abwanderte, und die daraus resultierenden Einbußen an Arbeitsplätzen, an Steuereinnahmen und damit an Wirtschaftskraft. Für die Stadt bedeutete das den wirtschaftlichen Ruin. Im Angesicht der Trümmerberge zweifelte 1945 manch einer der kommunalen Verantwortlichen daran, dass Eschweiler sich jemals wieder erholen könne. Kein Wiederaufbau, sondern ein 5.000-Seelen-Ort, die Größe des beschaulichen Landstädtchens der vorindustriellen Zeit – das werde die Zukunft Eschweilers sein.[76]

Sechs Jahre später hatte sich eine solche Vision indessen nicht bewahrheitet. Die Beseitigung der Kriegsschäden ging zwar schleppend voran, aber die Stadt hatte sich wieder mit Menschen gefüllt und die Einwohnerzahl längst wieder Vorkriegsniveau erreicht. An dem grundsätzlichen Problem hatte sich allerdings nichts geändert, und für den Auf- und Ausbau fehlten nicht allein die finanziellen Mittel, sondern vor allem eine Perspektive. Für welche Zukunft er denn überhaupt planen solle? hatte der zuständige Fachmann aus Düsseldorf gefragt, als die Gemeinde daran ging, einen Leitplan für die geordnete Entwicklung der Stadt aufstellen zu lassen.[77] Als Konsequenz aus der Ratlosigkeit des Planers und anhaltenden Differenzen um die grundsätzlichen Weichenstellungen der Flächen- und Verkehrsplanung, einigten sich Stadtrat und Planungsbüro schließlich darauf, einen wissenschaftlichen Experten zu Rate zu ziehen.[78] 1953 gab die Stadt ein soziologisches Gutachten in Auftrag, um das soziale und wirtschaftliche Entwicklungspotential Eschweilers

---

76 Vgl. Eschweiler: Eine Stadt verändert sich, bes. S. 22-24, 35-40.

77 Diskussion über den Leitplan und das soziologische Gutachten für die Stadt Eschweiler, Kreis Aachen, Diskussionsbeitrag Dr.-Ing. K. Wasserfurth, in: Die Aufbauplanung, S. 37f., hier S. 37.

78 Vgl. zum Vorlauf: Wolfgang Schütte an Gunther Ipsen, 20.4.1951; Wolfgang Schütte an Gunther Ipsen, 30.4.1951; Stadtbauamt Eschweiler an Sozialforschungsstelle, 14.1.1953. SFS Archiv. ONr. V, Bestand 6, K 25/26, Bd. „Schriftwechsel Eschweiler". Auch: Aktennotiz über Verhandlungen in Eschweiler am 10.3.1953. SFS Archiv. ONr. V, Bestand 6, K 25/26, Bd. „Eschweiler Material/Eschweiler Gespräche".

auszuloten, beziehungsweise – wie es der Planer Kuno Wasserfurth in zeittypisch-organologischer Diktion formulierte – „von dem Gefüge der Stadt [...] sozusagen ein Röntgenbild zu fertigen und eine Therapie vorzuschlagen."[79]

Der Gutachter zeichnete also nach, welche Entwicklungen während der Industrialisierung erst zum Aufstieg und schließlich zum Niedergang geführt hatten. Er ermittelte (so würde man dies heute zusammenfassen) Erwerbsquote und Beschäftigungsquote, Gewerbestruktur und Arbeitsplätze der Stadt und lieferte eine Prognose zur Entwicklung der Einwohnerzahlen für die nächsten anderthalb Jahrzehnte. Worauf er sich aber hauptsächlich konzentrierte, waren die Beziehungen, die die Stadt innerhalb der Region unterhielt. Eschweiler war ein Teil des Aachener Ballungsgebietes, wie er durch verschiedene Berechnungen nachwies. Wirtschafts- und Bevölkerungsentwicklung, Sozialstruktur und Arbeitsmarkt ließen sich nicht unabhängig vom sozioökonomischen Geschehen in diesem Gebiet denken. Eine Lösung für die immensen Strukturprobleme könne daher nur, so betonte er nachdrücklich, „im Zusammenhang des Aachener Raumes, dem Eschweiler als Teil eingegliedert ist", gesucht und gefunden werden.[80] „Bezeichnend sind vor allem die Züge, in denen Aachen Stadt und Aachen Land gegensätzlich so auseinandertreten, daß sie sich erst in der Summe ausgleichen und dann zumeist dem Landesdurchschnitt nahekommen." (Als Beleg für diese Gesetzmäßigkeit zog er unter anderem sogar die Anzahl der Wohnungen pro Gebäude und den Anteil der Kleingärten heran.) Seine Expertise lief daher langfristig auf eine kommunale Strukturreform hinaus, die die Stadt- und Kreisgrenzen den wirtschaftlichen Gegebenheiten anpassen sollte.[81]

Die Eschweiler Stadtverordneten überzeugte die Argumentation übrigens nicht – was kaum verwundern muss: Eine Kommunalreform lag nicht in ihrer Hand. Und die konkreten Empfehlungen, die der Gutachter für die Stadtentwicklungsplanung ausgesprochen hatte, waren schwerlich umzusetzen. Er hatte nahegelegt, die jährliche Wohnungsbauquote drastisch zu erhöhen und Eschweiler als Wohnort auszubauen. „Durch Angebot von Wohnraum, durch hohe Wohnlichkeit und volle Ausstattung mit öffentlicher und gewerblicher Versorgung" sollten Gewerbebetriebe angelockt werden, die in Eschweiler, anders als in anderen Städten, die Unterbringung ihrer Mitarbeiter sichergestellt wussten. Wo der Standortvorteil Kohle weggefallen war, gelte es eben, einen anderen zu schaffen, „der mit Erfolg industrielle

---

79 Diskussion über den Leitplan und das soziologische Gutachten für die Stadt Eschweiler, Kreis Aachen, Diskussionsbeitrag Dr.-Ing. K. Wasserfurth, in: Die Aufbauplanung, S. 37f., hier S. 37.
80 Ipsen: Erloschener Bergbau, S. 139, das folgende Zitat findet sich auf S. 141.
81 Siehe dazu auch Ipsen: Bemerkungen.

Arbeitsplätze zusätzlicher Art gewinnen" lasse.⁸² In Eschweiler hielt man das allerdings für eine Milchmädchenrechnung. Mit diesem Vorschlag habe der Soziologe, bemerkte ein Kommentator sarkastisch,

„Eulen nach Athen, beziehungsweise Indewasser nach Eschweiler getragen. [...] Neu ist nur der unwahrscheinliche Optimismus, mit dem er seinen Vorschlag vertritt. [...] Dazu wären jährlich 7,5 Millionen DM erforderlich [...]. Kein Mensch, der weiß, wie zäh und erbittert Eschweiler um 100.000-DM-Zuschüsse ringen muß, glaubt, daß die Landesregierung auf einmal einen Millionensegen auf Eschweiler herabregnen lassen wird, und das nicht nur einmal, sondern sechs Jahre hindurch."⁸³

Die Stadtverordneten hatten eine Expertise zu den Schwachstellen und Entwicklungsmöglichkeiten Eschweilers in Auftrag gegeben. Ihnen ging es darum, den Stadtraum neu zu strukturieren, Wohn-, Wirtschafts- und Verkehrsflächen zukunftsfähig zu organisieren. Der Gutachter indessen hatte die Stadt zum nachrangigen Phänomen erklärt und stattdessen auf eine ganze Region als Wirtschafts- und Sozialraum und somit als Planungshorizont verwiesen. Es würde nun nahe liegen, dieses soziologische Gutachten, das Gunther Ipsen 1953 für Eschweiler erstellte, zum Anlass zu nehmen, um die Auftragsforschung der Abteilung und das Zusammenspiel von Politik, Planung und Wissenschaft zu diskutieren. Aber es ist auch einer der ersten greifbaren Hinweise darauf, welche eigenen Forschungsinteressen der Abteilungsleiter verfolgte und was diese für seinen Stadtbegriff bedeuteten. Als solches soll es hier stehen.

Gunther Ipsen selbst hat sich an der Dortmund-Studie kaum beteiligt. Und es gibt, außer den oben zitierten Lexikon-Artikeln, nur einen Beitrag von ihm, der sich eingehender mit dem „Leistungsgefüge" der Industriestadt beschäftigte.⁸⁴ Das mag damit zu tun haben, dass er seine Rolle als Forschungsleiter eher im Sinne eines Ideengebers und Vordenkers gesehen hat. Aber vor allem hängt es damit zusammen, dass es genau genommen nicht die Großstadt war, die ihn als „Einheit ei-

---

82 Diskussion über den Leitplan und das soziologische Gutachten für die Stadt Eschweiler, Kreis Aachen. Diskussionsbeitrag Gunther Ipsen: Das soziologische Gutachten, in: Die Aufbauplanung, S. 38-40, hier S. 40.

83 Ihm wurden darüber hinaus aber auch Irrtümer und falsche Berechnungen vorgeworfen, etwa bei seiner Bevölkerungsprognose und damit bei der Zahl der Wohnungssuchenden der kommenden Jahre. Die scharfe Kritik erschien zwei Tage nach Vorstellung des Gutachtens vor dem Eschweiler Stadtrat: Wohnungsbau – aber wie? Bote an der Inde, 11.11.1953. SFS Archiv. ONr. V, Bestand 6, K 25/26, Bd. „Schriftwechsel Eschweiler".

84 Siehe dazu seinen Beitrag zu Ipsen et al.: Standort und Wohnort (S. 44ff.).

ner Daseinsform" interessierte.[85] Großstadtbildung, so hatte er festgestellt, ging seit der Hochurbanisierung von der Industrie und deren Standorten aus. Das hieß aber, dass das explosive Wachstum eigentlich keine Frage der Städte war, sondern eine Expansion der Standorte. Sie standen am Ausgangspunkt der enorm gestiegenen Binnenwanderung, die nach dem von Werner Sombart entlehnten „Gesetz vom doppelten Stellenwert"[86] die Urbanisierung der Bevölkerung forciert hatte. – Nicht eigentlich durch die Ansiedlung in den Städten, sondern durch die Zusammenballung um die Industriebetriebe. Ipsens Aufmerksamkeit richtete sich auf die sozialräumlichen Strukturen, die im Einflussbereich der industriellen Standorte entstanden – auf das „industrielle Leistungsgefüge" aus Produktionsstätten und Wohnorten, Grund- und Folgebevölkerung also. Und das bedeutete für ihn, „daß die Gemeindeeinheit als solche – ob groß, ob klein, ob Stadt, ob Dorf – für das gegenwärtige Geschehen offenbar ohne wesentliche Bedeutung ist."[87]

Das eigentliche Kerngebiet von Gunther Ipsens Untersuchungstätigkeit bildete die „industrielle[] Agglomeration als Vorgang, Erscheinung und Leistungszusammenhang".[88] Zweifellos war die Wahrnehmung der zunehmenden Diffusion von Stadt und Land an einem Forschungsinstitut im Ruhrgebiet, wo teilweise nur die Ortsschilder verrieten, dass man gerade eine Stadtgrenze überschritten hatte, besonders eindrücklich. Im Industriezeitalter, folgerte Ipsen, war dies aber generell die bestimmende Struktur der städtischen Lebensweise: ein Ballungsraum von Ressourcen und Menschen, der unabhängig von den eigentlichen Stadtkernen entstand, sich mit diesen und dessen wirtschaftlichen Funktionen indessen vereinigen konnte – und nicht die Stadt.

---

85 Ein 1957 verfasster Arbeitsbericht resümierte das Verhältnis folgendermaßen: „Die genannten Einzelfragen wurden von den wissenschaftlichen Mitarbeitern unter ständiger Anleitung und Betreuung von Prof. Dr. Ipsen behandelt. Er griff wiederholt in den Verlauf der Untersuchungen an entscheidenden und schwierigen Stellen ein […]. Im übrigen befaßte er sich jedoch mit der grundsätzlichen Analyse der industriellen Agglomeration […]." Bericht über den Ablauf und Stand der Studien zur industriellen Großstadt, 9.10.1957, S. 8. SFS Archiv. ONr. IX, Bestand 3, Nachlass Gunther Ipsen, K 7/14, Bd. I 24, Bl. 75-89.
86 Vgl. dazu S. 259ff. der vorliegenden Arbeit.
87 Ipsen: Städtescharen, S. 277.
88 Bericht über den Ablauf und Stand der Studien zur industriellen Großstadt, 9.10.1957, S. 8. SFS Archiv. ONr. IX, Bestand 3, Nachlass Gunther Ipsen, K 7/14, Bd. I 24, Bl. 75-89. Vgl. auch eine Übersicht zum Inhalt des geplanten Großstadtbandes aus dem Jahr 1955. Darin finden sich drei Beiträge von Gunther Ipsen, nämlich eine „Regionalprognose für Westdeutschland; die industriellen Ballungen in NRW; Gemeindetypenkarte NRW". Betr.: Stand der Forschungsaufträge Juni 1955, 8.6.1955. SFS Archiv. ONr. IX, Bestand 3, Nachlass Gunther Ipsen, K 7/14, Bd. I 24, Bl. 242.

Ipsens Interesse an der Agglomeration beziehungsweise am Ballungsraum (beide Begriffe verwendete er weitgehend synonym) ist durch verschiedene Arbeiten dokumentiert, in denen er teilweise auf die Ergebnisse der Dortmund-Studie zurückgriff, zu denen aber wiederum keine systematische Publikation gehörte. Dafür flossen seine Theorien und Schlussfolgerungen in verschiedene Planungsgutachten ein, wie das für die Stadt Eschweiler.[89] Die Aufmerksamkeit einer breiteren wissenschaftlichen Öffentlichkeit fanden sie daher allerdings nicht. Aber einige Jahre später hat Rainer Mackensen die weiter oben bereits erwähnte Festschrift genutzt, um einige Grundgedanken aus diesem Arbeitsbereich seines Lehrers (mit denen er sich selbst ebenfalls beschäftigte) zu skizzieren.[90] Diese Arbeiten standen zweifellos im Schnittpunkt mehrerer Interessen der Zeit: Handfeste politische Motive bezogen sich auf die Aufgabenstellungen von Stadt- und Landesplanung. (Auf diesen Aspekt wird an späterer Stelle noch zurückzukommen sein.) Sie spiegeln aber eben auch die Grundmuster von Ipsens Gesellschaftsdeutung wider, deren zentrale Größen auch in den fünfziger Jahren noch Bevölkerung und Raum waren.

Vorrangiges Ziel von Gunther Ipsens empirischer Soziologie war es, daran sei noch einmal erinnert, das optimale Verhältnis von Bevölkerung und räumlichen Ressourcen festzustellen. Darauf hatte er sich bereits in den Studien der dreißiger Jahre zu Landvolk und Bauerntum konzentriert, später nun wurden auch die Untersuchungen zu Stadt und Ballungsraum davon angeleitet. Diese letzteren bestanden, soweit sich das erkennen lässt, aus zwei Schwerpunkten. Der erste drehte sich um die Grundmuster der Raum- und Siedlungsstrukturen in industriell geprägten Gebieten. Den zweiten bildeten die empirischen Untersuchungen zur Quantifizierung des „regionalen Leistungsgefüges", auf die sich auch Rainer Mackensen später bezog. Während es bei letzterem um die Berechnung der Unterhaltsmittel und des Fassungsvermögens eines Ballungsraumes ging, versuchte der Dortmunder Sozialforscher im erstgenannten, über die Verteilung von Stand- und Wohnorten, Menschen und Dienstleistungseinrichtungen das „Eigentümliche der industriellen

---

89 Außer dem Eschweiler-Gutachten findet sich in den archivierten Unterlagen der Abteilung Material zu Planungsgutachten für Wulfen, Benrath-Süd (Düsseldorf-Garath), Rheinhausen, sowie das 1958 vom Bundesministerium für Wirtschaft in Auftrag gegebene stadt- und landesplanerische Gutachten „Grundsätze[n] und Abgrenzung der regionalen Förderung durch die Bundesregierung". SFS Archiv. ONr. V, Bestand 6, K 6/25, 6/26.

90 Mackensen: Leistungsgefüge. Mackensen erläutert in diesem Beitrag allerdings weniger einzelne Arbeiten als die grundlegenden Thesen und empirischen Operationen von Ipsens „Theorie des regionalen Leistungsgefüges", die er selbst offensichtlich – unter anderem durch Anregungen aus den USA – weiterentwickelt hatte. „Sie liegt", erklärte der ehemalige Assistent Ipsens, „zahlreichen seiner empirischen Studien zugrunde, ohne je als solche entwickelt und dargelegt zu sein." Ebd., S. 81, Anm. 4.

Raumordnung" zu erfassen.[91] Walter Christallers Modell der „zentralen Orte" stand dabei prinzipiell im Hintergrund. Jedoch baute dieses, wie Ipsen mehrfach betonte, auf der Agrargesellschaft Süddeutschlands beziehungsweise dem vorindustriellen Städtewesen auf. Für den industrialisierten Westen Deutschlands konnte es daher weder ein passendes Analyse- noch ein geeignetes Planungsmodell sein.[92]

Aufgrund der Zensusdaten und der Arbeitsplatzzählungen ermittelte Ipsen die Bevölkerungsdichte der verschiedenen Regionen Nordrhein-Westfalens und lokalisierte und begrenzte auf diese Art die Ballungsräume. Er stützte sich dazu auf zuvor definierte Schwellenwerte, nach denen er die demographischen Quantitäten in Qualitäten übersetzte: Eine Bevölkerungsdichte von 150 Menschen pro Quadratkilometer verwies auf einen Agrarraum (und eine entsprechende Lebensweise der Menschen), ab einer Zahl von 300 ging Ipsen von industriell geprägten Wirtschafts- und Sozialformen aus.[93] Der Sozialforscher erstellte statistische Übersichten und Karten, die, gegliedert nach der Berufszugehörigkeit, die Verteilung der Erwerbsbevölkerung anzeigten. Und er ergänzte diese um komplementäre Untersuchungen und Übersichten, die Aufschluss über die Aufstellung der Wirtschaftseinrichtungen, der Grund- und Dienstleistungen gaben.[94] Wo wurden die Grundleistungen erbracht? Wo konzentrierten sich die zentralen Versorgungsleistungen eines Gebiets? Welche Orte konnte man als reine Wohnorte bezeichnen? Auch die Reichweite des Berufsverkehrs und die Ausdehnung der Pendlerzonen im städtischen Umland interessierten Ipsen bei seiner funktional-räumlichen Analyse.

Nun kann nicht eindeutig nachgewiesen werden, ob es anfangs wirklich Gunther Ipsens Ziel war, Christallers System der zentralen Orte ein neues Modell an die Seite zu stellen, das Raumordnung und Städtewesen der Industrialisierung beschrieb.[95] Aber wenn dem so war, scheint das Ergebnis eher ernüchternd ausgefal-

---

91 Ipsen: Stadt (IV) Neuzeit, S. 795.
92 Ebd., S. 795; zur Karriere von Christallers Modell siehe oben, S. 88.
93 Ipsen et al.: Standort und Wohnort, S. 20.
94 Vgl. als entsprechende Arbeit mit Fokus auf die industrielle Agglomeration Ipsens Ausführungen in ders. et al.: Standort und Wohnort, S. 18-43.
95 Doch gibt es Hinweise darauf. Von einiger Bedeutung für diese Arbeiten war beispielsweise eine Gemeindetypen-Karte für Nordrhein-Westfalen, die auf Grundlage der Gemeindestatistik erarbeitet wurde und „vor allem die Funktionen der einzelnen Gemeinden als Wohnort und Betriebsstandort charakterisieren sollte". Ein Forschungsbericht aus dem Jahr 1954 stellte ihren diesbezüglichen Nutzen wie folgt dar: „Ausserdem wird die Gemeindetypenkarte und die Untersuchung über die Bedeutung Dortmunds als zentralter [sic] Ort die Grundlagen zu einem Versuch bilden, die Christallersche These der zentralen Orte durch eine allgemeinere ‚Feldtheorie' zu erweitern, die vor allem die Einflüsse der Bevölkerungsgewichte in Agglomerationen und der Verkehrsverbindungen für die Bewertung der Entfernungen berücksichtigen soll." Forschungsbericht der Abteilung

len zu sein. Sein Mitarbeiter Rainer Mackensen vermerkte dazu später eher bestätigend als ergänzend:

„Der Unterschied besteht lediglich in der auf den verschiedenen Produktionsbedingungen von Landwirtschaft und Industrie beruhenden Grundmustern der Siedlungsweise der jeweiligen Grundleistungen – also auf unterschiedlichen Standort-, Flächen- und Verflechtungsbedürfnissen der Wirtschaftsbereiche, nach denen die Grundbevölkerung ihre Wohnverteilung richtet. Über dieser baut sich das gleiche ‚System zentraler Orte' auf wie im ländlichen Fall. Nur sind ‚Orte' jetzt nicht mehr als Ortschaften und Städte zu denken, sondern als Standorte der Versorgung innerhalb von Siedlungsgebilden stark wechselnder Wohndichte."[96]

In dem zweiten Arbeitsschwerpunkt, der mit der „Theorie des regionalen Leistungsgefüges" überschrieben ist, ging es um die Entwicklung eines Instrumentariums, mit dem man die Tragfähigkeit und demographische Auslastung solcherart sozialräumlicher Einheiten berechnen konnte. Wie sah ein ausgewogenes Verhältnis zwischen Bevölkerung und Ressourcen aus? Welche Auswirkungen hatten Veränderungen an einzelnen Stellen auf die gesamte Struktur? Für Gunther Ipsen war dies eine Frage des Verhältnisses von Grund- und Folgeleistungen: Die Existenz der industriellen „Grundbevölkerung" einer Siedlungseinheit basierte auf dem Absatz von Waren oder Dienstleistungen nach außerhalb. Also auf dem Überschussprodukt, das Werner Sombart in seinem „Modernen Kapitalismus" zur Grundlage der städtischen Wirtschaft erklärt hatte.[97] Ipsen konzentrierte sich dabei, anders als Sombart, vor allem auf die industriellen Ballungsräume und die industrielle Produktion. Deren Mehrprodukt wurde von der Grundbevölkerung an den entsprechenden Arbeitsplätzen erbracht. Die Folgebevölkerung wiederum lebte von deren Konsum, konnte also nur soweit anwachsen, wie der erwirtschaftete Überschuss es zuließ. Ipsen fasste diese Relation im lokalen „Stellenwert" zusammen; einer Ziffer, die ausdrückte, wie viele Familieneinkommen an einem bestimmten Ort von einem Arbeitsplatz in den Grundleistungen getragen wurden. Der angenommene Normwert lag bei zwei: Von jeder Grundleistungsstelle konnte eine weitere in den Folgeleistungen bestritten werden – das von Sombart abgeleitete „Gesetz des doppelten Stellenwerts", wie er es an verschiedenen Stellen ausführte.[98] Wurde für ein bestimmtes Gebiet ein höherer Wert als zwei errechnet, zeigte das eine überhöhte Anzahl an

---

für das Haushaltsjahr 1953/54. Anlage: Untersuchung ‚Wohnort und Betrieb'. SFS Archiv. ONr. IX, Bestand 3, Nachlass Gunther Ipsen, K 7/14, Bd. I 24, Bl. 293-295 (Zitat Bl. 295).

96 Mackensen: Leistungsgefüge, S. 90.
97 Vgl. oben, S. 259, Anm. 31.
98 Vgl. z. B. Ipsen: Stadt (IV) Neuzeit, S. 789f.; ders. et al.: Standort und Wohnort, S. 47; ders.: Bevölkerung, S. 437.

Beschäftigten der Folgeleistungen an. Die Zahl deckte also von der einen Seite her betrachtet eine Überversorgung auf – im Sinne eines Überschusses an Versorgungsleistungen, den dieser Teil der Bevölkerung erbrachte. Beziehungsweise zeigte sie, von der anderen Seite aus gesehen, eine Überbevölkerung an – weil der Überschuss, den die Grundbevölkerung erwirtschaftete, eigentlich nicht ausreichte, um eine so große Folgebevölkerung zu ernähren. Ein niedrigerer Wert als zwei hingegen besagte, dass freie Kapazitäten existierten. Die konkrete Aufgabe, die sich Gunther Ipsen sowie später auch sein Mitarbeiter Rainer Mackensen gestellt hatten, lag in der Entwicklung zuverlässiger Methoden und Formeln, die es ermöglichten, die an einem Ort erbrachten Grund- und Folgeleistungen differenziert zu erfassen, ihr Verhältnis zu berechnen und auf die Werte des gesamten „regionalen Leistungsgefüges" zu beziehen.[99]

In beiden Fällen ging es darum, soziale Gesetzmäßigkeiten aus realen Strukturphänomenen abzuleiten, um diese dann in Planungsnormen zu übersetzen. Ipsen wurde aufgrund dieser Arbeiten in mehreren Fällen als soziologischer Experte herangezogen, was es ermöglicht, seine Forschungstätigkeit wenigstens ansatzweise nachzuvollziehen. Aber zumindest in einem Fall ist wohl die Anwendung greifbarer und aussagekräftiger als die Beschreibung einer langjährigen Erhebungs- und Rechenarbeit. Als nämlich im Zuge der euphorischen Wiederaufbaujahre in Wulfen, im nördlichen Ruhrgebiet, eine ganz neue Stadt geplant wurde.

1958 war der Ruhrbergbau auf seiner Nordwanderung auch in Wulfen angekommen: Einer kleinen, 3.000 Einwohner zählenden Gemeinde im Norden des Landkreises Recklinghausen, wo nicht Fördertürme, sondern verstreute Bauernhöfe, grüne Wiesen und weidende Kühe das Bild bestimmten. Dort hatte die Mathias Stinnes AG im Juni 1958 mit den Abteufarbeiten für eine neue Schachtanlage begonnen. Beim ersten Spatenstich war sogar Wirtschaftsminister Ludwig Erhard dabei. Das Bergbauunternehmen erwartete kräftige Gewinne, denn in der Bundesrepublik war der Energiebedarf in den fünfziger Jahren stark angestiegen und wurde noch immer größtenteils aus der heimischen Stein- und Braunkohle gedeckt. (Daher ließ man sich wohl zunächst auch wenig von der Freigabe des Kohlepreises beeindrucken, mit dem die Bundesregierung 1957 das Ende des Energiemonopols der Ruhrkohle eingeläutet hatte.) Der neue Doppelschacht würde eine Großanlage werden: Bei vollem Ausbau rechnete das Unternehmen mit 8.000 bis 9.000 Beschäftigten. Für sie mussten innerhalb kurzer Zeit Wohnmöglichkeiten geschaffen werden, denn der Wohnraum in und um Wulfen reichte für eine solche Belegschaftsgröße längst nicht aus. Die Konsequenz daraus war, eine komplette neue Siedlung ‚auf der grünen Wiese' entstehen zu lassen. Sie musste groß genug sein, um 9.000 Beschäftigte und deren Angehörige unterzubringen. Und so geplant, dass

---

99 Dazu Mackensen: Leistungsgefüge, bes. S. 87-95, wobei gerade auf den letzten dieser Seiten Mackensen eigene Beschäftigung mit der Problematik zum Ausdruck kommt.

sie sich zu einem attraktiven Wohnort entwickeln ließ, dessen Annehmlichkeiten die Belegschaft auch langfristig an das Unternehmen binden würde. Die neue Zeche würde also nicht nur ein Großprojekt des Steinkohlebergbaus werden, sondern vor allem auch der Sozialplanung.[100] 9.000 neue Arbeitsplätze im Bergbau? Ein neuer Standort am nördlichsten Rand des Ruhrgebiets? Das konnte aber nicht nur heißen, 9.000 komfortable Wohnungen zu bauen. Die gesamte Region werde sich verändern, wenn der Bergbau nordwärts wandere, prognostizierte Gunther Ipsen, der 1958 zusammen mit Rainer Mackensen das soziologische Gutachten zu dem Vorhaben der Stinnes AG erstellte. Beide skizzierten ein Szenario, in dem die Siedlung in Wulfen nur ein Aspekt in den regionalen Zusammenhängen von Standortverlagerung, Zuwanderung und Bevölkerungswachstum war. Diese aber würden in absehbarer Zeit aus dem dünn besiedelten, ländlich-agrarischen Gebiet eine industrialisierte und urbanisierte Ballungsregion machen. „Eine derartige Veränderung", unterstrichen die Gutachter, „ist im Raume des Reviers seit Beginn des Jahrhunderts nicht mehr bewußt hervorgerufen worden."[101] Daher stand für sie fest, dass es sich beim Siedlungsbau in Wulfen „nicht um die Konzeption einer begrenzten und gesonderten Baugruppe inmitten einer weiterhin landwirtschaftlich bestimmten Umgebung handeln kann, sondern vielmehr um die erste Etappe einer grundlegenden Strukturveränderung eines weiteren Raumes."[102] – Wulfen war, man kann es kaum übersehen, geradezu der Modellfall für Ipsens Theorie der industriellen Bevölkerungsweise.

Ipsens Expertise basierte vor allem auf einer Prognose der demographischen Entwicklung beziehungsweise der zukünftigen Bevölkerungsdichte. Er erstellte sie sowohl für Wulfen als auch für das gesamte Gebiet nördlich von Recklinghausen, in dem er, Plänen der Bergbaugesellschaften folgend, alsbald bis zu insgesamt sechs neue Schachtanlagen entstehen sah. Dabei machten die Zechenangehörigen als „Grundbevölkerung" selbst den geringsten Anteil aus. Zu diesen hinzu rechnete er nämlich „etwa die gleiche Anzahl von Beschäftigten der Folgeleistungen, zur Versorgung, Vermittlung und Verwaltung".[103] Außerdem mussten für beide Gruppen, nach Jahren gestaffelt, Familienangehörige, Kinder und Rentner berücksichtigt werden. Für eine langfristige Planung veranschlagte Gunther Ipsen daher das Fünffache der anvisierten 9.000 Beschäftigten: 45.000 Menschen allein für Wulfen, 270.000 aber für den Landkreis beziehungsweise die Region – urbane Verhältnisse, von der Bevölkerungsdichte her betrachtet.

Nach Ipsens Vorausberechnungen taten sich zwei Problemkreise auf, nämlich die Sozialplanung der fraglichen Zechensiedlung selbst und überdies deren Einpas-

---

100 Vgl. dazu Neue Stadt Wulfen (2009), S. 8-13; Abelshauser: Ruhrkohlenbergbau, S. 81ff.
101 Ipsen: Soziologisches Gutachten Neu-Wulfen, S. 13.
102 Ebd., S. 6.
103 Ebd., S. 4.

sung in einen entstehenden Ballungsraum – beziehungsweise, im besseren Falle, in ein entstehendes Siedlungssystem. Dass für eine Wohnsiedlung in der Größe einer Mittelstadt neben den Wohnungen auch Versorgungs- und Dienstleistungs-Einrichtungen aller Art entstehen mussten, stand außer Frage. Aber er zählte weitere Punkte auf, die notwendig waren, um das Ideal eines dauerhaft stabilen und ausgewogenen Gemeinwesens zu verwirklichen. Dazu gehörten auch komplementäre Industrien, um die Krisenfestigkeit des Standorts zu gewährleisten und den zuziehenden Angehörigen der Belegschaft Arbeitsmöglichkeiten zu bieten. Das sei, versicherte Ipsen, eine Notwendigkeit, um familiäre und soziale Spannungen auszuschließen, aber vor allem auch als Heiratsmarkt für die meist jungen, ledigen Männer, aus denen eine Zechenbelegschaft größtenteils aufgebaut wurde. „Heiratschancen durch ergänzende Industrie" nannte der Soziologe diesen Punkt. Die jungen Bergleute „werden sich schwer an einem Ort halten lassen, der ihnen keine Gelegenheit zur Familiengründung bietet. Es könnte jedoch vermieden werden, daß sie in Gebiete mit vollständiger Bevölkerung fortstreben, wenn am Ort Arbeitsstätten mit vorwiegend weiblichen Beschäftigten vorgesehen würden."[104]

Schon dieser Punkt betraf die regionale Wirtschaftsstruktur insgesamt, denn dazu mussten zunächst einmal die Arbeitsplatzressourcen der umliegenden Städte und Gemeinden bekannt sein (wobei der Gutachter keine nennenswerten feststellen konnte). Genauer noch aber musste die Verteilung von Menschen, Arbeitsplätzen und Dienstleistungen ermittelt werden, um den entstehenden Ballungsraum von Anfang an nach dem Ideal gestufter Siedlungszentren zu gliedern. Am nördlichen Rand des Ruhrgebiets, der wissenschaftliche Experte wies warnend darauf hin, sollten sich die Fehlentwicklungen des Südens nicht wiederholen. Kein großräumiger Siedlungsbrei, in dem Städte nahtlos ineinander übergingen, sollte mehr aufquellen. Aber Wulfen sollte auch keinen weiteren Stadtkern mehr ausbilden; es sollte also kein polyzentrischer Aufbau wie im südlichen Industriegebiet entstehen. Die Gutachter empfahlen dringend, schon beim Siedlungsbau in Wulfen von vornherein auf ein System der zentralen Orte, ein nach unterschiedlichen Ausstattungsmerkmalen gegliedertes, hierarchisch aufeinander aufbauendes Siedlungssystem zu setzen. Das bedeutete für Gunther Ipsen, Wulfen „suburban" – als Trabantenstadt auszubauen.[105]

---

104 Ebd., S. 8.
105 Zu ähnlichen Empfehlungen kamen Ipsen und Mackensen übrigens auch im Falle der Planung „Benrath-Süd" – dem heutigen Düsseldorfer Stadtteil Garath. Auch dies war ein städtebauliches Großprojekt, das aus einem kleinen, 1929 eingemeindeten Dorf eine „Neue Stadt" machen sollte, um den stetigen Bevölkerungszuwachs und die Wohnungsknappheit in den Griff zu bekommen. In dem soziologischen Gutachten, das sie für einen der am Städtebau-Wettbewerb teilnehmenden Architekten erstellten, hatten sie empfohlen, „daß die geplante Wohnstadt ohne eigenes Hauptzentrum zu konzipieren sei". (Um-

Wie die Geschichte der „Neuen Stadt Wulfen" weiterging, ist bekannt. Sie wurde vom städtebaulichen Prestigeprojekt, mit dem komplett neue Wege moderner Stadtplanung beschritten werden sollten,[106] zum Symbol für Hybris und Scheitern von Großplanungen. Den grundlegenden Strukturwandel, der bereits in den sechziger Jahren einsetzte und schließlich dazu führte, dass die neue Stadt noch vor ihrer Fertigstellung bereits wieder zurückgeplant werden musste, hatten auch Gunther Ipsen und Rainer Mackensen in ihrem prognostischen Gutachten nicht voraussagen können.

7.5 ENTZIFFERUNGEN

Mit dem Schwerpunkt auf großräumigen Übersichten korrespondierte Gunther Ipsens Methodik. Er hatte zwar durchaus schon früh auch Methoden der Feldforschung erprobt. Während der sogenannten soziologischen Dorfwochen, die er in seiner Leipziger beziehungsweise Königsberger Zeit als mehrwöchige Exkursionen durchführte, konnten seine Studenten den Gegenstand ihrer Arbeit unmittelbar erleben beziehungsweise beobachten.[107] Später in Dortmund griffen seine Mitarbeiter

---

gesetzt wurde allerdings der Entwurf des Darmstädter Städtebauers Max Guther, der zwar keinen Soziologen zu Rate gezogen, jedoch einen Entwurf mit eigenem Stadtzentrum präsentiert hatte. Der Düsseldorfer Architekt Machtemes kam mit seinem soziologisch argumentierenden Bebauungsvorschlag nur auf den vierten Platz.) Siehe dazu die Überlieferung in SFS Archiv. ONr. V, Bestand 6, K 6/25, Bd. „Gutachten Benrath", vor allem die Dokumente: „Wettbewerb Benrath-Süd. Ausschreibung d. Stadtplanungsamts"; „Bemerkungen zur soziologischen Grundlagenforschung im Rahmen der Stadtplanung".

106 Siehe zeitgenössisch zu diesem Komplex Neue Stadt Wulfen (1962); Planung Neue Stadt Wulfen; zudem Lange: Architektur und Städtebau der sechziger Jahre, S. 17; Neue Stadt Wulfen (2009), S. 24ff.

107 Während der zehn- bis vierzehntägigen Aufenthalte wohnten und arbeiteten die Studenten bei den Einheimischen, holten Erkundigungen ein, stellten Beobachtungen an und untersuchten „das Dorf als echte soziale Gruppe". Allerdings hat diese Feldforschung wohl eher der methodischen Übung und der Illustration von Ipsens Thesen über das Dorfleben gedient und weniger als thesengenerierender Forschungsaufbau. (vgl. Ipsen: Soziologische Dorfwochen; Klingemann: Soziologie und Politik, S. 117f.) In Deutschland hatten Soziologen – wenn auch zögerlich – seit den zwanziger Jahren die in der Ethnologie bzw. Völkerkunde entwickelten Methoden der Feldforschung übernommen. Leopold von Wiese beispielsweise hatte seit 1927 regelmäßige Exkursionen durchgeführt, die dem Erlernen und Üben des soziologischen Sehens dienen sollten. Man fuhr in Hunsrückdörfer, niederrheinische Kleinstädte oder das jüdische Ghetto in Amsterdam.

die populären amerikanischen Interviewtechniken auf, um Einblick in das Leben und Wohnen der Großstädter zu erhalten. Aber für den Abteilungsleiter selbst, der diesen Methoden eher misstraute,[108] und für seinen eigenen Arbeitsbereich spielten zweifellos die massenstatistischen Auswertungen die Hauptrolle.

Ipsen gewann die Daten für seine Untersuchungen vor allem aus den amtlich erhobenen und veröffentlichten Zählungen. Die Resultate der Volkszählungen (also der Bevölkerungsstatistik) bildeten das Grundgerüst, das durch die Angaben der Gemeindestatistik und der Arbeitsstättenzählungen ergänzt wurde. Sein wichtigstes Messinstrument war die Berechnung der Dichte der Wohnbevölkerung – also die numerische Relation von Menschen und Raum. Sie nahm er als beredten Hinweis auf Wanderungsbewegungen, die Entwicklung von industrialisierten Räumen, Wirtschafts- und Sozialstrukturen. Für die kleinräumigen Einblicke und Gutachten zu einzelnen Städten oder Landkreisen vervollständigten Unterlagen der Gewerbebetriebe, Verkehrsgesellschaften etc. das Material. Ipsen war ein unbeirrbarer Sammler und akribischer Rechner, der Massen von Zahlen unter die Lupe nahm und auf seine Interessen hin analysierte, sie umrechnete und umformte, durch Gegenproben überprüfte und schließlich zu Schwellenwerten und Kennziffern zusammenzog, in denen dann komplexe soziale Prozesse hoch verdichtet als Kommazahl ausgedrückt und anderen, auf die gleiche Weise erzeugten Zahlen zum Vergleich gegenübergestellt wurde.

Diese Art, sich an die soziale Realität heranzurechnen, hatte der Sozialforscher bereits in den dreißiger Jahren entwickelt. Man kann das Auszählen, Kategorisieren und Messen als Königsweg einer bürokratienahen oder sich politisch verstehenden Wissenschaft betrachten, und eine solche betrieb Gunther Ipsen ganz zweifellos. Für seine Soziologie spielte das Quantifizieren jedoch überdies eine fundamentale Rolle, weil es eine Herangehensweise war, die dem ‚Wesen' ihres Gegenstands entsprach. Die Grundlage alles Sozialen lag für Ipsen im Verhältnis von Bevölkerung und Raum. Seit den dreißiger Jahren konzentrierte er sich darauf, soziale Einheiten abzugrenzen und zu analysieren, die auf ein bestimmtes Verhältnis von Raum, Wirtschaftsstruktur und Bevölkerungszahlen zurückgingen. Das konnten Landstriche in Süddeutschland sein, wo die durchschnittliche Größe der landwirtschaftlichen Betriebe die Lebenswelt des Kleinbauerntums umschrieb – die daher „nicht nur einen rechnerischen Durchschnittswert darstellt, sondern als Kennziffer eine geltende Lebensgestalt und ihr inneres Maß meint".[109] Das konnte aber auch

---

Auch in den dreißiger Jahren gehörten solche Exkursionen ins Programm von Soziologie bzw. Volkskunde – später allerdings wurden sie bevorzugt als „Arbeitslager" bezeichnet. Lindner: Walks on the Wild Side, S. 136-139; Scholze-Irrlitz: Feldforschung in der Mark Brandenburg, S. 112f.

108 Burckhardt: Stadtplan, S. 72f.
109 Ipsen: Landvolk und industrieller Lebensraum, S. 244.

eine Großstadt mit ihrem Einzugsgebiet sein, in der der „gemachte Raum" die sachlichen Ordnungen der Gesellschaft vorgab und der Stellenwert der industriellen Produktion die „kleinste reale Einheit der Gesellschaft" definierte.[110] Darum ging es, wenn Gunther Ipsen davon sprach, dass soziale Verhältnisse messbar waren, dass „bestimmte Quanten eine qualitative Bedeutung haben, daß sie Kennziffern für soziale Proportionen sind, die ein bestimmtes soziales Gefüge ansprechen."[111]

Gunther Ipsens persönliche Hermeneutik lässt sich nur aus seiner Arbeit selbst und einigen verstreuten Hinweisen erschließen. Rainer Mackensen hat jedoch einige Jahre später gewiss zu Recht darauf aufmerksam gemacht, dass ein Aufsatz, den Ipsen 1954 in „Studium Generale" zur „Theorie der Entzifferung" veröffentlichte, durchaus parallel zu seiner Herangehensweise an die soziale Welt gelesen werden kann. Eigentlich hatte sich der gelernte Sprachwissenschaftler mit diesem Beitrag zur Entzifferung – die er als „hohe Schule des Verstehens" bezeichnete[112] – auf die „Lesung eines Textes unbekannter Schrift und Sprache" bezogen – auf die Enträtselung der persischen Keilschrift und der ägyptischen Hieroglyphen beispielsweise. Aber „man wird ihren Grundgedanken", stellte Mackensen fest, „geradezu auch als methodisches Programm dessen ansehen dürfen, was er ,Realsoziologie' zu nennen pflegte."[113]

Die methodische Logik, die Ipsen mit seiner realsoziologischen Forschung verfolgte, kann man wohl tatsächlich mit der Entzifferung eines Textes, der in einem unbekannten Zeichensystem aufgehoben war, vergleichen. Wie die Botschaft einer

---

110 Mackensen et al.: Daseinsformen, S. 7.
111 Ipsen et al.: Standort und Wohnort, S. 20. Einschlägiges Beispiel dafür und eines von Ipsens grundlegenden Messinstrumenten war der Schwellenwert, mit dem er zwischen agrarischer und industrieller Bevölkerung einer Region unterschied. Er basierte auf den Flächenproduktivitätsquoten der Landwirtschaft – wie viele Menschen konnten im Durchschnitt von einem Quadratkilometer bebauten Landes ernährt werden? – und markierte für Ipsen „eine Sinnschwelle, die ein Dasein begrenzt, das sich noch eben selbst voll zu ernähren vermag […]." Verdoppelte man „die Schwelle auf eine Dichte von 300 Menschen je qkm, dann ist damit zunächst gesagt, daß der Anteil der landwirtschaftlichen Bevölkerung rund auf ein Zehntel zurückfallen wird. Daraus folgt unter den gegebenen Prämissen, daß die Selbsternährung des Ganzen auch nicht vorübergehend möglich ist, da höchstens der halbe Nahrungsbedarf aufgebracht werden kann und daß diese Menge daher für ihren Unterhalt entscheidend auf Gegenleistungen aus anderer Tätigkeit angewiesen ist. […] Ein solches Dasein ist daher entscheidend industriell bestimmt." Das mag unspektakulär klingen, aber darauf bauten für Ipsen vollkommen unterschiedliche soziale Qualitäten, Lebensweisen, Familien- und Gruppenstrukturen auf. Bäuerlich-dörflich auf der einen, industriell-arbeitsteilig auf der anderen Seite.
112 Ipsen: Theorie der Entzifferung, S. 417.
113 Mackensen: Vorwort, in: Jürgensen (Hg.): Entzifferung, S. 5-7, Zitat S. 5.

Inschrift in Hieroglyphen war auch die soziale Realität als Gegenstand der Soziologie nicht unmittelbar zugänglich. Sie lag vielmehr in verschiedenen Formen und Gebilden verborgen – Schriftzeichen hier, Sozialdaten dort – deren Bedeutung zwar noch unbekannt war, die man jedoch in beiden Fällen auf die „Grundformen menschlichen Handelns und Verhaltens"[114] zurückführen konnte. Die Schrift war ein graphisches Subsystem und Ausdruck der menschlichen Sprache. Und soziale Phänomene wiederum basierten, daran sei ebenfalls erinnert, nach Ipsens Gesellschaftsbegriff auf den demographischen Prozessen der ‚Bevölkerung in Zeit und Raum'. Beides war daher prinzipiell lesbar und erforderte die gleiche aufmerksame Systematik der Beschreibung, historischen Kontextualisierung, des Vermessens und Vergleichens, der Hypothesenbildung und Verifikation, um die einzelnen Formen in ihrer Funktion und im Zusammenhang mit anderen Elementen des gleichen Systems zu verstehen – und den Text lesbar zu machen.[115] Um es anders auszudrücken: Gunther Ipsen erhob, berechnete und verglich Sozialdaten mit einem ähnlichen Impetus wie Jean-François Champollion, der die ersten Hieroglyphen entziffert hatte, weil er anhand einer quantitativen Symbolanalyse die Struktur und Systematik der Schriftzeichen erkannt hatte. Auch die Daten des Sozialforschers ergaben, wenn sie in ihrer Bedeutung erfasst waren, einen solchen systematischen Zusammenhang – ein soziales „Gefüge" als Grundstruktur der industriellen Gesellschaft oder ihrer großen Städte.

Mit der parallelen Lesart wird anschaulich, an welcher Stelle beziehungsweise auf welcher Ebene Ipsen soziale Phänomene zu greifen versuchte: Den Sprachwissenschaftler Champollion hatten nicht die Dinge beschäftigt, von denen der Hieroglyphen-Text erzählte (die kannte er schon). Er hatte die Funktionsweise der Schrift als morphosyntaktisches System verstehen wollen. Der Soziologe Gunther Ipsen wiederum konzentrierte sich in seinen realsoziologischen Entzifferungen auf das, was er gleichsam als Grammatik, als Bedeutung tragendes Gefüge des Sozialen betrachtete: die Beziehungen zwischen Volk und Raum. Einmal entschlüsselt (beziehungsweise in Kennziffern zusammengefasst), war die soziale Ordnung der Gesellschaft kein Geheimnis mehr – war sie sogar variier- und steuerbar.

Die mathematische Rationalität, mit der Ipsen die krisenhafte moderne Gesellschaft in wenigen Formeln zusammenfasste und lesbar machte, war ein zentrales Charakteristikum seines soziologischen Programms. Und gewiss war sie auch ein gewichtiges Argument seiner Wirklichkeitswissenschaft. Als mit dem vorzeitigen Ende des „Tausendjährigen Reichs" auch die tragenden Ideologien um Volk und Raum diskreditiert waren, konnte sie Nüchternheit und Objektivität ausweisen.

Eine andere Besonderheit dieser empirischen Soziologie indessen trat in den fünfziger Jahren vollkommen in den Hintergrund – beziehungsweise wurde gewis-

---

114 Ipsen: Theorie der Entzifferung, S. 422.
115 Vgl. dazu besonders S. 421f. von Ipsen: Theorie der Entzifferung.

sermaßen vom eigenen Gegenstand überrollt. Die Rede ist von der historischen Betrachtung, die in dem „Programm einer Soziologie des deutschen Volkstums" keine ganz unbedeutende Rolle gespielt hatte. Zur Erinnerung: Das Gesellschaftsbild, das er dort vertreten hatte, beruhte auf einem bestimmten Denken von historischer Entwicklung, in dem die Bevölkerung und damit die Geschichte des Volkes zwar in ständigem Fluss begriffen war. Dennoch ließen sich Epochen abgrenzen, in denen die jeweils vorherrschende Weise, wie sich die Bevölkerung zum Raum verhielt (agrarisch, bürgerlich oder industriell), die Weichen für die dominanten Strukturkonstellationen sozialer Ordnung stellte. Die Soziologie wiederum zog ihre Legitimation als angewandte, politische Wissenschaft daraus, die entsprechenden Weichenstellungen zu erkennen und einen exklusiven Einblick in die Bewegungsrichtung des historischen Prozesses zu nehmen. Eine Instanz also, die eine bereits eingeleitete Entwicklung erfasste und ihr zur störungsfreien Durchsetzung verhalf. Deshalb war die Einnahme einer historischen Perspektive (konkret: die historischen „Bewegungsbilder" der Bevölkerungsentwicklung, der Zu- oder Abwanderung) kein nebensächlicher Punkt in Ipsens realsoziologischer Forschung.[116] Nur so ließen sich Strukturveränderungen als langfristige Entwicklungstrends sichtbar machen.

Wie aber sollte man mit der jüngsten Vergangenheit, den immensen Bevölkerungsverschiebungen und sozialen Verwerfungen der eigenen Gegenwart umgehen? Hier versagten gewissermaßen Ipsens Messinstrumente. Es war beim besten Willen nicht mehr möglich, die Bevölkerungsstruktur als Fortsetzung oder Resultat einer 1871 einsetzenden Entwicklung zu betrachten. Gunther Ipsen hat dennoch an der Bedeutung einer langfristigen Perspektive festgehalten. Er betonte sie 1958 noch einmal in einem Vortrag vor der Akademie für Städtebau und Landesplanung:

„Die großen Einbrüche der Geschichte – Krise, Krieg und Nachkrieg – mögen Auslöser sein oder die Weisen des Vorgangs bestimmen, aber sie sind nicht die Sache selbst, nicht das Wesentliche, was sich vollzieht. Vielmehr verändert sich langfristig und stetig die Verteilung im Raum, das Siedlungsgefüge. [...] Es scheint mir wesentlich, diesen Grundzug der Veränderung zu bemerken und [zu] erkennen. Die wiederholten Abbrüche seit 1930, die übermächtigen Erschütterungen, die Lücken der Beobachtung, das Gefühl der Vorläufigkeit und die Bedrängnis aus dem Nächsten und Notwendigsten stehen der Einsicht, der Übersicht entgegen. Das Bewußtsein ist abgerissen und verliert sich im Gegenwärtigen; der lange Atem, der Zusammenhang fehlen."[117]

---

116 Er selbst mag dies eher halbherzig umgesetzt haben. Die historischen Arbeiten wurden wohl vor allem von den Leipziger bzw. Königsberger Schülern wie Hans Linde, Dietrich von Oppen und Werner Conze geschrieben.

117 Gunther Ipsen: Großkreise. Vortrag vor der Deutschen Akademie für Städtebau und Landesplanung in Düsseldorf am 8. Juli 1958, S. 5. SFS Archiv, unsortiert (gedruckt auch in: Ballungsräume und Großkreise. Vorträge und Aussprache auf der Arbeitssit-

Aber das war – obwohl er in diesem Zusammenhang durchaus zu Recht auf den andauernden Trend zur Suburbanisierung aufmerksam machte – ein Rückzugsgefecht. In der Dortmund-Studie zumindest wurden die Versuche, die Großstadt als historisch gewachsenes Gebilde zu beschreiben, am Ende weitgehend fallengelassen; ob methodische Probleme dazu zwangen oder nicht, ist dabei zunächst einmal nebensächlich.[118] Ob es sich bei ihren 1959 präsentierten „Daseinsformen" nun um eine Augenblickaufnahme oder die Beschreibung eines epocheprägenden sozialen Typus handelte, erschien so auch manchem Rezensenten fraglich.[119]

7.6 ZWISCHENFAZIT

Vier Aspekte sollen hier noch einmal aufgegriffen werden, um die Rolle und das Wirken des Abteilungsleiters Gunther Ipsen zu rekapitulieren. Da sind zunächst die Phänomene der Kontinuität – der personellen wie ideellen –, die zweifellos besonders augenfällig sind. Der Innsbrucker Professorensohn gehörte zu den bekanntesten Vertretern der NS-nahen Volkstumssoziologie, die im relativ elastischen Weltanschauungssystem des Nationalsozialismus ausreichend Anschlusspotential für die eigenen Deutungsmuster und Handlungsziele gefunden hatten. Volk, Volkskörper, Bevölkerung und Lebensraum – das waren die zentralen Kategorien dieser Soziologie und zugleich die Knotenpunkte, in denen Ipsen akademische Gesellschaftsdeutung, bevölkerungspolitische Expertise und imperialistisches Expansionsdenken miteinander verband. Das Ende des nationalsozialistischen Reichs, die Entlassung in Wien und der sechs Jahre später erfolgte Wechsel ins Ruhrgebiet an die noch wenig profilierte Sozialforschungsstelle bedeuteten ohne Zweifel einen Bruch in dieser Wissenschaftler-Biographie. Und doch konnte Gunther Ipsen seine Arbeit auch in der Bundesrepublik fortsetzen; nicht zuletzt, weil er Soziologie als empirische, anwendungsorientierte Wissenschaft betrieb. An diesem Programm hielt er auch unter den Bedingungen der Nachkriegszeit fest, als der Agrarsoziologe Ipsen, dessen

---

zung der Landesgruppe Nordrhein-Westfalen der Deutschen Akademie für Städtebau und Landesplanung am 8.7.1958, Tübingen 1959, S. 11-22).

118 Historisch angelegt waren die Arbeiten Wolfgang Köllmanns und Karl Hahns. In den „Daseinsformen der Großstadt" war schließlich nur noch im Beitrag Rainer Mackensens der Gedanke einer langfristigen Perspektive zu erahnen. Er präsentierte einen nach Stadtzonen differenzierten Überblick zur Entwicklung der Bevölkerungsdichte seit Mitte des 19. Jahrhunderts (vgl. Mackensen et al.: Daseinsformen, S. 35f.).

119 So z. B. dem Historiker Erich Keyser, der in der Zeit- und Situationsgebundenheit das generelle Problem des Sammelbandes (und vor allem auch der dort versammelten Wohnuntersuchungen) sah. Keyser: Rez. zu „Daseinsformen der Großstadt".

Aufmerksamkeit in den dreißiger Jahren hauptsächlich einem mythisch überhöhten Bauerntum gegolten hatte, zum Soziologen der industriellen Großstadt wurde. Das wird besonders daran deutlich, dass dem Stadtbegriff, den Ipsen in den fünfziger Jahren zur Analyse urbaner Ordnungsstrukturen in Anschlag brachte, Deutungsmuster zugrundelagen, die bereits in seiner „Bevölkerungslehre" von 1933 eine zentrale Rolle gespielt hatten. Denn bei den ökonomisch-demographischen Prozessen, die der Dortmunder Sozialforscher für die moderne Stadtentwicklung verantwortlich machte, handelte es sich bei aufmerksamer Betrachtung um nichts Anderes als die „industrielle Bevölkerungsweise", die schon der Leipziger Volkstumssoziologe beschrieben hatte. Die Industrialisierung, erklärte Ipsen hier wie dort, steigerte die Anzahl der „Stellen" um ein Vielfaches, und die Dynamik aus Produktion und Konsum, aus Zuwanderung und Bevölkerungswachstum schuf einen bestimmten Typus des Sozialraums. Er zeichnete sich einerseits durch ein charakteristisches Verhältnis von Bevölkerung und Raum aus; andererseits durch die Dualität von „Standort und Wohnort", Betrieb und Haushalt – ein Resultat seiner spezifischen Entwicklungslogik. Worauf sich Gunther Ipsen in den fünfziger Jahren mit dem Begriff des „Leistungsgefüges" eigentlich bezog, war letzten Endes auch nicht die Großstadt selbst (beziehungsweise deren Sozialverhältnisse). Sondern es war ein auf Grundlage der Polarität von Standort und Wohnort strukturierter Raum, dessen territoriale Grenzen weit über die der Stadt hinausreichen konnten. Das lassen im Übrigen auch seine eigenen Forschungsschwerpunkte erkennen. Ipsen konzentrierte sich auf die Agglomeration beziehungsweise das „regionale Leistungsgefüge" – nicht auf die Großstadt selbst.

Ähnliche Konstanten lassen sich in Bezug auf die Forschungsarbeit nachzeichnen, denn dort stand auch in den fünfziger Jahren ein großes Leitmotiv im Vordergrund: der Zusammenhang von Bevölkerung und Raum. Wenn sich auch die Brennweite seiner Aufnahmen unübersehbar verändert hatte, so verfolgte der Soziologe doch noch immer Bevölkerungsbewegungen und steckte Sozialräume ab – nur eben nicht mehr „Europa ohne das Mittelmeergebiet",[120] sondern die Ballungsräume Nordrhein-Westfalens. Wenn er in den dreißiger Jahren nach dem „inneren Maß" in agrarischen Gebieten gesucht hatte, so waren es nun „Kennziffern" des „regionalen Leistungsgefüges".

Entsprechendes gilt auch für die konkreten Zielsetzungen einer solchen Forschung. Das mag nach einem Widerspruch klingen, wenn man daran denkt, dass es vor allem die agrarromantisch motivierte Stärkung des Bauerntums war, die Gunther Ipsen in den dreißiger Jahren umtrieb. Neuordnungspläne für das großstädtische beziehungsweise regionale Leistungsgefüge scheinen davon weit entfernt. Und dennoch folgte Ipsen in beiderlei Hinsicht dem gleichen Gedanken: Nämlich dass der Schlüssel zu einer konfliktfreien, „volkstümlichen" Gesellschaftsordnung in ei-

---

120 Ipsen: Bevölkerung, S. 431. Vgl. oben, S. 273ff.

nem ausgewogenen Verhältnis von Bevölkerung und Raum lag. Sowohl in den dreißiger als auch in den fünfziger Jahren zielten seine Arbeiten im Kern darauf, stabile soziale Einheiten auf räumlicher (beziehungsweise territorialer) Grundlage herzustellen. Sei es per Ermittlung der Hofgrößen, die eine möglichst große Anzahl von Menschen auf dem Land und in den idealisierten, bäuerlich-ländlichen Familien- und Sozialstrukturen zu binden vermochten. Oder mittels der Suche nach Formeln, Kennzahlen und Strukturmodellen, die auch in den Ballungsräumen den sozialen Frieden der „industriellen Gesellschaft" langfristig stabil halten würden.

Zweitens sollte auf den vorangegangenen Seiten deutlich geworden sein, wie sehr auch die eigentliche Großstadtforschung (das ‚Dortmund-Projekt') diesem soziologischen Programm verpflichtet war. Vor allem die Strukturstudien – ob es sich nun um Mackensens Fünf-Zonen-Gliederungsmodell, die Zentralitätsuntersuchungen Weichselbergers oder Papalekas City-Beschreibung handelte – basierten im Kern und ausnahmslos auf den Indikatoren Produktion und Versorgung, Grund- und Folgebevölkerung und durchmaßen die Großstadt als industriell bevölkerten Raum. Ähnliches gilt für die Pendleruntersuchungen, die das Einzugsgebiet der Arbeitskräfte in den Blick nahmen und deren besonderes Augenmerk auf dem Zusammenhang zwischen Arbeitswegen und Sesshaftigkeit (auf dem Lande) lag.[121]

---

[121] Übrigens kann man nicht behaupten, dass die Dortmunder Großstadtforscher deshalb kein Interesse an den wissenschaftlichen Entwicklungen des Auslands gehabt hätten. 1956 z. B. hatte sich die Abteilung darum bemüht, den amerikanischen Soziologen William C. Lehmann, der zu dieser Zeit als Fulbright-Professor in Münster war, für einen dreimonatigen, forschungsbegleitenden Aufenthalt nach Dortmund zu holen. Daraus wurde zwar nichts, bzw. nur ein im Sommersemester 1956 vierzehntäglich abgehaltenes Seminar über „Ökologische Probleme der modernen Großstadt". Doch hatte Lehmann nach seiner Rückkehr in die USA die Aufgabe übernommen, die Dortmunder Bibliothek mit einschlägiger amerikanischer Forschungsliteratur zu ergänzen: „A kind of ‚scout' to help fill some of your library needs in things in the way of American publications of possible interest to your program", wie Lehmann schrieb (William Lehmann an Gunther Ipsen, 6.2.1957. SFS Archiv. ONr. IX, Bestand 3, Nachlass Gunther Ipsen, K 4/14, Bd. I 13, Bl. 181). In den folgenden dreieinhalb Jahren fand auf diese Weise eine ganze Sammlung an theoretischen Werken, Forschungsberichten, methodischen Leitfäden und statistischem Material nach Dortmund. Insgesamt waren es über 90 Titel, von denen nicht wenige im Literaturverzeichnis der „Daseinsformen der Großstadt" stehen. Dennoch scheint die Rezeption mehr darauf hinausgelaufen zu sein, Unterstützung für den eigenen Ansatz zu suchen, als neue Sichtweisen zu übernehmen. Für das Großstadtprojekt blieb Gunther Ipsens soziologisches Programm maßgebend. Siehe dazu William Lehmann an Gunther Ipsen, 2.2.1956; William Lehmann an John Mead, 10.2.1956 (Durchschlag); Gunther Ipsen an John Mead, 15.2.1956; Einladung Ökologisches Seminar, 3.5.1956. Alle SFS Archiv. ONr. IX, Bestand 3, Nachlass Gunther Ipsen, K 4/14,

Bisher wurden hier – dies zum dritten – zusammenfassend vor allem die Kontinuitäten betont. Nichtsdestotrotz gelang Gunther Ipsen die Weiterführung seines empirischen Programms keineswegs erschütterungsfrei, was anhand seines historischen Ansatzes deutlich geworden sein sollte – beziehungsweise an dessen Verkümmern. In Ipsens angewandter, politikorientierter „Soziologie des deutschen Volkstums" war die historische Analyse, das Nachzeichnen der „Bewegungsbilder" von Volk und Raum, ein wichtiges Erkenntnisinstrument. 1945 jedoch, als die massiven Bevölkerungsverschiebungen im Nachkriegsdeutschland sich beim besten Willen nicht mehr als langfristige, epochenspezifische Entwicklungstrends verstehen ließen, fiel dieses Instrument aus. Welches Gewicht also konnte man den historischen Ableitungen im Angesicht der radikal veränderten Verhältnisse noch beimessen? Das war eine Frage, die allerdings nicht nur die soziologisch-empirische Wissensbildung im engeren Sinne betraf, sondern ebenso die Legitimation dieses Wissens. Als „soziale[s] Selbstbewusstsein ihrer Zeit" sollte die historisch bewusste Soziologie nach Ipsens Verständnis die Willensrichtung ihres Erkenntnisobjekts offenlegen und so einen exklusiven Einblick in deren wesenseigene Ordnungsformen ermöglichen. Diesen Anspruch büßte sie mit dem Ende des nationalsozialistischen Reichs weitgehend ein.

Überhaupt waren die zentralen Legitimationszusammenhänge aus Volk und Volkstum nach 1945 mit einem Schlag diskreditiert. „Der Begriff Volkstum", räumte selbst Elisabeth Pfeil 1951 ein, „steht immer in der Gefahr, im Sinne einer imperialistischen Ideologie mißverstanden zu werden".[122] Die agrarisch dominierten Gebiete im Osten, auf denen die Hoffnung des Volkstumserneuerers Gunther Ipsen gelegen hatte, waren verloren, das Operationsfeld auf den industriell geprägten Westen beschränkt. Freilich hat Ipsen auch unter diesen Umständen noch genug Anschlussmöglichkeiten für seine Forschung gefunden – nun eben auf die bevölkerungswissenschaftliche Tragfähigkeitsforschung und sachlich begründbaren Dimensionen von Leistungsgefügen reduziert. Seine Expertise war gefragt, wie die verschiedenen Gutachter-Aufträge belegen, und auch für eine entsprechend ausgerichtete Großstadtforschung hatten finanzielle Ressourcen mobilisiert werden können. Raum- und Sozialplanung stellten auch in der Bundesrepublik noch adäquate Forschungs- und Anwendungszusammenhänge für dieses Programm bereit.

Dennoch ist damit die eine Frage noch nicht recht beantwortet: Was geschah mit dieser Soziologie, deren zentrale Legitimationszusammenhänge 1945 in Auflösung übergegangen waren? Welche Bedeutung Ipsens Bevölkerungslehre sowohl

---

Bd. I 13, Bl. 148, 145, 142. Vgl. auch den Briefwechsel in SFS Archiv, ONr. IX, Bestand 3, Nachlass Gunther Ipsen, K 4/14, Bd. I 12. Siehe auch die Rezension, mit der Lehmann die „Daseinsformen der Großstadt" im „American Journal of Sociology" vorstellte. Lehmann: Book Review „Daseinsformen der Großstadt".
122 Pfeil: Thema und Wege, S. 10.

für die Bevölkerungswissenschaft als auch die Sozialgeschichte in der Bundesrepublik hatte, lässt sich unmittelbar und auf personengeschichtlicher Ebene nachvollziehen. Rainer Mackensen hat sie trotz aller Kritik an seinem Lehrer nie geleugnet und dessen Forschungen zum regionalen Leistungsgefüge – mit neuen, in den USA aufgenommenen Impulsen – weitergeführt. Und als 1960 Wolfgang Köllmanns „Sozialgeschichte der Stadt Barmen" erschien – ein einflussreiches Werk, sowohl was die bundesdeutsche Sozialgeschichte als auch die moderne Stadtgeschichtsschreibung betraf –, wurde der Leser bereits im Vorwort über den „innere[n] Zusammenhang" mit der Dortmunder Großstadtforschung und deren Grundannahmen informiert.[123] Was jedoch blieb von der Gesellschaft und ihrer Wissenschaft, der mit Volk und Volkstum gewissermaßen der Gegenstand abhanden gekommen war? Wie attraktiv war – gerade vor dem Hintergrund der Nachkriegs- und Wirtschaftswundergesellschaft der fünfziger Jahre – eine Soziologie, in der sich alle sozialen Phänomene nur auf drei Größen zurückführen ließen: Bevölkerung, Raum und Wirtschaftsform? In deren Verständnis Großstädte mit einem Schiff und dessen Besatzung vergleichbar waren: Ein funktional organisierter, hierarchisch gegliederter Sozialraum, in dem jeder an den Platz gehörte, der ihm nach seinen Leistungen und Möglichkeiten zukam. Und deren Sensoren soziale Entwicklung und Dynamik nur als Missverhältnis von Ressourcen und Bevölkerung erfassten – ein Missverhältnis, das es zu beseitigen galt? Solche Fragen können hier nur gestellt, aber nicht beantwortet werden. Doch man darf wohl vermuten, dass die soziologische Bevölkerungsforschung, die Gunther Ipsen unter den nach 1945 veränderten Verhältnissen betrieb, als wissenschaftliche Gesellschaftsdeutung nur noch wenig zu bieten hatte – zumindest für die jüngere Generation an Sozialforschern. Anstelle weiterer Ausführungen sei hier abschließend ein kleiner Ausschnitt aus der 1967 erschienenen und bereits mehrfach erwähnten Festschrift zitiert. Lucius Burckhardt erinnerte sich darin an seine Zeit als Dortmunder Großstadtforscher und die Suche nach den Kennziffern für die richtige Wohnung:

„Und dann kam etwas, was so banal ist, daß sich die Feder sträubt, es in Ipsens Festschrift zu erwähnen: es kam die Hochkonjunktur, in Deutschland Wirtschaftswunder genannt (was bekam jener Assistent zu hören, der einmal in Ipsens Gegenwart von der heutigen Konsumentengesellschaft sprach?: ‚Dumszeug, man hat schon immer konsumiert!')."[124]

---

123 Das Vorwort stammt aus der Feder Werner Conzes. Köllmann: Sozialgeschichte Barmen, S. VI, vgl. auch S. XIII, 70ff.
124 Burckhardt: Arbeitersiedlung, S. 78.

8 Der Stadtplan geht Euch gar nichts an

Im Winter 1954/55 liefen an der Sozialforschungsstelle die Vorbereitungen für eine große Konferenz, die Anfang Februar in Dortmund stattfinden sollte. Auf dem Programm stand das Thema Planung als öffentliche Angelegenheit, und der provokante Titel lautete: „Der Stadtplan geht uns alle an". Die Veranstalter, so hat es Lucius Burckhardt 2002 kolportiert, sprachen auch im Rathaus vor und baten den Dortmunder Oberbürgermeister um einen Beitrag zur Tagung. Dem Vernehmen nach fiel die Reaktion eindeutig aus: „Der Stadtplan geht gar niemanden was an", soll das Stadtoberhaupt anstelle einer Antwort geschnaubt haben. Für den Wahrheitsgehalt dieser unter den damaligen Mitarbeitern kursierenden Geschichte wollte sich Burckhardt übrigens nicht verbürgen. Dass sie jedoch genau so hätte geschehen sein können, bezweifelte er nicht. Seiner Erinnerung nach gab die kleine Episode durchaus zutreffend wieder, welches Verhältnis „zwischen der Sozialforschungsstelle und einigen Herren der Stadtverwaltung herrschte".[1]

Um dieses Verhältnis soll es im folgenden Kapitel in gewisser Weise gehen. Anders gesagt: Im Mittelpunkt werden nun die ‚Außenbeziehungen' der Dortmunder Großstadtforschung zur Welt von Planung und Städtebau stehen. Sie spielten in verschiedener Hinsicht bereits in den vorangegangenen Kapiteln eine Rolle; zum Beispiel, wo Gutachtertätigkeiten oder Finanzierungsstrukturen angesprochen wurden. Die Reihe der Auftrag- und Geldgeber kann man zweifellos als Hinweis darauf lesen, in welchen Zusammenhängen Interesse am Wissen der Sozialforscher bestand. Doch ebenso lässt sich bei genauerem Hinsehen erkennen, dass dabei durchaus unterschiedliche Vorstellungen vom Sinn und Zweck des Fördereinsatzes aufeinandertreffen konnten.

---

1   Burckhardt: Stadtplan, S. 73f. Unter eben jener Überschrift – „Der Stadtplan geht Euch gar nichts an" – erinnerte sich Burckhardt 2002 in einem kleinen Aufsatz für den Ausstellungskatalog „Das neue Dortmund. Planen, Bauen, Wohnen in den fünfziger Jahren" an die in Dortmund verbrachte Zeit.

Die Beziehungen zur Stadt Dortmund jedenfalls verschlechterten sich noch einmal merklich, als man sich 1956 im Rathaus der sogenannten „Dortmund-Monographie" erinnerte. (Dies war, wie oben erwähnt, der erste Arbeitstitel, unter dem die Großstadtforschung begonnen wurde.) 1951/53 war sie mit insgesamt 39.000 DM aus dem Stadtsäckel bezuschusst worden; nun wollten die Stadtvertreter Ergebnisse sehen.[2] Doch was Gunther Ipsen schließlich notgedrungen aus den laufenden Arbeiten präsentierte, entsprach nicht den Erwartungen der versammelten Dezernenten und Bauräte.[3] Denn einen praktischen Nutzen für die Planungsarbeiten in Dortmund konnten sie in den modellhaften Erläuterungen zur industriestädtischen Sozialstruktur nicht entdecken.[4] Im Rathaus führte dies zu nachhaltiger Verstim-

---

2   Kulturdezernent Karl Hansmeyer an den Direktor Walther Hoffmann, 27.2.56. SFS Archiv. ONr. IX, Bestand 3, Nachlass Gunther Ipsen, K 7/14, Bd. I 24, Bl. 185. (In dem Betrag von 39.000 DM nicht enthalten sind die circa 8.000 Reichsmark, die noch vor der Währungsreform für Henny Hellgrewes „Sozial- und Wirtschaftsmonographie Dortmund" gezahlt worden waren.)

3   Die Aufforderung, vor dem Haupt- und Finanzausschuss zu referieren, hatte die Abteilung mit der Veranstaltung eines „wissenschaftlichen Gesprächs" zur „Ökologie der Stadt Dortmund" abwenden können. Statt im Rathaus Rechenschaft abzulegen, sollten so im Oktober 1956 in „einem kleinen Kreis wissenschaftlicher Sachkenner und leitender Herren aus Verwaltung und Wirtschaft" Ergebnisse und Fragen zur „Ökologie der Stadt Dortmund" diskutiert werden. Zitat aus Einladungsschreiben „Wissenschaftliches Gespräch der Sozialforschungsstelle", 20.9.1956. StAD. Bestand 141, lfd. Nr. 115; vgl. auch Gunther Ipsen an Kulturamt Dortmund, 7.4.1956; Kulturdezernent Karl Hansmeyer an Gunther Ipsen, 28.7.1956; Aktenvermerk 24.8.1956 (alle SFS Archiv. ONr. IX, Bestand 3, Nachlass Gunther Ipsen, K 7/14, Bd. I 24, Bl. 181-183, 167, 165) sowie den vorbereitenden Schriftwechsel zu dieser („Ahlenberger Gespräch" genannten) Diskussionsrunde in SFS Archiv. ONr. IX, Bestand 3, Nachlass Gunther Ipsen, K 1/14, Bd. I 4.

4   Betrifft: „Großstadtmonographie Dortmund", hier: Urheberrecht, 19.3.1957. StAD. Bestand 141, lfd. Nr. 92. Um an dieser Stelle kein schiefes Bild entstehen zu lassen: Derartige Erwartungen an den vermeintlichen Forschungsauftrag waren bei Bewilligung der Mittel eher vage formuliert worden. Als Otto Neuloh 1953 mit einem Finanzierungsantrag an sie herangetreten war, hatten die Stadtväter zunächst gezögert. Selbst bei guter Qualität der Arbeit, so ihre Vermutung, würden die Ergebnisse doch eher wissenschaftlich-theoretischer Natur und kaum praktisch nutzbar sein. Man hatte sich schließlich geeinigt, dass die Forschergruppe Interessen der Stadt berücksichtigen würde, und als Beispiel war ein Überblick über das Einzugsgebiet Dortmunds genannt worden. Zu den Verhandlungen war weder das Planungsamt hinzugezogen worden – dort wusste man auch später nur vom Hörensagen von dem Projekt – noch wurden weitergehende Vereinbarungen getroffen. Später stellte denn auch die hinzugezogene Rechtsabteilung der Stadt fest, dass von einem Forschungsauftrag an die Sozialforschungsstelle nicht die Re-

mung, einer zwanzigprozentigen Kürzung des jährlichen Beitrags zum Institutshaushalt sowie ernsthaften Überlegungen, wie sich die Stadt zukünftig die Berücksichtigung ihrer eigenen Interessen vertraglich absichern lassen konnte.[5]

Die Arbeit der Dortmunder Großstadtforscher basierte, wie das ‚Betriebssystem' des gesamten Instituts, auf dem Gedanken einer anwendungsorientierten Grundlagenforschung. Inwieweit indessen waren die ‚Anwender' überhaupt an dem interessiert, was die Sozialwissenschaftler ihnen anboten? Für das diplomatische Tief zwischen den Dortmunder Stadtvätern und der Sozialforschungsstelle mag es weitere Gründe gegeben haben, die in den Akten keinen Niederschlag fanden. Doch auch, wenn man dieses Beispiel beiseitelässt: Auf dem hochprofessionalisierten Feld von Städtebau und -planung nahmen forschende Soziologen zu Beginn der fünfziger Jahre bestenfalls eine Außenseiterposition ein. Dort dominierten Ingenieure und vor allem die Architekten, denen seit den ersten Anfängen des Städtebaus während des atemlosen Wachstums des 19. Jahrhunderts eine ganz neue gesellschaftliche Rolle zugewachsen war. Längst handelte es sich nicht mehr nur darum, verschiedene technische Belange mit der Schaffung neuer Wohn- oder Wirtschaftsräume in Einklang zu bringen. Als Experten für Zustand und Zukunft der Städte sollten sich mittels ihrer Entwürfe die sozialen Missstände der Großstädte therapieren und soziale Ordnung herstellen lassen. Seit der Weimarer Zeit hatten die städtebauenden Architekten dabei zunehmend ganzheitliche Gesellschaftsentwürfe verfolgt, die sich im Dritten Reich schließlich auf die entsprechenden Volksgemeinschaftsideale verengt hatten. Im sendungsbewussten – und weitgehend unumstrittenen – Selbstverständnis der Profession jedenfalls bildeten ihre Vertreter eine gesellschaftliche Elite, die als verantwortliche Erzieher des Volkes dazu berufen waren,

---

de sein konnte und rechtswirksame Ansprüche gegenüber dem Institut nicht existierten. Vgl. Aktenvermerk Betr.: Beitrag der Stadt Dortmund zur struktursoziologischen Untersuchung, 25.2.1953. StAD. Bestand 140, lfd. Nr. 141 (auch in SFS Archiv. ONr. V, Bestand 6, K 6/19, Bd. „Großstadtmonographie Dortmund u. Bochum. Schriftverkehr"); Handschriftliche Stellungnahme Heinz Uecker, 12.14.1957; Gutachten Hertin, 22.5.1957; Gutachten Kasten, 24.5.1957. Alle drei StAD. Bestand 141, lfd. Nr. 105.

5 Haushaltsentwurf für 1957, 31.1.1957; Auszug aus der Niederschrift über die Dezernentenkonferenz am 12.2.1957. Beide StAD. Bestand 141, lfd. Nr. 92; Übersicht über die rechtlichen Verpflichtungen und Leistungen der Stadt Dortmund gegenüber der Gesellschaft Sozialforschungsstelle, 15.4.1959, S. 7. StAD. Bestand 141, lfd. Nr. 105. In den folgenden Monaten beobachtete man das Institut und dessen Arbeit mit ausgesprochenem Misstrauen, bis der Streit um Karl Hahns Eingemeindungs-Studie (siehe S. 209f. der vorliegenden Arbeit, bes. Anm. 43) die Gemüter im Kulturamt erneut erhitzte. Betrifft: „Großstadtmonographie Dortmund", hier: Urheberrecht, 19.3.1957. StAD. Bestand 141, lfd. Nr. 92.

einer besseren Gesellschaftsordnung zur Durchsetzung zu verhelfen.[6] Benötigten diese Fachleute tatsächlich die Erkenntnisse der Sozialforscher? Welche Antworten die Sozialforscher selbst auf diese Frage fanden, wird auf den folgenden Seiten genauer beleuchtet werden.

8.1 FORSCHEN FÜR DEN MARSHALL-PLAN

Hektische Betriebsamkeit setzte Anfang Februar 1952 an der Abteilung von Gunther Ipsen ein, als das *Housing Office* der *Mutual Security Agency* (MSA) die Sozialforschungsstelle mit vorbereitenden Untersuchungen für ein großes Wohnungsbau-Projekt betraute. In acht verschiedenen Orten des Ruhrgebiets waren Neubausiedlungen geplant. Jeweils zwischen 400 und 900 neue Häuser,[7] zusammengenommen circa 6.000 Wohnungen sollten dort entstehen – dringend benötigter Wohnraum für die dringend benötigten Bergarbeiter. Es war ein Großprojekt, vollständig vorfinanziert aus einem 100-Millionen-DM-Gegenwertfond des *European Recovery Program* (ERP). Und – zumindest nach dem Willen der Amerikaner – dazu bestimmt, der deutschen Wohnungswirtschaft neue Impulse zu geben und den Wohnungsbau zu modernisieren: von den Verfahrensweisen, Techniken und Baustoffen bis zu den Grundrissen der Häuser. Man stand unter Zeitdruck. Doch hatten die acht Gemeinden immerhin bereits die Bauplätze bereitgestellt. In jeder Gemeinde waren Ortsausschüsse gebildet worden, die die Interessen der Bergleute und der Kommune im Planungsprozess vertreten würden. In den kommenden Wochen würde man sich nun auf die ausführenden Architekten einigen müssen.[8] Was James Butler, dem Chef der MSA-Sondermission, allerdings noch fehlte, waren zuverlässige Angaben über die Vorstellungen der zukünftigen Eigentümer. Was dachten die Bergleute über das Wohnen und die Wohnung? Würden die geplanten Häuser und Grundrisse sie überzeugen? Und zwar so überzeugen, dass sie die Häuser kaufen und die höheren Kosten dafür tragen würden?

---

6   Zum Sendungsbewusstsein und Selbstverständnis der Architektenzunft siehe Kuchenbuch: Geordnete Gemeinschaft.

7   Genaugenommen wurden 1952/53 insgesamt neun Bergarbeitersiedlungen aus MSA-Mitteln gebaut. Dass hier nur von acht die Rede ist, liegt daran, dass die größte in Dortmund-Derne (bzw. Dortmund-Scharnhorst) als letzte und zeitversetzt errichtet wurde. Die Sozialforschungsstelle war daran nicht mehr beteiligt. Vgl. Wandersleb (Hg.): Eigenheime, S. 82ff.

8   German Coal Miners' Housing Program. Second Progress Report, 17.10.1952, bes. S. 18. SFS Archiv. ONr. V, Bestand 7, K 7/11, Bd. „Bergarbeiter-Wohnungsbau. HICOG Mehlem – Bad Godesberg".

Es braucht nicht viel Phantasie, um sich vorzustellen, was die Anfrage der MSA für das Institut bedeutet haben muss – und zwar obwohl (beziehungsweise gerade weil) die Konditionen alles andere als komfortabel waren. Nur zwei Monate blieben für die Erfüllung des Auftrags (wozu immerhin Untersuchungen an acht verschiedenen Standorten, inklusive Vorbereitung, Auswertung sowie Abfassung der acht Berichte gehörten). Dann mussten die Ergebnisse den Architekten und Bauträgern vorliegen. Obendrein konnte man keineswegs von einem lukrativen Auftrag sprechen. Ihn anzunehmen verlangte im Gegenteil sogar „ein effektives finanzielles Opfer", denn das Honorar von 22.000 DM, das die MSA zunächst zu zahlen bereit war, deckte nicht einmal die Personal- und Sachkosten.[9] Doch lag sein Wert zweifellos an anderer Stelle und ließ sich kaum in den Zahlen des Institutshaushalts ausdrücken. Ein regulärer Forschungsauftrag aus der Zentralverwaltung der Marshallplan-Hilfe: Das setzte erstens ein deutliches Zeichen der Anerkennung für die bisherige Arbeit des Instituts. Und zweitens, wichtiger noch, konnten die Sozialforscher auf eine beträchtliche multiplikatorische Wirkung hoffen, wenn sie bei einem solchen, als modellbildend verstandenen Bauprojekt hinzugezogen wurden. „[M]it Rücksicht auf das grosse Gesamtprogramm, das hiermit eingeleitet wird, und die langfristigen Aufgaben der Sozialforschungsstelle" hatte Geschäftsführer Otto Neuloh den Amerikanern also zugesagt – trotz des unzureichenden Honorars.[10]

Somit wurden in den ersten Februartagen alle laufenden Arbeiten der Abteilung auf Eis gelegt und die verfügbaren Mitarbeiter für die Sonderuntersuchung mobilisiert. Unter enormem Zeitdruck wurden Arbeitsgruppen zusammengestellt,[11] Informationen über den bisherigen Bergarbeiterwohnungsbau eingeholt, Kontakt zu den lokalen Projektverantwortlichen aufgenommen und Fragebögen ausgearbeitet. Zwei Dutzend Studenten, hauptsächlich aus Göttingen und Münster, wurden als Feldarbeiter rekrutiert und in die Techniken des Interviews eingewiesen. Zusammengenommen 45 Mitarbeiter – vom Abteilungsleiter Gunther Ipsen, über die wissenschaftlichen zu den studentischen und technischen Kräften – wurden dauerhaft oder

---

9 Vgl. Vermerk über ein Gespräch mit Mr. Meyer-Bernstein am 31.1.1952, 4.2.1952. SFS Archiv. ONr. V, Bestand 7, K 7/14, Bd. „Bergarbeiter-Wohnungsbau. HICOG Mehlem – Bad Godesberg". Die Sozialforschungsstelle hatte ursprünglich 42.000 DM gefordert.

10 Vermerk über ein Gespräch mit Mr. Meyer-Bernstein am 31.1.1952, 4.2.1952. SFS Archiv. ONr. V, Bestand 7, K 7/14, Bd. „Bergarbeiter-Wohnungsbau. HICOG Mehlem – Bad Godesberg".

11 Vgl. zum Ablauf z. B. „Vermerk Besprechung mit Herrn Dr. Lowinski", 28.1.1952 (SFS Archiv. ONr. V, Bestand 7, K 7/14, Bd. „Schriftwechsel Stoßuntersuchung 1952"); Protokoll „Besprechung Bergbaumuseum Bochum, 2.2.1952; Protokoll zur „Fahrt Professor Ipsen – Dr. Popitz […]", 10.3.1952 (beide SFS Archiv. ONr. V, Bestand 7, K 7/11); Sozialforschungsstelle Dortmund: Soziologische Erhebung zum Bergarbeiterwohnungsbauprogramm. Schlussbericht, S. 1-3.

punktuell herangezogen. Sechs Wochen lang, vom 12. Februar bis zum 26. März, waren die Interviewer in Recklinghausen, in Alsdorf, Kamen, Marl, Bochum-Herne, Walsum-Hamborn, Gladbeck-Gelsenkirchen und in Essen-Katernberg unterwegs. Jeder sechsten Bergmannsfamilie, die auf den Listen der Zechen als wohnungssuchend geführt wurde, statteten sie einen Besuch ab, um sich nach Wohnvorstellungen und Wohnwünschen, nach familiären und wirtschaftlichen Verhältnissen zu erkundigen. Insgesamt 1.396 „gelenkte Gespräche" wurden geführt; 66 Ehepaare äußerten sich außerdem in Rundgesprächen zu den entsprechenden Fragen. Darüber hinaus drehten sich zusätzlich circa 330 „Erfahrungs-Befragungen" um die Wohnsituation bereits ansässiger Familien, um Einblicke „in die Wohngewohnheiten des Bergmanns" zu gewinnen. „Wochenlang", so steht es im Schlussbericht, „mußte von allen Mitarbeitern der 14-Stundentag gefordert und geleistet werden".[12] Ein Einsatz, der dazu führte, dass bereits am 7. März die ersten beiden Vorberichte zu Recklinghausen und Alsdorf verschickt werden konnten. Und auch die übrigen sechs erreichten im Laufe des folgenden Monats ihren Auftraggeber. Schon das war ohne Frage ein Erfolg, gerade wenn man die zu diesem Zeitpunkt noch wenig eingespielte Forschungsroutine an dem Dortmunder Institut bedenkt.

Keine zwei weitere Monate später, im Mai 1952, informierten die Sozialwissenschaftler dann in ihrem Schlussbericht darüber, was Bergleute prinzipiell unter einer guten Wohnung verstanden – wie also Wohnungen aussehen mussten, damit sich Zechenarbeiter und ihre Familien wohl und heimisch fühlten. In groben Zügen zusammengefasst lief das auf ein Einfamilienhaus oder die Hälfte eines Doppelhauses mit Garten hinaus, das gerade bei größeren Familien auch die Gelegenheit zur Viehhaltung bieten sollte. Entsprechende Wünsche hatten die meisten der Befragten im Interview geäußert. Die traditionelle Wohnküche war hingegen, so eine weitere Erkenntnis der Untersuchung, in der Beliebtheit abgeschlagen und konnte auch in den Bergmannshäusern durch eine moderne Kochküche ersetzt werden. Und wenn es so scheinen mochte, dass Bergleute eher kaufunwillig waren – immerhin hatten 50 Prozent der Befragten angegeben, ein Mietverhältnis dem Eigentum vorzuziehen –, so förderten die Wissenschaftler mit Hilfe einer Faktorenanalyse doch ein sehr viel differenzierteres Verhältnis zum Wohneigentum zu Tage, als es die Gesamtzahlen auf den ersten Blick suggerierten. Sie rechneten vor, dass die Vorliebe für das Wohnen auf Miete keineswegs berufsgruppentypisch war, sondern von der Attraktivität der Wohnung, vom Alter und der Lebensphase der Wohnungssuchenden abhing. Über den eigentlichen Auftrag hinausgehend hatten die Forscher dem Schlussbericht außerdem verschiedene Anhänge beigefügt. Sie boten einen zusätzlichen, systematischen Überblick über das generelle Verhältnis von Mietzahlungsbereitschaft und Einkommenshöhe, zum Untermieter- und Kostgängerwesen sowie

---

12 Beide Zitate: Sozialforschungsstelle Dortmund: Soziologische Erhebung zum Bergarbeiterwohnungsbauprogramm. Schlussbericht, Anlage 4, S. 1; ebd., S. 2.

Empfehlungen zur Anlage der Siedlungen insgesamt beziehungsweise ihrer Ausstattung mit Gemeinschaftseinrichtungen.[13] Auch der Stolz auf die gelungene Arbeit kam in dem Bericht zum Ausdruck: „Der Eifer, mitzuhelfen zu einem Anliegen der Arbeiterschaft; die Begeisterung, mitzuwirken am Neubau des Ruhrgebiets; das Bewußtsein, mitzukämpfen um eine Schlüsselstellung unserer Zukunft haben eine ungewöhnliche Leistung möglich gemacht," so hieß es in der Einleitung.[14]

Dennoch endete das Unternehmen Bergarbeiterwohnungsbau für die Dortmunder zunächst einmal – man kann es kaum anders bezeichnen – in einem Fiasko. Die Studie fiel vollständig durch, und in den darauf folgenden Monaten hagelte von allen Seiten Kritik auf die Sozialforscher ein. Keiner der an dem Bauprojekt beteiligten Akteure war mit dem Ergebnis zufrieden. Weder die amerikanischen Auftraggeber, noch die Bauträger, noch die Architekten glaubten, dass sich auf dieser Grundlage planen lasse, ja, dass die Untersuchung überhaupt irgendwelche nennenswerten Erkenntnisse gebracht habe. Unbrauchbar, unprofessionell, realitätsfern und sogar gefährlich, so lauteten zusammengefasst die Urteile.

8.2 DAS SCHWEIN DES BERGMANNS

Warum also sind die Sozialforscher so restlos gescheitert? Um dies einordnen zu können, reicht es nicht aus, nur die Studie selbst zu betrachten. Es empfiehlt sich vielmehr, einen (zweiten) Blick darauf zu werfen, welche Akteure an dem Projekt beteiligt waren und welche Rolle die Sozialforscher unter ihnen spielten. Dass es die eines Newcomers war, sei dabei freimütig vorweggenommen.

Der Wohnungsbau stellte, wie oben bereits angedeutet, ein hochprofessionalisiertes Feld dar, das sich seit dem Ende des Ersten Weltkriegs unter staatlicher Ägide herausgebildet hatte. Eine weitverzweigte Bürokratie, kommunale Wohnungsämter und staatliche Stellen, private wie halb-öffentliche Wohnungsbaugesellschaften und spezialisierte Finanzinstitute waren seitdem entstanden. Zusammen mit Architekten und Städtebauern bildete ihr Personal, so eine treffsichere Charakterisierung von Hartmut Häußerman und Walter Siebel, „eine vielfältige professionalisierte Elite, die die ‚Wohnungsfrage' zu ihrer Sache" gemacht hatte.[15] Und en-

---

13 Siehe Sozialforschungsstelle Dortmund: Soziologische Erhebung zum Bergarbeiterwohnungsbauprogramm. Schlussbericht, Anlagen 1-4.
14 Sozialforschungsstelle Dortmund: Soziologische Erhebung zum Bergarbeiterwohnungsbauprogramm. Schlussbericht, S. 2.
15 Häußermann/Siebel: Soziologie des Wohnens, S. 131f. Wohl hatten die Nationalsozialisten im Rahmen der „Gleichschaltung" massiv in den Sektor eingegriffen. Sie hatten missliebiges Personal vertrieben, Trägerstrukturen einer rigorosen Zentralisierung unterzogen und somit die politisch-kulturelle Basis der Weimarer Wohnungspolitik aufgelöst.

ger noch begrenzt, stärker noch spezialisiert war zweifellos die Gruppe, deren unumstrittene Sache das Wohnen der Bergleute war. Bergarbeiterwohnungsbau war in erster Linie Werkssiedlungsbau, der traditionell in der Hand der Zechenbetreiber lag. Große und günstige werkseigene Wohnungen waren ein Argument, das seit der Mitte des 19. Jahrhunderts erfolgreich zur Anwerbung wie auch zur Bindung der Arbeiter an den einzelnen Betrieb eingesetzt wurde – wobei diese produktionspolitischen Motive zugleich eine wichtige Quelle für die Theorien vom „richtigen Wohnen" der Bergleute bildeten. Sozialforscher gehörten nicht zu dieser Experten-Gruppe. Ihre Beteiligung hatte vielmehr mit den speziellen Interessen des zweiten Neulings auf diesem Feld zu tun: Den Mitarbeitern der MSA-Mission, die mit dem Projekt Bergarbeiterwohnungsbau drei Ziele verfolgten, nämlich die Leistungsfähigkeit der europäischen Wirtschaft zu steigern, dem deutschen Wohnungsbau gründlich auf die Sprünge zu helfen und eine westliche Gesellschaftsordnung in Deutschland zu verankern.

Die Amerikaner betrachteten die MSA-Zuschüsse für den Bergarbeiterwohnungsbau zweifellos in erster Linie als eine produktionspolitische Maßnahme. Ausreichend akzeptablen Wohnraum für die Zechenarbeiter zu schaffen, galt als wichtigster Schlüssel zur Erhöhung der Kohleproduktion.[16] Allerdings hätte man dafür die Marshall-Plan-Mittel ebenso gut in bereits laufende Bauprojekte fließen lassen können. Die Schaffung von Wohnraum für Bergarbeiter genoss ohnehin Priorität.

> Doch wenn es um Professionalisierungstendenzen geht, so bedeutete das Dritte Reich keineswegs den Abbruch. Das Gegenteil mag der Fall gewesen sein, jedenfalls wenn man die gewerkschaftseigenen Wohnungsbaugesellschaften als Beispiel nimmt. Der Wandel der Unternehmensorientierung – von einem Bestandteil der Arbeiterkultur zu einem profitorientierten, kapitalistischen Wohnungsbaukonzern – lässt sich durchaus in Zusammenhang mit den Weichenstellungen der Nationalsozialisten sehen. Nach der Machtübernahme waren die regional organisierten Gesellschaften zur „Neuen Heimat" als Großorganisation unter dem Dach der „Deutschen Arbeitsfront" zusammengeführt worden. Die Alliierten, unter deren Treuhänderschaft die Verbände als ehemaliges NS-Eigentum nach dem Krieg standen, präferierten zwar die erneute Dezentralisierung. Doch nach der Rückgabe an die Gewerkschaften setzten sich dort die Befürworter einer zentralen Organisation, der Eigenfinanzierung aus freien Finanzmitteln und somit einer größeren unternehmerischen Eigenständigkeit durch. Häußermann und Siebel bringen diese Umorientierung auch personell mit den gewaltsamen Eingriffen der Nationalsozialisten in Verbindung, die die Repräsentanten der traditionellen wohnungspolitischen Gewerkschaftslinie vertrieben und verfolgt hatten, so dass sich die ‚undogmatischen' Macher hatten durchsetzen können: „Nicht mehr ehrenamtliche ‚Genossen' führten nun die Geschäfte, sondern professionelle Manager". Häußermann/Siebel: Soziologie des Wohnens, S. 151; vgl. ausführlich Kramper: Neue Heimat, S. 101-145.

16 Vgl. oben, S. 156ff.

Die Bundesregierung hatte dies soeben mittels eines entsprechenden Gesetzes und der Einführung des ‚Kohlepfennigs' noch einmal bekräftigt.[17] Doch aus Sicht der Amerikaner hinkte der deutsche Wohnungsbau nach Jahren der Stagnation weit hinter den Standards des Westens her: eine zwar solide wirkende, aber höchst ineffiziente, kostspielige und noch dazu unbequeme Angelegenheit, so ihre Einschätzung.[18]

Das war ein Grund für die Entscheidung, ein eigenes Bauprogramm aufzulegen. Es sollte neue Impulse setzen und den Beweis antreten, dass sich – nach amerikanischem Vorbild und unter Ausnutzung aller bauwirtschaftlichen und -technischen Möglichkeiten – bessere Häuser mit komfortablerer Ausstattung, doch für weniger Geld bauen ließen. Für die MSA-Mitarbeiter hieß das in erster Linie Kostenreduktion. Und zwar einerseits durch schlichtere und ökonomischere Entwürfe – etwa ohne Steildach, Keller, Trockenboden oder Stallgebäude, dafür in Reihenhausform. Und andererseits durch den Einsatz rationalisierter, standardisierter Verfahrensweisen und neuer Materialien. Dank dieser Einsparungen würden sich die Wohnungen im Gegenzug moderner ausstatten lassen: mit Einbauküche, Elektroherd, Kühlschrank, Waschmaschine oder Warmwasser-Zentralheizung beispielsweise.[19] Doch wie würde man die Beteiligten dazu bringen? Mit Hilfe der innovationsfördernden Kraft der Konkurrenz. Für die Amerikaner bestand kein Zweifel daran, dass das diagnostizierte Modernisierungsdefizit unmittelbar mit den ausgeprägten bürokratischen Strukturen des Bausektors zusammenhing. Vor allem die Quasi-Monopolstellung der gemeinnützigen Wohnungsbaugesellschaften war ihnen ein Dorn im Auge. In ihren fest gespannten Netzen aus Gemeinde- und Zechenvertretern, Gesellschaften, Architekten, Bau- und Subunternehmern wurden Neuerungen im Keim erstickt, so ihre Überzeugung. Nun war für das Bergarbeiterprogramm zwar kein großer Wettbewerb geplant, wie kurz zuvor für die ECA-Versuchssied-

---

17 Im Unterschied zum allgemeinen Nachkriegswohnungsbau waren für die Beschäftigten des Bergbaus schon vor der Währungsreform erste Neubaumaßnahmen durchgeführt worden. Auch das 1951 verabschiedete Bergarbeiterwohnungsbaugesetz verfolgte hauptsächlich den Zweck, die Wohnungsversorgung aus produktionspolitischen Gründen rasch zu steigern und führte dazu eine Verbraucherabgabe auf den Kohleabsatz ein, den sogenannten „Kohlepfennig". Schulz: Wiederaufbau, S. 286.

18 German Coal Miners' Housing Program. Second Progress Report, 17.10.1952, S. 11. SFS Archiv. ONr. V, Bestand 7, K 7/11, Bd. „Bergarbeiter-Wohnungsbau. HICOG Mehlem – Bad Godesberg". Zur amerikanischen Initiative im Wohnungsbau und dem Bergarbeiterwohnungsbauprogramm auch: Diefendorf: America, S. 343-346.

19 Dass diese technischen Errungenschaften in jedem modernen amerikanischen Haushalt zu finden waren, führten seit 1949/50 verschiedene Ausstellungen und Werbefilme den Deutschen vor. Dazu z. B. Castillo: Domesticating, S. 266ff.

lungen.[20] Doch sollte es bei dieser Offensive für den Fortschritt – James Butler, der Chef des *Housing Office*, ließ bei seinen Auftritten keinen Zweifel daran, dass er das Projekt genau so verstand – auch darum gehen, die Spielregeln des Bausektors zu ändern, wenigstens in begrenztem Rahmen. Das *Housing Office* bestand also auf einer öffentlichen Ausschreibung, genauen Spezifikationen und verbindlichen Komplettangeboten nach dem Modell der amerikanischen, privatwirtschaftlichen *general contractors*.[21]

Ein zweiter, nicht minder wichtiger Grund für ein eigenes *Ruhr Housing Program* lag in der gesellschaftspolitischen Zielsetzung des Wohnungsbaus. Obwohl

---

20 Nach den ersten Erfahrungen mit dem deutschen Wohnungsbau hatte die *Economic Cooperation Administration* (ECA) 1951 37,5 Millionen DM für ein Modellprojekt zur Verfügung gestellt, das „die fortschrittlichen Kräfte des Bauwesens" fördern sollte (Wandersleb [Hg.]: Neuer Wohnbau I, S. 8). In 15 westdeutschen Städten waren dazu Baugelände ausgewählt und die bundesdeutschen Architekten und Bauunternehmer aufgefordert worden, ihre Entwürfe für Siedlungen von 200 bis 300 Wohnungen einzureichen. Um genug Raum für die Entwicklung neuer Ideen zu bieten, waren für diese ECA-Versuchssiedlungen sogar die baupolizeilichen Vorschriften außer Kraft gesetzt worden. Auch die Bedingungen der öffentlichen Ausschreibung selbst sollten durch die geforderte Bündelung aller am Bauprozess beteiligten Kräfte vorbildlich wirken. Ein achtzehnköpfiger, deutsch-amerikanischer Gutachterausschuss, dem Experten aus den Bereichen Architektur und Städtebau, Wohnungswirtschaft und -finanzierung, Bauwirtschaft und -konstruktion sowie Hauswirtschaft angehörten, wählte schließlich unter den Wettbewerbsbeiträgen aus. Das Lob der amerikanischen Gutachter blieb allerdings sehr verhalten. Selbst die 15 Preisträger wurden nicht vollständig vom Vorwurf des Schematismus in der Wohnungs- und Siedlungsplanung und der Unfähigkeit zu städtebaulich vorausschauenden Lösungen ausgenommen. Wenig später wurden aus ihrem Kreis die Architekten für den MSA-Bergarbeiterwohnungsbau gewählt. Auch einige Mitglieder des Bewertungsausschusses wurden erneut herangezogen, um „die Erfahrungen des ECA-Entwicklungsbauprogramms soweit wie möglich für das MSA-Programm nutzbar zu machen." Wandersleb (Hg.): Neuer Wohnbau I, S. 6-8, 127-135; ders. (Hg.): Neuer Wohnbau II, S. 7-13; ders. (Hg.): Eigenheime, S. 15.

21 Ein Verfahren, das die gemeinnützigen Wohnungsgesellschaften zwar für sich entschieden, das aber dennoch von den MSA-Mitarbeitern als Erfolg verbucht wurde: „Knowledge that these general contractors were bidding, and that the job would go to whoever was the lowest, forced the sub-contractors to cut their prices below what they would have normally offered the Traegers and in this way we achieved the lower prices we set out to get indirectly." German Coal Miners' Housing Program. Second Progress Report, 17.10.1952, S. 10. SFS Archiv. ONr. V, Bestand 7, K 7/11, Bd. „Bergarbeiter-Wohnungsbau. HICOG Mehlem – Bad Godesberg"; auch: Wandersleb (Hg.): Eigenheime, S. 15.

auch deutsche Politiker inzwischen in die Eigenheimoffensive gegangen waren, produzierte der Bausektor – und das hieß vor allem die auch aus diesem Grund misstrauisch beäugten gemeinnützigen Wohnungsgesellschaften – hauptsächlich Mietwohnungen. Die MSA-Mission dagegen folgte dem expliziten Ziel, die Eigentumsbildung voranzutreiben. Für den deutschen Wohnungsmarkt, auf dem traditionell das Wohnen zur Miete dominierte (gerade wenn es um das Wohnen der Arbeiterschaft ging), war das eine einschneidende Weichenstellung. Ohne Zweifel hatte sie einerseits mit produktionspolitischen Überlegungen zu tun: Zuverlässiger noch als das Mieten würde der Besitz von Haus oder Wohnung die Sesshaftigkeit fördern und dem Ruhrbergbau somit auch langfristig die Arbeitskräfte sichern. Doch darüber hinaus stellte das private Eigentum einen Grundpfeiler der westlichen Gesellschaftsordnung dar – ein Bollwerk zum Schutz von Demokratie und Freiheit im Sinne des Marshall-Plans. Gerade in der Hand der Arbeiter galt es als Prävention gegen Sozialisierungsforderungen und die Gefahren des Kommunismus. Für die aus ERP-Mitteln finanzierten Siedlungen waren denn auch ausschließlich Eigenheime vorgesehen, die die Wohnungsbewerber zu günstigen Konditionen kaufen sollten.[22]

Was diesen Vorhaben allerdings bereits in der ersten Verhandlungsphase im Weg stand, war – sinnbildlich gesprochen – ein den Amerikanern bislang unbekannter Akteur: das Schwein des Bergmanns.[23] Das Nutztier stand gewissermaßen synonym für die Traditionen der Ruhrbergleute, die von deutscher Seite gegen die Pläne der Besatzungsmacht ins Feld geführt wurden. Idealtypisch und in groben Zügen zusammengefasst besagte es: Im Falle der Bergarbeiter ging eine ganz bestimmte Lebensweise Hand in Hand mit einer charakteristischen Wohnkultur. Dazu gehörten das ländlich anmutende Haus mit Garten und die kleine Eigenwirtschaft. Auf Unterkellerung konnten sie nicht verzichten, denn im Keller musste neben dem Kohledeputat auch die Ernte an Kartoffeln, Obst oder Gemüse gelagert werden. Die amerikanischen Neuerungen in der Ausstattung würden das Fehlen keinesfalls aufwiegen. Eine Einbauküche beispielsweise kam schon allein deshalb nicht in Frage, weil der ganze Stolz einer Bergmannsfamilie ein großer, sorgfältig gepflegter Ofen war, von dem sie sich nie trennen würde. Und besonders charakteristisch für diesen Lebensstil war nun einmal die nebengewerbliche Viehhaltung. „The miner's pig"

---

22 Zu den Finanzierungsmodellen Wandersleb (Hg.): Eigenheime, S. 18f.; außerdem Hanke: Eigenheime, der das Bauprojekt unter der Perspektive gesellschaftlicher Westorientierung und Systemauseinandersetzung diskutiert.

23 Zu den folgenden Ausführungen German Coal Miners' Housing Program. Second Progress Report, 17.10.1952, S. 7, 13f. SFS Archiv. ONr. V, Bestand 7, K 7/11, Bd. „Bergarbeiter-Wohnungsbau. HICOG Mehlem – Bad Godesberg"; vgl. außerdem die Erinnerungen Vernon DeMars', eines amerikanischen Architekten und Architektur-Professors, der 1952 als Mitglied des *Technical Assistant Team* für die Durchführung des Projekts zuständig war. DeMars: A Life in Architecture, S. 309ff.

konnte dabei genauso gut eine Ziege sein. Doch gehörte ein solches Nutztier, das Fleisch oder Milch oder beides lieferte, zum Wohnen des Bergmanns wie die Grubenlampe zu seiner Arbeit. Entsprechende Lager- und Wirtschaftsräume und ein Stall am Haus waren also notwendig.[24] „There are many spokesmen for the miners, from mine manager to union leaders", hielt der amerikanische Architekt und Mitarbeiter des MSA *Housing Office* Vernon DeMars später in seinem Zwischenbericht fest.[25] Und diese zeigten sich ganz besonders skeptisch, wenn es um die Eigentumsbildung ging. Sie prophezeiten, dass nur wenige Zechenarbeiter den mühseligen Erwerb eines Eigenheimes auf sich nehmen würden. Bergleute seien die günstigen Mieten der Werkswohnungen gewohnt, die nur einen kleinen Teil dessen ausmachten, was dem Käufer eines auch noch so günstig finanzierten Eigenheims abverlangt wurde. Und generell tendierten sie nicht zum Hausbesitz. Der Bergmann wolle, davon gaben sich diese Experten überzeugt, mobil bleiben und sich den Wechsel von Arbeitsplatz und Wohnsitz jederzeit offenhalten.[26]

Vor diesem Hintergrund lässt sich in etwa nachvollziehen, welche Motive im *Housing Office* mit einer Befragung verbunden wurden. Die Verantwortlichen standen unter Druck. Ihre Neuerungen wurden von vielen Seiten mit Skepsis und Ablehnung betrachtet.[27] Wohl zweifelten sie an den Argumenten und vermuteten Stereotype oder eigene Interessen dahinter. Doch waren in der Presse bereits Vorwürfe laut geworden, dass die MSA den Bau durch Experimente (wie öffentliche Ausschreibungen) unnötig verzögere. „Das MSA-Programm ist ein Fiasko – vor 1952 wird es keine Bergarbeiterwohnungen geben". Eine solche Schlagzeile war kaum dazu angetan, für amerikanische Baupraktiken oder die Vorteile des Marshall-Plans zu werben.[28] Hatten also diejenigen Kritiker am Ende doch Recht, die das Projekt von vornherein zum Scheitern verurteilt sahen? Weil Bergleute sowieso nur mieten, niemals jedoch kaufen würden? Und wenn doch: Mit welcher Ausstattung würde sie sich dann am besten verkaufen? Konnte man die Bergleute nicht doch von den Annehmlichkeiten von Einbauküche und Zentralheizung überzeugen – so dass sie über gewisse Einsparungen hinwegsehen würden? Wünschten sich die Wohnungs-

---

24 1946/47 hatten schon die Vertreter der britischen Besatzungsmacht vor ähnlichen Argumenten kapitulieren und den Bergleuten aufwendigere Bauten als geplant zugestehen müssen. Schulz: Wiederaufbau, S. 145.
25 German Coal Miners' Housing Program. Second Progress Report, 17.10.1952, S. 13. SFS Archiv. ONr. V, Bestand 7, K 7/11, Bd. „Bergarbeiter-Wohnungsbau. HICOG Mehlem – Bad Godesberg".
26 Wandersleb (Hg.): Eigenheime, S. 14.
27 Vgl. z. B. Diefendorf: America, S. 344.
28 German Coal Miners' Housing Program. Second Progress Report, 17.10.1952, S. 9. SFS Archiv. ONr. V, Bestand 7, K 7/11, Bd. „Bergarbeiter-Wohnungsbau. HICOG Mehlem – Bad Godesberg".

suchenden tatsächlich lieber einen Schweinestall als einen Kühlschrank? Auch wenn für den Stall erheblich höhere Abzahlungen auf sie zukämen? Immerhin waren viele der Arbeiter nach dem Krieg neu zum Bergbau gestoßen und konnten die vielbeschworene bergmännische Wohntradition doch wohl kaum so rasch ausgebildet haben.

Das waren andere Fragen, als die Sozialforscher gestellt hatten. Und sie liefen auf ein anderes Verständnis des untersuchten Objekts hinaus. Die MSA-Mitarbeiter benötigten in erster Linie einen Überblick, ob es unter den Wohnungssuchenden, die auf den Wartelisten standen, genug Interessenten gab, die die entstehenden Häuser und Wohnungen kaufen würden. Für sie hatte der Auftrag in einer Art Konsumentenstudie bestanden: einer Überprüfung, ob das von ihnen angebotene Wohnungsbau-Produkt bei einer klar abgegrenzten Menge von Zielpersonen (nämlich die im Bergbau Beschäftigten, die auf den Anwärterlisten der jeweiligen an dem Programm teilnehmenden Gemeinde verzeichnet waren) Interesse finden würde, beziehungsweise welche Ausführungen am stärksten nachgefragt werden würden. In einer solchen Studie zählte der Befragte in erster Linie als potentieller Käufer; zu kategorisieren nach der Kaufkraft, den individuellen Vorlieben hinsichtlich des Produkts und der Wahrscheinlichkeit einer Kaufentscheidung.

Die Wissenschaftler der Sozialforschungsstelle hingegen hatten die Wohnwünsche und -vorlieben einer sozialen Gruppe untersucht, deren Existenz sie gewissermaßen vorab erklärt hatten. Ihr Interviewpartner war kein individueller Konsument, sondern ein Bergmann oder eine Bergmannsfrau als Repräsentant der bergmännischen Wohnwünsche. Sie hatten nicht ermittelt, wie sich die einzelnen Personen aus der Gruppe zu einem bestimmten Produkt verhielten, sondern wie das Produkt aussehen musste, damit es zur Gruppe passte.

Insofern verbesserten die Ergebnisse der Sozialforscher weder die Planungsgrundlagen – schließlich war, wie man es ausdrücken könnte, der Prototyp bereits entwickelt. Noch lieferten sie den Amerikanern Argumente, um dem Schwein des Bergmanns entgegenzutreten – beziehungsweise den etablierten Experten der bergmännischen Wohnkultur. Noch vor Fertigstellung des Schlussberichts ließ William Wittausch, ein Wohnbau-Spezialist der Washingtoner *Federal Housing Administration* und Mitarbeiter des *Technical Assistant Team*, die Dortmunder wissen, dass ihre Ergebnisse nicht verwertbar waren.[29]

Wenn das bereits eine herbe Enttäuschung gewesen sein dürfte, so war das Urteil, das auf deutscher Seite gefällt wurde, vernichtend. Was zur unmittelbaren Resonanz der Studie überliefert ist – hauptsächlich Protokolle zu Gesprächen, die Mitarbeiter im Frühjahr und Sommer 1952 mit beteiligten Architekten, Vertretern der

---

29 Vermerk über eine Rücksprache mit Mr. Wittrausch [sic], 30.4.1952. SFS Archiv. ONr. V, Bestand 7, K 7/14, Bd. „ECA Stoßuntersuchung zum Bergarbeiterwohnungsbauprogramm".

Bauträger und der Zechenleitungen geführt hatten – lässt die Vorstellung eines Spießrutenlaufs aufkommen. Nur wenige Gesprächspartner hatten der Arbeit Positives abgewinnen können, während sich die meisten mit Kritik und Tadel nicht zurückhielten.[30]

Dass die Studie nur längst Bekanntes über die bergmännischen Wohnvorlieben wiederhole und insofern keinen produktiven Beitrag zum Projekt leiste, war wohl noch die harmloseste Form der Kritik. Um zu wissen, dass Bergarbeiter am liebsten in einem Siedlungshäuschen mit Garten und Stall wohnten, brauche man keine Soziologen. Die Sozialforscher hätten keinerlei Rücksicht auf die realen Gegebenheiten genommen. Nahmen sie tatsächlich an, dass man sich nach diesen Wünschen richten und am Ende sogar noch einmal neu planen könne? Wenn die Sozialforscher ohnehin jede Familie einzeln aufgesucht hatten, warum hatten sie dann nichts für die Akzeptanz der vorgeschlagenen, modernen Lösungen getan? Andere hielten den Wissenschaftlern Naivität vor, und zwar wegen ihrer Vorgehensweise. Jeder, den man so direkt frage, wünsche sich doch schlicht das Blaue vom Himmel herunter. Überhaupt seien die meisten Befragten doch gar nicht kompetent genug, um ernsthafte Auskunft zu geben. Dass die Untersuchung dem MSA-Projekt nicht nur nicht genutzt, sondern darüber hinaus sogar geschadet habe, auch diesen Vorwurf musste das Forscherteam sich anhören. Im Hinblick auf die reibungslose Durchführung und den Erfolg eines solchen Wohnbauprojekts sei die Befragung regelrecht fahrlässig gewesen. Allein die Tatsache, dass man sich nach ihren Wünschen erkundigte, musste bei den Wohnungsanwärtern Erwartungen wecken, die man nicht erfüllen konnte. Die Akzeptanz der tatsächlich angebotenen Wohnungen sei dadurch gesunken. Einige Kritiker vermuteten sogar, dass die Wissenschaftler die Bergleute gewissermaßen manipuliert hatten – und zwar mittels der Untersuchung selbst. Sie hielten es nicht für ausgeschlossen, dass die Befragten bestimmte Wohnwünsche überhaupt erst bewusst hegten, seit sie aufgefordert worden waren, sich zu ihnen zu äußern.[31]

---

30 Vgl. z. B. Besuch der ECA-Wohnbauausstellung Essen, 9.6.1952; Horst Loy an Siegfried Dryander, 17.3.1952; Gunther Ipsen an Horst Loy, 30.4.1952. Alle drei SFS Archiv. ONr. V, Bestand 7, K 7/11. Gunther Ipsen an William Wittausch, 6.12.1952. SFS Archiv. ONr. V, Bestand 7, K 7/14, Bd. „Bergarbeiter-Wohnungsbau. HICOG Mehlem – Bad Godesberg". Gespräch mit Herrn Bergwerksdirektor von Velsen, 28.6.1952; Gespräch mit Herrn Dipl.-Ing. Wagner, Ruhrsiedlungsverband, 26.6.1952. SFS Archiv. ONr. V, Bestand 7, K 7/14, Bd. „ECA Stoßuntersuchung zum Bergarbeiterwohnungsbauprogramm". Allerdings erhielt die Sozialforschungsstelle auch eine ganze Anzahl an Anfragen, hauptsächlich von Wohnungsunternehmen und Verbänden, die Interesse an dem Schlussbericht anmeldeten.

31 Besuch der ECA-Wohnbauausstellung Essen, Amerikahaus, 9.6.1952. SFS Archiv. ONr. V, Bestand 7, K 7/11, Bd. „Bergarbeiter-Wohnungsbau. HICOG Mehlem – Bad Godes-

Selbst noch aus den USA wurden per Luftpost massive Zweifel angemeldet. In Harvard hatte Martin Wagner, emigrierter Stadtbaurat von Berlin und prominenter Vertreter des Neuen Bauens der Weimarer Jahre, den Schlussbericht aus Dortmund gelesen und formulierte eine der fundamentalsten Varianten der Kritik. Wie seine Kollegen in Deutschland stellte auch er den Nutzen der Studie für den Wohnungsbau in Frage. Außerdem wies er bereits ihren Grundgedanken zurück – dass sich nämlich durch das Erfragen und Quantifizieren von Wohnwünschen überhaupt so etwas wie soziologische Tatbestände ermitteln ließen, geschweige denn maßgebende gruppenspezifische Wohnbedürfnisse. Wagners Einwände mögen besonders hart getroffen haben. Denn mit seinen Anmerkungen zur sozialen Bedingtheit von Wohnwünschen griff er die Sozialforscher letztlich auf ihrem eigenen Gebiet an – und präsentierte sich dabei als der bessere Soziologe:

„[D]ie Wunschbilder so heterogener Massen können uns doch wenig Definitives über die Grundströme menschlichen Wünschens und Strebens aussagen! Wünsche – so lehrte mich immer Georg Simmel! – seien doch sehr diffizile Empfindungen, die mit jeder Lichtstärke, jeder Temperatur und jedem Luftdruck Form und Farbe wechseln. Und dieses um so mehr, als es doch unmöglich sei, einen Wunsch von seinem soziologischen Hintergrunde abzutrennen. Und bauen sich nicht alle Wünsche Ihrer Kumpel auf den korruptesten Hintergründen unserer Zeit auf? Ist nicht ein Stadtgebilde, wie Wanne, Herne oder selbst Gelsenkirchen ebenso korrupt, wie es die Slums von Pittsburgh, Cary oder Wilmington sind? [...] Wünsche und Meinungen mathematisch zu behandeln, erscheint mir ganz unmöglich, wenn sie nicht auf ihren Dauerwert hin gesichtet worden sind. [...] Ihr Team wird doch nicht einmal das Minimum einer Garantie dafür übernehmen können, dass das seelische Wunschbild des Kötters in Bezug auf Lage, Grösse und Form seiner Behausung auch noch seinem Wunschbild von morgen und übermorgen entsprechen werde. Objektivierungen sind ein schöpferischer Akt, aber kein statistischer Akt."[32]

Welches Fazit zogen die Sozialforscher selbst aus den Vorwürfen dieser Fachleute? „Man erkennt das Recht der Soziologen, bei der Gestaltung der Wohnsiedlungen mitzusprechen, nicht an", brachte Gunther Ipsen in einem Schreiben an Gerhard Weisser seine Sichtweise auf den Punkt.[33] Was sie an spezifischen Einsichten und Wissen anzubieten hatten, war auf dem Feld des Wohnungs- und Städtebaus offensichtlich weder gefragt noch erwünscht. Ginge es nach dem Willen der etablierten

---

berg". Ähnlich: Gespräch mit Herrn Bergwerksdirektor von Velsen, 28.6.1952. SFS Archiv. ONr. V, Bestand 7, K 7/14, Bd. „ECA Stoßuntersuchung zum Bergarbeiterwohnungsbauprogramm".

32 Martin Wagner an Gunther Ipsen, 12.11.1952. SFS Archiv. ONr. V, Bestand 7, K 7/11, Bd. Briefwechsel mit Martin Wagner.
33 Gunther Ipsen an Gerhard Weisser, 11.8.1952. SFS Archiv. ONr. V, Bestand 7, K 7/11.

Akteure, zu dieser Überzeugung waren Leiter und Mitarbeiter der Untersuchung schnell gelangt, würde sich der Beitrag der Wissenschaftler auf die reine Auftragsausführung beschränken, während die Architekten und Städtebauer den Untersuchungsbedarf und die Problemstellungen vorgaben.[34] Eine klar definierte und begrenzte Zuarbeit ohne eigenes Stimmrecht – das waren allerdings schlechte Voraussetzungen, um die „langfristigen Aufgaben der Sozialforschungsstelle"[35] wahrzunehmen. Als Reaktion auf die schroffe Zurückweisung dessen, was das Institut doch schließlich als Kernkompetenz für sich beanspruchte, intensivierten die Sozialforscher daraufhin ihre Auseinandersetzung mit der Welt der Baupraxis.

Sie führten sie während der folgenden Monate und Jahre im Rahmen von Diskussionsrunden und Tagungen sowie einer ganzen Anzahl an Publikationen aus der Feder diverser Mitarbeiter. Und wenn dabei anfangs die Beteiligung der Soziologen auf einem Spezialgebiet strittig gewesen war – das der Bergarbeiterwohnungsbau zweifellos darstellte –, erweiterte sich die Perspektive doch bald ins Grundsätzliche. Rasch rückten die Dortmunder das Verhältnis von Soziologie und Städtebau, von Wissenschaft und Planung insgesamt in den Vordergrund, wobei sie die Spielregeln der letzteren zunehmend in Frage stellten.

Diese Auseinandersetzung verdient es also, näher beleuchtet zu werden, was auf den nächsten Seiten geschehen soll – allerdings nicht ohne eine grundsätzliche Bemerkung dazu vorauszuschicken: Im Folgenden wird eine Strategie herausgearbeitet, die dem beanspruchten Mitspracherecht Geltung verschaffen sollte. Diese Sicht hat ihre Berechtigung, insofern die in den Blick genommenen Aktivitäten und Argumente als Reaktion der Sozialforscher auf das Legitimationsdefizit betrachtet werden können, das ihre Arbeit auf dem Feld von Bau und Planung erfuhr. Und zwar unmittelbar wie mittelbar: zur direkten Verteidigung der Bergarbeiteruntersuchung wie zur Legitimierung sozialwissenschaftlicher Stadt- und Planungsforschung überhaupt. Ein Missverständnis wäre es jedoch, dabei an eine intentionale, von der Abteilungsleitung ausgearbeitete Vorgehensweise zu denken. Denn was an Austausch angeregt, an Diskussionsbeiträgen beigesteuert wurde, hatte nicht minder mit den beteiligten Mitarbeitern zu tun, die verschiedenartige Kontakte, unterschiedliches Engagement und vor allem differierende Sichtweisen einbrachten. Das macht diese Bemühungen um eine Positionierung der Sozialforschung zwar einerseits ausgesprochen interessant. Doch erschwert es auch ihre Analyse – die sowohl institutionelle wie individuelle Betrachtungsweisen berücksichtigen muss. Um die-

---

34 Vgl. Besuch der ECA-Wohnbauausstellung Essen, Amerikahaus, 9.6.1952. SFS Archiv. ONr. V, Bestand 7, K 7/11, Bd. „Bergarbeiter-Wohnungsbau. HICOG Mehlem – Bad Godesberg".

35 Vermerk über ein Gespräch mit Mr. Meyer-Bernstein am 31.1.1952, 4.2.1952. SFS Archiv. ONr. V, Bestand 7, K 7/14, Bd. „Bergarbeiter-Wohnungsbau. HICOG Mehlem – Bad Godesberg".

ses Problem in Angriff zu nehmen, werden hier zunächst die Aktivitäten behandelt werden, die kollektiv von der Abteilung getragen wurden. Dabei handelte es sich hauptsächlich um Gesprächsrunden und Tagungen, die ohne Zweifel die bevorzugte Form der Kommunikation mit der Welt der Baupraxis darstellten. Daran anschließend soll sodann die Frage individueller Positionen noch einmal aufgenommen werden.

8.3 EXPERTENRUNDEN

Einen ersten Schritt, um mit den Experten des Wohnungsbaus überhaupt ins Gespräch zu kommen, stellten die sogenannten „Rundgespräche" dar. Dabei handelte es sich um eher informell gehaltene Zusammenkünfte, zu denen Gunther Ipsen und die Abteilung im Herbst 1952 erstmals eingeladen hatten. Architekten, Dortmunder Baubeamte und Vertreter von Wohnungsunternehmen waren der Einladung in die Sozialforschungsstelle gefolgt und hatten bei dieser Gelegenheit offenbar doch gemeinsame Interessen entdeckt. Jedenfalls sollten zwischen 1952 und 1955 in losen Abständen weitere Gespräche zwischen Mitarbeitern der Abteilung und einem weitgehend lokal begrenzten Kreis von Baupraktikern folgen. Sie fanden ihr Ende, als der Architekt Wolfgang Schütte, der die Kontakte hergestellt und gepflegt hatte, aus den Diensten der Sozialforschungsstelle ausschied.[36]

Wie die Teilnehmerschaft, so waren auch die Themen der Rundgespräche eher eng gesteckt. Die Sozialforscher hatten eine Gelegenheit gesucht, um ihr geschmähtes Gutachten zu diskutieren, und dessen strittige Punkte gaben somit wiederholt die Tagesordnung vor.[37] Man wird wohl davon ausgehen können, dass es ihnen dabei ebenso sehr darauf ankam, die Denk- und Arbeitsweisen der Wohnungsbauer kennenzulernen, wie die eigene Arbeit zu verteidigen. Jedenfalls scheint – den wenigen

---

36 Vgl. Gunther Ipsen an die Geschäftsführung der Sozialforschungsstelle, 27.7.1956. In diesem Schreiben machte Ipsen darauf aufmerksam, dass diese Gespräche aufgrund Wolfgang Schüttes Ausscheiden und „der Arbeitsüberlastung der Abteilung" seit 9 Monaten nicht mehr stattgefunden hatten und regt an, den ehemaligen Mitarbeiter als externen Organisator mit monatlicher Aufwandsentschädigung wiederzugewinnen. Eine Fortsetzung lässt sich dennoch nicht nachweisen.

37 Vgl. Einladungsschreiben für den 12.1.1953, 22.12.1952; Protokoll Drittes Rundgespräch, 2.11.1953. Doch wollte man sich im Februar 1953 auch gerne über die Umfrage berichten lassen, die der Architekt Horst Loy zwecks Planung der neunten MSA-Siedlung in Dortmund-Derne durchgeführt hatte – übrigens mit dem deutlich zum Ausdruck gebrachten Ziel, die beanstandeten Fehler der ersten Untersuchung zu korrigieren. Gunther Ipsen an Horst Loy, 20.1.1953. Alle SFS Archiv. ONr. V, Bestand 7, K 7/14, Bd. „Bergarbeiter-Wohnungsbau. HICOG Mehlem – Bad Godesberg".

Hinweisen nach ist man das zumindest zu vermuten geneigt – die Bauwelt in diesen Runden das Wort geführt zu haben.[38] Wohnungsbau, nicht Wissenschaft stand im Mittelpunkt, und die Teilnehmer verhandelten meist sehr konkrete planerische Fragen: Einfamilien- oder Reihenhaus, Wohn- oder Kochküche, Eigenheim oder Mietwohnung – welches waren die geeigneten Lösungen? Den ausführlich diskutierten architektonischen, volkswirtschaftlichen oder ressourcenökonomischen Argumenten der Praktiker stellten die Gastgeber dann für gewöhnlich ihre soziologisch-empirischen gegenüber – nicht ohne diese ausführlich rechtfertigen zu müssen. Im Laufe des folgenden Jahres wandte man sich allerdings auch anderen Problemen aus den Planungsstuben der Städte zu und führte die Zusammenkünfte auf diese Weise fort.

Darüber hinaus allerdings hatte sich Gunther Ipsen bereits im August 1952 darum bemüht, eine grundlegendere Diskussion anzustoßen, und zu diesem Zweck Kontakt mit Gerhard Weisser und dessen Institut für Wohnungsrecht und Wohnungswirtschaft aufgenommen.[39] Das gelang ihm auch, und zwar im Rahmen einer Tagung, die das Kölner Institut ausrichtete. Weisser war bereitwillig auf Ipsens Vorschlag eingegangen, den Austausch zwischen Wissenschaft und Planung in Gang zu bringen. Für eine entsprechende Veranstaltung hatte er eine einflussreiche Teilnehmerschaft in Aussicht gestellt, die sich im Januar 1953 dann auch tatsächlich in Köln einfand.[40] Vertreter des Bundesministeriums für Wohnungsbau, des nordrhein-westfälischen Wiederaufbau-Ministeriums sowie das Spitzenpersonal der gemeinnützigen Wohnbauunternehmen und Siedlungsverbände waren gekommen. Die Position der Wissenschaft auf der anderen Seite vertraten die Mitarbeiter des gastgebenden Kölner Instituts, der Forschungsstelle für Siedlungs- und Wohnungswesen an der Universität Münster sowie selbstverständlich der Sozialforschungsstelle in Dortmund, deren Wohnuntersuchung im Mittelpunkt der Diskussion stand. Welche Rolle also sollten Soziologen bei der Planung spielen? Um darüber zu entscheiden, legten die Veranstalter der circa 80-köpfigen Experten-Runde eine sehr konkrete Frage vor: „Inwieweit können und sollen die tatsächlich geäusserten Wohnwünsche im Rahmen des Wohnungsbauprogramms berücksichtigt werden?"[41]

---

38 Vgl. z. B. Protokoll Drittes Rundgespräch, 2.11.1953. SFS Archiv. ONr. V, Bestand 7, K 7/14, Bd. „Bergarbeiter-Wohnungsbau. HICOG Mehlem – Bad Godesberg".
39 Gunther Ipsen an Gerhard Weisser, 11.8.1952. SFS Archiv. ONr. V, Bestand 7, K 7/11.
40 Gerhard Weisser an Gunther Ipsen, 18.8.1952. SFS Archiv. ONr. V, Bestand 7, K 7/14, Bd. „ECA Stoßuntersuchung zum Bergarbeiterwohnungsbauprogramm".
41 Tagesordnung für die Arbeitstagung am 15. Januar 1953. Die Vorabsprache zwischen den beteiligten Instituten sah drei Hauptthemen für die Tagung vor: 1. Die Beteiligung der Soziologen an der Planung; 2. Die sozialpolitische Berechtigung der von den Bergarbeitern geäußerten Wünsche; 3. Die Verwirklichungsmöglichkeit. Aus choreographischem Kalkül heraus hatte man sich entschlossen, für die Diskussion konkrete Punkte

8.4 DIE WOHNWÜNSCHE DER BERGARBEITER

Die Dortmunder Wohnforscher nutzten die Expertenrunden, um ihre Argumentation zu schärfen und die eigene Position genauer zu bestimmen. Wie, das lässt sich in der publizierten Version ihrer Studie nachlesen, die 1954 zu guter Letzt unter dem Titel „Die Wohnwünsche der Bergarbeiter. Soziologische Erhebung, Deutung und Kritik der Wohnvorstellungen eines Berufes" erschien. Mit dem Band präsentierten sie eine ausführliche empirische Analyse der Wohnbedürfnisse einer sozialen Gruppe. Doch hatte man ihn „mit wissenschaftlichen Erörterungen" nicht allzu sehr belasten wollen.[42] Denn für die Kollegen aus der Wissenschaft war er ohnehin nur in zweiter Hinsicht gedacht. Er stellte vielmehr die inzwischen wohlüberlegte und ausführliche Antwort auf die Ablehnung dar, die die Untersuchung bei den Praktikern hervorgerufen hatte. Elisabeth Pfeil trug darin – stellvertretend für den Kreis der Mitarbeiter[43] – die Kritik ab, mit der sich das Team konfrontiert gesehen hatte.[44]

So vehement und vielgestaltig diese auch vorgetragen worden war; systematisch betrachtet waren es drei Punkte gewesen, in denen alle Einwände kulminierten: Die

---

vorzugeben, über die beraten und dann entschieden werden sollte. „Die Praktiker sind das so gewöhnt und nehmen eine Diskussion erst dann ernst, wenn sie auf eine Entschließung hinzielt", so die dahinterstehende Überlegung (Besprechung mit Dr. Pagenstecher, 5.11.1952). Die Fragen bauten aufeinander auf: „Besteht ein Bedürfnis, die Wohnwünsche durch Befragungen festzustellen?" „Können die Wohnwünsche durch Erhebungen zutreffend ermittelt werden?" „Wer kann solche Erhebungen veranstalten?" „Lässt sich allein aus den geäusserten Wohnwünschen ein Bild des Wohnungsbedarfs gewinnen, der jeweils befriedigt werden sollte?" Beide in SFS Archiv. ONr. V, Bestand 7, K 7/14, Bd. „Bergarbeiter-Wohnungsbau. HICOG Mehlem – Bad Godesberg".

42 Pfeil (Bearb.): Wohnwünsche, S. XI.
43 Ebd. „Aus gemeinsamer Arbeit von fünfviertel Jahren, aus vielen Unterhaltungen im engeren Mitarbeiterkreis ging schließlich ein Bild hervor, bei dem man nicht überall angeben kann, wer diesen oder jenen Zug hineingetragen hat. Die Verfasserin dieses Buches spricht für den ganzen Kreis."
44 Die Autorin sprach den oben skizzierten Kontext in ihrer Einleitung relativ deutlich an: „Wir suchten die Auseinandersetzung mit unseren Kritikern und fanden uns mit ihnen zu Rundgesprächen in kleinerem oder größerem Kreis zusammen, die von beiden Teilen als fruchtbar empfunden wurden. Aus solcher Aussprache ergaben sich uns die Gesichtspunkte, unter denen eine für einen weiteren Kreis bestimmte Veröffentlichung angelegt werden mußte. [...] Wir sahen, daß hier nicht nur die Ergebnisse unserer Erhebung und ihre Interpretation vorzutragen waren, sondern daß wir erst einmal Rechenschaft zu geben hatten über die Berechtigung, mehr: über die Notwendigkeit derartiger wissenschaftlicher Untersuchungen, und daß die Methodik des Vorgehens dargelegt werden mußte, wenn nicht Fehldeutungen entstehen sollten." Ebd., S. IX-X.

Studie sei irrelevant, die Studie sei methodisch falsch angelegt und komme daher zu irrealen Ergebnissen, die Studie habe den reibungslosen Ablauf des Bauprojekts gestört und seinen Erfolg gefährdet. Diesen Punkten widmete die Autorin dementsprechend besondere Aufmerksamkeit.

Da war also erstens der Einwand der Irrelevanz. Er besagte in etwa, dass die Arbeit der Sozialforscher überflüssig war, weil sie auf reale Gegebenheiten nicht einging und die übrigen Erkenntnisse keine neuen waren. Wozu also überhaupt Wohnwunschuntersuchungen? Weil Wohnen, führte Elisabeth Pfeil in ihrem ersten Kapitel aus, eine subjektive Seite hatte. Weil eine gute Wohnung durchaus komplexe und vielgestaltige Bedürfnisse erfüllen musste, die von den gängigen Indices für ‚Licht, Luft und Sonne', für Mindestgrößen und funktional-optimierte Grundrisse längst nicht erfasst wurden. Und weil diese Bedürfnisse noch dazu von Mensch zu Mensch, von Bevölkerungsgruppe zu Bevölkerungsgruppe unterschiedlich ausfielen. Diese Bedürfnisse ließen sich allerdings unter den gegenwärtigen Umständen nicht durchsetzen, wie sie erklärte. Ja, sie ließen sich nicht einmal artikulieren. Denn der öffentliche Wohnungsbau zeigte sich systematisch unfähig, verschiedenartige Wohnbedürfnisse und Anforderungen aufzunehmen und befriedigend umzusetzen.

Im privaten, bürgerlichen Bauen, so erläuterte Pfeil, wurde dies durch die Kommunikation zwischen Bauherr und Architekt sichergestellt. Der Bauherr informierte über seine Wünsche und Anforderungen sowie den finanziellen Spielraum, während der Architekt konkrete Vorschläge zur Realisierung vorlegte. Wo jedoch Bauunternehmen große Stückzahlen errichteten, ohne dabei die individuellen Abnehmer vor Augen zu haben, sollten die Mechanismen des Marktes als Korrektiv wirken – letztlich also die Wohnungssuchenden: „Die Nachfragenden, indem sie unter dem Angebotenen eine Auswahl treffen, regulieren das Anzubietende."[45] In Zeiten der Wohnungsnot jedoch, wenn die Nachfrage größer war als das Angebot, funktionierten diese Mechanismen nicht. Der Bausektor hatte es sich daher leisten können, die Bedürfnisse der Wohnungssuchenden zu missachten, und zwar seit die Spekulanten des 19. Jahrhunderts ihre ersten Renditeobjekte für die zuströmenden Industriearbeiter hochgezogen hatten. Selbst der nach dem Ersten Weltkrieg begonnene soziale Wohnungsbau hatte in dieser Hinsicht nur Mindestanforderungen erfüllt. Und auch das, was die Architekten der Nachkriegszeit als ideale Wohnung verstanden und bauten, hatte mit dem eigentlichen Bedarf ihrer zukünftigen Bewohner – vermutlich – nicht viel zu tun.[46] Denn niemand, entschied die Wohnforscherin, wusste eigentlich genau, „*wie die Menschen*, für die ganze Wohnblocks und Stadtteile ge-

---

45 Ebd., S. 3.
46 Ebd., S. 5.

baut werden, *eigentlich wohnen wollen*".[47] Für ihre Bedürfnisse existierte kein zuverlässiger Anzeiger.

Es bedurfte also einer neuen Form der Vermittlung, um diese Bedürfnisse in den Planungsprozess einzubringen, und eben da lag für Elisabeth Pfeil die Aufgabe der Wohnforscher. Sie stellte sie als Interessenvertreter vor, deren Untersuchungen dazu beitrugen, „Menschen zu Gehör kommen zu lassen, die sonst bei der Wohnraumplanung nicht gehört würden". Mit seiner Arbeit machte sich der Soziologe zu ihrem Anwalt, um „die Stellen, die über das Schicksal der Wohnenden entscheiden, zu informieren und in ihrer Verantwortung zu bestärken".[48]

Nun hätte man, gerade wenn man das MSA-Projekt und seinen Ablauf betrachtete, wohl kaum von einem Mangel an Interessenvertretern sprechen können. Weshalb also zusätzlich Soziologen? Warum reichten die Einsichten der Fachleute aus Wohnungswesen und Bergbau dazu nicht aus? Weil, wie die Wohnforscherin erklärte, deren Sachkenntnis unzuverlässig war. Sie beruhte auf Hörensagen und mehr oder weniger zufälligen Eindrücken. Formen der Urteilsbildung also, für die besonders auffällige Phänomene gewöhnlich ausschlaggebender waren, als besonders typische. Was die Soziologen den Wohnbaupraktikern voraus hatten, war laut Pfeil vor allem eines. Sie beherrschten die sozialwissenschaftlichen Instrumente und Methoden, mit deren Hilfe sich verlässliche Erkenntnisse gewinnen ließen: Stichprobenerhebung, Interviewführung, statistische beziehungsweise Faktoren-Analysen. Mit ihnen ließ sich gleichermaßen kontrolliert wie authentisch den verbreiteten „Vorstellungen und ‚Bildern'" vom Wohnen auf die Spur kommen. – Sofern man dies den Fachleuten überließ, „die das Handwerk [...] erlernt haben".[49] Denn das „Können", vermerkte Pfeil mit Nachdruck, „liegt erst in der Verwendung dieser Werkzeuge, also in der richtigen Auswahl, Fragestellung, Gesprächsführung und Ausdeutung."[50]

Allerdings waren gerade diese Methoden der zweite große Kritikpunkt an der Studie gewesen, und zwar allen voran die Datenerhebung per Interview. Grundlegende Wohnbedürfnisse, hatten die Praktiker widersprochen, könne man nun einmal nicht ermitteln, indem man die Betreffenden geradewegs und zusammenhanglos nach ihren Wünschen fragte. Damit ermutige man nur zum Bau von Luftschlössern, von Bergarbeiter-Wolkenkuckucksheimen. Außerdem hegten sie generell und aus verschiedenen Gründen Zweifel an der Kompetenz der Befragten, sich überhaupt zu dieser Angelegenheit zu äußern. Wie sollten Berufsanfänger wissen, was ein Bergmann brauchte? Und welche Antworten könne man erwarten, wenn man Menschen nach ihnen unbekannten Wohnformen fragte? Kaum ein Bergmann habe

---

47 Ebd., S. 4f., Hervorhebung im Original.
48 Ebd., S. 13, 18.
49 Ebd., S. 11f.
50 Ebd., S. 9.

ein modernes Reihenhaus schon einmal von innen gesehen. Woher sollte er also wissen, ob er lieber im Reihen- oder Doppelhaus wohnen wollte? Das Fazit der Praktiker lautete, dass die Sozialforscher ein vollkommen irreales Bild der bergmännischen Wohnbedürfnisse produziert hatten.

Selbst die Autorin gestand ein, dass diese Kritik vernichtend war – so sie denn „zu Recht bestünde".[51] War die Verfahrensweise also trotz alledem vertretbar? Sie war es, wie Pfeil ausführte, und zwar aus zweierlei Gründen. Erstens, weil Sozialforscher keineswegs ‚einfach' fragten, sondern das Interview in den qualifizierten Händen der Wissenschaftler eine ausgereifte Technik der standardisierten Datenerhebung darstellte, die somit größtmögliche Objektivität gewährleistete. Zur Illustration gab sie Einblick in die Prinzipien der Fragebogenerstellung, die Aufgabe von Pretests und die qualitätssichernden Regeln der Gesprächsführung. Mittels einer durchdachten Choreographie und geschickten Lenkung hatten die geschulten Interviewer demnach auch im konkreten Fall dafür Sorge getragen, dass die Bodenhaftung erhalten blieb und die Unterhaltung „an höchst realen Vorgegebenheiten wie Baukosten und Mietpreisen nicht vorbeigehen konnte."[52] Eine Vorsichtsmaßnahme, auf die man jedoch auch hätte verzichten können, stellte Pfeil klar: „[D]ie Nüchternheit, der Realitätssinn der bergmännischen Bevölkerung sind von sich aus groß genug, um vor einem Hochfliegen der Wünsche zu bewahren."

Mit diesem Hinweis war sie dann auch schon beim zweiten Teil ihrer Verteidigung angekommen. Neben der Methodik hatten die Architekten und Wohnungsbauer generell die Eignung ihrer ‚Quellen' in Zweifel gezogen. Genaugenommen ließ sich beides kaum voneinander trennen; die erstere stieg und fiel mit der letzteren. Um die Integrität der eigenen Arbeit zu verteidigen, bemühte Pfeil sich daher um die Integrität der Bergarbeiter als nüchterne, bescheidene und wohlinformierte Gesprächspartner. Sie blieb dabei – so viel retrospektiver Kommentar soll hier erlaubt sein – innerhalb einer gruppen- und situationsgebundenen Argumentation, die sich um die systematischen Probleme der Untersuchung letztlich herum mogelte.

Pfeils wichtigstes Argument in dieser Hinsicht lautete, dass es keine Inkompetenz geben konnte, wenn es um Probleme der Wohnung und des Wohnens ging. Wohnen, das tat schließlich ein jeder. Wohnerfahrung hatten demnach alle Menschen. Und daher war auch der Bergmann „sehr wohl imstande zu sagen, was er real nötig hat".[53] Weder ließ sie den Einwand gelten, dass den Befragten die Kenntnisse fehlten, um moderne Baulösungen sinnvoll beurteilen zu können. Dass sie sich also, wie Kritiker bemängelt hatten, im Zweifelsfalle für den Status quo, aber nicht für eine ihnen unbekannte Wohnform entscheiden würden. Denn es hatte sich, entgegnete Pfeil, während der Bergarbeiter-Untersuchung erwiesen, „daß die

---

51 Ebd., S. 12.
52 Ebd., S. 12. Auch das folgende Zitat ebd.
53 Ebd.

Wohnungsuchenden über die Neubauten am Ort wohl orientiert waren" und genau wussten, „was eine moderne Wohnung zu bieten vermag." Noch konnte man ihrer Meinung nach behaupten, dass die zahlreich befragten jungen Männer und Berufsneulinge zu kurz im Bergbau arbeiteten, um die wahren Bedürfnisse eines Bergmanns wirklich erfahren zu haben. Die Forscher hatten laut Pfeil nämlich festgestellt, dass „[d]ie Phantasie der jungen Wohnungssuchenden längst um alle Fragen der Wohnung und Einrichtung gespielt" hatte. Und sie hatten „ganz erstaunlich geringe Unterschiede in den Aussagen der neuangelegten und der alten Bergleute" gefunden. „Man glaube doch nicht", so ihre abschließende Bestätigung, „daß eine so dringende Frage wie die Wohnung die Menschen nicht längst und in sehr konkreter Weise beschäftigt hätte!"[54]

Eine andere, nicht minder essentielle Frage war damit allerdings noch gar nicht angesprochen – nämlich die nach der Qualität der so artikulierten Wohnbedürfnisse. Selbst wenn es keine Luftschlösser waren: Was genau erfassten die Sozialforscher eigentlich, wenn sie Bergarbeiter nach ihren Wohnwünschen fragten? Waren diese Wünsche gleichbedeutend mit Bedürfnissen? Und wenn nicht: Wo lag die Grenze zwischen beiden? Wie ließ sich zwischen bloßen „Wünschen und wahren Bedürfnissen" unterscheiden? Was also, darauf lief die Frage selbstverständlich hinaus, musste der Wohnungsbau davon eigentlich berücksichtigen?

Die Erhebung hatte beispielsweise ergeben, dass die meisten Bergleute nicht im Reihenhaus wohnen wollten und Einbaumöbel ablehnten, dass sie sich unter einer guten Wohnung vielmehr ein Ein- oder Zweifamilien-Kleinhaus und große, polierte Buffetschränke vorstellten. Architekten und Planer hatten darin Unkenntnis, Vorurteile und altmodische Beharrlichkeit erblickt. Einen Ausdruck ‚falscher' Wohnbedürfnisse also, denn sie widersprachen ihrer Meinung nach der wirtschaftlichen Vernunft wie dem ästhetischen Empfinden. Sollte man darauf etwa eingehen? Es wäre für alle Beteiligten besser gewesen, hatten sie den Dortmundern vorgeworfen, wenn die Interviewer für die modernen, komfortablen, raum- und kostensparenden Lösungen geworben hätten, statt altmodische Wünsche zu sammeln. Mit derartigen Untersuchungen trage die Wissenschaft nur dazu bei, rückständige Wohnstile zu reproduzieren.

Elisabeth Pfeil reagierte auf dieses Problem, indem sie einerseits auf die psychologisch-soziale Bedeutung des Wohnens verwies: Nur weil bestimmte Wünsche den planerischen Kategorien von rational, wirtschaftlich oder geschmackvoll widersprachen, bedeutete das noch nicht, dass sie keine Berechtigung besaßen. Sie vermutete die psychologischen Wurzeln der Reihenhausabneigung in den Arbeitsbedingungen der Bergleute. Wer täglich in dunklen, engen Kohleschächten seiner Arbeit nachging, benötigte nach Feierabend womöglich einen seelischen Ausgleich,

---

54 Ebd.

den die schmalen Häuser und schlauchartigen Grundstücke nicht boten.[55] Und auch Einrichtungsvorlieben mochten nicht nur rein zweckmäßigen Motiven folgen. Mobiliar, das auf außenstehende Betrachter nur überdimensioniert und unpraktisch wirkte, konnte doch wichtige Funktionen erfüllen, versicherte sie. Als „soziale Zeichen" etwa, im Sinne der Repräsentation nach außen wie auch der sozialen Selbstvergewisserung.[56] „Gewiß ist damit nicht gesagt, daß wir die Einrichtungsgewohnheiten der Bergleute konservieren sollten. Wir haben ihm [dem Bergmann, U. K.] aber auch nicht als Richter oder Erzieher gegenüberzutreten, sondern als Verstehende, welche die Gründe seiner Entscheidungen erforschen und die funktionelle Bedeutung der Gegenstände, mit denen er sich umgibt, bedacht haben."[57]

Andererseits demonstrierte die Autorin in dem Band detailliert, mit welchen Methoden die Wissenschaftler die gesammelten Wohnwünsche objektivierten. Ausführlich wurden die statistischen Operationen in einzelnen Schritten nachvollzogen. Es wurde erläutert, wie die Daten aufbereitet, mittels komplexer Faktorenanalysen untersucht und interpretiert wurden. Wie man die Zahlen verifiziert, ergänzt, mit anderen kombiniert und auf diese Weise ein nach Gruppen – zusammengesetzt aus den Merkmalen Alter, Einkommen, Familiengröße, Herkunft – verfeinertes Bild der „Wohnwünsche der Bergarbeiter" herausdestilliert hatte.[58] Denn letztlich funktionierte auch für Elisabeth Pfeil eine derartige Bedürfnisforschung nicht ohne Differenzierung zwischen dem „vermeinten Bedarf, dem wohlverstandenen Bedarf und endlich einem wahren Bedarf" – mit anderen Worten also: nicht ohne Wertung. Der Unterschied lag im angesetzten Maßstab, der nicht aus der Bauwirtschaft oder dem bürgerlichen Stilempfinden gewonnen werden sollte, sondern aus dem Leben und dessen Zusammenhängen selbst. Pfeils zentraler Punkt daran war: Die Sozialforscher hatten nicht einfach Bergleute nach ihren Wünschen gefragt. Sondern sie besaßen die Kenntnisse und die Instrumente, um aus diesen Wünschen diejenigen abzugrenzen, die für Bergleute ‚wesentlich' waren. Grundsätzlich stellte die Autorin dazu fest:

„Die Wünsche bieten sich in einer Schicht dar. Nachahmung, Erfahrung, Gewöhnung von Haus her, gegenwärtige Umstände modellieren daran. Durch alle diese Schichten ist durchzustoßen zu den *Leitbildern*, jenen Vorstellungen, auf welche die Magnetnadel eingestellt ist und welche die Richtung eines Lebens bestimmen."[59]

---

55 Ebd., S. 39-43.
56 Ebd., S. 109ff., Zitat S. 109.
57 Ebd., S. 111.
58 Vgl. ebd.: S. 20-78, bes. 60f., 68-73.
59 Ebd., S. 17, Hervorhebung im Original. Es ist nachvollziehbar, dass dieses Leitbild, das nach den komplexen Berechnungen aus den Daten des Dortmunder Teams erstand, für die Experten aus Berg- und Wohnungsbau keine Überraschung darstellte. Pfeil präsen-

Man könnte einige Einwände erheben sowohl gegen Elisabeth Pfeils Beweisführung als auch gegen den gesamten Versuch, aus einer Abfrage von Wünschen gruppenspezifische Wohnbedürfnisse zu errechnen. Zum Beispiel war Pfeil auf das grundsätzliche Problem, das Martin Wagner den Dortmundern 1952 postalisch auseinandergesetzt hatte, letztlich nicht eingegangen. Wie es nämlich möglich sei, „einen Wunsch von seinem soziologischen Hintergrund abzutrennen". Noch hatte sie die Zweifel an der Methode ausräumen können. – Beispielsweise beantwortete die Tatsache, dass man die Bergarbeiter besonders gut informiert gefunden hatte, noch nicht die Frage, ob sich Menschen ihnen unbekannte Wohnformen wünschen konnten. Und dass die Bergleute keine Wolkenkuckucksheime entworfen, sondern sich, wie die Forscherin betonte, nahezu ängstlich um Kosteneindämmung bemüht hatten, musste eigentlich die umgekehrte Frage aufwerfen. Welche Bedürfnisse gestatteten sich die Befragten überhaupt? – Die „Wohnwünsche der Bergarbeiter", so ließe es sich wohl formulieren, blieben in dieser Hinsicht konsequent zwischen dem konkreten Bauprojekt und einem allgemeinen soziologischen Anspruch stecken.

Doch soll es hier nicht um eine weitere, retrospektive Kritik gehen, sondern um Pfeils Verteidigung des soziologischen Mitspracherechts in Planungsfragen. In dieser Hinsicht hatte sie die ersten beiden Kritikpunkte – Vorgehensweise und Realitätsgehalt betreffend – mit vergleichsweise ausführlichen und selbstbewussten Argumenten zurückgewiesen. Dem Vorwurf der Irrelevanz war sie begegnet, indem sie die vielfältigen, subjektiven Bedürfnisse der Menschen in verschiedenen Lebens- wie sozialen Lagen gegen den Wohnungsbau und dessen etablierte Experten auffuhr und die Soziologen selbst zu ihren Interessenvertretern erklärte. Dass sie dieses Mandat ausfüllen konnten, lag in erster Linie an den empirischen, sozialwissenschaftlichen Instrumenten, die bei der kundigen Anwendung durch die wissenschaftlichen Deuter der Gesellschaft beides leisteten: sowohl die kontrollierte Erfassung der unmittelbar artikulierten Wünsche als auch deren Objektivierung.

Im Hinblick auf den dritten Punkt hingegen blieb die Erwiderung eher defensiv. Die Arbeit der Sozialforscher war auch aufgrund ihrer praktischen Konsequenzen abgelehnt worden. Die Befragung habe Wünsche geweckt, hatten die Architekten dem Dortmunder Team vorgeworfen, die von vornherein wenig Aussicht auf Erfüllung, dafür jedoch negative Auswirkungen auf die Zufriedenheit der Wohnungssuchenden und somit auch auf den Erfolg des Projekts hatten. Die Forscher hatten also, so könnte man den Vorwurf zuspitzen, in die Spielregeln der Planung eingegriffen. Diejenigen, die als spätere Nutzer und Konsumenten an seinem Ende stehen sollten, hatten sie nun an früherer Stelle in den Planungsprozess hineingezogen.

---

tierte es in Form eines „dominierenden Typus", der aus Kleinhaus, Nutzgarten und Tierhaltung bestand. Je nach Familiengröße, Einkommen oder Herkunft ließ dieser Typus sich differenzieren, und zwar in Bezug auf die Größe von Haus, Garten und gehaltenem Nutzvieh.

Was Elisabeth Pfeil dem entgegenzusetzen vermochte, war die resignierte Bescheidenheit der Befragten auf der einen und das redliche Bemühen der Ausführenden auf der anderen Seite:

„Die Frager waren angewiesen, den falschen Eindruck zu vermeiden, als hätte die Tatsache, daß der Betreffende aufgesucht wurde, sein Nachbar aber nicht, etwas damit zu tun, daß er nun bevorzugt eine Wohnung erhalte. Auch daß es nicht in unserer Macht stünde, die Verwirklichung der Wünsche herbeizuführen, wurde ihnen klargemacht [...]."[60]

Doch welchen Anreiz mochte es überhaupt geben, einen reibungslosen Ablauf von Bauvorhaben zugunsten von Wohnwunschuntersuchungen aufs Spiel zu setzen? Im speziellen Fall – Wohnungen für die Bergarbeiter – verwies Elisabeth Pfeil auf die bekannten produktionspolitischen Ziele. Wollte man die Abwanderung der Arbeitskräfte vermeiden, konnte man es sich nicht leisten, ihre Wohnwünsche nicht zu kennen. Im Allgemeinen jedoch blieb ihr nur der vage Appell an das Verantwortungsgefühl der „zuständigen Stellen", den Wohnungssuchenden Raum für ein Leben zu geben, das sie „selbst als sinnvoll" empfanden.[61]

Nichtsdestoweniger rückte gerade der Aspekt der öffentlichen Partizipation rasch in den Fokus der Aufmerksamkeit. Das zeigen zwei Tagungen, die die Sozialforschungsstelle im November 1953 und Februar 1955 veranstaltete. Während bei der ersten zum Thema „Die Aufbauplanung und ihre Voraussetzungen" zunächst nur ein einziger Tagesordnungspunkt die Einbindung der Öffentlichkeit in den Pla-

---

60 Ebd., S. 13. Das lässt sich kaum als Offensive für das Recht auf Wohnwunschuntersuchungen, denn als rückwirkende Schadensbegrenzung lesen. Die Erwartungshaltung der Bergarbeiter auf der anderen Seite hatte Pfeil zuvor folgendermaßen beschrieben: „Wenn nach Abschluß des Gesprächs der Frager, an der Türe schon, noch die Frage hinwarf, ob man sich von einer solchen Befragung wohl etwas verspräche, so kam bei etwa der Hälfte der Befragten eine natürliche Skepsis zum Vorschein. Aber auch, wo man mehr Vertrauen in die Auswirkung einer solchen Untersuchung setzte und meinte, daß man ja wohl nicht soviel Aufwand an Geld und Zeit machen würde, wenn man nicht vorhätte, sich danach zu richten, lassen die Äußerungen erkennen, daß es *bescheidene* Hoffnungen waren: ‚Vielleicht richten Sie sich doch ein bißchen danach'; und als Begründung wurde [...] immer wieder angeführt, es sei ja schließlich nichts Unbilliges, was man verlangt habe, sondern ‚nur das, was allgemein gewünscht werde'. Keine ‚Extrabraten', sondern Wünsche, die ihre Berechtigung hätten. Aber auch berechtigte Wünsche können zu Zeiten unerfüllbar sein – haben wir nicht doch durch unsere Befragung Hoffnungen erweckt, die nicht erfüllt werden können?" Ebd., Hervorhebung im Original.
61 Ebd., S. 18.

nungsprozess thematisierte, stand sie bei der zweiten „Der Stadtplan geht uns alle an" bereits eindeutig im Zentrum.[62]

8.5 Aufbauplanung, Wissenschaft und Öffentlichkeit

Bereits im November 1953 war aus den sogenannten „Rundgesprächen" mit der lokalen Architektenschaft eine gemeinsame Tagung hervorgegangen. Ein zweitägiges *joint venture* der Abteilung Gunther Ipsens und der BDA-Kreisgruppe, die als Mitveranstalter auftrat. Sie sollte den in kleinem Rahmen begonnenen Austausch zwischen Soziologen und Baupraktikern in erweiterter Form fortsetzen. Dazu war der Teilnehmerkreis um eine ganze Reihe auswärtiger Referenten und Zuhörer vergrößert worden. Circa 250 Personen hatten sich in den Räumen der Dortmunder „Brücke" versammelt. Allerdings bedeutete die gestiegene Teilnehmerzahl keine grundlegende Veränderung in der Zusammensetzung. In erster Linie waren Architekten sowie Vertreter der Bau- und Stadtverwaltungen geladen.[63] Das begrenzte Thema des Bergarbeiterwohnungsbaus hatte man hinter sich gelassen und nahm sich statt-

---

62 Insgesamt gingen drei Tagungen aus den ersten Kontakten im Rahmen der Rundgespräche hervor: „Die Aufbauplanung und ihre Voraussetzungen" (November 1953), „Der Stadtplan geht uns alle an" (Februar 1955) und „Bauen ist Jedermanns Sache" (November 1957). Auf den folgenden Seiten werden jedoch nur die beiden ersten, die die Sozialforscher selbst veranstaltet hatten, berücksichtigt. Die Organisation hatte in erster Linie in den Händen Wolfgang Schüttes gelegen. Für das Programm und die Durchführung von „Bauen ist Jedermanns Sache" als dritte und letzte derartige Kooperation hingegen waren die Architekten der BDA-Kreisgruppe verantwortlich. Zwar erhielten Gunther Ipsen und Lucius Burckhardt Gelegenheit, soziologische Positionen einzubringen. Doch vermittelt der Tagungsbericht den Eindruck einer geschlossenen Fachtagung, die sich um Bau- und Stilformen, ästhetische und praktische Fragen drehte. Im Hinblick auf die Beiträge der Soziologen kann man wohl eher von einer Feigenblatt-Funktion sprechen. Vgl. zur Frage von Organisation und Programmplanung: Die Aufbauplanung, S. 27; Der Stadtplan, S. 2; Bauen ist Jedermanns Sache, S. 28.

63 Leider bieten weder der publizierte Tagungsbericht noch die archivalische Überlieferung eine Teilnehmerliste, so dass ein Eindruck von der Zusammensetzung der Teilnehmer nur aus den wenigen gedruckten Diskussionsbeiträgen entstehen kann – die man zweifellos als doppelt selektiv werten muss. Hier jedenfalls führten – neben Gunther Ipsen und dem niederländischen Soziograph Sjoerd Groenman, der als Referent geladen war – Praktiker, Vertreter der Baubürokratie und Stadträte das Wort. Der einzige weitere Wissenschaftler, dessen Wortmeldung gedruckt wurde, war Walter Christaller. Siehe Die Aufbauplanung; Bahrdt: Soziologie als Helferin, S. 76.

dessen der größeren Zusammenhänge an. „Die Aufbauplanung und ihre Voraussetzungen" standen auf dem Programm und wurden von den Veranstaltern hauptsächlich in einem Sinne verstanden: als gesellschaftspolitische Herausforderung nämlich.

Zunächst unterstrichen zwei Architekten die besondere, gesellschaftsgestaltende Verantwortung von Architekten und Städtebauern. Der renommierte Wiener Stadtplaner und Architektur-Professor Franz Schuster[64] bekräftigte den uneingeschränkten Anspruch der eigenen Profession als „Gestalter unserer Umwelt" – der physischen wie der sozialen. Er präsentierte den Zuhörern eine Zeitdiagnose, in der sich die Unübersichtlichkeit der modernen Welt unmittelbar in der Beliebigkeit und dem Durcheinander architektonischer Formen spiegelte. Und so verlief für ihn, den einstigen Vertreter des Neuen Bauens der zwanziger Jahre, auch der Weg zu neuer gesellschaftlicher Ordnung und Harmonie über die Schaffung klarer und eindeutiger baulicher Formen. Für Wohnen, Arbeiten, Erziehen oder Geschäftemachen, für das soziale, wirtschaftliche und kulturelle Leben mussten zweckmäßige Formen gefunden werden, die den Anforderungen der Zeit am besten entsprachen. Freilich sollte die Arbeit der Architekten dabei nicht erst am Zeichentisch beginnen. Denn Schuster sah sie dazu berufen, diese Anforderungen überhaupt erst zu definieren – und dies mehr als jede andere Berufsgruppe. Die Architekten brachten für ihn die besten Voraussetzungen für die übergreifende Betrachtungs- und Denkweise mit, die zur Unterscheidung zwischen „den falschen und den richtigen Lebensbedürfnissen", „echtem" und „verdorbenem Geschmacksempfinden", „selbstverständliche[m] Recht auf persönliche Freiheit" und „triebhafte[r] Eigensucht" notwendig war. Andere Professionen lud er zur Mitarbeit ein. Die zentrale Stellung jedoch nahm der Architekt ein: „Mit seinen Grundrissen ordnet er das Leben und das Wirtschaften der Menschen und der Gruppen, denen sein Bauwerk dienen soll. [...] Die Aufgabe einer sinnvollen und harmonischen Ordnung unserer Umwelt umfaßt alles vom kleinsten Gerät bis zur Stadt und Landschaft."[65]

Der zweite Vortragende war Erich Kühn, Professor für Architektur und Städtebau aus Aachen, der den Zuhörern den „Sinn der Planung" auseinander setzte und ihn vornehmlich in der einen Aufgabe erkannte: den entwurzelten Menschen eine neue innere Heimat zu geben. In erster Linie für sein eigenes Fachgebiet, die Stadtplanung, präsentierte er dazu konkrete Empfehlungen zur Ausführung. Architekten und Planer mussten ihre besondere Aufmerksamkeit demnach auf drei Phänomene der modernen Gesellschaft richten, nämlich „das Problem der Menge, die Technik

---

64 Vgl. Prokop, Ursula: Lemma „Franz Schuster" in: Architektenlexikon Wien 1770-1945; Architekten des Roten Wien. Karl Schmalhofer bis Walther Sobotka. (Beides als Internet-Ressource: http://www.architektenlexikon.at/de/577.htm, http://www.dasrotewien.at/karl-schmalhofer-bis-walther-sobotka.html, 29.10.2015).

65 Die Aufbauplanung, S. 8.

und die Abwendung vom Natürlichen". Diese drei hatte Kühn – im Einklang mit den Klagen zahlloser konservativer Gesellschaftskritiker – als Hauptverantwortliche der Entfremdung des Menschen identifiziert. Gegen die Gefahren der Menge empfahl er die Schaffung von Rückzugsräumen, die das Individuum und die Familie schützten, das Nachbarschafts- und Gruppenleben förderten. Technikfreie Reservate sollten die Stadtbewohner wenigstens temporär von den Errungenschaften der Zivilisation befreien. Und die Anlage der Städte musste insgesamt so gestaltet werden, dass sie einer „zeitgemäßen Naturbeziehung" förderlich waren.[66]

Den eindeutigen Schwerpunkt der Tagung bildete fraglos der wissenschaftliche Beitrag zur Planung. Um seine verschiedenen Facetten drehten sich – im engeren wie im weiteren Sinne – immerhin vier der sieben Vorträge. Dabei mögen die Dortmunder Mitarbeiter dem ersten Redner dieser Reihe mit besonderer Aufmerksamkeit gelauscht haben. Denn der niederländische Soziograph Sjoerd Groenman berichtete von den großen Landgewinnungsmaßnahmen der Zuiderzeewerke.[67] Genauer gesagt von den soziographischen Vorarbeiten, die ab 1943 erstmals der Kolonisierung des Neulandes vorgeschaltet worden waren. Für die Erschließung der 40.000 Hektar des 1942 trockengelegten Nordostpolders hatten die Wissenschaftler nämlich ähnliche Untersuchungen angestellt, wie sie an Gunther Ipsens Abteilung durchgeführt wurden. Doch im Gegensatz zu den Erfahrungen, die die Dortmunder Forscher gemacht hatten, waren im Nachbarstaat derartige Arbeiten als Bestandteil von Planungsroutinen inzwischen gut etabliert.[68] Im Anschluss an den Niederländer hatte Gunther Ipsen seinerseits Gelegenheit, die diagnostischen wie prognostischen Fähigkeiten der Soziologie zu demonstrieren. Zusammen mit dem Planer

---

66 Ebd., S. 10-12.
67 Eine Kurzvita Groenmans findet sich im Catalogus Professorum Academiae Rheno-Traiectinae: https://profs.library.uu.nl/index.php/profrec/getprofdata/730/2/5/0, 29.10.2015.
68 Die Siedlungsstruktur des Polders war nach Walter Christallers System der zentralen Orte entworfen worden. Bei den soziographischen Untersuchungen war es unter anderem um die soziale Funktion und Zusammensetzung von Dörfern und Weilern gegangen, um die optimale Größe und die Lage der landwirtschaftlichen Betriebe, die günstigste Entfernung zwischen Wohnsiedlungen und zentralen Einrichtungen sowie den voraussichtlichen Bedarf an Landarbeitern. Aber auch die Wohnwünsche und den Wohnstil dieser Arbeiter hatte man ermitteln wollen, um Grundlagen für die Wohnsiedlungs-Planung zu erhalten. Wie sollten die Landarbeiter wohnen? Mit großem Nutzgarten? Sollten sie eine Kuh oder Schweine halten können? Waren Einzel-, Doppel- oder Reihenhäuser angebracht? Dass das Interesse ein gegenseitiges war, bemerkte der Referent Groenman: „Dieses keineswegs vollständige Erhebungsprogramm erklärt, welch starkes Interesse das soziologische Gutachten der Sozialforschungsstelle Dortmund zum Bergarbeiterwohnungsbauprogramm bei den Soziographen in Holland erweckte [...]". Die Aufbauplanung, S. 13.

Kuno Wasserfurth, der den ersten Generalbebauungsplan für Eschweiler erstellt hatte, berichtete er über die Entwicklungsprobleme der früheren Bergbaustadt und sein Gutachten.[69] Er rief damit gemischte Reaktionen hervor, sowohl was seine Schlussfolgerungen als auch den Gedanken einer dauerhaften Beteiligung der Soziologen an der Planung betraf.[70] Wenn derartige Arbeiten tatsächlich nötig waren – konnten sich dann nicht einfach die Architekten etwas Sozialstatistik aneignen? Doch gab es auch genug zustimmende Wortmeldungen, die die Bedeutung fachkompetenter Arbeiten betonten – zur Vorbereitung wie auch zur Entwicklungsüberwachung.

Es folgten zwei Vorträge aus dem Bereich Wohnungsbau. Ein Baurat der Hansestadt erklärte den versammelten Zuhörern die „Grundzüge der Wohngebietsplanung in Hamburg". Wenn allerdings die Veranstalter von ihm erwartet haben sollten, dass damit die dortigen Bemühungen um die Unterteilung der Stadt in überschaubare Nachbarschaften zur Sprache kommen würden, so wurden sie enttäuscht. Denn Otto-Heinrich Strohmeyer streifte die Suche nach dem „menschliche[n] Maß" in der „ungegliederte[n] Masse der Riesenstadt" nur am Rande. Stattdessen sprach er ausführlich über das Problem ausreichender Besonnung und einen von ihm für alle Hamburger Wohnlagen erstellten Besonnungsatlas. Um die Wohnverhältnisse in den neuerrichteten Grindel-Hochhäusern ging es hingegen in dem Vortrag des Hamburger Planers Wiedemann. Er präsentierte in erster Linie die Sekundärauswertung einer Fragebogenaktion, die das Hygienische Institut der Stadt unter den Bewohnern durchgeführt hatte. Man hatte nach Belegungsdichten, Lärmaufkommen und sozialer Zusammensetzung gefragt und sich nach der Zufriedenheit mit Wohnung, Haus und Atmosphäre erkundigt. Von Interesse waren außerdem die Nutzung der Gemeinschaftseinrichtungen gewesen sowie Fragen der Gruppenbildung – wobei sich keine nennenswerte hatte feststellen lassen. Das Hochhaus als Wohnform war ebenso neuartig wie umstritten und durchaus dazu angetan, die Gemüter von Bauräten und Architekten zu erhitzen. Wiedemanns kurzer Blick auf ihre Realität und Wirkungen jedenfalls mündete in einem „kleinen Meinungsstreit" um das Für und Wider des Hochhausbaues.[71] Hingegen war das „Mitspracherecht", das die Soziologen auch für den Wohnungsbau gefordert hatten, in der Diskussion offenbar kein Thema.

Wenn es um Mitspracherechte ging, war ohne Zweifel der letzte Punkt des Tagungsprogramms der interessanteste.[72] Denn er gab das, was die wohl schärfste Form der Kritik an der Bergarbeiter-Wohnwunschstudie gewesen war, als allge-

---

69 Zum Eschweiler-Gutachten siehe oben, S. 278ff.
70 Zumindest vermitteln die wenigen und zudem gekürzt abgedruckten Diskussionsbeiträge diesen Eindruck. Vgl. die Aufbauplanung, S. 19-21.
71 Ebd., S. 25.
72 Ebd., S. 25f.

meine Frage an die Vertreter der Bauwelt zurück. Wie vielfach behauptet, war die Untersuchung schädlich für den Erfolg des Projekts gewesen, weil die Bergleute durch die Befragung zu einem Störfaktor geworden waren. Wie viel öffentliches Interesse vertrugen Städtebau und -planung also überhaupt? Eine Antwort auf diese Frage entwickelte der österreichische Planer Knapp in einem Vortrag über „Planung in der öffentlichen Diskussion" und anhand seiner Vorhaben für die Osttiroler Stadt Lienz. Im Kern zielten seine Ausführungen auf das, was Knapp als Differenz zwischen „richtiger Planung" und ihrer Verwirklichung verstand. „Richtig planen" hieß für ihn, die für eine bestimmte Zeit „gültige Planform" zu finden und auszuführen. Jede Epoche schuf sich demnach die Siedlungsform, die ihrer spezifischen Lebens- und Wirtschaftsweise, ihrer „Kulturform" angemessen war. Doch steckte das moderne Leben noch immer im baulichen Korsett vergangener Kulturformen, was „untragbare[] Verhältnisse[]" in den Städten der Gegenwart zur Folge hatte. Es galt also, den richtigen „Formgedanken" aus „dem Sinn der Zeit" und der Einsicht in die großen Zusammenhänge von Bau- und Lebensform heraus zu erkennen. Zu dieser Aufgabe waren letzten Endes nur Fachleute fähig, meinte Knapp. Denn er mochte zwar bekennen, dass eine solche Planung „heute nur als öffentliche Planung gedacht werden kann" und „auf der Basis von Einsicht und Freiwilligkeit" durchzuführen war. Ja, alle Bürger sollten möglichst „sogar die Möglichkeit haben, mitzudenken und mitzuplanen". Doch stehe dem das allgemeine Bildungsniveau entgegen, das zu niedrig sei, um gute, richtige Planung zu beurteilen. Er verwies dies als Auftrag an Schulen und Einrichtungen der Erwachsenenbildung und die Idealverhältnisse einer öffentlichen Planung in eine nicht näher definierte Zukunft. Was unter den gegenwärtigen Umständen möglich sei, habe man in Lienz getan. Durch konsequente Zusammenarbeit mit der Tagespresse, die Bildung von Fachausschüssen, durch öffentliche Gemeinderatssitzungen und Lichtbildvorträge sei es gelungen, die ersten Neugestaltungsvorhaben „trotz anfänglicher scharfer Ablehnung allmählich als Wegrichtung in ein geordnetes Dasein populär zu machen". Wie die vollständige Verwirklichung des „Formgedankens" der Zeit aussehen würde – Knapp hatte ihn in der radikalen Umordnung und Auflösung des Stadtkerns, in einem „Wohnen in der Weite" erkannt – darüber hatte man die Bürger noch nicht informiert. In dieser Hinsicht setzte der Planer seine Hoffnungen in die Wirkungen entsprechender Schulbildung und einen späteren Zeitpunkt.

Die anschließende Diskussion drehte sich um eben diese Frage. Sollte man Neugestaltungspläne zur öffentlichen Diskussion stellen – oder sollte man die Pläne lieber der Öffentlichkeit vorenthalten? In der allgemeinen Einschätzung herrschte weitgehendes Einvernehmen: Öffentliche Diskussion könne schädlich für ambitionierte Modernisierungspläne sein. Das nötige Verständnis für größere Zusammenhänge würden die wenigsten Leute aufbringen. Wenn man in Holland „einen großzügigen Plan zur Diskussion" stelle, überlegte Sjoerd Groenman, dann zeige sich leider, „daß die Leute stets nur auf ihr privates Haus und an ihr Grundstück denken".

Sie denken nicht an das Gesamtwohl, das heißt, sie denken nicht als Holländer, und das ist eigentlich undemokratisch."[73] Erziehung sei nötig. Erziehung zum gemeinschaftlichen Denken, zum Verständnis für gesamtgesellschaftlich erwünschte Weichenstellungen, zum Verständnis entsprechender Entwürfe und Planungen. Doch was bedeutete das für die gegenwärtige Praxis? Sollte man die Öffentlichkeit so weit wie möglich im Unklaren lassen und aus der Planung heraushalten? Oder informieren und überzeugen? Für beide Varianten gab es Stimmen. Doch tendierten die abgedruckten Beiträge eher zur Aufklärung – trotz Bedenken wegen der gefürchteten Unberechenbarkeit der „anonymen Masse".[74]

8.6 DER STADTPLAN GEHT UNS ALLE AN

Es dauerte keine 15 Monate, bis die Großstadtforscher um Gunther Ipsen das Thema Planung und Öffentlichkeit erneut aufgriffen. Unter dem Titel „Der Stadtplan geht uns alle an" unternahmen sie am 24. und 25. Februar 1955 mit einer weiteren „öffentlichen Vortrags- und Diskussionsveranstaltung" einen weithin beachteten Vorstoß. Es war die organisatorisch aufwendigste und größte derartige Veranstaltung der Abteilung und – jedenfalls was Teilnehmerzahlen und öffentliche Aufmerksamkeit betraf – zweifellos auch ihr größter Erfolg.

Um dem Thema einen gebührenden Rahmen zu geben, hatten sich die Dortmunder Forscher um renommierte Kooperationspartner bemüht. Neben der Kreisgruppe des BDA und der Gesellschaft für Technik und Wirtschaft gehörten das Institut für Städtebau und Landesplanung der TH Aachen, der Deutsche Verband für Wohnungswesen, Städtebau und Raumordnung mit Sitz in Köln sowie das Bonner Institut für Raumforschung zu den Veranstaltern. Gemeinsam hatten sie zu einem Erfahrungs- und Meinungsaustausch eingeladen. Es gelte, „geeignete Mittel und Wege dafür zu finden, wie das Interesse und die Mitwirkung breiterer Bevölkerungskreise an der Arbeit des Städteplaners, des Architekten und des Landesplaners geweckt werden kann."[75] Und ein beachtlicher Teil des Spitzenpersonals der westdeutschen Baubürokratie war diesem Aufruf gefolgt. Repräsentanten von Bundes- und Landesministerien, Stadt- und Oberbauräte, Vertreter von Städtetag und Siedlungsverbänden füllten neben freien Architekten und deren Kollegen aus Akademien und Hochschulen die Teilnehmerliste. – Ein Konferenzsaal „gespickt voller Fachleute mit einer etwa zehnprozentigen Beimischung von Öffentlichkeit und so

---

73 Ebd., S. 27.
74 Ebd.
75 Mitteilungen des Deutschen Verbandes für Wohnungswesen, Städtebau und Raumplanung, Folge 1, 1955. Sonderdruck für die Tagungsteilnehmer, S. 1. SFS Archiv. ONr. V, Bestand 6, K 6/23.

ziemlich ohne Frauen", kommentierte der Berichterstatter der „Zeit" später kritisch.[76] Von zwei Ausnahmen abgesehen bestritten Bau- und Planungsfachleute das international besetzte Tagungsprogramm. In drei „Gesprächsrahmen" gegliedert, sah es verschiedene Berichte und Betrachtungen zu den Bereichen „Städtebau und Öffentlichkeit", „Raumordnung und Öffentlichkeit" sowie „Form und Öffentlichkeit" vor und berücksichtigte dabei auch Erfahrungen aus dem europäischen und amerikanischen Ausland. Um die Teilnehmer mit den Fragestellungen vertraut zu machen und ertragreiche Diskussionen zu ermöglichen, war vorab ein Sonderdruck des Deutschen Verbandes für Wohnungswesen, Städtebau und Raumplanung mit drei eigens für diesen Anlass verfassten Beiträgen erschienen. Mitschnittgeräte sorgten im Konferenzsaal dafür, dass beides, Vorträge wie Diskussionen, für Nachwelt und Nachbereitung auf Tonband dokumentiert wurde. Als Begleitprogramm wurden den Gästen kleinere Ausstellungen und verschiedene Exkursionen angeboten. Für die journalistische Begleitung waren zwei Pressekonferenzen angesetzt, in der sich die Berichterstatter der großen Tageszeitungen ebenso wie die der regionalen und der Fachblätter drängten. Das erwartete Medienecho sollte ein eigens beauftragter Pressedienst ausloten helfen. Und um die Diskussion auch künftig wach zu halten, erhielten alle Teilnehmer anderthalb Monate nach der Tagung ein Schreiben, mit dem sie um persönliche Stellungnahmen und Vorschläge gebeten wurden – zum Zwecke einer weiterführender Klärung „der Ansätze und Ergebnisse des öffentlichen Gesprächs".[77]

Schenkt man allerdings diesen Stellungnahmen Glauben – und besonders bissig las sich die folgend zitierte eines Teilnehmers aus Kassel – dann hatte es sich dabei weniger um ein Gespräch, als um einen „gut inszenierten und mit fast diabolischer Schläue vorbereiteten" Coup gehandelt. Eingefädelt, um das „Gros der deutschen Städtebauer" per Überrumpelungstaktik und „ohne Rücksicht auf Verluste am Boden" zu zerstören.[78] Dahinter mag man zwar eine übersteigerte Wahrnehmung vermuten. Doch zumindest stand der Planer mit seiner Empörung keineswegs alleine. Kaum ein Kollege, der sich während der zwei Tage nicht brüskiert gefühlt hätte, wobei die meisten dem bereits in Dortmund mehr oder weniger lautstark Luft gemacht hatten. Für die versammelte Baufachwelt war die Dortmunder Tagung – trotz professioneller Überzahl – eine Provokation gewesen.

Die Verantwortung dafür trugen drei Referenten aus der Schweiz. Lucius Burckhardt, Markus Kutter und Max Frisch sorgten mit ihren aufeinander aufbauenden Vorträgen bereits in der ersten Sektion „Städtebau und Öffentlichkeit" für

---

76 Trier, Eduard: Wer bestimmt wie Städte aussehen? Architekten, Politiker, Einwohner – Streitgespräch in Dortmund, Anfang März, in: DIE ZEIT, 3.3.1955, Nr. 09.
77 Rundschreiben Gunther Ipsen/Wolfgang Schütte an Gesprächsteilnehmer, 4.4.1955. SFS Archiv. ONr. V, Bestand 6, K 6/23.
78 Burckhardt/Mackensen/Schütte: Der Stadtplan geht uns alle an, S. 582.

den frühen Höhepunkt der Veranstaltung. Ein Nationalökonom beziehungsweise Soziologe, ein Historiker sowie ein Architekt und Schriftsteller – doch im Gegensatz zu den übrigen Rednern, die alle die Sicht der Experten einnahmen, waren die drei ausdrücklich nicht als Vertreter einer Profession oder Wissenschaft vorgestellt worden. Stattdessen sollte mit ihnen, so kündigte der Diskussionsleiter es an, die Seite der betroffenen Bürger zu Wort kommen: „Wir gedenken, sie als einige Stimmen aus der Schweizer Öffentlichkeit anzuhören".[79]

Lucius Burckhardt berichtete im ersten der drei Vorträge von der frühen Bürgerinitiative, die er selbst 1949 gemeinsam mit einer kleinen Anzahl Gleichgesinnter – die meisten davon Studenten wie er – in Basel ins Leben gerufen hatte.[80] Sie hatten den sogenannten Basler Korrektionsplan verhindern wollen, der, von der Regierung lanciert, den autogerechten Umbau der Stadt hatte realisieren sollen. Hauptstück des Plans war eine große Hauptverkehrsader gewesen, die sich zweispurig durch den bis dahin gänzlich intakten Stadtkern mit seiner gotischen Altstadt hatte ziehen sollen, und zwar mit der Konsequenz eines weitflächigen Abrisses historischer Bausubstanz. Dem „kleine[n] Freundeskreis",[81] der sich dagegen zusammengefunden hatte, war es hauptsächlich um den Erhalt der Altstadt gegangen. Sie sollte im Autorausch der Nachkriegszeit nicht für ein Konzept geopfert werden, das sich ihrer Ansicht nach überdies kurzsichtig und in seinen voraussichtlichen verkehrstechnischen Folgen sogar kontraproduktiv anließ. Burckhardt schilderte also das Engagement einer Minderheit von Studenten, die sich weder auf Parteien, Interessenverbände, Gewerkschaften noch die lokale Presse hatte stützen können, um mit Hilfe eines Volksentscheids ein politisch abgesegnetes Großprojekt zu kippen. Er gab einen kritischen Einblick in die Mechanismen der politischen Konsensbildung in Basel, die im Rat zu geschlossenen Reihen für das Projekt geführt hatten. Und er erläuterte, welche weiterführenden Veränderungen im Leben der Stadt zu erwarten gewesen waren – ausgelöst von einem scheinbar rein technischen Eingriff. Erfolg war ihnen jedoch erst mittelbar beschieden gewesen, erklärte Burckhardt. Denn der „kleine Freundeskreis" hatte zwar einen Volksentscheid durchsetzen können, das Referendum selbst jedoch mit 14.000 zu 20.000 Stimmen verloren. Doch konnte die Gruppe für sich verbuchen, die Aufmerksamkeit der Basler für die Auswirkungen des großen Plans erhöht zu haben – und zwar in einem Maße, das langfristig zu einem Wandel der öffentlichen Meinung und schließlich dazu geführt hatte, dass das Projekt nach den ersten Anfängen aufgegeben wurde. Die Quintessenz von BurckhardtsVortrag lautete, dass auch scheinbar rein technische Eingriffe

---

79 Langer, Düsseldorf (Schütte, Leitgedanken für den Stadtplan), o. D. SFS Archiv. ONr. V, Bestand 6, K 6/23.

80 Der Stadtplan, S. 9-12; vgl. auch Burckhardt/Kutter: Wir selber bauen unsere Stadt"; Burckhardt: Stadtplan, S. 73f.

81 Der Stadtplan, S. 10.

in der Regel vielschichtige Konsequenzen nach sich zogen. Daher sei es nicht akzeptabel,

„daß ein von einer Behörde festgestellter Plan nachträglich dem Bürger plausibel gemacht wird. Es geht auch nicht, daß ein vom Planungsfachmann als ‚gut' erkanntes Projekt am Ende der Bürgerschaft vorgelegt und gegebenenfalls trotz des Einspruches der Betroffenen festgelegt wird, weil man den fachlich besseren Vorschlag dem weniger guten vorzuziehen habe."[82]

Nachdem Lucius Burckhardt seinen Bericht beendet hatte, präsentierte sein ehemaliger Kommilitone Markus Kutter die prinzipiellen Gedanken, die beide seit den Ereignissen des Jahres 1949 zur Stadtplanung entwickelt hatten. Als Antwort auf seine titelgebende Frage „Was heißt demokratisch planen?" formulierte er drei Thesen. Nämlich erstens: Stadtplanung war eine politische Aufgabe, denn durch Planung wurde Macht ausgeübt. Es ließ sich nicht als Sachentscheidung rechtfertigen, wenn planerische Eingriffe die Lebensbedingungen einer Stadt veränderten, indem beispielsweise billige Altstadt-Wohnungen in Geschäftsblöcke für reiche Leute umgewandelt wurden. Wenn „jemand im Staate zum Bürger sagen kann: hier darfst du wohnen und hier nicht, dorthin darfst du fahren und dorthin nicht, soviel sollst du für deine Wohnung bezahlen, und soviel ist dein Grundstück wert, so ist dies nichts anderes als ausgeübte politische Macht", stellte Kutter mit Nachdruck fest.[83] Politische Macht jedoch gehörte unter demokratische Kontrolle. Eine Einsicht, die auch das Verhältnis zwischen Gesellschaft und Planer definierte – und zwar im Sinne einer klaren Hierarchie. Vor der Arbeit des Fachmanns musste die Entscheidung der Bürger über Richtung und Leitlinien der zukünftigen Entwicklung liegen. Kutters zweite These lautete daher: „Der Techniker löst die Fragen, aber stellt sie nicht, die Gesellschaft stellt die Fragen, aber löst sie nicht, sondern nimmt die vom Fachmann ausgearbeitete Lösung als ihren ursprünglichen Absichten entsprechend an oder lehnt diese eben ab."[84] Das bedeutete für ihn drittens, dass auch die Stadtplanung im Interesse der öffentlichen Information und Teilhabe in das Forum der Parteien gehörte. Ihre Aufgabe war es, hinter den für Laien kaum überprüfbaren technischen Detaillösungen die politische Konzeption sichtbar zu machen und zur Diskussion zu bringen. „Die Parteien müssen den Bürger auf örtliche Fragen ansprechen, damit ein anonymer Beamter nicht über die Dinge entscheidet, deren Tragweite ihm selbst nicht voll bewußt wird."

In einem kleinen Büchlein, das aus der Erfahrung der Abstimmungsniederlage heraus verfasst worden war, hatten Burckhardt und Kutter diese Positionen zuvor bereits publik gemacht. „Wir selber bauen unsere Stadt", 1953 vorgelegt, war ein

---

82   Ebd., S. 9.
83   Ebd., S. 12.
84   Ebd., S. 13, ebd. auch das folgende Zitat.

Aufruf an die Schweizer Bürger, auch in Fragen der Stadtplanung ihre demokratischen Rechte wahrzunehmen.[85] Für das Vorwort hatten die beiden Studenten den Architekt und Schriftsteller Max Frisch gewinnen können. Ein Kontakt, der ihrer Streitschrift zwar keinen besonderen Auftrieb beschert,[86] dafür jedoch einen weiteren, fruchtbaren Austausch nach sich gezogen hatte. Das Ergebnis war ein gemeinsam erarbeiteter „Vorschlag", der neuen Schwung in die Stadtplanung bringen sollte. Nicht allein zu einer neuen Idee der Stadt, einer Art geistiger Zielsetzung, sondern auch zu einem neuen Planungsverständnis sollte er nach dem Willen seiner Initiatoren die Schweizer führen – sowohl der gesellschaftlichen Gegenwart als auch einer Demokratie angemessen. Während die drei ihn bereits im Januar in einer Broschüre mit dem Titel „Achtung: Die Schweiz" ihren Mitbürgern unterbreitet hatten, machte Max Frisch als letzter Redner der Schweizer Troika auch die Tagungsgäste in Dortmund mit den Grundzügen vertraut.[87]

Der Vorschlag lautete, die Zukunft der eidgenössischen Gesellschaft bewusst in die Hand, und die nächste große Landesausstellung 1964 zum Anlass zu nehmen, um irgendwo in der Schweiz eine neue Stadt zu gründen. Eine Stadt, die als Ausdruck der Schweizer Lebensform verstanden werden konnte, die sich zwischen Ost und West ihrer eigenen Position vergewissern musste. Eine Stadt, die zeigen konnte, „wie man mit der eidgenössischen Idee in diesem Zeitalter zu leben" vermochte.[88]

Im Städtebau nämlich, erläuterte der Referent, wurde das Provisorium, in dem die Schweizer sich eingerichtet hatten, besonders greifbar. Die Welt hatte sich rasant gewandelt, doch die alten Formen der Städte waren geblieben. Wo gebaut wurde, geschah das als Flickwerk und ohne Plan für die Zukunft. „Wir sanieren und zerstören die Stadt unserer Vorfahren, ohne dafür unsere eigene zu bauen."[89] Was fehlte, war eine Vorstellung davon, wie Städte aussahen, die den Erfordernissen und Mitteln der gegenwärtigen Epoche entsprachen.

Diese Idee zu entwickeln, würde die Herausforderung einer Neugründung darstellen: „Unbehelligt von Baugesetzen und Tücken der Spekulation" müsste – beziehungsweise dürfte – sich niemand auf Baurecht oder Sachzwänge zurückziehen. Die Gründung einer neuen Stadt veranlasste zur Auseinandersetzung mit Bedürfnissen und Anforderungen der modernen Lebensweise, mit den grundsätzlichen Fra-

---

85 Siehe Burckhardt/Kutter: Wir selber bauen unsere Stadt. Aufgrund dieser Schrift waren Burckhardt und Kutter überhaupt zu der Dortmunder Tagung eingeladen worden. Wolfgang Schütte, der an der Abteilung die Vorbereitungen vorangetrieben hatte, war auf sie aufmerksam geworden und hatte den Kontakt hergestellt. Burckhardt: Stadtplan, S. 73.
86 Burckhardt: Rückblick, S. 259; ders.: Stadtplan, S. 73.
87 Burckhardt/Frisch/Kutter: Achtung.
88 Der Stadtplan, S. 15.
89 Ebd., S. 16.

gen des Städtebaus eben. „Was würden wir – jeder in seinem Beruf – unternehmen, wenn wir einmal verwirklichen könnten, was wir wollen?"[90]

Damit war der springende Punkt dieses Vorhabens angesprochen – dass es sich dabei nämlich um ein zutiefst demokratisches Projekt handeln sollte. Die Schweizer selbst – und nicht Architekten oder Stadtbauräte – würden die Ziele setzen, die eine neu gegründete Stadt erfüllen musste. Sie würden definieren, wie ihr Lebensraum Stadt aussehen sollte; wie städtisch oder ländlich, wie grün oder ‚autogerecht' sie leben wollten. Denn der „Städtebauer im Amt", bekräftigte Frisch die Thesen der beiden Vorredner, besaß *qua professionem* zwar die Entscheidungskompetenz, was „technische und architektonische Belange" betraf. Nicht jedoch, wenn es um „die Struktur der Zukunft", die sozialen Gegebenheiten von morgen ging. Dies nämlich war ein politischer Auftrag, was bedeutete: Er oblag den „Bürger[n] dieser Polis", die sich – im Rahmen demokratischer Entscheidungsfindung – zu diesem Zwecke darüber bewusst werden mussten, wie die Gesellschaft aussehen sollte, in der sie leben wollten:

„Unser Vorschlag ist nicht mehr und nicht weniger als eine Volksbefragung, eine anschauliche und sogar mit dem Termin versehene Nötigung zu grundsätzlichen Fragen des Städtebaues […]. Es gibt – und das ist kein Postulat, sondern ein Faktum – keinen effektiven Städtebau ohne uns. Oder, wie's der Titel dieses Gesprächs meint: Der Stadtplan geht uns alle an. Das wiederum heißt, unser Stadtplan zeigt uns, wes Geistes wir sind, nicht unsere Beamten, die in einem ernsthaften Sinn überhaupt nicht planen können, wenn wir, die Bürger, nicht das Ziel setzen und dadurch dem Fachmann erst die Kompetenz geben."[91]

Die drei Städtebaukritiker verfolgten also im Wesentlichen ein Ziel. Den Bürgern sollte ihre Kompetenz in Sachen Stadtplanung ins Bewusstsein gerufen werden und die Planung sollte endlich als die politische, Zukunft gestaltende Aufgabe wahrgenommen werden, die sie ihren Konsequenzen nach darstellte.

Wie das Publikum in dem Dortmunder Konferenzsaal auf den Beitrag aus der Schweiz reagierte, ist recht genau überliefert. Er wirkte wie Zündstoff auf die versammelte Runde, der eine Flut von Einwänden, Bekenntnissen und Verteidigungsreden auslöste. Man kann in etwa nachvollziehen, was die anwesenden Fachleute von ihrer Teilnahme an der Tagung erwartet haben mögen: einen Austausch zum Thema Öffentlichkeitsarbeit. Wie ließ sich die Bevölkerung für die Anliegen der Planung gewinnen? Wie sollte man die Kommunikation zwischen der Planung und ihren Bezugsgruppen gestalten, um Akzeptanz und Verständnis zu erzeugen? Auf welche Weise konnte man der Kritik beggnen, der sich die Planer inzwischen an vielen Stellen ausgesetzt sahen? Sowohl die Einladungsschreiben als auch das zur

---

90 Ebd., S. 17.
91 Ebd., S. 15.

Vorbereitung ausgegebene Material legten das nahe.[92] Und selbst den provokativen Titel der Tagung – „Der Stadtplan geht uns alle an" – hatte man nicht zwangsläufig als Herausforderung deuten müssen. Denn er ließ sich auch als Aufruf der Planer an die übrige Bevölkerung lesen, sich ihrer Verantwortung zu stellen – und die Fachleute bei ihrer Arbeit zu unterstützen. Nun hatten Lucius Burckhardt, Markus Kutter und Max Frisch dieses Verhältnis von Planung und Öffentlichkeit von Grund auf verkehrt[93] – mit welchem Effekt, davon gibt die Stellungnahme des bereits eingangs zitierten Kasseler Teilnehmers einen Eindruck:

---

92 Der oben bereits erwähnte, zur Vorbereitung an die Tagungsteilnehmer ausgegebene Sonderdruck charakterisierte das Vorhaben wie folgt: „Das Ziel der öffentlichen Diskussion besteht darin, geeignete Mittel und Wege dafür zu finden, wie das Interesse und die Mitwirkung breiterer Bevölkerungskreise an der Arbeit des Städteplaners, des Architekten und des Landesplaners geweckt werden kann." Es folgten drei Diskussionsvorlagen von jeweils zwei bis drei Seiten Umfang: Der Düsseldorfer Regierungsbaudirektor Langer unterbreitete seine Überlegungen, wie Fachleute widerstrebende Stadt- und Gemeinderäte für eine langfristige und großzügige Planung gewinnen konnten – nämlich indem sie auf den Zusammenhang von Verstand und Herz zielten und Vorurteile und Hemmnisse widerlegten. Erich Kühn, Städtebau-Professor aus Aachen, verglich das Verhältnis zwischen Architekten, Stadt- und Raumplanern und der Öffentlichkeit mit dem zwischen bildenden Künstlern und ihrem Publikum und beklagte die fehlende Beziehung zwischen Planern und Publikum. Unmittelbar nach dem Krieg, als die „Herkulesaufgabe" der „Zerschlagung des steinernen Panzers der großen Städte" anstand, hätten sich die Planer nicht mit der Aufklärung der Öffentlichkeit aufhalten können und hätten ohnehin nur Widerstand zu erwarten gehabt. Doch nun, meinte Kühn, „sollten wir uns bemühen, den Kontakt mit der Öffentlichkeit aufzunehmen, um für die Zukunft eine breite Basis für unsere Arbeit zu schaffen". Die dritte Vorlage endlich stammte von einem Soziologen. Hans Paul Bahrdt steckte darin Öffentlichkeit und Privatheit als polare Sphären der Gesellschaft ab, skizzierte die Bedrohungen, die einer freien, kulturell hochstehenden Gesellschaft aus dem diagnostizierten Verfall dieser Sphären erwuchsen und forderte als Konsequenz daraus eine neue Aufmerksamkeit für „‚öffentliche' und ‚private' Ausdrucksformen in der Baukunst". Das waren Gedanken, die grundlegend für seine sechs Jahre später publizierte Stadttheorie werden sollten (siehe Bahrdt: Großstadt). Am Selbstverständnis der Bau- und Planungsexperten rüttelte er damit aber zweifellos nicht. Mitteilungen des Deutschen Verbandes für Wohnungswesen, Städtebau und Raumplanung, Folge 1, 1955. Sonderdruck für die Tagungsteilnehmer. SFS Archiv. ONr. V, Bestand 6, K 6/23.

93 Übrigens hatte vor den drei Schweizern bereits Willem Steigenga, ein niederländischer Sozialgeograph und Chef der Forschungsabteilung im Rotterdamer Amt für Stadtplanung, darauf aufmerksam gemacht, dass die europäische Planung im Vergleich zur amerikanischen an einem Demokratiedefizit kranke. „Die Stadt- und Landesplanung in Eu-

„Äußerst geschickt das Überraschungsmoment ausnutzend und auskostend, trugen die sehr klugen und intelligenten Eidgenossen, genau aufeinander abgestimmt und eingespielt und brillant vorbereitet, in einer rhetorisch und psychologisch bestechenden Art ihre ausgeklügelten Thesen vor, die leider in der so aufgeblasenen und arroganten Frage gipfelten, woher denn eigentlich die Städtebauer ihre Legitimation nähmen [...]!"[94]

Mit verständnislosen bis entrüsteten, spitzen bis rustikalen Kommentaren verteidigten die anwesenden Fachleute die Autonomie der Planung, die sie als objektive, unpolitische Aufgabe verstanden wissen wollten: zur Hälfte Kunst, zur Hälfte Wissenschaft – nimmer jedoch politische Angelegenheit im Sinne einer *res publica*. Auf keinen Fall nämlich vermochte ein Laie die sachlichen Grundlagen einzuschätzen, auf denen die Arbeit beruhte. Viele betonten die Not der Stunde und die Pflicht zum unmittelbaren Handeln, die auf die öffentliche Meinung nicht warten konnten. Doch stellte dies nur den Sonderfall dar in der allgemeinen Gewissheit vom Vorrecht des Planers – besonders rigoros formuliert von einem Oberbaurat aus Freudenstadt:

„Wenn aber nun die Fachleute und die Bürger in heftigstem Streit um die Grundgedanken der Planung stehen, wenn der eine ‚hü' sagt und der andere ‚hot' und wenn alle Mittel der Aufklärung erschöpft sind und der Bürger zwar zustimmt, aber sagt, ‚I will net' – was dann? Dann gibt es nichts anderes als kraftvolle Haltung gegenüber diesen Leuten, sie können nur überfahren werden. Ich glaube, daß die Demokratie so zu verstehen ist: da wir ja vom Gemeinderat, welcher wieder von den Bürgern gewählt ist, eine Aufgabe zur Lösung erhalten haben, so kommt es letzten Endes auf den Erfolg an."[95]

Ein einziger Teilnehmer griff die Position der Referenten auf, um seinerseits auf das Defizit demokratischer Legitimation in der Planung hinzuweisen; nämlich Otto

---

ropa", hatte Steigenga rekapituliert, „droht gar nicht selten ins Technokratische auszuarten; wir rechnen zu wenig mit dem Menschen und den demokratischen Möglichkeiten. [...] Auch der Beitrag der Sozialwissenschaft zur europäischen Raumplanung darf sich nicht darauf beschränken, Grundlagen beizubringen und Alternativen vorzulegen, sondern gerade die organisatorische Verwirklichung will von dieser Seite her bedacht sein." Im Gegensatz zu dem nachfolgenden Schweizer Trio hatte er damit allerdings keine Stürme der Entrüstung ausgelöst. Für die Zuhörer war es offensichtlich ein Unterschied, ob ein Kollege relativ abstrakte Vergleiche demokratischer Praxis anstellte, oder ob vermeintliche Laien plastisch demonstrierten, wie demokratische Planung aussehen sollte und welche Rolle den Fachleuten darin zukam. Vgl. Willem Steigenga: Amerikanische Probleme in europäischer Sicht, in: Der Stadtplan, S. 7f.

94 Burckhardt/Mackensen/Schütte: Der Stadtplan geht uns alle an, S. 582.
95 Der Stadtplan, S. 19.

Schmidt, ein CDU-Politiker, der vier Jahre lang das Amt des nordrhein-westfälischen Ministers für Wiederaufbau inne gehabt hatte.[96] Die Gemüter scheint Schmidt damit nicht beruhigt, sondern im Gegenteil noch einmal zusätzlich erhitzt zu haben. Denn die übrigen waren sich in ihrer Ablehnung einig: Planung bedeutete qualifizierte Analyse von Sach- und Problemlagen, die Erkenntnis einer richtigen Lösung und den diese Lösung umsetzenden Entwurf – und keine demokratisch zu treffende Entscheidung zwischen verschiedenen Handlungs- und Zukunftsvisionen. Die in den Diskussionen umkreiste „Öffentlichkeit" blieb im großen Ganzen betrachtet das massenhafte Gegenüber, das aufgeklärt, meist jedoch überzeugt, erzogen oder gar überrumpelt werden musste.[97] „Sooft ein Redner davor warnte, die planerische Arbeit dem ‚Dreinreden' der Öffentlichkeit auszusetzen, erhielt er so starken Beifall, daß aus der Veranstaltung eine Demonstration der Planungsautokratie zu werden drohte" – so schilderte der Berichterstatter der Zeitschrift „Bauen und Wohnen" die Stimmung im Konferenzsaal.[98]

Eine Tagung mache eben noch keinen Frühling, zog Hans Paul Bahrdt später enttäuscht die Bilanz der zwei Tage. Er hatte auf mehr Bewegung in der Diskussion, eine erkennbare Wirkung der Schweizer Sichtweise gehofft. Das heißt indessen nicht, dass sie ohne Wirkung geblieben wäre. Was die Planer weit von sich gewiesen hatten, war von den Vertretern der Presse mit besonderer Vehemenz aufgegriffen worden – die sich bereits während der Pressekonferenzen darum bemüht zu haben scheinen, den monierten Mangel an „Öffentlichkeit" unter den Teilnehmern auszugleichen.[99] Zahlreiche Fach- wie Tageszeitungen informierten ihre Leser während der folgenden Tage und Wochen über das Dortmunder Gespräch, die demokratischen Defizite in der und die Verantwortung der Bürger für die Planung – und das durchaus nicht selten in Form schneidender Kritik. Vom Demokratieverständnis der Planungselite jedenfalls vermittelten sie kein gutes Bild:

---

96 Viel zu oft, meinte Schmidt, würden bau- und wohnungspolitische Entscheidungen als vermeintlich technische und nach der persönlichen Meinung von Beamten getroffen. „Derzeitig lösen wir zuviel Dinge noch rein polizeistaatlich." Zitat in: Der Stadtplan, S. 18, vgl. außerdem Frisch: Wer liefert ihnen denn die Pläne?, S. 347f.; Trier, Eduard: Wer bestimmt wie Städte aussehen? Architekten, Politiker, Einwohner – Streitgespräch in Dortmund, Anfang März, in: DIE ZEIT, 3.3.1955, Nr. 9.
97 Vgl. dazu den Tagungsbericht von Hans Paul Bahrdt: Der Stadtplan, S. 323.
98 Bauen und Wohnen 1955, zit. nach Burckhardt/Mackensen/Schütte: Der Stadtplan, S. 576.
99 „In den Pressekonferenzen, den Tagungsteilnehmern verborgen", verriet die Zeitschrift „Bauwelt", „wurde die[] Fehde Verwaltung-Presse heftig ausgetragen." Die Vorwürfe lauteten demnach wahlweise: Die Verwaltung informiere schlecht und betreibe Geheimniskrämerei, die Presse stelle falsch dar oder bausche auf. Kühne: Der Stadtplan geht uns alle an.

„Wenn man das Fazit des öffentlichen Gesprächs, das unter dem gutgemeinten Motto ‚Der Stadtplan geht uns alle an' in Dortmund stattfand, zusammenziehen wollte, dann käme wohl ein anderer Slogan zustande: Der Stadtplan geht den Fachmann an. Das meinten natürlich die Fachleute. Sie haben es mehr oder weniger verblümt in dem sicheren Bewußtsein gesagt, daß, wer nicht Fachmann ist, notwendigerweise Ignorant sein muß."[100]

Oder sie schlossen sich sogar, wie Albert Schulze Vellinghausen in einem ebenso scharfzüngigen wie ausführlichen Beitrag für die Frankfurter Allgemeine Zeitung, offen dem Aufruf der Redner aus der Schweiz an. Schulze Vellinghausen bedauerte, dass es am Ende der beiden Tage zu keiner „ausschwingenden Diskussion" mehr gekommen war:

„Wollte Professor Ipsen zu grelle Entladungen verhindern? So blieb für den nicht-fachmännischen Hörer vieles auf den Fachleuten hängen, ihrer unbegnadeten Nur-Tüchtigkeit und ihrer amusischen Diktion. Das aber mag vielleicht den Akzent über Gebühr verschieben. Denn nur unsere Indolenz überläßt den Beamten Entscheidungen, die (um Max Frisch zu zitieren) eigentlich das Anliegen aller und die geistige Aufgabe der gesamten Öffentlichkeit wären! Schuld also trifft uns alle."[101]

Ähnlich tat dies – wenn auch zeitverzögert – die Abteilung selbst. Ein erster, fünf Monate später veröffentlichter Tagungsbericht, den Wolfgang Schütte zusammengestellt und bearbeitet hatte, hielt sich in dieser Hinsicht zwar zurück. Um die „Gestalt unserer Städte als öffentliches Anliegen" sei während der zwei Tage gerungen und gestritten worden, erklärte Gunther Ipsen zur Einführung. So sollten die „Zerrungen und Gegensätze auch im Bericht zur Geltung" kommen, der Vorträge und Diskussionsbeiträge in geraffter und versachlichter Form versammelte. – „Wie es Geschriebenem gegen Gesprochene[m]" nun einmal zukomme, doch ohne, dass sich die Dortmunder Wissenschaftler selbst darin vernehmbar zu Wort gemeldet

---

100 Trier, Eduard: Wer bestimmt wie Städte aussehen? Architekten, Politiker, Einwohner – Streitgespräch in Dortmund, Anfang März, in: DIE ZEIT, 3.3.1955. Ähnlich z. B. auch der Berichterstatter der Kasseler „Hessischen Nachrichten": „Öffentlichkeit ist der Kontakt, das Einvernehmen und das Zusammenwirken derjenigen Menschen, die wirklich bewußte Bürger und nicht nur zufällige Bewohner dieser Zeit und dieser Erde sind. Viele Fachleute, die auf der Tagung immer nur davon sprachen, wie man die Öffentlichkeit ‚überreden', ‚aufklären', ‚überzeugen' oder ‚überfahren' könne, werden Fachleute bleiben und keine Bürger werden, solange sie in der Öffentlichkeit nur das ‚Andere', das ‚Fremde', das ‚Störende', das ‚Dreinredende' sehen." (Hessische Nachrichten, 24.3. 1955, zit. nach Burckhardt/Mackensen/Schütte: Der Stadtplan geht uns alle an, S. 579).
101 Schulze Vellinghausen, Albert: „Der Stadtplan geht uns alle an!" Zum Dortmunder Streitgespräch von Planern und Laien, in: Frankfurter Allgemeine Zeitung, 17.3.1955, S. 10.

hätten. Dass sie als Veranstalter den Demokratisierungsforderungen zumindest nicht fern standen, machte indessen eine Nachlese deutlich, die weitere drei Monate später, im Oktober 1955 in den „Informationen" des Bonner Instituts für Raumforschung erschien. Lucius Burckhardt (der inzwischen zu den wissenschaftlichen Mitarbeitern der Abteilung gehörte), Rainer Mackensen und Wolfgang Schütte wollten das „öffentliche Gespräch" nun vor allem in seiner Impulsfunktion sehen. Zwar habe man sich über Begriff und Rolle der Öffentlichkeit im Planungswesen nicht einigen können. Doch sei es das Verdienst der Veranstaltung, das Problem und dessen Dringlichkeit ins öffentliche Bewusstsein gebracht zu haben. Sie präsentierten einen Pressespiegel zur Tagung unter dem Hinweis, dass es gleichermaßen charakteristisch wie Hoffnung gebend sei, „in wie hohem Maße die Presse in unsere Problemstellung eingedrungen ist". Außerdem wurden die eingesandten Nachträge der Teilnehmer in Form einer Zitatensammlung wiedergegeben – zwischen den vielen unbeirrten hatte sich auch eine Anzahl nun doch nachdenklicher Zuschriften gefunden. Und unter der Überschrift „Keine Planung ohne politisches Leitbild" durchmaßen die drei Mitarbeiter schließlich noch einmal die Linien der ‚Demokratisierer'. „Es scheint, die Dortmunder Tagung hat einen Stein ins Rollen gebracht. Jeder sollte sein Teil dazu tun, daß er nicht im Sande steckenbleibt", so schlossen sie ihren Bericht.

8.7 ZWISCHENFAZIT

In den vorangegangenen Kapiteln war viel von Kontinuitäten die Rede. Von Programmen, die mit geringen Modifikationen unter neuen Bedingungen weiterverfolgt wurden. Von Deutungsmustern, die scheinbar kaum erschüttert wurden, obwohl die Welt sich radikal verändert hatte. Es mag also fast paradox anmuten, dass es ausgerechnet Reformpläne der Amerikaner waren, die den Sozialforschern um Gunther Ipsen Zugang zum Feld des Wohnungs- und Siedlungsbaus boten. Und doch wären sie wohl kaum zu dem MSA-Programm hingezogen worden, hätten die amerikanischen *Housing Officers* damit nicht zugleich die Produktionsweisen, Spielregeln und Strukturen im deutschen Bausektor verändern wollen.

Die Dortmunder Wohnforscher scheiterten, so lässt sich zuspitzen, weil am Ende keine der beteiligten Gruppen von ihren speziellen Erkenntnissen profitieren konnte. Der einen Gruppe, den Auftraggebern aus dem *Housing Office*, brachte das Gutachten keinen Vorteil, denn es erfüllte die daran geknüpften Erwartungen nicht. Die Amerikaner hatten eine Art Marktforschung in Auftrag gegeben, um die eigenen Pläne abzusichern und die Kritik an dem Programm abzufangen. Per Befragung sollte das Käuferpotential für ein bestimmtes Produkt und dessen Varianten ermittelt werden. Das Team um Gunther Ipsen und Elisabeth Pfeil hingegen war davon ausgegangen, dass eine gleichartige Tätigkeit und Lebensführung gleichartige Wohnvorlieben hervorbrachte. Sie hatten sich vom Gedanken eines Berufsstandes leiten lassen und die individuell geäußerten Wohnwünsche zu einer dem Bergmannsstand wesentlichen Wohnkultur verrechnet. Ein fundamentales Missverständnis von Funktion und Objekt des Auftrags. Für die andere Gruppe hingegen, für die etablierten Akteure des deutschen Bergarbeiterwohnungsbaus, hatte die Konsultation einer weiteren Instanz höchstens den eigenen Kompetenzanspruch in Frage stellen können.

Was die Sozialforscher daraufhin an Aktivitäten entfalteten, kann man wissenschaftsgeschichtlich als Prozess der Mobilisierung einer neuen Ressource begreifen. Denn mit den Bemühungen, sich auf dem Feld von Wohnungs- und Städtebau anerkennung zu verschaffen, wurde sukzessive die „Öffentlichkeit" für das Ressourcenensemble der Sozialforschung erschlossen. Als Elisabeth Pfeil die Sozialforscher 1954 zu Interessenvertretern der Bergleute erklärte, hatte sie die Entscheidungskompetenzen der Fachleute selbst nicht in Frage gestellt. Es blieb bei einem Appell an das Verantwortungsgefühl der „zuständigen Stellen".[102] Auch „Die Aufbauplanung und ihre Voraussetzungen" bot in dieser Hinsicht noch keinen Anlass zu Zweifeln, sondern fokussierte auf das sachliche Argument vom exklusiven Wissen. Es lasse sich eben zuverlässiger und zielgenauer planen, wenn Sozialforscher beteiligt wurden. Architekten, Planer und Wissenschaftler trafen sich insofern in der gemeinsamen Verantwortung für eine neue Gesellschaftsordnung. Als die Dortmunder jedoch das Thema Planung 1955 erneut aufs Programm setzten, wurde diese Sichtweise vollständig auf den Kopf gestellt. „Der Stadtplan geht uns alle an" – das heißt, in erster Linie das Trio der rasch zu den Hauptrednern der Konferenz avancierten Schweizer – räumte mit der Vorstellung rein sachlicher Entscheidungen gründlich auf und erklärte Stadtplanung zur politischen Aufgabe. Burckhardt, Kutter und Frisch forderten nicht die Anhörung von Betroffenen, sondern souveräne Entscheidungen wahlberechtigter Bürger. Sie appellierten nicht an das Verantwortungsgefühl zuständiger Stellen, sondern bestritten die alleinige Verantwortlichkeit und Zuständigkeit dieser Stellen. Im Bemühen um die eigene Legitimation waren die Sozialforscher somit zur Delegitimierung der etablierten Akteure übergegangen – und hatten dabei Demokratie und Öffentlichkeit als neue „Ressource" entdeckt.

Dabei darf nicht übersehen werden, dass es zunächst einmal die Fachleute selbst waren, die von der Relevanz des eigenen Wissens überzeugt werden sollten. Die Auseinandersetzungen wurden mit einem lokal begrenzten, dann zunehmend erweiterten Kreis von Planern, Baupraktikern und -bürokraten geführt. Trotz ihrer Namensgebung stellten auch die „öffentlichen Gespräche" nichts anderes als Fachkonferenzen dar. Das verweist auf ein eher elitäres Verständnis; den Gedanken eines Austauschs unter Experten für Planung und Soziales – auf Augenhöhe sozusagen.

---

102 Pfeil (Bearb.): Wohnwünsche, S. 18.

Und selbst die Forderung „Der Stadtplan geht uns alle" erscholl 1955 in einem Saal „gespickt voller Fachleute".[103] Dennoch kann man an diesem wohlvorbereiteten und von einer entsprechenden Berichterstattung begleiteten Großereignis erkennen, dass die Abteilung nun auch die Aufmerksamkeit einer medialen Öffentlichkeit zu nutzen suchte.

Darüber hinaus ließ die Tagung eine zentrale Frage unbeantwortet. Welche Rolle sollten die Sozialforscher in einem demokratisierten Planungswesen eigentlich spielen? Solange „die Öffentlichkeit" gewissermaßen das Pendant der Bergleute darstellte – ein massenhaftes Gegenüber, das die Planungsfachleute wahlweise überzeugen, erziehen oder überfahren, am liebsten aber ignorieren wollten –, machte der Gedanke einer vermittelnden Instanz Sinn. „Öffentlichkeit" als Prinzip der Transparenz und demokratischen Willensbildung in der Planung hingegen benötigte keine wissenschaftliche Interessenvertretung.[104]

---

103 Trier, Eduard: Wer bestimmt wie Städte aussehen? Architekten, Politiker, Einwohner – Streitgespräch in Dortmund, Anfang März, in: DIE ZEIT, 3.3.1955, Nr. 09. Wolfgang Schütte, Rainer Mackensen und Lucius Burckhardt haben in ihrer Nachlese zwar ihr Bedauern über die einseitige Zusammensetzung der Teilnehmerschaft ausgedrückt: „Ein Blick in den Vortragssaal ließ freilich eine ironische Verkehrung des Leitworts vermuten. Es war an die Öffentlichkeit gerichtet, meinte wörtlich ‚uns alle'. Gehört hatte es fast nur die Fachwelt [...] Dieser Saal konnte mit dem behäbigen Recht der Zuständigkeit von sich sagen: Uns alle geht der Stadtplan an – und von Berufs wegen!" (Burckhardt/Mackensen/Schütte: Der Stadtplan geht uns alle an, S. 573). Doch sahen sie dabei darüber hinweg, dass die Abteilung selbst die entsprechenden Einladungen verschickt hatte (vgl. die Teilnehmerlisten in SFS Archiv. ONr. V, Bestand 6, K 6/23).

104 In der Nachlese zur Tagung rekurrierten Burckhardt, Mackensen und Schütte vielmehr erneut auf die Dualität aus Planern und Publikum bzw. Betroffenen: „Die von dem schweizer Schriftsteller und Architekten Max Frisch aufgeworfene Frage nach der politischen Legitimation des beamteten Planers wurde ebenfalls großzügig abgewehrt. Es schien für die deutschen Verhältnisse außer Frage zu stehen, daß ein Stadtbauamt durchaus in der Lage ist, alle Fragen künftiger Bevölkerungsentwicklung zu übersehen und im Flächennutzungsplan wirksam zu verarbeiten. [...] Ist es überhaupt möglich, in einer Großstadt ohne spezielles Studium, die ein Baufachmann seiner Ausbildung nach keineswegs bewältigen kann, heute eine Meinung vom echten Bedarf zu gewinnen, welche im Ernst den künftigen Lebensbedürfnissen genügt? Welcher Fachmann, ja auch welcher Politiker hat aus Erfahrung oder Anschauung hierfür den umfassenden Einblick? So bleibt die Frage nach dem Hintergrund der Planung bestehen. Sollte die Sozialwissenschaft nicht stärker einzusetzen sein, um allmählich diese Kluft zwischen der Öffentlichkeit mit ihrer politischen Vertretung und den beamteten Baufachleuten überbrücken zu helfen?" Burckhardt/Mackensen/Schütte: Der Stadtplan geht uns alle an, S. 589.

Auf den vorangegangenen Seiten wurden sozusagen institutionalisierte Aktivitäten beschrieben – beziehungsweise Aktivitäten, für die der institutionelle Kontext Abteilung und Forschungsstelle einen wichtigen Faktor darstellte. So betrachtet, gehörten die Großstadtforscher um Gunther Ipsen zum Demokratisierungsdiskurs der fünfziger Jahre und setzten in dieser Hinsicht sogar Akzente. Die Debatte um den Stadtplan hatte Aufmerksamkeit erregt, und sie wurde weitergeführt, auch als die letzten Teilnehmer und Journalisten die Stadt längst wieder verlassen hatten – allerdings nicht in der Sozialforschungsstelle. Von Gunther Ipsens Abteilung gingen in dieser Hinsicht keine Impulse mehr aus. Jedoch blieben (ehemalige) Mitarbeiter an ihr beteiligt; wie zum Beispiel Lucius Burckhardt und Hans Paul Bahrdt.[105] Das verweist von der institutionellen Ebene auf die der individuellen Akteure. Was an Aktivitäten von der Abteilung Gunther Ipsens ausging, lässt nur in begrenztem Maße Rückschlüsse auf die Motivationen und Überzeugungen einzelner Mitarbeiter zu. Wer würde auf dieser Basis beispielsweise behaupten wollen, der Abteilungsleiter habe sich in den fünfziger Jahren zum überzeugten Demokraten entwickelt? Nun kann und soll es hier zwar nicht darum gehen, Demokratisierungsdiskurse der frühen Bundesrepublik zu untersuchen. Dennoch empfiehlt es sich zweifellos, zur Ergänzung auch die individuelle Perspektive einzuholen. Auf den folgenden Seiten soll daher überprüft werden, welche Vorstellungen von Öffentlichkeit, Planung und Wissenschaft einzelne Akteure vertraten. Dabei bietet es sich an, einen weiteren Blick auf Gunther Ipsen zu werfen. Mit dem 1918 geborenen Hans Paul Bahrdt wird sodann ein Sozialwissenschaftler der jüngeren, sogenannten Nachkriegsgeneration vorgestellt. Mehr als ein kurzer Eindruck wird allerdings in beiden Fällen nicht angestrebt. Eine differenzierte Analyse der Rolle, die gerade Hans Paul Bahrdt in der Nachkriegssoziologie spielte, muss anderen Untersuchungen vorbehalten bleiben.

---

105 Vgl. z. B. das „Rundgespräch" zum Thema „Wer formuliert die Aufgabe?" bzw. Planung und Öffentlichkeit, das die Zeitschrift „Bauwelt" nach dem Antritt des neuen Chefredakteurs Ulrich Conrads im Juli 1957 eröffnete. Den Auftakt machte Max Frisch mit einem Plädoyer, Stadtplanung als politische Aufgabe zu begreifen (Frisch: Wer formuliert die Aufgabe?). In der Folge machten die wöchentlich erscheinenden Hefte mit weiteren Beiträgen zum Thema auf. Darunter auch ein Beitrag von Lucius Burckhardt zum Thema „Stadtplanung und Demokratie". Burckhardt selbst widmete auch in den folgenden Jahren einen großen Teil seiner wissenschaftlichen Arbeit dem Thema Soziologie der Planung (vgl. als Zusammenstellung der wichtigsten Texte den Band: Burckhardt: Wer plant die Planung?).

8.8 GUNTHER IPSEN UND DIE ÖFFENTLICHKEIT

Gunther Ipsen hat sein Programm einer empirischen Soziologie des Volkstums bereits 1933 systematisch niedergelegt, und bei dieser Positionsbestimmung ist es geblieben. Sei es, dass er auch nach 1945 keine nennenswerte Revision seiner Sociologica vorgenommen hat, sei es, dass sein schwieriges Verhältnis zur Feder einer Niederschrift im Wege stand. Wer sich dafür interessiert, wie Ipsen selbst in den fünfziger Jahren das Verhältnis zwischen Planung, Öffentlichkeit und Wissenschaft beurteilte, kann sich jedenfalls nur auf wenige Anhaltspunkte stützen.

Da sind zunächst einmal die oben bereits beschriebenen Agglomerationsforschungen und Gutachtertätigkeiten, die auf die Kontinuitäten in der wissenschaftlichen Arbeit hinweisen. Denn auch als Dortmunder Sozialforscher ging es Ipsen stets um die prospektiven Überblicke dynamischer Planungsmassen. Das legt zumindest nahe, dass sich auch seine Vorstellung vom Verhältnis zwischen Soziologie und Planung nicht grundlegend geändert hat.[106] Walter Christaller, selbst ein mit Planungsfragen einschlägig vertrauter Geograph, hatte ihm 1953 die folgende Frage gestellt: „Der Wissenschaftler, und damit auch der Soziologe, kann im allgemeinen erkennen, was war – erkennen, was ist – und erkennen, was in einem gewissen Automatismus sein wird. Kann er aber auch erkennen, was sein soll?".[107] Ipsen hatte sie mit einem Drittel-Ja pariert. Die Planungsziele selbst oblagen demnach den Vertretern der Politik. Grundrisse und Bauformen seien die Sache der Fachleute aus dem Bauwesen. Für beide Gruppen und Planungsprozesse jedoch seien die beratenden Wissenschaftler unentbehrlich. „Dem dritten Soll [der Frage: Was soll sein?, U. K.] „kann sich der Wissenschaftler nicht entziehen: das ist der überzeugende Sinnzusammenhang, den denkendes Bemühen der ungestalten Wirklichkeit entreißt."[108]

In diesem dreigliedrigen Modell kamen Bürgerinitiativen und öffentliche Mitsprache nicht vor. Wie also mag Gunther Ipsen selbst 1955 den herausfordernden Titel „Der Stadtplan geht uns alle an" verstanden haben? Offenbar kaum als Forderung nach einer basisdemokratischen Reform des Planungswesens. Das deuten jedenfalls die zurückhaltend formulierten Schlussworte an, die der Abteilungsleiter an die Teilnehmer der Dortmunder Tagung richtete.[109] Ipsen löste das problematisierte Verhältnis zwischen „Öffentlichkeit und Planung" mittels einer Differenzierung zwischen allgemeiner und Fachöffentlichkeit auf – wobei er unter der letzteren „diejenigen" verstand, „die berechtigterweise das Wort führen, eben die, welche Urteile und Meinungen anzusprechen in der Lage sind". In diesem Sinne gebe es

---

106 Vgl. dazu oben, S. 278ff., 294ff., 269.
107 Die Aufbauplanung, S. 20.
108 Ebd.
109 Der Stadtplan, S. 20.

„öffentliche Berufe und Menschen, welche im gesellschaftlichen Leben das Wort zu führen haben." Da aber das „Tun einer Behörde und auch das des Planers [...] überhaupt nicht existenzfähig" sei, „wenn es nicht Menschen findet, die bereit sind, dieses so gewollte und geordnete Gemeinwesen zu wirklichem Leben zu machen", bedürfe deren Arbeit einer „steten Ausrichtung auf die Öffentlichkeit". Im Hintergrund aller Planung musste nach Ipsens Ansicht die eine, zentrale Frage stehen: „Wie bekomme ich schon von Anfang meines Tuns das gemeinsame Leben einer Bürgerschaft in meine Arbeit hinein?"[110] Öffentlichkeit wurde damit, so könnte man knapp zusammenfassen, zur Gesellschaft selbst, und öffentliche Planung zur Frage eines möglichst zuverlässigen Wissens um soziale Phänomene, Prozesse, Bedürfnisse. Also zur Frage der Einbeziehung von Sozialwissenschaftlern und Soziologen.

Was Ipsen konkret unter einer solchen Ausrichtung „auf das gemeinsame Leben einer Bürgerschaft" verstand, verdeutlicht ein kurzer Artikel, der fast zeitgleich zur Tagung in der Zeitschrift „Baukunst und Werkform" erschien. „Jedermanns Wohnung ist Niemandes Wohnung" war ein kritischer Beitrag zur damaligen Diskussion um Leitlinien und Versäumnisse des sozialen Wohnungsbaus,[111] gegen die Ipsen seine Vorstellungen vom „richtigen Bauen" ins Feld führte. Diese waren ausschließlich sachlich orientiert und lauteten: Der Mietwohnungsbau musste von den Einheitsgrundrissen weg und der Vielzahl der existierenden Wohnbedürfnisse entgegen kommen – den sozial- und berufsgruppentypischen ebenso wie den familien- und haushaltsformenspezifischen. Außerdem sollten Eigenheime familiengerecht gebaut werden – was bedeutete, dass ein Haus für alle Lebensphasen einer Familie geeignet sein und daher möglichst flexible Grundrisse aufzuweisen habe.[112] Besonders wichtig waren darüber hinaus Anlage und ausreichende Ausstattung des Wohngebiets. Von Nachbarschaften mochte Ipsen dabei zwar nicht mehr sprechen, doch den Gedanken abgegrenzter, semiautarker Wohneinheiten hatte der Soziologe nicht aufgegeben. Zum „richtigen Bauen" gehörte daher die Wohngruppe als kleinste Einheit des Städtebaus, in der eine ausreichende Versorgung mit Gütern des täglichen Bedarfs, Dienstleistungen und öffentlichen Einrichtungen sichergestellt war.

Eine letzte Episode aus der Geschichte des Nachkriegsstädtebaus wirft ein ähnliches Licht auf Ipsens Planungsverständnis. Und da es sich dabei um ein Projekt

---

110 Ebd.
111 Ipsen: Jedermanns Wohnung. Die „Baukunst und Werkform" widmete 1955 ein ganzes Heft der kritischen Diskussion des sozialen Wohnungsbaus, bis auf zwei Ausnahmen waren es Dortmunder Beiträge (Ipsen: Jedermanns Wohnung; Pfeil: Wie man; Schütte: Wohnstil; Bahrdt: Planung und Politik; ders.: Qualitative Probleme; ders.: Stadtplan) gefüllt. Zusammengestellt hatte sie Hans Paul Bahrdt.
112 Ipsen: Jedermanns Wohnung, S. 285.

mit einiger Ausstrahlungskraft handelte, soll sie hier etwas ausführlicher behandelt werden. Es geht um die Internationale Bauausstellung (kurz Interbau genannt), die im Juli 1957 in Berlin eröffnet wurde – also gut zwei Jahre nach der Dortmunder Tagung. Die Interbau war eine Leistungsschau des modernen Städte- und Wohnungsbaus, diente zugleich aber auch zur politischen Standortbestimmung Westberlins: das Aushängeschild eines modernen, demokratischen Deutschland, das nicht nur den architektonischen, sondern auch den kulturellen Anschluss an die westliche Welt vollzogen hatte.[113] Knapp eine Million Besucher ließen sich von ihr anziehen.[114]

Im Zentrum stand das ehemals dicht bebaute und im Krieg fast vollständig zerstörte Hansa-Viertel. Auf dessen Gelände sollte unter Berücksichtigung der Vorgaben des sozialen Wohnungsbaus eine moderne Musterwohnsiedlung entstehen. Die Architekten kamen aus den Reihen der international wie national renommierten Bauelite: Le Corbusier, Walter Gropius, Oscar Niemeyer, Alvar Aalto, aber auch Hans Scharoun und Egon Eiermann gehörten dazu.[115] Diesen Hauptteil flankierte eine „thematische Schau" mit dem zukunftsweisenden Titel „Die Stadt von morgen". Wo die Entwürfe für das Hansa-Viertel notgedrungen an die Realitäten einer „aus den Trümmern der Stadt von gestern erwachsende[n]" Stadt gebunden bleiben mussten, sollte „Die Stadt von morgen" den Raum für Zukunftsvisionen bieten.[116]

Drei Dinge sind an dieser Sonderausstellung besonders bemerkenswert, und zwar erstens die Erarbeitung des Konzepts. Dafür hatten Karl Otto,[117] in dessen Händen Verantwortung und Regie lagen, und sein Koorganisator Erich Kühn – Städtebau-Professor aus Aachen und ein beständiger Gesprächspartner der Abteilung Ipsens – nämlich eigens ein Gremium von Fachleuten zusammengerufen. In erster Linie handelte es sich dabei um Architekturschaffende und Planer, Vertreter der Bauverwaltung und des Berliner Senats. Doch gehörten ihm auch ein Medizi-

---

113 Von Petz: Städtebau-Ausstellungen, S. 36f.
114 Below/Henning/Riedel: Partizipation, S. 117.
115 Vgl. ausführlich den fast 500seitigen, amtlichen Ausstellungskatalog: Interbau Berlin 1957, bes. S. 25-28, 45-168.
116 Senator für Bau-und Wohnungswesen Berlin (Hg.): Interbauheft Nr. 2, Darmstadt 1957, S. 7, zit. n. Wagner-Conzelmann: Interbau, S. 57. Sandra Wagner-Conzelmann hat in ihrer 2007 publizierten Dissertation die Entstehung und Präsentation der „Stadt von morgen" detailliert nachvollzogen. Zum Folgenden daher Wagner-Conzelmann: Interbau, bes. S. 67-141.
117 Der 1904 geborene Architekt Karl Otto war ein ehemaliger Schüler bzw. Mitarbeiter Hans Poelzigs und Ludwig Mies van der Rohes, von 1935 bis 1945 als Referent und Luftschutzexperte im Reichsluftfahrtministerium tätig und 1955 als Direktor der Hochschule für bildende Künste von Hannover nach Berlin berufen worden. Zu Otto siehe Ludovico: Karl Otto, bes. S. 26ff., 133ff.

ner, ein Psychologe, ein Landwirt sowie zwei Soziologen an, unter ihnen Gunther Ipsen. In mehreren Arbeitstreffen – auch „Bauherren-Gespräche" genannt – sollten sie gemeinsam die Idee der „Stadt von morgen" entwickeln. Beziehungsweise, wie die Veranstalter es formulierten, den „geistigen Bauherrn" erstehen lassen, der dem ‚Städtebauer von morgen' die Aufgaben stellte.[118] Die einzelnen Schwerpunkte der Schau wurden anschließend verschiedenen Teilnehmern zur Betreuung übertragen.

Eine Stadtutopie, entworfen von einem Expertenstab. Mit einem Vorschlag, wie er in der Schweiz zur Gründung einer „neuen Stadt" formuliert worden war, hatte das freilich nichts zu tun. Das glatte Gegenteil sogar – und das ist der zweite bemerkenswerte Punkt – kam in der Intention der Ausstellung zum Ausdruck. Schlicht und einprägsam sollte sie angelegt werden, darin war sich die Gesprächsrunde einig gewesen. Man wollte die Laien ansprechen und die fachlich nicht gebildete Öffentlichkeit für die Lehren der Fachleute gewinnen.[119] Die Sonderschau sollte nicht nur informieren, sondern vor allem überzeugen. Im amtlichen Katalog zur Interbau sprach Karl Otto das später unverblümt an:

„Die neue Stadt, die wir brauchen, ‚die Stadt von morgen', ist nun in ihrer Verwirklichung nicht allein von Ideen oder Fähigkeiten der Städtebauer und Architekten abhängig! ‚Die Stadt von morgen' bedarf vor allem der Willensbildung und des Entschlusses der Öffentlichkeit zu den Handhaben rechtlicher und finanzieller Art, die den Städtebauern heute noch nicht gegeben sind! Diese Erkenntnis ist bei den Bürgern unserer Städte so gut wie unbekannt, da eine in die Breite gehende Unterrichtung über diese Fragen bisher nicht vorlag. Wie kann nun die Öffentlichkeit an solche Erkenntnisse und Entschlüsse herangeführt werden? Dies erscheint nur möglich, wenn man den ‚Bürger' davon überzeugt, daß das Dasein in der heutigen Stadt nicht mehr in ‚Ordnung' ist und sich in chaotischer Weise zur ‚Unordnung' entwickeln muß [...]. Dies erscheint nur möglich, wenn man den ‚Bürger' von den besseren und gesünderen Lebensbedingungen überzeugt, die seiner Familie, seinen Kindern und der Gemeinschaft aller Bürger in der ‚Stadt von morgen' zuteil würden. Durch solche wissenschaftlich und planerisch fundierten Gegenüberstellungen müßte eine Willensbildung angebahnt werden, mit der bestimmte Forderungen für die neue Stadt in der Öffentlichkeit lebendig werden könnten."[120]

Mit dieser Absicht wurde „Die Stadt von morgen" schließlich dem Publikum in einem eigenen Pavillon gleich im Eingangsbereich des Interbau-Geländes präsentiert. Wohl platziert, wie der Berichterstatter der „Bauwelt" meinte, hätten „auf diese

---

118 Karl Otto an Gunther Ipsen, 2.7.1955 (S. 2). SFS Archiv. ONr. IX, Bestand 3, Nachlass Gunther Ipsen, K 4/14, Bd. I 12, Bl. 81-83.
119 Wagner-Conzelmann: Interbau, S. 90f.
120 Otto, Karl: Idee und Ziel der Ausstellungsabteilung „Die Stadt von morgen" in: Interbau Berlin 1957, S. 35f., hier S. 36.

Weise [...] wirklich fast alle Besucher diese Ausstellungsabteilung gesehen".[121] Und, so ließe sich hinzufügen, eine Dramaturgie auf sich wirken lassen, die im Jahr 1957 noch einmal alle Register der Großstadtkritik zog. Die Sonderschau hatte ihr Publikum mit großformatigen Photographien empfangen, die eindringlich das Bild der großen Stadt als eines vor allem für Kinder feindlichen Lebensraums in Szene setzten.[122] Tafeln und Texte des Einführungsbereichs klärten über die Hintergründe auf: Im Zuge der Industrialisierung waren die Städte in Unordnung geraten. Sie funktionierten nicht mehr richtig – hauptsächlich, weil ihre steinernen „Gehäuse" nicht mehr passten. Und so arbeiteten die Architekten und Städtebauer daran, neue zu bauen und damit die Städte wieder in Ordnung zu bringen – dies war die Botschaft, die durch alle vier thematischen Sektionen der Ausstellung leitete: Stadt und Mensch, ... Gesundheit, ... Natur, ... Verkehr.[123] Alle vier waren nach einem einheitlichen Schema aufgebaut. Alle vier illustrierten in Gegensatzpaaren die Übel der Gegenwart und die Idealbilder der Zukunft.[124]

Darin machte – dies zum Dritten – auch die von Gunther Ipsen betreute Sektion zu „Stadt und Gesellschaft" keine Ausnahme, die von den Veranstaltern der Vereinfachung halber in „Stadt und Mensch" umbenannt worden war.[125] Entfremdung, Vermassung und die Erosion der Institution Familie waren ihre leitenden Themen. Pointierte Zeichnungen und Photographien führten den Besuchern die Gefährdungen einer automatisierten und spezialisierten Arbeitswelt vor Augen. Unrasierte, stumpf blickende Männer, die ihre neu gewonnene Freizeit gelangweilt mit Alkohol, Zigaretten und Glücksspiel totschlugen. Muskelbepackte Männlichkeit und weibliche Fotomodelle. Großaufnahmen ekstatisch jubelnder Fans bei einer Massenveranstaltung. Solche Bilder zeugten vom Verlust von Sinn, Sitten- und Wertmaßstäben. Den Gegenpol bildeten Darstellungen handwerkender, künstlerisch oder sportlich aktiver Menschen und gemeinsam musizierender Familien. Dass jedoch auch die Familie gefährdet war, verdeutlichte der zweite Teil: Die modernen Arbeitsbedingungen zogen das Familienleben ebenfalls in Mitleidenschaft. Die Ge-

---

121 Gehört – gesehen – notiert, in: Bauwelt 48 (1957), S. 762f., hier S. 763.

122 Einen gewissen Eindruck davon bietet der 1959 erschienene Band zur Sonderausstellung, der einen Teil der Bilder auf ähnliche Weise inszeniert: Otto (Hg.): Stadt von morgen, S. 9-11.

123 Wagner-Conzelmann: Interbau, S. 102f. Diesen vier Sektionen folgten eine Zusammenstellung von thesenartig formulierten Planungsgrundsätzen sowie zwölf von verschiedenen Planern ausgearbeitete Entwürfe für die Stadt von morgen. Den Abschluss bildete die Sektion „Stadt und Boden", in der die bodenrechtlichen Probleme erläutert wurden, die eine Umsetzung dieser Zukunftsvisionen bisher verhinderten. Ebd., S. 116-125.

124 Vgl. Otto (Hg.): Stadt von morgen.

125 Der Aufbau der Sektion nach Wagner-Conzelmann: Interbau, S. 104-108; Otto (Hg.): Stadt von morgen, S. 14-39.

sellschaft war „an ihrer Wurzel bedroht", warnten die Texttafeln.[126] Eine gezeichnete Karikatur ließ in die Wohnung einer solchen Familie blicken. Vater, Mutter und Tochter verließen sie soeben, gehetzt in verschiedene Richtungen auseinanderstrebend. Ein herzzerreißend weinendes Kleinkind unternahm den verzweifelten Versuch, seiner Mutter zu folgen, der jedoch von der Leine, mit der man es am Schrank festgebunden hatte, vereitelt wurde.[127] Bilder von glücklichen Familien mit adretten Kindern präsentierten hingegen das Ideal der Zukunft.

Anschließend wurde die Verbindung zur Planung geschlagen: Die „Stadt von morgen" sollte wieder zu einer „ordnenden Lebenshülle" werden, in der der Einzelne, die Familie und die Gemeinschaft wieder „schützende und formende Lebensbedingungen erhalten".[128] Wie diese Hülle aussehen sollte, brachte eine weitere Station den Besuchern nahe, in der Zeichnungen den zellenartigen Aufbau der zukünftigen Stadt illustrierten: Von der „kleinsten Planungszelle", nämlich der Familie, die im Innenhof kleiner Atrium-Häuser saß, umgeben und abgeschottet von den anderen Atrium-Familien ringsherum. Über „nachbarliche Gemeinschaften" in „überschaubaren Wohnbereichen" und Stadteinheiten mit eigener Mitte (die aus Grünflächen mit Gewächshäusern und Salatbeeten bestand) bis hin zur Gesamtanlage der Stadt. Am Ende der Sektion angelangt, gab die Ausstellungsarchitektur schließlich den Blick frei auf eine große Darstellung in der Art eines Dioramas. „Die Stadt von morgen" war darauf als gegliederte Stadtlandschaft im wahrsten Sinne des Wortes zu sehen. Ein breiter Fluss durchzog sie diagonal, an dessen linkem Ufer ein Bauernhof lag, umgeben von bestelltem Land. Am linken Rand überquerte eine Hochstraße das ausgedehnte Grünland und führte auf das Zentrum der Stadt zu. Rechts des Flusses lagen, ebenfalls von ausgedehntem Grün und Wasserläufen voneinander getrennt, die einzelnen Einheiten der Stadt: kleine Flecken von Wohnsiedlungen, hinter denen sich mehrstöckige Wohnbauten und vereinzelte Hochhäuser anschlossen. In der Ferne eher angedeutet als zu erkennen war das dichter bebaute Zentrum. Statt seiner dominierte die heitere, harmonisch gegliederte Landschaft im Vordergrund das Bild.[129]

Am Ende der Ausstellung angelangt, wurden die Besucher schließlich doch noch als wahlberechtigte Bürger angesprochen, die den Städtebauern per politische Willensbildung zu den nötigen „Handhaben rechtlicher und finanzieller Art" verhelfen sollten. Ein letzter Schwerpunkt zu „Stadt und Boden" informierte sie dar-

---

126 Interbau GmbH (Hg.): Stadt von morgen (unpaginiert), Stadt und Mensch, Nr. 26.
127 Ebd., Ill. zu Stadt und Mensch, Nr. 25.
128 Ebd., Stadt und Mensch, Nr. 41.
129 Wagner-Conzelmann: Interbau, S. 109; Interbau GmbH (Hg.): Stadt von morgen (unpaginiert), Stadt und Mensch, Nr. 47 bietet eine doppelseitige Abbildung des Dioramas, das auch den Umschlag dieses kleinen Begleitkataloges zierte.

über, welche bodenrechtlichen Voraussetzungen die Politik schaffen musste, um die Visionen der „Stadt von morgen" endlich Wirklichkeit werden zu lassen. Welche Schlüsse lassen sich aus dieser Episode ziehen? Man könnte einwenden, dass Organisation und Konzept der „Stadt von morgen" nicht in Gunther Ipsens Zuständigkeit lagen. Andererseits zeichnete Ipsen durchaus für einen der vier Schwerpunkte der Ausstellung verantwortlich. Er scheint zwar kein besonderes Engagement für das Projekt entwickelt zu haben. (Am zweiten „Bauherren-Gespräch" nahm er nicht mehr teil, die Materialzusammenstellung und Ausarbeitung übertrug er am Ende seinem Assistenten Rainer Mackensen.)[130]. Und inhaltlich mag er in einigen Punkten sogar anderer Meinung gewesen sein. (Immerhin hatten die Untersuchungen Wolfgang Schüttes und Elisabeth Pfeils den Gedanken, nachbarschaftliche Beziehungen ließen sich architektonisch vorstrukturieren, heftig ins Wanken gebracht. Auch wurde Ipsen bei anderen Gelegenheiten nie müde zu betonen, welche Bedeutung die „erweiterte" Familie im vermeintlich sozial erodierten Leben der Städter spielte.)[131] Dennoch scheinen den Dortmunder Soziologen keine Skrupel geplagt zu haben, seinen Namen als Bearbeiter unter der Sektion „Stadt und Mensch" zu lesen[132] – und zwar sowohl während der Berliner Ausstellung selbst als

---

130 Vgl. Karl Otto an Gunther Ipsen, 13.11.1956; Gunther Ipsen an Karl Otto, 16.11.1956; Rainer Mackensen an Hubert Hoffmann, 13.6.1957. Alle drei SFS Archiv. ONr. IX, Bestand 3, Nachlass Gunther Ipsen, K 4/14, Bd. I 12, Bl. 22f., 34, 33. Darüber hinaus deutet der überlieferte Briefwechsel an, dass mindestens ein Teil der Ausstellungstexte in den Büros von Karl Otto oder Erich Kühn entstand. Karl Otto an Gunther Ipsen, 29.4.1957. SFS Archiv. ONr. IX, Bestand 3, Nachlass Gunther Ipsen, K 4/14, Bd. I 12, Bl. 28.

131 Im Vorgespräch hatte Ipsen noch auf diese Punkte aufmerksam gemacht, weitere Einwände sind jedoch nicht dokumentiert. (vgl. Wagner-Conzelmann: Interbau, S. 79, 81). Rainer Mackensen strebte später eine begriffliche Differenzierung für die Texte an. Er ersetzte z. B. „Masse" durch „Erscheinungen der Vermassung" und „Nachbarschaft" durch „nachbarliche Gemeinschaft". Rainer Mackensen an Hubert Hoffmann, 13.6.1957 (S. 2). SFS Archiv. ONr. IX, Bestand 3, Nachlass Gunther Ipsen, K 4/14, Bd. I 12, Bl. 22f.

132 „Ich bin mit ihrem Vorschlag einverstanden, mich in der gedachten Weise als Bearbeiter […] einzusetzen", hatte Ipsen im Mai 1957 geantwortet und war fortgefahren: „Sodann Ihr Gedanke, ob ich nicht im Anschluß oder in Verbindung mit Herrn Kühn jetzt zu Ihnen käme: Ich habe mir von Mackensen über den Stand der Dinge berichten lassen und habe mir Ihre Ausarbeitung durchgesehen. Ich glaube daraufhin, es genügt, wenn ich Ihnen vorweg jetzt sage, daß ich im großen ganzen einverstanden bin mit dem, was Sie nun vorsehen. Ich verspreche mir, und zwar nicht nur für mich, sondern auch für Sie, mehr, wenn ich erst nach Berlin komme, wenn die Dinge bereits probeweise zu sehen sind und wir nur mehr die Feinabstimmung und das letzte hausfrauliche Abschmecken der gereichten Nahrung besorgen." Gunther Ipsen an Karl Otto, 16.5.1957. SFS Archiv. ONr. IX, Bestand 3, Nachlass Gunther Ipsen, K 4/14, Bd. I 12, Bl. 27.

auch in dem zwei Jahre später nachgereichten Ausstellungskatalog. Selbst für diese 1959 erschienene Präsentation von Bildmaterial und zentralen Thesen der „Stadt von morgen" bat der Soziologe nur um „kleine Veränderungen der Formulierung", um „dem wissenschaftlichen Erkenntnisstand [...] Rechnung zu tragen".[133] Das verrät möglicherweise weniger über Ipsens Planungsverständnis als über die Beharrlichkeit einer konservativ-kulturkritischen Wahrnehmung der Stadt. Im Grunde genommen scheint der Dortmunder Soziologe die Sicht der übrigen Ausstellungsmacher geteilt und dafür auch über kleinere Widersprüche hinweggesehen zu haben. Man kann wohl annehmen, dass Zweifel – selbst empirisch gesäte – nicht notwendig zu einem neuen Gesellschaftsverständnis führen. Allerdings scheint auch die Rolle, die die Ausstellungs-Macher in ihrem städtischen Utopia für sich selbst vorsahen, Gunther Ipsen nicht verschreckt zu haben: „Morgen hat der Städtebauer so viel Zeit, Geld und Macht wie ein General."[134]

8.9 HANS PAUL BAHRDT UND DIE ÖFFENTLICHKEIT

Im Gegensatz zu Gunther Ipsen steht Hans Paul Bahrdt als Vertreter der Nachkriegsgeneration der Soziologie für den Wandel in der Wissenschaftsgeschichte. Der 1918 geborene Bahrdt war 1937 unmittelbar nach seinem Abitur zum Militär- und Kriegsdienst eingezogen worden und hatte, nach kurzer Kriegsgefangenschaft, im Wintersemester 1945/46 in Göttingen ein Studium aufgenommen.[135] Ohne klares

---

133 Gunther Ipsen an Karl Otto, 5.1.1959. SFS Archiv. ONr. IX, Bestand 3, Nachlass Gunther Ipsen, K 4/14, Bd. I 12, Bl. 1. Die Ausstellung begleitend war 1957 zunächst ein kleiner Ausstellungsführer verkauft worden, dessen Illustration sich auf die pointierten Darstellungen des Zeichners Oswin beschränkte. (Interbau GmbH [Hg.]: Stadt von morgen). Der 1959 nachträglich veröffentlichte Katalog, in dem nun auch ein Teil des übrigen Bildmaterials zu sehen war, kam der Ausstellung in inszenatorischer Hinsicht zweifellos näher (Otto [Hg.]: Stadt von morgen).

134 Interbau GmbH (Hg.): Stadt von morgen (unpaginiert), Stadt und Boden, Ill. zu Nr. 6.

135 Bahrdt studierte von 1945 bis 1952 zunächst Philosophie, Geschichte, Soziologie und Nationalökonomie in Göttingen und Heidelberg und legte 1952 in Göttingen sein Examen in den Fächern Philosophie, Soziologie und Nationalökonomie ab. Die bei Kurt Stavenhagen begonnene Doktorarbeit über „Die Freiheit des Menschen in der Geschichte bei J. G. Herder" beendete er nach dem Tod Stavenhagens 1951 bei Helmuth Plessner. Es folgten eine Mitarbeiterstelle an der Sozialforschungsstelle in Dortmund (bis 1955) und eine Tätigkeit als freier Mitarbeiter der BASF in Ludwigshafen (bis 1958). 1958 habilitierte sich Bahrdt an der Universität Mainz für Soziologie und erhielt, nach einer Lehrstuhlvertretung in Heidelberg, 1959 einen Ruf an die TH Hannover. 1962 trat er in Göttingen die Plessner-Nachfolge als Professor für Soziologie an. Die bisher aus-

Berufsziel, wie er später bekannte, doch mit einem besonderen Interesse an Philosophie, Geschichte und Soziologie, das nicht allein vom bürgerlichen Bildungsverständnis des Elternhauses, sondern auch von einem wachen Sinn für die Lebensumstände der Nachkriegszeit und einem ausgeprägten politischen Bewusstsein gespeist wurde.[136]

Dennoch waren es Zufälle, so erinnerte sich Bahrdt 1978, die ihn schließlich und endgültig zur Soziologie brachten. Der erste davon ereignete sich im Frühjahr 1952. Die Sozialforschungsstelle hatte gerade den Auftrag des MSA *Housing Office* angenommen und suchte dringend Feldarbeiter. Heinrich Popitz, ein Studienfreund und mittlerweile Mitarbeiter des Dortmunder Instituts, holte den früheren Kommilitonen daraufhin ins Ruhrgebiet.[137] Und so befragte der kurz vor dem Examen stehende Philosophiestudent unter der Leitung Gunther Ipsens und Elisabeth Pfeils einige Wochen lang Bergleute nach ihren Wohnwünschen und arbeitete später auch an den Auswertungen der Untersuchung mit.[138] Es waren Bahrdts erste Erfahrungen mit der empirischen Sozialforschung und sie hinterließen offenbar einen tiefen Eindruck. Im unmittelbaren Kontakt mit der bislang unbekannten Welt des Industriereviers schien ihm das angelesene Weltwissen fragwürdig. „Die gewohnten Kategorien sind plötzlich nicht mehr anwendbar", bekannte er kurz darauf in der Zeitschrift „Baukunst und Werkform".[139] Die Einblicke in das Wohnen der Zechenar-

---

führlichste biographische Darstellung stammt von Hans Paul Bahrdt selbst. Auf sie wird auch im Folgenden Bezug genommen: Bahrdt: Selbst-Darstellung.

136 Bahrdt war als Student in die SPD und in den Sozialistischen Studentenbund eingetreten, sah seine sozialdemokratischen Überzeugungen allerdings stark von bestimmten „liberale[n] Grunderlebnisse[n]" geprägt (Bahrdt: Selbst-Darstellung, S. 30). Dass er sich in dieser Hinsicht von seinem eher bildungsbürgerlich-konservativen Elternhaus absetzte – „Ich habe in meinem Elternhaus keine demokratische Erziehung genossen. Man glaubte an die Dolchstoßlegende, hing an der monarchischen Vergangenheit. Relativ gemäßigte antisemitische Vorstellungen spielten eine gewisse Rolle. [...] Obwohl eher konservativ als im engeren Sinn faschistisch gesinnt, begrüßten sie das Jahr 1933 zunächst einmal als einen nationalen Aufbruch zu neuer Macht und Größe" – führte Bahrdt einerseits auf die im Krieg gemachten Erfahrungen zurück, andererseits und in hohem Maße auf den Einfluss der amerikanischen Reorientierungspolitik. Bahrdt: Selbst-Darstellung, S. 22-24, 28-32, Zitat S. 23f.

137 Bahrdt: Selbst-Darstellung, S. 37.

138 Im Schlussbericht der Untersuchung heißt es sogar: „Durch Eigenleistung und Führung vor Ort haben das Ganze mitgetragen: Dr. Elisabeth Pfeil, Dr. Heinrich Popitz, Dr. Wolfgang Köllmann, Dr. ing. Wolfgang Schütte, Dr. Ernst-Wolfgang Buchholz, cand. phil. Hans Paul Bahrdt." Sozialforschungsstelle Dortmund: Soziologische Erhebung zum Bergarbeiterwohnungsbauprogramm. Schlussbericht, S. 2.

139 Bahrdt: Wie leben die Bewohner, S. 57.

beiter beschäftigten ihn nachhaltig, und ebenso der Streit um den praktischen Wert der Studie. Seine Beiträge „Der erschöpfte Mensch kann nicht mehr wohnen", „Wie leben die Bewohner neuer Stadtteile und wie wollen sie eigentlich leben?" und „Zwischen Bergmannskotten und Siedlungshaus" berichten davon.[140]

Hans Paul Bahrdt kehrte noch im gleichen Jahr, inzwischen in Göttingen mit einer geschichtsphilosophischen Arbeit zum *doctor philosophiae* promoviert, als Forschungsassistent an die Sozialforschungsstelle zurück. Allerdings nicht, um Gunther Ipsens Team von Großstadtforschern zu unterstützen, sondern um sich fortan unter der Leitung von Heinrich Popitz der Industriesoziologie zu widmen.[141] Das heißt, jenseits dieses ersten Einsatzes unter Bergarbeitern hat Bahrdt während seiner Zeit in Dortmund weder Wohn- noch Großstadtforschung betrieben. 1955 wechselte er dann als freier Mitarbeiter der Badischen Anilin- und Soda-Fabrik nach Ludwigshafen.[142] An den Diskussionen um die Wohnwunschstudie jedoch, an den Debatten und Tagungen zum Verhältnis zwischen Sozialforschern, Planern und Öffentlichkeit nahm er weiterhin aktiv Anteil. Das lässt sich relativ gut nachvollziehen, weil der Soziologe sich als engagierter Publizist betätigte. Zwischen 1952 und 1955 veröffentlichte er eine ganze Anzahl an Berichten und aufmerksamen Reflexionen zu verschiedenen Aspekten des Problemkomplexes aus Wohnen, Planung und Forschung. Es handelte sich dabei nicht um systematische wissenschaftliche Ausarbeitungen, und zusammengenommen wirken sie insofern durchaus disparat.[143] Überlegungen zu Sinn und Bedeutung bestimmter Einrichtungsvorlieben finden sich darunter; Berichte zur Bergarbeiterstudie; Tagungsberichte, in deren Rahmen Bahrdt zugleich Betrachtungen zu den intellektuellen und habituellen Komplikationen bei der Kooperation von Planern und Soziologen anstellte; Forderungen nach einem familien- und bedarfsgerechten Wohnungsbau, wie sie ähnlich auch Gunther Ipsen formulierte; Ausführungen zur Aufgabe der Stadt- und Wohnbauplanung in

---

140 Siehe Bahrdt: Der erschöpfte Mensch; ders.: Wie leben die Bewohner; ders.: Bergmannskotten.

141 Unter Popitz Leitung führte Bahrdt zwischen 1953 und 1955 zusammen mit Ernst August Jüres und Hanno Kersting Untersuchungen in der Hüttenindustrie durch. Aus dem Projekt gingen die beiden bekannten Studien Popitz et al.: Technik und Industriearbeit; ders. et al.: Das Gesellschaftsbild des Arbeiters hervor. Vgl. dazu auch S. 133 der vorliegenden Arbeit.

142 In Ludwigshafen, wo er Grundlagen für die betriebliche Sozialpolitik der BASF erarbeitete, war Bahrdt indessen auch wieder mit Fragen des (werksgeförderten) Wohnungsbaus beschäftigt. Bahrdt: Selbst-Darstellung, S. 41.

143 Bahrdt: Der erschöpfte Mensch; ders.: Wie leben die Bewohner; ders.: Bergmannskotten; ders.: Die gute Stube; ders.: Soziologie als Helferin; ders.: Planung und Politik; ders.: Qualitative Probleme; ders.: Stadtplan. Den Ausführungen der folgenden Seiten liegen diese Publikationen zugrunde.

einer Demokratie. In mancherlei Hinsicht orientierten sie sich an den oben bereits beschriebenen Positionen. Dennoch ist nicht zu übersehen, dass er in den Auseinandersetzungen um Wohnbedürfnisse, Mitspracherechte und Bauformen eine ganz eigene Sichtweise und Argumentation entwickelte. Sie soll in den folgenden Abschnitten schrittweise nachvollzogen werden.

Es ist bemerkenswert, dass der Student Bahrdt bereits 1952 eine ziemlich genaue Vorstellung davon besaß, „wie die empirische Sozialforschung [...] den Planungsbehörden, Baugesellschaften und den Architekten helfen kann."[144] Mittels Aufklärung über die tatsächlichen Lebensweisen der Menschen und ihre gesellschaftlichen Beziehungen nämlich, wie er anhand der MSA-Wohnwunschstudie erläuterte. Was die Sozialforscher über die Bergarbeiter erfahren hatten, stellte nach Bahrdts Ansicht ein eindrückliches Beispiel dafür dar, dass die dominanten Gesellschaftstheorien aus der Zwischenkriegszeit gegenüber der sozialen Realität versagten, ebenso wie die gebräuchlichen Vorstellungen vom Wesen der Arbeiterschaft.

Wo Entwurzelung und Vermassung hätten zu finden sein müssen, war man auf ein verblüffend einheitliches Selbstverständnis gestoßen – auf klare Auffassungen davon, wie „der Bergmann wohnt" – sowie eine „ausgesprochene Sicherheit" im „Habitus".[145] Mit Haus, Garten und Stall, Gemüseanbau und Viehzucht strebten die Arbeiter der Zechen einen Lebensstil an, auf den die Bezeichnung proletarisch nicht zutraf. Weder Konzepte von Individualismus und Vereinzelung noch von Kollektivismus hielten der Bedeutung stand, die die Familie im Leben der Bergleute spielte. Den „Wundern und Schrecknissen der industriellen Technik" am Arbeitsplatz stand ein konservativ-bodenständiges, „beinahe archaisch" wirkendes Privat- und Familienleben gegenüber: „Die Frau gehört ins Haus."[146] Und an harte und nüchterne Arbeit gewöhnt, pflegten die Bergleute nichtsdestotrotz überraschende, opulent-kitschige Einrichtungsvorlieben.[147]

Für Bahrdt ermöglichte Sozialforschung daher den unverstellten Blick auf eine Wirklichkeit, die komplexer war als das vermeintlich sichere Wissen der Planer. Dieses Verständnis war nicht neu. Auch die Forderung, sich an den realen „Vollzug des Lebens" zu halten, formulierte der Göttinger Student keineswegs als erster. Womit er sich jedoch von den übrigen Dortmunder Forschern unterschied, war die Bewertung dieser Wirklichkeit. Was ihn nämlich an der Studie besonders beschäftigt hatte, waren weniger die Wohnwünsche selbst als ihre gesellschaftlichen Kon-

---

144 Bahrdt: Wie leben die Bewohner, S. 56.
145 Ebd., S. 58, 60. Die Übereinstimmung der Wohnwünsche verstand Bahrdt genau wie Elisabeth Pfeil als deutlichen Hinweis auf berufsständische Ordnungsprozesse in der Industriegesellschaft, hielt jedoch geschichtsphilosophisch inspirierte Vorstellungen eines logisch-kohärenten Zeit- oder Gruppengeistes für fehl am Platze.
146 Ebd., S. 60.
147 Bahrdt: Bergmannskotten, S. 683.

sequenzen. Haus, Garten, Stall – die Bergleute bevorzugten offenbar eine Lebensweise, die Hans Paul Bahrdt nicht nur strapaziös, sondern politisch bedenklich erschien. Er erkannte darin einen Rückzug ins Private, in dem der gesellschaftliche Horizont einzig von der Familie gebildet wurde und Kategorien wie Arbeit und Freizeit versagten, weil die lohnarbeitsfreie Zeit restlos von der Kleinwirtschaft beansprucht wurde.[148] Wenn bürgerliche Kommentatoren davor warnten, dass Arbeitszeitverkürzungen und der wachsende Anteil der Freizeit bei den Arbeitern politisch und sozial brandgefährliche Auswirkungen haben konnten. so befürchtete Bahrdt das Gegenteil: Dass nämlich diese Lebensweise den Mensch als politisch bewusstes Wesen komplett absorbieren und der Arbeiter sein Klassenbewusstsein verlieren würde. „Eine Gefahr besteht nicht darin, daß er vor Langeweile auf die Barrikaden geht", mahnte er, „sondern daß er sich mit seiner Familie abkapselt und die politische Bedingtheit seines langsam erträglich werdenden Lebens vergißt."[149]

Es war also eine explizit politische Perspektive, die Hans Paul Bahrdt anlegte und für die er sowohl die Sozialforschung als auch den Städte- und Wohnungsbau in die Pflicht nahm. Vom Prinzip her war das natürlich nicht neu und auch die städtebaulichen Konzepte, die ihm dabei vorschwebten, klangen vertraut. Mittelpunkte und Begegnungszentren sollten geschaffen werden. „Die Kirche, die Schule, der Spielplatz und nicht zuletzt die Geschäftsstraße und die Gastwirtschaften dürften in der Plazierung und Ausgestaltung nicht mehr Stiefkinder der Planung sein".[150] Was Bahrdt jedoch unübersehbar unterschied, waren die demokratisch-partizipatorischen Grundwerte, die er mit seinen Forderungen verband. Wenn die Planer „das kleinste politische Gebilde, nämlich die Ortschaft, in der der Arbeiter wohnt, sichtbar machen" sollten, so ging es dabei nicht um Siedlungszellen im Dienste gemeinschaftlich-volkstümelnder Befriedung oder gar totalitärer Durchdringung. Im Gegenteil: Es war (wie Bahrdt an späterer Stelle formulierte) das Ziel, den „Bereich der Gemeinde als eines Gebildes konkret erlebbarer Selbstverwaltung" erfahrbar"[151] zu machen, um der Entpolitisierung der Arbeiter entgegenzuwirken. Sozialforschung und Wohnbauplanung, so könnte man seine Vorstellungen wohl zusammenfassen, trafen sich in der gemeinsamen Verantwortung für eine lebendige Demokratie.

Bahrdt beschäftigte das Wohnen – die zwischen 1952 und 1955 entstandenen Texte legen das jedenfalls nahe – als lebensweltliches Gegenstück zu Arbeit und Betrieb und diesbezüglich war seine Sicht von einem gewissen Krisengefühl gekennzeichnet. In der Gegenwart der Nachkriegsgesellschaft nahm er eine schwindende Teilnahme am politischen, gesellschaftlichen und kulturellen (mithin am öffentlichen) Leben wahr, die Hand in Hand mit der sinkenden geistigen Betätigung

---

148 Ebd.; ders.: Wie leben die Bewohner, S. 59.
149 Ebd.
150 Ebd., S. 63.
151 Bahrdt: Planung und Politik, S. 282 (Zitat); Bahrdt: Bergmannskotten, S. 687.

und Entfaltung des Individuums ging. Entwicklungen, für die Bahrdt das ausgreifende Berufsleben, die abhängige Lohnarbeit verantwortlich machte (zu der meist weitere, ökonomisch mehr oder weniger relevante Tätigkeiten in Haus und Garten kamen), sowie einen massenhaften, freiwillig angetretenen Rückzug ins Private. Darunter litt auf der einen Seite die Wohnkultur: „Wirkliche[] Unterhaltung", „würdige[] Gesellschaft", „selbstständige[s] Musizieren oder [...] Vorlesen im Familienkreis" als Bestandteile eines „aktiven Wohnens" waren kaum noch anzutreffen.[152] Den modernen Menschen trieb, so hatte er dies 1952 zu erklären versucht, ein „merkwürdiges Pflichtgefühl" dazu, sich täglich am Arbeitsplatz (oder im Schrebergarten) zu verausgaben. Nach der Arbeit sank er somit ausgelaugt „in dem bequemsten Sessel, den er besitzt, vor dem Radio mit der Zeitung in der Hand zusammen" und war nur noch der „passivsten Rezeptivität" fähig: „Der erschöpfte Mensch kann nicht mehr wohnen".[153] Auf der anderen Seite jedoch – und sie war für Bahrdt ohne Zweifel die bedeutsamere – resultierte daraus eine ernstzunehmende Gefährdung der Demokratie:

„Die geistige Kommunikation verfällt, das gesellige Leben ist überflüssig, die vorpolitischen Sozialgebilde, und damit auch die politischen, die auf ihnen aufbauen, sterben an Schwindsucht, nur die Gartenbauvereine blühen und die Bürokratie, die unter sich bleibt und mühelos Millionen desintegrierter, aber sonnengebräunter Staatsbürger beherrscht."[154]

Besonders bedenklich schien ihm das im Falle des Großstadtlebens und der Großstadtbevölkerung, stellten sie seinem Verständnis nach doch die Avantgarde einer freien, demokratischen Gesellschaftsordnung dar. Es war zu kurz gegriffen, kritisierte er, Großstädte nur unter volkswirtschaftlichen und verkehrstechnischen Aspekten zu betrachten. Sie waren vielmehr als politisch bedeutsame Gebilde von gesamtstaatlicher Dimension zu sehen. Nicht nur, dass sie zentrale Verwaltungsorgane von Staat und Wirtschaft oder Kulturstätten versammelten. Auch die Bevölkerung selbst übernahm zentrale Funktionen und bildete „das Bewußtsein der sie umgebenden Region" aus – beziehungsweise „im Falle der Hauptstadt: das der Nation".

„So verschieden Bewußtsein und Lebensformen von Großstadt, Kleinstadt und flachem Land sein mögen, die führende, ja stellvertretende Funktion der Großstadtbevölkerung insbesondere in der politischen Meinungsbildung ist in einer demokratischen Ordnung, die einer relativ starken Politisierung der Gesellschaft bedarf, unentbehrlich. Wer – aus welchen Gründen

---

152 Bahrdt: Der erschöpfte Mensch, S. 34.
153 Ebd., S. 30, das vorangegangene Zitat befindet sich ebd., S. 33.
154 Bahrdt: Planung und Politik, S. 282; vgl. auch die (an Joseph Schumpeter orientierten) Ausführungen in ders.: Der erschöpfte Mensch, S. 33.

immer – die Großstädte zerschlägt, auseinanderreißt, in Kleinstädte oder halbländliche Gebilde aufteilt, entpolitisiert die Gesellschaft."[155]

Als Hans Paul Bahrdt 1955 den Versuch einer allgemeineren soziologischen Systematisierung seiner Gesellschaftsdiagnose vornahm, war dieser politisch-normative Bezug kaum zu übersehen. Öffentlich und privat, so erklärte er in einem knapp dreiseitigen Text,[156] bezeichnete zwei in ihrer Existenz interdependente, polare Sphären der Gesellschaft, deren einstmals klare Grenzen sich inzwischen verschoben und verwischt hatten. Soziologisch betrachtet meinte öffentlich das „offen" ablaufende Geschehen, das „dem Blick und der praktischen Teilnahme aller Mitglieder der Gesellschaft" zugänglich war. Der öffentliche gesellschaftliche Kontakt verlief selektiv: „unter Aussparung einzelner personaler Bereiche und Bedürfnisse dort, wo es sich um Anliegen der Gesamtgesellschaft handelt." Privat hingegen war die abgekehrte, der Öffentlichkeit entzogene Sphäre, in der sich Menschen als Individuen begegneten. In der liberalen, „klassische[n] bürgerliche[n] Gesellschaft", in der Bahrdt seinen historischen Fixpunkt fand, sah er die Grenzen zwischen beiden klar gezogen. „Der Staat hatte das Monopol für Öffentlichkeit" (im Sinne der öffentlichen Gewalt, U. K.). Der Rest war privat (inklusive des Bereichs der Warenproduktion und ihres marktökonomischen Austauschs, U. K.). Inzwischen jedoch hatten Firmen sich zu Großkonzernen entwickelt, in deren Hand das Schicksal ganzer Städte liegen konnte. Als privat („d. h. ausgespart aus den Angelegenheiten der Gesamtgesellschaft") konnten sie kaum noch gelten. Umgekehrt waren mit dem Funktionswandel des Staates dessen Aufgaben und Strukturen so umfangreich und unübersichtlich – „also auch unzugänglich für breite Kreise" geworden –, dass sie der „Öffentlichkeit" letztlich verlustig gegangen waren. Beides hatte bedenkliche Folgen, sowohl für die Demokratie als auch für eine private Lebensführung:

„Hat dieser Verlust nicht die Chance demokratischer und rechtsstaatlicher Kontrolle so verringert, daß wir ständig fürchten müssen, unsere politische Ordnung könne sich in ein Herrschaftssystem verwandeln, das wir nicht mehr in seinen Schranken halten können? Wird dadurch nicht wiederum unsere private Sphäre bedroht, z. B. unser Familienleben, unser Privatvermögen und unsere Freizeit? Das eigentlich fruchtbare Spannungsverhältnis von privater und öffentlicher Sphäre ist in Bewegung geraten, jede Veränderung in der einen zieht eine Wandlung in der anderen nach sich. Die Mächtigen fällen vielfach unter sich, d. h. nicht öffentlich ihre politischen Entscheidungen. Aber gleichzeitig produzieren sie eine Scheinöf-

---

155 Bahrdt: Planung und Politik, S. 282.
156 Bahrdt: Öffentliche und private Ausdrucksformen in der Baukunst, in: Mitteilungen des Deutschen Verbandes für Wohnungswesen, Städtebau und Raumplanung, Folge 1, 1955. Sonderdruck für die Tagungsteilnehmer. SFS Archiv. ONr. V, Bestand 6, K 6/23.

fentlichkeit mit Hilfe gelenkter Kundgebungen, Massenschulung, Brot und Spielen und übersteigern diese derart, daß der letzte Rest des privaten Daseins bedroht ist."[157]

Es handelte sich, wie erwähnt, um einen sehr kurzen Text, der kaum mehr als einen Denkanstoß präsentierte. Deshalb wäre es nicht sinnvoll, hier nun die wenig trennscharfe Begriffsentwicklung diskutieren oder mittels späterer Schriften retrospektive Ausdeutungen vornehmen zu wollen. Bemerkenswert ist jedoch der Kontext, in dem er entstand. Hans Paul Bahrdt steuerte ihn als Diskussionsgrundlage bei, als die Sozialforschungsstelle im Februar 1955 die Bauwelt nach Dortmund lud, um die Beziehungen von Planung und Öffentlichkeit zu klären. Die Veränderungen im Verhältnis von öffentlicher und privater Sphäre nämlich schlugen sich, so setzte Bahrdt den Teilnehmern auseinander, auch im Bauwesen nieder. Die Formen des öffentlichen Bauens waren mit denen des Privatbaues durcheinander geraten und mussten neu bedacht werden. Auch die Architektur musste sich der Aufgabe annehmen und zur Klärung des Verhältnisses beitragen; ihre Formen und Entwürfe entsprechend ausrichten:

„Ist ein Warenhaus, das einem Privatmann gehört, ein Privathaus? Ist die Büroarbeit in einer Behörde ihrer Natur nach so öffentlich, daß man alle Wände aus Glas machen darf? [...] Unsere Tankstellen sind repräsentativer als unsere Rathäuser. Das ist verständlich; denn was ist ein Stadtrat gegen Esso oder Shell? Aber ist es darum in Ordnung?"[158]

Anders als die Schweizer Beiträger zu „Der Stadtplan geht uns alle an" drang Hans Paul Bahrdt also nicht auf eine demokratische Reform der Planungspraxis selbst. In seiner Diskussionsvorlage ging es vielmehr um eine Korrektur, eine Neufassung ihrer Aufgabenstellungen und Leitbilder. Wenn sich die Planer bisher hauptsächlich an funktionalen oder gemeinschaftlich-organischen Idealen orientiert hatten, sollten sie sich nun auf die Stärkung der beiden Sphären Öffentlichkeit und Privatheit konzentrieren – in die sich das Leben einer bürgerlich-demokratischen Gesellschaft teilte, beziehungsweise teilen musste.

Indes: Was für die Gesellschaft im Ganzen galt, musste für ihre Städte erst recht gelten. Ein Jahr später jedenfalls beschrieb Bahrdt den Lesern von „Baukunst und Werkform" die europäische (bürgerliche) Stadt als den Ort, an dem sich diese Polarität von öffentlich und privat historisch zum ersten Mal herausgebildet und am stärksten ausgeprägt hatte. Dort hatte sie begonnen, das Leben und den Alltag eines jeden Einwohners zu beherrschen, und zwar in einem Ausmaß, das sie geradezu zum zentralen Merkmal der städtischen Gesellschaft werden ließ. Sie bildete die Basis für das soziologische Verständnis der Stadt – und damit zugleich die Basis für

---

[157] Ebd., S. 2f.
[158] Ebd., S. 3.

die zukünftige Stadtplanung, wenn es nach Bahrdts Empfehlung ging. Dem Städtebau nämlich fehlte, so meinte der Soziologe, vor allem ein positives Verständnis dafür, „was für ein Sozialgebilde eine Stadt ist" – beziehungsweise: „was sie gewesen ist, solange sie intakt war und was sie sein kann unter den Bedingungen der modernen Zivilisation".[159] Die Industrialisierung hatte die Städte wachsen lassen und verändert; aus dem „klassische[n] Typ der europäischen Stadt"[160] wurde die moderne Großstadt. Doch nicht sie selbst war das Problem, wie Bahrdt ausführlich darlegte. Sondern der Verlust an Öffentlichkeit, der sich im Laufe der Entwicklung auf verschiedene Weise vollzogen und dazu geführt hatte, dass das polare Verhältnis der beiden Sphären aus dem Gleichgewicht geraten war. Stadtplaner, die funktionsfähige Städte bauen wollten, mussten diese Polarität wiederherstellen und der Stadt wieder zu ihrem eigenen Recht – nach Bahrdts Definition also zu einer neuen Urbanität – verhelfen.

„Der Städtebauer kann die Gesellschaft, für die er baut, nicht gestalten, aber er kann den Entwicklungstendenzen, die in ihr lebendig sind, Chancen eröffnen. Er kann auch keine Öffentlichkeit schaffen, wenn die Gesellschaft keine haben will. Aber er kann der Öffentlichkeit Luft und Raum verschaffen. Er kann zwar nicht bestimmen, welcher Art die Öffentlichkeit sein soll, die sich entwickeln wird. Jedoch hat er in gewissem Umfang die Möglichkeit, die Akzente der Repräsentativität zu verteilen, er kann Rangabzeichen verleihen. Von ihm wird es deshalb abhängen, ob die Gesellschaft, für die er baut, sich selbst dort am anschaulichsten repräsentiert, wo sie sich der Entspannung oder der reinen Körperkultur widmet [...], oder dort, wo sie sich auf ihrem eigentlichen bürgerlichen Niveau befindet: im Zentrum der Städte, wo die politischen und kirchlichen Bauten deshalb öffentlich sind, weil sie von einem zivilen Leben umflutet werden, das die Mitte zwischen Geschäftigkeit und Gelassenheit hält."[161]

Der Anschaulichkeit halber und als Parallele zu Gunther Ipsen soll abschließend noch ein kurzer Blick darauf fallen, auf welche Weise Hans Paul Bahrdt sich mit der Interbau und den dort präsentierten Ideen auseinandersetzte. Als die Ausstellung 1957 in Berlin eröffnet wurde, hatte der Soziologe das Dortmunder Institut längst verlassen. Seit 1955 war er als freier Mitarbeiter der Badischen Anilin- und Sodafabrik in Ludwigshafen tätig, wo ihn die Fragen des richtigen Wohnens nun in Form des BASF-Werkwohnungsbaus beschäftigten.[162] Doch wie schon für Gunther

---

159 Bahrdt: Entstädterung, S. 653. So formulierte Bahrdt erstmals: „Eine Stadt ist eine größere Ansiedlung von Menschen, in der die sich aus dem Zusammenwohnen ergebenden sozialen Kontakte und Institutionalisierungen die Tendenz zeigen, entweder privat oder öffentlich zu sein."
160 Ebd., S. 657.
161 Ebd.
162 Bahrdt: Selbst-Darstellung, S. 41f.

Ipsen stellte die internationale Schau auch für Bahrdt einen konkreten Anlass dar, sich mit den Zukunftsideen von Architektur und Städtebau zu befassen. Er gehörte zu den Beiträgern einer kritischen Nachlese, der die Zeitschrift „Bauwelt" im September – die Interbau ging gerade in ihre elfte und vorletzte Woche – ein ganzes Wochenheft widmete.[163]

Allerdings galt Bahrdts Aufmerksamkeit nicht der Utopie der „Stadt von morgen", zu deren geistigen Erbauern auch Ipsen gehört hatte. Sondern ihm ging es um die Mustersiedlung im Hansa-Viertel – beziehungsweise um die Art, wie die Architekten dort die private und die öffentliche Sphäre ausgestaltet hatten. Die Unterschiede im Stadtverständnis werden jedoch auch so noch einmal greifbar, und zwar bereits da, wo der Soziologe die Schauwohnungen einem prüfenden Blick unterzog. Wurden sie den Anforderungen und Bedürfnissen gerecht, die das moderne Leben an die Wohnung stellte? Bahrdt begriff sie dabei nicht als das familienschützende Gehäuse, das die vermeintliche kleinste Zelle der Gesellschaft gegen die Unzumutbarkeiten der Großstadt zusammenschließen sollte. Sondern als einen Ort vielfältiger, vermischter Tätigkeiten jenseits der Erwerbsarbeit. Der moderne Haushalt nämlich, so hielt er fest, wurde soziologisch-idealtypisch gerne als reines Konsumgeschehen wahrgenommen. Seiner Ansicht nach war dies ein folgenschwerer Irrtum. Denn obwohl die berufliche Arbeit weitgehend ausgelagert war, blieb noch immer ein großer Rest an innerfamiliärer Eigenarbeit und Selbsthilfe übrig. Und doch, so kritisierte er, gingen die meisten Architekten davon aus, dass es sich beim Wohnen vor allem darum handele, die immer länger werdende Freizeit gemeinsam in möglichst großen Wohnzimmern zu verbringen, während die wenige anfallende Arbeit auf minimalem Raum zusammengedrängt werden könne. Unter diesem Gesichtspunkt inspizierte er die Grundrisse und Raumaufteilungen der Musterwohnungen. Gute Noten erhielten dabei übrigens nur wenige Architekten. „In der Mehrzahl der Wohnungen [ist] die Hausarbeit gegenüber dem Freizeitkonsum zu kurz gekommen."[164]

Prägnanter noch war zum anderen seine Auseinandersetzung mit der städtebaulichen Anlage des neu entstehenden Quartiers. Obwohl noch weitgehend Baustelle, gab sie Bahrdt doch Gelegenheit zur Diskussion der einen zentralen Frage: Welche

---

163 Die „kritischen Materialien" zur Interbau wurden „zusammengetragen von Hans Paul Bahrdt, Ulrich Conrads, Charlotte Helm, Reimer Kay Holander, Günther Kühne, Walter Rossow und Klaus-Jakob Thiele" – so steht es dem Heft voran. Die einzelnen Beiträge selbst tragen keine Autorennamen. Die Identifizierung Bahrdts als Verfasser der beiden behandelten Aufsätze stützt sich erstens auf den Umstand, dass sie die einzigen explizit soziologisch argumentierenden sind und darüber hinaus den Positionen entsprechen, die Bahrdt zuvor und an anderer Stelle formuliert hat (vgl. Bahrdt: Planung und Politik; ders.: Qualitative Probleme; ders.: Entstädterung).

164 Bahrdt et al.: Haushalt und Wohnstruktur, S. 989.

Bedingungen bot sie der Öffentlichkeit im Alltagsleben der Stadt?[165] Die Voraussetzungen dafür lagen nach Bahrdts Ansicht in einer Raumgestaltung, die es überhaupt erst ermöglichte, einen Teil des Lebens öffentlich – also im Gegensatz zu privat vor den Augen anderer – zu führen. Das bedeutete zunächst einmal die Abkehr vom Ideal der Funktionstrennung, dem die Städtebauer, wie er meinte, in übertriebenem Maße huldigten: Eine aus der Kritik an den engen und verbauten Gründerzeitstädten hervorgegangene, aber falsch verstandene Zweckrationalität, die am Wesen des städtischen Lebens vorbeiging. Erholung, Wohnen, Verkehr, Wirtschaft und Versorgung waren für Bahrdt Aspekte des städtischen Alltags, die weder räumlich noch zeitlich getrennt werden sollten – „weil sie nun einmal zusammengehören und in einer lebendigen Stadt aufeinanderfolgen oder ineinander übergehen."[166] Funktionale Heterogenität war also die erste Forderung. Was seiner Auffassung nach zweitens dazu gehörte, waren Fußgänger. Oder genauer gesagt: städtische Räume und Plätze, die nicht vom Verkehr durchschnitten wurden und den Fußgängern freie Bahn ließen. Sie erst ermöglichten das entschleunigte, zweckvergessene Gehen und Schlendern, das Bahrdt als konstitutiv für das öffentliche Leben ansah: Gelegenheit zur wachen Wahrnehmung der Umgebung und Begegnung der Individuen gleichermaßen. – Orte, so hatte er es an früherer Stelle einmal formuliert, an denen „das Kollektiv der Bürger sich selbst begegnete."[167] Unter diesen baulichen Bedingungen, meinte Bahrdt, werde sich die Öffentlichkeit als zentrales Kennzeichen der Stadt entfalten. Eine „kleine Öffentlichkeit" wohlgemerkt – jedenfalls im Vergleich zur „großen Öffentlichkeit [...] einer urbanisierten Gesellschaft". Und dennoch ein zentrales Kennzeichen städtischen Lebens und zugleich das Fundament eines freien, westlich orientierten, demokratischen Staates. Das strich Bahrdt mit Blick auf die politische Standortbestimmung Interbau-Berlins abschließend noch einmal unmissverständlich hervor:

„Wenn wir erwarten, daß eine Hauptstadt repräsentativ zu sein habe, so meinen wir, daß sie stellvertretend das Wesen der Gesellschaft, das in ihr kristallisiert, auch sichtbar mache. Das geschieht weniger durch repräsentative Veranstaltungen als vielmehr durch einen sozialen Alltag, in dem sich die Gesellschaft auf ihrem eigenen Niveau darstellt. [...] Die revolutionären Formen der modernen Architektur und Stadtbaukunst leben aus der Kontinuität der inzwischen schon recht alten urbanen Zivilisation des Westens, die anscheinend genügend Kraft besitzt, sich von Zeit zu Zeit zu verjüngen."[168]

---

165 Bahrdt et al.: Die kleine Öffentlichkeit.
166 Ebd., S. 996.
167 Bahrdt: Entstädterung, S. 656.
168 Bahrdt et al.: Die kleine Öffentlichkeit, S. 997.

Um die Ausführungen dieses Kapitels nun noch einmal thesenhaft zusammenzufassen: Mit ihren Anstrengungen, sich als kompetente Ansprechpartner auf dem Feld des Wohnungs- und Städtebaus zu legitimieren, schuf die Abteilung von Gunther Ipsen einen Diskussions- und Kommunikationszusammenhang, in dem jüngere Mitarbeiter wie Hans Paul Bahrdt durchaus eigenständig agierten. Auch Bahrdt machte sich für die Mitspracherechte der Soziologen stark, führte teils ganz ähnliche Forderungen und Argumente an. Was ihn von der Position der Abteilung allerdings abhob, war die Perspektive, aus der er Wohnen, Stadt und Planung beurteilte, und die getragen war von den Idealen einer bürgerlichen, liberalen Gesellschaft und der gelebten Demokratie. In seinen Berichten über die MSA-Studie hatte Bahrdt sich weniger als Soziologe denn als engagierter Demokrat zu Wort gemeldet, der um das politische Bewusstsein der Arbeiterschaft fürchtete. Und dass es sich dabei um ein gesamtgesellschaftliches Defizit handelte, diese Wahrnehmung prägte auch seine Beschäftigung mit dem Thema Öffentlichkeit und Stadtplan. Öffentlichkeit verstand Bahrdt in erster Linie als politische Öffentlichkeit, und sie wird in seinem Konzept schließlich nicht zur Voraussetzung der Planung, sondern zu ihrem Ziel.

Unter dieser Perspektive muss man auch Bahrdts soziologische Stadttheorie verstehen, deren Grundzüge er bis 1956 entwickelte. Die Kategorien von Öffentlichkeit und Privatheit, die er als polare Sphären versteht, in die sich das städtische Leben teilt und die es wieder herzustellen gilt, sind normativ hoch aufgeladen. Während das Private die Sphäre der persönlichen Entfaltung des bürgerlichen Individuums war, stand die Öffentlichkeit für das Prinzip der demokratischen Teilhabe und Kontrolle durch politisch bewusste, mündige Bürger.

Rein strukturell betrachtet ist diese Stadttheorie aber eben auch dem Kommunikationszusammenhang aus Sozialforschung, Soziologie und Planung verpflichtet, der in Dortmund hergestellt wurde. Das spiegelt sich in jener Grundannahme der Moderne, die auch Bahrdt teilte und die einen kausalen Zusammenhang zwischen räumlichen und sozialen Arrangements herstellte. – Richtige Planung fördert erwünschte Lebensweisen. – Und auch die Vorstellung, dass die Probleme der Städte gewissermaßen das Resultat einer Abkehr vom Normalzustand waren, war nicht neu. Die Suche nach den eigentlichen, wesensmäßigen Grundformen einer Epoche beschäftigte neben den Stadtforschern auch die Architekten. Auch Hans Paul Bahrdt erklärte damit am Ende Soziologie – und nicht Politik – zur Leitlinie der Planung.

Sowohl den Wissenschaftlern als auch den Planern präsentierte Bahrdt die Großstadt endlich als einen wohlwollend zu betrachtenden Ort. Ein Ort, den es nicht mehr zu tolerieren oder an das Land anzugleichen, sondern in seiner spezifischen sozialen Qualität zu schätzen und zu fördern galt. Aufmerksam betrachtet jedoch beruhte dieser Stadtbegriff weniger auf einer Analyse als auf einer Kritik des städtischen Lebens der Gegenwart: Ein Entwurf für die Zukunft, dessen theoretische Fundierung sich an vorindustriellen Verhältnissen, an einem historischen

Stand von Urbanität ausrichtete. Für seine soziologische Theoriebildung griff also auch Hans Paul Bahrdt auf einen in der vorindustriellen Vergangenheit liegenden Zustand zurück – in diesem Fall die bürgerliche Stadt des 19. Jahrhunderts.

Allerdings geht es hier weder um eine Analyse von Hans Paul Bahrdts Stadttheorie, noch soll damit – und das muss noch einmal betont werden – eine Kontinuitätslinie gezogen werden. Was auf den vorangegangenen Seiten dennoch deutlich geworden sein sollte: Die Dortmunder Großstadtforschung war keine Sackgasse in der Geschichte der Stadtsoziologie.

9 Schluss

Eine Untersuchung, die sich über dreißig Jahre und drei politische Systeme hinweg erstreckt, verlangt am Ende nach den großen Linien – so könnte man erwarten. Tatsächlich scheint es sinnvoll, hier nun zunächst ein Fazit in Form von Längsschnitten zu ziehen und die analysierten Bedingungen der Stadtforschung, ihre Praktiken und Methoden, Interessen und Deutungsweisen kurz Revue passieren zu lassen. Die Konturen dieser Geschichte mögen auf diese Weise noch einmal hervortreten. Jedoch besitzen derartige Längsschnitte offenkundige Grenzen, wenn es darum geht, den Wandel oder die Beharrungskräfte einer Wissenschaft zu verstehen. Denn dazu gehören kleine Schritte und Übersetzungsleistungen, die isoliert betrachtet marginal erscheinen mögen. Als sukzessive Veränderungen im Ressourcenensemble gebührt ihnen jedoch eine besondere Aufmerksamkeit, was daher abschließend noch einmal verdeutlicht werden soll.

Was das Interesse der Soziologen an der Stadt betrifft, so beginnt diese Geschichte eher verhalten. Denn obgleich gerade das Leben in den großen Städten zu den zentralen Erfahrungen der Moderne gehörte, fielen Stadt und Urbanität während der Weimarer Jahre nicht in den Zuständigkeitsbereich einer Soziologie, der es als theoretisch ausgerichteter Wissenschaft primär um den abstrakten Kern menschlicher Vergesellschaftung ging. Andreas Walthers am Ende der zwanziger Jahre begonnener Versuch, in Hamburg eine Stadtforschung nach amerikanischem Vorbild zu etablieren, wurde von seinen wissenschaftlichen Kollegen kaum wahrgenommen. Auch die Nähe, die er zum NS-Regime suchte, änderte daran nichts. Zwar erfuhren die empirisch arbeitenden Sozialwissenschaften unter der nationalsozialistischen Herrschaft durchaus eine gewisse Konjunktur. Doch bezog sich diese vor allem auf die großräumigen Überblicke: auf Studien, die Bevölkerung und Ressourcen kategorisierten und gruppierten, sie überschaubar und verfügbar, planungs- und zugriffsfähig machten. Die Erforschung dessen, was das Leben und Zusammenleben in der Stadt ausmachte, fiel nicht darunter. In ihren soziologischen Dimensionen rückte die Stadt erst nach 1945 wieder offen in das Blickfeld der Sozialforschung, als die urbane Landschaft Deutschlands zu einer Ruinenlandschaft geworden war. An der Sozialforschungsstelle in Dortmund ging das Interesse dabei in zwei Richtungen. Die Sozialforscher versuchten sich zum einen an einer Gemeindestudie nach amerikanischem Vorbild und begannen zum anderen mit der systematischen Erforschung der Großstadt.

Eine Herausforderung war beides, denn das Forschungsknowhow war begrenzt; das methodische Arsenal, aus dem eine soziologische Stadtforschung in der Nachkriegszeit schöpfen konnte, überschaubar. Zwanzig Jahre zuvor in Hamburg hatte sich der Ordinarius Walther sozusagen am Marktführer in Sachen Stadtsoziologie orientiert und damit begonnen, die Forschungspraktiken der *Chicago School* einzuführen: eine Survey-Forschung amerikanischen Stils mit differenzierten Methoden der Datenerhebung; die Technik des *mapping* für eine ebenso umfassende wie feingliedrige Sozialkartographie. Und auch vom Chicagoer Beobachtungsparadigma und den kleinen Reportagen der Park-Schüler hatte er sich offenbar anregen lassen. Auf breiter Basis durchgesetzt haben sie sich jedoch nicht – zumindest wenn man die Sozialforschungsstelle in Dortmund zum Maßstab nimmt, wo auch die Forschungsinteressen andere waren. Otto Neuloh und Eduard Willeke richteten 1947 ihre Aufmerksamkeit auf eine historische Individualität aus Bevölkerung und Mentalität, räumlichen und wirtschaftlichen Ressourcen. Ein Objekt, dessen Eigenlogik es aus der historisch vertieften, zusammenfassenden Betrachtung aller dieser Komponenten zu erkennen galt. Wie genau man zu dieser Erkenntnis kommen würde, das war allerdings unklar. Die Stadtmonographie, von Neuloh und Willeke als seriell einsetzbares Instrument vorgesehen, befand sich im Entwicklungsstadium und kam auch nie darüber hinaus. Und auch die Großstadtforscher, die Gunther Ipsen ab 1951 um sich scharte, verstanden ihre Arbeit als methodisches Experimentierfeld. Sie übernahmen dazu Ipsens statistische Methodik, die der Volkstumssoziologe bereits in den dreißiger Jahren entwickelt hatte. Wolfgang Köllmann griff zudem auf Methoden zurück, die sich in der Volksgeschichte bewährt hatten – die Auswertung von Standesamtsregistern im Hinblick auf die (soziale) Herkunft der Eheschließenden. Und Walter Christaller führte eine Fragebogen-Erhebung durch; eine Vorgehensweise, die in der Raumforschung der dreißiger und vierziger Jahre bereits genutzt worden war.

Beim Einsatz in der Großstadt erwiesen sich die Verfahren allerdings nur bedingt als tauglich und bedurften der Anpassung. Während daher einerseits an der Weiterentwicklung statistischer Methoden gefeilt wurde, eigneten sich die Dortmunder Forscher andererseits aber auch die neuen Vorgehensweisen aus den USA an. In Datteln erprobten Helmuth Croon, Dietrich von Oppen und Kurt Utermann das Instrument der *community study* und prüften den Einsatz und Nutzen von teilnehmender Beobachtung, offenen Gesprächen und Reiheninterviews für das Verständnis des sozialen Lebens einer Gemeinde. Auch das Team der Großstadtforscher griff von den neuen Techniken auf, was ihnen zur Beantwortung der Wohnungsfrage geeignet schien. Das waren allerdings nicht die mimetischen Formen der Annäherung, für die die amerikanische Stadtsoziologie heute besonders bekannt ist. Sondern die teilstandardisierte Interviewerhebung, die bald routiniert in die Forschungspraxis eingebunden wurde. Mit Hilfe des amerikanischen Imports öffneten sich den Wissenschaftlern neue Bereiche der Stadt. Und das Interview war in dieser Hinsicht die Methode der Wahl.

Eine Voraussetzung dafür lag ohne Zweifel im allmählichen Übergang von der historischen Sozialwissenschaft zur systematischen Großstadtforschung. Walthers Hamburger Aktivitäten kann man zwar als Beispiel dafür nehmen, dass der Ende der zwanziger Jahre einsetzende Trend zur empirischen, gegenwartsorientierten Forschung durchaus mit den Fragestellungen einer wissenschaftlichen Disziplin einherging. Die Anfänge der Dortmunder Stadtforschung jedoch waren von den Sicht- und Arbeitsweisen der historisch orientierten Volks- und Kulturraumforschung geprägt, die während des Nationalsozialismus einen besonderen Aufschwung erlebt hatte. Ihre Stadtmonographien waren als historisch angereicherte Überblicksstudien gedacht, die eine einzelne Stadt als Individualität im Sinne des Historismus verstanden. Selbst die Gemeindestudie in Datteln, die sich an amerikanischen Vorbildern orientierte, lässt sich auch als Beispiel für eine sozialhistorische Studie lesen. Der Wandel kam subkutan und sukzessive. Nach dem Scheitern des Projekts paralleler Untersuchungen zu Dortmund und Bochum ging die Abteilung von Gunther Ipsen schrittweise zur systematischen – nicht mehr auf das Individuelle, sondern auf typische Strukturen fokussierenden – Großstadtforschung über. Historisch fundiert sollten die Arbeiten dennoch angelegt sein, ging Ipsen doch von epochenspezifischen Ordnungsmustern aus. Jedoch verlor seine Methode, diese aus den Bevölkerungsbewegungen des Industriezeitalters heraus zu errechnen, im Angesicht der enormen Erschütterungen und Bevölkerungsverschiebungen von Kriegs- und Nachkriegszeit massiv an Praktikabilität. Die Ablösung historischer Deutungsweisen mag daher auch mit ihren forschungspraktischen Problemen zu tun gehabt haben.

Noch größere Veränderungen lassen sich in diesen dreißig Jahren verzeichnen, wenn auf die Deutung von Stadt und Urbanität fokussiert wird. Denn von einem gefährdeten oder gar den kulturellen Niedergang bringenden Ort, den man tolerieren und verbessern, verländlichen oder auflösen musste, wurde sie schließlich zu einem Ort, den es in seiner spezifischen sozialen Qualität zu schätzen und zu fördern galt. Andreas Walther hatte Hamburg zwar im Chicago-Stil als Mosaik urbaner Milieus und Lebenswelten erforschen wollen, dieses Konzept aber mühelos mit der Vorstellung von der schädigenden Wirkung des Großstadtlebens in Verbindung gebracht. Seine Survey-Forschung richtete er 1934, einer sozialepidemiologischen Denkweise folgend, auf die vermeintlichen Infektionsherde des urbanen Raums aus. Im Rahmen der NS-Raumordnungspolitik stand die Beschäftigung mit der Stadt im Spannungsfeld der staatstragenden großstadtfeindlichen Ideologie und dem Primat der Ökonomie. Und so wurde bald nicht mehr die Auflösung, sondern die strukturelle Optimierung zum leitenden Gedanken. Eine Auffassung, die auch im Hintergrund der Dortmunder Stadtforschung stand. Eduard Willeke hatte die sozialen Probleme der Großstädte in der Missachtung ihrer jeweiligen Tragfähigkeit gesehen. Die Stadtmonographie war für ihn das Instrument, um dieses Missverhältnis zu identifizieren. Und Gunther Ipsens Begriff der Stadt als „Leistungsgefüge" mochte zwar für eine sachlich-nüchterne Wahrnehmung sprechen. Dennoch waren die großen Städte die zentralen Orte der von ihm abgelehnten industriellen Gesellschaft. Forschungsleitend wirkte für Ipsen nicht nur das planerische Ziel besserer Ordnung, sondern auch die Absicht, ein weiteres Stadtwachstum zu verhindern. Seit Mitte der fünfziger Jahre indessen versuchte Hans Paul Bahrdt theoretisch die Besonderheiten zu erfassen, die die Stadt vom Land unterschieden. Und er fand sie nicht nur in der Polarisierung des städtischen Lebens in eine öffentliche und private Sphäre. Sondern vor allem in der gesamtgesellschaftlichen Bedeutung dieser speziellen sozialen Qualität. Bei Bahrdt wurden die Großstädte zu den ‚zentralen Orten' einer freien, westlich-demokratischen Gesellschaft. Gemeinsam ist den aufgeführten Perspektiven übrigens eines: eine kritische Haltung gegenüber dem jeweiligen Ist-Zustand der Städte. Freilich führte allein Bahrdt dies auf einen Mangel – und nicht auf ein Zuviel – an Urbanität zurück.

Als weiterer Längsschnitt wäre ein Blick auf das wissenschaftliche Selbstverständnis der Stadtforschung möglich. Er fiele auf die Idee einer angewandten, problem- und praxisorientierten Sozialwissenschaft mit multidisziplinärem Zugriff. Sie hatte sich während der dreißiger und vierziger Jahre gefestigt und verstand soziale Forschung nicht unähnlich der naturwissenschaftlichen: nämlich als Suche nach den quasi-natürlichen Ordnungsmustern, den regelhaften Abläufen der industriellen Welt. Die Sozialforschungsstelle selbst, das 1946 in Dortmund neu eröffnete Institut, gründete auf diesem Verständnis. In der Großstadt und im Ballungsraum vermuteten die Mitarbeiter der Abteilung Ipsen diese Ordnungsmuster in einer bestimmten räumlichen Gliederung, die sich aus der Verteilung von Bevölkerung und Wirtschaftseinrichtungen ergab.

Eng damit verbunden wäre die Frage nach den Beziehungen zwischen Forschung und Politik, Wissenschaft und Staat. Und in dieser Hinsicht müsste man wohl auf die abnehmende Intensität, auf die Auflösung eines in den NS-Jahren ausgesprochen engen, funktionalen wie legitimatorischen Verhältnisses hinweisen. Der Staat und die nationalsozialistische Bevölkerungspolitik – von der Neuordnung bis zur Vernichtung – war in den dreißiger und vierziger Jahren der wichtigste Förderfaktor für angewandte sozialwissenschaftliche Forschung. Die Organisationszusammenhänge des nationalsozialistischen Wissenschaftssystems, Forschungseinrichtungen und -netzwerke, wurden 1945 allerdings aufgelöst und in der entstehenden pluralistischen Ordnung entstand eine vielfältigere sozialwissenschaftliche Landschaft. In der Gründungsgeschichte der Sozialforschungsstelle in Dortmund liefen zweifellos Entwicklungsfäden aus dem Dritten Reich zusammen. Doch als

Institut, das von einer privaten Fördergesellschaft sowie einer projektorientierten Mischfinanzierung getragen wurde, das keine staatlich gesteuerte Auftragsforschung betrieb, sondern ihr Forschungsprogramm selbst verantwortete, stand sie dennoch beispielhaft für diese Entwicklung. Das bedeutet nicht, dass die Wissenschaftler sich nicht an politischen Aufgaben und Zielen ausgerichtet hätten. Doch von einer planmäßigen Bündelung des wissenschaftlichen Personals im Hinblick auf die politischen Ziele eines Staates konnte wohl kaum die Rede sein.

Allerdings: Große Linien suggerieren eben auch Linearität, und damit werden die Grenzen eines solchen Längsschnitt-Resümees deutlich. Denn es vermittelt die Vorstellung einer mehr oder weniger klaren Entwicklungsrichtung. Zum Verständnis der Geschichte von Soziologie und Sozialforschung nach 1945, zur Frage nach dem Verhältnis von Kontinuität und Wandel, trägt das aber letzten Endes wenig bei. Die Sozialforschungsstelle Dortmund liegt insofern nämlich regelmäßig auf einer der Kontinuitätsgeraden – eine Verortung, für die es ohne Zweifel gute Gründe gibt. Hans Paul Bahrdts einflussreiche Stadttheorie hingegen steht für die neue ‚soziologischere' Gesellschaftswissenschaft, die in den 1960er und 1970er Jahren ihren Aufstieg erlebte. Beide spielen für die Soziologiegeschichte in der Bundesrepublik eine wichtige Rolle, und doch tauchen sie nur selten in derselben Erzählung auf. Dabei ließe sich, wie in den vorangegangenen Kapiteln gezeigt, selbst die Arbeit der Sozialforschungsstelle unter einer Perspektive des Wissenschaftstransfers schreiben, während man umgekehrt auf die Beständigkeit bestimmter Deutungsmuster in Hans Paul Bahrdts Theoriebildung hinweisen kann.

Der mikrogeschichtlich orientierte Ansatz der vorliegenden Untersuchung erlaubt es hingegen, die kleinen Schritte nachzuvollziehen, in denen der wissenschaftliche Wandel nach 1945 verlief. Er lässt erkennen, wie Entwicklungen ineinandergriffen, die bei anderer Betrachtung womöglich sogar gegenläufig erscheinen, und wie das Ressourcenensemble der Stadtforschung auf diese Weise sukzessive umgestaltet wurde.

Dass die Herstellung von Kontinuität Grenzen hatte, wurde bereits anhand der Entstehungsgeschichte der Dortmunder Sozialforschungsstelle deutlich. Sie gründete auf der Akzeptanz, die die angewandte Sozialforschung während des vorangegangenen Jahrzehnts gewonnen hatte, sowie auf der Veränderung wissenschaftlicher Organisationsformen (in Form einer Auslagerung empirischer Forschung aus der Universität). Das Institut war teils Neugründung, teils Zusammenschluss bereits bestehender Einrichtungen und verfolgte eine sozialtechnisch dominierte Idee empirischer Forschung, wie sie sich während des Nationalsozialismus herausgebildet hatte. Auch die Forscher, die diese Idee verwirklichen sollten, hatten zum überwiegenden Teil bereits eine Laufbahn im nationalsozialistischen Wissenschaftssystem hinter sich. Dennoch geschah dies unter den veränderten Bedingungen der Nachkriegszeit und erforderte entsprechende Anpassungen und neue Allianzen. Die alten Förderstrukturen, Forschungs- und Praxiszusammenhänge waren mit dem nationalsozialistischen Staat zusammengebrochen. An der neu gegründeten Sozialforschungsstelle war man stattdessen auf die Einwerbung von Fördermitteln öffentlicher und privater Geldgeber angewiesen. Auch das Forschungsprogramm ließ sich nicht mehr im Namen von Staat, Bevölkerungspolitik, Partei oder Volkstum formulieren. Von den alten legitimatorischen Bezügen befreit, setzten die Gründer stattdessen auf die Objektivität und ideologiefreie Neutralität der nüchternen Empirie im Dienste eines reibungslosen sozialen Lebens. Mit ihrem Programm einer fakten- und problemorientierten Analyse waren die Dortmunder Sozialforscher dann sogar anschlussfähig für die Deutschlandpolitik der Rockefeller Stiftung. Der *chief patron* der amerikanischen Sozialwissenschaften wurde auf diese Weise ein Bestandteil des Dortmunder Ressourcenensembles. Diese Allianz trug indessen nicht nur zum Finanzhaushalt des Instituts bei, sondern eröffnete auch ein neues Feld von Methoden und Forschungspraktiken, Deutungs- und Legitimationsmöglichkeiten, die in den folgenden Jahren auf unterschiedliche Weise genutzt wurden.

Die Datteln-Studie war nur eine Folge dieser Allianz. Doch an ihrem Beispiel wird deutlich, wie sich das, was allgemein als amerikanischer Wissenschaftstransfer bezeichnet wird, im Detail vollzog: nämlich als komplexer Vermittlungsprozess zwischen neuen Methoden, Forschungsverständnis, Sichtweisen und Gesellschaftsbegriffen. So war es zum Beispiel nicht damit getan, den drei Historikern Croon, von Oppen und Utermann die Prinzipien der teilnehmenden Beobachtung zu vermitteln, solange unklar war, was sie eigentlich beobachteten. Denn eng mit dem amerikanischen Beobachtungsparadigma verknüpft war ein strukturfunktionales Verständnis von Gesellschaft, das die drei Dortmunder Forscher nicht ohne Weiteres mit dem eigenen in Einklang bringen konnten. Das Ergebnis dieses Vermittlungsprozesses, das in „Zeche und Gemeinde" greifbar wird, lässt sich weder auf der Kontinuitätsskala noch auf der des Neuanfangs eintragen.

Besonders anschaulich jedoch werden die sukzessiven Veränderungen anhand des Projekts Großstadtforschung. Eigentlich war es dazu angetan, Kontinuität herzustellen. Otto Neuloh, Bruno Kuske und Eduard Willeke hatten unmittelbar an das Forschungsprogramm der Reichsarbeitsgemeinschaft für Raumforschung angeschlossen, als sie die Stadtmonographien auf die Dortmunder Agenda setzten. Mit dem zweiten Anlauf erhielt dann wenige Jahre später der Volkstumssoziologe Gunther Ipsen – exponierter Vertreter einer NS-nahen ‚deutschen Soziologie' – die Gelegenheit, seine 1945 unfreiwillig beendete Arbeit an einer volkstümlichen Gesellschaftsordnung fortzusetzen. Zwar mochte das Volk als Gegenstand der Soziologie inzwischen diskreditiert sein und in den Schriften des Dortmunder Großstadtforschers auch keine Rolle spielen. Ipsens Gesellschaftsbild jedoch, sein Verständnis sozialer Beziehungen und sozialer Ordnung hatte sich im Wesentlichen nicht geändert. Ebenso wenig seine Auffassung einer empirisch vorgehenden, angewandten Soziologie. Die Arbeit der Dortmunder Großstadtforscher prägte in der Folge beides. Sie suchten nach den sich gesetzmäßig entwickelnden, räumlichfunktionalen Mustern eines „Leistungsgefüges" aus Bevölkerung, Produktion und Konsum. Und sie spürten den Bedingungen nach, unter denen selbst in einer industrialisierten Welt eine stabile und konfliktfreie soziale Ordnung möglich sein würde: mit der Familie als Nukleus und Basis, über Nachbarschaften (beziehungsweise Siedlungseinheiten) bis zum Gesamtsystem des Ballungsraums, in dem Berufspendler zwar vom doppelten Stellenwert der industriellen Produktion lebten, ihr Leben aber zugleich bodenverbunden und dörflich-integriert führten.

Dennoch weist bereits Gunther Ipsens Schwenk von der Agrar- und Dorf- hin zur Großstadtforschung auf die neuen Bedingungen für soziologische Wissenschaft und Forschung hin, unter denen die Fortsetzung dieser Karriere möglich war. Und wie gezeigt, wurde auch Ipsens soziologisches Programm, das sich um die empirische Erkenntnis eines sich im Raum und in der Zeit erstreckenden Objekts drehte, von diesen herausgefordert. Übertragen auf die industrielle Großstadt erwiesen sich die Grenzen seiner praktischen Umsetzbarkeit. So scheiterten in den folgenden Jahren mehrere Mitarbeiter des Forscherteams daran, die typischen, gesetzmäßigen Ordnungsmuster in der Dortmunder Sozialstruktur dingfest zu machen. Außerdem machte die jüngste Vergangenheit mit ihren enormen Bevölkerungsverschiebungen Ipsens Technik zunichte, langfristig angelegte Entwicklungsprozesse als Ausdruck epochaler Ordnungsmuster zum Vorschein zu bringen. Was sich konkret als forschungspraktisches Problem darstellte, setzte zugleich die historische Gesellschaftsdeutung insgesamt unter Druck.

Wenn hier also einerseits Grenzen für die Herstellung von Kontinuität greifbar werden, sollte andererseits deutlich geworden sein, wie die Wissenschaftler sich an den neuen Bedingungen ausrichteten, sie zu nutzen wussten und sich damit an ihrer weiteren Veränderungen letztlich sogar beteiligten. Die Übersetzungsschritte, die dabei vollzogen wurden, kann man synthetisierend, sozusagen im Zeitraffer nachvollziehen.

Als zu Beginn der fünfziger Jahre mit dem sozialen Massenwohnungsbau eine neue staatliche Aufgabe anstand, erschlossen sich die Dortmunder Stadtforscher aus einem altgedienten Gesellschaftsverständnis heraus ein neues Forschungsfeld – Wohnen und Wohnung in der Großstadt und deren Auswirkungen auf die Lebensweise – und zugleich neue Methoden der Forschung: nämlich die Technik stichprobenbasierter Interviewerhebungen, mit der man gerade die ersten, durch amerikanische Wissenschaftler vermittelte Erfahrungen gemacht hatte. Auf dem Praxisfeld des Wohnungsbaus allerdings waren Soziologen zu dieser Zeit nicht vertreten, obwohl soziologische Sichtweisen dort durchaus eine Rolle spielten. Als Experten waren stattdessen andere Berufsgruppen etabliert. Mit einer weiteren amerikanischen Allianz – dieses Mal nicht mit der Rockefeller Stiftung, sondern dem *Housing Office* der MSA, die im Rahmen ihrer deutschlandpolitischen Ziele ebendiese etablierten Strukturen und Netzwerke zu lösen suchte – ergab sich für die Dortmunder Forscher daher eine attraktive Chance. Die Allianz scheiterte jedoch, weil sie im

Ergebnis für die amerikanischen *Housing Officers* strategisch nutzlos war. Auch für die übrigen Akteure des MSA-Wohnbauprojekts brachte die spezielle empirische Expertise aus Dortmund keinen Vorteil. Als die Sozialforscher in den folgenden Monaten und Jahren aktiv gegen ihr Legitimationsdefizit in der Wohnbauplanung vorgingen, suchten sie stattdessen den strategischen Schulterschluss mit der am öffentlichen Wohnungsbau bislang nur konsumierend-passiv beteiligten Gruppe: den Wohnungssuchenden selbst. Voraussetzung für diese neue Rolle als Fürsprecher war wiederum die von den amerikanischen Sozialwissenschaftlern übernommene Forschungsmethode des Interviews. Deren technisch verbrieftes Versprechen besonderer Authentizität brachten die Wissenschaftler nun gegen das Wissen und damit den Vertretungsanspruch der etablierten Akteure in Stellung. Noch fester gezurrt werden sollte diese Allianz, als die Sozialforscher Öffentlichkeit und Demokratie als Ressource entdeckten. Nur zur Erinnerung: Genau betrachtet hatte die Dortmunder Wohnwunschforschung zunächst einmal wenig mit direkter Interessenvertretung oder gar Demokratie zu tun; mit dem Gedanken sozialplanerischer Effektivität im Dienste einer konservativen Gesellschaftspolitik hingegen sehr viel. Von ihrer Rolle als methodisch versierte Interessenvertreter und Wohnungsexperten aus schlossen die Großstadtforscher um Gunther Ipsen schließlich an die zeitgenössische Diskussion um Öffentlichkeit und Demokratisierung an. Mit der Tagung „Der Stadtplan geht uns alle an" gingen sie 1955 nicht mehr gegen das eigene Legitimationsdefizit vor. Sie rückten stattdessen die fehlende Legitimation der etablierten Akteure, der Planer, Bauer und Verwalter ins Licht einer demokratischen Öffentlichkeit.

Gemeinhin wird der zweiten Generation der bundesdeutschen Soziologen der Verdienst zugeschrieben, die Soziologie zu einer Demokratiewissenschaft gemacht zu haben. Die Veränderungen des sozialwissenschaftlichen Ressourcenensembles an der Dortmunder Sozialforschungsstelle zeigt jedoch, in welcher Form selbst ein Soziologe wie Gunther Ipsen daran beteiligt war, dieser Entwicklung den Boden zu bereiten. Hans Paul Bahrdts Begriff der Großstadt und Gunther Ipsens Leistungsgefüge könnten auf den ersten Blick unterschiedlicher nicht sein. Wissenschaftshistorisch kann Bahrdts Stadttheorie dennoch nicht eingeordnet werden, ohne dabei auch den Kontext zu berücksichtigen, der mit dem Dortmunder Projekt Großstadtforschung geschaffen wurde. Diese Theorie, im Jahr 1961 unter dem Titel „Die moderne Großstadt. Soziologische Überlegungen zum Städtebau" veröffentlicht, hat die bundesdeutsche Stadtsoziologie in den folgenden Jahrzehnten nachhaltig geprägt. Die Bedingungen für diese Entwicklung herauszuarbeiten, ist allerdings nicht mehr Anliegen dieser Arbeit.

Anhang

Abkürzungen

AG	Aktiengesellschaft
ASA	American Sociological Association
AwI	Arbeitswissenschaftliches Institut
BASF	Badische Anilin- & Soda-Fabrik
BDA	Bund Deutscher Architekten
CDU	Christlich Demokratische Union Deutschlands
Conn.	Connecticut
CSU	Christlich-Soziale Union in Bayern e. V.
DAF	Deutsche Arbeitsfront
DFG	Deutsche Forschungsgemeinschaft
DGB	Deutscher Gewerkschaftsbund
DGS	Deutsche Gesellschaft für Soziologie
DIVO	Deutsches Institut für Volksumfragen
DM	Deutsche Mark
ECA	Economic Cooperation Administration
EMNID	Erforschung der öffentlichen Meinung, Marktforschung, Nachrichten, Informationen und Dienstleistungen
FOA	Foreign Operations Administration
HAG	Hochschularbeitsgemeinschaft
HDWB	Handwörterbuch
HICOG	High Commissioner of Germany
HJ	Hitlerjugend
IPP	Institut für Politische Pädagogik
ISFD	Institut für sozialwissenschaftliche Forschung Darmstadt
K	Karton
KPD	Kommunistische Partei Deutschlands
KZfSS	Kölner Zeitschrift für Soziologie und Sozialpsychologie

LSRM	Laura Spelman Rockefeller Memorial
Mass.	Massachusetts
Ms.	Manuskript
MSA	Mutual Security Agency
N. J.	New Jersey
N. Y.	New York
NL	Nachlass
NRW	Nordrhein-Westfalen
NS	nationalsozialistisch
NSD Dozentenbund	Nationalsozialistischer Deutscher Dozentenbund
NSDAP	Nationalsozialistische Deutsche Arbeiterpartei
o. D.	ohne Datum
o. J.	ohne Jahr
o. O.	ohne Ort
OMGUS	Office of Military Government, United States
ONr.	Ordnungsnummer
PAW	Personalakten der wissenschaftlichen Mitarbeiter
RAD	Reichsarbeitsdienst
RAG	Reichsarbeitsgemeinschaft
Rez.	Rezension
RfR	Reichsstelle für Raumordnung
RKF	Reichskommissariat für die Festigung des deutschen Volkstums
RuR	Raumforschung und Raumordnung
SA	Sturmabteilung
SAG	Soziale Arbeitsgemeinschaft Berlin
SFS	Sozialforschungsstelle
SH	Sonderheft
SOFO	Sozialforschungsstelle
SPD	Sozialdemokratische Partei Deutschlands
SS	Sturmstaffel
StAD	Stadtarchiv Dortmund
TH	Technische Hochschule
TU	Technische Universität
UA	Universitätsarchiv
UNESCO	United Nations Educational, Scientific and Cultural Organization
USA	United States of America
USSBS	United States Strategic Bombing Survey
WPA	Work Projects Administration
WSI	Wirtschafts- und Sozialwissenschaftliches Institut

WWI	Wirtschaftswissenschaftliches Institut
zgl.	zugleich
Zug.	Zugang
ZUMA	Zentrum für Umfragen, Methoden und Analysen

UNGEDRUCKTE QUELLEN

Archiv der Sozialforschungsstelle Dortmund [1]
Bestand der „Sozialforschungsstelle an der Universität Münster, Sitz zu Dortmund"
ONr. I Gründungsjahre und Geschichte der Sozialforschungsstelle, G 1/3-G 3/3
ONr. II Instituts- und Gesellschaftsunterlagen
    1 Trägergesellschaft „Sozialforschungsstelle an der Universität Münster e. V., Sitz zu Dortmund", K 1/5-2/5
ONr. V Forschungsverwaltungsunterlagen (Projekte)
    1 Untersuchungen zum „Datteln-Komplex", K 1/23-23/23
    6 Wirtschafts- und Sozialmonographien / Großstadtuntersuchungen, K 1/26-26/26
    7 Untersuchung zum Bergarbeiter-Wohnungsbau, K 1/16-16/16
ONr. IX Nachlässe
    3 Gunther Ipsen, K 1/14-14/14

Stadtarchiv Dortmund
Bestand 140, Schulverwaltungsamt
Bestand 141, Kulturamt

Universitätsarchiv Köln
Zugang 96, Handakten des Obmanns der Hochschularbeitsgemeinschaft für Raumforschung, Prof. Dr. Bruno Kuske

Universitätsarchiv Gießen
PrA 2088, Reichsarbeitsgemeinschaft für Raumforschung, 1936-1944
PrA Phil Nr. 30, Personalakte Eduard Willeke

Universitätsarchiv Bielefeld
NL Helmut Schelsky, 64-70

---

[1] Seit 2010 wird das Archiv der Sozialforschungsstelle vom Universitätsarchiv Dortmund verwaltet.

GEDRUCKTE QUELLEN

Adorno, Theodor W.: Zur gegenwärtigen Stellung der empirischen Sozialforschung in Deutschland, in: Empirische Sozialforschung. Meinungs- und Marktforschung, Methoden und Probleme, hg. vom Institut zur Förderung öffentlicher Angelegenheiten, Frankfurt a. M. 1952, S. 27-39.

Adorno, Theodor W. et al.: Der Positivismusstreit in der deutschen Soziologie, 13. Aufl., Darmstadt/Neuwied 1989. (erstmals 1969)

Anderson, Nels: Die Darmstadt-Studie, ein informeller Rückblick, in: Soziologie der Gemeinde, hg. von René König, 3. Aufl., Köln/Opladen 1966, S. 144-151. (KZfSS SH 1, erstmals 1956)

Anderson, Nels: Die Entwicklung der Sozialforschung in den Vereinigten Staaten, in: Soziale Welt 1 (1950), S. 65-72.

Anderson, Nels: The Hobo. The Sociology of the Homeless Man, Chicago 1975. (erstmals 1923)

Arensberg, Conrad M.: Die Gemeinde als Objekt und als Paradigma, in: Handbuch der Empirischen Sozialforschung, hg. von René König, Bd. 1, Stuttgart 1962, S. 498-521.

Arensberg, Conrad M.: The Community as Object and as Sample, in: American Anthropologist 63 (1961), S. 241-264.

Arensberg, Conrad M.: The Community-Study Method, in: The American Journal of Sociology 60 (1954), S. 109-124.

Arensberg, Conrad: The Irish Countryman. An Anthropological Study, New York 1937. (2. Aufl. Garden City, N. Y. 1968)

Arensberg, Conrad M. / Kimball, Solon T.: Family and Community in Ireland, Cambridge, Mass. 1940.

Bahrdt, Hans Paul: Der erschöpfte Mensch kann nicht mehr wohnen. Gedanken über den schlechten Geschmack und das Wohnen, in: Baukunst und Werkform 5 (1952), S. 30-34.

Bahrdt, Hans Paul: Der Stadtplan geht uns alle an, in: Baukunst und Werkform 8 (1955), S. 319-323.

Bahrdt, Hans Paul: Die gute Stube muss ernst genommen werden, in: Baukunst und Werkform 7 (1954), S. 65-67.

Bahrdt, Hans Paul: Die moderne Großstadt. Soziologische Überlegungen zum Städtebau, Reinbek bei Hamburg 1961.

Bahrdt, Hans Paul: Die Soziologie als Helferin beim Wiederaufbau der Städte, in: Soziale Welt 6 (1954), S. 72-78.

Bahrdt, Hans Paul: Entstädterung oder Urbanisierung. Soziologische Gedanken zum Städtebau von morgen, in: Baukunst und Werkform 9 (1956), S. 653-657.

Bahrdt, Hans Paul: Humaner Städtebau. Überlegungen zur Wohnungspolitik und Stadtplanung für eine nahe Zukunft, 3. Aufl., Hamburg 1969. (erstmals 1968)

Bahrdt, Hans Paul: Planung und Politik, in: Baukunst und Werkform 8 (1955), S. 281f.

Bahrdt, Hans Paul: Qualitative Probleme des Sozialen Wohnungsbaues, in: Baukunst und Werkform 8 (1955), S. 287-293.

Bahrdt, Hans Paul: Wie leben die Bewohner neuer Stadtteile und wie wollen sie eigentlich leben?, in: Baukunst und Werkform 5 (1952), S. 56-63.

Bahrdt, Hans Paul: Zwischen Bergmannskotten und Siedlungshaus. Wie Bergleute wohnen, wohnen wollen und wohnen sollen, in: Frankfurter Hefte 7 (1952), S. 679-687.

Bahrdt, Hans Paul et al.: Die kleine Öffentlichkeit in der großen Stadt, in: Bauwelt 48 (1957), S. 995-997.

Bahrdt, Hans Paul et al.: Haushalt und Wohnungsstruktur, in: Bauwelt 48 (1957), S. 988-994.

Bauen ist Jedermanns Sache. Drittes öffentliches Gespräch in Dortmund. Tagungsbericht, Essen 1959. (Sonderdruck aus: Der Architekt 8 [1959])

Brepohl: Wilhelm: Der Aufbau des Ruhrvolkes im Zuge der Ost-West-Wanderung. Beiträge zur deutschen Sozialgeschichte des 19. und 20. Jahrhunderts, Recklinghausen 1948. (Soziale Forschung und Praxis 7)

Brepohl, Wilhelm: Industrievolk im Wandel von der agraren zur industriellen Daseinsform, dargestellt am Ruhrgebiet, Tübingen 1957. (Soziale Forschung und Praxis 18)

Brepohl, Wilhelm: Zur Charakteristik der Industriestädte, in: Biologie der Großstadt, hg. von Bernhard de Rudder und Franz Linke, Dresden/Leipzig 1940, S. 31ff.

Burckhardt, Lucius: Stadtplanung und Demokratie. Auch ein Kommentar zur „Interbau", in: Bauwelt 48 (1957), S. 969f.

Burckhardt, Lucius: Wer plant die Planung? Architektur, Politik und Mensch, hg. von Jesko Fezer und Martin Schmitz, Berlin 2004.

Burckhardt, Lucius / Frisch, Max / Kutter, Markus: Achtung: Die Schweiz. Ein Gespräch über unsere Lage und ein Vorschlag zur Tat, in: Max Frisch: Gesammelte Werke in zeitlicher Folge. Bd. III,1, hg. von Hans Mayer, Frankfurt 1976, S. 291-339. (erstmals 1955)

Burckhardt, Lucius / Kutter, Markus: Wir selber bauen unsere Stadt. Ein Hinweis auf die Möglichkeiten staatlicher Baupolitik, Basel o. J. [1953].

Burckhardt, Lucius / Mackensen, Rainer / Schütte, Wolfgang: Der Stadtplan geht uns alle an. Bericht und Nachlese von einem öffentlichen Gespräch in Dortmund am 24./25. Februar 1955, in: Informationen/Institut für Raumforschung 5 (1955), S. 573-592.

Burgess, Ernest W.: The Growth of the City. An Introduction to a Research Project, in: The City. Suggestions for Investigation of Human Behavior in the Urban Environment, hg. von Robert E. Park und Ernest W. Burgess, Chicago 1925, S. 47-62.

Carnegie, Andrew: Wealth, in: The North American Review 148 (1889), S. 653-665. (http://ebooks.library.cornell.edu/cgi/t/text/text-idx?c=nora;idno=nora0148-6, 29.10.2015)

Conze, Werner: Rez. „Dortmund als Industrie- und Arbeiterstadt", in: Vierteljahrschrift für Sozial- und Wirtschaftsgeschichte 41 (1954), S. 88.

Croon, Helmuth: Die gesellschaftlichen Auswirkungen des Gemeindewahlrechtes in den Gemeinden und Kreisen des Rheinlandes und Westfalens im 19. Jahrhundert (als Ms. gedruckt), Köln/Opladen 1960. (Forschungsberichte des Landes Nordrhein-Westfalen 564)

Croon, Helmuth: Methoden zur Erforschung der Gemeindlichen Sozialgeschichte des 19. und 20. Jahrhunderts. Erfahrungen aus sozialgeschichtlichen Forschungen im Ruhrgebiet, in: Westfälische Forschungen 8 (1955), S. 139-149.

Croon, Helmuth: Sozialgeschichtsforschung und Archive, in: Der Archivar 7 (1954), Sp. 243-254.

Croon, Helmuth / Utermann, Kurt: Zeche und Gemeinde. Untersuchungen über den Strukturwandel einer Zechengemeinde im nördlichen Ruhrgebiet, Tübingen 1958.

Der Stadtplan geht uns alle an. Öffentliches Gespräch. Dortmund Februar 1955, bearb. von Wolfgang Schütte, hg. vom Deutschen Verband für Wohnungswesen, Städtebau und Raumplanung Köln und dem Institut für Raumforschung Bad Godesberg, Köln/Bad Godesberg 1955.

Deutscher Wissenschaftsdienst. Jahresbericht 1934 der Wissenschaftlichen Akademikerhilfe erstattet von der Deutschen Forschungsgemeinschaft (Notgemeinschaft der Deutschen Wissenschaft), Berlin 1935.

Die Aufbauplanung und ihre Voraussetzungen, in: Der Architekt III (1954), S. 25-51.

Dörr, Heinrich: Bomben brachen die Haufen-Stadt. Stadtplanliche Betrachtung des Luftkriegs, in: RuR 5 (1941), S. 269-273.

Eaton, Allan H. / Harrison, Shelby M.: A Bibliography of Social Surveys, New York 1930.

Feder, Gottfried: Die neue Stadt. Versuch der Begründung einer neuen Stadtplanungskunst aus der sozialen Struktur der Bevölkerung, Berlin 1939.

Ferber, Christian von: Die Gemeindestudie des Instituts für sozialwissenschaftliche Forschung, Darmstadt, in: Soziologie der Gemeinde, hg. von René König, Köln/Opladen 1956, S. 152-171. (KZfSS SH 1)

Forschungsarbeit im Dienst an Volk und Staat. Tagung der Reichsarbeitsgemeinschaft für Raumforschung, 9.-10.12.1937, in: RuR 2 (1938), S. 19-31.

Freyer, Hans: Soziologie als Wirklichkeitswissenschaft, in: Zeitschrift für Völkerpsychologie und Soziologie 5 (1929), S. 257-266.

Freyer, Hans: Soziologie als Wirklichkeitswissenschaft, Leipzig 1930.

Frisch, Max: Wer formuliert die Aufgabe?, in: Bauwelt 48 (1957), S. 729.

Frisch, Max: Wer liefert ihnen denn die Pläne?, in: Max Frisch: Gesammelte Werke in zeitlicher Folge. Bd. III,1, hg. von Hans Mayer, Frankfurt 1976, S. 346-354. (erstmals 1955)

Fröhlich, Hans: Der Sozialaufbau der Rhönbevölkerung, in: RuR 2 (1938), S. 80f.

Gallup, George: Government and the Sampling Referendum, in: Journal of the American Statistical Association 33 (1938), S. 131-142.

Geiger, Theodor: Lemma „Soziologie", in: Handwörterbuch der Soziologie, hg. von Alfred Vierkandt, Stuttgart 1931, S. 568-578.

Günther, Hans F. K.: Die Verstädterung, Leipzig/Berlin 1934.

Hahn, Karl: Die kommunale Neuordnung des Ruhrgebiets. Dargestellt am Beispiel Dortmunds, bearb. von Rainer Mackensen (als Ms. gedruckt), Köln 1958.

Hellgrewe, Henny: Wirtschafts- und Sozialmonographie der Stadt Dortmund (als Ms. gedruckt), o. O., o. J. [Dortmund 1951]. (= dies.: Dortmund als Industrie- und Arbeiterstadt. Eine Untersuchung der wirtschaftlichen und sozialen Entwicklung der Stadt, Dortmund 1951)

Hensen, Heinrich: Organisation und Arbeitseinsatz, in: RuR 1 (1936/37), S. 16-22.

Hoffmann, Walther G.: Sozialforschung als Aufgabe, in: Soziale Welt 3 (1952), S. 323-337.

Hughes, Everett C.: Good People and Dirty Work, in: Social Problems 10 (1962), S. 3-11.

Hughes, Everett C.: Rejoinder to Rose, in: Social Problems 10 (1963), S. 390.

Institut zur Förderung öffentlicher Angelegenheiten (Hg.): Empirische Sozialforschung. Meinungs- und Marktforschung, Methoden und Probleme, Frankfurt a. M. 1952.

Interbau Berlin 1957. Internationale Bauausstellung im Berliner Hansaviertel, 6. Juli bis 29. September. Amtlicher Katalog, Berlin 1957.

Interbau GmbH (Hg.): Die Stadt von morgen. Zusammenfassung der Ausstellungsabteilung „Die Stadt von morgen" der Interbau Berlin 1957, Berlin 1957.

Ipsen, Gunther: Bemerkungen zum Verhältnis Aachen Stadt und Aachen Land, in: RuR 11, (1953), S. 213f.

Ipsen, Gunther: Das Landvolk. Ein soziologischer Versuch, Hamburg 1933.

Ipsen, Gunther: Die Wohnwünsche der Pendler, in: Informationen/Institut für Raumforschung 7 (1957), S. 221-231.

Ipsen, Gunther: Erloschener Bergbau. Unterlagen und Vorschläge zur Planung Eschweiler, in: RuR 11 (1953), S. 137-151.

Ipsen, Gunther: Jedermanns Wohnung ist niemandes Wohnung, in: Baukunst und Werkform 8 (1955), S. 285f.

Ipsen, Gunther: Landvolk und industrieller Lebensraum im Neckarland, in: RuR 5 (1941), S. 243-269.

Ipsen, Gunther: Lemma „Bevölkerung", in: Handwörterbuch des Grenz- und Auslanddeutschtums, hg. von Carl Petersen et al., Bd. 1, Breslau 1933, S. 425-474.

Ipsen, Gunther: Lemma „Industriesystem", in: Handwörterbuch des Grenz- und Auslanddeutschtums, hg. von Carl Petersen et al., Bd. 3, Breslau 1938, S. 168.
Ipsen, Gunther: Lemma „Stadt (IV) Neuzeit", in: Handwörterbuch der Sozialwissenschaften. Bd. 9: Restitution – Stadt, hg. von Erwin von Beckerath et al., Stuttgart/Tübingen/Göttingen 1956, S. 786-800.
Ipsen, Gunther: Lemma „Städtescharen" in: Medizin und Städtebau. Handbuch für gesundheitlichen Städtebau, hg. von Paul Vogler und Erich Kühn. 2 Bde., München/Berlin/Wien 1957, Bd. 1, S. 269-282.
Ipsen, Gunther: Lemma „Verstädterung", in: Medizin und Städtebau. Handbuch für gesundheitlichen Städtebau, hg. von Paul Vogler und Erich Kühn. 2 Bde., München/Berlin/Wien 1957, Bd. 1, S. 302-316.
Ipsen, Gunther: Programm einer Soziologie des deutschen Volkstums, Berlin 1933. (erstmals in: Archiv für angewandte Soziologie IV (1932), S. 145ff.)
Ipsen, Gunther: Soziologische Dorfwochen, in: Die Volksschule 28 (1932), S. 205-210.
Ipsen, Gunther: Soziologisches Gutachten zur Planung Neu-Wulfen. 1. Stück (Vorgutachten): Umstände und Aufgaben der Gründung, unter Mitarbeit von Rainer Mackensen, (als Ms. gedruckt) Dortmund 1958.
Ipsen, Gunther: Über Gestaltauffassung. Erörterung des Sanderschen Parallelogramms, in: Neue Psychologische Studien I (1926), S. 167-278.
Ipsen, Gunther: Zur Theorie der Entzifferung, in: Studium Generale 7 (1954), S. 416-423.
Ipsen, Gunther et al.: Standort und Wohnort, Köln/Opladen 1957.
Jantke, Carl: Bergmann und Zeche. Die sozialen Arbeitsverhältnisse einer Schachtanlage des nördlichen Ruhrgebiets in der Sicht der Bergleute, Tübingen 1953. (Soziale Forschung und Praxis 11)
Keyser, Erich: Rez. „Daseinsformen der Großstadt", in: Das Historisch-Politische Buch VIII (1960), S. 822.
Klages, Helmut: Der Nachbarschaftsgedanke und die nachbarliche Wirklichkeit in der Großstadt (als Ms. gedr.) Köln u. a. 1958. (Forschungsberichte des Wirtschafts- und Verkehrsministeriums Nordrhein-Westfalen 566)
Kleiber, Wilhelm: Der Bergarbeiterberufsverkehr im rheinisch-westfälischen Industriegebiet – Möglichkeiten einer Umsiedlung von Bergarbeitern mit dem Ziele einer Einschränkung des Berufsverkehrs (dargestellt und untersucht an den Belegschaften der Dortmunder Zechenbetriebe), Münster 1951.
Köllmann, Wolfgang: Entwicklung der Stadt Barmen von 1808 bis 1870, Göttingen, Phil. Diss. 1951 (maschschr.).
Köllmann, Wolfgang: Rez. „Zeche und Gemeinde", in: The Economic History Review 12 (1959), S. 313f.
Köllmann, Wolfgang: Sozialgeschichte der Stadt Barmen im 19. Jahrhundert, Tübingen 1960.

König, René: Die Gemeinde im Blickfeld der Soziologie, in: Handbuch der kommunalen Wissenschaft und Praxis. Bd. 1, hg. von Hans Peters, Berlin 1956, S. 18-50.

König, René: Einige Bemerkungen zur Soziologie der Gemeinde, in: Soziologie der Gemeinde, hg. von ders., Köln/Opladen 1956, S. 1-11. (KZfSS SH 1)

König, René: Einleitung, in: Das Fischer-Lexikon: Soziologie, hg. von ders., Frankfurt a. M. 1958, S. 7-14.

König, René: Grundformen der Gesellschaft: Die Gemeinde, in: ders.: Soziologische Studien zu Gruppe und Gemeinde, hg. von Kurt Hammerich, Wiesbaden 2006, S. 109-305. (René König Schriften 15, erstmals 1958)

König, René: Neuere Literatur zur Soziologie der Gemeinde, in: KZfSS 10 (1958), S. 502-518.

König, René: Praktische Sozialforschung, in: Praktische Sozialforschung. Bd. 1: Das Interview. Formen, Technik, Auswertung, hg. von ders., Köln 1952, S. 15-36.

König, René: Vorbemerkung des Herausgebers zum Jahrgang VII, in: KZfSS 7 (1955), S. 1-5.

König, René: Vorwort zur zweiten Auflage, in: Praktische Sozialforschung. Bd. 1: Das Interview. Formen, Technik, Auswertung, hg. von ders., 2. Aufl., Köln 1957, S. 7-12.

König, René: Zehn Jahre Sozial-Forschungsstelle Dortmund, in: KZfSS 8 (1956), S. 530.

König, René: Zwei amerikanische Anleitungen zur Durchführung von Gemeindeuntersuchungen, in: Soziologie der Gemeinde, hg. von ders., 3. Aufl., Köln/Opladen 1966, S. 225-227. (KZfSS SH 1, erstmals 1956)

König, René (Hg.): Praktische Sozialforschung. Bd. 1: Das Interview. Formen, Technik, Auswertung, Köln 1952. (2. Aufl. Köln 1957)

König, René (Hg.): Praktische Sozialforschung. Bd. 2: Beobachtung und Experiment in der Sozialforschung, Köln 1956.

Kühne, Günther: „Der Stadtplan geht uns alle an". Zur Tagung in Dortmund am 24. und 25. Februar, in: Bauwelt 46 (1955), S. 221f.

Kunz, Gerhard: Untersuchungen über Funktionen und Wirkungen von Zeitungen in ihrem Leserkreis, Köln 1967. (Forschungsberichte des Landes Nordrhein-Westfalen 1840)

Lange, Albert: Auflockerung des Ruhrkohlenbezirks, in: RuR 2 (1938), S. 190-195.

Lehmann, William C.: Book Review „Daseinsformen der Großstadt: Typische Formen sozialer Existenz in Stadtmitte, Vorstadt und Gürtel der Grossstadt", in: The American Journal of Sociology 66 (1961), S. 422-424.

Lindemann: Konrad: Der Berufsstand der Unterhaltungsmusiker in Hamburg, Hamburg 1938. (Volk und Gemeinschaft 3; zgl. Hamburg, Phil. Diss.)

Lynd, Robert S. / Lynd, Helen M.: Middletown. A Study in American Culture, New York 1929.

Lynd, Robert S. / Lynd, Helen M.: Middletown in Transition. A Study in Cultural Conflicts, New York 1937.

Mackensen, Rainer: Die Sozialforschungsstelle an der Universität Münster in Dortmund. Die Forschungsaufgaben des Instituts und ihre Arbeitsergebnisse in den Jahren 1956-1960, in: Soziale Welt 11 (1960), S. 162-172.

Mackensen, Rainer et al.: Daseinsformen der Großstadt. Typische Formen sozialer Existenz in Stadtmitte, Vorstadt und Gürtel der industriellen Großstadt, Tübingen 1959.

Markmann, Fritz: Zur Problematik der Raumordnung der Großstädte, in: RuR 1 (1936/37), S. 74-77.

Mayntz, Renate: Soziale Schichtung und sozialer Wandel in einer Industriegemeinde. Eine soziologische Untersuchung der Stadt Euskirchen, Stuttgart 1958.

McKenzie, Roderick D.: The Ecological Approach to the Study of Human Community, in: The City: Suggestions for Investigation of Human Behavior in the Urban Environment, hg. von Robert E. Park und Ernest W. Burgess, Chicago 1925, S. 63-79.

Merritt, Anna J. / Merritt, Richard L. (Hg.): Public Opinion in Occupied Germany. The OMGUS Surveys, 1945-1949, Urbana/Chicago/London 1970.

Merritt, Anna J. / Merritt, Richard L. (Hg.): Public Opinion in Semisovereign Germany. The HICOG Surveys, 1949-1955, Urbana/Chicago/London 1980.

Meyer, Konrad: Raumforschung, in: RuR 1 (1936/37), S. 2-4.

Meyer, Konrad (Hg.): Volk und Lebensraum. Forschungen im Dienste von Raumordnung und Landesplanung, Heidelberg 1938.

Mitze, Wilhelm: Die strukturtypologische Gliederung einer westdeutschen Großstadt, Leipzig 1941. (Archiv für Bevölkerungswissenschaft und Bevölkerungspolitik, Beiheft 11)

Nachrichten von deutschen Hochschulen über das Wintersemester 1920/21, in: Kölner Vierteljahrshefte für Sozialwissenschaften 1 (1921), Heft 1, S. 86-90.

Neue Stadt Wulfen – Wulfen, New Town, Stuttgart 1962. (Reihe Architektur-Wettbewerbe, SH Wulfen 1)

Neuloh, Otto: Sozialforschung – eine öffentliche Angelegenheit, in: Soziale Welt 1/2 (1950), S. 3-13.

Neumann, Erich P.: Politische und soziale Meinungsforschung in Deutschland, in: Empirische Sozialforschung. Meinungs- und Marktforschung, Methoden und Probleme, hg. vom Institut zur Förderung öffentlicher Angelegenheiten, Frankfurt a. M. 1952, S. 44-51.

Oppen, Dietrich von: Deutsche, Polen und Kaschuben 1871-1914, in: Jahrbuch für die Geschichte Mittel- und Ostdeutschlands 4 (1955), S. 157-223.

Oppen, Dietrich von: Familien in ihrer Umwelt. Äußere Bindungen von Familien im Prozess der industriellen Verstädterung einer Zechengemeinde (als Ms. gedruckt), Köln/Opladen 1958. (Forschungsberichte des Landes Nordrhein-Westfalen 563)

Oppen, Dietrich von: Soziale Mobilität und Stabilität in einer Stadt des Ruhrgebiets, in: Zeitschrift für die gesamte Staatswissenschaft 112 (1956), S. 685-719.

Oppen, Dietrich von: Wirtschaftliche und soziale Eingliederung von Heimatvertriebenen in eine Zechenstadt, in: Beiträge zur Soziologie der industriellen Gesellschaft, hg. von Walther G. Hoffmann, Dortmund 1952, S. 46-56. (Soziale Forschung und Praxis 9)

Otto, Karl (Hg.): Die Stadt von morgen. Gegenwartsprobleme für alle, Berlin 1959.

Park, Robert E.: The City: Suggestions for the Investigation of Human Behavior in the Urban Environment, in: The City: Suggestions for Investigation of Human Behavior in the Urban Environment, hg. von Robert E. Park und Ernest W. Burgess, Chicago 1925, S. 1-46.

Petersen, Carl et al. (Hg.): Handwörterbuch des Grenz- und Auslanddeutschtums, 3 Bde., Breslau 1933-1938.

Pfeil, Elisabeth: Das Großstadtkind, Stuttgart 1955.

Pfeil, Elisabeth: Der Flüchtling. Gestalt einer Zeitenwende, Hamburg 1948.

Pfeil, Elisabeth: Flüchtlingskinder in neuer Heimat, Stuttgart 1951.

Pfeil, Elisabeth: Fünf Jahre später. Die Eingliederung der Heimatvertriebenen in Bayern bis 1950, auf Grund der Untersuchung im Bayerischen Statistischen Landesamt, Frankfurt 1951. (Kleine Schriften für den Staatsbürger 13)

Pfeil, Elisabeth: Großstadtforschung. Fragestellungen, Verfahrensweisen und Ergebnisse einer Wissenschaft, die dem Neubau von Stadt und Land von Nutzen sein könnte, Bremen-Horn 1950. (Raumforschung und Landesplanung 19)

Pfeil, Elisabeth: Neue Städte auch in Deutschland. Stadtgründungen auf der Grundlage gewerblicher Flüchtlingsunternehmen, Göttingen 1954. (Monographien zur Politik 3)

Pfeil, Elisabeth: Soziologie der Großstadt, in: Soziologie. Lehr- und Handbuch zur modernen Gesellschaftskunde, hg. von Arnold Gehlen und Helmut Schelsky, Düsseldorf 1955, S. 228-255.

Pfeil, Elisabeth: Thema und Wege der deutschen Flüchtlingsforschung, Bad Godesberg 1951. (Mitteilungen aus dem Institut für Raumforschung 6)

Pfeil, Elisabeth: Wie man zu wohnen wünscht. Eine Übersicht über bisherige Untersuchungen, in: Baukunst und Werkform 8 (1955), S. 304-306.

Pfeil, Elisabeth (Bearb.): Die Wohnwünsche der Bergarbeiter. Soziologische Erhebung, Deutung und Kritik der Wohnvorstellungen eines Berufes, Tübingen 1954.

Pfeil, Elisabeth / Buchholz, Ernst Wolfgang: Von der Kleinstadt zur Mittelstadt. Städtewachstum durch Vertriebenenwanderung (als Ms. gedr.), Bad Godesberg 1957.

Pipping, Knut / Abshagen, Rudolf / Brauneck, Anne-Eva: Gespräche mit der deutschen Jugend. Ein Beitrag zum Autoritätsproblem, Helsinki 1954.

Planung Neue Stadt Wulfen – Planning Wulfen New Town, Stuttgart 1965. (Reihe Architektur-Wettbewerbe, SH Wulfen 2)

Popitz, Heinrich et al.: Das Gesellschaftsbild des Arbeiters. Soziologische Untersuchungen in der Hüttenindustrie, Tübingen 1957.

Popitz, Heinrich et al.: Technik und Industriearbeit. Soziologische Untersuchungen in der Hüttenindustrie, Tübingen 1957.

Reinecke, Georg: Zur Soziologie des Schauspielers, Hamburg, Phil. Diss. 1944 (maschschr.).

Riekes, Hans: Die Versicherungsvermittler in Hamburg, Hamburg, Phil. Diss. 1943 (maschschr.).

Rink, Jürgen: Zeitung und Gemeinde, Düsseldorf 1963.

Rose, Arnold M.: Comment on „Good People and Dirty Work", in: Social Problems 10 (1963), S. 285f.

Schelsky, Helmut: Ist der Großstädter wirklich einsam?, in: ders.: Auf der Suche nach Wirklichkeit, Düsseldorf/Köln 1965, S. 305-309. (erstmals in: Magnum, Mai 1956)

Schelsky, Helmut: Ortsbestimmung der deutschen Soziologie, Düsseldorf/Köln 1959.

Scheuch, Erwin K.: Sozialprestige und soziale Schichtung, in: Soziale Schichtung und soziale Mobilität, hg. von David Glass und René König, Opladen/Wiesbaden 1961, S. 65-103. (KZfSS SH 5)

Schultze, Hanns-Heinz: Der Schriftleiterstand der Landesverbände Groß-Hamburg und Nordmark der Deutschen Presse, Hamburg 1938. (Volk und Gemeinschaft 2; zgl. Hamburg, Phil. Diss.)

Schütte, Wolfgang: Die Idee der Weltausstellung und ihre bauliche Gestaltung. Eine gebäudekundliche Studie als Material zu einer Baugeschichte des 19. Jahrhunderts, Hannover, Diss. 1945.

Schütte, Wolfgang: Die Sozialplanung als eine Grundlage der Landesplanung. Ein Diskussionsbeitrag, in: RuR 11 (1948), S. 93-97.

Schütte, Wolfgang: Wohnstil und Lebensweise. Eine Studie am Stadtrand, in: Baukunst und Werkform 8 (1955), S. 299-304.

Shaw, Clifford R.: Delinquency Areas. A Study of the Geographic Distribution of School Truents, Juvenile Delinquents, and Adult Offenders in Chicago, Chicago 1929.

Simmel, Georg: Die Großstädte und das Geistesleben, Frankfurt a. M. 2006. (erstmals 1903)

Sombart, Werner: Der Begriff der Stadt und das Wesen der Städtebildung, in: Archiv für Sozialwissenschaft und Sozialpolitik XXV (1907), S. 1-9.

Sombart, Werner: Der moderne Kapitalismus. Historisch-systematische Darstellung des gesamteuropäischen Wirtschaftslebens von seinen Anfängen bis zur Gegenwart, 3 Bde., München/Leipzig 1928.

Sombart, Werner: Lemma „Städtische Siedlung, Stadt", in: Handwörterbuch der Soziologie, hg. von Alfred Vierkandt, Stuttgart 1931, S. 527-533.

Sozialforschungsstelle an der Universität Münster, Sitz Dortmund: Jahresbericht 1948, Dortmund 1949.
Sozialforschungsstelle an der Universität Münster, Sitz Dortmund: Bericht für die Zeit vom 1. Januar 1949 bis 31. März 1950, Dortmund 1950.
Sozialforschungsstelle an der Universität Münster, Sitz Dortmund: Bericht für die Zeit vom 1. April 1950 bis 31. März 1951, Dortmund 1951.
Sozialforschungsstelle an der Universität Münster, Sitz Dortmund: 1946-1956, Dortmund 1956.
Sozialforschungsstelle an der Universität Münster in Dortmund: Jahresberichte 1-7 (1961-1967).
Sozialforschungsstelle Dortmund in Verbindung m. d. Forschungsstelle für Siedlungs- und Wohnungswesen: Soziologische Erhebung zum Bergarbeiterwohnungsbauprogramm. Schlussbericht (als Ms. vervielfältigt), o. O., o. J. [Dortmund 1951].
Utermann, Kurt: Aufgaben und Methoden der gemeindlichen Sozialforschung, in: Beiträge zur Soziologie der industriellen Gesellschaft, hg. von Walther G. Hoffmann, Dortmund 1952, S. 33-39. (Soziale Forschung und Praxis 9)
Utermann, Kurt: Forschungsprobleme einer Gemeindeuntersuchung im nördlichen Ruhrgebiet, in: Soziologie der Gemeinde, hg. von René König, Köln/Opladen 1956, S. 685-719. (KZfSS SH 1)
Utermann, Kurt: Freizeitprobleme bei der männlichen Jugend einer Zechengemeinde (als Ms. gedruckt), Köln/Opladen 1957. (Forschungsberichte des Landes Nordrhein-Westfalen 477)
Verhandlungen des Vierten Deutschen Soziologentags am 29. und 30. September 1924 in Heidelberg, Tübingen 1925. (Schriften der Deutschen Gesellschaft für Soziologie. I. Serie: Verhandlungen der Deutschen Soziologentage, Bd. IV)
Vierkandt, Alfred: Vorwort, in: Handwörterbuch der Soziologie, hg. von ders., Stuttgart 1931, S. V.
Vierkandt, Alfred (Hg.): Handwörterbuch der Soziologie, Stuttgart 1931.
Walther, Andreas: Das Kulturproblem der Gegenwart. Drei Vorträge, Gotha 1921.
Walther, Andreas: Das Problem einer „deutschen" Soziologie, in: Kölner Vierteljahreshefte für Soziologie 9 (1931), S. 513-530.
Walther, Andreas: Die neuen Aufgaben der Sozialwissenschaften, Hamburg 1939.
Walther, Andreas: Die örtliche Verteilung der Wähler großer Parteien im Städtekomplex Hamburg auf Grund der Reichstagswahl vom 14. September 1930, in: Aus Hamburgs Verwaltung und Wirtschaft 8 (1931), S. 177+Karten.
Walther, Andreas: Die wahre Volksgliederung, in: Volksspiegel 2 (1935), S. 1-9.
Walther, Andreas: Gesellschaftliche Gruppen nach Art und Grad der Verbundenheit, in: Archiv für Sozialwissenschaft und Sozialpolitik 68 (1932), S. 286-317.
Walther, Andreas: Max Weber als Soziologe, in: Jahrbuch für Soziologie 2 (1926), S. 1-65.
Walther, Andreas: Neue Wege zur Großstadtsanierung, Stuttgart 1936.

Walther, Andreas: Sicheinstellen aufeinander als soziologische Grundbeziehung, in: Archiv für angewandte Soziologie 3 (1930/31), S. 93-105.
Walther, Andreas: Soziale Distanz, in: Kölner Vierteljahreshefte für Soziologie 9 (1931), S. 263-270.
Walther, Andreas: Soziologie und Sozialwissenschaften in Amerika und ihre Bedeutung für die Pädagogik, Karlsruhe 1927.
Walther, Andreas: Völker-Soziologie. Kulturtypen und soziologische Auslandsforschung. Vortrag von Prof. Andreas Walther auf einem Diskussionsabend der Hamburgischen Universitätsgesellschaft am 11. Mai 1932, Hamburg 1932.
Walther, Andreas: Zur Verwirklichung einer vollständigen Soziologie, in: Zeitschrift für Völkerpsychologie und Soziologie 5 (1929), S. 131-143. (erneut in: Soziologie von heute. Ein Symposium der Zeitschrift für Völkerpsychologie und Soziologie, hg. von Richard Thurnwald, Leipzig 1932, S. 1-13)
Wandersleb, Hermann (Hg.): Eigenheime für den Bergmann. Die neun MSA-FOA Bergarbeitersiedlungen im Ruhrgebiet und bei Aachen, Münster 1954.
Wandersleb, Hermann (Hg.): Neuer Wohnbau. Bd. I: Bauplanung. Neue Wege des Wohnungsbaues als Ergebnis der ECA-Ausschreibung, Ravensburg 1952.
Wandersleb, Hermann (Hg.): Neuer Wohnbau. Bd. II: Ergebnisse und Erkenntnisse für heute und morgen. Von ECA bis Interbau, Ravensburg 1958.
Warren, Roland L.: Studying Your Community, New York 1955.
Whyte, William F.: Street Corner Society. The Social Structure of an Italian Slum, 3. durchges. u. erw. Aufl., Chicago 1981. (erstmals 1943)
Wiese, Leopold von: Zur Methodologie der Beziehungslehre, in: Kölner Vierteljahreshefte für Sozialwissenschaften 1 (1921/22), S. 47-55.
Willeke, Eduard: Sozialstruktur und Raumordnung, in: RuR 2 (1938), S. 492-497.
Wurzbacher, Gerhard: Das Dorf im Spannungsfeld industrieller Entwicklung. Untersuchung an den 45 Dörfern und Weilern einer westdeutschen ländlichen Gemeinde, Stuttgart 1954.
Zorbaugh, Harvey W.: The Gold Coast and the Slum. A Sociological Study of Chicago's Near North Side, Chicago 1976. (erstmals 1929)

Literaturverzeichnis

Abbott, Andrew / Sparrow, James T.: Hot War, Cold War. The Structures of Sociological Action 1940-1955, in: Sociology in America, hg. von Charles Calhoun, Chicago 2007, S. 281-313.

Abelshauser, Werner: Der Ruhrkohlenbergbau seit 1945. Wiederaufbau, Krise, Anpassung, München 1984.

Abelshauser, Werner: Deutsche Wirtschaftsgeschichte seit 1945, München 2004.

Adamski, Jens: Ärzte des sozialen Lebens. Die Sozialforschungsstelle Dortmund 1946-1969, Essen 2009.

Ahlheim, Klaus: Der Fall Dietrich von Oppen und die Dortmunder „Waschanlage", in: Jahrbuch für Soziologiegeschichte 1997/1998, S. 311-323.

Ahlheim, Klaus: Geschöntes Leben. Eine deutsche Wissenschaftskarriere, Hannover 2000.

Albrecht, Clemens et al.: Die intellektuelle Gründung der Bundesrepublik. Eine Wirkungsgeschichte der Frankfurter Schule, Frankfurt a. M./New York 2007 (erstmals 1999).

Aly, Götz: Endlösung. Völkerverschiebung und der Mord an den europäischen Juden, 2. Aufl., Frankfurt 1998.

Aly, Götz / Heim, Susanne: Vordenker der Vernichtung. Auschwitz und die deutschen Pläne für eine neue europäische Ordnung, Frankfurt a. M. 1997. (erstmals 1991)

Aly, Götz / Roth, Karl-Heinz: Die restlose Erfassung. Volkszählen, Identifizieren, Aussondern im Nationalsozialismus, überarb. Neuausg. Frankfurt a. M. 2000.

Anderson, Nels: Die Darmstadt-Studie – ein informeller Rückblick, in: Soziologie der Gemeinde, hg. von René König, Köln/Opladen 1956, S. 144-151. (KZfSS SH 1)

Arnold, Alexia: „... evidence of progress". Die UNESCO-Institute für Sozialwissenschaften, Pädagogik und Jugend in den 1950er Jahren, in: Die lange Stunde Null. Gelenkter sozialer Wandel in Westdeutschland nach 1945, hg. von Hans Braun, Uta Gerhardt und Everhard Holtmann, Baden-Baden 2007, S. 251-290.

Arnold, Alexia: Reorientation durch Wissenschaftstransfer. Eine wissenschaftsgeschichtliche Rekonstruktion der Darmstadt-Studie (1948-1954) aus soziologischer Perspektive, Baden-Baden 2010.

Ash, Mitchell G.: Emigration und Wissenschaftswandel als Folgen der nationalsozialistischen Wissenschaftspolitik, in: Geschichte der Kaiser-Wilhelm-Gesellschaft im Nationalsozialismus. Bd. 2: Bestandsaufnahmen und Perspektiven der Forschung, hg. von Doris Kaufmann, Göttingen 2000, S. 610-631.

Ash, Mitchell G.: Psychology and Politics in Interwar Vienna: The Vienna Psychological Institute, 1922-1942, in: Psychology in Twentieth Century Thought and Society, hg. von Mitchell G. Ash und William R. Woodward, Cambridge u. a. 1989, S. 143-164.

Ash, Mitchell G.: Verordnete Umbrüche – konstruierte Kontinuitäten. Zur Entnazifizierung von Wissenschaftlern und Wissenschaften nach 1945, in: Zeitschrift für Geschichtswissenschaft 43 (1995), S. 903-923.

Ash, Mitchell G.: Wissenschaft und Politik als Ressourcen für einander, in: Wissenschaften und Wissenschaftspolitik. Bestandsaufnahmen zu Formationen, Brüchen und Kontinuitäten im Deutschland des 20. Jahrhunderts, hg. von Rüdiger vom Bruch und Brigitte Kaderas, Stuttgart 2002, S. 32-51.

Ash, Mitchell G.: Wissenschaft und Wissenschaftsaustausch, in: Die USA und Deutschland im Zeitalter des Kalten Krieges 1945-1990. Ein Handbuch, hg. von Detlef Junker, Stuttgart/München 2001, S. 634-645.

Bahrdt, Hans Paul: Selbst-Darstellung. Autobiographisches, in: ders.: Himmlische Planungsfehler. Essays zu Kultur und Gesellschaft, hg. von Ulfert Herlyn, München 1996, S. 21-56.

Bajohr, Frank: Die Zustimmungsdiktatur. Grundzüge nationalsozialistischer Herrschaft in Hamburg, in: Hamburg im „Dritten Reich", hg. von der Forschungsstelle für Zeitgeschichte in Hamburg, Göttingen 2005, S. 69-121.

Bajohr, Frank: „Führerstadt" als Kompensation. Das „Notstandsgebiet Hamburg" in der NS-Zeit, in: Stadt und Nationalsozialismus, hg. von Fritz Mayrhofer und Ferdinand Opll, Linz 2008, S. 267-288.

Bales, Kevin: Charles Booth's Survey of Life and Labour of the People in London 1889-1903, in: The Social Survey in Historical Perspective, hg. von Martin Bulmer, Kevin Bales und Kathryn Kirk Sklar, Cambridge u. a. 1991, S. 66-110.

Becker, Heinrich / Dahms, Hans-Joachim / Wegeler, Cornelia (Hg.): Die Universität Göttingen im Nationalsozialismus. Das verdrängte Kapitel ihrer 250jährigen Geschichte, 2. erw. Aufl., München 1998.

Bell, Colin / Newby, Howard (Hg.): The Sociology of Community. A Selection of Readings, London 1974.

Below, Sally / Henning, Moritz / Riedel, Daniela: Partizipation für die Stadt von morgen, in: Die Berliner Bauausstellungen – Wegweiser in die Zukunft?, hg. von Sally Below, Moritz Henning und Heide Oevermann, Berlin 2009, S. 117-125.

Bergmann, Klaus: Agrarromantik und Großstadtfeindschaft, Meisenheim 1970.

Betz, Horst K.: Sombarts Theorie der Stadt, in: Werner Sombart (1863-1941) – Klassiker der Sozialwissenschaften. Eine kritische Bestandsaufnahme, hg. von Jürgen Backhaus, Marburg 2000, S. 221-237.

Beyme, Klaus von: Wohnen und Politik, in: Geschichte des Wohnens. Bd. 5: 1945 bis heute. Aufbau, Neubau, Umbau, hg. von Ingeborg Flagge, Stuttgart 1999, S. 81-152.

Bodenschatz, Harald: Stadterneuerung im nationalsozialistischen Berlin – Routinisierung des Instrumentariums, in: Vor 50 Jahren ... Auch die Raumplanung hat eine Geschichte, hg. von Klaus M. Schmals, Dortmund 1997, S. 161-166.

Boehling, Rebecca: Die amerikanische Kulturpolitik während der Besatzungszeit 1945-1949, in: Die USA und Deutschland im Zeitalter des Kalten Krieges 1945-1990. Bd. 1: 1945-1968, hg. von Detlef Junker, Stuttgart/München 2001, S. 592-600.

Bollenbeck, Georg / Knobloch, Clemens (Hg.): Semantischer Umbau der Geisteswissenschaften nach 1933 und 1945, Heidelberg 2001.

Bolte, Karl Martin / Neidhardt, Friedhelm (Hg.): Soziologie als Beruf. Erinnerungen westdeutscher Hochschulprofessoren der Nachkriegsgeneration, Baden-Baden 1998.

Borsdorf, Ulrich: Speck oder Sozialisierung? Produktionskampagnen im Ruhrbergbau 1945-1947, in: Glück auf, Kameraden! Die Bergarbeiter und ihre Organisationen in Deutschland, hg. von Hans Mommsen und Ulrich Borsdorf, Köln 1979, 345-366.

Bude, Heinz: Die 50er Jahre im Spiegel der Flakhelfer- und der 68er-Generation, in: Generationalität und Lebensgeschichte im 20. Jahrhundert, hg. von Jürgen Reulecke, München 2003, S. 145-158.

Bulmer, Martin / Bales, Kevin / Sklar, Kathryn K.: The Social Survey in Historical Perspective, in: The Social Survey in Historical Perspective, hg. von dies., Cambridge u. a. 1991, S. 1-48.

Burckhardt, Lucius: Der Stadtplan geht Euch gar nichts an, in: Das neue Dortmund. Planen, Bauen, Wohnen in den fünfziger Jahren, hg. von Gisela Framke, Dortmund 2002, S. 71-78.

Burckhardt, Lucius: Eine Arbeitersiedlung von 1852, in: Entzifferung. Bevölkerung als Gesellschaft in Raum und Zeit. Gunther Ipsen gewidmet, hg. von Harald Jürgensen, Göttingen 1967, S. 75-79.

Burckhardt, Lucius: Rückblick auf die „neue Stadt", in: Expo-Syndrom? Materialien zur Landesausstellung 1883-2002, hg. von Georg Kohler und Stanislaus von Moos, Zürich 2002, S. 259-264.

Büttner, Ursula: Der Aufstieg der NSDAP, in: Hamburg im „Dritten Reich", hg. von der Forschungsstelle für Zeitgeschichte in Hamburg, Göttingen 2005, S. 27-65.

Byrne, Anne / Edmondson, Ricca / Varley, Tony: Arensberg and Kimball and Anthropological Research in Ireland, in: Arensberg, Conrad M. / Kimball, Solon T.: Family and Community in Ireland, 3. Aufl., Ennis 2001, S. 1-101.

Camic, Charles: On Edge: Sociology during the Great Depression and the New Deal, in: Sociology in America, hg. von Charles Calhoun, Chicago 2007, S. 225-280.

Castillo, Greg: Domesticating the Cold War. Household Consumption as Propaganda in Marshall Plan Germany, in: Journal of Contemporary History 40 (2005), S. 261-288.

Converse, Jean M.: Survey Research in the United States. Roots and Emergence 1890-1960, Berkeley u. a. 1987.

Dahms, Hans-Joachim: Positivismusstreit. Die Auseinandersetzungen der Frankfurter Schule mit dem logischen Positivismus, dem amerikanischen Pragmatismus und dem Kritischen Rationalismus, Frankfurt a. M. 1994.

Deegan, Mary Jo: Jane Addams and the Men of the Chicago School, 1892-1920, New Brunswick, N. J. 1988.

DeMars, Vernon A.: A Life in Architecture. Indian Dancing, Migrant Housing, Telesis, Design for Urban Living, Theater, Teaching. An oral history conducted in 1988-1989 by Suzanne B. Riess, Berkeley 1992. (University History Series: Online Archive of California, http://www.oac.cdlib.org/view?docId=kt938nb53j, 29.10.2015)

Desrosières, Alain: Die Politik der großen Zahlen. Eine Geschichte der statistischen Denkweise, Berlin/Heidelberg/New York 2005.

Diefendorf, Jeffry M.: America and the Rebuilding of Urban Germany, in: American Policy and the Reconstruction of West Germany, 1945-1955, hg. von Jeffry M. Diefendorf, Axel Frohn und Hermann-Josef Rupieper, Cambridge/Washington 1993.

Dietz, Burkhard / Gabel, Helmut / Tiedau, Ulrich (Hg.): Griff nach dem Westen. Die „Westforschung" der völkisch nationalen Wissenschaften zum nordwesteuropäischen Raum 1919-1960. 2 Bde., Münster u. a. 2003.

Dietze, Carola: Nachgeholtes Leben. Helmuth Plessner 1892-1985, Göttingen 2006.

Durth, Werner: Vom Überleben. Zwischen Totalem Krieg und Währungsreform, in: Geschichte des Wohnens. Bd. 5: 1945 bis heute. Aufbau, Neubau, Umbau, hg. von Ingeborg Flagge, Stuttgart 1999, S. 17-79.

Durth, Werner / Gutschow, Niels: Träume in Trümmern. Stadtplanung 1940-1950, München 1993. (gekürzte Ausgabe der zweibändigen Publikation: Dies.: Träume in Trümmern. Planungen zum Wiederaufbau zerstörter Städte im Westen Deutschlands 1940-1950, Braunschweig/Wiesbaden 1988.)

Ebbinghaus, Angelika / Linne, Karsten (Hg.): Kein abgeschlossenes Kapitel: Hamburg im „Dritten Reich", Hamburg 1997.

Eckart, Wolfgang U. / Sellin, Volker / Wolgast, Eike (Hg.): Die Universität Heidelberg im Nationalsozialismus, Heidelberg 2006.

Ehmer, Josef: Eine „deutsche" Bevölkerungsgeschichte? Gunther Ipsens historisch-soziologische Bevölkerungstheorie, in: Demographische Informationen 1992/93, S. 60-70.

Ehmer, Josef: „Nationalsozialistische Bevölkerungspolitik" in der neueren historischen Forschung, in: Bevölkerungslehre und Bevölkerungspolitik im „Dritten Reich", hg. von Rainer Mackensen, Opladen 2004, S. 21-44.

Ehmer, Josef / Ferdinand, Ursula / Reulecke, Jürgen (Hg.): Herausforderung Bevölkerung. Zu Entwicklungen des modernen Denkens über die Bevölkerung vor, im und nach dem „Dritten Reich", Wiesbaden 2007.

Elias, Norbert: Foreword. Towards a Theory of Communites, in: The Sociology of Community. A Selection of Readings, hg. von Colin Bell und Howard Newby, London 1974, S. IX-XXXIX.

Engels, Marc: Bruno Kuske, in: Handbuch der völkischen Wissenschaften. Personen – Institutionen – Forschungsprogramme – Stiftungen, hg. von Ingo Haar und Michael Fahlbusch, München 2008, S. 367-370.

Engels, Marc: Die „Wirtschaftsgemeinschaft des Westlandes". Bruno Kuske und die wirtschaftswissenschaftliche Westforschung zwischen Kaiserreich und Bundesrepublik, Aachen 2007.

Eschweiler – eine Stadt verändert sich, bearb. von Cornel Peters, Eschweiler 1989.

Etzemüller, Thomas: Sozialgeschichte als politische Geschichte. Werner Conze und die Neuorientierung der westdeutschen Geschichtswissenschaft nach 1945, München 2001.

Etzemüller, Thomas: Strukturierter Raum – integrierte Gemeinschaft. Auf den Spuren des *social engineering* im Europa des 20. Jahrhunderts, in: Theorien und Experimente der Moderne. Europas Gesellschaften im 20. Jahrhundert, hg. von Lutz Raphael, Köln/Weimar/Wien 2012, S. 129-154.

Etzemüller, Thomas (Hg.): Die Ordnung der Moderne. Social Engineering im 20. Jahrhundert, Bielefeld 2009.

Evans, Richard: Tod in Hamburg. Staat, Gesellschaft und Politik in den Cholera-Jahren 1830-1920, Reinbek bei Hamburg 1990.

Fahlbusch, Michael: Für Volk, Führer und Reich! Die Volksdeutschen Forschungsgemeinschaften und Volkstumspolitik, 1931-1945, in: Geschichte der Kaiser-Wilhelm-Gesellschaft im Nationalsozialismus. Bd. 2: Bestandsaufnahmen und Perspektiven der Forschung, hg. von Doris Kaufmann, Göttingen 2000, S. 468-489.

Fahlbusch, Michael: Wissenschaft im Dienst der nationalsozialistischen Politik? Die „Volksdeutschen Forschungsgemeinschaften" von 1931-1945, Baden-Baden 1999.

Fahlbusch, Michael: „Wo der deutsche ... ist, ist Deutschland!" Die Stiftung für Deutsche Volks- und Kulturbodenforschung in Leipzig 1920-1933, Bochum 1994.

Fassnacht, Wolfgang: Universitäten am Wendepunkt? Die Hochschulpolitik in der französischen Besatzungszone (1945-1949), Freiburg 2000.

Flachowsky, Sören: Von der Notgemeinschaft zum Reichsforschungsrat. Wissenschaftspolitik im Kontext von Autarkie, Aufrüstung und Krieg, Stuttgart 2008.

Fleck, Christian: Transatlantische Bereicherungen. Zur Erfindung der empirischen Sozialforschung, Frankfurt a. M. 2007.

Fleck, Christian (Hg.): Wege zur Soziologie nach 1945. Autobiographische Notizen, Opladen 1996.

Fornefeld, Gabriele / Lückert, Alexander / Wittebur, Klemens: Die Soziologie an den reichsdeutschen Hochschulen zu Ende der Weimarer Republik, in: Ordnung und Theorie. Beiträge zur Geschichte der Soziologie in Deutschland, hg. von Sven Papcke, Darmstadt 1986, S. 423-441.

Friedrichs, Jürgen: Nachruf auf Elisabeth Pfeil, in: Zeitschrift für Soziologie 4 (1975), S. 403-405.

Friedrichs, Jürgen / Kecskes, Robert / Wolf, Christof: Struktur und sozialer Wandel einer Mittelstadt. Euskirchen 1952-2002, Opladen 2002.

Füssl, Karl-Heinz: Deutsch-amerikanischer Kulturaustausch im 20. Jahrhundert. Bildung – Wissenschaft – Politik, Frankfurt a. M. 2004.

Füssl, Karl-Heinz: Zwischen Eliteförderung und Erziehungsreform. Deutsch-amerikanische Austauschprogramme, in: Die USA und Deutschland im Zeitalter des Kalten Krieges 1945-1990. Bd. 1: 1945-1968, hg. von Detlef Junker, Stuttgart/München 2001, S. 623-633.

Gall, Alexander: „Gute Straßen bis ins kleinste Dorf!" Verkehrspolitik in Bayern zwischen Wiederaufbau und Ölkrise, Frankfurt/New York 2005.

Gerhardt, Uta: Denken der Demokratie. Die Soziologie im atlantischen Transfer des Besatzungsregimes. Vier Abhandlungen, Stuttgart 2007.

Gerhardt, Uta: Die Wiederanfänge der Soziologie nach 1945 und die Besatzungsherrschaft, in: Soziologie an deutschen Universitäten. Gestern – heute – morgen, hg. von Bettina Franke und Kurt Hammerich, Wiesbaden 2006, S. 31-114.

Gerhardt, Uta: Soziologie im zwanzigsten Jahrhundert. Studien zu ihrer Geschichte in Deutschland, Stuttgart 2009.

Gerhardt, Uta: Zäsuren und Zeitperspektiven. Überlegungen zu „Wertfreiheit" und „Objektivität" als Problemen der Wissenschaftsgeschichte, in: Kontinuitäten und Diskontinuitäten in der Wissenschaftsgeschichte des 20. Jahrhunderts, hg. von Rüdiger vom Bruch, Uta Gerhardt und Aleksandra Pawliczek, Stuttgart 2006, S. 39-67.

Gerhardt, Uta / Arnold, Alexia: Zweimal Surveyforschung. Der Neuanfang der empirischen Sozialforschung nach dem Nationalsozialismus, in: Uta Gerhardt: Denken der Demokratie. Die Soziologie im atlantischen Transfer des Besatzungsregimes. Vier Abhandlungen, Stuttgart 2007, S. 167-239.

Goch, Stefan: Wege und Abwege der Sozialwissenschaft: Wilhelm Brepohls industrielle Volkskunde, in: Mitteilungsblatt des Instituts für soziale Bewegungen 26 (2001), S. 139-176.

Golczewski, Frank: Kölner Universitätslehrer und der Nationalsozialismus. Personengeschichtliche Ansätze, Köln/Wien 1988.

Grüttner, Michael: Machtergreifung als Generationskonflikt. Die Krise der Hochschulen und der Aufstieg des Nationalsozialismus, in: Wissenschaften und Wissenschaftspolitik. Bestandsaufnahmen zu Formationen, Brüchen und Kontinuitäten im Deutschland des 20. Jahrhunderts, hg. von Rüdiger vom Bruch und Brigitte Kaderas, Stuttgart 2002, S. 339-353.

Grüttner, Michael: Soziale Hygiene und Soziale Kontrolle. Die Sanierung der Hamburger Gängeviertel 1892-1936, in: Arbeiter in Hamburg. Unterschichten,

Arbeiter und Arbeiterbewegung seit dem ausgehenden 18. Jahrhundert, hg. von Arno Herzig, Dieter Langewiesche und Arnold Sywottek, Hamburg 1983, S. 359-371.

Grüttner, Michael: Wissenschaftspolitik im Nationalsozialismus, in: Geschichte der Kaiser-Wilhelm-Gesellschaft im Nationalsozialismus. Bestandsaufnahmen und Perspektiven der Forschung, Göttingen 2000, S. 557-585.

Grüttner, Michael / Kinas, Sven: Die Vertreibung von Wissenschaftlern aus den deutschen Universitäten 1933-1945, in: Vierteljahrshefte für Zeitgeschichte 55 (2007), 123-186.

Gutberger, Hansjörg: Bevölkerung, Ungleichheit, Auslese. Perspektiven sozialwissenschaftlicher Bevölkerungsforschung in Deutschland zwischen 1930 und 1960, Wiesbaden 2006.

Gutberger, Hansjörg: Ein Fallbeispiel der ‚rekursiven Kopplung' zwischen Wissenschaft und Politik: Ludwig Neundörfers soziographische Bevölkerungsforschung/-planung, in: Ursprünge, Arten und Folgen des Konstrukts „Bevölkerung" vor, im und nach dem „Dritten Reich". Zur Geschichte der deutschen Bevölkerungswissenschaft, hg. von Rainer Mackensen, Jürgen Reulecke und Josef Ehmer, Wiesbaden 2009, S. 297-320.

Gutberger, Jörg: Volk, Raum und Sozialstruktur. Sozialstruktur- und Sozialraumforschung im Dritten Reich, 2. unveränd. Aufl., Münster u. a. 1999. (erstmals 1996)

Gutschow, Niels: Eindeutschen, Verdeutschen, Rückdeutschung – Deutsche Architekten 1939-45 im Dienste von Ethnokraten in Polen, in: Vor 50 Jahren ... Auch die Raumplanung hat eine Geschichte, hg. von Klaus M. Schmals, Dortmund 1997, S. 33-42.

Gutschow, Niels: Ordnungswahn. Architekten planen im „eingedeutschten Osten" 1939-1945, Gütersloh u. a. 2001.

Gutschow, Niels / Klein, Barbara: Vernichtung und Utopie. Stadtplanung Warschau 1939-1945, Hamburg 1994.

Haar, Ingo: Die Konstruktion des Grenz- und Auslandsdeutschtums und die nationalsozialistische Umsiedlungs- und Vernichtungspolitik. Raum- und Sozialstrukturplanung im besetzten Polen (1933-1944), in: Historische Sozialkunde 35 (2005), S. 14-19.

Haar, Ingo: Historiker im Nationalsozialismus. Deutsche Geschichtswissenschaft und der „Volkstumskampf" im Osten, Göttingen 2000.

Haar, Ingo: Ostforschung im Nationalsozialismus. Die Genesis der Endlösung aus dem Geiste der Wissenschaften, in: Bevölkerungslehre und Bevölkerungspolitik im „Dritten Reich", hg. von Rainer Mackensen, Opladen 2004, S. 219-240.

Hachtmann, Rüdiger: Wissenschaftsgeschichte in der ersten Hälfte des 20. Jahrhunderts, in: Archiv für Sozialgeschichte 48 (2008), S. 539-606.

Hafner, Thomas: Eigenheim und Kleinsiedlung, in: Geschichte des Wohnens. Bd. 4: 1918-1945. Reform, Reaktion, Zerstörung, hg. von Gert Kähler, Stuttgart 1996, S. 557-597.

Hamburg im „Dritten Reich", hg. von der Forschungsstelle für Zeitgeschichte in Hamburg, Göttingen 2005.

Hanke, Hans H.: Eigenheime – bewohnte Bollwerke der Demokratie. Schweizer Pestalozzi-Dörfer für Berglehrlinge und amerikanische MSA-Bergarbeitersiedlungen als Beispiele für die Neuordnung der westdeutschen Wohnkultur, in: Kulturpolitik im besetzten Deutschland 1945-1949, hg. von Gabriele Clemens, Stuttgart 1994, S. 9-38.

Hardach, Gerd: Walther G. Hoffmann. Pionier der quantitativen Wirtschaftsgeschichte, in: Geschichte und Gesellschaft 11 (1985), S. 541-546.

Harlander, Tilman: Zwischen Heimstätte und Wohnmaschine. Wohnungsbau und Wohnungspolitik in der Zeit des Nationalsozialismus, Basel u. a. 1995.

Haupts, Leo: Die „Universitätsarbeitsgemeinschaft für Raumforschung" und die Politische Indienstnahme der Forschung durch den NS-Staat. Das Beispiel der Universität zu Köln, in: Rheinische Vierteljahrsblätter 68 (2004), S. 172-200.

Haupts, Leo: Lebensraum im Westen. Der Beitrag der Universität zu Köln speziell in der „Hochschularbeitsgemeinschaft für Raumforschung", in: Wissenschaftsgeschichte im Rheinland unter besonderer Berücksichtigung von Raumkonzepten, hg. von Gertrude Cepl-Kaufmann, Dominik Gross und Georg Mo, Kassel 2008, S. 75-106.

Hausmann, Frank-Rutger: Die Geisteswissenschaften im „Dritten Reich", Frankfurt a. M. 2011.

Häußermann, Hartmut: Das Erkenntnisinteresse von Gemeindestudien. Zur De- und Rethematisierung lokaler und regionaler Kultur, in: Systemrationalität und Partialinteresse. Festschrift für Renate Mayntz, hg. von Hans-Ulrich Derlien, Uta Gerhardt und Fritz W. Scharpf, Baden-Baden 1994, S. 234-245.

Häußermann, Hartmut / Läpple, Dieter / Siebel, Walter: Stadtpolitik, Frankfurt a. M. 2008.

Häußermann, Hartmut / Siebel, Walter: Soziologie des Wohnens. Eine Einführung in Wandel und Ausdifferenzierung des Wohnens, Weinheim 1996.

Häußermann, Hartmut / Siebel, Walter: Stadtsoziologie. Eine Einführung, Frankfurt a. M./New York 2004.

Heineberg, Heinz: Stadtgeographie, 3. Aufl., Paderborn 2006.

Heine-Hippler, Bettina / Trocka-Hülsken, Ingrid: Wohnungsbau in der Nachkriegszeit, in: Das neue Dortmund. Planen, Bauen und Wohnen in den fünfziger Jahren [Ausstellungskatalog], hg. von Gisela Framke, Dortmund 2002, S. 81-94.

Heinemann, Isabel: Wissenschaft und Homongenisierungsplanungen für Osteuropa. Konrad Meyer, der „Generalplan Ost" und die Deutsche Forschungsgemeinschaft, in: Wissenschaft – Planung – Vertreibung. Neuordnungskonzepte und

Umsiedlungspolitik im 20. Jahrhundert, hg. von Isabel Heinemann und Patrick Wagner, Stuttgart 2006, S. 46-72.

Heinemann, Isabel et al.: Wissenschaft, Planung, Vertreibung. Der Generalplan Ost der Nationalsozialisten. Katalog zur Ausstellung der Deutschen Forschungsgemeinschaft, Bonn 2006.

Heinemann, Isabel / Wagner, Patrick (Hg.): Wissenschaft – Planung – Vertreibung. Neuordnungskonzepte und Umsiedlungspolitik im 20. Jahrhundert, Stuttgart 2006.

Heinemann, Manfred (Hg.): Hochschuloffiziere und Wiederaufbau des Hochschulwesens in Westdeutschland 1945-1952. 3 Bde., Hildesheim 1990-1991.

Herbert, Ulrich: Drei politische Generationen im 20. Jahrhundert, in: Generationalität und Lebensgeschichte im 20. Jahrhundert, hg. von Jürgen Reulecke, München 2003, S. 95-114.

Heß, Ulrich: Landes- und Raumforschung in der Zeit des Nationalsozialismus. Die Leipziger Hochschularbeitsgemeinschaften für Raumforschung (1936-1945/46), in: Comparativ 5 (1995), S. 57-69.

Hesse, Helmut: Walther G. Hoffmann 8.2.1903-2.7.1971, in: Review of World Economics 107 (1971), S. 181-190.

Hubert, Eva: Der „Hamburger Aufstand" von 1923, in: Arbeiter in Hamburg. Unterschichten, Arbeiter und Arbeiterbewegung seit dem ausgehenden 18. Jahrhundert, hg. von Arno Herzig, Dieter Langewiesche und Arnold Sywottek, Hamburg 1983, S. 483-492.

Hülsdünker, Josef: Praxisorientierte Sozialforschung und gewerkschaftliche Autonomie. Industrie- und betriebssoziologische Beiträge des Wirtschaftswissenschaftlichen Instituts des DGB zur Verwissenschaftlichung der Gewerkschaftspolitik von 1946-1956, Münster 1983.

Jäger, Lorenz: Adorno. Eine politische Biographie, Stuttgart 2003.

Jahr, Christoph: „Das ‚Führen' ist ein sehr schwieriges Ding". Anspruch und Wirklichkeit der „Führeruniversität" in Berlin 1933-1945, in: Die Berliner Universität in der NS-Zeit. Bd. 1: Strukturen und Personen, hg. von ders., Stuttgart 2005.

Jahr, Christoph (Hg.): Die Berliner Universität in der NS-Zeit. Bd. 1: Strukturen und Personen, Stuttgart 2005.

Junge, Torsten: Andreas Walther, in: Handbuch der völkischen Wissenschaften. Personen – Institutionen – Forschungsprogramme – Stiftungen, hg. von Ingo Haar und Michael Fahlbusch, München 2008, S. 729-732.

Jureit, Ulrike / Wildt, Michael (Hg.): Generationen. Zur Relevanz eines wissenschaftlichen Grundbegriffs, Hamburg 2005.

Jürgensen, Harald (Hg.): Entzifferung. Bevölkerung als Gesellschaft in Raum und Zeit. Gunther Ipsen gewidmet, Göttingen 1967.

Kähler, Gert: Nicht nur Neues Bauen, in: Geschichte des Wohnens. Bd. 4: 1918-1945. Reform, Reaktion, Zerstörung, hg. von ders., Stuttgart 1996, S. 303-452.

Kändler, Wolfram C.: Anpassung und Abgrenzung. Zur Sozialgeschichte der Lehrstuhlinhaber der Technischen Hochschule Berlin-Charlottenburg und ihrer Vorgängerakademien, 1851 bis 1945, Stuttgart 2009.

Käsler, Dirk: Der Streit um die Bestimmung der Soziologie auf den deutschen Soziologentagen 1910 bis 1930, in: Soziologie in Deutschland und Österreich 1918-1945. Materialien zur Entwicklung, Emigration und Wirkungsgeschichte, hg. von M. Rainer Lepsius, Opladen 1981, S. 199-244.

Kaufmann, Doris (Hg.): Geschichte der Kaiser-Wilhelm-Gesellschaft im Nationalsozialismus. Bd. 1 u. 2: Bestandsaufnahmen und Perspektiven der Forschung, Göttingen 2000.

Kegler, Karl R.: „Der neue Begriff der Ordnung". Zwischen NS-Staat und Bundesrepublik: Das Modell der zentralen Orte als Idealbild der Raumordnung, in: Vom Dritten Reich zur Bundesrepublik. Beiträge einer Tagung zur Geschichte von Raumforschung und Raumplanung am 12. und 13. Juni 2008 in Leipzig, hg. von Heinrich Mäding und Wendelin Strubelt, Hannover 2009, S. 188-209.

Kegler, Karl R.: Walter Christaller, in: Handbuch der völkischen Wissenschaften. Personen – Institutionen – Forschungsprogramme – Stiftungen, hg. von Ingo Haar und Michael Fahlbusch, München 2008, S. 89-93.

Kellermann, Henry J.: Cultural Relations as an Instrument of U.S. Foreign Policy. The Educational Exchange Program Between the United States and Germany, 1945-1954, Washington 1978.

Kern, Horst: Empirische Sozialforschung. Ursprünge, Ansätze, Entwicklungslinien, München 1982.

Kershaw, Ian: Hitler. Bd. 2: 1936-1945, Darmstadt 2000.

Klages, Helmut: Soziologie als Basis der Wirklichkeitsentschlüsselung und Praxiszuwendung, in: Soziologie als Beruf. Erinnerungen westdeutscher Hochschulprofessoren der Nachkriegsgeneration, hg. von Karl Martin Bolte und Friedhelm Neidhardt, Baden-Baden 1998, S. 373-386. (Soziale Welt SH 11)

Kleßmann, Christoph / Friedemann, Peter: Streiks und Hungermärsche im Ruhrgebiet 1946-1948, Frankfurt a. M./New York 1977.

Klingemann, Carsten: Agrarsoziologie und Agrarpolitik im Dritten Reich, in: Herausforderung Bevölkerung. Zu Entwicklungen des modernen Denkens über die Bevölkerung vor, im und nach dem „Dritten Reich", hg. von Josef Ehmer, Ursula Ferdinand und Jürgen Reulecke, Wiesbaden 2007.

Klingemann, Carsten: Bevölkerungssoziologie im Nationalsozialismus und in der frühen Bundesrepublik. Zur Rolle Gunther Ipsens, in: Bevölkerungslehre und Bevölkerungspolitik im „Dritten Reich", hg. von Rainer Mackensen, Opladen 2004, S. 183-205.

Klingemann, Carsten: Flüchtlingssoziologen als Politikberater in Westdeutschland. Die Erschließung eines Forschungsgebietes durch ehemalige „Reichssoziologen", in: ders.: Soziologie und Politik. Sozialwissenschaftliches Expertenwissen im Dritten Reich und in der frühen westdeutschen Nachkriegszeit, Wiesbaden 2009, S. 287-320.

Klingemann, Carsten: Semantische Umbauten im Kleinen Brockhaus von 1949/50 und im Großen Brockhaus der fünfziger Jahre durch die Soziologen Hans Freyer, Gunther Ipsen und Wilhelm Emil Mühlmann, in: ders.: Soziologie und Politik. Sozialwissenschaftliches Expertenwissen im Dritten Reich und in der frühen westdeutschen Nachkriegszeit, Wiesbaden 2009, S. 360-386.

Klingemann, Carsten: Soziologen in der nationalsozialistischen Volks- und Raumforschung, der westdeutschen Flüchtlingsforschung und in ihrer Rolle als Politikberater, in: Universitäten und Hochschulen im Nationalsozialismus und in der frühen Nachkriegszeit, hg. von Karen Bayer, Frank Sparing und Wolfgang Woelk, S. 81-124.

Klingemann, Carsten: Soziologie, in: Kulturwissenschaften und Nationalsozialismus, hg. von Jürgen Elvert und Jürgen Nielsen-Sikora, Stuttgart 2008, S. 390-444.

Klingemann, Carsten: Soziologie im Dritten Reich, Baden-Baden 1996.

Klingemann, Carsten: Soziologie und Politik. Sozialwissenschaftliches Expertenwissen im Dritten Reich und in der frühen westdeutschen Nachkriegszeit, Wiesbaden 2009.

Klingemann, Carsten: Wissenschaftliches Engagement vor und nach 1945. Soziologie im Dritten Reich und in Westdeutschland, in: Wissenschaften und Wissenschaftspolitik. Bestandsaufnahmen zu Formationen, Brüchen und Kontinuitäten im Deutschland des 20. Jahrhunderts, hg. von Rüdiger vom Bruch und Brigitte Kaderas, Stuttgart 2002, S. 409-431.

Köllmann, Wolfgang: Bevölkerungsgeschichte, in: Sozialgeschichte in Deutschland, hg. von Wolfgang Schieder und Volker Sellin, Bd. II: Handlungsräume des Menschen in der Geschichte, Göttingen 1986, S. 9-31.

König, René: Soziologie als Oppositionswissenschaft und als Gesellschaftskritik, in: ders.: Soziologische Orientierungen. Vorträge und Aufsätze, Köln 1965, S. 17-28.

König, René: Soziologie in Deutschland. Begründer, Verächter, Verfechter, München/Wien 1987.

Kornemann, Rolf: Gesetze, Gesetze ... Die amtliche Wohnungspolitik in der Zeit von 1918 bis 1945 in Gesetzen, Verordnungen und Erlassen, in: Geschichte des Wohnens. Bd. 4: 1918-1945. Reform, Reaktion, Zerstörung, hg. von Gert Kähler, Stuttgart 1996, S. 599-723.

Kramper, Peter: Neue Heimat. Unternehmenspolitik und Unternehmensentwicklung im gewerkschaftlichen Wohnungs- und Städtebau 1950-1982, Stuttgart 2008.

Krauss, Marita: Die Rückkehr einer vertriebenen Elite. Remigranten in Deutschland nach 1945, in: Vertriebene Eliten. Vertreibung und Verfolgung von Führungsschichten im 20. Jahrhundert, hg. von Günther Schulz, München 2001, S. 103-123.

Krauss, Marita: Remigration in die Bundesrepublik, in: Handbuch der deutschsprachigen Emigration 1933-1945, hg. von Claus-Dieter Krohn et al., Darmstadt 1998, S. 1161-1171.
Krohn, Claus-Dieter: Ein intellektueller Marshall-Plan? Die Hilfe der *Rockefeller Foundation* beim Wiederaufbau der Wissenschaften in Deutschland nach 1945, in: Die lange Stunde Null. Gelenkter sozialer Wandel in Westdeutschland nach 1945, hg. von Hans Braun, Uta Gerhardt und Everhard Holtmann, Baden-Baden 2007, S. 227-250.
Krohn, Claus-Dieter / Schildt, Axel (Hg.): Zwischen den Stühlen? Remigranten und Remigration in der deutschen Medienöffentlichkeit der Nachkriegszeit, Hamburg 2002.
Kroker, Evelyn: Zur Entwicklung des Steinkohlenbergbaus an der Ruhr zwischen 1945 und 1980, in: Energie – Politik – Geschichte. Nationale und internationale Energiepolitik seit 1945, hg. von Jens Hohensee und Michael Salewski, Stuttgart 1993, S. 75-88.
Kruke, Anja: Demoskopie in der Bundesrepublik Deutschland. Meinungsforschung, Parteien und Medien 1949-1990, Düsseldorf 2007.
Kuchenbuch, David: Geordnete Gemeinschaft. Architekten als Sozialingenieure – Deutschland und Schweden im 20. Jahrhundert, Bielefeld 2010.
Kuhn, Gerd: Suburbanisierung in historischer Perspektive, in: Zentralität und Raumgefüge der Großstädte im 20. Jahrhundert, hg. von Clemens Zimmermann, Stuttgart 2006, S. 61-82.
Kürschners Deutscher Gelehrten-Kalender Online, Bio-bibliographisches Verzeichnis Deutschsprachiger Wissenschaftler der Gegenwart, 2009. (http://www.degruyter.com/view/product/178284, 29.10.2015)
Laak, Dirk van: Technokratie im Europa des 20. Jahrhunderts – einflussreiche „Hintergrundideologie", in: Theorien und Experimente der Moderne. Europas Gesellschaften im 20. Jahrhundert, hg. von Lutz Raphael, Köln/Weimar/Wien 2012, S. 101-128.
Laak, Dirk van: Zwischen „organisch" und „organisatorisch". „Planung" als politische Leitkategorie zwischen Weimar und Bonn, in: Griff nach dem Westen. Die „Westforschung" der völkisch-nationalen Wissenschaften zum nordwesteuropäischen Raum (1919-1960), hg. von Burkhard Ditz, Helmut Gabel und Ulrich Tiedau, Münster 2003, Teilbd. 1, S. 67-90.
Lange, Ralf: Architektur und Städtebau der sechziger Jahre. Planen und Bauen in der Bundesrepublik Deutschland und der DDR von 1960-1975, Bonn 2003.
Latour, Bruno: Die Hoffnung der Pandora. Untersuchungen zur Wirklichkeit der Wissenschaft, Frankfurt a. M. 2000.
Latour, Bruno: The Pasteurization of France, Cambridge, Mass./London 1993.
Leendertz, Ariane: Ordnung schaffen. Deutsche Raumplanung im 20. Jahrhundert, Göttingen 2008.

Lehmann, Hartmut / Oexle, Otto G. (Hg.): Nationalsozialismus in den Kulturwissenschaften. 2 Bde., Göttingen 2004.

Lenger, Friedrich: Werner Sombart 1863-1941. Eine Biographie, München 1994.

Lengermann, Patricia / Niebrugge, Gillian: Thrice Told: Narratives of Sociology's Relation to Social Work, in: Sociology in America, hg. von Charles Calhoun, Chicago 2007, S. 63-114.

Lengermann, Patricia M. / Niebrugge-Brantley, Jill: Back to the Future: Settlement Sociology, 1885-1930, in: The American Sociologist 33 (2002), S. 5-20.

Lepsius, M. Rainer: Die Entwicklung der Soziologie nach dem Zweiten Weltkrieg 1945-1967, in: Deutsche Soziologie nach 1945. Entwicklungsrichtungen und Praxisbezug, hg. von Günther Lüschen, Opladen 1979, S. 25-70. (KZfSS SH 21)

Lepsius, M. Rainer: Die sozialwissenschaftliche Emigration und ihre Folgen, in: Soziologie in Deutschland und Österreich 1918-1945. Materialien zur Entwicklung, Emigration und Wirkungsgeschichte, hg. von M. Rainer Lepsius, Opladen 1981, S. 461-500. (KZfSS SH 23)

Lepsius, M. Rainer: Die Soziologie der Zwischenkriegszeit. Entwicklungstendenzen und Beurteilungskriterien, in: Soziologie in Deutschland und Österreich 1918-1945. Materialien zur Entwicklung, Emigration und Wirkungsgeschichte, hg. von M. Rainer Lepsius, Opladen 1981, S. 7-23. (KZfSS SH 23)

Lepsius, M. Rainer: Kritische Anmerkungen zur Generationenforschung, in: Generationen. Zur Relevanz eines wissenschaftlichen Grundbegriffs, hg. von Ulrike Jureit und Michael Wildt, Hamburg 2005, S. 45-52.

Linde, Hans: Soziologie in Leipzig 1925-1945, in: Soziologie in Deutschland und Österreich 1918-1945. Materialien zur Entwicklung, Emigration und Wirkungsgeschichte, hg. von M. Rainer Lepsius, Opladen 1981, S. 102-130.

Lindner, Helmut: „Deutsche" und „gegentypische" Mathematik. Zur Begründung einer „arteigenen" Mathematik im Dritten Reich, in: Naturwissenschaft, Technik und NS-Ideologie. Beiträge zur Wissenschaftsgeschichte des Dritten Reichs, hg. v. Herbert Mehrtens und Steffen Richter, Frankfurt a. M. 1980, S. 88-115.

Lindner, Rolf: Die Entdeckung der Stadtkultur. Soziologie aus der Erfahrung der Reportage, Frankfurt a. M. 1990.

Lindner, Rolf: Robert E. Park (1864-1944), in: Klassiker der Soziologie. Bd. 1: Von Auguste Comte bis Alfred Schütz, hg. von Dirk Käsler, 5. überarbeitete und aktualisierte Aufl., München 2006, S. 215-231.

Lindner, Rolf: Walks on the Wild Side. Eine Geschichte der Stadtforschung, Frankfurt a. M./New York 2004.

Lindner, Rolf (Hg.): Wer in den Osten geht, geht in ein anderes Land. Die Settlementbewegung in Berlin zwischen Kaiserreich und Weimarer Republik, Berlin 1997.

Linne, Karsten: Das Ruhrgebiet als Testfall: NS-Soziologie zwischen Rassismus und Sozialtechnologie, in: Jahrbuch für Soziologiegeschichte 1993, Opladen 1995, S. 181-209.

Lohalm, Uwe: „Modell Hamburg". Vom Stadtstaat zum Reichsgau, in: Hamburg im „Dritten Reich", hg. von der Forschungsstelle für Zeitgeschichte in Hamburg, Göttingen 2005, S. 122-153.

Ludovico, Fabian: Karl Otto – Architekt und Lehrer. Ein biographischer Beitrag zur deutschen Nachkriegsmoderne, Marburg 2010.

Lühe, Irmela von der / Schildt, Axel / Schüler-Springorum, Stefanie (Hg.): Auch in Deutschland waren wir nicht wirklich zu Hause. Jüdische Remigration nach 1945, Göttingen 2008.

Luntowski, Gustav et al.: Geschichte der Stadt Dortmund, Dortmund 1994.

Mackensen, Rainer: Das regionale Leistungsgefüge, in: Entzifferung. Bevölkerung als Gesellschaft in Raum und Zeit. Gunther Ipsen gewidmet, hg. von Harald Jürgensen, Göttingen 1967, S. 80-97.

Mackensen, Rainer: Gunther Ipsen in memoriam 20.3.1899-29.1.1984, in: Zeitschrift für Bevölkerungswissenschaft 10 (1984), S. 231f.

Mackensen, Rainer: Nichts als Soziologie – aber welche?, in: Soziologie als Beruf. Erinnerungen westdeutscher Hochschulprofessoren der Nachkriegsgeneration, hg. von Karl Martin Bolte und Friedhelm Neidhardt, Baden-Baden 1998, S. 171-191. (Soziale Welt SH 11)

Mackensen, Rainer (Hg.): Bevölkerungslehre und Bevölkerungspolitik im „Dritten Reich", Opladen 2004.

Mackensen, Rainer / Reulecke, Jürgen / Ehmer, Josef (Hg.): Ursprünge, Arten und Folgen des Konstrukts „Bevölkerung" vor, im und nach dem „Dritten Reich". Zur Geschichte der deutschen Bevölkerungswissenschaft, Wiesbaden 2009.

Mai, Uwe: „Neustrukturierung des deutschen Volkes". Wissenschaft und soziale Neuordnung im nationalsozialistischen Deutschland, 1933-1945, in: Wissenschaft – Planung – Vertreibung. Neuordnungskonzepte und Umsiedlungspolitik im 20. Jahrhundert, hg. von Isabel Heinemann und Patrick Wagner, Stuttgart 2006, S. 73-92.

Mai, Uwe: Rasse und Raum. Agrarpolitik, Sozial- und Raumplanung im NS-Staat, Paderborn u. a. 2002.

Marcon, Helmut / Strecker, Heinrich (Hg. und Bearb.): 200 Jahre Wirtschafts- und Staatswissenschaften an der Eberhard-Karls-Universität Tübingen. Leben und Werk der Professoren. Die Wirtschaftswissenschaftliche Fakultät der Universität Tübingen und ihre Vorgänger (1817-2002). Bd. I, Stuttgart 2004.

Mayntz, Renate: Eine sozialwissenschaftliche Karriere im Fächerspagat, in: Soziologie als Beruf. Erinnerungen westdeutscher Hochschulprofessoren der Nachkriegsgeneration, hg. von Karl Martin Bolte und Friedhelm Neidhardt, Baden-Baden 1998 (Soziale Welt SH 11), S. 285-293.

Mayntz, Renate: Mein Weg zur Soziologie. Rekonstruktion eines kontingenten Karrierepfades, in: Wege zur Soziologie nach 1945. Autobiographische Notizen, hg. von Christian Fleck, Opladen 1996, S. 225-235.

Mertens, Lothar: „Nur politisch Würdige". Die DFG-Forschungsförderung im Dritten Reich 1933-1937, Berlin 2004.

Messerschmidt, Rolf: Nationalsozialistische Raumforschung und Raumordnung aus der Perspektive der „Stunde Null", in: Nationalsozialismus und Modernisierung, hg. von Michael Prinz und Rainer Zitelmann, 2. Aufl., Darmstadt 1994.

Meyer, Torsten: Gottfried Feder und der nationalsozialistische Diskurs über Technik, in: Technik und Verantwortung im Nationalsozialismus, hg. von Werner Lorenz und Torsten Meyer, Münster 2004, S. 79-107.

Muller, Jerry Z.: The Other God that Failed. Hans Freyer and the Deradicalization of German Conservatism, Princeton, N. J. 1987.

Nagel, Anne C.: Anspruch und Wirklichkeit in der nationalsozialistischen Hochschul- und Wissenschaftspolitik, in: Wissenschaften im 20. Jahrhundert: Universitäten in der modernen Wissenschaftsgesellschaft, hg. von Jürgen Reulecke, Stuttgart 2008, S. 245-261.

Nagel, Anne C.: Hitlers Bildungsreformer. Das Reichsministerium für Wissenschaft, Erziehung und Volksbildung 1934-1945, Frankfurt a. M. 2012.

Neue Stadt Wulfen. Idee, Entwicklung, Zukunft [Ausstellungskatalog], hg. von Sabine Bornemann et al., Dorsten 2009.

Neuloh, Otto: Die Sozialforschungsstelle Dortmund als Modell für die Entwicklung der sozialwissenschaftlichen Forschung seit 1945, in: Gesellschaft zur Förderung der Sozialforschung in Dortmund e. V., Dortmund o. J. [1978], S. 33ff.

Neuloh, Otto: Entstehungs- und Leistungsgeschichte der Sozialforschungsstelle Dortmund, in: ders. et al.: Sozialforschung aus gesellschaftlicher Verantwortung. Entstehungs- und Leistungsgeschichte der Sozialforschungsstelle Dortmund, Opladen 1983, S. 13-102.

Nolte, Paul: Die Ordnung der deutschen Gesellschaft. Selbstentwurf und Selbstbeschreibung im 20. Jahrhundert, München 2000.

Nolte, Paul: Soziologie als kulturelle Selbstvergewisserung. Die Demokratisierung der deutschen Gesellschaft nach 1945, in: Soziale Konstellation und historische Perspektive. Festschrift für M. Rainer Lepsius, hg. von Steffen Sigmund et al., Wiesbaden 2008, S. 18-40.

Nolte, Paul: Ständische Ordnung im Mitteleuropa der Zwischenkriegszeit. Zur Ideengeschichte einer sozialen Utopie, in: Utopie und politische Herrschaft im Europa der Zwischenkriegszeit, hg. von Wolfgang Hardtwig, München 2003, S. 233-256.

Nützenadel, Alexander: Stunde der Ökonomen. Wissenschaft, Politik und Expertenkultur in der Bundesrepublik 1949-1974, Göttingen 2005.

Oberkrome, Willi: Geschichte, Volk und Theorie. Das „Handwörterbuch des Grenz- und Auslanddeutschtums", in: Geschichtsschreibung als Legitimationswissenschaft 1918-1945, hg. von Peter Schöttler, Frankfurt a. M. 1997, S. 104-127.

Oberkrome, Willi: Volksgeschichte. Methodische Innovation und völkische Ideologisierung in der deutschen Geschichtswissenschaft 1918-1945, Göttingen 1993.

Otto, Hans-Uwe: Kurt Utermann zum Gedenken, in: Neue Praxis 16 (1986), S. 291f.

Pahl-Weber, Elke: Die Ortsgruppe als Siedlungszelle. Ein Vorschlag zur Methodik der großstädtischen Stadterweiterung von 1940, in: Faschistische Architekturen. Planen und Bauen in Europa 1930 bis 1945, hg. von Hartmut Frank, Hamburg 1985, S. 282-298.

Pahl-Weber, Elke: Die Reichsstelle für Raumordnung und die Ostplanung, in: Der „Generalplan Ost". Hauptlinien der nationalsozialistischen Planungs- und Vernichtungspolitik, hg. von Mechtild Rössler und Sabine Schleiermacher, Berlin 1993, S. 148-174.

Pahl-Weber, Elke / Schubert, Dirk: Großstadtsanierung im Nationalsozialismus: Andreas Walthers Sozialkartographie von Hamburg, in: Sozialwissenschaftliche Informationen 16 (1987), S. 108-117.

Pahl-Weber, Elke / Schubert, Dirk: Zum Mythos nationalsozialistischer Stadtplanung und Architektur, in: 1999 5 (1990), S. 83-103.

Petz, Ursula von: Grundzüge der Sanierungsplanung im Nationalsozialismus, in: Vor 50 Jahren ... Auch die Raumplanung hat eine Geschichte, hg. von Klaus M. Schmals, Dortmund 1997, S. 147-160.

Petz, Ursula von: Planungen im Nationalsozialismus für die Industriestadt Dortmund, in: Vor 50 Jahren ... Auch die Raumplanung hat eine Geschichte, hg. von Klaus M. Schmals, Dortmund 1997, S. 91-112.

Petz, Ursula von: Städtebau-Ausstellungen in Deutschland 1910-2010, in: disP – The Planning Review 174 (2008), S. 24-50.

Petz, Ursula von: Stadtsanierung im Dritten Reich. Dargestellt an ausgewählten Beispielen, Dortmund 1987.

Platt, Jennifer: A History of Sociological Research Methods in America 1920-1960, Cambridge/New York/Melbourne 1998.

Plé, Bernhard: Wissenschaft und säkulare Mission. „Amerikanische Sozialwissenschaft" im politischen Sendungsbewusstsein der USA und im geistigen Aufbau der Bundesrepublik Deutschland, Stuttgart 1990.

Raehlmann, Irene: Arbeitswissenschaft im Nationalsozialismus. Eine wissenschaftssoziologische Analyse, Wiesbaden 2005.

Rammstedt, Otthein: Deutsche Soziologie 1933-1945. Die Normalität einer Anpassung, Frankfurt a. M. 1986.

Raphael, Lutz: Die Verwissenschaftlichung des Sozialen als methodische und konzeptionelle Herausforderung für eine Sozialgeschichte des 20. Jahrhunderts, in: Geschichte und Gesellschaft 22 (1996), S. 165-193.

Raphael, Lutz: Radikales Ordnungsdenken und die Organisation totalitärer Herrschaft: Weltanschauungseliten und Humanwissenschaftler im NS-Regime, in: Geschichte und Gesellschaft 27 (2001), S. 5-40.

Rauty, Raffaele: Introduction, in: Anderson, Nels: On Hobos and Homelessness, hg. von ders., Chicago 1998. S. 1-31.

Recker, Marie-Luise: Die Großstadt als Wohn- und Lebensbereich im Nationalsozialismus, Frankfurt a. M./New York 1981.

Reulecke, Jürgen: „Entwurzelte Jugend": die Nachkriegsjugend aus der Perspektive der Zeitschrift „Soziale Welt" in den 1950er Jahren, in: Zeitschrift für Bevölkerungswissenschaft 32 (2006), S. 233-248.

Reulecke, Jürgen: Nachkriegsgenerationen und ihre Verarbeitung des Zweiten Weltkriegs – Einige exemplarische Befunde und persönliche Anmerkungen, in: Krieg und Gedächtnis. Ein Ausnahmezustand im Spannungsfeld kultureller Sinnkonstruktionen, hg. von Waltraud Wende, Würzburg 2005, S. 76-89.

Richardson, Theresa / Fisher, Donald (Hg.): The Development of the Social Sciences in the United States and Canada: The Role of Philanthropy, Stamford, Conn. 1999.

Richter, Steffen: Die deutsche Physik, in: Naturwissenschaft, Technik und NS-Ideologie. Beiträge zur Wissenschaftsgeschichte des Dritten Reichs, hg. von Herbert Mehrtens und Steffen Richter, Frankfurt a. M. 1980, S. 116-141.

Rodenstein, Marianne / Böhm-Ott, Stefan: Gesunde Wohnungen und Wohnungen für gesunde Deutsche. Der Einfluß der Hygiene auf Wohnungs- und Städtebau in der Weimarer Republik und im „Dritten Reich", in: Geschichte des Wohnens. Bd. 4: 1918-1945. Reform, Reaktion, Zerstörung, hg. von Gert Kähler, Stuttgart 1996, S. 463-555.

Roseman, Mark: Recasting the Ruhr, 1945-1958. Manpower, Economic Recovery and Labour Relations, New York/Oxford 1992.

Rössler, Mechtild: Die „Hochschularbeitsgemeinschaft für Raumforschung" an der Hamburger Universität 1934 bis 1945, in: Hochschulalltag im „Dritten Reich". Die Hamburger Universität 1933-1945, hg. von Eckart Krause, Bd. 2: Philosophische Fakultät; Rechts- und Staatswissenschaftliche Fakultät, Berlin/Hamburg 1991, S. 1035ff.

Rössler, Mechtild: Die Institutionalisierung einer neuen „Wissenschaft" im Nationalsozialismus: Raumforschung und Raumordnung 1933-1945. In: Geographische Zeitschrift 75 (1987), S. 177-194.

Rössler, Mechtild / Schleiermacher, Sabine (Hg.): Der „Generalplan Ost". Hauptlinien der nationalsozialistischen Planungs- und Vernichtungspolitik, Berlin 1993.

Roth, Karl Heinz: Das Arbeitswissenschaftliche Institut der Deutschen Arbeitsfront und die Ostplanung, in: Der „Generalplan Ost". Hauptlinien der nationalsozialistischen Planungs- und Vernichtungspolitik, hg. von Mechtild Rössler und Sabine Schleiermacher, Berlin 1993, S. 215-231.

Roth, Karl Heinz: Intelligenz und Sozialpolitik im „Dritten Reich". Eine methodisch-historische Studie am Beispiel des Arbeitswissenschaftlichen Instituts der Deutschen Arbeitsfront, München u. a. 1993.

Roth, Karl Heinz: Städtesanierung und „ausmerzende" Soziologie. Der Fall Andreas Walther und die „Notarbeit 51" der „Notgemeinschaft der Deutschen Wissenschaft" 1934-1935 in Hamburg, in: Rassenmythos und Sozialwissenschaften in Deutschland. Ein verdrängtes Kapitel sozialwissenschaftlicher Wirkungsgeschichte, hg. von Carsten Klingemann, Opladen 1987, S. 370-393.

Roth, Karl Heinz: Städtesanierung und „ausmerzende" Soziologie. Der Fall Andreas Walther und die „Notarbeit 51" der „Notgemeinschaft der Deutschen Wissenschaft" 1934-1935 in Hamburg, in: „Hafenstraße". Chronik und Analysen eines Konflikts, hg. von Michael Herrmann et al., Hamburg 1987, S. 39-59.

Rupieper, Hermann-Josef: Die Wurzeln der westdeutschen Nachkriegsdemokratie. Der amerikanische Beitrag 1945-1952, Opladen 1993.

Rupieper, Hermann-Josef: Peacemaking with Germany. Grundlinien amerikanischer Demokratisierungspolitik 1945-1954, in: Demokratiewunder. Transatlantische Mittler und die kulturelle Öffnung Westdeutschlands 1945-1970, hg. von Arnd Bauerkämper, Konrad H. Jarausch und Marcus M. Payk, Göttingen 2005, S. 41-56.

Sachße, Christoph: Friedrich Siegmund-Schultze, die „Soziale Arbeitsgemeinschaft" und die bürgerliche Sozialreform in Deutschland, in: Friedrich Siegmund-Schultze (1885-1969). Ein Leben für Kirche, Wissenschaft und Soziale Arbeit, hg. von Heinz-Elmar Tenorth et al., Stuttgart 2007, S. 35-49.

Saldern, Adelheid von: „Alles ist möglich". Fordismus – ein visionäres Ordnungsmodell des 20. Jahrhunderts, in: Theorien und Experimente der Moderne. Europas Gesellschaften im 20. Jahrhundert, hg. von Lutz Raphael, Köln/Weimar/Wien 2012, S. 155-192.

Saldern, Adelheid von: Häuserleben. Zur Geschichte des städtischen Arbeiterwohnens vom Kaiserreich bis heute, 2. durchges. Aufl., Bonn 1997.

Saldern, Adelheid von / Hachtmann, Rüdiger: Das fordistische Jahrhundert. Eine Einleitung, in: Zeithistorische Forschungen 6 (2009), S. 174-185.

Saunders, Peter: Soziologie der Stadt, Frankfurt a. M./New York 1987.

Schäfer, Gerhard: Soziologie als politische Tatphilosophie. Helmut Schelskys Leipziger Jahre 1931-1938, in: Das Argument 222 (1997), S. 645-665.

Schäfer, Herwig: Juristische Lehre und Forschung an der Reichsuniversität Straßburg 1941-1944, Tübingen 1999.

Schäfers, Bernhard: Helmut Schelsky – ein Soziologe in der Bundesrepublik. Eine Erinnerung aus Anlass seines 25. Todestages, in: Soziologie 38 (2009), S. 48-59.

Schellhase, Rolf: Die industrie- und betriebssoziologischen Untersuchungen der Sozialforschungsstelle an der Universität Münster (Sitz Dortmund) in den fünfziger Jahren. Ein Beitrag zur Geschichte der institutionalisierten Sozialforschung in der Bundesrepublik Deutschland, Münster 1982.

Schelsky, Helmut: Zur Entstehungsgeschichte der bundesdeutschen Soziologie. Ein Brief an Rainer Lepsius, in: ders.: Rückblicke eines „Anti-Soziologen", Opladen 1981, S. 11-69.

Scheuch, Erwin: Von der deutschen Soziologie zur Soziologie in der Bundesrepublik Deutschland, in: Österreichische Zeitschrift für Soziologie 15 (1991), S. 31-50.

Schneider, Andreas: Stadtsoziologie und radikales Ordnungsdenken. Andreas Walther als Prototyp des Sozialingenieurs der Zwischenkriegszeit, in: fastforeword 1 (2007), S. 3-16. (http://ffw.denkraeume-ev.de/1-07/schneider/index.html, 29.10.2015)

Schnitzler, Sonja: Fallbeispiel für rekursive Kopplung von Wissenschaft und Politik: Das „Archiv für Bevölkerungswissenschaft und Bevölkerungspolitik" (1934-1944), in: Ursprünge, Arten und Folgen des Konstrukts „Bevölkerung" vor, im und nach dem „Dritten Reich". Zur Geschichte der deutschen Bevölkerungswissenschaft, hg. von Rainer Mackensen, Jürgen Reulecke und Josef Ehmer, Wiesbaden 2009, S. 321-344.

Schnitzler, Sonja: Soziologie im Nationalsozialismus zwischen Wissenschaft und Politik. Elisabeth Pfeil und das Archiv für Bevölkerungswissenschaft und Bevölkerungspolitik, Wiesbaden 2012. (DOI: 10.1007/978-3-531-19139-3)

Scholze-Irrlitz, Leonore: Feldforschung in der Mark Brandenburg. Volkskundliche Wissensproduktion in den 1930er Jahren in Berlin, in: Horizonte ethnografischen Wissens. Eine Bestandsaufnahme, hg. von Ina Dietzsch, Wolfgang Kaschuba und Leonore Scholze-Irrlitz, Köln/Weimar/Wien 2009, S. 112-130.

Schubert, Dirk: „Heil aus Ziegelsteinen". Aufstieg und Fall der Nachbarschaftsidee. Eine deutsch-anglo-amerikanische Dreiecks-Planungsgeschichte, in: Die Alte Stadt 25 (1998), S. 141-173.

Schubert, Dirk: Stadterneuerung in London und Hamburg. Eine Stadtbaugeschichte zwischen Modernisierung und Disziplinierung, Braunschweig u. a. 1997.

Schulz, Günther: Eigenheimpolitik und Eigenheimförderung im ersten Jahrzehnt nach dem zweiten Weltkrieg, in: Massenwohnung und Eigenheim. Wohnungsbau und Wohnen in der Großstadt seit dem Ersten Weltkrieg, hg. von Axel Schildt und Arnold Sywottek, Frankfurt a. M./New York 1988, S. 409-439.

Schulz, Günther: Wiederaufbau in Deutschland. Die Wohnungsbaupolitik in den Westzonen und der Bundesrepublik von 1945 bis 1957, Düsseldorf 1994.

Schulze, Winfried: Deutsche Geschichtswissenschaft nach 1945, München 1989.

Seebold, Gustav: Helmuth Albrecht Croon verstorben, in: Archivpflege in Westfalen und Lippe 39 (1994), S. 46.

Sehested von Gyldenfeldt, Christian: Gunther Ipsen zu Volk und Land. Versuch über die Grundlagen der Realsoziologie in seinem Werk, Berlin u. a. 2008.

Seiderer, Georg: Nürnberg – die „Stadt der Reichsparteitage". Selbstinszenierung einer Großstadt im „Dritten Reich" (1933-1939), in: Stadt und Nationalsozialismus, hg. von Fritz Mayrhofer und Ferdinand Opll, Linz 2008, S. 311-340.

Simpson, Richard L.: Sociology of the Community: Current Status and Prospects, in: The Sociology of Community. A Selection of Readings, hg. von Colin Bell und Howard Newby, London 1974, S. 312-334.

Staley, David J.: The Rockefeller Foundation and the Patronage of German Sociology, 1946-1955, in: Minerva 33 (1995), S. 251-264.

Stapleton, Darwin, H.: Joseph Willits and the Rockefeller's European Programme in the Social Sciences, in: Minerva 41 (2003), S. 101-114.

Stehling, Jutta: Der Hamburger Arbeiter- und Soldatenrat in der Revolution 1918/19, in: Arbeiter in Hamburg. Unterschichten, Arbeiter und Arbeiterbewegung seit dem ausgehenden 18. Jahrhundert, hg. von Arno Herzig, Dieter Langewiesche und Arnold Sywottek, Hamburg 1983, S. 419-428.

Stölting, Erhard: Akademische Soziologie in der Weimarer Republik, Berlin 1986.

Stölting, Erhard: Die Soziologie in den hochschulpolitischen Konflikten der Weimarer Republik, in: Soziologie an deutschen Universitäten: Gestern – Heute – Morgen, hg. von Bettina Franke und Kurt Hammerich, Wiesbaden 2006, S. 9-30. (http://link.springer.com/chapter/10.1007/978-3-531-90263-0_1, 29.10.2015)

Stölting, Erhard: Soziologie und Nationalökonomie. Die Wirkung des institutionellen Faktors, in: Ordnung und Theorie. Beiträge zur Geschichte der Soziologie in Deutschland, hg. von Sven Papcke, Darmstadt 1986, S. 69-92.

Szöllösi-Janze, Margit: Politisierung der Wissenschaften – Verwissenschaftlichung der Politik. Wissenschaftliche Politikberatung zwischen Kaiserreich und Nationalsozialismus, in: Experten und Politik. Wissenschaftliche Politikberatung in geschichtlicher Perspektive, hg. von Stefan Fisch und Wilfried Rudloff, Berlin 2004, S. 79-100.

Szöllösi-Janze, Margit: Wissensgesellschaft in Deutschland: Überlegungen zur Neubestimmung der deutschen Zeitgeschichte über Verwissenschaftlichungsprozesse, in: Geschichte und Gesellschaft 30 (2004), S. 277-313.

Tenorth, Heinz-Elmar et al. (Hg.): Friedrich Siegmund-Schultze (1885-1969). Ein Leben für Kirche, Wissenschaft und Soziale Arbeit, Stuttgart 2007.

Tilitzki, Christian: Die deutsche Universitätsphilosophie in der Weimarer Republik und im Dritten Reich. 2 Bde., Berlin 2002.

Treue, Wolfgang: Neue Wege der Forschung, ihrer Organisation und ihrer Förderung: Friedrich Schmitt-Ott (4.6.1860-24.4.1956), in: Berichte zur Wissenschaftsgeschichte 12 (1989), S. 229-238.

Trischler, Helmuth: Wachstum – Systemnähe – Ausdifferenzierung. Großforschung im Nationalsozialismus, in: Wissenschaften und Wissenschaftspolitik. Bestandsaufnahmen zu Formationen, Brüchen und Kontinuitäten im Deutschland des 20. Jahrhunderts, hg. von Rüdiger vom Bruch und Brigitte Kaderas, Stuttgart 2002, S. 241-252.

Turner, Stephen P.: Does Funding Produce its Effects?, in: The Development of the Social Sciences in the United States and Canada: The Role of Philanthropy, hg. von Theresa Richardson und Donald Fisher, Stamford, Conn. 1999, S. 213-227.

Üner, Elfriede: Das politische Volk. Hans Freyers Theorie der Volksgemeinschaft – eine Wirkungsgeschichte mit Brüchen, in: Ethnologie und Nationalsozialismus, hg. von Bernhard Streck, Gehren 2000, S. 25-50.

Üner, Elfriede: Der Einbruch des Lebens in die Geschichte. Kultur- und Sozialtheorie der „Leipziger Schule" zwischen 1900 und 1945, in: Der Nationalsozialismus in den Kulturwissenschaften. Bd. 1: Fächer – Milieus – Karrieren, hg. von Hartmut Lehmann und Otto Gerhard Oexle, Göttingen 2004, S. 211-240.

Üner, Elfriede: Die Emanzipation des Volkes. Zum Volksbegriff der „Leipziger Schule" vor 1933. Ein Werkstattbericht, in: Das Konstrukt „Bevölkerung" vor, im und nach dem „Dritten Reich", hg. von Rainer Mackensen und Jürgen Reulecke, Wiesbaden 2005, S. 288-313.

Venhoff, Michael: Die Reichsarbeitsgemeinschaft für Raumforschung (RAG) und die reichsdeutsche Raumplanung seit ihrer Entstehung bis zum Ende des Zweiten Weltkrieges 1945, Hannover 2000.

Wagner-Conzelmann, Sandra: Die Interbau 1957 in Berlin. Stadt von heute – Stadt von morgen. Städtebau und Gesellschaftskritik der 50er Jahre, Petersberg 2007.

Waßner, Rainer: Andreas Walther und das Seminar für Soziologie in Hamburg zwischen 1926 und 1945. Ein wissenschaftsbiographischer Umriß, in: Ordnung und Theorie. Beiträge zur Geschichte der Soziologie in Deutschland, hg. von Sven Papcke, Darmstadt 1986, S. 386-420.

Waßner, Rainer: Andreas Walther und die Soziologie in Hamburg. Dokumente, Materialien, Reflexionen, Hamburg 1985.

Waßner, Rainer: Andreas Walther und seine Stadtsoziologie zwischen 1927 und 1935, in: Wege zum Sozialen. 90 Jahre Soziologie in Hamburg, hg. von ders., Opladen 1988, S. 69-84.

Wedekind, Michael: NS-Raumpolitik und ethnisch-soziales Ordnungsdenken am Beispiel von Slowenien und Norditalien (1939-1945), in: Historische Sozialkunde 35 (2005), S. 4-13.

Wehler, Hans-Ulrich: Der Nationalsozialismus. Bewegung, Führerherrschaft, Verbrechen 1919-1945, München 2009.

Weinhauer, Klaus: Alltag und Arbeitskampf im Hamburger Hafen. Sozialgeschichte der Hamburger Hafenarbeiter 1914-1933, Paderborn 1994.

Weischer, Christoph: Das Unternehmen „Empirische Sozialforschung". Strukturen, Praktiken und Leitbilder der Sozialforschung in der Bundesrepublik Deutschland, München 2004.

Weyer, Johannes: Der ‚Bürgerkrieg in der Soziologie'. Die westdeutsche Nachkriegssoziologie zwischen Amerikanisierung und Restauration, in: Ordnung und Theorie. Beiträge zur Geschichte der Soziologie in Deutschland, hg. von Sven Papcke, Darmstadt 1986, S. 280-304.

Weyer, Johannes: Die Forschungsstelle für das Volkstum im Ruhrgebiet 1935-1941. Ein Beispiel für Soziologie im Faschismus, in: Soziale Welt 35 (1984), S. 124-146.

Weyer, Johannes: Westdeutsche Soziologie 1945-1960. Deutsche Kontinuitäten und nordamerikanischer Einfluß, Berlin 1984.

Wietschorke, Jens: Stadt- und Sozialforschung in der Sozialen Arbeitsgemeinschaft Berlin-Ost, in: Friedrich Siegmund-Schultze (1885-1969). Ein Leben für Kirche, Wissenschaft und Soziale Arbeit, hg. von Heinz-Elmar Tenorth et al., Stuttgart 2007, S. 51-67.

Wiggershaus, Rolf: Die Frankfurter Schule. Geschichte, theoretische Entwicklung, politische Bedeutung, 3. Aufl., München 1991.

Willie, Charles V.: William C. Lehmann (1888-1980), in: ASA Footnotes 9 (1981), S. 8.

Wilson, Thomas M. / Donnan, Hastings: The Anthropology of Ireland, Oxford u. a. 2006.

Ziege, Eva-Maria: Antisemitismus und Gesellschaftstheorie. Die Frankfurter Schule im amerikanischen Exil, Frankfurt a. M. 2009.

Ziemann, Benjamin: Katholische Kirche und Sozialwissenschaften 1945-1975, Göttingen 2007.

Orts- und Personenregister

(Nicht aufgenommen sind die Begriffe Dortmund, Deutschland und USA.)

Aachen 278, 280, 326, 330, 346
Aalto, Alvar 346
Adorno, Theodor W. 23, 127, 137, 138, 139, 141, 142
Allensbach 109
Alsdorf 304
Anderson, Nels 54, 92, 183
Arensberg, Conrad 128, 129, 130, 160, 162-65, 187, 188
Athen 232, 281
Bad Godesberg 89
Baeumler, Alfred 165, 166
Bahrdt, Hans Paul 148, 338, 343, 351-63, 368, 369, 372
Barmen 204, 298
Basel 229, 332
Berlin 31, 37, 43, 49, 73, 81, 86, 87, 147, 165, 167, 168, 172, 224, 230, 313, 346, 350, 359, 361
Bielefeld 20
Bochum 202, 203, 304, 367
Boldt, Gerhard 114, 115
Bonn 77, 123, 330, 340
Booth, Charles 41, 58
Bornemann, Ernst 114
Boston 153
Bremen 198
Brepohl, Wilhelm 115, 116, 133, 145, 160, 174
Bühler, Karl 252
Bülow, Friedrich 73, 74
Burckhardt, Lucius 193, 206, 229, 230, 298, 299, 331-34, 336, 340, 341, 343
Burgess, Ernest 208
Busenberg 224, 226
Butler, James 302, 308

Carnegie, Andrew 94
Cary 313
Champollion, Jean-François 292
Chicago 20, 53, 54, 55, 56, 57, 58, 59, 61, 62, 63, 100, 103, 126, 208, 264, 366, 367
Christaller, Walter 88, 89, 193, 212, 216-18, 242, 284, 344, 366
Conze, Werner 201, 202, 251, 257
Croon, Helmuth 161, 167-92, 366, 370
Crossley, Archibald 96
Darmstadt 94, 151, 153, 183, 217
Darré, Walther 81
Datteln 25, 151, 161, 164, 165, 169-74, 184, 191, 193, 236, 366, 367, 370, *Siehe auch* Steinfeld
DeMars, Vernon 310
Deusen 224, 226, 229, 230, 244-46
Durkheim, Emile 266
Düsseldorf 118, 146, 167, 223, 279
Eberswalde 167
Eiermann, Egon 346
Ennis 163
Eschweiler 278-83, 328
Essen 304
Euskirchen 151
Feder, Gottfried 87
Frankfurt am Main 29, 31, 102, 103, 126, 127, 128, 137, 138, 139, 140, 141, 142, 146, 221, 339
Freiburg im Breisgau 76, 77
Freudenstadt 337
Freyer, Hans 23, 33, 34, 143, 144, 265, 266, 267
Frisch, Max 331, 334, 335, 336, 339, 341

Gallup, George 96, 97
Gandhi, Mohandas Karamchand 185
Gehlen, Arnold 107, 141, 252
Geiger, Theodor 29, 47
Gelsenkirchen 115, 117, 304, 313
Gießen 20, 76, 77
Gladbeck 304
Göttingen 43, 44, 49, 55, 77, 201, 303, 351, 353
Götzens 146, 252
Groenman, Sjoerd 327, 329
Gropius, Walter 346
Günther, Hans F. K. 81
Gutschow, Konstanty 59, 221
Hahn, Karl 193, 203, 209, 210, 242
Hähnlein 218
Hamborn 304
Hamburg 17, 24, 36-70, 81, 86, 137, 141, 142, 198, 238, 328, 365, 366, 367
Hannover 77, 89, 168, 198, 199, 200, 201, 202, 224
Harkort, Friedrich 117
Hartung, Fritz 167
Harvard 313
Haufe, Wilhelm 276
Havighurst, Robert J. 100, 101, 102, 103, 125, 127, 128
Heidelberg 49, 77, 136
Hellgrewe, Henny 193, 200, 203, 204, 241, 242
Herne 304, 313
Himmler, Heinrich 78
Hintze, Otto 43
Hitler, Adolf 27, 34, 35, 75, 81
Hoffmann, Walther 135, 136
Hombruch 238, 239
Horkheimer, Max 29, 127, 139, 142
Huber, Ernst Rudolf 32
Huckarde 238, 240
Hughes, Everett C. 126, 128
Innsbruck 252, 254, 294

Ipsen, Gunther 16, 17, 19, 20, 23, 26, 143, 144, 145, 146, 168, 172, 174, 194, 195, 203, 204, 206, 218, 219, 223, 228, 231, 232, 249-98, 300, 302, 303, 313, 315, 316, 325, 327, 330, 339, 340, 343-51, 352, 353, 359, 360, 362, 366, 367, 368, 370, 371, 372
Jantke, Carl 130, 144, 146
Jugenheim an der Bergstraße 217
Kamen 304
Katernberg 304
Kerrl, Hanns 75
Kesting, Hanno 148
Kimball, Solon 163
Klages, Helmut 193, 219, 238-41, 243, 244, 246
Knapp 329
Köllmann, Wolfgang 21, 148, 183, 193, 201-6, 209, 242, 254, 257, 298, 366
Köln 20, 49, 76, 111, 112, 116, 123, 136, 137, 139, 140, 145, 151, 154, 181, 182, 316, 330
König, René 108, 111, 139, 140, 143, 144, 151, 152, 181, 182
Königsberg (heute Kaliningrad) 143, 145, 146, 168, 172, 251, 252, 253, 289
Köster, Karl 39
Kühn, Erich 326, 327, 346
Kuske, Bruno 23, 116-18, 135, 145, 197, 198, 200, 370
Kutter, Markus 331, 333, 336, 341
Lamprecht, Karl 266
Landon, Alf 96
Lane, Frederic 127
Lange, Albert 85
Le Corbusier 346
Leipzig 76, 143, 144, 145, 252, 254, 255, 265, 267, 289, 295
Lienz 329
Linde, Hans 144, 254
London 41, 58

Lücke, Paul 223
Ludwigshafen 353, 359
Lynd, Helen und Robert 20, 153, 183-87, 189
Mackensen, Rainer 21, 148, 193, 207-9, 211, 216, 242, 247, 249, 283, 285, 286, 287, 289, 291, 296, 298, 340, 350
Malthus, Thomas Robert 272, 274
Mannheim, Karl 29
Marburg 146
Marl 304
Marx, Karl 138, 266
Meinecke, Friedrich 165, 172
Meyer, Konrad 73, 75, 89
Middletown 20, 153, 183-91, *Siehe auch* Muncie (Indiana)
Mitze, Wilhelm 146
Mosely, Philip 127
Müller, Karl Valentin 107, 143, 144
München 81, 102, 146, 203, 231, 254
Muncie (Indiana) 184, *Siehe auch* Middletown
Münster 16, 111, 113, 118, 120, 123, 124, 137, 141, 144, 147, 253, 303, 316
Neuloh, Otto 113, 114, 115, 118, 119, 120, 123, 135, 197, 198, 202, 231, 253, 303, 366, 370
Neumann, Erich Peter 109
Neundörfer, Ludwig 126, 127
New York 101, 103, 126, 128, 129
Niemeyer, Oscar 346
Nürnberg 81, 144
Oberursel 254
Oppen, Dietrich von 23, 144, 161, 167-74, 184, 187, 190, 236, 366, 370
Osterholz 224, 226
Otto, Karl 346, 347
Papalekas, Johannes 193, 206, 213, 214, 242, 296
Paris 100

Park, Robert Ezra 53, 54, 56, 60, 126, 264, 366
Pfeffer, Karl Heinz 144
Pfeil, Elisabeth 21, 23, 90, 146, 193, 195, 203, 219, 223, 229, 230-37, 237, 238, 239, 240, 243, 244, 245, 246, 249, 257, 297, 317-25, 340, 341, 350, 352
Pittsburgh 313
Plessner, Helmuth 23, 143, 144
Popitz, Heinrich 148, 352, 353
Ralis, Max 129
Recklinghausen 130, 286, 287, 304
Reichenberg (heute Liberec) 114
Riehl, Wilhelm Heinrich 250, 266, 267
Rockefeller, John D. 94
Roosevelt, Theodor 96, 97, 98
Roper, Elmo 96
Rumpf, Max 33
Salzgitter 83
Sander, Friedrich 252
Scharoun, Hans 346
Schelsky, Helmut 141-42, 144, 168, 238, 253, 254
Scheuch, Erich 112
Schieder, Theodor 168
Schlüchtern 127
Schmidt, Otto 338
Schmitt, Carl 32
Schmitt-Ott, Friedrich 32
Schulze Vellinghausen, Albert 339
Schuster, Franz 326
Schütte, Wolfgang 21, 193, 201, 202, 204, 219, 224-30, 230, 242, 243, 244, 246, 315, 339, 340, 350
Schütte-Lihotzky, Margarete 221
Siegmund-Schultze, Friedrich 146, 166
Simmel, Georg 261, 264, 313
Sombart, Werner 55, 259, 282, 285
Springfield (Illinois) 93
Stammer, Otto 107

Steinfeld 175-92, *Siehe auch* Datteln
Strohmeyer, Otto-Heinrich 328
Süßmilch, Johann Peter 272
Teuteberg, Hans-Jürgen 148
Tübingen 77
Utermann, Kurt 161, 165-68, 169, 172, 173, 174, 182, 184, 366, 370
Versailles 255
Vierkandt, Alfred 49, 55
Vohwinkel 224
Wagner, Martin 313, 323
Walsum 304
Walther, Andreas 17, 20, 24, 36-70, 86, 90, 365, 366, 367
Wanne 313
Warner, William Lloyd 162
Wasserfurth, Kuno 280, 328
Weber, Alfred 49

Weber, Heinrich 118
Weber, Max 50
Weichselberger, Kurt 193, 206, 211, 296
Weisser, Gerhard 313, 316
Whyte, William Foote 153
Wiedemann 328
Wien 143, 252, 294, 326
Wiese, Leopold von 49, 107, 136, 139
Willeke, Eduard 86, 193, 197, 198, 200, 225, 242, 366, 368, 370
Wilmington 313
Witten 198
Wolfsburg 83
Wulfen 278, 286-89
Wundt, Wilhelm 266
Wuppertal 224, 226
Wurzbacher, Gerhard 151

Histoire

Dae Sung Jung
Der Kampf gegen das Presse-Imperium
Die Anti-Springer-Kampagne
der 68er-Bewegung

Juni 2016, ca. 360 Seiten, kart., ca. 34,99 €,
ISBN 978-3-8376-3371-9

Alexander Simmeth
Krautrock transnational
Die Neuerfindung der Popmusik in der BRD,
1968-1978

Mai 2016, ca. 390 Seiten, kart., zahlr. Abb., ca. 34,99 €,
ISBN 978-3-8376-3424-2

Debora Gerstenberger, Joël Glasman (Hg.)
Techniken der Globalisierung
Globalgeschichte meets
Akteur-Netzwerk-Theorie

Mai 2016, ca. 310 Seiten, kart., ca. 29,99 €,
ISBN 978-3-8376-3021-3

Leseproben, weitere Informationen und Bestellmöglichkeiten
finden Sie unter www.transcript-verlag.de

Histoire

Alban Frei, Hannes Mangold (Hg.)
Das Personal der Postmoderne
Inventur einer Epoche

Oktober 2015, 272 Seiten, kart., 19,99 €,
ISBN 978-3-8376-3303-0

Pascal Eitler, Jens Elberfeld (Hg.)
Zeitgeschichte des Selbst
Therapeutisierung – Politisierung –
Emotionalisierung

Oktober 2015, 394 Seiten, kart., 34,99 €,
ISBN 978-3-8376-3084-8

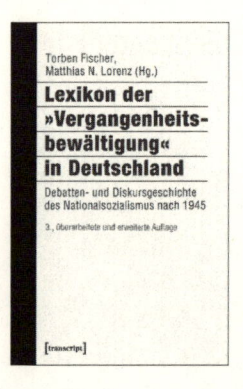

Torben Fischer, Matthias N. Lorenz (Hg.)
**Lexikon der »Vergangenheitsbewältigung«
in Deutschland**
Debatten- und Diskursgeschichte
des Nationalsozialismus nach 1945

Oktober 2015, 494 Seiten, kart., 34,99 €,
ISBN 978-3-8376-2366-6

Leseproben, weitere Informationen und Bestellmöglichkeiten
finden Sie unter www.transcript-verlag.de

Histoire

Dietmar Hüser (Hg.)
Populärkultur transnational
Lesen, Hören, Sehen, Erleben
im Europa der langen 1960er Jahre
März 2016, ca. 320 Seiten, kart., ca. 34,99 €,
ISBN 978-3-8376-3133-3

*Susanne Grunwald,
Karin Reichenbach (Hg.)*
**Die Spur des Geldes in der
Prähistorischen Archäologie**
Mäzene – Förderer –
Förderstrukturen
März 2016, ca. 300 Seiten,
kart., zahlr. Abb., ca. 34,99 €,
ISBN 978-3-8376-3113-5

Juliane Scholz
Der Drehbuchautor
USA – Deutschland.
Ein historischer Vergleich
März 2016, ca. 400 Seiten, kart., ca. 34,99 €,
ISBN 978-3-8376-3374-0

Simon Hofmann
Umstrittene Körperteile
Eine Geschichte der Organspende
in der Schweiz
Februar 2016, 334 Seiten, kart., 37,99 €,
ISBN 978-3-8376-3232-3

Stefanie Pilzweger
**Männlichkeit zwischen Gefühl
und Revolution**
Eine Emotionsgeschichte
der bundesdeutschen
68er-Bewegung
November 2015, 414 Seiten, kart., 39,99 €,
ISBN 978-3-8376-3378-8

Sebastian Klinge
1989 und wir
Geschichtspolitik
und Erinnerungskultur
nach dem Mauerfall
September 2015, 438 Seiten,
kart., z.T. farb. Abb., 34,99 €,
ISBN 978-3-8376-2741-1

Cornelia Geißler
**Individuum und Masse –
Zur Vermittlung des Holocaust
in deutschen Gedenkstättenausstellungen**
September 2015, 396 Seiten,
kart., zahlr. Abb., 36,99 €,
ISBN 978-3-8376-2864-7

*Stefan Brakensiek,
Claudia Claridge (Hg.)*
**Fiasko – Scheitern
in der Frühen Neuzeit**
Beiträge zur Kulturgeschichte
des Misserfolgs
Juni 2015, 224 Seiten,
kart., zahlr. Abb., 29,99 €,
ISBN 978-3-8376-2782-4

Christian Peters
**Nationalsozialistische
Machtdurchsetzung in Kleinstädten**
Eine vergleichende Studie zu
Quakenbrück und Heide/Holstein
Juni 2015, 492 Seiten,
kart., zahlr. Abb., 49,99 €,
ISBN 978-3-8376-3091-6

Felix Krämer
Moral Leaders
Medien, Gender und Glaube in den
USA der 1970er und 1980er Jahre
März 2015, 418 Seiten, kart., 34,99 €,
ISBN 978-3-8376-2645-2

Leseproben, weitere Informationen und Bestellmöglichkeiten
finden Sie unter www.transcript-verlag.de